U0803848

国家卫生和计划生育委员会“十三五”规划教材
全国高等医药教材建设研究会“十三五”规划教材
全国高等学校教材

供法医学类专业用

法医现场学

主　编　万立华

副主编　阎春霞　陈新山

编　者（以姓氏笔画为序）

万立华（重庆医科大学）
马开军（上海市公安局）
马智华（西南政法大学）
王建文（南京医科大学）
左芷津（北京警察学院）
权　力（中山大学）
百茹峰（中国政法大学）
吕　宙（西南政法大学）
朱　英（重庆医科大学）
任广睦（山西医科大学）
刘　力（北京市公安局）
刘　超（广州市公安局）
李冬日（南方医科大学）
李红卫（重庆市公安局）
李学博（山东政法学院）
李剑波（重庆医科大学）
沈忆文（复旦大学）
张　奎（四川大学）
陈新山（华中科技大学）
林子清（中国刑警学院）
赵　锐（中国医科大学）
陶陆阳（苏州大学）
阎春霞（西安交通大学）
董红梅（华中科技大学）
韩晓华（云南医科大学）
程海鹰（广州市公安局）
樊爱英（新乡医学院）
颜　静（四川大学）

秘　书　徐吕子（重庆医科大学）

人民卫生出版社

图书在版编目(CIP)数据

法医现场学 / 万立华主编. —北京：人民卫生出版社，2016
ISBN 978-7-117-22750-6

Ⅰ. ①法…　Ⅱ. ①万…　Ⅲ. ①现场勘查－医学院校－教材
Ⅳ. ①D918.4

中国版本图书馆 CIP 数据核字(2016)第 122347 号

人卫社官网	www.pmph.com	出版物查询，在线购书
人卫医学网	www.ipmph.com	医学考试辅导，医学数据库服务，医学教育资源，大众健康资讯

法医现场学

主　　编：万立华
出版发行：人民卫生出版社（中继线 010-59780011）
地　　址：北京市朝阳区潘家园南里 19 号
邮　　编：100021
E - mail：pmph @ pmph.com
购书热线：010-59787592　010-59787584　010-65264830
印　　刷：北京盛通数码印刷有限公司
经　　销：新华书店
开　　本：850 × 1168　1/16　　印张：22
字　　数：651 千字
版　　次：2016 年 3 月第 1 版　2025 年 1 月第 1 版第 7 次印刷
标准书号：ISBN 978-7-117-22750-6/R · 22751
定　　价：76.00 元
打击盗版举报电话：010-59787491　E-mail：WQ @ pmph.com
（凡属印装质量问题请与本社市场营销中心联系退换）

全国高等医学院校法医学专业第五轮规划教材修订说明

20世纪80年代，我国在医学院校中设置了法医学专业，并于1988年首次编写了成套的法医学专业卫生部规划教材，从而有力地推动了法医学教育的发展。2009年五年制法医学专业规划教材第四轮出版发行。为促进本科法医学专业教学，教育部法医学专业教学指导委员会在2014年开始制定审议国家法医学本科专业教育质量标准并拟报教育部审批。根据质量标准要求及法医学相关领域学科进展，2014年经全国高等医药教材建设研究会和全国高等医学院校法医学专业教材编审委员会审议，启动第五轮教材修订工作。

本轮修订仍然坚持"三基""五性"，并努力使学生通过学习达到培养具有坚实基础理论知识和专业知识、熟悉司法鉴定程序和法医鉴定技能、掌握法学、医学及相关学科知识，具有良好的思维判断能力以及分析问题能力的法医学高级复合型人才的专业培养目标。新教材体现了法医学领域的新进展和我国的新法规、新政策与新要求；考虑了学生的就业，具有较强的实用性，使学生在毕业后的实际工作中能够应用所学知识。本轮教材在编写中强调了可读性、注重了形式的活泼性，并全部配备了网络增值服务。

全套教材16种，其中主教材11种，配套教材5种，于2016年全部出版。所有教材均为国家卫生和计划生育委员会"十三五"规划教材。

第5轮法医学专业教材目录

1. 法医学概论	第5版	**主编**	丁　梅						
2. 法医病理学	第5版	**主编**	丛　斌	**副主编**	官大威	王振原	高彩荣	刘　敏
3. 法医物证学	第4版	**主编**	侯一平	**副主编**	丛　斌	王保捷	郭大玮	
4. 法医毒理学	第5版	**主编**	刘　良	**副主编**	张国华	李利华	贠克明	
5. 法医毒物分析	第5版	**主编**	廖林川	**副主编**	王玉瑾	刘俊亭		
6. 法医临床学	第5版	**主编**	刘技辉	**副主编**	邓振华	邓世雄	陈　腾	沈忆文
7. 法医精神病学	第4版	**主编**	胡泽卿	**副主编**	赵　虎	谢　斌		
8. 法医人类学	第3版	**主编**	张继宗	**副主编**	蔡继峰	赖江华		
9. 刑事科学技术	第4版	**主编**	李生斌	**副主编**	张幼芳	李剑波		
10. 法医法学	第3版	**主编**	常　林	**副主编**	邓　虹	马春玲		
11. 法医现场学		**主编**	万立华	**副主编**	阎春霞	陈新山		
12. 法医病理学实验指导	第2版	**主编**	成建定	**副主编**	周　韧	王慧君	周亦武	莫耀南
13. 法医物证学实验指导	第2版	**主编**	张　林	**副主编**	黄代新	庞　灏	孙宏钰	
14. 法医毒理学实验指导		**主编**	朱少华	**副主编**	黄飞骏	李　凡	喻林升	
15. 法医毒物分析实验指导	第2版	**主编**	沈　敏	**副主编**	金　鸣	周海梅		
16. 法医临床学实验指导	第2版	**主编**	刘兴本	**副主编**	顾珊智	樊爱英		

全国高等学校法医学专业第五轮
规划教材编审委员会

主编简介

万立华，教授、博士生导师，全国命案现场与损伤专业委员会主任委员，重庆市学术科技带头人，重庆市刑事侦查工程中心学科带头人，享受国务院政府特殊津贴，获重庆市振兴杰出贡献奖章，中国法医学会常务理事，《中国法医学杂志》副主编、编委会副主任，中国刑警学院客座教授，西南政法大学兼职教授，重庆警官学院客座教授、特级教官，重庆市卫生高级专业技术职务资格评委、重庆市司法鉴定委员会司法医学鉴定专家组组长，中国合格评定国家认可委员会（CNAS）评审员、公安部重大科研项目评审专家。

在从事法医学检案、刑事侦查、教学及科研工作35年中，历任重庆市公安局刑事犯罪实验室主任，刑事侦查处处长，刑警总队长，公安部特聘刑侦专家，重庆医科大学副校长、党委常委，重庆市第十二届（未直辖）、第二届、第三届（直辖后）政协委员，重庆市科学技术协会常委。在长期从事法医学检案、鉴定、科研、教学及刑事侦查工作中，做了大量的法医学检验鉴定和现场勘验工作，组织和参与了许多重大疑难刑事案件会诊及司法鉴定、医疗事故鉴定。

在刑侦领导指挥岗位上，组织侦破了大量重特大疑难刑事案件，参与全国性命案侦办及现场勘验和侦查破案，具有丰富的法医学检案、研究、教学和刑事侦查工作经验。在命案现场的重现与侦查、法医损伤学、法医病理学、现场学等领域都有独特建树，尤其在法医弹道学、法医人类学、法医现场学、法医损伤特点与致伤物的研判及残碎颅骨复原重合方面有创新和发展，先后承担国家及省部级重点科研课题17项，获省部级科技进步奖4项（二等奖1项，三等奖3项），获得国家知识产权局授予发明专利《破碎残缺颅骨的修复方法及修复后颅像重合的鉴定方法》，在*Journal of Forensic Science*、《中国法医学杂志》等国内外刊物上发表学术论文80余篇，主编《法医现场学》《命案现场重现》第一、第二、第三卷、《刑事科学技术》等，副主编《实用法医学》以及法学系列教材——《法医学》，《中国刑事技术大全——法医临床学》等十余部。已培养博士、硕士研究生50余名，就职于重庆市公安局刑警总队、中国政法大学、西南政法大学、第三军医大学、泸州医学院、华大基因等机构。目前主要研究法医人类学、不全颅面复原、法医命案现场学、损伤病理与致伤物的推断等项目。

副主编简介

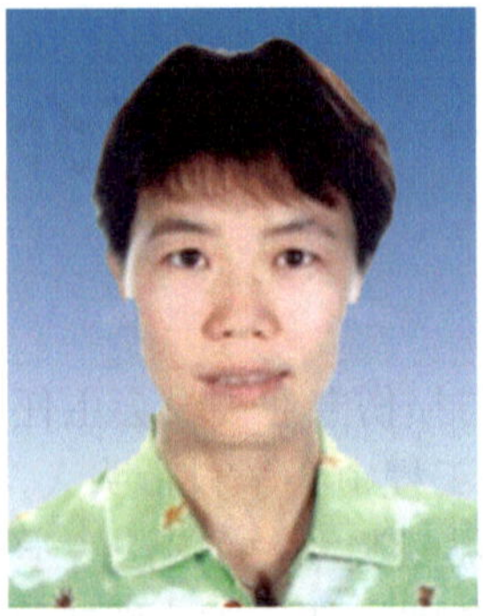

阎春霞，女，医学博士，教授，博士生导师。1989年本科毕业，1995年获硕士学位，2003年获博士学位；2006～2007年在美国辛辛那提大学从事博士后研究；2015年8～9月作为高级访问学者在德国明斯特大学法医研究所交流。主要从事法医病理学、法医现场学及毒品相关死亡、毒品成瘾机制、个体年龄推断等教学、科研及法医鉴定工作；承担和参加国家自然科学基金委及省部级课题十余项；副主编和参与编辑《高级法医学》《法医学》《法医现场学》《现代实用法医学》教材及译著十余种。现为西安交通大学法医学院教授；国家自然科学基金项目函审专家；国家留学基金委（CSC）项目评审专家；教育部学位中心评审专家；《中国法医学杂志》《遗传》、*Brain Research*，*Physiology & Behavior*，*Forensic Science Research* 等期刊审稿人；中国法医学会会员，陕西省法医学会理事；陕西省医疗纠纷尸检中心副主任等。

陈新山，男，博士，教授，博士生导师。1978年毕业于原武汉医学院（现华中科技大学同济医学院），并留本院工作。1992年破格晋升为副教授，1999年任教授。2001～2003年任法医病理学教研室主任。1994年和2002年在德国慕尼黑大学和柏林自由大学法医学研究所进修（高级访问学者）。2013～2014年在美国纽海文大学李昌钰法科学研究所（Henry C. Lee Institute of Forensic Science，University of New Haven）做高级访问学者。是武汉法医学会法医病理学专业委员会主任委员，中国法医学会医疗损害鉴定专业委员会副主任委员、国际法医学会（IAFS）和美国心脏协会（AHA）会员；《中国法医学杂志》等杂志编委和英文编审；中华医学会、湖北省和武汉市医疗事故技术鉴定专家。主要从事猝死、医疗纠纷、损伤与疾病等研究。参加和承担国家自然科学基金委和省部委等课题十余项。主编和参与编辑英文版法医学教材、《法医病理学》《中国法医学史》等教材和专著20余本；在美、加、法、德、韩、丹麦等国际学术会议上交流论文20余篇，发表论文百余篇。自2002年起在法医本科生和留学生中开展全英文法医学教学。

前　言

新中国成立以来，国家十分重视法医学的教育工作，自老一辈法医学家创立了法医学以来，在几代法医学教育家和法医现场检案工作者的艰辛努力下，历经六十多年的教学与实践，使法医学学科建设得到了长足的发展，已经建立起一套学科门类齐全及技术方法先进、理论丰富的完整教育体系。在打击犯罪、保护人民生命财产安全，建设和谐社会，完善和健全社会主义法治的过程中起到了极为重要的作用。

法医现场学是研究涉命与伤害案件现场的勘验与重现的一门科学，运用法医学、物证技术学、生物学、分析化学、行为与犯罪心理学等自然科学与社会科学理论，研究命案、伤害、性犯罪、自然灾害以及意外事故等造成人员伤亡的现场，分析案事件发生发展的过程，为案事件的处理及案件的审理提供科学证据。但一直以来，法医现场学却缺乏相关教材。随着社会的发展以及教育改革不断深化，法医学教育应时代的要求，与时俱进，与社会需要相结合。培养应用型、实战型的法医工作者的任务愈显迫切，亟待建立法医现场学相应的配套教材。

为了加快推动法医现场学教学工作，进一步加强和完善法医学教育体系，教育部法医学教育指导委员会于 2014 年 11 月成都会议正式将《法医现场学》增列为教育部“十二五”规划教材，并与人民卫生出版社一起，遴选和组织了由医学、政法、公安高等院校的教授以及公安系统的法医学专家共同组成的《法医现场学》编委会，于 2014 年 12 月在广州召开了《法医现场学》第一次编委会会议，启动了该教材的编写工作。

《法医现场学》统编教材共 27 章，其中第 1 章～第 7 章为总论部分，第 8 章～第 27 章为各论部分。全书系统地论述了法医现场学的基本理论、基本知识以及学科体系，并详细介绍了法医实践中最常见的各类案件的特点及其现场的勘验与重现。

在本书的编写过程中，得到了公安部刑侦专家、国家一级警监、原法医学损伤专业委员会主任委员陈世贤教授的大力支持与帮助，同时也得到了教育部法医学教学指导委员会、人民卫生出版社、各地公安机关、法院、检察院等有关部门和相关高校专家、领导的积极支持和配合。在此，向各位致以衷心的感谢与崇高的敬意。

本教材为高校法医学本科生、研究生教材，同时也适用于公、检、法、司、人民军队专职法医工作者以及各大高校法医学教师和刑事案件相关的痕迹与侦查人员作为工具书使用。

尽管编者在本书的编写过程中力求编写出一部对实践具有指导性的、适用于当前法医学及相关学科本科生的现场学教材，但由于编写时间较紧，认识和提炼深度不够，不足之处在所难免，恳请广大读者积极批评、指正，以便再版时修正。

万立华

2016 年 3 月

目　录

第一章　法医现场学概论

案件现场是犯罪行为发生的场所，同时也是发现并获取犯罪信息的重要场所。法医工作者通过现场的尸体、血迹及痕迹物证的勘验、发现、提取和鉴定，以帮助分析和判明案件性质、犯罪过程、犯罪条件等。法医现场学是完善法医学教学、培养现场意识和侦查思维的重要课程。我国伟大的法医学家宋慈所著的《洗冤集录》就非常重视现场勘验工作；历史上狄仁杰和包拯等在办案时也很重视现场的侦查和物证的搜集等。随着改革开放的不断发展和深化，各种杀人或自杀案件时有发生，此外各类自然灾害、意外事故等也都需要法医进行现场勘验。因此，法医工作者必须以尸体为中心，结合现场勘验以及实验室检验情况，参考相关案情，综合分析并还原事实真相，重现命案现场，为案件的侦查、诉讼、审理提供科学的依据。

第一节　法医现场学的学科体系

法医现场学（forensic sceneology）是运用法医学、物证技术学、生物学、分析化学、行为与犯罪心理学等自然科学与社会科学理论，研究命案、伤害、性犯罪、自然灾害以及意外事故等造成人员伤亡的现场，分析案事件发生发展的过程，为案事件的处理及案件的审理提供科学证据的一门的学科。通过对法医现场学的学习，要树立系统的法医现场意识与侦查意识，训练敏锐的现场思维方法，提高现场分析重现的能力，为相关案件的侦破提供线索。

一、法医现场的分类

法医现场学研究的是一个系统行为过程，即涉命案件现场。现场按不同的分类依据，通常分为以下几类：

（一）按照案件性质分类

依照实施犯罪行为内容的性质的不同可将犯罪现场分为：杀人现场、抢劫现场、强奸现场、爆炸现场、中毒现场、放火现场等。

（二）按照案发环境不同分类

任何现场的发生都是在一定的环境状态下的，按场所不同可分为室内现场、野外现场、密闭空间现场与车辆载具现场等。

（三）按照案件发生状态分类

现场是因人的行为而形成的状态和后果，按照现场的状态可以分为动态现场与静态现场。某些行为造成现场处于相对静止的状态中称为静态现场，如果行为正在进行或者后果处在动态中，称其为动态现场。动态现场可细分为以下几种：

1. 移动现场　是指行为或行为的后果在移动之中的现场，如列车、汽车、轮船与飞机上的抢劫杀人或劫持人质等。

2. 犯罪人在场的现场　是指犯罪人正在固定的地域实施犯罪行为或潜藏在该区域内的现场。

这类现场的特点是现场空间不是移动而是固定的，犯罪人正在实施犯罪行为或藏匿在犯罪现场。

3. 追踪现场　是指嫌疑人实施杀人犯罪行为后，明知有侦查人员追踪，继续逃跑并在逃跑中继续杀人的犯罪现场。

依照犯罪行为发生和存在的不同阶段，现场还可分为预备犯罪现场、实施犯罪现场与实施犯罪后现场。犯罪预备行为发生的现场，称为预备犯罪现场；实施犯罪行为阶段的现场，称为实施犯罪现场；实施犯罪行为后的现场，称为实施犯罪后现场。根据实施后行为的性质不同还可分为：移尸现场、埋尸现场、抛尸现场、焚尸现场等。

（四）按照现场所处地位和形成顺序分类

按现场所处的地位可分为主体现场和关联现场，而关联现场又可以按案件现场形成的先后顺序分为第一现场、第二现场、第三现场等。主体现场是指犯罪人实施主要犯罪行为的现场，如杀人、抢劫、盗窃、爆炸、放火的场所；关联现场是指主体现场以外的同实施主要犯罪行为相关的现场，如窥视、等待时机等的现场。

二、法医现场学的基础

法医现场学是研究与案件有关的犯罪行为发生的地点和场所，通过现场的尸体检验或活体损伤检查，以及对犯罪现场血迹分布形成特点及相关痕迹物证的发现，结合实验室检验以及电子证据等，并参考案情调查，进而综合分析，最终对现场进行重现，判定案件发生的时间、空间、人员、行为及结果等，为案件的侦破提供线索，指引侦查方向的一门科学。

法医现场学是建立在现场的尸体（活体）的检验和现场勘验基础之上，对现场信息进行综合分析，以达到犯罪过程重现的目的。因此，它涉及与法医学相关的多个学科，要求法医工作者应具备良好的业务素质和宽阔的知识视野，对现场信息具有综合分析运用能力，对犯罪过程、条件和动机进行重现。法医现场学除了要以法医学、刑事技术与物证技术学的知识为背景外，还要以以下学科知识与理论为基础。

（一）犯罪现场重现

犯罪现场分析（crime scene analysis）理论最早由奥地利犯罪学家 Hans Gross 博士于 1894 年在其著作《犯罪调查：法官、警察与律师实践手册》中提出。此后，Edmond Locard、Henry Rhodes、Edward Heinrich、Paul Kirk 等人又将这一学科体系完善为犯罪现场重现（建）（crime scene reconstruction），而这一概念也延续至今。与刑事科学技术不同的是，法医学研究的现场都与人的活动有关系，并且留有某些特定的痕迹，由时间、空间、人员、行为和结果等要素构成。通过对尸体的检验、现场的勘验以及相关物证的检验，法医工作者可以以现场中各种证据的客观反映为依据，重新构建或还原事物的真相，这种重现是事件发生过程在意识状态的分析。尤其在命案发生时，法医现场勘验人员需要尽快确定被害人的死亡时间、死亡方式、致伤物、死亡原因、死亡性质等问题，正确引导侦查方向。

在法医学实践中，法医工作者经常遇到并需要解决各种类型的命案，除此之外还有各类人身相关的刑事案件、民事案件、灾害事故及意外事故等，以及在案件中与现场和死亡相关的其他问题。犯罪现场重现理论将法医学专业知识与实际工作相结合，利用生物物证、微量物证和毒物等检测结果的运用来完成命案现场重现。

（二）损伤与致伤物的推断

人体损伤是法医学实践中最为常见和复杂的问题，可分物理性损伤、化学性损伤以及生物性损伤等，是致伤物对机体所造成的损害，并表现出一定的状态。法医通过对损伤的特征、程度和部位等进行研究，能够推断损伤形成的条件以及致伤物，受伤状态下被害人的活动情况，对案件的分析认定提供重要的证据支持。法医在现场中对损伤的检验以及致伤物推断，其主要是对损伤形成的时间、损伤的程度、人体受到损伤时所处的状态及致伤物性质特征等进行推断和鉴定，此外常常还需要结合现场中的环境因素的影响和犯罪心理的变化，因为后两者常常会形成非常特殊的损伤特征。

致伤物的使用可反映出嫌疑人职业、生活习惯和某些行为特征，尤其是在多名嫌疑人涉案的案件中，根据不同部位损伤的致伤物推断可以确定嫌疑人的责任，为法庭审理、定罪和量刑提供依据。致伤物推断不仅可以通过损伤的特征分析，还可通过比对、模拟实验进行观察以及微量物证的检验等，从多个方面加以分析认定。

通过对损伤的检验并结合现场相关信息，法医可以对致伤物的类型、大小、质地、重量及作用面形状等特点进行分析判断。通过对损伤的细致检验和相关物证的理化检验，可以推断致伤物的种类及特征，分析致死方式和嫌疑人相关特征如杀人手法是否娴熟、有无搏斗痕迹和反侦查行为等，以揭露犯罪，最终达到认定犯罪嫌疑人的目的。

（三）法医损伤与生物力学效应

生物工程学是应用生物学、医学和工程学理论对生物体的构造和功能进行工程学分析的一门学科，其包含有医学工程学、修补工程学、人类工程学和仿生学等分支领域。生物力学是应用力学原理和方法对生物体中的力学问题定量研究的生物物理学分支，其研究范围是与生理学、医学有关的力学问题，从生物整体到系统、器官、组织等。生物力学在同时从力学和组织学、生理学、医学等方面进行研究时，须将宏观力学性质和微观组织结构联系起来。

根据生物工程学与生物力学相关知识，法医工作者可以对机体组织的损伤机制进行研究，分析不同组织及器官在外力作用下的变化，与引起组织损伤的不同特征的关系。

（四）犯罪侧写与犯罪心理学

犯罪侧写（criminal profiling）是通过分析犯罪行为与犯罪手法等，对可疑的犯罪嫌疑人进行描述和识别。犯罪心理学是一门研究犯罪嫌疑人的意志、思想、意图反应的学科，和犯罪人类学相关联，主要深入研究犯罪动机、犯罪思维和犯罪行为等问题，也包含人犯罪后的反应。犯罪心理学的研究是对犯罪形成过程中，嫌疑人的心理状态变化情况的分析把握，也是对现场及物证信息分析的理论依据。通过犯罪侧写和犯罪心理学分析，可为法医工作者提供大量犯罪嫌疑人相关信息，从而为进一步开展现场工作提供了便利。

（五）社会学

社会学起源于19世纪末期，是一门利用经验考察与批判分析来研究人类社会结构与活动的学科，是关于社会良性运行和协调发展的条件和机制的综合性具体社会科学，从社会整体出发，通过社会关系和社会行为来研究社会的结构、功能、发生、发展规律的综合性学科。社会学的研究对象范围广泛，小到几个人面对面的日常互动，大到全球化的社会趋势及潮流，通常与经济学、政治学、人类学、心理学等相关。其研究对象包括历史、政治、经济、社会结构、人口变动、民族、城市、乡村、社区、婚姻、家庭与性、信仰与宗教、现代化等领域，其方法论思想是多元的。

通过对社会学的理论学习，可以了解与现场相关的社会状况、社会背景和风土人情等，有时在分析犯罪动机和原因上有所帮助。犯罪行为存在于社会之中，犯罪人又生活在不同的风俗层面，有的有着不同的社会背景，他们的生活习惯、活动规律有意无意遗留在犯罪现场上，但在犯罪现场上的反映不是直接能够观察到的或明显以文字、其他符号表现出来，而是以一种潜在的形式存储在其他现象之中，甚至其犯罪动机、目的都受到这种因素的影响。这种潜在的现象一种是较为明显地存在，一种是不太明显地存在。现场勘验的法医不仅要敏锐地察觉这种现象，而且应当对这种现象加以解释。可见，犯罪现场上不仅存在常见现象，而且潜存其他许多社会现象。对犯罪现场的认识，不能只局限在物质“痕迹”，还应了解“心理痕迹”和社会意识、社会关系等“痕迹”。

三、法医现场学的研究内容

法医现场学由现场勘验、现场调查以及现场分析三部分组成，其内容决定了法医现场勘验的对象，尤其是犯罪现场勘验的对象是与案件有关的人和现场特定的物质客体。把现场上特定的物质客体作为现场勘验对象之一是由现场勘验工作的任务决定的。现场勘验是现场重现的重要组成部分和重要的工作环节，是勘验各类现场，尤其是犯罪现场均应采取的一项最基本的专门措施。现场上特定的物质客体主要包括犯罪场所、现场尸体、现场物证等。把与案件有关的人作为犯罪现场勘验对象之一，这是由现场调查工作的任务决定的。通过调查目击者、被害人、相关亲属、被性侵的事主和知情人等，能够调查了解发生案件的时间、地点、过程，犯罪嫌疑人的人身特点等情况，可为分析案情提供依据。

现场物证是证明案件事实的重要证据，是法医现场学研究的重要内容，刑事诉讼法规定：证明案件真实情况的一切事实，都是证据。物证的客观性决定了其重要性，它能证明什么事实，不但需要常规的查证，还需要运用技术手段加以鉴别和判断。其他证据是否能够作为定案的根据，即是否真实、可靠，有的也需要从其物质特征上加以甄别和确认。所以，把现场上证明案件真相的特定对象概称为物证。最常见的物证主要有：人体物证、痕迹物证、文件物证、物品物证以及关联物证等。

通过对犯罪现场的勘验，可以确定犯罪现场的位置及周围环境，发现犯罪嫌疑人在现场活动的情况和犯罪过程，嫌疑人进入现场的出入口和来去路线，同时还能发现现场上物质变化情况和犯罪行为所造成的后果；对现场上物证的提取和检验，可以判断案件性质、犯罪的动机和目的，判断作案时间、作案手段和方法，推断犯罪嫌疑人的生理特点和职业特点与作案人数等；对尸体的检验，可以查明死因，判断死亡性质（是自杀、他杀、还是意外事故死亡），推断致伤物及死亡时间等。因此，对现场上特定的物质客体进行勘验、检查，对查明和证实犯罪活动有特别重要的作用。

犯罪现场勘验是侦查破案的开始，通过对犯罪现场勘验对象的勘验和调查，既可以掌握犯罪活动的各方面情况和采集物证，又能获取关于犯罪事实的多种信息，为全面分析研究案情和确定侦查路线提供帮助。对现场勘验对象中的人和物所提供的犯罪信息，应互相印证，互相补充。只重视对物质客体的勘验，不重视对案件相关人的调查，或只重视调查，不重视对物质客体的详细勘验都可能影响案件的侦破。

第二节 法医现场学的研究方法

法医现场学的研究方法既遵从一般科学研究相关理论，又有着与其他学科不同的特点，有其独特的研究途径、手段和方法。法医现场学是对当前科学技术在命案现场中的实践与运用。只有在实践中不断研究创新，才能使法医现场学不断地发展和完善，形成系统科学的理论体系。在实际工作中，法医现场学的具体研究方法主要有：

一、现场观察与实证

观察法是指根据一定的研究目的、程序或思路，用自己的感官和辅助工具去直接观察被研究对象，从而获得资料的一种方法。科学的观察具有目的性和计划性、系统性和可重复性。观察一般利用眼睛、耳朵等感观器官去感知观察对象。由于人的感观器官具有一定的局限性，观察者往往要借助各种现代化的仪器和手段，如照相机、录音机、显微录像机等来辅助观察。法医现场学研究的是各类现场，尤其是对社会危害严重的犯罪现场。因此，法医工作者对犯罪现场使用各种技术手段来勘验前，必须先对犯罪现场进行认真的观察，在把握全局的基础上，再对现场中的细节逐一进行观察、勘验和分析。

实证法是指通过事物的真实表现来传达信息从而印证事实的方法，是一种极具表现力与说服力的方法。实证法在许多学科中都在使用，它不是法医现场学特有的研究法，但其法医学应用却与其他学科有所不同。其一，法医学实证的对象是在现场中找到的特殊的物、痕迹与可疑的物、痕迹。其二，法医学实证的对象可能是一个，也可能是多个，如犯罪现场上采集的可疑指印，要证实其是谁遗留在现场上的，可疑人可能是一个人，也可能是多个人。其三，法医现场学的实证方法涵盖广泛，其实证的对象不同，采用的方法也存在差异。例如尸体的损伤、现场的生物检材、指印、足迹、工具痕迹、枪弹痕迹等的比对，应用的就是形象痕迹比对法。而其他许多痕迹或遗留物的鉴别，则采用了化学法，有的则采用了物理法，有的则采用了仪器分析法等，所有这些方法都是实证法中的一种方法。法医现场勘验中，有时还对一些物、人或痕迹采用了其他的实证方法，如辨认法，对尸体、对犯罪嫌疑人的辨认等，这种实际证明的方法在应用极为广泛。

二、试验与实验法

试验与实验法在法医现场学中的应用有两大方法，即科学试验法和应用模拟实验法。所谓科学试验法是通过综合应用化学、物理等科学方法所作出来的试验结论，该结论是用科学证实的，具有不可推翻、唯一性等特点。例如DNA的试验，经其试验可以证实留在现场上的血是某人的而不是他人的，从而证实了某人曾到过此现场，有时能够直接证实某人就是犯罪行为人。所谓应用模拟实验法，其主要适用的情况是犯罪现场上所遗留的不仅有实体性物或痕迹等，有时在现场上还有某一特殊现象发生，为证实这一现象是否能够在某一环境、某时间发生，可以通过模拟同样的条件来进行实验，这种实验的方法就是模拟性实验，它也经常应用在法医现场学的研究中。

法医现场的实验结论不在于去创造或研制某一物质，而仅仅在于证实，其目的的唯一性也是法医现场学的重要特色。

有时在法医现场勘验时，为了解决某一特定问题，经过批准后可以进行侦查实验，即采用模拟和重演的方法，证实在某种条件下案件实施能否发生和怎样发生，以及发生何种结果的一项侦查措施。

三、现场调查与推理

调查法在法医现场学中的应用也不同于其他学科，其调查的方法既有对物的调查，也有对人的调查。其中，对人的调查又可细分为对当事人、知情人、嫌疑人和普通群众的调查。然而，查证并非结束，还必须对现场上的物进一步研究和甄别才能证实。因此，调查法在法医现场学的研究与应用中是不可或缺的。推理法则是由一个或几个已知的判断或事实，推导出一个未知的结论的思维过程。推理主要有演绎和归纳两种方法。演绎是从一般规律出发，运用逻辑证明，得出特殊事实遵循的规律，即从一般到特殊。归纳是从许多个别的事物中概括出一般性概念、原则或结论，即从特殊到一般。在法医学研究中，我们可以根据现场的信息，对案件发生的过程进行分析推理，刻画犯罪嫌疑人的特征。例如，根据尸体的损伤特征，我们可以推断嫌疑人是否是右利手，根据现场遗留物品，可以推断嫌疑人的性别、年龄和嗜好等。

第三节　法医现场学的研究意义

法医现场学的现场勘验是收集证据的重要措施，也是案件诉讼行为的一部分，在勘验过程中通过对现场的尸体损伤、微量物证、生物性物证及痕迹物证等进行检验和认定，可以获得大量犯罪相关信息，解决侦查破案过程中的各种问题。

一、为立案提供依据

法医对现场进行全面系统的勘验后，可以正确判定案件的性质，及时作出立案决定，这既是侦查措施，也是辨明案件真相的保证。例如，高楼下发现一具女性尸体躺卧于血泊中，是高坠身亡还是死亡后坠楼，是自杀还是谋杀或是不慎失足坠落，可以从尸体的损伤特征，坠落地点的痕迹情况，以及现场遗留物品等来认定案件的性质。

二、查明案件的真实情况

案件的初始情况，是指案件发生后，经过现场勘验和调查所掌握的案件的基本情况。这些情况有些可以通过向报案人、被害人或知情群众了解，更直接有效的证据是通过对现场和物证情况及其分布特点勘验、检查后获得的，这样才能作出科学的判断。例如根据尸体现象和各种痕迹、遗留物的变化推断作案时间；根据现场血迹、尸体及痕迹、物品的分布特点，判断作案地点，区分是否为第一现场；根据现场变动情况和痕迹、遗留物的分布，判断作案活动过程、参与人数和作案动机；根据损伤特征，创口的遗留物，推断杀人凶器；根据现场与进出口遗留痕迹、物品可推断其作案工具等。

三、确定侦查方向和范围

通过对涉命现场及物证的勘验、分析和鉴定，有助于明确开展侦查工作的方向和时空范围，划定侦查的重点地区和具体范围；对案件的现场研究，可帮助分析犯罪嫌疑人的特点，如鉴别作案时使用的凶器、包装物及其他遗留物的种类、型号和来源，可从物到人来判定犯罪嫌疑人或可能隐藏的地区和范围；根据足迹、手印、笔迹、言语等物证的分析，判断犯罪嫌疑人的性别、年龄、文化、职业、身高、体态、生活环境等，以便侦查人员能在具有相应特点的人群中去查找并发现犯罪嫌疑人。

四、根据物证串并案件

对在不同时间、地点发生的涉命、伤害和性侵案件，根据现场遗留的生物物证、微量物证、笔迹、语音、手印、足迹痕、枪弹痕或破坏工具、交通工具痕迹等，结合作案手段、方法，通过互相比较鉴别，可对它们是否为同一人或一伙人作案进行认定。若为同一人或同一伙人，须组织联合侦破或并案侦查。利用致伤物特点、血指印、血掌印以及血足印等相同也可作串并联案件侦办。

在信息技术快速发展的今天，我国公安机关已经建立了犯罪现场及违法嫌疑人的DNA数据库、指纹、枪弹、无名尸体比对数据库等多个系统，通过对现场物证的收集及实验室检验，把相关数据输入计算机系统，可以快速获得该样品相关的犯罪人员信息，大大提高了对违法犯罪的侦破力度和效率。

五、依法办案的科学基础

对现场的证据收集检验，是案件侦破的物质基础，也是破案的三大基本条件之一。没有证据，即使找到了犯罪嫌疑人也无法对其进行审判和量刑。法医生物学物证与颅像重合等可以起到个体认定作用，微量物证和痕迹物证也可以锁定范围，结合其他物证情况同样可以认定嫌疑人。因此，法医工作者在现场勘验时必须以现场为基础，强化证据意识，才能在现场勘验中始终把搜寻和发现物证作为现场勘验的重要任务，发挥法医现场学的作用。

六、甄别印证其他证据

我国的诉讼相关法律法规规定，各种证据必须经过查证属实才能作为定案的根据。作为证据的证人证言、被害人陈述、犯罪嫌疑人或被告人供述和辩解，虽然有可能成为直接证据，但往往受个人心理素质、利害关系或办案人员的影响，有可能提供虚伪的或不完全真实的证据，犯罪嫌疑人或被告人可能会拒不供认。某些书证或视听资料，不能完全排除伪造的可能。然而，现场尸体及活体的损伤，生物物证、微量物证、痕迹物证及其鉴定结论，具有客观性、公正性和科学性。因此，法医工作者通过对尸体、活体及相关物证的检验作出的鉴定结论，往往成为核实和验证其他相关证据的依据。

（万立华）

思考题

1. 简述法医现场学“现场”的分类方法。
2. 法医现场学有哪些研究方法？
3. 试述法医现场学的实践意义。

第二章 法医现场勘验

法医现场是指与人身伤害和死亡相关的各类案件现场，是犯罪者实施人身伤害或杀人，遗留与犯罪相关痕迹、物证的一切场所。由于人体或尸体包含各种类型的证据，有些专家认为受到伤害的人体或尸体本身就应当视为一个具有重要信息和证据的现场。随着科学技术的发展，特别是互联网和信息技术的发展，犯罪手段也发生快速的变化；犯罪现场已不仅局限于与犯罪相关的单一的空间场所和物品痕迹，而是转变为荷载有犯罪行为和证据的所有场所及信息载体，如网络、电子痕迹等。

现场勘验（forensic scene investigation）指法医及相关技术人员依据国家的法律程序和有关规定，运用科学技术与方法，对发生人身伤亡的场所、物品、人体、尸体、尸体组织等进行勘验、检验活动。法医现场勘验的主体是法医工作者及痕迹等专业技术人员，必要时可以聘请具有其他专门知识的人员参加。法医现场勘验的客体是与犯罪或者事故有关的场所、物品、人体（包括被害人和犯罪嫌疑人）、尸体、尸体组织块等。

法医现场勘验的目的是发现、固定、提取与犯罪有关的血痕、斑点、足迹等物证及相关的信息，存储现场信息资料，判断案件和事故性质，分析犯罪过程为侦查提供线索，为诉讼、审判、赔偿等提供客观线索和科学证据。

法医现场勘验需要运用科学技术手段对现场进行全面细致的勘验，其过程是一个系统的、规范的、有序的过程；法医现场勘验过程通常包括以下工作任务：①接受报案并赶赴现场；②现场保护和紧急处置；③现场勘验组织和指挥；④现场调查；⑤现场实地勘验和物证收集；⑥现场勘验记录；⑦现场搜索；⑧现场试验；⑨现场处理等。

第一节 现场保护和紧急处置

现场勘验的起点一般是公安机关或相关部门接到当事人或者公民报案。接到报案后，首先要求辖区公安机关的出警单位主动做好现场保护工作，并迅速了解现场基本情况及具体位置，法医、相关技术人员等迅速赶赴现场进行勘验。

一、现场保护的概念和意义

（一）现场保护的概念

现场保护是指刑事案件或各类事故发生后，为了保持其发生、发现时的原始状态，保证勘验工作的顺利进行，对事故或案件现场进行警戒、封锁，对痕迹、物证进行保全的一项专门工作。犯罪现场保护是每一个公民应尽的法律义务。

基层保卫人员及公安人员对犯罪现场进行保护是法定职责。我国治安管理工作规定，公安派出所民警、巡警、机关、学校、企业等单位保卫人员、基层治保人员等，都担负有保护犯罪现场的职责。而公安侦查人员对犯罪、事故现场继续保护是应履行的法定职责。

（二）现场保护的意义

从案件发生至法医及刑侦技术人员到达现场前的这一时间段中，由于现场所处的自然条件、环境及其他因素的影响极易遭到破坏。故意伤害或杀人现场，因医务人员、亲属、志愿者、围观者地进入，使一些对确定案件性质、死亡原因、致死方式、作案过程等有价值的痕迹、物证遭到破坏。因此，做好现场保护工作，防止现场及其物证、痕迹遭到毁坏和丢失，是现场勘验人员获得有价值的线索和证据的保证。

二、现场保护的任务

实施现场保护，应首先划定保护范围。保护范围包括中心现场及周围现场；开始划定的范围应该较为宽广，具有一定的包容性；在了解案情并进行现场巡视后，再根据实际情况进行调整。

现场保护人员一般不得进入现场；进入室内现场的工作人员必须穿工作衣、戴手套与鞋套。要严格控制进入现场的人员数量。进入现场的路径尽量靠边，或尽可能避开犯罪嫌疑人曾经走动过的地面；进入现场后要以观察为主，未进行拍照之前不得随意触摸、移动现场物品。

现场保护范围初步划定后，要布置警戒、维护秩序，对易损的痕迹、物证提供必要的保护，禁止无关人员进入现场。先期抵达现场的人员应进行以下现场保护工作：

1．划定保护范围，封锁现场，禁止无关人员进入现场保护区。但若被害人仍有生命迹象时，应当尽快进入现场采取抢救措施。但抢救时对现场造成的破坏应当充分记录。

2．了解案件发生、发现的经过及相关情况；记录见证人和已知到过现场的人员信息，包括姓名、性别、住址、工作单位、联系方式、进入原因等。

了解现场情况的过程中，尽可能使嫌疑人和见证人离开现场，避免对后续的调查访问工作造成影响。注意倾听周围相关人员对案件的议论和反应。

3．对现场紧急情况，优先采取紧急措施，进行处置。如杀人焚尸的现场，首先需要扑灭火险，排除爆炸危险品。

4．当现场勘验指挥、法医及其他人员到达现场后，实施现场保护需要将了解到的情况、所采取的初步措施等及时进行汇报。

三、现场紧急处置

在现场保护工作中，经常面临各种紧急情况。负责现场保护人员有义务对伤者、险情、交通障碍、嫌疑人等采取抢救、排险、疏导、控制等紧急措施。

紧急情况下，法医及相关人员要通知侦查人员对难以妥善保护的现场进行搜寻，及时发现案件或事故现场附近的证据，如血衣、凶器、尸块等，并要科学收集和妥善保存；当发现可疑人员时要进行控制，以免其逃逸。在搜查过程中，对可疑人员及其所携物品，应逐一进行检查，必要时予以扣留。

如果已明确犯罪嫌疑人的体貌特征、携带物品、交通工具、逃离的路线方向等信息或情况，法医要通知侦查人员及时布控，快速追缉，尽早查获犯罪嫌疑人。

第二节　现场勘验的原则

现场勘验必须及时、全面、细致、客观，坚持实事求是的科学态度，并采用先进、科学的技术方法。

一、及时有序的原则

案件和事故发生后，法医和技术人员必须做到出现场及时、紧急处置及时、部署各项工作及时等。接到报案后，法医及相关侦技人员需要迅速赶赴现场，因为随着时间的推移，知情人、目击者或事主可能逐渐遗忘某些细节和特征，现场可能遭到破坏，痕迹物证可能发生变动或毁坏；伤者可能死亡，尸体可能自溶、腐败或遭到破坏；犯罪嫌疑人可能销毁证据或逃逸等。因此，应当及时查明案情，提供侦查线索，搜集证据，追缉犯罪嫌疑人。

现场勘验工作需要服从统一指挥，周密组织，明确分工，落实责任，及时完成各项任务。要做到及时有序，现场指挥人员必须熟练地掌握现场勘验的理论和技术，具有丰富的临场经验和组织协调能力，统筹安排并做到忙而不乱，稳妥有序；法医及相关技术工作者必须有良好的业务素质和敏锐的观察力；只有工作人员和指挥人员密切配合，才能保证现场勘验的质量和速度。

二、全面细致的原则

全面细致地勘验现场是进行现场分析的客观基础。只有基于对现场的所有变化特征进行仔细观察、反复推敲、充分论证，才能提出正确的分析意见。

对于复杂的现场，由于受到多种因素的限制，不可能一次性完成全部的勘验任务，在有限的时间可能仅完成最基本任务，在条件允许时尽可能多保留一段现场时间，反复地进行勘验，以期获得更多的侦查线索和证据。对不能保留的现场，应使用技术手段加以记录和固定，待侦查中进一步分析研究时使用。

三、科学客观的原则

现场勘验应科学规范，必须在技术、方法和体系等方面具有科学性。现场工作应当以事实为依据，防止主观臆断。现场物证提取、检验、鉴定应当采用新的技术方法；在命案、伤害案件、性侵案件和因经济纠纷绑架或杀人案件中，需要注重电子证据的收集，注重网络环境下嫌疑人、当事人的多元电子轨迹；应当运用数字化技术、数据库技术记载和保全现场证据，并进行现场分析和重现。

四、守法保密的原则

现场勘验人员必须严格遵守现场勘验纪律，听从命令，服从指挥，切实完成各自承担的任务；严禁任何人故意破坏、隐匿痕迹和物证。现场勘验中的法医和其他工作人员尽量避免将自身手印、足迹、烟头等遗留现场。对现场情况严格保密。并尊重当地群众的生活和风俗习惯。

法医现场勘验人员除了遵守相关的纪律外，还必须严格遵守《中华人民共和国刑事诉讼法》第101条至第108条的规定。

五、安全勘验的原则

勘验人员在现场勘验工作中，必须采取有效的防护措施，避免危险因素对勘验人员、见证人及周围群众的人身安全和身体健康造成伤害，避免对公共设施及公共安全造成危害。如对涉爆、涉枪、放火、中毒、放射性物质、传染性疾病、危险场所等可能危害勘验、检查人身安全的现场，应当先排除险情，在保证勘验、检查人员人身安全的前提下，再进行现场勘验、检验。

第三节　法医现场勘验的性质和任务

法医现场勘验是法医和相关技术人员依法对案件现场进行实地勘验、检验，以发现、收集犯罪证据和侦察线索为目的一项侦查活动。现场勘验是一项技术性和实战经验很强的工作；现场勘验的技术手段一般包括：①发现、提取痕迹和物证所使用的物理、化学、生物、电子、网络等技术方法；②对尸体进行解剖检验、组织病理学检验、毒物分析、DNA检验、人类学检验等法医学技术和方法；③对活体（包括被害人或犯罪嫌疑人）进行躯体和精神状态检查所使用的法医学与临床各学科的技术和方法；④对现场状态和特征进行记录的照相、录像、录音、绘图等技术和方法。

一、法医现场勘验的性质

刑事案件现场通常是由观察行为引起的，交通和生产事故通常是由违章操作或作业所致。任何不当操作或犯罪行为总是在一定时间和空间内进行，并导致空间环境发生特定的变化。现场也因此在特定时间内存储了犯罪过程、行为和后果的所有信息，表现为犯罪信息载体的总和。法医工作者依法参与，对现场进行的科学勘验是事故处理和刑侦工作的重要环节。

（一）法医现场勘验是侦查工作的起点

侦查工作在多数情况下是从发案现场开始的，依据现场上的客观状况充分地揭露现场现象的本质，研究各种现象与犯罪行为之间的因果关系，分析作案动机、目的、手段、方法，推断犯罪发生的条件和可能动向，确定侦查方向和范围，推动侦查工作的顺利进行。法医现场勘验的质量决定侦查工作的成败。

（二）通过现场勘验获得案件相关信息和证据

任何情况下，案件和事故的线索和证据总是客观地存在于现场，只有通过全面、细致地现场勘验，法医及侦查人员才能够对案件作出准确、具体的分析判断，从而科学地引导侦查方向，使侦查工作顺利进行。

现场勘验为划定侦查范围、确定侦查方向、制定侦查计划、查证嫌疑人员、确定犯罪和证实犯罪提供信息和证据。根据现场勘验提供的信息和物证，包括凶器、赃物、作案工具、血衣、指纹、足迹等可以确定嫌疑对象、认定犯罪嫌疑人及其犯罪事实，为案件侦查、诉讼和审判提供科学证据。

二、法医现场勘验的任务

法医现场勘验的任务较多，主要包括以下几个方面：

（一）划定勘验范围，确定事件性质

法医现场勘验是在划定的范围内进行实地勘验、现场调查和现场分析。只有准确地划定现场勘验的范围，才能把握战机，集中人力物力，及时、全面地获得线索和证据。

现场勘验范围的划定，主要根据发案情况报告和对现场初步调查而拟定，亦可根据勘验的不断深入和案情的需要适当地扩大或缩小。

（二）发现证据，查明犯罪活动

通过现场勘验主要解决的具体问题有：

1. 确定犯罪嫌疑人进入现场的时间、方式、在现场的活动情况及逃离现场的时间、方向、路线等。

2. 查明现场在周围环境中的位置，确定所发现的现场是否为单一现场、主体现场或关联现场。

3. 查明犯罪嫌疑人的情况，包括犯罪嫌疑人的人数、体貌特征、文化程度、语言特征、职业特点、作案条件、手段、习惯、作案工具、凶器、交通工具等。

4. 查明犯罪后果，如被害人个数、尸体情况、财物损失情况，包括其种类、数量特征、价值、产地及行销情况等。

5. 查明现场伪造、伪装、破坏、变动及反常情况等。

法医现场勘验中发现和收集犯罪嫌疑人在现场上遗留的各种证据是现场勘验中最重要的任务，贯穿整个现场勘验的全过程。在进行现场勘验时，要注意发现、搜集、证明犯罪事实存在的证据，确认犯罪嫌疑人，揭露、证实犯罪。如犯罪嫌疑人遗留在现场的血迹、毛发、指甲、烟头、精斑、混合物、凶器、毒物及包装物、纸片、手印、足迹、工具及痕迹、脱落的纽扣、衣物纤维、碎片、随身携带的物品等。这些痕迹物证有时容易被忽略而未发现和提取，故现场勘验必须认真细致地进行。

根据现场情况分析可能留下痕迹物证的隐蔽部位，选择适当的提取方法，才能获得这些痕迹物证并及时检验，很多情况下这些隐匿痕迹物证往往是案件破获的关键。

（三）完整记录现场，为侦查提供线索

全面、客观、准确、翔实的现场记录是侦查、诉讼、审判的依据和证据，现场记录是保留现场特征的必要手段。由于各种原因，犯罪现场不可能长期保留，因此利用笔录、绘图、摄影、录像、录音等手段记录、固定现场情况及其物证是非常重要的工作。随着侦查、诉讼、审判工作的逐步深入，侦查人员更需要利用现场记录反复研究和分析案情，从中不断获得更多的信息，激发对案件新的认识，达到对案件和事故发生过程、原因、后果、责任等问题的客观判断。

（四）分析现场信息，确定侦查方向

对现场勘验所获得的信息资料进行甄别、筛选、分析、研究，找出它们之间的相互关系及其内在联系，有利于明确案件性质，为侦查提供线索。如杀人碎尸案的抛尸现场，根据现场中的痕迹（车轮印痕、指纹、足迹）、包装物的种类、附属物、尸块上的沾附物、杀人分尸时间、分尸工具、分尸手法等，尸块人类学特征、生理（身长、体态、年龄）、病理（瘢痕、纹身、色素痣、病残等）特征等信息可进行杀人分尸现场、运尸工具、凶手职业特点、被害人死亡时间、身源等分析、推断，最终为侦查工作划定范围，指明侦查方向，达到案件侦破的目的提供依据。

三、现场勘验的顺序

为了迅速、准确地获得犯罪线索和证据，法医现场实地勘验工作应当按照一定的步骤和顺序，在巡视现场的基础上结合案情、伤亡人数和现场环境状况（包括死伤者现场分布及血迹分布等情况），划定勘验范围，确定勘验重点，合理、有序地进行。法医现场勘验的顺序主要有以下四种方式：

（一）由中心向外围进行勘验

这种勘验顺序适用于伤亡人数较少、现场稳定、中心明显、范围有限且痕迹和物品相对集中的现场。如强奸案件有被害人明确指定的地点、凶杀案件尸体所在的现场、爆炸案件中炸点所在的现场等。

勘验工作由中心向外围分层次进行。在进入现场中心向外围进行勘验时，要注意选择、确定并划分进出现场的路线，避免造成痕迹、物证的破坏或勘验过程中形成勘验人员的痕迹。

（二）由外围向中心进行勘验

此种勘验顺序适用于有多个被害人且被害人分布不集中、痕迹物品分散、中心现场不明确、范围较大或自然条件、周围环境因素等影响明显需要迅速缩小范围的现场。如野外现场多采用这种顺序进行勘验。如果先进入中心现场则可能破坏外围现场痕迹。此时需要采用从外围到中心的顺序进行勘验。

（三）分片分段进行勘验

该种勘验顺序适用于暴恐杀人案件、现场范围大、地形和环境复杂、现场沿路（沿岸）呈带状分布的情况。如碎尸案沿河岸抛撒尸块的现场、飞机在高空坠毁的现场、大型盗窃案件、交通肇事现场等。为了寻找和发现犯罪现场所遗留或隐藏的痕迹物证，如弹头、弹壳、烟头、凶器、尸体残块、飞机碎片、黑匣子等，需要勘验人员对现场合理地进行分片、分段进行勘验，以免遗漏犯罪嫌疑人所遗留的证据及痕迹。

（四）沿现场客观地貌进行勘验

野外杀人或抛尸等案件，有明显自然界限的河流、湖泊、公路、铁路等，可以沿着自然形成的地形界限进行勘验。

无论采取何种勘验方法，在对一个限定的场所、物品进行勘验时，必须按照一定的逻辑和顺序进行，避免遗漏相关的痕迹和物证。

四、现场勘验的步骤

（一）静态勘验

静态勘验是指在保持犯罪现场原始状态和内外环境不变的情况下，现场勘验人员对现场进行全

面巡视和观察的一种侦查活动，目的是掌握现场总体情况、判断犯罪活动大致过程、犯罪者的行为方式、初步划定勘验范围和勘验重点，并制定紧急措施。

1. 整体静态勘验 在保持原始现场不变的前提下，对整个现场进行观察，把握现场整体情况。将现场的方位、状态、物品、尸体及犯罪嫌疑人进出现场的出入口、路线等作为一个有机的整体进行考量，从宏观上把握特定的时间、空间、人、物等方面的外部联系，从现场整体角度获得犯罪或事故现场的基本信息。在整体静态勘验中，要运用笔录、照相、录像、制图等手段固定原始现场状态。

2. 局部静态勘验 在整体静态勘验之后，应对已划定的现场各片区分别进行观察、记录和研究。如对现场上尸体的位置、姿势、损伤、搏斗痕迹、血迹分布、凶器、损坏器物等及其相互之间的关系进行局部或区域观察，判断其形成原因、发生过程、先后顺序，推断局部与整体、局部与局部的关系。

（二）动态勘验

是在静态勘验的基础上，运用各种技术手段和方法，对现场每个区域中局部存在的痕迹、物品进行翻转、移动，从不同角度进行详细观察、检查、检验、研究、记录并进行证据采集的一项侦查活动。

在进行动态勘验的同时，要注意发现隐蔽处痕迹物证的发现，分析各种痕迹物证形成的条件、原因、与犯罪行为的关系等。在对某一客体上的痕迹、物证进行勘验时，应按照由低到高、由左向右、由表及里等逻辑顺序进行，例如进行尸体勘验时，应先观察记录尸体的位置、姿势、周围血迹分布状况、尸体上的覆盖物、指纹手印、足迹、其他痕迹、凶器等，然后揭开覆盖物逐层检查被害人的衣着、尸表，最后进行解剖检验。

无论是静态勘验还是动态勘验，二者均非孤立，而是相互联系并交替进行，两者是有机的、不可分割的整体行动，缺一不可，相互包容。只有由整体到局部，由宏观到微观，从静态到动态，对现场进行反复勘验，才能全面地认识现场特征，从中发现、提取和保存各种痕迹、物证，科学地揭示案件的本质。

（三）现场复勘

案件和事故往往为突发情况，案发地点环境和人员复杂。由于受到案发当时自然条件或技术力量的限制，或者随着案情调查的深入，提示仍有重要物证、痕迹遗留在现场，很多现场勘验并不能一次全部完成，这种情况下需要对现场进行复勘，以获得更多、更全面的信息和证据。

现场实地勘验时常用的方法有：直接观察法、比较研究法、科学检验法、现场实验法等。在实际工作中，往往需要将多种方法结合使用。特殊的现场，还需要用特殊的技术和方法。

五、现场搜索

现场勘验和检验中，经常需要对现场周围环境进行搜索和追踪。现场搜索是指在现场勘验的过程中，以发现案件现场应受扣押之物、犯罪相关物证和痕迹、应受拘捕之人等为目的而对现场周围场所、住宅、犯罪嫌疑人等进行搜索、检查的一项紧急勘验工作。

现场搜索应该明确目的，完成特定搜索的任务。现场搜索的任务因案件具体情况不同而有所差异，一般有以下三个方面的任务：①搜寻被害人衣物、尸体、组织检材等；②寻找与犯罪有关的痕迹、作案工具等；③发现并排除可能危害勘验技术人员安全的隐患。

各类现场搜索的方法要灵活运用，更要注意依法进行。有些案件，勘验人员在案发现场没有发现有价值的痕迹、物品，通过对现场周围环境和空间的搜索，往往可以获得意想不到的结果。

第四节 现场勘验记录

现场勘验记录是勘验人员运用文字、绘图、照相、录像、录音等多种方式和手段对案件和事故现场的原始状态、勘验情况所作的客观的、系统的记载。现场勘验记录是具有法律效力的文书；根据《中华人民共和国刑事诉讼法》第四十二条规定，真实可靠的现场勘验记录是案件侦查和审判的重要证据。

一、现场勘验记录的手段和意义

现场记录手段主要包括现场勘验笔录、现场绘图、现场摄影、现场录像、现场录音五种类型；各个记录手段相辅相成，形成一个有机的整体。

现场勘验记录贯穿于现场勘验的始终，是现场勘验的内容之一，也是收集和保全证据的重要形式；现场勘验的过程、步骤、内容都需要通过现场记录来体现和固定下来。现场勘验记录在对案件侦查、诉讼和审判具有以下重要的意义：①现场勘验记录与图片（图像）是侦查人员了解现场情况的主要依据；②现场勘验记录为案情分析提供重要的证据；③现场勘验记录是鉴别其他证据的可靠依据；④现场勘验记录是法定的诉讼证据。

二、现场勘验笔录

现场勘验笔录是现场勘验人员在案件现场勘验过程中，对现场情况和勘验情况所做的客观真实的文字记载，是一种具有法律效力的司法文书，是法定的证据。

（一）现场勘验笔录的构成

1. 标题　现场勘验笔录标题要写明案件的名称和记录种类。

2. 概况　记载现场勘验的基本信息。包括以下五个方面的内容：①接到报案的情况，如接到报案时间、报案人单位、姓名、住址、联系方式、所述案件发生的时间、地点、经过情况；②参加现场勘验的指挥人员、侦查人员、法医及其他技术人员的姓名、职务等；③现场保护情况；④见证人的姓名、工作单位、职业、住址、联系方式；⑤现场勘验的日期、起止时间；勘验所处的自然条件，如天气、温度、湿度、光线、照明等。

3. 正文　正文是现场勘验的核心内容，一般包括以下五个方面的内容：①勘验现场的地点、具体位置、毗邻情况、现场范围、周围环境等；②现场入口、出口情况，如门窗、墙壁、通道、可疑痕迹物证等；③现场内部情况，如案发前状态、案发后的变动情况等；④犯罪的痕迹，主要是现场中心部位的情况，如尸体的位置、姿势、衣着、损伤、血迹分布状况，搏斗痕迹等；被撬压的门窗痕迹、手印、足迹及其他痕迹的位置、大小、数量、范围、状况、特点；固定手段、提取方法等；⑤现场作案工具的所属、来源，是否为犯罪嫌疑人所留，工具所在的位置、状态、提取方法等。

4. 结尾　包括以下四个方面内容：①所发现、提取的痕迹及物证的名称、数量及特征标记；②绘制现场图的种类和数量，拍照、录像的数量和内容；③现场勘验指挥人员、勘验技术人员、笔录制作人员签名；④现场勘验见证人签名。

（二）现场勘验笔录制作要求

1. 法医现场勘验笔录必须客观记载现场的实际情况，不得用推测、分析、推断等主观臆测性的语言。

2. 法医现场勘验笔录制作应当及时，边勘验边记录，不得根据记忆补充勘验笔录。记载顺序应与现场勘验顺序相一致。

3. 法医现场勘验笔录用语必须科学、准确、规范，尽可能使用医学、法医学以及侦查学等专业术语，不能使用含义不清、模棱两可的语言或者方言、地方习语等。

4. 法医现场勘验笔录应当全面，并且重点突出，与案件有关的一切事实和现象都应该记录，对重点内容应该详细记载，记述关键特征。

5. 单独制作的尸检笔录、痕迹笔录、搜查笔录等应在现场勘验笔录中加以说明。

6. 复查现场时，应制作补充笔录一次，对一起案件有多处现场的情况，如杀人现场和移尸现场应分别制作笔录。

为了迅速、有效、准确地进行现场勘验，有时在制作笔录的同时要进行录音，以期更全面地记录勘验内容，弥补或补充笔录的不足。具体要求应参照现场调查的录音规则进行。

三、现场绘图

现场绘图是现场勘验人员在案件现场勘验过程中，利用制图学的原理和方法，采用几何绘图及文字说明的形式，对犯罪现场情况和状态进行固定和记录的一种专业记录方式；是现场记录的重要组成部分。

现场绘图比现场笔录更具有视觉和空间的直观性，它用形象、生动的展示方法反映现场的原始状况和变动后的状态，能补充现场笔录、现场照相和现场录像的不足。现场绘图需要根据案件和现场的具体情况灵活地应用各种绘图形式，准确、醒目地描绘出现场不同空间的位置、概貌、标明局部微小痕迹物证的方位、形态、大小、特征及其与周围环境的相互关系；能展示犯罪嫌疑人的活动过程、进入和逃离现场的路线等。现场绘图也能为未到达现场的指挥员、侦技人员提供了解、分析现场的依据，是作为侦查、预审中甄别犯罪嫌疑人口供的依据之一。

（一）现场绘图的种类

1. 现场方位图　用于具体反映现场的位置、周围环境以及现场周围与本案有关的其他场所、遗留痕迹物证的地点、犯罪嫌疑人潜逃路线、方向等内容的一种绘图方式。现场方位图展示的范围比较大，可采用俯视的方式进行绘制。

2. 现场平面图　是以平行垂直投影原理绘制的一种水平俯视图，用于反映局部现场的情况，表明现场的范围、出入通道和门窗位置、各种陈设物品、尸体、痕迹物证的位置、形态、大小及其相互关系的一种绘图方式。多用于绘制室内现场。

现场平面图分为两种，一种是现场平面示意图（图 2-1），绘制该图不用严格按照绘制对象各部分的相对大小来进行绘制，一般在图上用数字标明其大小和距离。另一种是现场平面比例图，绘制该图要使整个绘图对象及其相互之间距离均按一定比例进行。

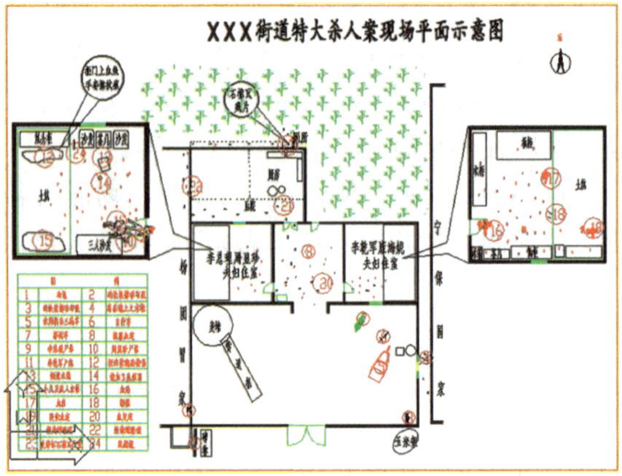

图 2-1　现场示意图

3. 现场平面展开图　是在现场平面图的基础上，运用垂直投影与水平投影的原理和方法，展示现场其他几个立面或顶面情况的一种图示，多用于绘制室内现场。

4. 现场立体图　是用于反映物体外部立体形态特征的一种绘图方式，从立面、侧面和平面表示现场物体、痕迹、物品的位置、状态及相互关系。立体图的真实感很强，但只能反映物体的外部形象。

5. 现场剖面图　是利用透视、剖切原理，切除遮挡视线的一部分建筑、物体，暴露出现场内部各种物体关系及现场内部物体与外界环境关系的图形。

6. 现场复原图　是用平面图、展开图或立体图的表现形式，反映被严重破坏的现场及其周围环境在破坏前的原始状态的一种绘图方式。

7. 现场综合图　是运用上述各种绘图方式中任意两种以上的绘图方法表现现场及其周围情况的一种绘图方式。

（二）现场绘图的要求

现场绘图是一项极其细致、科学的现场工作，必须严格按照现场勘验、检查、制图的顺序和规范进行。现场绘图应当符合以下六方面的基本要求：①标明案件名称、案件发生、发现时间，案发地点；②完整反映现场的位置、范围；③准确反映与犯罪活动有关的主要物体，标明痕迹、物证、成趟足迹、尸体、作案工具等具体位置等；④文字说明要简明、准确；⑤绘图要布局合理，重点突出，画面整洁，标识规范；⑥要注明测量方法、比例、方向、图例、绘图单位、绘图日期和绘图人。

（三）现场绘图的步骤

现场绘图时，不仅需要熟悉掌握案情、确定现场范围、选择制图种类，构思具体画面，还需要对现场情况进行细致地测量和绘制，以确保整个现场图的规范和准确。绘制现场图的一般步骤如下：

1. 全面观察现场　在全面观察和细致勘验现场的基础上，明确现场中心和现场总体范围后，进行构思、设计画面。

2. 选择现场绘图种类　根据现场所要表现的内容确定绘图种类、表现形式和绘图方法。要全面反映现场的情况，要有方位图、全貌图和局部图；但是，反映一个案件现场，只需要几种绘图类型即可。

3. 确定方位，选择比例。

4. 绘制草图　一般在现场勘验过程中，先进行现场草图绘制，正式现场图一般在勘验工作结束后进行绘制。

5. 绘制正式现场图　目前多用电脑绘图软件，按照一定的标准和要求进行绘制。应准确地标明现场方位、现场物体、痕迹、物证的名称或代号，并与现场笔录记载相互一致。

四、现场摄影

现场摄影是现场勘验人员运用摄影的技术方法，固定、记录案件现场方位、概貌、现场相关痕迹、物证特征和相互关系的一种勘验记录工作。

（一）现场摄影的种类和方法

现场摄影是现场勘验的重要记录手段，它能够把现场的方位、概貌、重点部位和那些不便提取或用文字、绘图难以表达的物品及容易遭到自然或人为因素破坏的痕迹物证，真实、迅速、准确、完整、清晰地固定下来，为现场讨论、现场复查和技术鉴定提供形象、逼真直观的影像资料。

现场摄影的种类有方位照相、概貌照相、重点照相和细目照相四种类型。

现场摄影除了最常见的单向拍照法之外，在现场勘验实践中常见的拍照方法还有：相向拍照法、十字交叉拍照法、回转分段连续拍照法、直线平行分段连续拍照法、比例拍照法等。

（二）现场摄影的步骤

在进行现场摄影之前要对现场状况及周围环境进行观察，确定要拍摄的现场中心和外围，掌握现场各部分之间的关系，分清主次，明确所要重点表现的对象，拟定拍摄计划，包括拍摄的内容、范围、顺序和表现方式、拍摄方法、特殊手段等。

现场拍摄时，对有可能成为证据的痕迹物证要注意在其遗留处放置标记；拍摄尸体时应放置尸体检验编号标记；拍摄现场复原照片，要先拍摄复原前的照片，并记入笔录，同时对该照片要加以说明。在命案现场勘验中要真实地反映尸体与现场中其他物体的相对位置关系，因此照片中放置标记，如比例尺、箭头等非常重要。保留比例尺和箭头等标记可以方便未来的案件回顾分析与研究，缺少标记的照片有时可能在案件诉讼和审理过程中产生争议，甚至失去证据作用。

现场拍摄中，应按照先全貌后重点，先原始后变化，先外后内，先下后上，先易后难的顺序进行。同时，要注意抢拍那些易受自然或人为因素破坏的部分，以免造成无法弥补的遗憾。拍摄的照片必须清晰，从不同的方位、角度反映主体的真实情况。尸体或伤者的损伤形态和物证痕迹的照相，一定要垂直拍摄，不能偏斜，否则会变形失真。对尸体的损伤拍照时，一定要放置与创口平行的，修建整齐的比例尺和指示标记。照片的焦平面一定要与损伤所在平面重合，模糊不清的照片不但会给研究案件造成困难，而且有可能产生误解，失去鉴定和证据作用。

五、现场录像与录音

现场录像和录音是刑侦技术人员在现场勘验过程中运用数码录像和录音技术，将案件或事故发生的地点、与犯罪有关的场所及痕迹物证、声音、语言，连贯、形象地进行拍摄记录的一种方法。

随着数码科技的发展，录像设备的功能日益强大，它不但具有良好的清晰度，每幅画面的主体清楚，而且要有连续性、层次性，使全部的现场照片构成一个完整的影像整体；能将图像和声音同时记录下来，生动逼真，有“身临其境”之感；也能反复播放，供技术人员研究。现场录像和录音与其他记录方法相比，优越性明显，技术日益发展，应用明显增多，在重要案件的现场勘验中，现场录像和录音已成为常规记录方法。

六、现场勘验结果的信息化

随着大数据、云计算、物联网等新技术的研发与应用，公安系统已构建了立体化信息平台，如“全国公安机关现场勘验信息系统”，该系统是综合运用数据库、图形、计算机、网络等技术，整合案件信息，对不同案件进行综合分析、研究、判断，并把一些不同时间、空间发生但具有共同特征、物证、痕迹的案件串并起来，显著提升了侦破效率。现场勘验信息系统还可对技术工作进行统计、考核、自动形成物证检验鉴定文书。因此现场勘验信息系统是集多种功能于一体的综合信息化管理与应用系统（图2-2）。

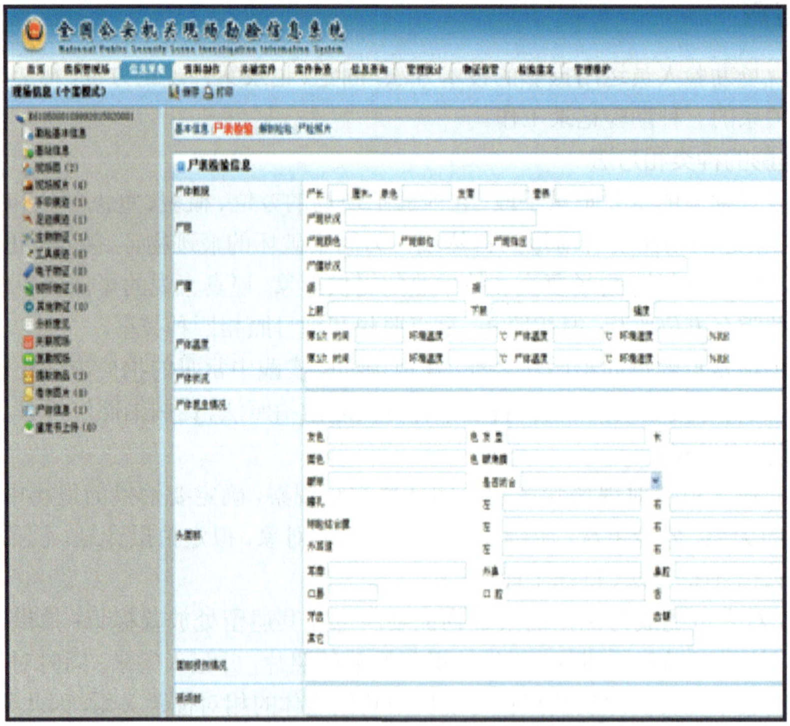

图2-2 现场勘验信息平台

目前获得的现场勘验资料除进行传统的案卷保存之外，还需要对勘验结果进行数字化备份，输入技术标准统一、资源共享的大数据库平台，以备智能化查询和比对。

现场勘验工作的信息化是以信息科学技术为先导，以信息、网络、大数据、云计算等技术为载体，在勘验部门的统一规划下，网络在线搜集、储存、传输、分析、统计、比对现场勘验的各种数据信息，可以迅捷、科学地指导现场勘验和侦查工作。现场勘验工作的信息化应当注重现场勘验设备、信息网络、运行模式的科学化和信息化建设。现场勘验工作的信息化也要注意保密和网络安全。

第五节　现场实验

现场实验是在现场勘验的过程中，为了确定与案件有关的某一事实、情节或现象在特定条件下发生存在的可能性及其方式，现场勘验人员模拟案件现场环境条件，对特定的事实和现象进行复制、演示，达到确定或否定其发生可能性及发生方式的目的。

一、现场实验的任务

现场实验是现场勘验的继续和发展，是对现场线索、证据认识的进一步验证，是现场勘验的一种检查性措施。现场实验的具体任务包括：①验证在特定的现场条件下能否听到某种声音或者看到某种情形；②验证在一定时间内能否完成某一动作或行为；③验证在现场条件下某种行为或者作用与遗留痕迹、物品的状态是否吻合；④确定某种条件下某种工具能否形成某种痕迹；⑤研究痕迹、物品在现场条件下的变化规律；⑥分析判断某一情节的发生过程和原因；⑦其他需要通过现场实验作出进一步研究、分析、判断的情况。

二、现场实验的步骤

现场实验的目的是通过重现现场环境条件，观察实验对象变化过程和结果，证明现场或案情情节。

现场实验是一项符合法律要求的科学实验，一般步骤如下：

1. 确定实验的内容和方法　根据现场所要解决的问题，确定实验内容和方法；必要时应当请教行业专业人员，使实验设计和实验方法更具有科学性、严谨性和灵敏性。

2. 准备实验用具和物品　现场实验的用具和物品应当尽量使用原物；如果原物损坏或者需要进一步鉴定、比对时，应选择与原物同类的替代物进行实验。对于人体的损伤实验，替代物可用中型犬或猪（肉）；对颅骨进行实验可以用猪皮对颅骨进行包裹模拟头皮。现场实验需要严格谨慎。

3. 确定参加现场实验的人员及分工　现场实验通常由刑侦技术人员主持和进行。现场实验开始之前应当邀请 2 名见证人参加。如果现场实验涉及一些专业性问题，需要邀请该领域的专家参加。参与现场实验的所有人员，包括见证人应当对实验过程和结果保密。

4. 实施现场实验设计的内容，重现案件现场事件的发生过程　如果条件许可，类同的实验应当重复至少两次以上，避免偶发因素；实验过程中要设立对照，以便对实验结果做出科学地判读。如果是确证两个以上调查对象所陈述的同一问题，如描述颅脑损伤的被害人头部被击打的方向不一致时，实验应当分别进行。

5. 确定实验的地点和条件　现场实验应当尽可能在案件现场环境下进行；如果案件发生时的条件已经不具备，可以重现现场环境，在模拟条件下进行；如果实验过程不涉及自然条件，如光线、风向、风力气温等实验结果的影响，现场实验应选择在实验室内进行。对于爆炸杀人的现场，现场实验应当按照真实现场进行布置，死伤者用猪或者猴等动物进行替代，并为其穿上衣物，以确保实验尽可能的接近当时现场情况。

在现场实验过程中，严格禁止可能造成人员伤害和环境破坏的实验，禁止侮辱他人的实验，禁止不择手段、违背法律法规及伦理道德的实验。

三、现场实验记录

我国《刑事诉讼法》第 133 条规定：侦查实验的情况应当写成笔录，由参加实验的人签名或盖章。

根据我国《公安机关刑事案件现场勘验检查规则》第77条规定:“对现场实验的过程和结果，应当制作《现场实验笔录》，参加现场实验的人员应当在《现场实验笔录》上签名或盖章。进行现场实验，可以照相、录像、录音”。即为了使现场实验的结果在诉讼和审批中发挥证据的作用，应对实验的过程和结果采用笔录、绘图、照相、摄像等方法予以记录和固定。实验记录以笔录为主。现场实验笔录一般包括以下五个方面的内容:①案件的基本情况;②现场实验的内容和目的;③现场实验的参加人员情况;④现场实验的地点、实验环境、条件、方法、实验过程及结果;⑤现场实验人员签名或盖章。

第六节　现 场 处 理

案件或事故现场勘验结束后，对于没有必要继续保留的现场，应撤销现场保护，通知当事人或发案单位妥善处理;对于现场上的重要财物，应向当事人当面点清。

对于某些重大、复杂、疑难案件的现场，由于受到时间、人力、物力和客观条件的限制，一次现场勘验不能完成，需要继续保留以备进一步勘验和复查时，向现场勘验指挥人员申请批准，可采取一定的措施，全部或部分保留现场;同时向当事人或现场所在单位负责人说明情况。

一、现场尸体的处理

根据我国相关法律法规要求，他杀案件的尸体必须进行法医学解剖检验。对于尸源明确的非他杀尸体，须首先知会被害人家属后方可进行尸体外表检验，如果死因已经查明，没有必要继续保存的，可通知被害人家属、亲友或有关单位进行火化;对于需要经过解剖才能确定死因的尸体，应按照原卫生部《尸体解剖规定》和公安部《公安机关办理刑事案件程序规定》进行操作。

对于无名尸体，应进行辨认照相，同时按捺双手十指指纹和掌纹，提取血液、肋软骨等组织，进行DNA识别认定。在没有查清被害人身份前，需将尸体冰冻保存，以便亲属认领。同时，被害人衣服和其他遗物也需全部保存起来，以备辨认。

对于碎尸案件，如肢体已经找全，经过检验并提取有关附着物，判明肢解凶器，按捺指纹并进行拍照后，可通知被害人家属或有关单位进行处理。若残肢尚未找齐，可采取冰冻或者防腐措施保存。对于抛弃、隐匿尸体残肢的包装物、捆绑物要作为重要证据，妥善保存。

二、现场痕迹和物品的处理

现场勘验结束后，对于提取、扣押的痕迹和物品要妥善包装、封存、标记、运送、保管，防止损毁或丢失。

对于现场上扣押的物品或文件，应按规定出具法律手续，即出具《扣押物品、文件清单》，一式三份，一份交物品或文件持有人，一份交公安机关扣押物品、文件的保管人员，一份附卷备查。

对于应当扣押但不便提取的物品、文件，经拍照或录像后，可以交被扣押物品、文件持有人保管或封存，并单独开具《扣押物品、文件清单》，在清单上注明已经拍照或者录像。

对应当扣押但容易腐败、变质及其他不易保管的物品，可以根据具体情况，经县级以上公安机关负责人批准，在拍照、录像、固定后委托有关部门变卖、拍卖或者销毁。

对扣押的爆炸物品、毒品、枪支、弹药和淫秽物品以及其他非法违禁物品，应当在固定相关证据后，移交有关部门处理。

（阎春霞）

思考题

1. 什么是法医现场勘验?

2. 现场保护的任务是什么？
3. 现场照相的方法有哪些？
4. 命案现场尸体照相有何要求？
5. 现场实验应解决哪些问题？

第三章　血迹勘验与分析

血迹（bloodstain）是血液在载体上留下的痕迹，是犯罪现场重要的生物学与痕迹学物证之一。血迹勘验与分析是根据现场中遗留的血指印、血掌印、血足印以及血迹的形态和分布特点，分析重现相关犯罪行为与作案过程，从而证实犯罪并认定犯罪嫌疑人，因此其在命案现场的勘验与重现中占有至关重要的地位。

第一节　血迹勘验与分析基本理论

一、血迹勘验与分析的研究历史

人体血迹用于命案侦破的历史十分悠久，其最早见于我国先秦时代的竹简《封诊式》，距今已有2000多年历史。北宋时期，我国古代伟大的法医学家宋慈最早发现了致伤物上沾染的血被洗掉后仍然会吸引嗜尸性蝇类的现象，并将其记录在《洗冤集录》中。近现代的血迹勘验与分析技术发源于德国，其后由各国学者不断补充和完善。1850年至1940年间，德国《法医学季刊》（*Viertaljahresschrift fur gerichtliche Medizin*）连续刊载了大量关于血迹的法医学应用相关论文。1863年，J. Beck与T. Beck在《法医学原理》一文中首次报道了血迹形态分析在实际案件中的应用。1880年，H. Faulds博士首次提出血指印可用于犯罪嫌疑人的认定。维也纳大学的E. Piotrowski教授被认为是血迹分析学的奠基人之一，在其于1895年发表的《颅脑钝器伤所形成血迹的出血点、形态、方向与分布》一文中，首次提出将血迹分析用于命案现场重现中。A. Florence教授于1901年首次根据现场中的血迹形态对其进行了规范的分类，将血迹共分为滴落状、喷溅状、挥洒状以及擦拭状四种；1902年J. Glaister博士进一步补充了血泊这一类型。1904年德国犯罪学家H. Gross出版了《法庭刑事调查制度》一书，正式提出了血迹证据的现场提取和记录规程。1953年美国的P. Kirk博士发现了“血迹空白区”这一现象，并将其用于命案的侦破。1960年，波兰学者J. Radzicki博士发明了血迹模拟重现技术，这一技术后来被广为接受，一直沿用至今。国际血迹分析学会（International Association of Bloodstain Pattern Analysts，IABPA）于1983年正式成立，其对血迹分析学的发展起到了巨大的推动作用。

二、血迹勘验与分析的意义

由于刑事案件的发生过程在时间上具有不可逆性，因此利用犯罪现场遗留的痕迹物证分析判断案件的具体实施过程，很大程度上要依靠现场勘验人员的逆向思维。现场中各种形态的血迹是一种能够反映作案活动的动态过程的痕迹学物证，其包含了大量有关犯罪的信息。通过对犯罪现场血迹的勘验分析、测量与计算，能够推断其来源、方向和角度等，判断血滴运动的近似速度，以及出血点的范围并判断案件发生的时间、杀人的顺序等，为重现犯罪活动过程提供条件。现场血迹形态的分析是法医现场勘验十分重要的工作，对犯罪现场的分析重现和案件侦破都具有重要的作用。

三、血迹分析的研究对象与内容

（一）血迹分析的研究对象

血迹分析学是法庭科学的一门分支学科，其研究对象是十分明确的，即犯罪现场遗留的各种血迹。需要注意的是，血迹分析是研究各类血印痕以及血迹的形态和分布特点，从而重现作案过程。血迹形态与分布特点的分析研究主要是利用物理学与数学方面的相关知识，但由于研究的对象是血迹，因此应掌握血迹相关的生物学基本理论与知识。

（二）血迹分析的研究内容

犯罪现场血迹形态的分析研究主要包括两方面的内容：基础理论研究与应用型研究。基础理论研究与应用型研究对于本学科的发展均具有重要作用，两者相辅相成，不可偏废。

基础理论研究涉及血液的性质、血液在体外的运行状况、接触物体过程、血迹形态与血液的关系、各种血迹形态的定义及分类等问题。这些基础理论问题的研究主要运用的是物理学方面的原理与方法。

应用型研究主要在血迹的基础理论研究基础之上，通过实验对犯罪现场的常见血迹形态进行分析，总结出具有指导性的经验，并通过实践中的特殊血迹形态和分布研究，促进理论研究的深入发展。

第二节　血迹的形成

一、现场中血迹的分类与特点

血液流出体外后，会与现场中不同的客体接触并形成血迹。在他杀案件现场中的血迹与犯罪活动的实施过程有密切联系，因此对现场血迹分析可再现犯罪行为实施的部分或全部过程。若在犯罪过程中存在因搏斗而受伤出血情况，有时还能通过追踪血迹来搜寻犯罪嫌疑人，并通过现场中的血迹来认定犯罪。

（一）血迹的分类

由于血迹的形成受到诸多因素的影响，现场中的血迹形态也是多种多样。出血部位、打击速度、承受客体的不同都会导致血迹形态的明显差异。虽然现场中每一处的血迹形态都千差万别，但形成机制相同的血迹会呈现出类似的形态特征。

1. 根据血迹的形成机制分类　根据血迹的形成机制，血迹形态主要有以下三种划分方法：

传统的分类，将血迹分为静态血迹、喷溅血迹以及转印血迹。所谓静态血迹，是相对后两者的动态而言，主要是指人体出血后仅受重力作用而自然形成的血迹，包括凝结的血块、血滴、血流以及血泊。喷溅血迹是指人体出血后，血液受血管内压力作用而形成的印迹。转印血迹是指客体接触血液后形成的印迹，包括擦拭血迹、血迹形态转印以及其他接触性血迹。

近年来有部分学者在上述血迹分类基础上又将血迹重新划分为被动形成的血迹、溅血、被改变的血迹。所谓被动形成的血迹，是指血液除受自身重力和摩擦力的作用外，不受任何其他显著外力作用而在客体表面上形成的印迹。所谓溅血，是指血液除受重力和摩擦力作用外，还受到其外力的作用而在承载客体物表面形成的具有方向性的大小各异的血迹。被改变的血迹则是指血液或血迹发生物理或生理变化而形成的血迹。

2. 根据血迹的形态分类　根据血迹形态的不同，可以将血迹分为喷溅血迹、挥洒血迹、滴落血迹、冲撞血迹、咯血血迹、转移血迹、流柱血迹、血泊、浸染血迹、擦拭血迹、喷涌血迹和稀释与混合血迹。不同的血迹形态是由不同的形成机制、环境、过程等所造成的，因此包含了不同的信息。

（二）血迹的特点

血迹通常出现在伤害、凶杀、抢劫等有人身伤亡的犯罪案件现场，有时也出现在民事案件现场。现场中的血迹同手印、足迹以及工具痕迹等一样，具有特定性、多发性等特点，通过分析能够为侦查工作提供线索与证据。此外，与其他痕迹证据相比，血迹通常还有一些相对特异的方面。

1. 血迹的客观性　与现场中遗留的手印、足迹以及工具痕迹类似，现场中的血迹是不以人的意志为转移的一种客观的物质反映，能够较为客观地反映出出血者在现场中出血时的体位、姿势以及活动情况。但是，血迹的形态与形成过程仍需要进行认真、全面的分析才具有可靠性。

2. 血迹的稳定性　由于血液的特殊理化性质和凝血现象，其一旦停留在客体上凝固并干燥后，就会固定，并且能够长期在该处保存；即使该客体被清洗，多数情况下仍然能够用某些显现方法将部分或全部的血迹再次还原出来。此外，由于多数案件现场，尤其是凶杀案件现场中，血迹的数量通常较多，其分布也往往比较广泛，即使犯罪嫌疑人蓄意进行破坏，也往往容易顾此失彼。哪怕一处细小的血迹，也常常能够提供很多犯罪相关的信息。

3. 血迹的反差性　现场血迹通常呈现红色或暗红色，遗留时间越长颜色越深，在现场也更容易被发现，尤其是在浅色客体物表面。即使血迹遗留的客体物表面颜色较深，通过多波段光源照射等方法仔细观察仍能较为容易地发现潜藏的血迹。

二、血滴运动的动力学分析

血液离开人体后呈滴状运动时，其形状、运动过程中的状态以及不同量血滴的运行规律等是法医在现场中进行血迹分析首先要研究的问题。这些问题直接影响到血滴与承载客体表面接触时的运动状态、相互间发生的作用以及最终血迹形态的形成。血滴运动的动力学分析是血迹分析的理论基础。

（一）血滴在运行过程中的形态

血滴在空气中的运动状态与水滴的运动情况相类似。研究表明，当液体滴过大时，其运动时的振荡不明显。血滴在最初形成以及开始运动阶段，振荡相对较严重，具有较大的振幅，这是由血滴从血液中分离时，作用力不均衡造成的。但是对于直径几毫米的血滴，这种振荡在瞬间迅速衰减。血滴的黏度是使振荡衰减的重要因素，其黏度越高，震荡衰减得越快。

对于由打击、撞击等作用方式形成的血迹，通常其直径不大于 2mm。这类血滴在接触客体阶段，其形状近乎于完美的球体，这就是进行血迹测量的基础。

（二）血滴在运动过程中的状态

研究显示，打击、撞击等所形成诸多喷溅的血滴在运动过程中，其相互间发生碰撞的概率极低（$<1\%$）。因此，每滴血滴在离开人体后的运动轨迹都是遵循物理学的运动规律的，不会发生方向的改变。这一现象正是利用犯罪现场中的血迹形态和分布特点准确分析血滴的来源方向、角度的理论依据。

（三）血滴的大小与血滴的运动距离

当血滴的大小不同时，其运动距离是不一致的。研究表明，不同体积的血滴从同一位置方向以同样的速度抛甩出去，血滴的体积越大，其动量越大，其运行的距离也就越远；体积越小的血滴则刚好相反。这一规律对于利用血迹分析判断现场状况具有重要价值。

三、血迹形成与客体之间的关系

血迹形态的种类和特征除了与血液的特性、形成血迹的动力因素等密切相关外，还受到很多外界因素的影响，承载血迹的客体是其中最重要的因素之一。自然界有无数种客体存在，固态和液态客体均可以作为承载血迹的客体，但液态客体易与液态的血迹混合在一起，形成血性的液态混合物，但是，血性液态混合物在一定的盛器中无形态可言，只有当其干涸时才能形成形状。因此，本书仅以固态的客体作为血迹的承载客体进行论述。

犯罪现场上的客体既有固定的，如地面、墙壁等，也有可移动的，如家具、杂物等。这些客体的大小、形态、性能、质地、重量、光滑度、吸水性、附着物、摆放的角度等方面都存在明显不同。这些不同特点对血迹的形成会产生一定的影响。比如，泥土地面、水泥地面、油漆地面均为平面状的物体，但存在着显著的差异。遗留在松软的泥土地面上的血液很容易迅速被地面吸收，如果泥土高低不平，血迹的具体形态很少能完整地反映出来；而对于吸水性能一般的水泥地面，血液向四周流动，当向外围扩张的动力耗竭后，就固定了血迹的形态。又如，同样是一块木板，水平摆放与垂直放置时，所形成血迹的形态特点就各不相同，在水平放置的木板上，容易形成血滴和小的血泊，而在垂直摆放的木板上则易形成长短不一的流柱血迹。

由此可见，承载血迹的客体对血迹形态的形成有着直接影响，其影响主要体现在以下几方面。

（一）客体表面的光滑程度

1. 客体光滑程度的分级　客体本身质地的不同以及人们对客体表面的加工处理方法的不同，都直接决定了客体表面的光滑程度，如金属类材料，质地硬，材料的内部分子结构密度较高，表面很光滑；木质材料，没有经过刨、打磨处理的，表面就很粗糙，经过打磨或油漆后则较为光滑；水泥地面，由于水泥的质地及表面的处理方式不同，其光滑程度也不一样，要依实际情况而定。在研究血迹形成时，一般将客体光滑程度分为四个等级：

一级：表面光滑，渗透性极低或不渗透，用手触之平整润滑。例如，金属类客体、玻璃、油漆的地板家具、各种塑料陶瓷制品、光滑的水泥地面等；

二级：质地相对较密，表面尚光滑，未经过油漆处理，如纸张、木板、未打磨的水泥地石灰墙壁等；

三级：质地疏松，表面粗糙，渗透性较高，外观粗糙不平整，如质量很差的水泥地、柏油路面、黄泥地面、衣服等；

四级：质地较疏松，表面高低不平，多孔状，如土堆、沙地、雪地等。

2. 不同光滑程度的客体对血迹形成的影响　血迹的形成是一个持续的过程，根据血迹与客体接触后的运动变化规律来看，客体的光滑程度对血迹形态主要有以下影响：

（1）对血迹边缘形态的影响。血液与客体接触阶段，客体表面的光滑度对血迹边缘的形态及周围有无细小溅血影响很大。血液滴在光滑的平面客体上时，血迹接触客体的一瞬间，由于客体的反作用力及血迹本身的表面张力作用，使得血液又反弹性地向上涌起，将血液向中心部位回缩聚拢，随之，又均匀地流向四周，形成了边缘较光滑完整的血迹。客体表面的光滑度越高，血滴的边缘也就越完整、平滑。而对于表面粗糙的客体，由于其与血滴接触过程中，作用在血滴各部位的反作用力不同，从而使血滴边缘容易出现锯齿状，甚至在血滴的周围出现细小的溅血点，即所谓的“小卫星现象”。

（2）对血液干燥速度的影响。血液遗留在客体表面之后，随着时间的推移，会逐渐干燥，成为血迹。血液干燥的速度多受干湿度、阳光、风速的影响，受客体的影响不大；光滑的客体通常吸水性较差；而粗糙的客体，特别是吸水性能较好的客体，其表面的性质能够加速血液的干燥。

（二）客体的吸水性强弱

客体吸水性的强弱与客体表面的光滑程度有很大的联系，一般来说，表面粗糙的客体吸水性相对要强些，而表面光滑的客体吸水性相对要差些，但其吸水性主要是由客体的质地决定的。材质疏松，呈细小的多孔状且有一定厚度的客体，吸水性很强，如海绵、棉絮类客体，血液一旦流淌在它们的上面，就会立即渗入其中；材质细密，硬度大且表面密实无缝隙的客体，吸水性多较差，如金属、油漆木等客体，血液遗留在这类客体表面，则停留其表面上直至干燥，不会或者仅极少量渗入客体中。

1. 客体吸水性的分级　根据客体吸水性的强弱，一般分为三级：

一级：血液黏附在客体表面后，血液基本不渗入其中，而是停留在客体的表面，如家具、光滑墙壁等；

二级：血液黏附在客体表面后，一部分被客体吸收，大部分留在客体的表面，如石灰墙壁、皮革类制品、针织较紧密的衣服等；

三级：血液黏附在客体表面后，大部分被客体吸收，少量留在客体的表面，如被子、汽车坐垫、席梦思、疏松的泥土地等。

2. 客体吸水性强弱对血迹形态的影响

（1）对血迹形态大小的影响：血液遗留在吸水性强的客体上时，大部分血液会被吸入其中，不会在客体的表面扩散开来，因此形成的血迹形状小；血液通常不会在这类客体表面形成流动状血迹，除非血液的量远远超过客体吸收的能力。反之，血液遗留在吸水性差的客体表面上时，形成的血迹形态就比较大，血液量多时，常形成血泊。

（2）对血迹形态种类的影响：在吸水性较好的客体表面，血液迅速被客体吸收后，不再流动，因此在吸水性好的客体表面极少能形成流柱状的血迹；在吸水性差的客体表面，血液长时间停留在客体表面，量大时易形成血泊，表面倾斜时易形成流柱状血迹。

（3）对血迹形态边缘的影响：血迹的边缘形态决定着血迹形态的种类和特征，如血迹边缘的光滑、锯齿状、拖尾、卫星现象等，分别能够反映出血迹为滴血、喷溅血、抛甩血等以及形成这些血迹时的角度、高度、速度等。在吸水性好的客体上，血迹的边缘形态往往模糊不清，反映不出边缘的各种细节特征；而在吸水性较差的客体上，血迹边缘各种特征则反映较为清晰。

（三）承载血迹客体表面的角度

承载血迹客体表面的角度是指血迹所在面与地面的交叉角的度数。当承载血迹的客体表面的角度为0°时，客体与地面平行，摆放平坦；为90°时，客体与地面相互垂直。承载血迹客体表面的角度的不同，对于血迹形态形成的影响很大。

承载客体表面的角度为零度时，其表面的血迹形态多为大小不一的圆形或类圆形。血液量大时，血液不断向外围扩张，形成类圆形的血泊。但是，在实际生活中，绝对水平的物体是很少的，即使是地面也会存在部分高低不平的差异。在此情况下，血液就会顺重力方向流向低处，形成不规则的地图状血泊。当承载客体表面的角度大于零度时，因受地心引力因素的影响，血液不断向下流动，形成流柱状的血迹。流柱状血迹的长短取决于血液量的多少以及客体表面角度的大小。犯罪现场中的物体摆放是没有固定的规律，其与地面形成各不相同的角度坡面，因而会形成形态多种多样的血迹。

（四）客体表面的附着物

客体表面的附着物多是有黏性的物体，与客体表面牢固地结合在一起，如水泥沙粒、石灰、胶水、漆等。它们外加在客体表面，影响着客体表面的光滑度。附着物的性状、大小、分布不同，形成的血迹也存在较大的差异。原本很光滑的客体，血液流动过程中没有障碍，血液的流动通常是均匀地向四周扩散，或者直线向下流动；当客体上有附着物时，血液的流动方式会发生改变，血液遇到附着物 / 障碍物会改变流动路线，呈现出不规则的形状，形成血迹的形态也随着附着物的具体种类和形态发生变化。

（五）客体的颜色

客体的颜色各不相同，大体可分为浅色和深色两类。客体的颜色对血迹的形成影响不大，但它对现场勘验人员观察血迹形态时的视觉效果会产生一定的影响。

陈旧的血迹为暗红色，在浅色的客体上，这类血迹的形态非常容易观察和识别。但是，在深色客体上，如在深红色、褐色、黑色等，血迹的存在就较难被发现。尤其是数量少、形态小的血迹，法医在勘验现场时容易忽略这些血迹的存在。

现场的情况往往比较复杂，在勘验遗留有尸体的现场时，法医大多会认真仔细地去寻找血迹，但在搜索无尸体的杀人现场时，则易疏忽血迹的存在。实际上，在许多无尸体的现场里，原来明显的血迹可能已被犯罪嫌疑人处理过，留下微量的血迹，或者是存在于深色客体上的潜在血迹。一旦现场勘验发现任何细小血迹，经DNA检验与被害人相一致时，其意义就非常重大，有时会成为案件侦破和认定犯罪嫌疑人的关键。由此可见，客体的颜色对血迹的发现有重要的影响。

综上所述，法医在进行血迹分析时，不仅要分析研究血迹本身的情况，还要结合外界各种可能因素，综合考虑犯罪现场的实际情况，才能正确地分析和重现现场。

第三节 血迹形态分类

一、喷溅血迹

喷溅血迹（spurt blood stain）是指人体动脉血管破裂，血液与地面或墙面呈一定的夹角喷出所形成的血迹，其动力来源于动脉的血压。在平面客体上，典型的喷溅血迹形态表现为直线或曲线形散布的较大的长椭圆形血迹，墙面上的喷溅血迹往往因出血量较大继而形成沿重力方向的流注血迹。与下文将提到的喷溅血迹相比，喷溅血迹的血滴飞行方向与平面载体夹角较小，夹角通常小于 60°。由于心脏呈节律性收缩和舒张，因此喷溅血迹常呈间断、成组分布，但后形成的血迹一般较前形成的血迹高度更低，距离更近。

（一）喷溅血迹的形成

外伤致人体血管破裂时，由于开放性创口形成，血液会从破裂的血管向外流出。由于心脏的搏动，血液在血管内流动时具有一定的压力。因此，当血液离开人体时会呈喷涌状，喷射到客体上就会形成喷溅血迹。

形成喷溅血迹的基本条件主要有以下几点：

1. 存在开放性创口，破裂的血管与外界相通，血液才能有向外喷射的基本条件。如果血管破裂为闭合性，血液只能积聚在皮下组织或者人体的腔隙内（如颅脑，胸腹腔），形成内出血。

2. 破裂的血管应有一定的管径，血液压力较高，而微小血管及毛细血管破裂出血的出血量通常非常小、血压低，出血呈渗出状，不会形成喷涌，因此难以形成喷溅血迹。

3. 具有一定的血压，动脉血管内压力比静脉血管内压力高，大管径的血管内压力要比小管径血管内压力高，因此，动脉出血要比静脉出血更容易形成喷溅血迹。

人体受伤后，由于不断的出血导致血压越来越低，喷溅血迹的形态、大小和分布距离都会随时间发生变化。受伤最初喷射出的血液量最大、分布最广、喷射距离最远，因此最远处的喷溅血迹往往能指示最初损伤出血的方向。

（二）喷溅血迹的形态

典型的喷溅血迹，呈长条状，一端膨大，另一端细小狭长，膨大端边缘光滑，另一端通常会出现拖尾现象（图 3-1），尖端处表示血迹喷射的方向，有的形状像感叹号。喷溅血迹形成时与物体角度越大，其形态越接近椭圆形或圆形；反之，则接近感叹号形。当与地面夹角为 15° 左右时，喷溅血迹形状最为细长。

图 3-1 颈动脉破裂形成的喷溅血迹

喷溅血迹的另一个特点是血迹常呈放射状排列。在一条直线或一条弧线上，通常会有一组喷溅血迹，即心脏每搏动一次，将血液从破裂的血管中挤压出一次，每次都会形成由数滴至数十滴喷溅血滴组成的一条方向相同的血迹。在第一次血液喷出的前期，血管压力最高，血液喷射的距离最远，之后随着血压的下降，喷出的血液距离缓缓变近，直至消失，这样一组喷溅血中会有5～10滴左右的喷溅血迹。动脉喷射的血液量中等，其通常较滴落血迹和挥洒血迹等出血量多，较血泊和浸染血迹出血量少。

在墙面上形成的喷溅血迹，如果喷射出的血量大或者方向垂直，或是喷射出的血液在某一区域范围内重叠，呈片状或大滴血迹，其下方通常可见多条流柱血迹。

（三）喷溅血迹的意义

1. 喷溅血迹是人体生前受伤出血的有力证据。喷溅血迹是人体心脏搏动推动血液从破裂血管中喷射出而形成的。因此发现喷溅血迹后，可认定为生前出血。

2. 被害人生前喷射出血的场所必定是原始现场。

3. 喷溅血迹能反映部分案件经过。现场上喷溅血迹，能反映出被害人的部分行为过程，以及犯罪嫌疑人的部分作案过程，尤其是位于那些有助于确定被害人被害时起始位置的喷溅血迹。

4. 喷溅血迹能反映犯罪嫌疑人与被害人之间的相对体位。根据喷溅血迹的位置、方向、分布特征，可确定犯罪嫌疑人与被害人当时所处的相对位置，以及其后体位的变动。

5. 喷溅血迹能反映出现场的物体是否被移动过。喷溅血迹可以将地面与尸体，物品之间的原有位置关系固定下来，据此可认定某物品或尸体是否被移动过。

二、挥洒血迹

挥洒血迹（cast-off blood stain）是指沾血的物体运动时在客体物上留下的血迹，最常用的运动方式呈弧形，如挥动沾血的工具器械，摆动出血的肢体等。典型的挥洒血迹的形态特点为血迹呈弧线分布，弧线的起点血迹多为圆形，后逐渐变为椭圆形。弧线的长短与沾血量的大小、运动的幅度以及运动力量的大小成正比，弧线通常能反映出沾血物体从什么位置被抛甩出来。

（一）挥洒血迹的形成

挥洒血迹是间接通过中间的客体在力的作用下将血液转移到另一客体物上形成。挥洒血迹的形成有两种模式，一种是沾血的客体突然加速，另一种则是沾血的客体突然减速停止。形成挥洒血迹应具备以下几个要素：一是中间客体物，最常见的是人体的双手或棍棒、铁锤等；二是在外力的作用下，挥洒血迹的中间客体物应在外力的作用下，把沾有血液的一部分再分离出去，在其他客体物上形成特殊的挥洒血迹；三是血液应该处于未干涸状态，血液呈流动状且有一定的量。

1. 致伤物形成的挥洒血迹　钝器打击或锐器砍击都有可能形成挥洒血迹，只要工具连续挥动打击，创口裂开，血液流出沾附在致伤物上就会形成挥洒血迹。头部连续遭到打击，致伤物第一次接触头皮时，头皮形成挫裂创口，因工具的迅速挥动，致伤物上通常不易沾上血液；当第二次打击时，致伤物上才沾上血液。因此，当在墙壁上发现致伤物形成的一处挥洒血迹时，即可判断为打击至少已有过二次。通过对挥洒距离和位置的测量分析，可为推断分析致伤物的长短和种类提供一些依据。

2. 双手甩动形成的挥洒血迹　双手也可理解为长条状的致伤物，由于双手活动灵活、频繁、幅度大，当双手沾有血液时，很容易随挥动而抛甩出去形成挥洒血迹。

（二）挥洒血迹的形态与分布

1. 挥洒血迹的形态　挥洒血迹的形态是由挥舞的力度、客体物之间的方向、角度等因素决定的。挥洒血迹的基本形态是呈类圆形，椭圆形或长条形（图3-2），血迹的一个侧面向前膨出，呈锯齿状，有的有细小血迹向前方溅出，溅出的距离长短不一，长的可达数厘米，小血迹溅出的方向表示甩动的方向。当挥舞的角度与客体物垂直时，血迹呈圆滴状，但一般较滴落血迹小。当挥洒的血量较多时，血液可向下垂流，往往在血迹的下方可形成短小的流柱血迹。

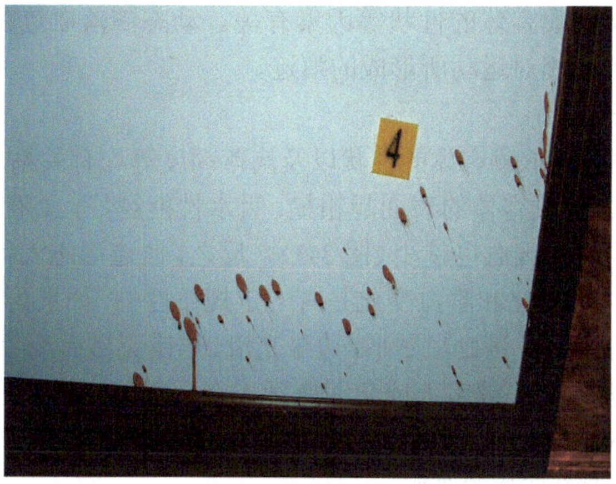

图 3-2　墙上的挥洒血迹

沾血物体（致伤物）运动时在墙面上留下弧形分布血迹，起点多为圆形，逐渐变为椭圆形

2. 挥洒血迹的分布　犯罪现场的挥洒血迹分布的位置往往较高，因为挥舞的动作有一定弧度，血液会抛向较高较远的位置上，如墙壁的上部等。如果在几个客体上发现挥洒血迹，通常要对作案挥动致伤物的位置和范围加以确定。在挥动的开始时刻，血滴多以 90° 垂直撞落在邻近的墙面上；随着挥动速度的加快，血滴会被抛甩得更远，通常以锐角撞落在客体表面上形成椭圆形血迹。在墙面上和天花板上可能均会发现以 90° 冲击的血迹，联系两者角度和距离，可以推断致伤物挥动时的大致中心位置。

（三）挥洒血迹的意义

1. 挥洒血迹反映出作案工具上沾附有被害人血迹。在现场外围搜索可疑作案致伤物时，可据此作为甄别的依据，当我们发现沾附有血迹的棍棒和砖块，并经检验确定血迹为被害人所有时，多为致伤物。

2. 挥洒血迹有时可反映犯罪嫌疑人手上出血。犯罪嫌疑人手上出血并不一定形成甩血，只有其摆动出血的手臂时才会形成挥洒血迹。

3. 挥洒血迹遗留的部位往往是中心现场的部位。

4. 挥洒血迹能反映出犯罪嫌疑人在现场的活动过程，犯罪嫌疑人清洗手后，可在现场上留下挥洒以及滴落的血水痕。

三、滴落血迹

滴落血迹（drip blood stain）是指血液呈自由落体运动状态在承载客体上形成的血迹。滴落血迹每滴的血量一般在 0.025～0.05ml 范围，其形态与血滴和载体接触时的角度直接相关，血滴垂直接触时，血迹呈圆形或类圆形；血滴以一定角度接触时，血迹呈椭圆形。运动状态下的滴落血迹在运动方向上往往一侧还有喷溅形状，其大小和范围与运动速度、滴落高度和血量大小成正比。

（一）滴落血迹的形成

血液由高处呈自由落体运动掉落在低处，形成的血迹为滴落血迹。血滴与客体接触的一瞬间，因重力加速度的作用，会由球形变为压扁状的球形，上下径缩短，横径向外凸出，血滴最大的周径就在此时形成。因客体的反作用力及血液本身的张力作用，血液又反弹性地向上涌起，将血液向中心部位回缩聚拢，随之，趋于平静状态，形成了完整的血滴。血液的回缩形成了血滴中心部位颜色浓而边缘色淡的现象。

根据从高处滴落的血迹呈静止状还是运动状，可将滴落血迹分为静态滴落和动态滴落血迹两种。静态滴落血迹是指血液从一定高度垂直自由落下，在承载客体上留下的痕迹。静态滴落血迹的形成与滴落的高度、滴血量以及承载客体的性状等因素有关。动态滴落血迹是指血液从一定高度落下，血液与承载客体存在水平方向相对运动所形成的痕迹。

（二）滴落血迹的形态

滴落血迹的形态与出血量、承载客体的性状以及滴落高度等均有关系。承载客体的性状有光滑、粗糙以及吸水性优劣之分。承载客体的表面越粗糙，吸水性能越好，血液滴落后，水分就越快吸收，形成的滴血形态越小，向四周的溅血也越少（图 3-3）。反之，血迹形态大，滴血的边缘及四周都会发生一系列的变化。血滴的边缘变化和溅血变化是有一定规律性的，如果为光滑的客体，如纸张、玻璃等，血液高度越低，冲击力就越小，滴血呈圆形，边缘光滑，周围无溅血现象（图 3-4）。

滴落血迹的分布以地面为主。被害人或犯罪嫌疑人在现场某一位置停留时间越长，地面上的静态滴血越多，可形成一个小型的血泊。如果滴血留在斜面的物体上，滴血的形态显得不典型，斜面倾斜度越大，血迹的形态越接近流柱状的血迹。

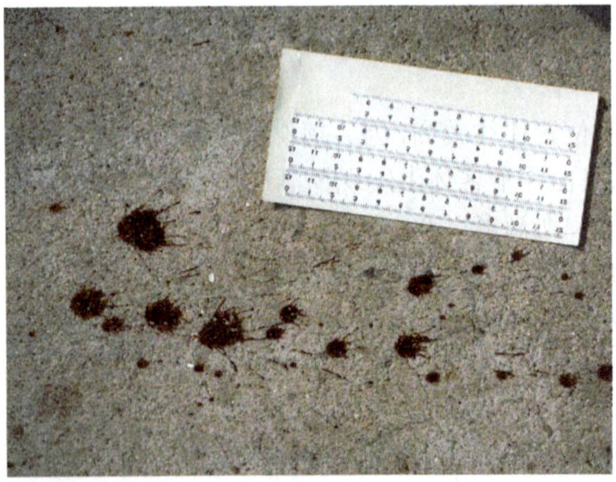

图 3-3　粗糙客体表面的滴落血迹

血滴垂直滴落在粗糙地面，呈圆形，周围溅散血迹多

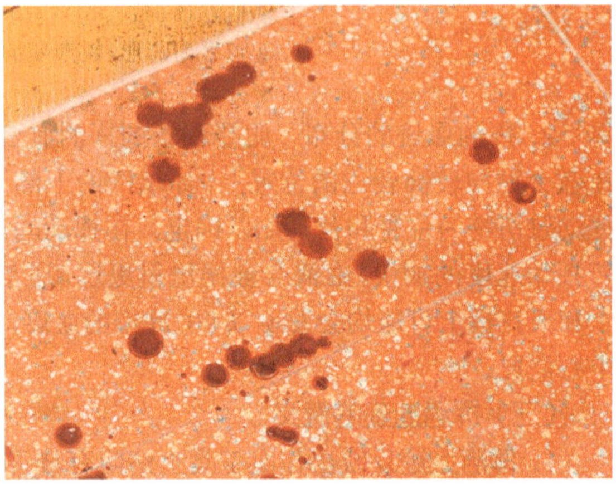

图 3-4　光滑客体表面的滴落血迹

血滴垂直滴落在光滑地面呈圆形，周围溅散血迹少

（三）滴落血迹的意义

1. 滴落血迹能反映出受伤者的体位，此外也表明受伤当时被害人尚有行为能力。

2. 滴落血迹的分析有利于推断被害人和犯罪嫌疑人的活动过程。被害人在现场的活动过程，可通过现场上的滴血得以反映，它能记录从受伤开始至倒地时为止的全部活动过程，以及活动的先后顺序。

3. 滴落血迹可辅助分析犯罪嫌疑人是否受伤出血。

四、冲撞血迹

冲撞血迹（impact blood stain）是指外力冲击碰撞人体或原有血迹后溅射形成的血迹。冲撞血迹直径通常不大于 2mm，但偶可见直径达到 5mm 左右。当施加的外力非常大如枪击、爆炸时，血迹半径往往小于 1mm，这种特殊的冲撞血迹称为血雾（misting）。冲撞血迹为近年来由欧美学者提出的新类型，与我国传统的血迹分类存在一定的差异。

（一）冲撞血迹的形成

当人体大量出血时，若在体表积累了一定的量，在遭到暴力冲击或碰撞时，血液会因无法压缩而被冲击力挤出并溅射出人体。由于形成冲撞血迹的冲击力往往比较大，且对血液的挤压作用力一般是向四周分散的，因此血液在冲击力的作用下会分散成较小的血滴飞离人体。

（二）冲撞血迹的形态

冲撞血迹有时与喷溅血迹的形态相类似，但不同的是，碰撞血迹多呈放射状分布，具有明显的方向性，常一次性形成，出血点只有一个，一般不会出现喷溅血迹那样随心跳多次喷出现象。此外，由于产生冲击或碰撞作用的物体沾染了血液，常常在二次打击时会伴有挥洒血迹。某些巨大冲击力可形成大量针尖至火柴棍大小的雾状冲撞血迹，即血雾。

根据冲击力的速度和力量，可把冲撞血迹分为低速冲撞血迹，中速冲撞血迹和高速冲撞血迹。

1. 低速冲撞血迹　通常是指外物以 1.5m/s 以下的速度打击有血部位溅射出的血液所形成的血迹。血迹中单个血点面积相对较大，其血点直径通常在 4mm 以上。如物体打击在血泊上所形成的血迹就属低速冲撞血迹。

2. 中速冲撞血迹　通常是指外物以 1.5～7.5m/s 的速度打击有血部位溅射出的血液所形成的血迹。其血点直径通常在 1～4mm 之间，一般工具打击所形成的冲撞血迹，均属于中速冲撞血迹。

3. 高速冲撞血迹　通常是指外物以 7.5m/s 以上的速度打击有血部位溅射出的血液所形成的血迹。血迹中大多数血点直径在 1mm 以下，一般是枪弹或爆炸所形成冲撞血迹。

因此，根据冲撞血迹大小，可初步判断致伤物和力量大小，但这不是绝对的划分标准，必须根据现场的具体情况而具体分析。

（三）冲撞血迹的分布

与喷溅血迹相类似，冲撞血迹也呈放射状分布。但与喷溅血迹相比，其血液飞溅距离较短，单个血迹直径较小，长轴也较短。血雾型冲撞血迹单个血迹直径更加微小，但分布较一般冲撞血迹均匀。

（四）冲撞血迹的意义

1. 冲撞血迹是人体生前动脉损伤致大量出血的有力证据。如果没有大量血液流出，暴力冲击和碰撞也无法造成大量血滴飞离人体。因此，当发现有冲撞血迹后，可认定存在生前大量出血。

2. 与喷溅血迹一样，冲撞血迹也形成于原始现场。

3. 冲撞血迹能反映出犯罪嫌疑人存在暴力打击被害人的行为。

4. 根据血迹的大小，可以判断是什么速度的冲撞血迹，有利于判断致伤物的种类。

5. 冲撞血迹能反映犯罪嫌疑人与被害人之间的相对体位。根据冲撞血迹的位置、方向、分布特征，可确定犯罪嫌疑人打击被害人当时所处的相对位置、顺序以及打击的动作，有利于重现犯罪过程。

6. 冲撞血迹也能像喷溅血迹一样将地面、尸体与物品之间的原有位置关系固定下来，据此可认定某物品或尸体是否被移动过。

五、咯血血迹

咯血（hemoptysis）是指喉部以下的呼吸器官（即气管、支气管或肺组织）出血，并经咳嗽动作从口腔排出的过程。咯血血迹（expectorate spatter）即由口腔中咳出的血在客体上形成的血迹。

（一）咯血血迹的形成

咯血通常是由于气道损伤出血后，血液刺激气管壁诱发咳嗽而呛咳出。因此，血液被喷出的动力源于气道和一些辅助呼吸肌群的痉挛。

（二）咯血血迹的形态

由于咯血时力度不同，其血迹形态变化也相当大，但其共同特点是常会出现多个点状血迹间存在连接彼此的间桥状血迹。形成这种特殊形态的血迹的原因是气管中咯出的血液常常会混有气管壁细胞分泌的黏液甚至痰液，血液黏度大大增高（图 3-5）。

（三）咯血血迹的分布

与其他类型的血迹相比，咯血血迹通常类似碰撞血迹但又分布不规则。

（四）咯血血迹的意义

1. 咯血血迹是人体上呼吸道或上消化道等部位损伤出血的有力证据。

2. 与喷溅血迹一样，咯血血迹也形成于原始现场。

3. 咯血血迹有时能反映被害人或犯罪嫌疑人呼吸系统患有疾病或受到损伤。

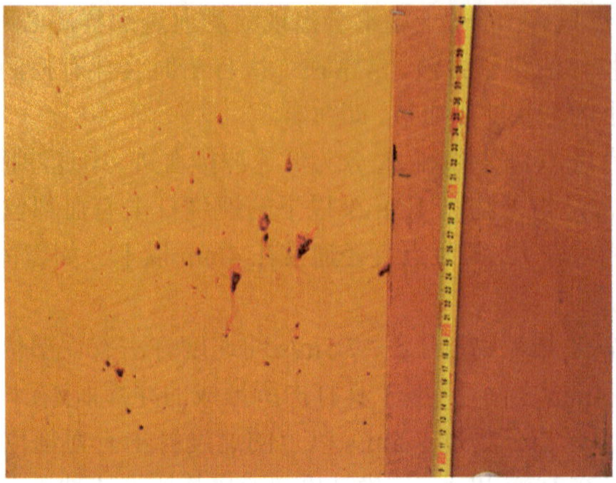

图 3-5 颅底骨折鼻腔血迹形成的呼吸性血迹

血液受到气压作用从口、鼻喷出形成小点、雾状血滴印痕

六、转移血迹

转移血迹(blood stain pattern transfer)又称为血印迹(bloody mark),是指沾染了血液的客体,以直接接触的方式在另一客体上所留下的具有特殊形态的痕迹。转移血迹常见的有血手印和血足印。此外,有时也有认定物体价值的特殊形态的转移血迹,如沾血的毛衣在人体皮肤上所留下的花纹血迹。

(一)转移血迹的形成

转移血迹与擦拭血迹的形成机制相似,是由一个主动客体和被动客体在接触过程中所形成的。转移血迹是主动客体与被动客体直接的碰撞、接触而不发生位置的移动。主动客体接触面的特征通过血液遗留在被动方的客体上,从而形成了转移血迹。

(二)转移血迹的种类

根据主动客体的不同,转移血迹大体可分为两类:人体的转移血迹和工具的转移血迹。

1. 人体的转移血迹　常见的人体的转移血迹有:血指印、血掌印、血足印以及血鞋印等。如果血液量适中,这些人体的转移血迹会明显地反映出来呈显性血印痕,能较清晰地反映出人体的皮肤纹线;如果血液太少,人体的血印痕就呈隐性的潜血印痕状态存在。潜血印痕虽然肉眼看不见,但是可通过化学显现的方法将其显现出来。无论是潜血印痕还是显性血印痕都具有较高的利用价值,如可利用提取的血指印、血掌印进行比对,为查找犯罪嫌疑人提供线索;利用血足印和血鞋印能为推断犯罪嫌疑人身形特点提供线索(图 3-6)。当尸体大量出血后被转移,有时也会形成人形转移血迹(图 3-7)。

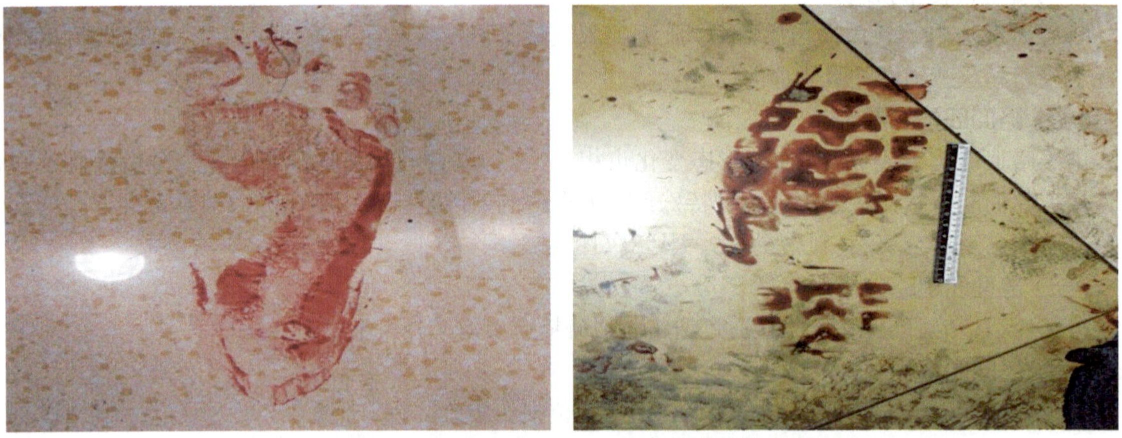

图 3-6 转移血脚印与血鞋印

行走过程中沾血足底在大理石地面留下血脚印与血鞋印

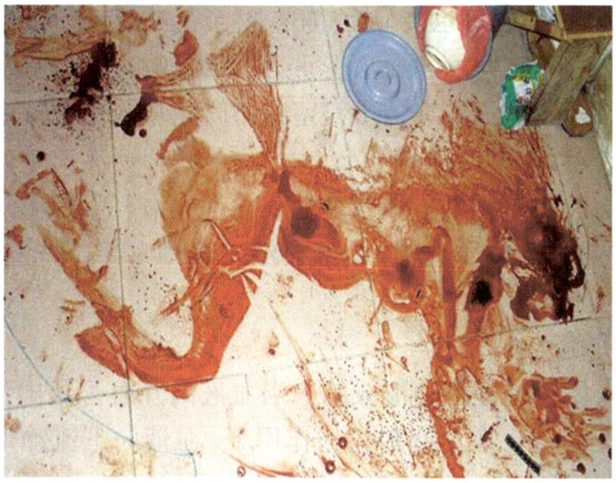

图 3-7　人形转移血迹

地面转移血迹反映尸体躺于地面停留一段时间后被拖拉转移

2. 致伤物的转移血迹　无论是钝器还是锐器在使用过程中都会导致被害人损伤出血，作案致伤物上往往会沾附有血迹。如果沾附有血迹的致伤物碰撞接触现场的物体，就会留下致伤物的转移血迹。致伤物的转移血迹往往只留下碰撞面的特征，或者仅为接触面的一部分。

（三）转移血迹的形态

转移血迹的形态直接取决于主动客体与被动客体的性状，同时还受到力的作用的影响。转移血迹的形态反映出主动客体接触面的形态，如血鞋印、血手印以及工具转移血迹等。当血液量太多时，血印痕的轮廓和细节特征反而不清楚；血液量太少时，客体上会形成潜在血印痕，需经过显现技术来发现、固定和提取，只有当血液量适中时，血印痕才会反映得最清晰。

（四）转移血迹分布

转移血迹的分布存在一定的规律，如血鞋印、血袜印、血足印等常分布在现场的地面上，尤其在中心现场以及离开现场的路线上，而血手指印、血手套印痕大多能在被翻动的家具上发现，也可在碰触墙壁，开关门窗和开灯时接触的相应位置留下。潜血的印痕多表现为人体的潜血印痕，可在家具、墙壁上发现，工具的转移血迹多在衣服、被褥、床单、毛巾等部位留下，尸体转移血迹一般在尸体停放部位底下形成。

（五）转移血迹的意义

1. 人体转移血迹有助于甄别和认定犯罪嫌疑人。作案所留的血指印、血掌印、血足印等，能协助直接认定犯罪嫌疑人。

2. 转移血迹有助于刻画犯罪嫌疑人的特点。根据血鞋印，血手套印来推断犯罪嫌疑人是否为惯犯，还可判断其经济条件和职业特点等。

3. 转移血迹有助于推断致伤物。根据墙面、家具等物体上留下的致伤物打击印痕，结合尸体创口的特征，综合分析致伤物的形态及具体的种类。

4. 转移血迹有助于分析作案过程。根据现场上有无血指印、血掌印及血手套印痕，地面上有无血鞋印及其分布的范围、路线，分析犯罪嫌疑人的作案过程。

5. 转移血迹有助于分析尸体是否被移动，推断是否为原始现场。

七、流柱血迹

流柱血迹（blood flow）是指血液受重力因素的影响，沿物体表面向下运动所形成的血迹。典型的流柱血迹形态呈条柱形，上粗下细，上淡下浓，其长度和粗细与血量和物体的斜度成正比。

（一）流柱血迹的形成条件

1. 血液要有一定的量　人体出血后，血液在客体上流动呈条状后形成了流柱血迹，出血量少，血液流动的动力也小，因而流柱状的血迹也会显得短小，甚至无法流动，无法形成流柱状血迹。

2. 承载客体表面必须具有一定角度　血液受重力因素影响，总是由高处流向低处，角度越大，血液流动速度越快，流柱也就越长，血液在客体上停留的时间越短，血迹的颜色会越淡；坡度越小，血液流动缓慢，流柱血迹就越短、粗、浓。

3. 承载客体表面应具有一定光滑度　承载客体表面越光滑，越硬，越有利于血迹的流动，促进流柱血迹的形成。反之，如果客体表面不光滑，血液会渗入客体内部，形成长片状的血迹形态，不易形成流柱血迹。

（二）流柱血迹的基本形态

流柱血迹是血液离开人体后缓慢流动形成的。当血液离开血管流出体外到达承载客体时，因血液本身的张力作用还会继续流动。在地心引力的作用下，血液向下流动形成直线状的血迹形态，即流柱血迹。

影响流柱血迹形成的因素有多种，其数量、粗细、长短、出血量的多少、流动速度的快慢及承载客体的角度大小等有关。当人体创口形成后，创口的形态、位置、人体受伤后姿势的变化情况等也会影响流柱血迹的形态，致使现场上流柱血迹的形态差异很大，短的仅为几厘米，长的可达1m以上。

血液受重力作用沿身体表面向下形成条柱状、上粗下细、上淡下浓血迹，可从血迹方向判断体位变化过程。

（三）流柱血迹的分布

1. 现场的流柱血迹　流柱血迹可单独存在，也可由其他类型的血迹转化而来。例如，大的喷溅血迹有时也可形成流柱血迹，当喷溅血血量多且承载客体表面光滑、吸水性差、坡度大，血液短时间难以被客体吸收而向下流动，会在喷溅血的下端又衍生出流柱血迹来（图3-8）。

2. 尸体上的流柱血迹　人体损伤出血后，流出的血液最先到达的部位就是出血者的体表，四肢及胸背部的流柱血迹形成与衣着多少直接相关，衣着较多时难以形成（图3-9）。尸体上流柱血迹的形成可分为两个过程：首先是出血，血液从人体内流出，成为流柱血迹的来源；其次是血液的移动。血液从人体涌出后，会沿重力方向流动，与地面垂直。若此时人是站立的，则血迹与人体大致平行；若此时人体是卧位，则流柱血迹会向人体两侧流动。通过人体流柱血迹的判断，可以判断被害人受伤时的体位。

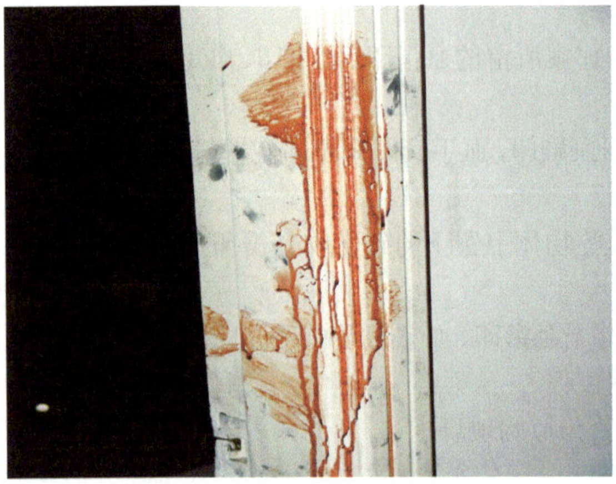

图3-8　门框上的流柱血迹

门框上血液受重力作用向下运动，呈条柱形、上粗下细、上淡下浓

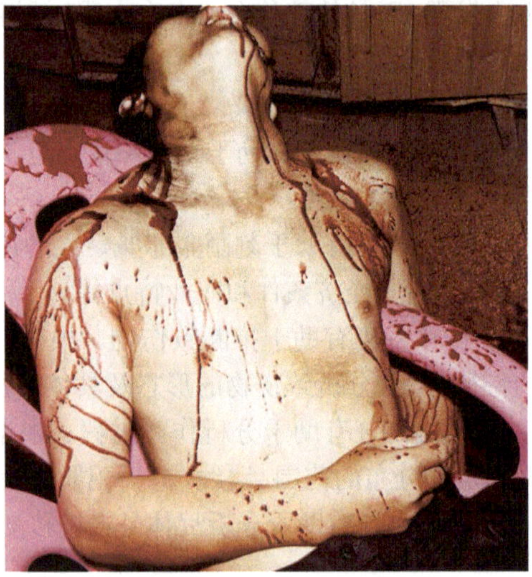

图3-9　身体上的流柱血迹

（四）流柱血迹的意义

1. 流柱血迹反映出受伤出血过程中的体位变化。可从血迹的方向分析流柱血迹形成的先后顺

序，确定其受伤过程中的体位变化。

2. 反映出尸体及现场上的物体是否被移动过。流柱血迹能起到固定尸体及现场物体、摆设的作用，流柱血迹很容易把椅子与地面，桌子与其上的摆设物固定下来。这种对应关系一旦被破坏，就可确定尸体或现场上的某物品被移动过。

八、血泊

血泊(blood pool)又称为堆积血迹(accumulation blood stain)，是指具有一定体积的血液随重力作用聚集所形成的血迹。目前，关于血泊的定义尚无体积的量化概念，血液聚集的方式通常为血液滴落或流柱形成。血泊形成与出血的时间、出血量、血液聚集方式以及载体的吸附性等因素直接相关。当血量较大且未完全干燥时，因重力和沉析的作用，血泊中可见到血清和有形成分分离所形成的中间暗红，边缘淡黄的改变。

(一) 血泊的形成

人体受伤后出血，在某一相对平坦的客体上积聚多量血液，就形成了血泊。血泊的形成也必须具备两个条件：一是具备相对平坦的，承受多量血迹的客体；二是具备足够的出血量，只有当血液源源不断地流在同一客体上，随着血液量的不断增加才会形成血泊(图 3-10)。

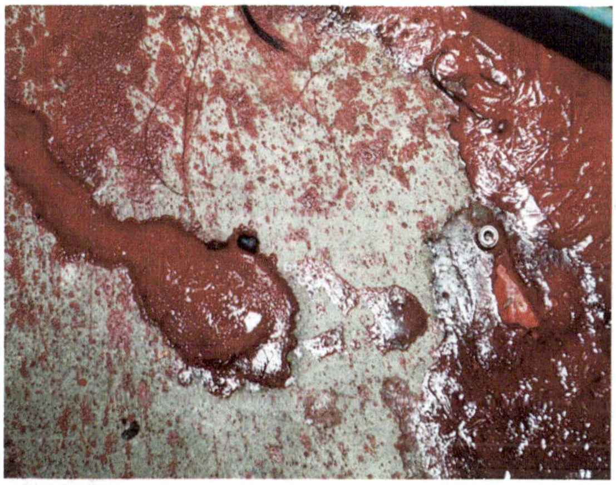

图 3-10 多次滴落形成的血泊

血液聚集形成血泊，可确定原始现场，反映存留时间及出血量

(二) 血泊的形态

血泊是所有血迹形态中最大的一种，血泊中心部位的血液不断向四周扩散，在扩散过程中受表面平整度的影响，大多呈不均匀分布，因此，血泊的形态取决于载体的表面形状。由于血泊形态大，在血泊形态的内径中往往会把原先形成的滴血、喷溅血、擦拭血掩盖在里面。血泊由于血量多而集中，在短时间难以干涸，勘验现场时常可见到现场其他血迹都干涸了，而血泊尚未干涸。利用血泊干涸状态，可为推断作案时间提供依据。

(三) 血泊的意义

1. 血泊的位置有助于确定案件的原始现场，血泊是命案现场中常见的一种血迹，现场有血泊往往能证明该地为原始现场。

2. 血泊形态有助于分析作案过程。现场血泊越多，反映被害人受伤后存活时间越长，血泊是死(伤)者在此处停留过一定时间的证明，由此可分析被害人的活动范围和路线，推断加害的过程(图 3-11)。

3. 血泊的量有助于分析是生前还是死后出血。生前出血形成的血泊量多面积大，血泊周围伴有喷溅血及其他形态的血迹，死后出血虽然也可形成血泊，但血泊范围很小，相当局限，与生前出血形成血泊的特征正好相反。

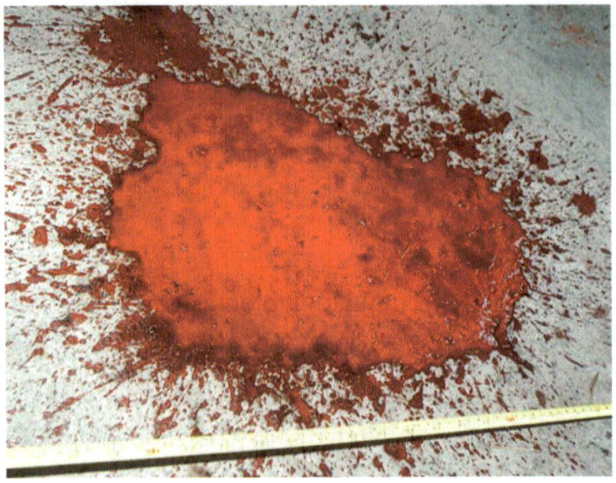

图 3-11 血泊中有大量泡沫

呼吸系统咯出大量血液，伴细小泡沫

4. 血泊面积大小可用于计算被害人的出血量。测算现场的出血量，尤其是杀人现场无尸体的情形更应注意总出血量。

5. 血泊的干涸程度可推断案发时间。较小形态的血迹在短时间内可干燥，而血泊因血量多干燥缓慢，因此，可根据血泊的干涸程度推断大致的案发时间。

九、浸染血迹

浸染血迹（saturation blood stain）是指血液在有吸附性的物体上所形成的血迹，通常也称为渗血（图 3-12）。典型的浸染血迹是人体创口出血浸染相应部位的衣物所致。浸染血迹呈均匀扩散状并有一定的面积，其受出血量、体位以及被浸染物的质地等因素的影响而无固定形态。

图 3-12 床垫和床单上的浸染血迹

血液在有吸附性物体形成浸染血迹

（一）浸染血迹的形成

浸染血迹是血液渗透承载客体而形成的血迹，案件的受害方或加害方一旦受伤出血，现场留有血迹，可能就会有浸染血迹的存在。

浸染血迹的形成过程通常是血液流经或沾附于承载客体后，逐渐向客体的内部及四周扩展渗透，呈现边扩散边渗透的过程。如果客体吸水性能强，血液的渗透要快于扩散，渗透就显得深厚，如松软的泥土地面、沙石地面等，血液很快渗入其中。

（二）浸染血迹的分布

浸染血迹必定以客体表面可见血迹的存在为前提，客体表面有血迹才有可能渗透到客体的内部。因此，在寻找现场浸染血迹的分布时应先找到客体表面可见血迹。在观察浸染血迹的分布时，特别要注意缝隙中以及各种柔软物品中的浸染血迹，因为这些部位的血迹在现场勘验时容易被忽略或遗漏。

（三）浸染血迹的意义

有利于获取犯罪证据。浸染血迹以隐蔽和潜在的方式广泛存在于现场，很多犯罪嫌疑人对现场血迹进行清理，尤其是当作案地点为犯罪嫌疑人家中时，他们将尸体分尸、抛尸后，对室内的血迹大范围彻底的清理。在这一过程中，尽管采用多种方法，犯罪嫌疑人仍容易忽略浸染血迹。因此，对于这类现场的勘验，应重点搜寻现场各处可能存在的浸染血迹，尤其是各客体的缝隙。

十、喷涌血迹

喷涌血迹（gush blood stain）是大量血液从损伤破裂的心脏或血管中涌出形成的血迹。与喷溅血迹相比，喷涌血迹的出血量更大，但其形成时的动能较小，因此形态不如喷溅血迹规则。

（一）喷涌血迹的形成

与喷溅血迹一样，喷涌血迹源于血管的压力，但多见于大静脉出血。由于静脉压力小，因此血液多因量大而流出而不是因压力而喷出。

（二）喷涌血迹的形态

喷涌血迹形状不规则，多呈类似喷溅状，并常常会继而形成流注血迹和血泊。

（三）喷涌血迹的意义

1. 喷涌血迹的出现证明被害人曾大量出血。

2. 喷涌血迹通常出现在第一现场，若现场无尸体，则有尸体转移行为。

十一、擦拭血迹

擦拭血迹（smear blood stain）是指沾血的物体以擦碰等运动方式直接与载体接触所形成的血迹。受沾血物体的形态、血量的大小、载体的形态以及接触的方式等多种因素的影响，擦拭血迹的形态会出现很大的差异。

（一）擦拭血迹的形成

1. 擦拭血迹必须要有两种客体相互摩擦才能形成，通常将擦拭血迹形成的客体分为主动客体和被动客体两类。主动客体多见于人的身体、拖把、扫帚等可移动的客体；被动客体多是指固定、静止的客体，如墙壁、地面、家具等（图 3-13～图 3-17）。

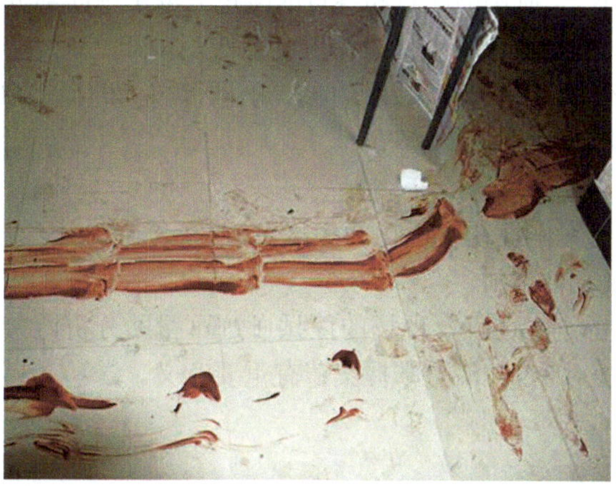

图 3-13 带血尸体在地面拖动形成的擦拭血迹

图 3-14 使用拖把清理血迹形成的擦拭血迹

图 3-15 地面上的擦拭血迹

图 3-16 沙发靠背上的擦拭血迹

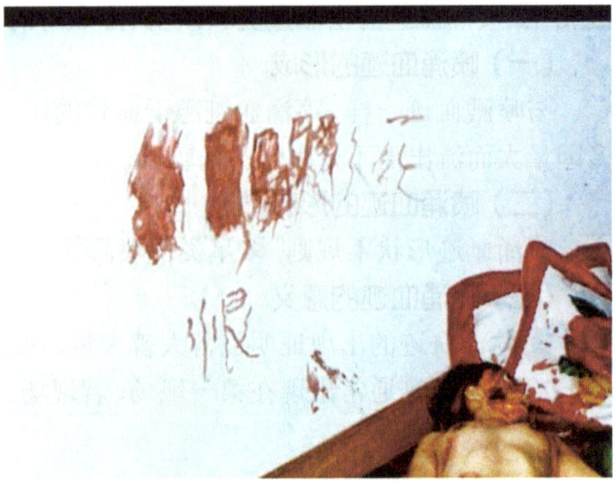

图 3-17 手指蘸血写成的血字迹

2. 两客体之间应有接触和移动，如果两客体之间保持着一定的距离，相互不接触，不移动就不会形成擦拭血迹。

（二）擦拭血迹的形态与分布

1. 擦拭血迹的形态　擦拭血迹形成的方式、部位不同，其形态也有较大的差异。擦拭血迹的面积较大，通常仅次于血泊，有时可大于血泊。擦拭血迹的形态多呈片状，形状不规则，血迹的边缘不整齐、界限不清，血迹浓淡不一，血迹的起点和终点的颜色要浓于中间部分。

2. 擦拭血迹的分布　擦拭血迹分布的位置相对较低，擦拭血迹大多分布在物体表面突出的部位，如家具外侧面，这些部位以无意碰擦、接触为主。不同部位上的擦拭血迹反映出犯罪嫌疑人的不同行为动作以及不同的犯罪心理。

（三）擦拭血迹的意义

1. 擦拭血迹有助于分析案件性质　现场的擦拭血迹，如拖擦血迹，拖拉尸体时留下的血迹等都能辅助分析重现杀人过程及案件性质。

2. 擦拭血迹有助于分析作案过程　现场的擦拭血迹可帮助分析两接触客体沾染血迹的先后顺序，以及擦拭动作的方向性，对全面、清楚掌握案情有重要意义。

十二、稀释血迹

稀释血迹（diluted blood）通常称为血水，是指血液被其他液体混合后形成的血迹。最常见的稀释血液的液体是水，而最常见的稀释方式是用水冲洗血迹。稀释血迹的颜色是由稀释的程度决定的，这类血迹的色泽多为淡红。

（一）稀释血迹的形成

血液遇到水或水性液体就会被稀释，形成血水。血水是现场血迹中较为特殊的一种。血液被稀释后呈液状，通常存在于现场的一些盛器中，如浴缸、洗脸盆、杯子中的血水等（图 3-18）。

杀人现场所发现的稀释血迹大多是犯罪嫌疑人的行为所致，或清洗双手、凶器，或用水冲洗地面，破坏和掩盖血迹的存在，从而达到消除犯罪痕迹的目的。现场上的血水较容易发现，勘验现场时应对厨房、卫生间进行检查，观察是否有血水的存在。勘验野外现场，应对周围小溪、小沟等进行勘验，以期发现血水（图 3-19）。

图 3-18 稀释血迹

尸体浸泡在浴缸中，血液与水混合形成淡红色稀释血迹

图 3-19 稀释血迹

血液与雨水混合形成淡红色稀释血迹

（二）稀释血迹的意义

1. 稀释血迹能反映出犯罪嫌疑人的行为和心理状态　犯罪嫌疑人要破坏现场，可能是与被害人相识，有意破坏现场；也反映出犯罪嫌疑人作案时间充裕，杀人后仍不慌不忙，耐心地处理现场的犯罪痕迹；或有意伪装现场，转移侦查视线。

2. 稀释血迹能确定原始现场　原始现场经过犯罪嫌疑人彻底清洗，或多或少会有血水痕迹遗留，发现、提取血水痕迹与被害人血样进行 DNA 同一认定，可确定该处为原始现场。

十三、其他血迹形态

（一）血迹空白区

血迹空白区（void blood stain）是指在某些现场中，有时可见整片血迹中存在局部空白区域。这种血迹空白区的形成主要是因为某客体被暴露在能够产生血迹的环境中，而另一个较小客体又处于出血点和目标客体之间，这个中间客体会阻挡并吸收一部分血迹。如果将这个中间的物体移走，就会形成与中间客体性状近似的空白区域。这一空白区域的大小和形状能够帮助推断被移走物体的特征（图 3-20）。

空白区域的出现是出血当时曾经有一个中间客体存在的确证，由此可判断现场局部可能被变动。空白区域的位置能够分析现场物体的变动情况，与形成血迹的事件的性质结合起来考虑，这个中间物体的大小、形状和位置能够为现场勘验技术人员提供更准确的信息。

（二）昆虫活动形成的血迹

命案现场中的尸体常常会被嗜尸性昆虫侵袭，并因这些昆虫的活动形成一些特殊的血迹。现场

图 3-20　血迹中的空白区
斧子阻挡溅落血迹，将斧子移走后形成血迹空白区

中最常见的嗜尸性昆虫是各种蝇类，尤其是丽蝇科蝇类。丽蝇科蝇类大多为腐食性，体表具有蓝紫色、绿色、金色等各种金属光泽，且嗅觉极为敏锐，通常为第一批侵袭尸体的昆虫。

蝇类在现场中的活动形成的转移血迹，容易与喷溅血迹相混淆。要鉴别这类血迹，首先必须了解蝇类进食血液和腐败组织的机制。丽蝇科蝇类绝大多数为舔吸式口器，其将血液吸入胃内后再将血液反刍到物体表面以使酶来分解血液，一段时间后它们又会回来舔食被降解的血液。因此，物体表面常会残留大量小点状血性液体，其直径通常小于 1mm 且无方向性。这些血迹可以在现场很多物体表面观察到，例如电灯、窗台、窗帘、玻璃、蚊帐、天花板等以及被害人身上和衣物上（图 3-21）。

图 3-21　苍蝇所形成的血迹
沾附血迹的苍蝇移动形成印迹，杂乱分布没有方向性，大小一般小于 1mm

通常，符合以下特征的血迹可认为是蝇类形成的转移性血迹：

1. 波纹或蝌蚪血迹；
2. 血迹斑点没有方向性；
3. 粗糙客体表面的血迹没有溅血毛边；
4. 血迹与现场其他昆虫形成的痕迹如蛆虫爬动血迹等有关联；
5. 该血迹与现场尸体完全无逻辑关系。

此外，其他昆虫如甲虫、蟑螂等也能形成转移血迹。

第四节　现场血迹的勘验与分析

一、血迹的测量

血迹测量的目的是要判断被测量的血迹接触物体时较精确的角度，为判断具体的出血位置奠定基础。

（一）血迹测量的内容

测量血迹的内容就是要测出血迹的长度和宽度。血迹测量的目的是通过所测血迹的长度和宽度值计算出该血滴接触物体时的具体角度。宽度的测量相对较容易，找到血迹最宽的两点，做出过这两点与血迹方向平行的切线，测量两切线之间的距离，即可得出该血迹的宽度。

（二）血迹测量的工具

某些犯罪现场中的血迹形态可能很小，因此，在测量时应十分认真、仔细，一点疏忽都会造成结果的不准确。为了保证现场测量的精确度，应使用专用的测量工具，如果在犯罪现场仅通过肉眼或利用普通刻度尺进行测量，就难以达到要求的精确度。

测量血迹使用的工具一般有以下几种：一是带有刻度尺的放大镜，通过将放大镜置于要测量的血迹上，仔细观察，不断调整放大镜的位置，找出反映血迹长度和宽度的突起点，读出具体长、宽数据；二是利用游标卡尺，在找出反映长、宽的突起点后，调整游标卡尺，读出具体数据；三是通过利用带有刻度尺的照相放大镜头，读出长、宽数据。

（三）测量血迹时应当注意的问题

1. 注意所选血迹的数量和条件　测量血迹的目的是要判断该血滴接触物体时的角度，明确接触角度才能进一步分析出血点的具体位置。在犯罪现场对喷溅血迹进行分析时，根据一滴或几滴血迹通常得不出任何结论，而是要选择一定数量的血迹进行分析。

2. 注意测量长度的要求　测量长度时，不能考虑血滴滴落时形成的毛刺或分离出的小血迹，而是仅仅考虑与血迹头部形态反映一致的长椭圆形的长度。因此，长度的测量很关键，如果不能熟练地掌握测量血迹长度的技巧，就会使得血迹的长度和宽度的比例发生变化，影响血迹接触物体的具体角度的计算。

二、根据血迹形态推断来源方向与接触角度

（一）推断来源方向

根据现场每一滴血迹的形态，可通过拉线或画线的方法确定该滴血来源的方向。椭圆形血迹，其头部表示血滴来源的方向，尾部显示运动的方向，通过将每滴血迹的头部、尾部画线连接，可以反映该滴血运动的方向及路径。假设仅对一滴血迹进行研究，如果这滴血脱离人体某部位后，直接遗留在现场，没有产生跳动现象的话，可以根据血迹的方向判断出该血滴的运动路径。例如，根据一滴血迹，画出其运动路径，出血点肯定是在该路径某一位置空间，但仅依据一滴血迹进行判断是得不出具体出血点位置的，如果在此路径范围有其他障碍物的话，将会缩小分析范围。如果再考虑第二滴血迹，则会找到两滴血迹的交叉点，那么该交叉点有可能是两滴血迹的起源点。

但是，若仅考虑两滴血迹，并且只从正面观察角度分析，这个结论不是绝对的，它也有可能是两次出血所造成的，出现交叉点仅是巧合。如果这两滴血迹的路径没有出现交叉的话，则可明确表明是两次行为所致。又如在一个区域出现两次不同位置的出血，可能会出现偶然的汇集点，这种情况下，应当结合喷溅血迹的总体分布进行分析，同时，利用分析各处血迹的接触角度也能解决这一问题。

犯罪现场勘验时，通常都是遇到大量的喷溅血迹。通过正面观察分析出血的大致部位，通常要综合分析喷溅的血迹，仅以几滴血迹难以得出准确的结论。观察时应当尽量多选择一些血迹形态反

映好的血迹进行分析。所选择的血迹数量越多，血迹形态反映得越好，经过拉线或画线得出的出血部位就越准确。

（二）推断接触角度

血液离开人体到达客体物上时，都具有一定的方向性，这一方向性通过血迹的形态反映出来，因此，技术人员能够利用血迹形态的反映进行逆推，判断血滴接触客体物时的大致角度。判断血滴接触客体物的角度，一种方法是可以通过已掌握的经验，在案件现场进行大致的推断；另一种方法是用测量计算的方法，对血滴接触客体物的角度进行精确的分析。在对犯罪现场进行初步分析时，通常采用第一种方法分析作案过程的大致情况。使用这种方法，分析人员要掌握血滴以不同角度接触客体物时血迹形态的反映。

当血迹垂直滴落在物体表面时，其形态反映是圆形，对于非常光滑的物体表面，如玻璃、塑料片等，圆形周围毛刺较少，而对于一般物体表面，垂直滴落的血迹，通常毛刺均匀地分布在圆形周围。

血滴接触客体物形成痕迹，如果客体物表面光滑、平整，血迹的形态呈圆形或椭圆形。也就是说，滴血迹的总体形状是椭圆形，椭圆形的其中一侧形态光滑，被称之为“头部”，另一侧会形成类似小尾巴状的痕迹，被称之为尾部。根据滴血迹的形态可以推断血滴接触客体物时的角度，椭圆形的长边与宽边如果近似相等，则血滴是以垂直滴落的方式形成血滴；椭圆形的长边与宽边距离相差越大，则血滴接触客体物的角度越小。不同大小的血滴，如果接触角度相同的话，产生的血迹形态基本相同。因此，技术人员可以通过观察已知接触角度的血滴形成的血迹的形态，掌握不同接触角度形成的血迹形态，从而在犯罪现场对血迹进行初步分析。

对于表面光滑、平整的客体物上的血迹，利用血迹的形态来分析其接触的角度、方向能够得出相对正确的结论，但是也有例外，如果当血滴在接触物体的过程中，客体物是运动的状态，则不能按照上述的方法进行分析。例如，当血滴垂直滴落时，而客体物处于运动状态，则血迹的形态呈现椭圆形，但是这种情况下形成的椭圆形血迹通常不会出现小尾巴或溅出的小血迹。

（三）根据血迹形态计算接触角度

滴血迹的长、宽与血滴的入射角之间存在特定的联系，技术人员在分析血迹时可以运用几何学知识计算血滴接触客体物时的角度。血滴在接触客体表面时呈球形，接触客体物后球形被破坏，发生塌陷，形成的血迹与血滴存在一定的联系。

血滴接触客体的角度与形成的血迹之间存在相似关系。通过计算、查阅正弦函数表，便可确定接触的角度。当然，血滴塌陷时会有横向的平铺，测量的血迹长宽值与血滴的直径不会完全相同。尽管目前还没有完全了解血滴塌陷后，血滴与血迹之间的比例关系，但是研究人员通过实验发现采用上述理想模式的计算对结果没有影响。

技术人员可以运用平面几何和三角函数知识，确定现场上血迹的出血点。虽然结果较为准确，但是需要注意这种方法都是以血滴飞行轨迹是直线为前提的。实际上，血滴的飞行由于受到重力和空气阻力的影响，飞行轨迹是抛物线形。对于飞行距离相对较长的血滴来说，尽管不能准确地确定血滴的飞行路径，但是可以以此确定或否定大致的飞行轨迹。

（四）根据血迹形态判断出血点高度

利用正面观察画线的方法，仅能判断出血点在喷溅血迹平面的大致部位，并不能得出出血点的具体位置。但是，这是判断出血点具体位置的第一步，通过这一阶段的判断，能够明确出血点就是在所判断位置的空间的某一点。正面观察判断出血点的大致部位，不仅适用于水平物面，同样也适用于垂直物面。

明确出血点的大致位置后，接着需要判断出血点是在这一位置空间的哪一点上。要分析出血点的具体位置，就需要利用每一滴血迹痕迹，判断血滴接触物体时的角度。

首先在现场选择一部分血迹，然后确定产生血迹的血滴的接触角度、方向，将线的一端固定在血迹的末端，固定点位于血迹长轴上远离血滴来源的一方的端点处，线被沿着确定的路径和角度反向延长。几个血迹延长线的交点可能就是出血点的位置。实际的出血点可能略低于此位置，但决不会高于它。

（五）拉线法确定出血点

有些情况下，仅通过正面观察喷溅血迹的分布就可以判断出大致的出血点，但是，在更多情况下，需要进行更为深入的分析才能解决问题。判断出血点通常可以利用以下三个步骤：正面观察喷溅血迹的分布状况，确定大致的出血点范围；通过正面观察喷溅血迹的分布状况，结合侧面观察情况确定出血点；采用拉线法判断出血点的具体位置。前两步是对出血点的大致判断，第三步是对出血点的精确判断。

确定出血点的最后一步是运用三维定位法定位，包括犯罪现场上使用的“拉线法”和“计算机辅助分析工具”两种。拉线法作为一种基本的方法，已经使用多年，该方法具有直观性，对在法庭上解释出血点的位置非常有用。

拉线法的操作步骤为：①在现场选择一定数量的血迹；②对所选血迹进行测量，计算接触角度，确定产生血迹的血滴的入射角；③根据血迹的方向性和计算出的角度，采用拉线法进行定位。将线的一端固定在血迹的末端，固定点位于血迹长轴上背向血迹尾部的端点，将线沿着确定的路径和角度反向延长。④平面上方几个血迹延长线的交点就是出血点的位置。

拉线法无法克服的缺陷是其逐渐被淘汰的原因。首先，这种方法需要专业的血迹分析训练，并且把全部的线拉起来操作非常复杂。其次，拉线法容易产生错误，因为将线按照特定的角度和轨迹准确地拉伸难度非常大。

案例：

某年某月某日，赵某在修理一辆重型罐式货车时受伤，送医院抢救无效死亡。现场在抢救伤员过程中遭到一定程度破坏。现场调查了3名目击证人，称无人进入驾驶室操作。

现场勘验：千斤顶仅撑出3cm（上限15cm）；车底部左侧减震钢板靠近左前轮范围有12cm×12cm的浸润血迹；左前轮离地1cm，轮胎靠近地面部位见微小溅落血迹；左前轮后见大片血泊。尸体检验：头面部大量血迹及污物，右面部轻度塌陷；右颧面部见12.5cm×5.3cm横行表皮剥脱伴皮下出血；左耳后乳突处、左颈胸锁乳突肌中段分别见4.9cm×1.5cm、2.5cm×0.5cm表皮剥脱及皮下出血，两处间断呈弧形，长12cm，间距2.5cm；颅底见多条骨折线及碎片等。

关于案件性质技术人员中形成两种观点：一是认为千斤顶回缩造成的意外事故；另一观点认为是人为因素造成左前轮转向，与左侧减震钢板形成夹角挤压赵某头部致其死亡。为了查清案件真相，通过侦查实验模拟被害人修理汽车操作过程，比较发动及未发动汽车时转动方向盘引起轮胎转向的速度及与左侧减震钢板成角的角度。实验室检验：左前轮内侧后部距地50cm处防滑齿边缘的擦拭物中检测到被害人的STR分型。

现场分析：被害人面部的损伤及减震板上的浸润血迹提示减震板与被害人头部有较长时间的接触；而轮胎上的微小血迹分析，为血液滴落地面飞溅形成，提示被害人头部损伤后曾离地面一定距离；左前轮轮胎每一个防滑齿宽度和间距的测量值与被害人颈部左耳后乳突及左胸锁乳突肌中段的体表损伤大小一致，提示被害人左颈部曾受左前轮挤压，DNA检测结果亦加以印证；侦查实验示汽车发动时转动方向盘形成的前轮转向速度较快，车轮周围突出部位亦影响修理人员的迅速躲避。综上推断，可排除千斤顶回缩，车底减震钢板冲击赵某面部所引发意外事故的可能。

现场重现：赵某在修理该重型罐式货车时，发动状态的汽车左前轮随方向盘的转动而突然大幅度转向，导致位于挂挡助力器上方的头部挤压于左前轮防滑齿和减震钢板之间，致其头颈部体表损伤、颅骨骨折和脑组织挫伤等；伤后被害人头部悬于挂挡助力器上方一定时间，形成减震板上的浸染血迹，同时血液滴落于地面形成轮胎上的微小溅落血迹；随后，头部垂下在地面形成大片血泊。后期侦查中，嫌疑人交代事实与现场重现情况一致。

此案法医现场勘验中，以血迹分析为突破口，通过特征形态分析推断其形成过程，并结合侦查实验等多种检验方法，排除千斤顶突然回缩致减震钢板冲击赵某头部致死的死亡机制，避免了目击证人作伪证对案件侦破的干扰，为现场重现提供了更为完整、紧密的证据链条。

（万立华）

思考题

1. 试述血迹形成的影响因素主要有哪些？
2. 试阐述血迹形态的分类与基本特点。
3. 根据现场中的血迹形态与分布特点，如何推断出血点以及犯罪嫌疑人活动情况？

第四章　致伤物推断与认定

致伤物的推断（estimation of the instrument causing the trauma）是根据损伤的形态特点，结合现场的情况，对致伤物的类型、大小、质地、重量及作用面的形状等特点进行分析推断的过程，是法医现场勘验和活体损伤鉴定的重要组成部分，也是每一个命案现场分析研究中的重要任务之一。致伤物的认定（identification of the instrument causing the trauma），是指根据损伤的形态特点与嫌疑致伤物进行比较，结合实验室的相关检测结果，对嫌疑致伤物做出认定结论的过程。致伤物的推断和认定可以为侦查提供线索，并为司法审判提供证据，是法医学研究的重点内容之一。与传统的法医病理学致伤物推断与认定不同的是，由于现场环境限制情况、犯罪嫌疑人与被害人的空间相对位置和活动情况以及犯罪嫌疑人的心理变化等均可能导致人体损伤发生变异，因此法医现场学除了使用法医学相关知识，还结合了现场中一些损伤相关的痕迹证据和被害人衣物破损特征，最终在命案现场重现的基础上对致伤物进行综合分析推断。

第一节　根据损伤形态推断致伤物

机械性损伤是最常见的暴力性伤害死亡原因。机械性暴力是物体和人体相对运动时所引起的损伤，常引起组织结构的破坏和功能障碍。根据生物力学原理，任何机械性暴力作用于人体组织都会产生不同程度、不同特征的损伤。在各种条件类似的情况下，用同一种致伤物的同一部位打击所造成的多个损伤具有相同或相似的形态特征，即相同类型损伤的可重现性，这是根据损伤的形态特征推断致伤物的理论基础。但是，在实际案件中，每一处损伤的大小、深浅、方向、形态及附着物等细微状态上有所区别，根据这些微小的损伤特征法医工作者可以获得大量有用的信息，结合案件的具体情况对推断致伤物的特征、作用力的大小、速度、方向及方式等因素进行分析和推断。

人体在遭受创伤时，首先受到外力作用的是皮肤。皮肤在外力的作用下，可表现为程度不同的损伤，如皮内出血、皮下出血、表皮剥脱、挫伤等，当暴力程度较大时还会累及筋膜、肌肉、血管、神经等组织，形成创口、软组织挫碎甚至骨折、内脏破裂以及肢体断离。根据损伤部位及程度，可将损伤特征分为擦伤、挫伤、创、骨折损伤、内脏破裂、肢体断离等。根据损伤形态学特征可推断致伤物的种类，如擦伤、挫伤、挫裂创、闭合性骨折及闭合性内脏损伤等通常是钝器作用的损伤特征；砍创、刺创、切创以及开放性伴砍痕的骨折等是锐器作用所致的特征；损伤的边缘或腔道内遗留火药颗粒或火药成分的损伤是由枪弹射入所形成；而一次性形成的，外轻内重的，分布在身体一侧，有时还有裤带及胸罩带的不规则断裂等，且人力难以打击形成的损伤，常常是高坠所造成。在重大交通事故、安全事故、自然灾害现场的尸体，除具有一般性的损伤特征外，还具有事件发生过程中人们无法躲避或抗拒的巨大外力而在身体上遗留的严重致命的损伤，这些损伤的形成与事件形成过程有着必然的联系。因此，可以根据以上损伤特征推断致伤物的形态、大小、质地以及形状。

致伤物种类繁多，其质地、形态也相差很大，同一种致伤物因为作用力的大小、方向及受力部位的不同，可以形成不同的损伤特征。每一个部位的损伤，每一处损伤的特征都蕴含着大量的信息，应该逐一观察、测量、研究、比对，并对整体的情况进行综合分析，才能更加准确的推断和认定致伤物。

一、根据表皮及皮下组织损伤特征推断致伤物

体表皮肤完整，无开放性创口的损伤一般多为钝器形成，并常在表皮形成一定的形状。但钝器有时也可以形成开放性的创口，这些创口的创缘和创壁往往不齐，并伴有挫伤，创腔内有组织间桥。

出血部位的特征不仅是暴力损伤的确证，也常能反映致伤物的形态。尤其是表皮剥脱的游离方向可以指示外力作用的方向，通常擦伤的起始端较深，末端较浅。损伤的部位有时能够反映出犯罪嫌疑人作案的意图或目的，为案件性质的判断提供有力支持。例如颈部弧形、半月形的擦伤，常反映为扼颈时指甲的抓掐伤，而颈部两侧损伤的程度及弧形、半月形的方向可推断是嫌疑人的哪一个手所形成，这些动作特征结合现场的情况可进一步分析犯罪嫌疑人利手为哪一侧。出现在乳头、会阴及大腿内侧的擦伤，常常是性犯罪的有力证明。垂直于皮肤表面的作用力同时沿切线方向作用时可形成压擦痕，条索状的压擦痕常常是绳索或条索状物形成，此时皮肤条索状损伤的宽度与致伤物的宽度相同或相近，缢沟内遗留的微量物证可以与致伤物的成分进行比对达到同一认定的目的。

在体表平坦部位形成的损伤特征清晰明显，是推断致伤物的重要依据。如在面颊部、胸背部、臀部及四肢软组织较厚的部位形成的损伤，可与致伤物的致伤面完全接触，因此能够完整的反映出致伤物的形态。例如中空性皮下出血是棍棒伤的特征性表现，此即中国古代法医学著作中所称的“竹打中空”及国外法医学著作中所称的“铁轨样挫伤”，出血带的形状和宽度常能反映棍棒的形状和宽度。对中空性皮下出血的损伤进行检验时，应该详细观察出血的边缘特征，进一步推断损伤是圆形还是方形棍棒所遗留。带有纹线的棍棒所形成的损伤，除了中空性皮下出血的特点外，还有一定的纹路反映在损伤的部位，如螺纹钢的损伤，这对致伤物推断有重要意义。有些工具由于形状不规则，比如管钳、多棱刮刀、陶瓷器具等，其损伤多能够反映一定的特征。

大片状的皮内及皮下出血，一般系较大平面的钝性物体拍击所形成，如木板、铁板及砖块的平面等，也可见于高坠时较大面积的体表同时与地面接触时。具有特殊花纹的致伤物，因其纹状的沟嵴在撞击皮肤组织时，致伤物的打击面与皮肤紧密接触，使组织挤入致伤物沟嵴，同时这些突出部位挤压皮肤发生剧烈扭曲，造成皮内血管的破裂，出现特征明显的皮内出血，对致伤物的形状可以很好的再现。

有时嫌疑人为了携带或隐藏方便，常常将致伤物进行包裹，在包裹的过程中形成凹凸不平的形状，或者致伤物本身结构功能的特点而带有沟槽、凸起、分叉或破损等，可以在损伤部位遗留特征性的印痕，这些特征与损伤具有一定的特异性，通过仔细观察可以发现其细节特征，对致伤物的认定也起重要作用。如踢伤时在受伤部位可形成鞋底花纹，大小和形态与案犯作案时所穿的鞋子特征应一致，甚至在损伤的部位还可以观察到鞋子的磨损程度。

二、根据开放性创特征推断致伤物

开放性创是强大的暴力造成皮肤全层或内脏器官破裂的损伤，属于开放性损伤，由创缘、创角、创口、创腔、创壁和创底构成。创的形态差别很大，在致伤物的推断上有重要价值。

（一）钝器致伤物的推断

钝器作用形成的创多伴有皮肤或组织的挫裂伤。由于结缔组织纤维、神经纤维和血管的韧性，在钝性外力作用时，常有部分纤维或血管未发生断裂，横贯两创壁之间形成组织间桥，这是钝器伤的主要特征之一；有时在创缘形成微小的挫伤带，也是钝器伤的重要特征。由于在创口形成时伴有撕裂的情况，挫裂创的创口大小一般不能精确的反映致伤物打击面的大小，通常会比致伤物的打击面要大。创角的钝锐情况是致伤物刃边锐利程度的反映，但应与组织牵拉撕裂形成的撕裂创相区别，对变异性的创口，在推断致伤物时还应考虑到作用力的方向改变对创的形态特征的影响。

头皮挫裂创的检查应先拍照固定证据，然后对附着物进行检验，把有用的物证提取之后再剃除

头发，最后详细观察测量并记录创口的形态特征。斧锤类钝器在头皮上的损伤特征一般边角明显，在损伤的两边交角处往往有撕裂伤，有些质地较硬的方柱形致伤的端部也可以形成。但斧锤类损伤的创腔深，多伴有颅骨的粉碎骨折。如果斧锤的棱边打击并陷入颅骨，可在颅骨上检见沟状或棱角状的凹陷（图 4-1）。

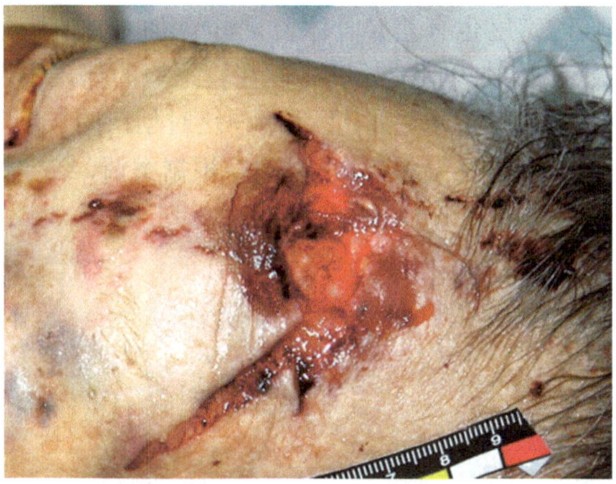

图 4-1 头皮钝器打击形成的不规则创口

创口中心部位挫伤区域能够反映接触面的形态、大小，有时还可以显示暴力作用方向

砖石所致的挫裂创，形态多不规则，创缘挫伤明显，多种损伤同时存在，大小不等，方向深浅不一，有时创内可见毛发及附着物存在。鹅卵石打击所形成的损伤创缘一般有较大面积的挫伤，如果重量较大的鹅卵石打击人体，可以形成较大的弧形挫裂创甚至骨折。

圆柱形棍棒打击所形成的挫裂创，其创缘不光滑，形状不规则，可能有两个以上的创角，创的两侧创缘可伴有对称的擦伤和挫伤带，其两侧宽度近乎一致，远端的创角可呈撕裂状，近端创角可伴有挫伤。如果挫伤带一侧较宽，对侧却很窄，多为偏角度打击所致，着力侧的挫伤带一般较宽。挫伤带的宽窄，也反映致伤物的直径大小。木质棍棒形成的挫伤带往往较大，而金属棍棒形成的挫伤带一般较窄而明显，且损伤严重。用棍棒的一端戳击人体时，在皮肤的表面可出现与棍棒断面大小且特征类似的皮内出血或挫伤，有时形成挫裂创，尤其是棍棒的致伤一端从偏斜角度打击至人体，或者切线划过体表或头皮时，有时还会形成头皮的剥脱伤。

十字形或星芒状的挫裂创通常不能直接反映致伤物形态，而是由于受力处的头皮有颅骨的隆起，如枕外隆突、顶结节、额结节等处，而致伤物可以是平面的，也可以是有一定面积和硬度的任何物体。如果致伤物棱边整齐且相对比较锐利时，由于颅骨的衬垫作用，头皮的损伤创口整齐，创内无组织间桥存在，常常被疑为锐器伤，这时创缘的细致检验至关重要，创缘微小的挫伤及创角的特征不可忽略。有些刃口不够锋利的锐器形成的损伤的创缘，可以检见擦伤，这种擦伤紧贴创缘，非常狭窄，与钝性致伤物所形成的擦伤和挫伤形态不同，极易区别。

（二）锐器致伤物的推断

锐器形成的创口特征常能准确反映致伤物的断面形状，创口的深度也能较好的反映致伤物刃边的长度。根据刺创管的长度推断刺器的长度时，可在直视下用探针探测刺创管的长度来推算刺器刃部刺入的长度。在探测过程中要小心谨慎，因为有些刺创管可能被凝血块或脏器所封闭，或过分用力探测有可能形成假创管，因此尽可能采用局部分层解剖的方法来检验。此外，在锐器创的致伤物推断时还应考虑损伤时组织弹性回缩以及尸体剖验时因体位有所变动脏器位置已不同于被害人受伤当时的因素。

通常情况下，切创创缘光滑，创壁平整，无组织间桥，创底也比较平坦。短小的切器可以形成长而深的切创，根据创口长度不能判断切器的刃长，因为刃口在皮肤上的滑动的距离决定了创口的长度。有些部位的切创因组织收缩而哆开，形成纺锤形或楔形的断面，如颈部、肘窝、阴茎及腹股沟等处的创口（图 4-2）。

砍创一般由带柄易于挥动并具有一定质量的刀类或斧类工具形成，根据创缘的特征可以区分，因外力作用强大，形成的损伤也比较严重，甚至合并骨折。斧头形成的砍创在创缘可检见挫伤，当以较小的角度砍击时，两侧挫伤的宽度也有差异。体表突出部位的砍创因砍器不能完全接触而形成较短的创口，此时创口的长度不能反映刃口的长度。但在较平坦的体表出现的多个长度一致的创口，特别是两创角钝时，多为砍器的刃口部分全部砍入组织，这时创口的长度与致伤物刃口的长度一致。手背及前臂的砍创多为抵抗伤，有时也见于自伤和意外，根据案情，结合其他部位的损伤特征，一般不难鉴别（图 4-3）。

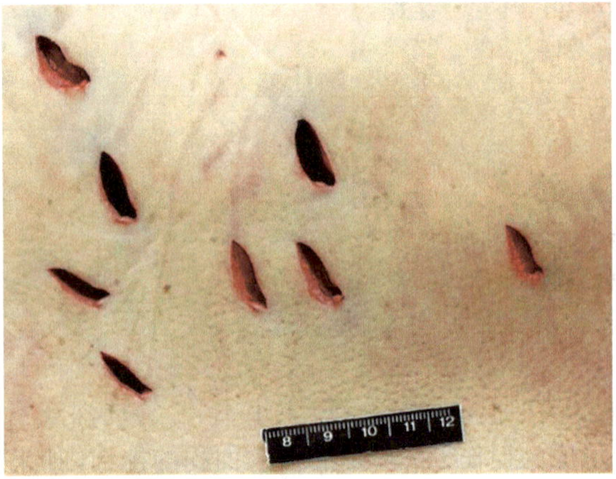

图 4-2 单刃锐器形成的创口

创角上锐下钝

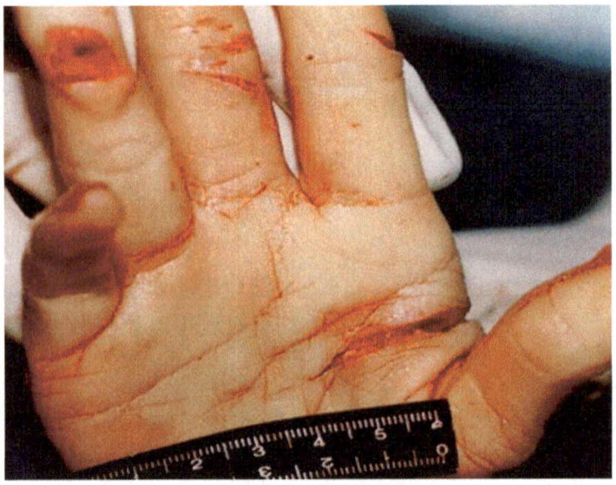

图 4-3 手掌部及手指腹面的抵抗伤

刺创是有尖端的锐器形成的损伤，能够反映刺器的横断面形状，常见的刺创有条状、菱形、三角形、类圆形、鸭嘴状、弧形及变异形等多种。根据创口的特征，可推断致伤物的断面情况，创道的深度对致伤物的长度也是一个反映，有时在致伤物刺入人体形成创道后又刺出而形成刺出口，刺出口的形状也能反映致伤物的断面特征。在内脏实质器官形成的刺创，通常可以反映刺器前端的特征，如在肝脏形成的刺创，由于肝组织的特性，能够真实的反映致伤物前端的特征，解剖时应该暴露刺创的最大切面，这样可以观察致伤物刃的宽度及特征。

剪创和锯创是形态特征比较明显的两类创口，前者是剪刀的两尖端剪夹或剪刺作用形成，剪刀两刃所形成的损伤相对，两刃合拢时形成的损伤相互交错，在体表形成双排列的瓜子形或梭形的创口。剪夹造成的创口其创缘的中央部分，常有小的皮肤尖端状皮瓣，“V”形剪创伴有一尖端游离的皮瓣；“八”字形创口提示剪刀的两刃剪夹时没有完全闭合。锯创是锯齿在皮肤组织上滑动形成的创口，多见于意外，也见于杀人碎尸案件，在碎尸案的离断肢体的断面皮肤创缘呈锯齿状，骨骼断面呈阶梯状。

（三）火器损伤的发射器推断与认定

火器损伤在体表一般形成圆形、类圆形或星芒状的创口，有的呈撕裂状伴组织缺损，皮肤创口周围可伴有表皮剥脱和挫伤，即擦拭轮和挫伤轮。接触或近距离射击时，在创口的周围或一侧可见黑色粉末状异物或污垢附着，即烟晕及火药颗粒沉着及其烧灼改变，这也是射入口的特征。由于组织的回缩，射入口的直径一般要小于子弹的直径。有些枪弹创形成盲管创，子弹遗留在体内，有些子弹则可能穿透组织，在射入口的对侧形成射出口，如果子弹在进入人体时遇到骨组织，有时会改变其运行路线，在其他部位形成射出口。射出口一般呈撕裂状，创口较大，将其合拢后无皮肤缺损，射出口经创道与射入口相同。

火器损伤应与圆柱状致伤物形成的刺创相区别，在圆柱状致伤物刺入皮肤组织时，致伤物上的附着物遗留在创周，有时创周还伴有压痕，所形成的损伤与枪弹的擦拭轮及挫伤轮类似，在推断致伤物时容易出现失误。例如某些特殊的枪弹创，有可能会被误认为是烧火所用的细钢棍刺伤所形成。

不同类型的枪支因发射的子弹不同，在人体上所形成的损伤也不相同。霰弹枪发射的弹丸为金属颗粒，发射时呈散射状，且散射的程度与射击距离相关，摄入人体后能量减弱或消失，弹丸不能贯穿组织而遗留体内，形成多个类圆形的盲管状枪弹创，在 X 线下可见聚集的弹丸。膛线枪的杀伤力较大，有效射击距离也较长，有时在创口的边缘可检见挫伤带，子弹形成的创道内还可以有子弹冲击形成的震荡损伤。

三、根据骨折及内脏损伤推断致伤物

骨组织结构致密完整，能够承受较大的外力作用，当外来暴力足够强大时可以造成骨骼的完整性破坏，形成不同程度及形态的骨折。常见的形态有：不全骨折、线形骨折、凹陷形骨折、孔状骨折、粉碎性骨折等（图 4-4）。不全骨折和凹陷形骨折在骨质的外板可形成与致伤物接触面相同的损伤。圆形孔状骨折或半月形凹陷性骨折，可以确定为圆形锤面垂直或侧向打击所形成。如果颅盖骨有类圆形的环套状骨折，大小与奶头锤锤面大小相符，应考虑为奶头锤打击所致。

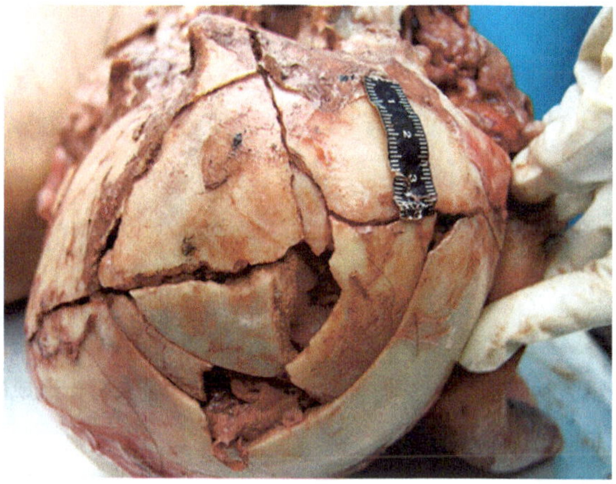

图 4-4 颅骨受到强大暴力所导致的粉碎性骨折

创的形态特征检查完毕时，一般都要进行骨质的检查，有时可以发现创底处骨质上遗留致伤物的印痕，如切痕和砍痕，尤其是砍器砍击骨质时，可以形成楔形或穿孔骨折，此时骨折的宽度能够反映砍器砍入部分的宽度，有利于推断致伤物刃部的厚度（图 4-5）。如杀人碎尸案件，在肢体断端常可见砍痕，有时也见楔形的骨折。楔形骨折也见于交通事故的保险杠损伤，是小型汽车撞击人体下肢小腿部而出现的楔形骨折，楔形底边为力的作用点，楔形的尖端指向车辆行驶方向。

在骨骼上形成的枪弹创一般呈圆孔状缺损，缺损的直径大小一般与子弹的直径一致，在 X 线下缺损边缘光滑，用放大镜观察时有时可见微细的齿状，缺损的周围有时可见放射状的骨折线，有时骨质破碎程度较重。对有放射状骨折线的类圆形缺损枪弹创，在子弹的直径大小推断时，应考虑子弹穿过骨质时出现瞬间的变形，因而有时缺损的直径略小于子弹的直径大小，尤其在颅骨相对较薄的部位。倾斜射击时在骨质上形成的缺损呈椭圆形，甚至出现沟槽状。子弹穿破骨质时，在射出口造成缺损，形成喇叭状，对子弹射击方向的推断有重要价值（图 4-6）。

强大的外力作用时骨质连续性破坏，在骨骼上形成骨折线，骨折线的方向与力的作用方向有关，可以反映骨质承受压力变形时的情况。骨折线的走向及重合情况可以判断打击的先后顺序，打击在前的骨折线走向自然，打击在后的骨折线末端止于先前骨折线处，因力的传导受阻，而不能跨越骨折线（图 4-7）。

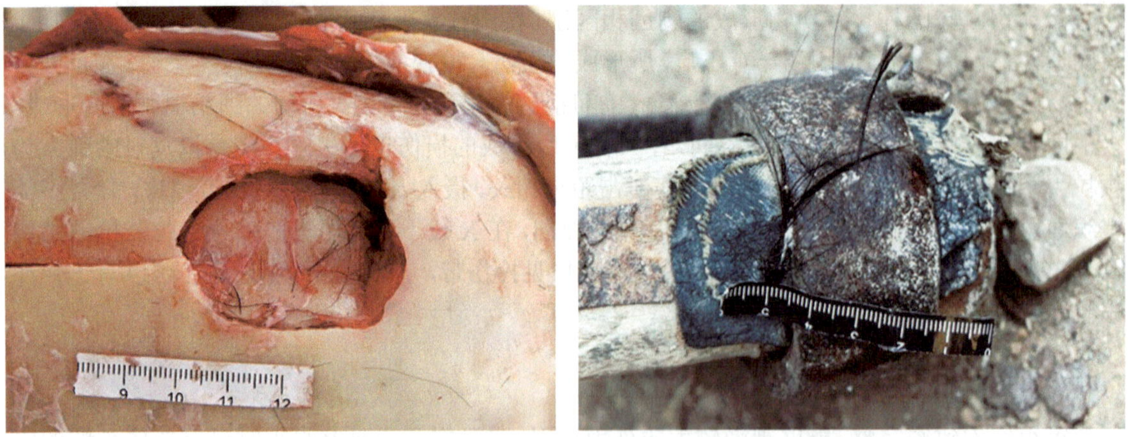

图 4-5 颅骨塌陷骨折（左图）的大小反映致伤物（右图）的大小及形态

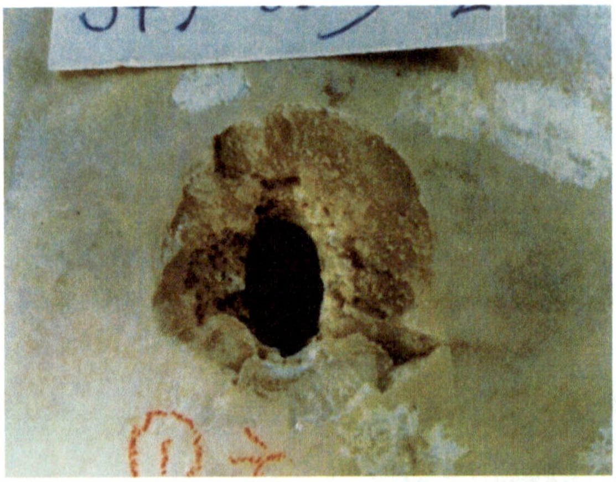

图 4-6 颅骨射出口喇叭状缺损

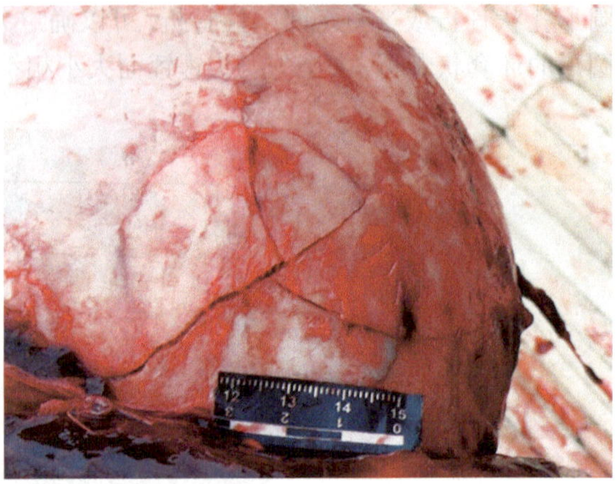

图 4-7 多次打击形成的骨折线可以推断打击的顺序

内脏的破裂既可以是致伤物直接作用引起的结构破坏，也可以是由间接的外力作用于体表，继而外力传导至内脏器官引起的破裂或出血。空腔器官在充盈状态下受暴力打击，引起内容物的流体压力急剧升高致使器官薄弱处发生破裂。

第二节 根据损伤部位的异物推断致伤物

创内遗留物的检验对致伤物的认定也是非常重要的，微量的遗留物可能会因为创口的处理和尸体的变动而破坏或丢失，因此，作为法医工作者，尤其是参与首次检验的法医必须十分重视创内遗留的微量物证的检验，观察遗留物证的种类及特征，必要时还应该提取送实验室，进行更加深入的形态学观察与理化检验，以认定致伤物。这是法医学尸体检验质量的关键环节，尤其是对参与现场检案的法医，也是衡量工作能力和业务水平的重要标准之一。

对创口内遗留物的发现与提取，关系到案件信息的发掘，侦查方向的划定，甚至案件整体的突破性进展，而这一切都离不开细致、规范的检验方法。为了尽可能地搜寻、发现创口内的微量物证，除了遵循常规的检验规范外，还应该注意采取必要的保护性措施，例如为了避免微量物证的遗失和污染，在尸体移动、搬运时应进行初步检验，并对手脚、头面部等处进行包裹。检验时还要分清层次，防止遗漏。

在打击人体组织并形成创口时，致伤物与人体组织可以产生一定的摩擦及碰撞作用，这可以使致伤物发生变形、破碎或者表面成分脱落而遗留在接触的客体上。例如，木棍、竹条的末端、破损处往往有刺状物，可遗留在损伤部位或者刺入皮肤组织；金属器械外层的镀层或油漆可以脱落，沾附在损伤相应处；缢死和勒死的案件，因为在一定压力下的摩擦及碰撞作用，在缢沟处的皮肤上有时会遗留致伤物的成分。因此，在对损伤及创口进行检验时应十分重视此类物证的发现提取，创内沾附的油泥、铁锈、瓷片、漆片、纤维、毛发、沙粒、灰尘、火药或炸药残留物等应该引起重视，根据以上遗留物可以推断是否是移尸现场或案件第一发生现场。根据遗留物的成分还可以推断致伤物的新旧程度和磨损情况以及种类、材质成分，甚至生产的厂家。

当砍击作用力较大时，常常可导致骨折或骨质缺损，有时在骨质上还会遗留的砍器刃部断折的碎片，或者使致伤物的刃缘形成翻卷。这些创内或骨折部位的遗留物可以提取后检验，并与嫌疑致伤砍器进行比对。同时，嫌疑致伤物刃缘的损坏程度也可以与骨折的情况进行比对，从而认定或排除嫌疑致伤物的证据，必要时还可对元素成分进行进一步的确认检测。损伤创口及电流斑处可以检验到金属的附着，不同的电线元素成分及含量不同。对成形状态的金属可以直接提取，损伤处的金属碎屑可以沾附提取，也可以连同损伤周围的组织一起提取。提取后应及时送实验室进行金相检查（金相显微镜和电镜对金属表面的检查）和化学成分的检验，常用的方法包括原子发射光谱法、原子吸收光谱法、X 射线能谱扫描电镜法等。例如应用扫描电子显微镜 -X 射线能量色散光谱仪（SEM-EDX）检查金属工具所致创口，在放大 100 倍以上时，创口中可见遗留有该致伤物的金属颗粒。

在有些创口内可以发现破碎的玻璃微小碎片，提取时应使用木制物品以防微小碎片的再次破碎丢失，头发内的玻璃碎片可以用木梳或装有脱脂棉的木梳梳取，然后送实验室进行偏光显微镜确认，以干涉显微镜等区别类型、折射率、密度等，还可以进一步用扫描电镜能谱仪（SEM-EDS）进行定性与定量的分析检验，从而推断致伤物的种类及成分。

对于火器和爆炸造成的创口，进行火药和爆炸残留物的提取常可以检出残留物的成分，可以对枪支及炸药的种类进行认定。除了对嫌疑人的射击手进行射击残留物的提取外，相应手的衣袖部位、枪弹射入口的皮肤、被射击的其他载体及枪支都需要提取，以进行下一步的检验和分析比对，提取时可以用胶带粘取、棉球蘸取或者使用成品的射击残留物提取装置提取。提取的物证可以在实验室以比色法、离子选择性电极化法、紫外可见分光光度法进行无机离子定量分析，也可以用薄层色谱、红外光谱、气相色谱、高效液相色谱进行有机成分的检验。

残留的微量物证还可以与嫌疑致伤物进行形态学的比对，可应用仪器分析的方法进行理化性质及化学元素成分的分析，辅助认定致伤物。对遗留物进行初步检验后，一般都要及时送实验室检验，通过分析仪器进行必要的成分及种类的鉴别，常用的方法如光谱分析、中子活化分析、紫外或红外能谱仪、扫描电镜能谱仪等。近年来，运用立体显微镜、扫描电镜、扫描电子显微镜 -X 射线能量色散光谱仪、原子吸收、原子发射光谱等仪器对遗留物的检验较为普遍。利用计算机图形学、多媒体技术、人工智能、人机接口技术、传感器网络及处理技术等多个信息综合的虚拟现实（virtual reality，VR）成为研究的热点，为创建和体验虚拟世界提供了支持，推动了致伤物推断研究的进展。

第三节　根据衣物上的损伤痕迹推断致伤物

人体多数部位都有衣物的遮盖，因此，在他杀案件中，致伤物在人体组织形成损伤的同时往往在相应部位的衣物上形成一定的破损，或者遗留致伤物的成分，为推断致伤物提供有力的物证，检验时应引起足够重视。同时，衣物上沾染的微量物证也能够反映实施犯罪的过程，对现场的重现起关键性的作用。

对衣物上的损伤进行检验时应先注意衣物穿戴的一般状况，服饰的种类及特征，是否与季节相符，被害人的经济状况等问题。随后，逐步检查衣物的破损情况，寻找衣物的纤维压陷、开绽、移位及断裂等微小的变化，对以上特征固定、拍照，根据衣物的颜色放置对比明显的净面纸张或其他洁净平板物体，然后暴露创口进行观察测量，并详细记录破口的形状特征，加比例尺拍照。破口的大小通常能准确反映致伤物的断面，但还要考虑被害人体位的变动或衣服折叠的情况，可以出现与相对应刺创位置不一致或多处衣服破口的情况。皮革和质地致密的衣料，其上的破损能较好的反映刺器断面特征。刺器无刃的背部常致衣服破损处起毛，而刃部致衣服裂开，且纤维断端整齐，检验时应引起足够的注意。双刃刺器在衣服上形成的破口，一般两角尖细，纤维断端整齐，毛边较少，对合破口时呈现面条状裂缝。单刃刺器在衣服上形成的破口，创角多一钝一锐，钝端的裂口较宽，纤维断端不整齐，出现绒毛状特征（图4-8）。

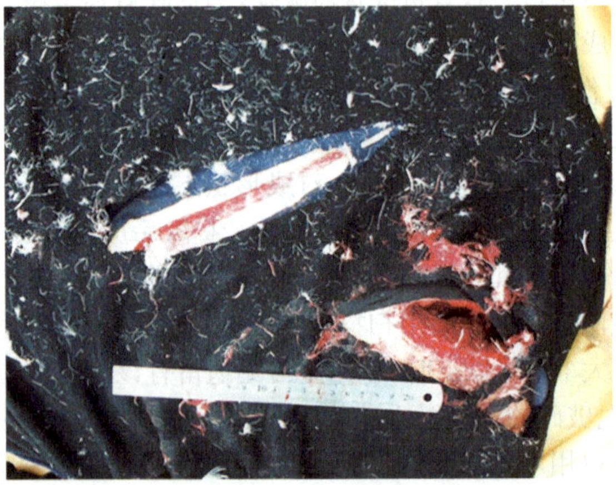

图4-8　衣服破口及损伤

锐器作用于人体后，往往会在刃口留下衣物纤维，这些衣物纤维黏附得较牢固不随环境的改变而消失，而皮肤创缘因被挫压，纤维也会留下来。提取这些部位的纤维并排除污染的纤维，可与衣物纤维作同一认定，并依此来认定致伤物。由于纤维的检材量少且细微短小，在现场不容易被发现，故通常要使用特殊的光源或借助放大镜来辅助寻找。对黏附牢固不宜取下的纤维，可以用胶带粘取，然后贴在干净的载玻片上。较大面积的衣物上的纤维寻找，可以使用黏附滚筒或电吸附器收集。提包及衣袋等处的微量物证，应该原位检查后将其翻转进行物证的提取。纤维成分的初步检验可以使用荧光法、燃烧法，横断面的检验可以使用生物显微镜或电镜，裂解气相色谱法和红外光谱法可以进行结构及成分的检验。小角度激光散射法可以通过很小的激光照射纤维，检测所产生的散射花，从而分析比较纤维表面的形态、不透明度、纤维的种类及个体形态特征。

对进行初步检验的衣物认为有必要的还应进行相关的实验室检查，送检前应该晾干以防微量物证变质或遗失。衣物微小的破损可用立体显微镜观察，如有油污的沾染可以使用红外或紫外线观察，在衣物接触面的形状和大小可以反映致伤物的特征。

致伤物在接触衣物的过程中，可因物质交换而遗留碎片、残渣以及其他一些有形成分，如玻璃碎片、陶瓷碎片、车辆碎片、金属微粒、油漆、纤维、虫卵及植物花粉等。上述这些微量成分，即使在人体衣物上经过长时间的活动仍能够被检出。对碎片成分的残端可以通过观察断面特征与嫌疑致伤物比对，破碎的断端有时可以吻合还原，还可以对其成分进行检测与嫌疑致伤物比对，以确定是否具有相同的材质，虫卵、花粉等要进行DNA鉴定加以确认。

在现场勘验中，有些案件需要注意被害人或嫌疑人鞋子上的泥土成分对推断犯罪活动的场所及路线的作用。泥土主要成分是以石英为主的各种矿物质和少量碳酸盐、硫酸盐、氯化物等，有时含有动植物的有机质以及在微生物的作用下形成的腐殖质，任何一种泥土都是以不同粒级的颗粒以一定的百分比构成。大块的泥土可以用竹夹从衣物或鞋子的沟缝内挑出，取样时要有代表性，最好采用S形随机采样，压碎过筛后进行质地及颗粒密度检查，然后可以用显微镜观察颗粒主体形态、表面的微小杂质、晶体的光折射现象。泥土的pH值检测对种类及来源的判断认定也很重要。使用原子发射光谱法和原子吸收光谱可检验泥土中的无机成分，用紫外可见光谱和红外光谱可以检验有机成分。

在移尸、焚尸、纵火现场，经常需要对油污或油斑痕进行检验。发现油斑痕可以用脱脂棉球蘸石油醚、乙醚或苯等有机溶剂擦取，浸入固体内的油斑痕不易提取时，可以连同载体一起提取，然后送实验室进行有机溶剂提取、吸附提取等。种类及成分的检验多以光谱和色谱法，因油类中含有荧光物质，通过紫外光等激发可以产生不同的光谱，常见的光谱法有荧光发射光谱、荧光激发光谱、同步扫描光谱以及三维荧光光谱等。

衣物上遗留的微量物证多种多样，应该根据遗留物的不同性质采用相应的方法进行分析检验。例如，在移尸案件或出现过激烈搏斗的案件中，被害人衣物上可能会沾附有墙壁的涂料成分，利用电镜、色谱或红外光谱等仪器可以对其分析成分后进行种类鉴别，根据使用的范围推断犯罪发生的场所；包裹物、捆绑物、塑料袋、导线的外皮及轮胎的擦痕等含有塑料或橡胶材料，除了含有树脂、生胶成分外，还含有增塑剂、填充剂、着色剂、硫化剂、促进剂、防老化剂等成分，可以根据燃烧法、热分析法、裂解气相色谱法及红外光谱法对其成分进行检验。

枪击案件中在子弹发射时，枪管中产生的大量火药气团快速冷凝在衣物上形成射击残留物，射击残留物是枪击案件的一种重要的法庭物证。通过对射击残留物的检验，可以解决枪击案件中嫌疑人是否开过枪、人体及衣物的损伤是否为枪伤、火药及枪支的种类、射击距离等问题。射击残留物的结构特征及元素成分分析是区别于环境粒子的主要特征，是检验的重点，常用的方法有：原子吸收光谱法（AAS）、中子活化法（NAA）、X 射线荧光光谱法（XRF）、电感耦合等离子体质谱法（ICP-MS）等，然而扫描电镜能谱仪（SEM-EDS）是目前被公认的有效检测方法之一。

第四节　根据嫌疑致伤物上的附着物推断致伤物

根据物质交换的理论，致伤物在人体形成损伤的过程中也会有被害人的生物性成分附着，比如血液、毛发、组织及其他体液成分等。同时，致伤物上也会遗留案犯的指纹、汗液斑及其他生物性成分。对致伤物上的指纹的检验，可以认定案犯作案时使用过该工具，继而确定嫌疑人。以此作为致伤物推断时，要有一定的前提，即该嫌疑致伤物的其他特征接近认定致伤物，并且在现场提取的与案件有关的物证相吻合。使用枪支自杀的案件，在对嫌疑枪支检验时除了观察是否遗留被害人的指纹外，还应检测被害人在接触或近距离射击时，持枪的手上沾染的射击残留物，射击残留物的发现和成分的分析，对案件性质的分析认定会起重要作用。

在生物基因检测技术出现以前，主要通过免疫反应进行物质测定，不能达到同一认定的程度。现代生物检测技术的发展即 DNA 的检测技术灵敏性和特异性发生了质的飞跃，使检验的范围至微量甚至更为陈旧的检材。在致伤物上检出被害人或嫌疑人 DNA 成分，可以认定致伤物，并且能说明案件与嫌疑人的关系。

通常情况下，致伤物在形成损伤的同时一般都有被害人的组织成分附着，在经过清洗后的致伤物应在其槽沟或夹层内提取，有时提取的 DNA 为混合成分，可以与嫌疑人、被害人以及接触者的 DNA 逐一进行比对排除，达到认定的目的。如在交通事故案件的认定中，嫌疑车辆上接触部位沾附的人体成分的检出往往起到关键性的作用。

此外，毛发、组织碎块可以进行形态学观察，以及种属检验、组织学推断、性别检验及个体识别等。应用各种推断方法时，均不能脱离嫌疑致伤物作用面特征与损伤特征的比对，只有当两者特征基本相同，同时上述物证又取自该嫌疑致伤物作用面时才有意义。

致伤物的推断是多因素的分析，应建立在全面的现场勘验和细致的尸体检验基础之上，不能孤立地对某一特征进行判断。必要时还应结合案件的其他相关信息加以分析，并进行模拟实验或还原、再现，以得到可靠的结论。

案例1：

某男，35岁，采石场工人，某日14时许被他人发现死于距离采石场约500m的路上，仰卧位，左颈部有一1.8cm的创口，创口边缘整齐，两创角一钝一锐，创内无组织间桥。采石场见滴落血迹，血迹由采石场附近向尸体位置延伸，并于尸体处呈现血泊。案件初步定性为他杀，致伤物为单刃锐器。经系统尸体检验，被害人系被一1.8cm×1.2cm×0.5cm的铁碎片击中颈部致左颈动脉破裂失血性休克死亡，该铁碎片贯穿气管后遗留于气管右侧（图4-9）。后经现场勘验，该铁碎片系一采石用的铁锤边角破损所形成。结合调查，排除了采石爆破形成的可能。最终认定，死者在采石时用铁锤击打石块，铁锤边角碎裂，铁碎片崩入其左颈部致左颈总动脉破裂，死者以手捂创口并到采石场外呼救，终因失血性休克死亡。

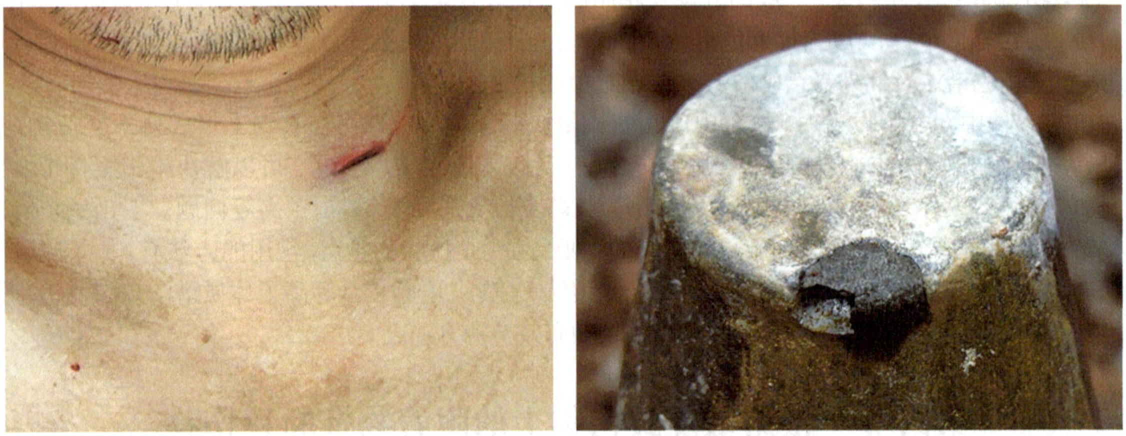

图4-9　颈部创口（左图）与石锤破碎处（右图）

本案例如果仅依靠现场勘验或仅凭损伤特征推断案件性质和致伤物，可能会出现较大的失误。而对尸体进行细致检验，并结合现场的情况进行综合分析，案件的性质就很明确。这也提示广大法医工作者，在确定案件性质及推断致伤物时，应对尸体详细检验并结合现场情况综合分析。

案例2：

村民杨某（男，50岁）在野外放牛时头部受伤，疑似枪击伤，被他人送医院抢救并报案。由于杨某在重症监护（ICU）病房，医院拒绝外来人员进入，因此法医仅能向医生了解伤情。因接诊医生说可能系枪伤，故该案引起公安机关高度重视。法医立即提取该伤者相关病历资料进行分析研究，根据病历及CT资料显示，杨某除了头部损伤以外，全身未见明显其他工具的附加损伤，左额颞部近发际处见1.0cm×0.6cm的瘢痕，右颞部见长1cm×0.1cm的条状瘢痕，以上瘢痕表面及周边没有明显的颗粒状的火药烧灼痕。CT片未见右侧颅骨穿孔性缺失与骨折，颅内创道属盲管创道，但颅内未见金属类高密度阴影。此外，伤者颅内积气严重，创道周边脑组织挫伤出血较轻微，但未见到子弹所致的瞬间空腔效应性损伤，颅内脑组织损伤具有非一次性形成的不均匀损伤，分析认为该损伤可排除动能较强的高速弹丸所致。从左、右侧颅骨骨折形态特征看，致伤物应近垂直作用于左额部，致左侧颅骨孔状骨折，骨折边缘伴明显的挤压缘，被挤压的颅骨碎片向内、向外移位，右侧颅骨骨折碎片向外移位，故分析致伤物的作用方向为从左向右，左侧为损伤入口。左侧颅骨孔状骨折未见一般枪弹创射入口所致的外窄内宽的形态特征，以及颅骨射入口骨折碎片常明显向颅内脑组织移位等特点。

综合以上分析，认为杨某颅脑损伤未见枪弹作用头部的损伤特征和痕迹，可以排除枪弹作用所致。该案中颅骨孔状骨折均发生于颅骨局部，多见于致伤物作用面小、质地坚硬锐利、作用力集中的刺器或作用面小而速度快的枪弹等损伤，且作用方向多与颅骨相垂直，故分析本案颅脑损伤符合条状圆形金属刺器形成。结合现场勘验发现，现场中遗留的拴牛钢钎在一定的外力作用下，如当牛受惊吓奔跑而带动绳索，绳索末端的钢钎在遇到障碍物阻挡时可能突然弹跳刺入伤者头部，或伤者跌倒时头部恰好撞击在钢钎尖端，从而形成这样的颅脑损伤（图4-10）。由于钢钎的另一端绳子拴在小牛身上，钢钎刺入颅内以后，由于小牛继续在空旷走跑，刺入颅内的钢钎又被拉出。

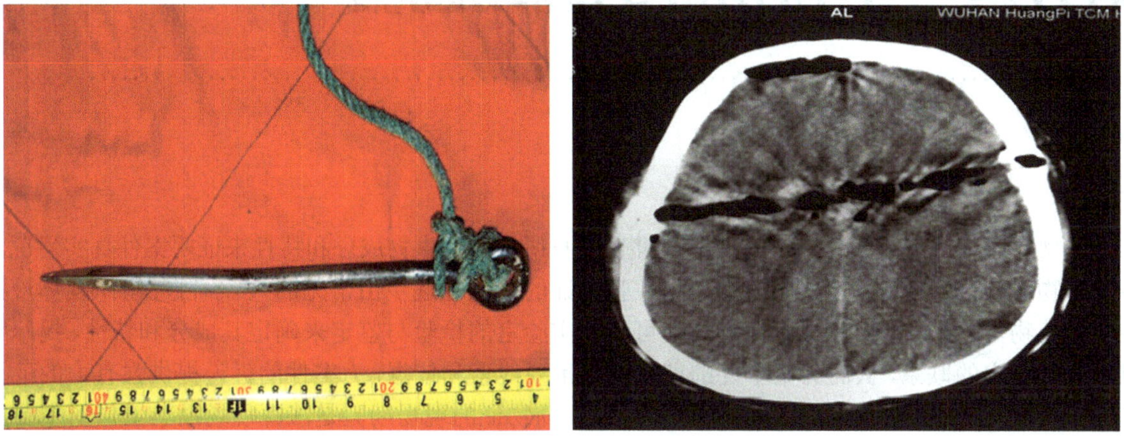

图4-10　致伤物拴牛钢钎与损伤CT片

本案的损伤有一定特征，疑似枪弹创，需要从多个方面的特征分析才能排除枪弹创，最终结合现场情况，推断损伤系拴牛的钢钎形成。遗憾的是，因治疗需要未能及时检验当时创口和火药残留物情况；现场的钢钎未检出血痕，分析原因应为小牛拖着钢钎在沼泽地来回行走达8小时之久，与现场的水坑、杂草、淤泥反复摩擦，使钢钎失去了DNA的检验条件，故未检出。

（万立华　陶陆阳）

思考题

1. 请举例说明如何根据表皮及皮下组织损伤特征来推断致伤物。
2. 试述不同类型的钝器所形成的损伤形态差异。
3. 请问如何根据衣物上的损伤痕迹来推断致伤物？

第五章　生物物证的现场勘验

生物物证（biological evidence）是指能够以本身所具有的生物成分和特性来证明案件真实情况的各种生物学样品。随着科学技术的进步，生物物证的范围也逐步由常见的人体细胞、组织及体液拓展到动植物，甚至微生物样品。生物物证可借助实验室的检验与鉴定来确定其成分和特性，揭示它们与案件事实的联系，从而为案事件的调查提供重要线索和依据，为案件的诉讼提供强有力的证据支撑。因此，生物物证是一种重要的证据类型，生物物证的现场勘验是法医现场勘验工作的主要内容，也是决定后续实验室检验能否成功实施、生物物证能否发挥其作用的关键环节。

第一节　现场生物物证的特点、勘验原则与方法

生物物证的勘验是指法医及现场相关工作人员对现场的生物物证的发现及提取。由于生物物证具有不易保存，容易变化和被破坏的特点，所以生物物证的勘验相对于非生物物证需要更加谨慎及细心。

一、生物物证的特点

生物物证系在案事件发生过程中，通过物体和人体的接触和交换而形成，或在一定现场条件下滋生，并在现场、人体及作案工具等处散布或遗留。生物物证具有以下几个特点。

（一）生物物证种类繁多，分布广泛

生物的种类多种多样，在自然界中无所不在，只要这些生物与犯罪活动相关联，无论是人体的体液、组织器官，还是自然界中的花草树木，或是动物、微生物，都可作为物证，为案件的侦查和审判提供线索和证据。

（二）生物物证是具有生命特征的物质

这是生物物证区别于其他物证的基本特征。生物以核酸、蛋白质等生物大分子作为它的物质基础。在目前的科学认知中除朊病毒外，生物都具有特有的生命遗传物质，即 DNA 和 RNA，由此产生不同的蛋白质等有机物，形成千差万别的各种生物成分、外在形态和生物特性，为生物物证的种类识别和同一认定奠定了基础。生物能够生长、发育和繁殖，并且各种生物都具有特定的生长发育规律和繁殖周期，如植物的花、果实、种子以及昆虫的卵、蛹等往往在特定的季节和周期内出现，由此为利用生物物证进行时间的推断提供了依据。

（三）生物物证与环境的关系

生物与环境有着密切的联系，因此生物物证也受着环境条件的影响。例如，各种生物的生长要受到地理、海拔、气候等因素的影响，因而形成了特有的分布区域，从而决定了在一定的地域生长相对固定的生物群落，也决定了不同地域的犯罪现场生物物证的种类有差异；生物物证多为死亡的生物体或脱离母体的生物组织，如人体和动物的毛发、肌肉，植物的茎、枝、叶等，随着生命活动的停止，受环境条件的影响，容易因失水而枯变或因细菌侵害发生腐败。

（四）生物物证属于“科学证据”

生物物证的鉴定对科学技术有较强的依赖性，其发现、提取和检验都需要运用科学技术来完成，鉴定结论与案件事实之间的相关性也必须用科学理论来解读。因此，生物物证属于“科学证据”，其证明价值是经过严密的科学检验所确认的，具有高度的客观性和可靠性。

二、生物物证的勘验原则

生物物证和现场是一个有机整体，将二者更好地结合起来，并观察判断其内在的关联性，是现场生物物证勘验的关键。勘验过程中，应从案件性质的角度出发，结合对现场的分析判断，抓住现场勘验的重点环节，搜集潜在的生物物证，提高证据收集的效率和全面性。不同性质的案件，现场生物物证的勘验，在搜集和提取上应有所侧重。现场生物物证的检验和应用，可为现场重现与分析提供证据支撑。为了使生物物证能够被及时发现、有效提取，在现场勘验过程中应遵循以下几个原则。

（一）整体和全局的原则

现场的本质是所有证据的集合，生物物证的发现是建立在对现场整体把握之上的。现场生物物证的发现、提取是整个案件乃至现场勘验工作的一部分，不应该脱离整体。只有从现场整体角度出发考察物证，才能更全面、高效地发现和提取到有价值的生物物证，以免出现视而不见的情况，也避免游离于勘验人员视线之外的重要生物物证的遗漏。

（二）及时勘验的原则

现场生物物证的发现和提取具有较强的时效性，因此，在接到报案后必须以最快的速度到达现场开展勘验工作。造成现场变化的因素较多：一是犯罪嫌疑人为了逃避打击和法律制裁，在实施犯罪活动后，往往故意破坏现场，制造假象，销毁证据；二是因现场的抢险急救活动往往会变动甚至破坏现场的原始证据，导致证据灭失；三是自然环境的变化也会导致证据的缺失；四是随着时间的推移，与案事件相关的人员，对发生情况的记忆与叙述易模糊不清或遗忘，甚至出现被害人或知情人死亡等情况。

（三）全面细致的原则

全面细致的原则要求现场勘验人员在勘验活动中对一切与案发有关的人、事、场所及物品都应当深入、细致、认真、全面的勘验。细致是全面的基础，全面是细致的前提，二者相辅相成，缺一不可，尤其在重大复杂的现场，这一原则显得更为重要。勘验过程一定要认真遵守相关程序，对于重要证据应小心提取。当认为提取方法有一定风险时，要先进行实验，避免破坏物证的特征。在抢救被害人时，应尽可能减少或避免有价值物证受到破坏。勘验过程是勘验人员与仪器设备有机结合的工作，微量、潜在物证的发现有时需要借助现代化的工具去搜寻。

（四）客观准确的原则

客观准确的原则是指现场勘验人员要有实事求是的科学态度，要尊重现场的客观事实，按照事物的本来面目去认识、发现和记录现场，使现场勘验结果准确客观地反映犯罪事实。因此，在现场勘验和生物物证的提取过程中，决不能臆断而对现场证据随意加以取舍，对于一时无法解释或排除的证据或结论，不盲目地肯定，也不轻易地否定，而是进一步收集其他证据，以便相互对照，或留待有条件时再予以核实利用。值得注意的是，勘验过程不仅要收集证明犯罪或事件发生的证据，同时也要收集否定犯罪的证据，这样才能做到客观全面，防止冤假错案的发生。

（五）遵纪守法的原则

勘验活动的实施不仅涉及到国家的有关法律、法规和规定，还与国家利益和公民的个人切身利益密切相关，因此，勘验时必须严格执行法律、法规和规定，做到严格执法，依法办事，保守与现场有关的秘密和个人隐私。现场的物品不能损坏和随意带走，需要提取的时候应说明情况征得同意，并制作提取笔录。勘验活动应尊重当地群众的风俗习惯、宗教信仰和伦理要求，杜绝有伤风化和有损少数民族风俗习惯的行为发生，营造和谐融洽的执法环境，以便得到群众的理解和支持。

三、生物物证的勘验方法

物证的成功检验与分析始于正确的发现、提取、保存和送检。送入实验室检验的物证状况，决定着分析方法的选择、有效结果的获得以及结果的解释和现场分析应用。了解生物物证的勘验要求和方法，对检验的成败具有重要意义。

（一）现场生物物证的发现

现场勘验前应根据案事件的性质，制定相应的勘验计划和步骤，确定搜索范围，有针对性地对现场重点区域、部位或物品处的生物物证进行发现、提取。在现场可移动载体上未发现明显的附着物证时，应该把载体搬放到光线明亮的地方，或辅以勘验工具的特殊光源，多角度地观察，以便及时有效地发现生物物证。

（二）现场生物物证提取与保存

现场生物物证的提取应结合物证的种类及形状，常用的提取方法有：原物提取法、连同载体提取法、载体转移提取法及粘附提取法等。原物提取法适合独立的，没有载体附着的物证，例如骨骼、毛发、指甲等。连同载体提取法操作简单，样品不会受到损失，受污染的危险性小，适合于易于包装和运输的较小物证，或者易于切割的大件物体，如门框或窗帘等。载体转移、粘附或吸附等提取方法，可能损失部分样品，但可以尽早地避免物证的进一步受到污染或破坏，并利于后续的实验室检验。现场勘验过程中，在搬动和提取物证之前首先要拍照固定，记录物证的位置和状态，注明物证与现场的空间方位和距离，并逐一登记编号，分别包装保存，并记录物证名称、提取的时间、地点、方法和提取人等信息，以便查找、核对和送检，保证物证流转过程的科学性和客观性，杜绝检验结果无法解释的情况发生。

大多数生物物证具有微量、易变质和易受污染的特点。在勘验、送检过程中应采取必要的措施，使用洁净或者无菌的提取器具，禁止用手直接接触物证防止其他物质的混入，以免导致证据的破坏和灭失。由于生物物证的种类繁多，其性质有所区别，在包装和保存时应区别对待，选择合适的方法分别进行，避免暴露于高温、潮湿或阳光直射的环境中。现场生物物证因受到客观条件的限制，其质量和纯度会明显下降，在实验室检验分析过程中往往需要反复多次，有时需要到上级部门送检复核，因此，在现场勘验时应尽可能多的采集物证，以保证得到足够的量，满足后续检验分析。

在进行现场生物物证的提取和保存时，要结合后续实验室检验的工作，从实验室的角度来考量检材的提取和保存工作，尽可能地提取到污染小、浓度高、数量足，对案件的侦破有指向性的检材，尽量避免检材提取过程中的盲目性和实验室资源的浪费。值得注意的是，在现场勘验中有时要提取现场空白对照样品，以便更好地进行检验结果的分析和溯源，使收集到的证据更为科学、客观和有效。

（三）现场生物物证的送检

生物物证提取后，应尽快送往实验室进行检验。在送检现场物证的同时，还应采集与案件有关人员的样品一同送检，以便同时进行检验比对。

（四）现场生物物证的检验

生物物证在采集、送入实验室检验前，一直暴露于现场无选择的外界环境中，会受到光、潮湿、高温、细菌、微生物、灰尘、昆虫甚至化学物质等的影响。这可能会干扰 DNA 的提取过程，降低 DNA 的数量和质量，或抑制 PCR 反应，并限制 DNA 分析。因此，在实验室检验环节应考虑到以上因素的影响，有选择地进行检验。

第二节 生物物证的现场勘验

对于不同的生物物证，其发现及收集的方法各有差异，因此需要将生物物证进行分类。传统的分类方法按照生物物证的来源及种类，将其分为：脱落细胞、血液斑、精液斑、唾液斑、汗液斑、阴道分泌物、排泄物、毛发、组织、器官、动植物及微生物等。也有学者从生物物证的发现、提取和保存的角度出发，将生物学物证分为：直接来源于人体的生物学检材，附着于不同载体的生物学检材和附着在凶器上的生物学检材三大类。在较为直观的层面上，生物物证可划分为人类生物物证和非人类的生物物证，后者包括动物、植物和微生物物证。

一、现场人类生物物证的勘验

（一）现场常见人类生物物证的种类

刑事案件中，特别是在凶杀、抢劫、盗窃、斗殴、强奸等案件中，常会出现人身伤害和死亡。由于案件发生时，个体与个体间，或个体与环境物件间发生接触，犯罪现场常常可发现来源于人类的生物物证。现场常见的人类生物物证通常包括人体各种组织器官及其碎块，例如毛发、皮肤、肌肉、指甲、牙齿等，也包括人体的各种体液、分泌物、排泄物及由它们形成的生物性斑痕，例如血液、精液、阴道分泌液、唾液、乳汁、鼻涕、尿液、羊水及其斑痕。现场的人类生物物证通常细小而且分布范围广，犯罪嫌疑人很难将其彻底毁掉。寻找和提取人类生物物证进行分析，无疑能为案件的侦查提供重要的线索。

（二）现场常见人类生物物证的作用

1. 犯罪嫌疑人的排查和认定　在犯罪现场、可疑凶器和被害人身上常常遗留犯罪嫌疑人的血痕、唾液、精液、组织等各种人类生物物证，对这些生物物证进行DNA遗传标记的分型，将其分型结果进行DNA数据库的网上比对或者与侦查部门发现的嫌疑人比对，可实现个体识别的目的，确定这些生物物证是否嫌疑人所遗留，为犯罪嫌疑人的认定提供证据。若嫌疑人在逃，无法获得嫌疑人的样本进行比对时，也可利用犯罪嫌疑人在现场遗留的生物物证和嫌疑人家属的样本进行亲缘关系鉴定，揭示嫌疑人的身份。目前，随着法医DNA数据库的应用，法医DNA检验已经从被动发现犯罪嫌疑人转变为主动发现犯罪嫌疑人。当有案件发生时，用现场采集的人类生物检材进行DNA检测，分析结果与库内数据比较。两者完全吻合时，直接为侦查提供犯罪嫌疑人的线索；两者不吻合时，排除库内人员是犯罪嫌疑人。此外，现场的生物物证通过遗传学分析，可提供犯罪嫌疑人的相关信息，包括种族或地理来源、体貌特征等，藉此可缩小嫌疑人的范围，提高破案的效率。此外在斗殴、伤害、谋杀、交通肇事等案件中，嫌疑人的衣物、可疑凶器、嫌疑汽车等处可残留被害人的血痕、毛发、组织等，通过个体识别，可确定这些生物物证是否被害人所遗留，也可为犯罪嫌疑人的认定提供线索。

2. 被害人的身份认定　谋杀、碎尸、交通肇事、火灾、爆炸、空难等事件造成个体死亡，甚至尸体离断的案例，一方面可通过个体识别鉴定现场发现的不同组织是否同属一人，另一方面，可以采集被害人家属的样本作为参考样本，通过与现场发现的尸体组织进行亲缘关系鉴定来确定尸源；也可以收集被害人牙刷、梳子等个人物品上残留的各种组织或体液斑痕作为参考样本，通过个体识别来确定被害人的身份。当尸体由于火烧、腐蚀、腐败等原因仅残留骨骼、牙齿、毛发等组织时，也可通过人类学的检查，确定这些组织是否来源于人体，了解被害人的年龄、性别、身高、种族、生前是否有损伤等信息，缩小对被害人的侦查范围，甚至可通过牙科学的方法和颅骨复原等技术达到对被害人进行个体识别的目的。

3. 犯罪现场的确定　从可疑现场提取到的人类生物物证通过个体识别或亲缘关系鉴定，确定是被害人或嫌疑人所遗留，即可为犯罪现场的确定提供依据。

4. 串并案件　在某些情况下，需要将不同案件中现场发现的人类生物物证进行同一认定，如果认定两起案件中出现的检材来源为同一人，那么就能说明这两起案件存在一定的联系，从而为串并案提供有力的支持。

5. 死亡原因的分析　利用尸体的内脏、血液、尿液或其他体液和排泄物可进行微生物和毒物的分析，为确定是否中毒死亡或感染性疾病死亡提供证据。此外人类生物物证的毒物分析还可为其他死亡原因提供有价值的资料，例如影响精神行为的毒物、药物或乙醇等常在死亡过程中起到一定的作用，服用致幻剂后产生幻觉而不能控制自己的行为，以致发生致命事故。

6. 其他　随着法医遗传学技术的发展，人类生物物证正发挥着越来越多的作用。例如，通过DNA甲基化、mRNA和microRNA标记的检测，可确定体液斑痕的类型和来源，为案件性质的判定提供证据；利用尸体组织进行DNA和RNA的检测，可推断死亡时间和死者的年龄、种族以及相貌特征等。

（三）现场常见人类生物物证的勘验

1. 人类生物物证的发现　生物性检材大部分是在现场勘验中发现的，也有在搜查犯罪嫌疑人及检查被害人时发现的。生物性检材大都散在分布于各处，没有固定的地方，明显的生物性检材容易被发现，对不明显的生物性检材，要利用各种科学手段，努力去寻找发现。

血痕可见于现场的地面、草丛、墙壁、家具、衣服、鞋帽、被褥、蚊帐和凶器上，或人体头发间、指甲缝里。个别案件还需拆开物件才能发现，如刀刃与刀身结合部、地板缝、衣缝、鞋底与鞋面结合部等。现场如很黑暗，可用鲁米诺喷射，如有血痕在紫外光下会发出荧光。

精液斑可附着于衣裤、被褥、手帕、草纸和草席等处，也可附着在被害人腹壁、大腿和阴毛上。精液斑的形状不规则，在白色布上呈黄色类似浆糊斑，在有色布上，浓精斑呈灰白色结痂状，稀薄时不易发现。用紫外线照射，精液斑能发出银白色带淡紫晕的荧光，此时可将其提取以备进一步检验。

毛发常受外力打击拔脱，也可自然脱落。常见于地面、草丛、家具、被褥以及凶器上，也可见于被害人手中、口中和衣服上，因案件性质而异。如强奸案件，应注意被害人内衣、外阴部和大腿间；盗窃案件要留意犯罪嫌疑人来去的通道或门窗上有无毛发遗落。

唾液斑可见于现场的香烟头、口香糖、牙签、饮料容器以及咬痕上，肉眼不易察见，应送实验室检查。

皮肤及其他器官组织碎片可见于被害人或犯罪嫌疑人指甲内。交通事故案件中，可与血液同时附着于车轮、挡泥板、车箱棱角及底盘上。

2. 人类生物物证的收集、包装和保存　在翻动现场物件或提取生物物证前，要先拍照、绘图、测量和记录其原始状态，切勿破坏原有生物物证或添加无关痕迹、物品。提取生物物证的方法根据物品种类而异。

血液及血痕是最为常见的一种人类生物物证。对活体血液，静脉采取后，需加EDTA抗凝，标记后送实验室。所有新鲜血液若要过夜均应4℃冷藏。无冷藏条件时，可用干净棉纱布放入血液中浸湿，取出晾干后，置纸袋内包装送检。附有血痕的小件物品（衣服、鞋帽、刀、斧、石头等）要整件提取，晾干后，分别用纸袋包装，不能只取有斑痕部分。血痕如附着于可剪切的大件物品如地毯上，可连同邻近无血痕处一并剪取。大件、沉重、固定或不易携带的物件（床桌、门板、玻璃、地板或墙壁）上的血痕，可用利刃刮取，置于干净的物证瓶内，同时刮取血痕周围基质作对照。如果血痕在泥土上，应连同无斑痕部分整块取下，放入盒内，衬以消毒棉花，以免泥块振荡破碎。

此外，对被奸杀或死因不明的女性尸体，应用棉签或纱布提取阴道内容物，必要时取肛门、会阴部或口腔标本以检查精子。同时提取血液作对照样本。取活体颊黏膜细胞作对照样本时，用棉签在口腔内擦取颊黏膜，收集含颊黏膜细胞唾液，置瓶内冷藏送检。也可将棉签晾干后，放入信封内送检。毛发要用镊子夹取，勿损坏附着物，分别置纸袋内送检。皮肤、碎骨、器官组织碎块以及烟头，要用镊子或戴手套收集，不可加防腐剂，分别置于干净容器内，冷藏送检。

3. 人类生物物证的送检　人类生物物证易受各种理化及微生物因子破坏，离开身体时间越长，能检验的项目越少。因此，所有检材应尽快送检。不能及时检验的检材，较好的办法是低温保存。若不能立即检验又无冷藏条件，需要送检的检材要晾干保存。生物物证的包装物外面要注明物品名称、来源、数量、采集日期等。送检人类生物物证的同时，附送必要的对照标本，如被害人和犯罪嫌疑人的血液、唾液、毛发等。送检时必须有委托书，委托书中应写明送检机关、送检物品清单、案情介绍、送检的目的要求、发文日期及复函地址、单位和联系人。

二、现场昆虫物证的勘验

（一）现场常见昆虫的种类

现场昆虫物证主要涉及与尸体有关的嗜尸性昆虫（sarcosaphagous insects）。根据昆虫分类知识及食性的不同，可将法医学相关昆虫分为以下几种：①吸血性昆虫，主要包括吸食人体血液的蚊和虱等；②尸食性昆虫，直接或间接取食尸体的昆虫，主要以双翅目的蝇类和鞘翅目的甲虫为主，此类昆虫主要取食尸体组织，在尸体上出现的时间及规律与尸体腐败程度关系密切；③捕食性昆虫，出现在尸体肿胀期以及腐败晚期，大多以尸食性昆虫的幼虫为食，主要为鞘翅目的甲虫。④杂食性昆虫，既取食尸体软组织，又可捕食尸食性昆虫的幼虫，主要为一些甲虫。

（二）现场昆虫的作用

1. 死亡时间推断　死亡时间推断是现场分析的核心内容之一，对案件的侦破与诉讼具有重要意义。在腐败及白骨化尸体的案件中，利用尸体现象及其他指标往往难以进行有效的死亡时间推断。食尸性蝇类的生长发育状况与个体的死亡时间有密切关系，因此，现场上的昆虫对腐败及白骨化尸体的死亡时间推断具有重要作用。

随着法医昆虫学研究的发展，利用食尸性昆虫推测死亡时间的方法不断完善，如利用蝇卵胚发育推断死亡时间、利用各种蝇类幼虫发育形态推断死亡时间、利用各种蝇蛹发育状态推断死亡时间、利用各种蝇类蛹壳形态特征推断死亡时间、利用各种蝇类虫态变化阶段的发育积温推断死亡时间、利用昆虫的演替规律推断死亡时间等多种方法。死亡时间推断方法的选择，应根据现场昆虫样品的状况，结合环境温湿度条件确定并综合分析。

2. 死亡原因分析　食尸性蝇类一般优先选择自然孔口或体表创口产卵，如果尸体非自然孔口的某些部位蝇蛆过早的出现，常提示该部位可能有损伤的存在。在对中毒尸体勘验时，常因尸体严重腐败甚至白骨化，而难以获得合适的体液和组织样本用于毒物分析。现代检测仪器设备的使用使定量测定单个昆虫样本的药（毒）物水平成为可能，嗜尸性昆虫因取食含有毒物的机体组织，因此尸体上孳生的幼虫和蛹可以作为替代的检材。

3. 其他　由于蝇蛆的消化道相对简单，嗉囊仅有食物储存的功能，而不分泌蛋白水解酶等消化液，对取食至体内的人体组织破坏程度较小，因此，利用蝇蛆进行人体DNA成分的检测成为可能。从蝇蛆体内提取的宿主的DNA，可以证明其与尸体的依存关系，对辅助推断尸体来源及是否移尸有重要作用。有时，案发现场的昆虫可能会叮咬涉案的当事人，在某些案件中现场蚊虫体内如果检测出嫌疑人的DNA，可成为嫌疑人在案发现场出现的有力证据。

（三）现场昆虫的勘验

1. 现场昆虫的发现　蝇类到达尸体后最先在口鼻、眼角、胡须、毛发间及创口等部位产卵，孵化后的幼虫在相应部位生长并在尸体上扩散移动取食，随着龄期的增加，幼虫的活动范围逐渐变大。进入离食期以后，幼虫先后爬离尸体，寻找合适的地点化蛹。蝇类的蛹主要分布于尸体下面，或尸体周围的土壤、杂物中。甲虫的成虫和幼虫主要分布于尸体中、尸体下、衣物间隐蔽的地方或尸体周围土壤中（图5-1）。对于室内的尸体，在相通的各个房间墙角、地板缝、家具下都可能是化蛹的地点。对于室外的尸体，与尸体有关的昆虫活动范围不限于尸体，在尸体周围直径10m的范围均可能有分布，例如树叶下、砖石下、杂草丛、垃圾堆和

图5-1　现场发现的尸体

腐败的软组织内有大量幼虫，发间有大量蛹出现

土壤中。在现场勘验时应根据昆虫整体发育的状况、尸体腐败的进展和现场环境的条件综合确定搜索的范围。

2. 现场昆虫的提取　现场勘验中需要提取的昆虫样品很多，如卵、幼虫、蛹、蛹壳和成虫等。提取时应首先观察昆虫的发育状况，按照发育时间规律收集。如无蛹壳出现，应提取颜色最深的蛹；如未化蛹则提取发育最成熟的幼虫。利用昆虫演替规律进行死亡时间推断时，样品的采集应考虑多样性，并具有代表性。通常情况下，样品的数量应尽可能多，卵的数量一般不少于100粒，幼虫及蛹的数量不少于40只。根据分析的需要，提取的样本可分为两部分，一部分样本处死后保存于75%的乙醇中送检，长期保存的样本还可在75%的乙醇中可添加体积约5%的甘油。另一部分样本可以放入装有沙土或锯末的培养盒内带回实验室培养，以便进行种属鉴定和死亡时间推断。

在现场提取昆虫样本时，应拍照固定并记录提取方位、种类、数量和提取时间等信息，还应该收集现场不同时间段的气象数据，如温度、湿度、降雨、风力和光照等资料，以便后续的分析。应用积温法推断蝇类幼虫发育历期时，只凭当天的气象数据是完全不够的，还要从距离案发地点较近的气象站获得最近一段时间的气象数据，并与现场的数据进行校准。

3. 现场昆虫的检验与分析　现场昆虫样品的检验主要包括发育状态的检验、种属的鉴别和药（毒）物的检测等几个方面。发育状态的检验和种属的鉴别常常需要借助显微镜等仪器完成，药（毒）物的检测则应根据毒物的种类选择合适的检测方法。

蝇类卵的形态因种属不同而呈现各种形态，卵长也各不相同，可呈椭圆形、纺锤形或香蕉状不等，体色一般为乳白色、灰色，也有的为褐色或黑褐色。蝇卵在自然环境中孵化出幼虫的时间与种属及气温有关。

大多数蝇类生活史包括卵、幼虫、蛹及成虫4个阶段，属于完全变态昆虫。蝇类幼虫分为3个龄期，龄期主要根据前气门、后气门的发育特征进行区分。幼虫生长发育具有较强的规律，其体长、体重等指标的增长在离食化蛹前都随时间而呈规律性变化。

昆虫的生长发育符合积温法则，其发育速率在一定温度范围内，随着温度的升高而加快。有效积温公式为：$K=N(T-C)$。式中K为热常数（有效积温），即某种昆虫完成某一发育阶段所需要的热量总和，用“日度”或“小时度”表示；N为发育历期，即完成某一发育阶段所需要的天数或小时；T为发育期的平均温度；C为发育起点温度，即生物学零度；$(T-C)$为有效温度，以“℃”表示。该公式的生物学含义是：热常数是发育历期中每日有效积温的积累数。在利用积温法进行死亡时间推断时，需要掌握现场最近一段时间的气温状况，并查阅相应种属的积温资料，然后进行计算和分析。

由于蛹壳内醌蛋白和碳氢化合物随时间呈现一定的变化，蛹壳颜色和脆性的变化也有一定的时间规律。醌蛋白含量增加，蛹壳颜色加深。通常情况下，刚化蛹的幼虫呈现乳白或淡黄色，1～2日的新鲜蛹呈红褐色，蛹壳较软，后来逐渐变为暗红色、褐色、黑褐色，甚至灰黑色且塌陷易碎（图5-2）。

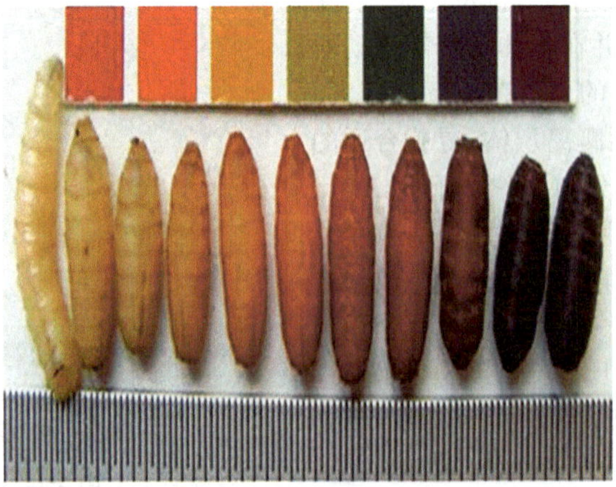

图5-2　离食期幼虫及不同发育时间的蛹样本

空蛹壳是蝇类结束蛹期进入成虫期的证据，如在现场发现了空蛹壳，在进行死亡时间推断时，则应考虑死亡时间，至少包括样本完成卵、幼虫和蛹期所需要时间。

（四）昆虫物证的应用及注意事项

在利用幼虫长度进行死亡时间推断时，应先区分幼虫是取食期还是离食期，对于取食期幼虫，可以根据幼虫生长速率进行死亡时间推断。当幼虫已进入离食期，幼虫长度逐渐缩短，此时，不宜单纯根据幼虫体长进行死亡时间推断。由于不同种属的蝇类幼虫其个体大小和生活史有一定的差异，在进行死亡时间推断时还需要进行昆虫样本的种属鉴别，然后再进行发育时间的计算。如部分食尸性麻蝇的生活史仅包括幼虫、蛹和成虫 3 个阶段，且幼虫个体细长，故在进行死亡时间推断时，不再计算卵期发育时间，还要结合该种属幼虫生长发育的相关数据资料进行分析推断。

各地区有不同的蝇类分布，在不同季节其优势种属也有一定的差异。食尸性蝇类的种类繁多，形态学检验较为复杂，现场勘验时可将收集的蝇类卵、幼虫或蛹带回实验室，在特定温湿度条件下饲养至成蝇羽化，再利用成蝇进行形态学的种属鉴定。有条件的实验室也可辅以利用分子生物学的方法进行种属鉴别，以获得更为可靠的结果。

尸体上的食尸性昆虫的构成和演替规律，与尸体所处的地理位置、环境状况、密闭情况及季节相关，因此，不同的地域范围存在一定的差异，在现场勘验及分析时需要注意。食尸性蝇类幼虫阶段的生长发育常受到多因素的影响，其中环境条件是主要因素。此外，取食部位的幼虫密度、是否有较大降雨、尸体是否存在药（毒）物及是否遭受焚烧等因素，也会影响昆虫的入侵时间和生长发育状况，在现场勘验中需要考虑这些因素的存在。

三、现场微生物物证的勘验

（一）现场常见微生物物证的种类

微生物是包括病毒、细菌、真菌以及一些小型原生生物、藻类等在内的一大类生物群体。它们通常个体微小，肉眼看不见，必须借助光学显微镜、电子显微镜才能观察或者使用 PCR 技术进行核酸检测。微生物种类繁多，在自然界分布广泛，可存在于土壤、水、空气、动植物和人体中，与人类生活密切相关，因而容易与各类诉讼活动发生联系，成为一种重要的生物物证。

土壤具备着多种微生物生长繁殖所需的营养、水分、酸碱度、渗透压和温度等条件，并能防止日光直射的杀伤作用，是天然的培养基，生活着数量众多的微生物，以细菌为最多，占土壤微生物总数的 70%～90%。池塘、湖泊、溪流、河流、海洋等水体是仅次于土壤的第二天然培养基。水中的微生物主要为腐生性细菌，其次还有真菌、螺旋体、噬菌体、藻类和原生动物等。此外，还有很多非水生性的微生物，常随着土壤、动物的排泄物、动植物残体、垃圾、污水和雨水等而汇集于水中。水体中微生物，例如硅藻，在溺死的诊断中有重要价值。空气虽然不是微生物良好的生存场所，但也有微生物的存在，这些微生物主要是被风吹出的土壤颗粒、小水滴、人和动物体表的脱落物以及呼吸道飞沫等带来的。人类和动物的皮肤、黏膜以及一切与外界环境相通的腔道，如口腔、鼻咽腔、气管、消化道和泌尿生殖道等，都有细菌和其他微生物的存在。但机体的内部组织器官，正常情况下是无菌的。

自然界中，大多数的微生物无害，但也有的微生物能够引起人类、动物和植物的病害，称为致病微生物（pathogenic microorganism）。随着生物科学技术的发展，某些致病性微生物已经成为犯罪嫌疑人或恐怖分子实施犯罪或恐怖袭击的新型工具或武器。2001 年，美国的炭疽邮件引发的恐慌在世界各国蔓延，多国陆续发生炭疽疑案。这起恐怖事件的发生让全世界感受到了生物恐怖袭击的现实威胁，引起了各国对生物犯罪和生物恐怖袭击的重视。生物犯罪（biocrime）是指故意使用致病微生物或微生物毒素造成敏感个体或人群、动物及植物中毒或生病，威胁人类健康，破坏农业、畜牧业发展和食品供应安全的犯罪行为。其中，生物恐怖主义（bioterrorism）是恐怖分子利用微生物或微生物毒素的致病作用实施的反社会、反人类的恐怖活动，是最严重的生物犯罪形式。生物犯罪中使用的微生物主要包括细菌、病毒、真菌和立克次体四大类别。这些用作犯罪工具或武器的微生物及毒素统称为生物犯罪剂或生物恐怖剂。理论上，任何致病微生物或生物毒素都可以用于生物犯罪。到目前为止，至少20多种传染性病原体被用于生物犯罪。

（二）现场常见微生物物证的作用

1. 生物犯罪的调查　微生物检材是生物犯罪调查中最重要的物证。当可疑或大面积的感染性疾病发生时，相关部门必须果断地判断是何种致病性微生物引起，是自然发生还是生物犯罪。技术人员通过对微生物物证的分析鉴定，可以进行微生物种类的识别，明确是否存在及存在何种微生物的感染，帮助判断是人为故意还是自然发生。因此，通过微生物物证的检验进行微生物种类的识别是确定生物犯罪存在与否的最重要依据，也是决定案件侦查方向的重要信息。此外，利用微生物物证准确检测生物犯罪剂菌毒株种类，区分近缘菌毒株，可以鉴定生物犯罪剂的来源，有效揭示个体或组织与生物犯罪案件的关系，追踪并最终确定犯罪嫌疑人，从而阻止犯罪嫌疑人实施新的生物犯罪，减少对公众健康的更大危害，有助于社会情绪的稳定。

2. 犯罪现场的查找　微生物的生长受温度、水分、氧气等生态因素控制，其地区性变化较大，而且有一定的分布规律。在杀人抛尸案中，尸体从杀人现场转移到抛尸地点，在转移之前，尸体上可沾带作案地点的微生物，通过检验可确定它们的分布区域和特点，从而查找到作案地点。在个体落水发生溺死时，水中的硅藻可随溺液吸入肺组织并播散到其他器官中，即使在尸体高度腐败时也能够保持原形。不同水域硅藻的数量及种群构成不一样，因而可通过比对现场水样与被害人脏器检出的硅藻，帮助确定落水点，查找犯罪现场。此外，土壤是微生物在自然界中最大的贮藏所，但不同地域的土壤样品其微生物群体由于土壤成分及周围环境差异，种类和数量有较大差异。在一些案件中，嫌疑人或被害人的鞋子底部、衣服等部位可获取土壤样本，对其进行土壤微生物学分析，然后与代表采集地点的样品数据比较，可为犯罪嫌疑人和犯罪现场是否有关联提供相关证据。

3. 死亡原因的分析　致病微生物可引起感染性疾病的发生，甚至可导致死亡。在死亡案件中，通过对微生物鉴定，结合临床表现，可为个体是否死于微生物感染提供证据。曾有案例报道一男子与他人互殴受伤，一周后出现牙关紧闭，角弓反张以及呼吸困难等症状，经抢救无效死亡。对被害人损伤皮肤进行涂片镜检和细菌培养，提示有破伤风杆菌生长，确定该男子为创伤后导致破伤风感染死亡。但需要注意的是，通过微生物鉴定来判断个体的死亡原因，必须小心区别是感染致死还是死后细菌污染。

4. 死亡时间的推断　各种微生物都有自身的生长发育和繁殖周期，并与环境条件紧密相关。当案件发生时，微生物附着在被害人的衣物、尸体和尸体下的地毯等处。通过确定案发现场微生物的生长情况，结合在相同环境条件下微生物的生长、发育和繁殖的规律，可为死亡时间的推断提供科学依据，例如，可依据尸体上的霉菌生长情况分析被害人的死亡时间。

5. 个体识别　不同人体因生活环境、健康状况等差异，身体携带的细菌不同，因而可利用这种差异进行个体识别。例如，在一起杀人现场发现少许痰液，检验后发现有结核杆菌。侦查发现两名嫌疑人，其中一人患有慢性纤维空洞型肺结核，痰液含有结核杆菌。现场和嫌疑人的痰液检验结果就为犯罪嫌疑人的确定提供了关键的证据。近年，研究发现人体体表的细菌具有相对稳定性，且菌群组成的个体差异度较大，有可能像指纹一样用于个体识别。这种技术将对无法获得清晰指纹及嫌疑人DNA的现场具有较大优势。

（三）现场常见微生物物证的勘验

微生物物证勘验的程序与其他生物物证基本相同，包括物证的发现、记录、提取、包装、标记、保存和建立保管链等步骤，但需要注意以下几点：

1. 现场的微生物形体微小，肉眼无法观察到，并且遍布于人体组织、体液，以及环境中的土壤、水体和空气等处。现场勘验组织者要了解微生物物证的特点，重视微生物物证的作用，在进行现场勘验前详尽地了解案情，对现场可能存在的微生物物证，应有所准备。勘验时，要对犯罪现场进行全面查找，仔细观察，以便发现有价值的微生物物证，例如要注意尸体及尸体附近有无真菌生长，嫌疑人或被害人鞋子、衣物上是否有土壤样本，现场有无人体痰液、呕吐物残留等。相关问题不仅应对现场的法医勘验人员有所交待，对其他现场勘验人员、侦查人员也应有所要求，以便其他人员在发现微生物物证后能加强保护，及时报告，由法医勘验人员提取，避免现场微生物物证的遗漏。

2. 尤其值得注意的是，对微生物物证的勘验要考虑自身和公众的安全，根据情况采取必要的防护措施，尤其是在对生物犯罪现场进行勘验的时候。生物犯罪的现场勘验必须采取适当的防感染措施和防病原扩散措施，包括现场勘验人员应使用生物防护服和呼吸器等进行适当的个人防护；现场勘验设备也要有必要的防护，在勘验完成后应及时做灭菌消毒处理；提取的现场物证，无论是生物犯罪剂还是其他可能被污染的传统物证，必须按照生物安全要求包装和运输。

3. 微生物物证的勘验必须及时，发现以后迅速果断地采集，尽快送到实验室检测，防止微生物物证漂流、扩散及衰亡，影响对微生物物证的检验，但是利用微生物实施的生物犯罪往往不会产生即刻的效应，需要经过数天的潜伏期，待疾病爆发后才被注意和发现。因此生物犯罪现场难以第一时间被发现和保存完好，给微生物物证的勘验和生物犯罪的证据调查带来很大的困难。

4. 应根据案情和微生物特点的不同决定合适的取材部位和范围，例如溺水诊断中硅藻的提取需要选取检出率高的器官及部位，有利于硅藻的检出，国内常规的取材部位为肺、肝和肾。在生物犯罪中，微生物物证的提取要全面，不仅要从被害人身体取样，包括患处和鼻腔，还要从环境中提取，包括水、食物、空调系统、信件等，同时要注意残留的生物犯罪剂及施放装置和工具。

5. 提取微生物物证的同时，要重视参考样本的采集正确性。例如生物犯罪现场勘验时，要提取包括背景、周边和环境物质作为参考样本，以确定周边微生物的“正常水平”；硅藻用于溺水诊断时，需提取现场水样进行比对，但现场水样的提取应避免单一水域和仅从水面取水；作为参考样本的土壤样本，应在犯罪现场和周边范围内多点取样，有时甚至需在犯罪现场以外的相关地区提取，但多数情况下仅需提取表层的土壤即可。

6. 应正确地包装、运送和保存微生物物证，微生物很容易受温度、湿度、光照等环境条件的影响而发生变化或受到破坏。对于犯罪现场发现的微生物物证应倍加珍惜，除了用恰当的方法将其提取以外，在包装、运送和保存方面也要十分注意。例如，生物犯罪剂应采用无菌包装容器，防止细菌污染检材。同时应置于冷藏运送容器中，外表消毒加封，运送注意避免日光照射和高温。硅藻的送检过程中应避免处于高温条件下，也不要放入超低温冰箱较长时间保存。

四、现场植物物证的勘验

（一）现场常见植物物证的种类

植物在自然界中分布广泛，与人类的生活息息相关，因此也是现场的重要生物物证之一。

植物的种类非常丰富，大多数常见的植物有可运输水分、无机盐及有机物质的维管束系统，属于维管束植物，具有根、茎、叶、花、果实、种子等器官。其中，很多植物的花，果实，种子，叶等器官的表面有一些特殊的结构和物质，如钩、刺、绒毛以及黏性分泌物等，或者有易脱落的成分，如花粉等，因而很容易直接附着或刺入与之接触的人体，包括人体的皮肤，头发，衣物等，也可以残留在车辆等作案工具上，甚至混入土壤被带离作案现场。木材是人类用于建筑及器物制造的一种常见材料，在结构上属于植物的茎。日常生活中木制产品很多，木材可以在犯罪现场以各种各样的形式出现，例如，作为犯罪工具的木棍与木梯，犯罪嫌疑人破门而入时沾上的木材碎片、子弹或其他物体穿透木制品时散落的木片等。

除了维管束植物以外，自然界中还有属于非维管束植物的藻类和苔藓类植物。苔藓主要生长于阴暗湿冷的环境之中，一般会在多木的区域和树干的边角出现。国外有阴湿环境中的尸骨长出苔藓类植物的报道。藻类主要是水生植物，种类很多，包括绿藻、蓝绿藻、金藻、金褐藻以及红藻等，它们生活在不同的水体环境中。溺死的尸体体内或体表往往可发现水体中的藻类植物。一些藻类和真菌共生，形成了一类特殊的植物类型，称为地衣植物。它们生长在峭壁、岩石、树皮或沙漠地上。有些地衣，如枝状地衣，植物体细长而有分枝，很容易从生长处剥离，在犯罪活动中参与物质的交换。

植物是人类最重要的食物来源，食用植物和它们的各种消化产物可以出现在犯罪现场残留的人体呕吐物、胃内容物和粪便中。另一方面，很多植物是有毒的，不能食用。在一些情况下，这些有毒植物或它们的汁液会被用于犯罪。因此，被害人的呕吐物、胃内容物和粪便也可以发现这些有毒植物和它们的消化产物，或检测出它们的有毒成分。

自然界中还有一些植物属于毒品原植物，例如罂粟、大麻、古柯等，可用来提炼和加工鸦片、四氢大麻酚、吗啡、可卡因等精神药品和麻醉药品。我国种植罂粟原植物主要是为了提取吗啡类药物，部分地区有非法种植的罂粟和大麻。

在犯罪活动实施的过程中，相关行为还会对环境植物的生长造成影响和破坏，留下现场的植物痕迹，从而为案件的侦查提供线索。例如，在选择现场和来去现场的途中，在攀爬、打斗、运输等过程中，其踩踏、牵拉、搏斗等行为往往会对植物造成破坏；藏匿掩盖尸体，多就地取材破坏周围的植物，用树枝、野草来覆盖；焚烧尸体时常波及周围植物等。上述行为造成植物的破坏后，被损植物可停留于某个生长状态而被保存下来，形成植物残体。此外，被抛野外的尸体也会影响现场植物的生长而形成植物痕迹。早期，由于尸体的压迫、挡光会造成尸体下植物的折断、枯死；随后，尸体腐败产生的有毒物质会破坏植物的生长环境，致使植物停止生长，逐渐变黄、枯萎甚而死亡；但在尸体腐败后期，由于土壤肥力增强，植物由此快速生长而变得茂盛。

（二）现场常见植物物证的作用

1. 犯罪嫌疑人的排查　在刑事案件中，现场植物的叶子、花、种子、花粉等可附着于犯罪嫌疑人的身上。通过对植物物证（botanical evidences）的检验，如果能证明从嫌疑人处提取的和从犯罪现场提取的植物物证一致，将对揭露和证实犯罪有重要的意义。在一些案例中，胃内容物成分的确定也为犯罪嫌疑人的排查提供了重要线索。有案例报道在一被害妇女的胃内容物中发现卷心菜、豌豆、青椒等植物成分，而含该成分的食物在一般的快餐厅不提供，因此应是被害人在正规餐厅进餐吃下的，结合该妇女平时不与陌生人进餐的习惯，推测案犯应是与这名妇女共同进餐的熟人。

2. 案发和死亡时间的推断　现场的植物由于人类的活动被破坏，有的根茎会停止生长，留下永久的损伤。脱离植物体的树枝、叶子也会因失去水、营养物质的供应而逐渐枯萎，但不同植物在不同的环境条件下，发生枯萎的时间是不同的。因此，尸体周围的这些植物痕迹有时可揭示案发和死亡的时间。例如挖土掩埋尸体时，如破坏了树根分生组织区域，在该区域就不会再有木质细胞生成而形成新的年轮。计算损伤根茎的年轮，即可推断尸体掩埋时间。此外，胃内容物中食用植物的消化程度对推断死亡时间也有辅助作用。

3. 犯罪现场的查找　阳光、温度、水分、土壤等环境因素对植物的生活有深刻的影响，每种植物有自己的生态适应特征，因此植物的分布有地区的差异，并具有一定的分布规律。在杀人抛尸案中，尸体从杀人现场被转移到抛尸地点。在转移之前，尸体上可沾带案发地点的植物物证，如树叶、草、花、花粉等。通过检验，根据这些植物的生长区域和特点，可为犯罪现场的查找提供线索。

4. 死亡原因的分析　在自然界中，许多植物是有毒性的，如雷公藤、夹竹桃、乌头类植物等，服用后会导致中毒甚至死亡。应用植物鉴定，确定送检样品是否为有毒植物、是何种有毒植物有助于死亡原因分析。

5. 毒品犯罪的调查　大麻、罂粟等为毒品原植物，非法种植毒品原植物，或者非法买卖、运输、携带、持有未经灭活的毒品原植物种子或幼苗，都是严重的违法犯罪行为。植物物证的检验确定对确定毒品原植物、查找种植地区具有重要的作用。

（三）现场常见植物物证的勘验

1. 植物物证的发现　现场勘验人员在进行最初的静态勘验时，应仔细地对现场进行巡视观察，确定是否有植物物证可提示嫌疑人、被害人或车辆进出现场的入出口、路线等情况，例如有无压碎、折断的树枝，或被推向一边的植物等，并用照相、录像等手段固定这些植物痕迹的现场状态。在完成整体的静态勘验以后，应对局部分别进行观察，以便发现有价值的植物物证。衣服是首先应该检查的地方，包括衣服的口袋、袖口及接缝等。头发也是容易残留植物物证的部位。鞋子的接缝，鞋带等处的检查经常被现场勘验人员忽略，而这些地方其实容易残留微小的植物物证。还应当对现场的车辆进行检查，仔细寻找底盘、车轮、减振器和水箱的凹槽等汽车各部是否有植物物证的存在。此外，还应观察现场尸体及尸体掩埋处有无植物痕迹，能否根据植物的生长或枯萎情况确定死亡时间。

2．植物物证的收集　犯罪现场或尸体周围发现的植物物证在收集前应首先照相固定，记录下它们在现场呈现的状态和物质特征。现场发现的植物物证应尽可能地完整采集。小的植物体可以用工具将整株植物全部挖出。大而柔软的枝条可以折叠成之字形或锯齿形。对于因为不能折叠的树枝、树干，可以切成节段，分别包装，并清楚标记它们是来自同一植物物证的“上段”、“中段”或“下段”。对于特别大的植物体，只能部分采集时，应注意收集同一植物的不同器官，包括带树叶的枝条、花、果实等。需要强调的是，剪取或切割植物物证应用锋利的修枝剪或修枝刀，较钝的工具会对植物物证造成不同程度的破坏。

3．植物物证的包装、保存　新鲜的植物样本含有水分和糖，容易有细菌和真菌的生长，导致样本的腐烂、降解。所以现场采集的植物物证常用透气性好的纸制材料包装、保存，包括采用纸袋、纸箱和其他专门的纸质工具等。并且，植物物证应贮存在阴凉干燥的地方，使其水分能尽快去除。最常用的包装和保存方法是用纸压制新鲜的植物样本，使之自然干燥。也可使用专门的植物干燥器。通常情况下，千万不能将植物物证放在塑料袋或其他任何封闭无孔的容器。然而，如果植物物证浸泡在液体中，如胃内容物，则可用塑料制品收集，冷藏保存。

4．植物物证的标记和记录　与其他物证一样，从现场收集的植物物证应标注收集信息和其他物证保管链所需信息，包括案件编号，物证编号，收集日期和时间，收集的位置等。在进行植物物证勘验时，应详细记录相关信息，这对于发挥植物物证的证据作用非常关键。这些信息包括收集时的温度、湿度、天气情况、植物的生长环境、现场的位置、发现植物物证的位置、收集人、收集日期和时间、物证编号、植物的类型、高度、花和果实的颜色、形状、所收集的植物是现场常见的还是罕见等。

五、现场动物物证的勘验

（一）现场常见动物物证的种类

随着我国经济的发展，人们生活方式发生很大改变，宠物也已走进千家万户，人与猫、狗等宠物接触非常密切，因此在案件现场往往可以发现一些动物物证。常见的动物物证和人类生物物证一样，包括体液、分泌物、排泄物及由它们形成的生物性斑痕，例如血液、唾液及其斑痕，也包括各种组织器官及其碎块，例如毛发、皮肤、肌肉、指甲、牙齿等。在涉及动物的案件中，这些物证常可为案件的侦查和审理提供重要的线索和证据。

目前，全球野生动物的偷猎和非法交易现象非常严重，这是因为不少野生动物有很大的经济价值。在野生动物的贩卖走私中，除了少部分完整的动物外，大部分走私品是野生动物的制品，包括皮毛、骨骼、爪子、角和牙齿等的加工品，有时甚至是加工后的一瓶粉末。这些野生动物及野生动物的制品是这类案件中的关键物证。

（二）现场常见动物物证的作用

在涉及动物的案件中，动物可以是被害者，可以是嫌疑犯，也可以是犯罪活动的见证。

在虐待、偷窃动物以及偷猎受保护野生动物等案件中，动物是犯罪活动的被害人。利用作案工具、嫌疑人和嫌疑人家中发现的动物物证可以认定凶器，确定受害动物，并为认定犯罪嫌疑人提供证据。

动物也可以是嫌疑犯，主要涉及动物攻击人或其他动物，以及动物引起事故和财产损失的案件。在这些案件中，动物物证可为确定动物作案者提供线索和证据，从而追究其主人的责任。

在另一些案件中，动物可作为见证者存在。动物物证在案犯实施犯罪过程中可发生转移，或从被害人转移到嫌疑犯和犯罪现场，或从犯罪嫌疑人转移到被害人和犯罪现场。因此在缺乏直接的人类生物性物证的情况下，从犯罪嫌疑人、被害人及犯罪现场提取的动物物证常可将犯罪嫌疑人、犯罪现场与犯罪联系起来，为犯罪现场的确定和嫌疑人的排查提供线索。

（三）现场常见动物物证的勘验

动物物证可散布在犯罪现场，嫌疑人、被害人、作案工具等各处，现场勘验人员应根据案情，通过全面而细致的勘验，努力寻找和发现有价值的动物物证。在虐待动物案件中，要注意寻找沾附在可疑凶器上的毛发、血痕和组织等动物物证；在盗窃动物的案件，动物的毛发、唾液、排泄物等可残留在该动物使用过的刷子、铺垫、玩具等上面；对偷猎受保护动物案件，主要从犯罪嫌疑人家中、运输工具上、衣物等处查找相关动物物证，有时可能为动物制品，如皮革、皮毛等；在动物攻击人或其他动物，以及动物引起事故和财产损失的案件中，嫌疑动物的组织、体液及体液斑痕可存在于被害人、受害动物和财物上。在有动物见证的犯罪活动中，毛发、唾液、血痕、排泄物等动物物证常可残留在衣物、车上、家中，并随日常活动而转移到接触过的各种地方和物件。

在发现动物物证后，它们的收集、包装、保存、送检等程序和要求都与人体生物物证相同。动物物证的检验主要通过形态学以及STR遗传标记、线粒体DNA等DNA分型方法进行种属鉴定、个体识别和亲子鉴定。

（颜　静　李学博）

思考题

1. 什么是生物物证？生物物证具有哪些特点？
2. 简述人体生物物证的作用和现场勘验。
3. 试述现场上的昆虫在案件分析中的作用。
4. 利用蝇类样本进行死亡时间推断时为何需要进行种属鉴别？
5. 在微生物物证的勘验中，应注意些什么问题？
6. 简述植物物证的作用和现场勘验。

第六章　现场电子证据勘验

科技发展日新月异，犯罪现场勘验的技术和方法也不断更新和完善。特别是在信息时代以手机、计算机及其网络为载体的新型证据形式——电子证据（electronic evidence）在案件诉讼和审判过程中起着越来越重要的作用。我国诉讼法中，过去的证据分类中还没有电子证据这一类，2013 年 1 月 1 日起实施的新的《中华人民共和国刑事诉讼法》（第四十八条）将“电子证据”作为法定证据种类之一加以明文规定。因此，现场电子证据的勘验是应予以特别重视和不断深入研究的重要内容。电子证据与法医现场学密切相关。它对法医和现场勘验人员了解和分析案件发生情况、损伤的形成和被害人的死亡经过，判断被害人的死亡方式及其他相关问题都具有十分重要的意义。

电子证据涉及面广，不仅涉及国家的政治、军事、经济和社会发展的诸多领域，也关系到单位团体的商业秘密及个人隐私，是现代社会人际交往和社会活动等的重要工具和平台，故进行电子证据勘验时尤其要注意遵守国家的法律和相关规章制度。现场中的电子证据搜寻、发现、是专业电子证据学和法医现场学的交叉应用，作为法医应该了解电子证据的特点，在有一定的电子证据保护知识的基础上对其进行搜寻和记录工作。

第一节　电子证据的特点

一、电子证据的概念

电子证据是指能够作为证据使用以证明案件真实情况的电子文件，是以电子数字的形式存在于磁盘等载体上的数据或信息。电子证据有广义和狭义之分，其表现形式多样。狭义的电子证据仅指保存在计算机存储设备中的电子文件，而广义的电子证据则包括储存于各种磁性及光电介质等载体上的电子信息和数据，如视频摄像机、GPS 定位装置、平板电脑、数码相机、录音设备、电话应答系统、电子邮件、电子文章、电子数据交换、电子聊天记录、电子公告牌记录、电子签名、手机短信和微信等，也包括电子商务中传统的合同、提单、保险单、发票等书面文件被储存于计算机存储设备中的相应的电子文件等；甚至以电报、电话、传真资料，以及电子文件、数据库、手机短信和微信等作为载体的证据也具备了电子证据的特点，都可归类于电子证据的范畴。

二、电子证据的载体

作为勘验命案现场的法医，有必要了解电子证据的载体。了解不同电子证据载体的特征有助于在搜寻电子证据时能够及时、有效，并保证载体不因外界原因被干扰以至于其中证据受到损坏。

电子证据大多储存在电子设备当中，即便是以电磁波为载体，最后也需要使用相应的设备来接收从而储存在电子设备中。现在的电子设备属于第四代电子计算机，由五个部分组成，分别是：运算器、控制器、存储器、输入设备、输出设备，法医所需要关注的是其中的存储器。

目前市场上流行使用的存储设备有无数种，但是根据其数据存储原理，无外乎有三种：磁存储设备、电存储设备、光存储设备。

（一）磁存储设备

磁存储设备是最早应用在第四代电子计算机上的存储设备，其原理是利用电磁转化，将电子证据以磁力的形式记录在磁盘中，常见的磁存储设备除了已经淘汰的5.25英寸和3.5英寸软盘外，还有目前现在仍在大规模应用的机械式硬盘。机械式硬盘主要由盘片、磁头、盘片转轴及控制电路等几个部分组成，其在工作时盘片高速旋转，磁头在盘片上方极近处读取盘片内数据。因此，在机械式硬盘工作状态下，外加轻微暴力即可导致盘片物理损坏从而导致数据丢失。磁存储设备具有共同的特性，即在外加磁场下容易导致数据错误或者丢失，所以法医在提取、保留磁存储设备时应注意远离外加磁场。

（二）电存储设备

现在大规模使用的电存储设备主要有两种，一种是随机存取储存器（RAM），即我们平常说的"内存"，另一种是FLASH闪存。因为RAM内的数据在断电后即消失，除了特殊情况外（如需提取的证据储存在RAM中且此时计算机未断电）一般无法提取。FLASH闪存的原理是利用半导体特殊结构内电子的有或无来储存二进制数据，相对于磁存储设备其抗外界干扰能力较强。目前市场上绝大多数U盘和固态硬盘均属于FLASH闪存。

（三）光存储设备

光存储技术是利用激光在存储介质上写入或读出信息。这种存储介质最早是非磁性的，以后逐渐发展为磁性介质。在光盘上写入的信息不能抹掉，是不可逆的存储介质。用磁性介质进行光存储记录时，可以抹去原来写入的信息，并能够写入新的信息，可多次反复擦写使用。由于存储原理不同，即便是磁性介质的光盘其抗磁干扰能力也强于磁存储设备。目前常见的光储存介质有CD、DVD、蓝光碟等，而读取光储设备的信息需要相对应的读取设备。

三、电子证据的特征

电子证据是一类与传统证据完全不同的新型证据。具有以下几个特征。

（一）高科技和专业性

电子证据是随着计算机等高科技发展而来，是电子技术的产物，故具有很强的高科技和技术性。磁带的发明与应用，产生了声音和视频电子证据；磁盘和光盘的应用，产生了多媒体电子证据。这些证据的产生、存在及运用，都要通过一定的技术设备和手段来实现；离开了这些技术设备，如计算机技术和网络技术，电子证据就无法存在，也不能再现。随着科技的发展，电子证据将不断地发展和更新；所以电子证据在产生、存储、传递、加工和显现等方面也会有相应的发展和改进。此外，电子证据的发现和收集也必须由专业的技术人员借助一定的设备通过相关技术手段来实现，这也是现场电子证据勘验与传统的现场勘验所不同的。

（二）多样性和复合性

电子证据在表现形式上具有多样性和复合性。按照存储介质和存储技术的不同，可以分为磁盘存储、磁带存储、光存储、光磁存储，如光磁盘（magnet-optical）。按存储的介质分类，又可以分为硬盘、软盘、光盘、内存、Flash盘（如U盘、mp3、数码相机存储卡）和手机存储卡等。按照证据形式，又分有文本、声音、影像、音频、图片等多种形式，是集声、像、图和文字于一体的复合媒体。

（三）条件依赖性

由于电子证据是以声、光、电、磁等形式存在于媒体介质之上的，所以它的一个显著特征就是必须依赖于一定的技术设备和存储载体而存在。这些证据是无法用肉眼直接观看的，只有通过特定的设备和技术才能显示为肉眼可见的有形内容。因此，对电子数据的勘验和鉴定必须依托于对其存储媒介和电子设备的分析和判别。

（四）公开性和隐蔽性

电子证据同时具有公开性和隐蔽性这两种特征。一方面有些电子证据任何人可通过计算机及网络随时随地查询；另一方面，大部分电子证据都十分隐秘，必须通过一定的技术方法，甚至是特殊的技术才能获取和显现。对有些单位或个人的信息资料而言，由于涉及机密、隐私或版权而被加密储存，难以发现和获取，则是另一层面的隐蔽性。

（五）脆弱易逝性

虽然电子证据的技术含量高，具有很多优点，但作为诉讼证据来说则十分脆弱。在其提取、存储、传输和使用过程中，极易遭受到外来的破坏，如监听、窃听、截取、篡改、删除和遭受黑客或病毒的攻击等；并很容易在使用中时因错误操作而被破坏，如在查看电子邮件时误按删除键而删除某些内容。除了本人因误操作导致破坏和丢失外，人为破坏也十分容易。例如任何接触到它的人都可随时、随地、随意地对其进行编辑、篡改或删除，使其永远地消失。电子证据的脆弱性，决定了电子证据在发现、提取、审查和认定中存在一定的难度，所以必须加强对电子证据在收集和分析过程中的保护力度。

（六）网络电子证据的特殊性

1. 收集场所的特殊性　在各种电子证据中，常见而特殊的一种就是网络电子证据。与传统证据存在形式和场所以及收集的方法不同，网络证据中的电子信息可以通过专门的网络取证软件直接在网络中收集，也就是说，网络证据的收集完全可以不在现场，而在特定的网络系统中获取。

2. 查证核实中的特殊性　网络证据与其他形式的电子证据完全不同的一个特征就是网络证据的数据电文可以在网络服务器中查证和核实。因网络证据必须通过网络传输，就必然会在系统服务器日志等网络运营和监管设备中留下相应的信息资料。

3. 证据力审查的特殊性　对网络证据证明力的审查不同于其他的电子证据，因网络证据中的信息资料是从不同的网络终端获得，其中蕴含的与案件有关的证据的真实性、完整性直接受制于网络系统的硬件设备和系统软件。一般情况下，网络证据能被认定为证明案件事实的根据应具备下述三点：①数据电文；②往来数据；③能够说明取证信息复制真实和完整。例如数据电文中行为人发送的电子邮件和手机短信的文字内容等。

4. 真实可靠性高的特征　由于网络证据可以由诉讼当事人以外的第三者收集和提供，其客观真实性不受诉讼当事人的影响，所以网络证据比其他形式的电子证据具有更高的客观真实性和可靠性。因此，研究如何正确的收集和运用网络证据来证明案件事实，有助于充分发挥网络证据在证明案件事实中的重要作用，更好地服务于司法实践。

四、电子证据的类型

由于电子证据范围广，表现形式多样，其分类方法不一，根据其特性和存储介质分为下几种。

1. 文字处理性电子证据　通过文字处理系统所形成的电子文件是最常见的电子证据之一，主要由文字、表格、标点、符号或者其他编码文本所组成。如电子邮件中的书信、论文、公函、电子聊天记录（E-chat）或其他资料等。不同类型的文字处理软件生成的电子文件一般是不能兼容的，如 Word 2013 与 Excel 2013；使用不同代码规则所形成的电子文件一般也不能直接读取，如 Word 软件直接读取图片格式的文本时会出现大量的错字。这些软件、系统、代码连同文本等内容一起构成了字处理文件的基本要素。

2. 图形处理性的电子证据　图形处理性的电子证据是用于处理各种不同图形的一种电子证据，是由专门的计算机辅助设计软件（computer aided design，CAD）形成的图形数据，也包括一些对图形的文字说明、符号或其他资料等。如根据现场勘验获取的信息资料而绘制的电子版现场勘验图。人们通过查阅这些图形，可以更简单而直观地了解非连续性数据和信息之间的关系，使一些复杂的信息变得简单、生动和明了，也更便于阅读、记忆和查询。

3. 音、影、像性的电子证据　与上述单纯性的图形处理性电子证据不同，这类电子证据集“音、影、像”等于一体，形成我们通常所说的“多媒体”电子文件。它是经过音频录入、视频捕捉和电子扫描识别等技术综合编辑而成。例如一些公共场所安装的监视系统和视频摄像所储存的影像类电子证据等。

第二节　现场电子证据的搜寻、发现、记录与采集

由于电子证据在证明案件事实的过程中起着十分重要的作用，因此在现场勘验过程中及时发现与正确收集这类证据显得尤为重要。但是，由于电子证据所具有的复杂、专业和易逝等特点，决定了相关办案人员在发现和收集这些证据之前必须做好充分的准备工作，才能顺利地完成相关取证工作。作为法医，在现场中主要负责对电子证据的搜寻与发现并及时上报相关技术部门，电子证据的记录与采集工作则由专业的技术人员负责。

一、现场电子证据的提取流程

现场电子证据的提取流程是一个复杂的过程，未经专门的相关知识培训，办案人员有时很难发现隐藏的电子证据，甚至有可能破坏电子证据。电子证据的特点决定了其不可能脱离电子设备而单独存在，所以电子证据提取流程的重点在于搜寻与发现。

（一）搜寻与识别

一般的刑事案件只需要收集与案件相关的视频、音频等电子证据，但在某些动机不明的自杀案件、他杀案件，有组织有预谋的团伙作案中，电子证据显得尤其重要。在此类案件中，电子证据可以反映自杀或作案动机，或作为侦查、审判的依据。电子证据因其具有隐蔽性和条件依赖性，需要在适当的电子介质中去发现和识别它。其中有的容易找，如某个人电脑内的电子邮件，只要知道其邮箱和密码就可找到；有的难寻，如存储的电子资料被删除，则需专业技术人员进行数据恢复。因此，勘验人员应首先分析有关电子证据可能储存的媒介和位置，然后按照一定的技术方法去搜寻和识别。

（二）记录和标记

在发现电子证据后，采集和提取电子证据的工作必须由专业技术人员来完成，法医的主要工作是记录和标记。对于需要调取的电子证据，现场勘验人员首先要列出清单，标明所需要的电子证据的存储介质及范围，然后通知相关部门按照清单进行提取。如果确需要现场勘验人员进行提取的，在提取时要记录所有的操作信息，包括发现的时间、地点，在介质中的具体部位、发现的途径和各种操作过程等信息。使用摄像和照相设备记录犯罪现场和电子证据非常重要，其中包括现场的文档和电缆连接等情况。标记信息应包括相关信息载体、操作系统、提取方式；注意不要在磁介质表面书写；磁盘只能用软笔或填好的标签标记；打印资料应该用永久性记号笔标记；磁带卷应该标记在没有涂磁的部分。此外，还应对电子证据的使用、变更、保存的位置、保存方法以及转运交接手续等做好记录，以便备查。

（三）采集与提取

电子证据的采集与提取应当交由专门的技术人员进行，但现场勘验人员需要对其有必要的了解，以免错误操作。

在采集时，需要采集所有存储介质中的各种电子证据，包括声称内容已被删除的介质。重点采集原始文档、记录、磁介质和有关影像资料；采集过程中要确保各种去磁设备处于安全的关闭状态，然后提取；采集和提取纸类介质要戴上手套，并将其封装在安全的容器中，交由具有专门技术的人员进行处理。

在提取过程中，还需遵循“尽量避免在被调查的计算机上进行工作”这样一个重要的原则，以使证据保持在原始状态和避免破坏现场和证据。在开机状态下执行取证工作时，应该最先对内存中的内容进行采集，如可以查看系统进程，或者复制出内存的内容，Windows 的页面文件、Linux 的 proc

目录都存储着大量运行时的内容，如果成功地抽取了内存中的数据，就可以相对放心地生成整个调查截止的MD5或SHA校验列表，以证明之前的现场勘验没有破坏证据的可靠性，从而保证证据的可采信。

在现场发现和提取的电子证据往往需要及时地转运和保存。在运输的过程中要注意保持适当的温度和湿度，对连接电缆的两端进行标记便于日后安装；在拆卸之前对标记好的设备和电缆进行拍照；运输时将设备放入安全的容器之中；不要使磁介质通过金属探测、X线机等检测设备。

生成和保管好鉴定副本是采集和保存电子证据的一项非常重要的工作。应根据当时了解的情况尽可能早地用规范的手段生成一份鉴定副本，而将分析工作留在可以监控、拥有更好设施的实验室中进行。在获取了所有证据之后，应该妥善封存被调查的机器和设备，连同生成的鉴定副本一同加入“证据链”(the chain of custody)，以待进行下一阶段的分析工作。

在对电子证据进行分析和提交后，都要及时归档、妥善保存。每一项证据(包括工具包)要粘贴保管标签，其内容包括证据的来源、生成的时间、证据当前的保存位置，证据转交时的位置和转交的原因及交接人的签字等，必要时可以增加第三方在场人签字作为证明。此外，还可以利用数字签字技术为证据生成电子指纹(electronic fingerprints)，这对证明原始证据没有被变更是很有说服力的，从而增加证据的可信度。

二、现场电子证据固定的方式和方法

电子证据固定的方式和方法较多，常用的包括封存、备份、打印和完整性校验等。作为法医，需要了解这些固定方式和方法。

(一) 备份方法

备份是指复制、制作原始存储媒介的备份，以保护原始存储媒介的电子数据。常见的存储媒介备份方法包括具备只读接口的硬盘复制机、FinalForensics软件和dd命令等。具体方法有：

1. 使用硬盘复制机备份　国内常见的BitSure I电子证据现场勘验取证箱和国外的Forensic SF-5000硬盘复制机，均是为司法部门设计用于计算机安全、计算机犯罪取证的专用产品。硬盘复制机可以对原始硬盘按比特进行位对位复制，确保复制后的硬盘和原始硬盘完全一致。硬盘复制机重量轻，便于携带，并且复制硬盘速度快，是计算机取证必不可少的工具之一。硬盘复制机可以制作原始硬盘的备份硬盘，也可以制作原始硬盘的镜像文件，镜像文件可以直接使用FinalForensics、FTK、EnCase等证据分析软件进行证据分析。

2. 使用EnCase软件备份　FinalForensics软件可以获取IDE硬盘、SCSI硬盘和PDA等各种存储媒介，同时可以制作该存储媒介的镜像文件。获取的镜像文件提供MD5或SHA哈希值完整性校验，保证证据文件不被修改，利用镜像文件可以恢复一个与原始硬盘完全一致的硬盘，以供验证电子证据使用。

3. 使用dd命令备份　Unix系统的dd命令是制作原始存储媒介镜像文件的重要工具，目前主流的Unix版本几乎都是提供dd命令，只要操作系统(Linux、Solaris、AIX、FreeBSD)识别存储媒介，dd工具就可以对存储介质执行完整的，逐比特地复制。dd命令可以生成一系列大小合适的分段镜像文件，分段镜像文件可以保存在本地磁盘上，也可以刻录到光盘上。可以计算镜像文件的MD5校验值，防止数据文件被修改。

(二) 打印

打印是固定电子证据的一种直观方式。通常情况下应当采用打印方式，或与另外一种方式同时使用。只有在文件较多不方便现场打印的情况下，才可以单独使用封存或备份等其他方式。打印，即常见的将计算机文件打印到纸张上。但打印文件时，现场勘验人员必须在现场监督打印过程，防止计算机操作人员在打印过程中修改或变更应打印的文件。打印完后，可以按照一般书证的固定方法予以固定，但应注明数据信息在计算机中所存放的文件夹名称，以便备查。

（三）封存方式

封存是指利用封条、信封等方式对原始存储媒介、电子设备等电子数据进行密封的一种固定方式，以保护电子证据的完整性、真实性和原始性，也是一种比较保险的固定方式。下述两种情况应当采用封存方式固定电子证据：一是需要作为原始数据使用的存储媒介和电子设备等电子数据；二是无法计算电子证据完整性校验值或制作备份的，应当封存电子证据，并在勘验、检查笔录上注明不计算完整性校验值或制作备份的理由。

封存方式采用的封存方法应当保证在不解除封存状态的情况下，无法启动被封存的存储媒介和电子设备。封存前后应当拍摄被封存的存储媒介和电子设备的从各个角度反映设备封存前后状况的照片，清晰反映封口或张贴封条处的情况，以保证其证据的可信度。

（四）完整性校验

完整性校验是指利用数字摘要技术计算电子数据或者存储媒介的完整性校验值（哈希值），以保证电子证据的完整性。而数字摘要技术（digital digest）就是用于对任意长度的数字信息进行运算生成信息摘要，产生的信息的“数字指纹”，其目的是为了确保数据没有被修改或变化，保证信息的完整性不被破坏。采用完整性校验方式固定原始存储媒介需要一定的技术条件，操作时必须谨慎使用。

（五）易丢失数据的固定

存储在电子媒介的有些电子证据容易丢失。对于那些易丢失证据的固定最好的做法是尽可能减少对运行系统的破坏。如使用干净的、自带的工具软件，工具软件必须在自带的软盘、光盘及移动硬盘上运行，运行产生的结果也必须存储在自带的存储媒介上，以免对其他证据造成破坏。

在提取易丢失证据之前，有两点必须清楚：①提取内存信息的同时改变了两个区域的内容：一是内存本身，因为在用工具软件提取内存的内容时，计算机系统要为该进程分配内存；二是内存交换文件的内容有可能被覆盖。②在使用移动硬盘、闪存盘的时候，有时系统会自动安装驱动程序。

总之，对需要作为证据使用的原始存储媒介来说，比较正确的固定方法是先采用备份方式在现场制作原始存储媒介的备份，然后采用封存方式将原始存储媒介封存。其后所有的证据分析都只对备份存储媒介进行操作。如果将来有人对电子证据的真实性或者完整性提出质疑，可以对原始存储媒介进行复检。需要注意的是，在对备份存储媒介操作时仍然需要使用只读设备等保护措施，以免在分析数据时因误改数据而产生错误的判断。而对完整性校验方式这种固定方法不需要封存原始存储媒介，因为可以通过验证校验值来证明原始存储媒介中的内容没有被修改。

（陈新山　万立华）

思考题

1. 何谓电子证据？常见的电子证据有哪些？
2. 试述电子证据的特性，以及应当怎样去发现和提取电子证据。
3. 电子证据在命案侦破中的作用有哪些？

第七章　法医现场分析与重现

命案现场重现(homicide scene reconstruction),也被称为现场重建或现场还原。广义的现场重现包括案前(犯罪准备阶段)、案中(犯罪实施阶段)和案后(嫌疑人的逃逸与隐藏阶段)的重现。命案现场发现的所有痕迹物证是进行现场重现的基本要素,然后根据逻辑学与心理学原理进行综合分析。实际检案中,往往以案中(犯罪实施阶段)的犯罪现场为工作的重点,但案前和案后的现场同样相当重要。法医现场分析重现必须以现场尸体为重点,结合现场相关痕迹物证、实验室检验结果并参考案情。因此,尸体检验、现场血迹及相关痕迹或物证的勘验必须全面、认真细致,对所发现的物证信息进行全面的分析,做出客观、准确的判断,为侦查提供方向。

我国在20世纪90年代末,公安部提出命案必破要求的同时,强调并加强了命案勘验工作的规范化,有力地推动了现场重现的实际应用,为法医命案现场重现的深化打下坚实的基础。

第一节　现场重现的原则与方法

一、命案现场重现的原则

法医在命案现场重现中,必须遵循客观、科学、准确的原则,坚持唯物辩证法的观点和实事求是的科学态度。在实际命案现场勘验和现场分析重现的工作中,现场尸体勘验是重点,根据尸体检验所见的侵害方式和损伤与致伤物的特点等,结合现场相关痕迹物证、实验室检测结果,并参考案情进行全面认真的分析研究。在对命案现场分析时要透过现象看本质。对于现场中发现的疑问在分析时要全面细致,由表及里、由此及彼,在复杂的情况下抓住关键,去粗取精、去伪存真、还原真相,经过深思熟虑、反复推敲、仔细斟酌,以现实的视觉、敏锐的思维去纵览案件,作出正确的分析判断。在分析客观事物的同时,注意搜集、参考和结合反映嫌疑人心理的活动痕迹及物证,有机地将实体证据和心理痕迹相结合才能真正做好案件现场的重现,正确指引侦查方向,从而实现案件的侦破。

现场重现是一个需要不断深化,尤其是大要命案现场的分析重现不是一蹴而就,而是需要反复讨论,反复勘验,熟悉了解和消化好现场,才能做好现场重现工作。对久侦不破的案件,专案指挥员需要根据侦查工作的实际情况,多次进行现场分析讨论。对于性质难定、犯罪条件难定、侦查方向不明的命案,要全面回顾现场勘验结果、技术检验结果以及调查访问情报。在侦查过程中发现的所有的物证证据一定要及时地进行验证及排除。此外,要使侦查与技术紧密结合,集思广益、博采众长、拓展思路、打破僵局,使案侦工作从山穷水尽到柳暗花明,使案件侦查工作获得转机(图7-1)。

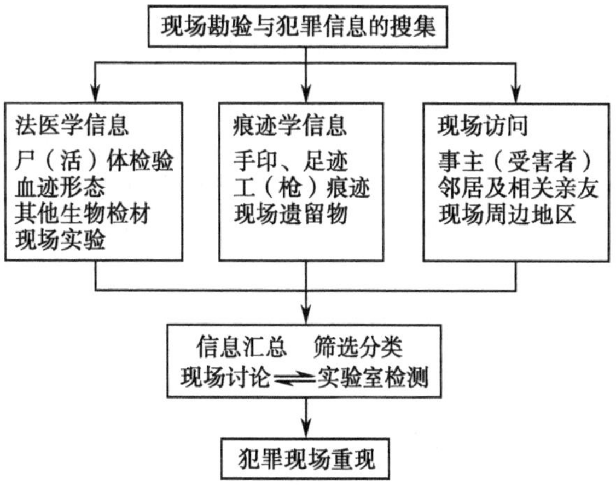

图7-1　犯罪现场重现工作流程

二、命案现场重现的方法

（一）证据搜集及筛选

任何一个命案现场都包含着大量的信息，法医在现场勘验时，要善于从现场中发掘证据。法医在证据收集的初步阶段，应该提取一切可能与案件相关的物品和生物检材，将搜集到的现场物证与被害人的衣物、体表及创口附着物分门别类的进行筛查与运用。

（二）证据的确认

搜集并筛选出来的与案件相关的物品及生物检材要进行确证，即通过实验室检测和侦查人员现场调查与现场实验，对提取到的物品和生物检材试验情况与案件的相关性及真实性进行验证。

（三）现场重现

现场勘察完全结束后，要将所有的证据和物证归纳汇总，根据现场实验反应的情况，按照分布与顺序排列组合，综合分析，对案件的发生、发展运用逻辑推理的方法还原整个案件真相。

命案现场重现是侦破案件的重要环节。分析重现必须以物质条件为基础，对疑难的案件现场重现要抓住主要问题，要善于联想，“举一反三”，注重本质问题才能真实客观的重现。

第二节　现场重现的基础条件

一、尸体检验的重点与注意事项

尸体检验是法医命案现场重现的关键环节。在涉命案件中，常见的致死性因素有机械性暴力、中毒，较少见的有应激性休克以及化学、物理因素。机械性暴力包括钝器打击、锐器砍刺、机械性窒息等，可以造成人体组织器官破坏、缺氧或失血性休克。这些机械性暴力均会在尸体上留下各种接触的痕迹。这种痕迹可以用来推断致伤物和机械性暴力的方向、力度。因此，在进行尸体检验时必须对尸体上每个损伤的形态特点进行认真的分析。

除了尸体本身的检验外，还要注意对被害人当时所穿衣物的检验。衣物上的痕迹通常可以反映致伤物的形态和打击方向或留有犯罪嫌疑人的生物学物证。

此外，现场的尸体检验还包括尸体姿态和位置。尸体姿态和位置有时能反映犯罪嫌疑人和被害人在现场的相对位置关系、动静态变化关系。

二、现场勘验的重点

现场勘验需对命案现场所有物体进行全面细致的勘验，将现场发现的所有可能相关的物证进行收集、送检及记录的过程，尤其是发现和搜集犯罪的痕迹及相关物品。现场发现的痕迹及相关物品主要是血迹、指印、足印以及犯罪工具等。每一个命案现场的勘验、尸检完成以后都应当进行分析、讨论，根据尸体检验或伤者检查结果，结合现场相关痕迹物证的发现情况，作出客观科学的判断，重现案件的发生过程。这个环节十分重要，其作用是为案件侦查决策提供依据，是侦查工作顺利开展的重要保障。当前，各类犯罪已经趋于现代化与科学化，且具有很强的反侦查意识。因此在现场勘察中，还应当重视异常的现场潜隐性的犯罪痕迹、电子信息证据等的搜集。尤其是涉及自杀、经济犯罪、恐吓以及诈骗等案件，通常在犯罪预备阶段和准备过程中会使用电子通讯设备，例如使用手机或电脑。部分犯罪嫌疑人为了逃避侦查，会去网吧使用公用电脑。在此情况下，收集电子证据会对现场重现有重要的帮助。

三、实验室检验

法医在现场勘验时发现和收集的相关物证应当尽快送入实验室进行检验。因为现场痕迹物证的检验鉴定是现场勘验的后续工作，是对早期现场分析重现的验证、修改与完善，也是后期深化现场重现工作的基础。实验室的检验可以采取多种现代化手段，例如DNA个体识别技术，指纹的识别，现场遗留物的来源鉴定，实验室的检验结果也为案件的串并案提供了依据。

四、现场调查

法医对现场进行勘验时，需要对现场的伤者、被害人的社会关系、个人性格、精神情绪等状况等进行调查了解。这些调查往往是通过对伤者或被害人的邻居、亲朋好友的访问来进行。现场调查了解的情况可以对案件的定性或犯罪嫌疑人的排查确定提供有力的帮助。

第三节　现场重现的思维方法

现场重现是一个复杂的，需要循序渐进，不断深化的过程。在进行现场重现时，不能就某个或某几个物证孤立的进行推断，必须全面的掌握、综合应用现场的各种信息，注意现场的全局，做到全局与局部相结合、现场勘验与侦查实验相结合、现场勘验与实验室相结合、侦查与技术结合。

（一）全局与局部相结合

以全面的眼光审视犯罪现场，注意观察被害人尸体姿势、发现现场痕迹，综合现场的所有发现，初步判断案件性质和现场的基本情况。现场重现必须纵观全局，也需要注意局部的特殊细节。特别是在某些具有反侦查能力的犯罪嫌疑人作案的现场或被伪装的现场，如扼死伪装成自缢，杀人纵火伪装成意外失火。此类案件中，局部的细节会是案件的本质，可以使案件的整体侦查方向、范围发生改变。因此，在现场勘验以及后期的分析过程中，应充分注意细节，不放过任何蛛丝马迹。

（二）现场勘验与侦查实验相结合

案件发生的环境多种多样，犯罪嫌疑人使用的犯罪工具同样种类繁多，可受现场环境因素和犯罪心理因素的影响，也可以受到被害人动静因素的影响。因此，被害人身上损伤的形态和特点也不尽相同，有时甚至难以分辨和判断。在这种情况下应当充分结合现场环境进行模拟实验来解决问题。

（三）现场勘验与实验室检验相结合

各种现场（包括中心现场和其他现场）上保存的各种信息与犯罪的方式及目的紧密联系。因此，尸检发现的痕迹和现场勘验收集到的痕迹物证要及时送检。重大案件的现场获取的物证多并且复杂，会出现现场采集到的标本送到不同的实验室的情况，那实验室的检验结果须集中统一分析，互相验证，以发挥各专业技术工作的整体效应，慎用某一单一物证的结果。

（四）侦查与技术结合

现场分析与犯罪条件刻画需要和案件调查、犯罪嫌疑人排查得到的相关信息结合起来，侦查和现场勘验绝对不能脱节，要互相结合，使现场的各类痕迹、物证充分发挥作用。如现场勘验与侦查工作互相之间不交流，会影响案件的侦破。

第四节　现场重现的重点与注意事项

现场分析重现，是命案侦破的重要任务，因此，在进行现场分析重现时，需要抓住并解决主要矛盾。

一、现场重现的重点

完整的现场重现应当包括案前（犯罪准备阶段）、案中（犯罪实施阶段）、案后（犯罪后藏匿或逃逸阶段）的重现。通常要重现一个现场，需要解决四个问题，即犯罪的过程，致伤物的推断，现场遗留的痕迹物证的发现和提取以及犯罪条件的分析。

（一）犯罪过程

研究犯罪的过程是现场重现的重点。犯罪过程包括准备阶段、实施阶段和逃逸阶段，犯罪的实施阶段是其中的重点。在研究犯罪的实施阶段时，可以根据现场勘验、尸检后掌握的信息，分析判断犯罪嫌疑人进入现场的方式和行凶的手法。通过判断嫌疑人和被害人有无接触、胁迫，是否有搏斗等。如有多人被害，可以从尸体所在位置、现场血迹以及损伤情况进行分析，判断杀人的先后顺序。对一人身上存在多处损伤时，其损伤部位、损伤程度、致命的情况以及损伤是生前伤还是死后伤等方面进行分析，还原致伤过程。

（二）致伤物的推断

致伤物的推断是根据损伤的特点来推测凶器。根据损伤特点，正确判断致伤物，是法医命案现场勘验中要解决的重要的问题。因为致伤物可以是任何物体，所以致伤物的形态、种类多种多样。同一致伤物由于打击面、受伤部位、受力方向的不同以及环境限制、犯罪心理的变化等因素的影响，损伤形态和致伤物本身在形状上可能出现较大的差异。对致伤物进行推断时，在采用传统的形态学对比方法的基础上，可以进一步的采用先进的实验室检验，为致伤物的推断和认定提供帮助。如一些金属工具造成的损伤，除了可以使用环境扫描电子显微镜（environmental scanning electron microscope，ESEM）、能谱等方法来检测元素成分，还可对损伤上的油污、油漆等痕迹与嫌疑致伤物进行同一认定。因为行凶工具是法庭审判时，指证犯罪嫌疑人犯罪的直接证据，因此凶器的寻找与确认至关重要。及时准确地判断致伤物有助于指引侦查人员找到凶器。

（三）现场物证信息与犯罪的关系

要及时发现搜集现场遗留的痕迹物品等与犯罪相关的信息。在现场发现血迹、烟蒂等物证时，注意区别其来源，确认其来自犯罪嫌疑人还是被害人，或是其他人员。在充分地分析了犯罪过程、推断致伤物、收集并检验了现场发现的物证后，综合所有发现的信息，进行全面分析、研究现场情况，最终确定案件性质及分析犯罪条件。准确地分析犯罪条件可以确定侦察工作方向，划定侦察范围，布置侦察措施，使整个案件的侦破工作得以正确、有序的进行。

二、现场重现需注意的问题

现场重现需要收集现场所发现的一切信息，因此保证现场物证、尸体等信息的原始性至关重要，在进行现场勘验及物证提取时也要注意对现场进行保护。

（一）现场保护

保护现场的原始性，是保证现场分析重现的最基本要求。依据《中华人民共和国刑事诉讼法》第一百二十七条规定，任何单位和个人，都有义务保护犯罪现场。凡是涉及伤亡案件，作为公民都有义务去保护现场。若现场受伤人员仍有生命迹象，则抢救伤员是第一要务，但在抢救的时候要注意尽量减少对现场的破坏。在专业人员勘察完毕之前，任何人不得进入犯罪现场，以免造成污染或现场的破坏，影响现场的分析重现工作。

（二）现场物证检验的及时运用

现场勘验所获取的痕迹物证必须及时送达实验室进行检验分析，实验室的检验鉴定结果如指（趾）纹、掌纹、足迹、鞋印等痕迹，DNA 及被害人或被害人的身源认定等信息也必须及时地反馈给专案组，以便专案组指挥员、侦查人员能够及时掌握与应用，保证侦查方向的正确性，确保不失时机地开展侦查工作。

（三）现场分析重现的客观性

在分析现场收集到的所有信息进行现场重现时，要注意现场勘验的宏观与细节，切勿重大轻小、重明轻暗。在勘验时若勘验工作不尽职、不细致，遗漏了具有侦查价值的细微痕迹物证会导致现场重现的错误或者失败。

现场重现不能主观臆断，必须坚持实事求是的唯物主义观点，任何观点必须有证据支持，任何推理的逻辑要完美无缺，要把有条件确定的问题通过逻辑分析串联起来，使案件重现工作客观真实、具有科学性，切勿一叶障目，犯经验主义和主观主义的错误。

第五节　犯罪条件的刻画

现场重现中犯罪条件的刻画又称为犯罪侧写（criminal profiling），其主要内容包括犯罪的过程、犯罪心理情况分析。犯罪条件的分析刻画以及案件性质的分析判断，是现场重现中需要解决的关键问题，若推断错误，则可能导致案件久侦不破或者造成冤假错案。

一、犯罪基本条件的刻画

（一）犯罪定量分析

犯罪定量分析是通过现场情况推断案件是单人作案还是多人作案。其推断的依据主要是根据现场的大小、现场杀人数量的多少、尸检所见、被害人损伤的特征和凶器种类的不同，现场发现的手印、足迹等相关的痕迹物证和实验室检查结果等情况进行犯罪参与人定量分析。

（二）犯罪嫌疑人年龄的分析

犯罪嫌疑人的年龄特征可以通过犯罪流行规律、产生现场行为痕迹可能的年龄等进行分析判断。例如，被害人年轻力壮，具有强烈的抵抗能力，或被害人人数较多，或者室内现场在勘验时发现建筑物外墙有攀爬的痕迹，攀爬高度较高且为徒手攀爬，则可以判断犯罪嫌疑人较为年轻，身体条件较好，心理素质过硬，并且可能具备相关的技能。

（三）犯罪嫌疑人身体条件的分析

一般来说，犯罪嫌疑人的身高体态可以通过足印、鞋印长度和室内现场情况综合分析，犯罪嫌疑人在现场遗留的手印及痕迹的高度也可以作为推断犯罪嫌疑人身高的参考。

（四）犯罪嫌疑人前科及作案手法分析

犯罪嫌疑人的前科分析是指推测嫌疑人是否存在曾受过刑事处罚或治安处罚（简称前科劣迹）。对于犯罪嫌疑人的前科劣迹的判断主要根据尸体损伤分布和特点，尤其是致命伤来进行分析判断。如损伤少但集中在被害人胸部或腹部重要器官、一刀命中或所用凶器上留有手套痕迹，则可说明嫌疑人有杀人或伤害他人的作案经历和反侦察意识。此外，如果现场发现明显的掩饰痕迹，也能说明犯罪嫌疑人具有相关经验。但是需要注意的是，近几年来随着信息技术的发展，各种反侦察知识会在网络传播，一些首次犯罪的人也可能具有反侦察的意识与知识。

根据现场尸体勘验，嫌疑人的作案方式以及使用凶器特点，现场物品遗失、损坏情况，现场烟蒂数量、种类及品牌，作案时是否佩戴手套以及何种手套等情况，可以大概推断嫌疑人的职业及嗜好习惯或技能特点的社会层次。例如，盗窃杀人案件或抢劫杀人案件中，被害人的财物会丢失。因此了解遗失财物的情况，进行赃物控制是侦破这类案件的重要手段。在这类案件的侦破中，应当详细清理、核对丢失的财物，对财物的特点和销赃渠道进行合理的推断，根据本地实际情况安排隐蔽的侦查力量，可以成功破获。

二、犯罪心理条件与特征分析

在各类命案中，犯罪嫌疑人的作案动机基本可以归纳为三类：情仇矛盾杀人、财杀及精神病杀人。这三种类型的案件的嫌疑人都有着显著的心理特点。

（一）情仇矛盾杀人

情杀、仇杀以及报复杀人的案件中，犯罪嫌疑人的心理反应是类似的。这类案件杀人动机和目的十分明确，必须置被害人于死地。同时，为了干扰警方对案件的侦查和逃避警方的抓捕，嫌疑人通常会对现场进行处理。此类案件中，被害人身上的损伤数量多、程度严重而残忍，有时犯罪嫌疑人对被害人施加的暴力远远超过了能够导致被害人死亡的程度。出现这种情况，很大程度上是犯罪嫌疑人出于泄愤的表现。因此在尸检时可以看见在同一部位出现反复、多次的砍击或者捅刺。另外，根据嫌疑人作案动机的不同，在杀人后常常会对被害人尸体进行继续加害，如情杀案件中可能出现将女性生殖器官或乳房等造成损伤或严重毁损，在仇杀案件中可能将被害人头颅砍下等。有一类特殊的矛盾杀人是所谓的“激情杀人”，指的是在犯罪嫌疑人与被害人之间因为某种原因产生矛盾，犯罪嫌疑人一时由于愤怒或其他原因而杀人，犯罪嫌疑人与被害人可能往日曾有积怨，也可能之前素不相识。此类案件的作案手段简单，尸体的处理也比较慌乱。致伤物多为随身可携带的物品如小刀、皮带等，或现场容易取得的物品。

（二）劫财杀人

所谓的财杀是指以非法获取财物为目的，对财物所有者施加暴力而导致其死亡的案件。该类案件作案目的比较单纯，一般是以制服被害人获得钱财即止。但若遭到被害人的激烈抵抗，犯罪嫌疑人会采取多种手段控制使其抵抗能力下降（如捆绑，封堵口腔），从而导致被害人的死亡，此时的现场会留下明显的剧烈的搏斗痕迹，有时犯罪嫌疑人由于被害人的抵抗而被激怒将其杀害，会出现情杀、仇杀等现场的特征。部分疯狂的犯罪嫌疑人，以抢劫银行、信用社或金店为目标，在逃避追捕时也可能会出现杀害无辜群众。抢劫案件的犯罪嫌疑人很可能熟悉被害人或通过反复的“蹲点”探察，对被害人的生活习惯有一定的了解；同时，对现场的进出路线以及逃跑路线会进行事先规划。

（三）精神病患者杀人

精神病患者由于受到病态心理、幻觉的支配，经常以无关的人或者其亲近的人为伤害对象，其作案动机荒诞、手段残忍。很多精神病患者在行凶后宣称被被害人监视、迫害或者受到某人指示必须将其杀死。对于这种荒诞病态的动机，结合嫌疑人疾病情况和现场情况，一般都能够认定，但在有的案例中，杀人后碎尸掩埋或杀人、挖目、移尸、隐藏后嫌疑人离开现场，现场勘验情况与情仇报复杀人案件有相似之处，应注意加以鉴别。

三、案件性质的判断

（一）故意杀人

故意杀人案件一般可以通过损伤部位的特征、形态，尸体姿势，倒地位置，以及现场出入通道情况进行确定。如现场门窗有明显的破坏痕迹或窗台有攀爬等情况，一般要考虑为他杀案件，自杀案件的现场自然平静，损伤部位和程度可以自己形成。

（二）暴力恐怖案件

恐怖活动是近年来日益突出的问题，一般恐怖谋杀其根本目的就是造成社会影响，因此其对象一般都会针对具有社会影响力的环境、人群进行恐怖活动，如爆炸、枪击、投毒等方式造成严重的社会影响。除此之外，恐怖谋杀后嫌疑人大多会留下相关指向性信息，甚至会进行公开声明，对目标对象进行示威或警告，并声称对其负责。

（三）利用邪教、迷信致人死亡

封建迷信或邪教相关的杀人或自杀案件，被害人或嫌疑人一般都具有显著的社会背景或地域民族方面的因素。如某些邪教利用灌输教义的方式从政治思想上进行蛊惑，用人对美好生活的憧憬迷惑信徒，听信其毁灭肉体论的信徒可能就会出现自伤、自残甚至自杀的行为。这类案件的现场一般都会留下与被害人信仰相关的物品，如传单、标语、字符、手抄本等宣传物品，其形式也没有明显的隐蔽性。

案例：

1. 案情简介　某年某月，某市的自建房内，有一女子全身赤裸死于床上。接警后，技术室人员于当日对现场进行勘验。

2. 现场勘验情况 现场位于李某自建房内，该自建房为三楼一底砖混结构，其中顶层为房东李某住宅，下三层为出租屋。现场东侧为一条南北走向的小路，其中向北通向有多处路口的居民区，向南60m通向国道，国道南面为当地派出所。

中心现场位于自建房底层陈某租赁屋内，该屋坐西朝东，为单间结构，南北长306cm，东西宽340cm，空间高度295cm。在东墙南端上有一内开型暗锁木质门，门及门锁完好，在门内侧锁下缘见一滴血迹（棉签擦拭提取门把手、门侧缘、门锁下缘、门锁拉栓擦拭物，原物提取锁芯）。在室内地上见被褥、衣物、衣架等物，在门口地上见一双男式拖鞋（原物提取）、女式黄色短靴（原物提取），在被子上见可疑斑迹（原物提取）。在距北墙98cm靠东墙处有一长120cm、宽60cm的矮桌，在靠东墙及北墙角落有一长98cm宽96cm带两个抽屉的方桌，在方桌上发现5把牙刷（原物提取）、4个饮料瓶（原物提取）和一袋白色粉末（原物提取）。在北墙距西墙95cm、距地97cm处有一宽142cm、高140cm带防盗条的三开门窗户，窗前有绿色窗帘遮挡，在北墙上窗户下方距西墙110～118cm、距地67～72cm范围内有5滴血迹（照相、棉签擦拭提取）；在西数第一根防盗条上方有一个绳头，绳头上见切割痕迹（照相、原物提取），在西墙距地210cm高、距南墙90cm处有另一绳头，绳头见切割痕迹（照相、原物提取）。在靠北墙中部有一饮水机，饮水机西侧有一垃圾桶，垃圾桶内见餐巾纸、避孕套、果皮等（原物提取）。在靠北墙和西墙处有一头北尾南的床，该床长195cm、宽140cm，在床西半侧有一呈仰卧平躺、头北脚南、面部被红色衣物遮挡、内裤脱至右膝处、双脚着黑色袜子露于床南沿外的赤裸女尸，女尸背部见可疑渣物（取样提取）；尸体卧于红色电热毯上，在电热毯中部发现大量可疑渣物（原物提取）；在北床头及西床沿处堆有衣物，在一白色女式外套上见残缺鞋印（照相提取）；在床头西侧见两个重叠的红色枕头（枕头东侧完全浸湿，西侧未浸湿），东侧见一白色枕头（枕头西侧染红，东侧呈白色），在两侧枕头间见一个叠好的毛巾和叠好的袖套，均被血迹完全浸染（原物提取）；枕头及电热毯下层为白色棉絮，在棉絮距西墙48cm、北墙13cm处有一长75cm、高27cm的三角形血泊（棉签蘸取），距西墙48cm、北墙40cm处有长147cm、宽78cm的椭圆形液体浸染痕迹（照相提取），在浸染痕迹中有一直径20cm的圆形血迹浸染痕迹（照相提取）；在液体浸染区域下方床底有一空旅行箱，旅行箱上搭有一件白色衣服，该衣服被液体浸染，旅行箱西侧边缘见液体流柱痕迹，在室内距北墙80cm、距东墙70cm地上见长120cm、宽130cm的液体浸染区域，在该区域内见完全浸染的袜子和毛巾（原物提取）。床南侧地上堆放衣物等，未被液体浸染。现场未见其余异常（完）。

提取物证情况：①红色鞋印2处。疑似血鞋印，鞋尖部分纹形清晰；②生物检材44处；③渣物及浸染物4处。

3. 实验室检验情况

(1) 避孕套：避孕套及方桌上白色粉末包装袋检出同一男性成分；

(2) 牙刷：1把牙刷检出男性成分，3把牙刷检出被害人成分，1把牙刷无结果；

(3) 饮料瓶：冰红茶检出男性成分，苏打水检出被害人成分，2瓶营养快线无结果；

(4) 垃圾桶：餐巾纸、果皮、甘蔗检出被害人成分；

(5) 尸体身上擦拭物：擦拭物无结果；

(6) 门：血迹为被害人血，其余3处无结果。

检出的男性成分分别不同。

4. 现场发现信息：

(1) 鞋印；

(2) 现场遗失的红色绳子、带血床单、被害人随身包、手机及银行卡；

(3) 床上渣物的种类、成分，现场未见盛装倒于床上液体的容器；

(4) 现场遗失的刀具；（被害人吃水果用刀削皮）；

(5) 现场变动，尸体位置移动，嫌疑人具备一定的反侦查意识；

(6) 现场搜查发现大量电话记事本，2张银行卡，3张存单。

5. 现场重现

(1) 案件性质：故意杀人案。被害人颈部至少有2次刺创，均刺断气管、颈动脉、颈部神经等，被害人自己不能完成这个动作。

(2) 作案进出口：门。现场只有门窗可做进出口，窗户防盗条完好，嫌疑人和平从门进入现场。

(3) 作案工具：单刃锐器。从颈部创口形态可见。

(4) 作案过程：嫌疑人和平进入现场后，被害人自愿与犯罪嫌疑人发生性行为(被害人身上无抵抗伤，访问周围住户未听见任何响动、呼救声)，后犯罪嫌疑人割断室内挂衣物的绳子(挂有衣架的衣物在地上最底层)，将被害人手脚捆绑，后用锐器刺被害人颈部致其死亡。杀人后嫌疑人将床尾处纸箱内衣物倒出，伪装现场，并将被害人财物、自身物品及有可能留下犯罪痕迹的物品拿走。

被害人身上、床上及地面遗留有疑似泡酒的液体和物质的可能性：①利用乙醇类液体破坏遗留在身上的生物检材或其他痕迹。(反映犯罪嫌疑人具备很强的反侦查意识)②犯罪嫌疑人为毁尸灭迹，将乙醇类液体倒下，准备引火毁灭现场(后因某种原因未实施)。

床上未见床单：①床单上可能遗留犯罪痕迹(血鞋印、毛发等)；②用床单包裹被害人财物、自身物品及有可能留下犯罪痕迹的物品便于带走。(注：床单下方电热毯及棉絮未见明显位移，考虑犯罪嫌疑人取走床单的方式较特殊)。

现场未见装载乙醇类液体的容器：①容器上可能遗留下犯罪指纹、DNA信息(反映犯罪嫌疑人具备较强的反侦查意识)；②容器比较特殊或特征明显，容易被熟人认出；

被害人手脚上有捆绑痕迹：利用绳索控制被害人，以便实施下一步行为。

(5) 作案人数：1人作案可能性大。

(6) 作案时间：晚上9时至12时。根据尸检情况推测。

(7) 嫌疑人条件：

1) 时空条件：犯罪嫌疑人具有案发当时在现场附近作案的时空条件；

2) 个体特征：男性，中青年作案可能性大；熟悉现场及被害人生活习惯、喜好，具备很强的反侦查意识，可能曾被公安机关处理过；现场明显伪装，室内未见明显翻动痕迹，犯案后过程复杂，考虑比较全面；

3) 因果关系：熟人作案可能性大，熟悉被害人财物状况。①被害人年龄38岁，从事性工作时间长，应具有一定的安全防范意识，结合调查访问，被害人夜间接待生客的次数很少。②四周邻居未听见响动，反映犯罪嫌疑人进入现场时处于平和状态。③现场未见搏斗痕迹，被害人身上未见抵抗伤。④现场遗留疑似泡酒的液体和物质，不排除犯罪嫌疑人投其所好，用送酒为名，进入现场实施犯罪。

(万立华)

思考题

1. 什么是法医命案现场重现，法医命案现场重现的主要内容是什么？
2. 法医命案现场重现的原则及流程是什么？
3. 犯罪基本条件的刻画主要有哪些方面？
4. 现场重现的原则有哪些？

第八章　枪杀案件的现场勘验

枪杀案件的法医现场勘验，目的是通过对案件现场尸体检验及周边环境勘验，获取射入口、射出口、弹丸、弹壳、弹着点等相关物证信息，推断射击位置、射击距离、射击角度、射击顺序，确定发射枪支，从而分析案件性质，明确侦查方向和范围。枪杀案件现场的弹壳、弹头（弹丸）的痕迹具有很强的规律性。因此除了枪械本身、子弹以及中间障碍物的影响外，外界影响因素较小。本章主要介绍的是枪杀案件现场勘验分析和现场重现的常规勘验流程。

第一节　法医弹道学基础知识

枪械（firearms）是指口径小于20mm，利用火药燃气为能量，发射弹丸打击目标的身管射击武器。刑事案件中涉及的枪支一般以短枪，尤其是手枪多见，有时也可能会涉及长枪，如猎枪、步枪等。法医弹道学研究的主要内容是尸体或人体上的枪伤与弹道。

一、影响弹道的自然因素

子弹从枪管射出后并不是呈直线飞行的，其飞行轨迹一般要受到其自身形状、重力、风力和空气阻力等因素的影响。

（一）子弹自身的影响

子弹由弹头、弹壳、发射药和底火四部分组成，不同类型的子弹结构稍有差异（图8-1）。弹头从枪管射出后呈高速向前的自旋运动，通过消耗自身动能对目标侵入和毁伤。一般来说，流线型弹头飞行和自旋稳定性好、侵彻力（penetration power）强，对有中间障碍物如墙壁、防弹衣等的人体杀伤力较大；钝头弹（包括圆头弹、平头弹和凹头弹）则容易发生翻滚，因此稳定性和侵彻力较差，但是停

图8-1　子弹结构（纵切）示意

止力（stopping power）好，对无中间障碍物的人体杀伤力更强；霰弹枪发射的圆形弹丸不适合远距离飞行，但在近距离时有很强的杀伤力。子弹（弹丸）的能量来源于火药化学能转化的动能，根据公式 $E=1/2mv^2$，在相同火药提供的动能下，子弹的质量越小，速度越大，杀伤力也就越大。

（二）重力、风力和空气阻力的影响

地球上所有物体都会受到重力的影响。因此，子弹在射出后其弹道并非直线，而是在重力作用下呈抛物线。此外，风力会导致子弹的弹道顺风偏移，而空气阻力会导致子弹的速度逐步下降。由于大部分的案件射击距离较近，重力、风力、空气阻力对弹头的影响时间短，此时，弹道可以认为是直线。但是，对于远距离射击的案件，重力、风力及空气阻力对射击点的判断影响很大，所以此类现场一定要特别注意搜集这方面资料。

（三）章动角的影响

章动角是指弹头长轴与弹道切线（运动方向）之间的夹角，其角度的大小主要由枪支和子弹的加工工艺决定。由于目前工业水平的限制，弹头的中心不一定能与几何中心一致；而弹头在膛内运动过程中，弹头与膛壁之间留有空隙，火药燃气压力对弹头底面作用不均。以上两个原因，使得弹头的弹轴与运动方向形成章动角（图 8-2）。

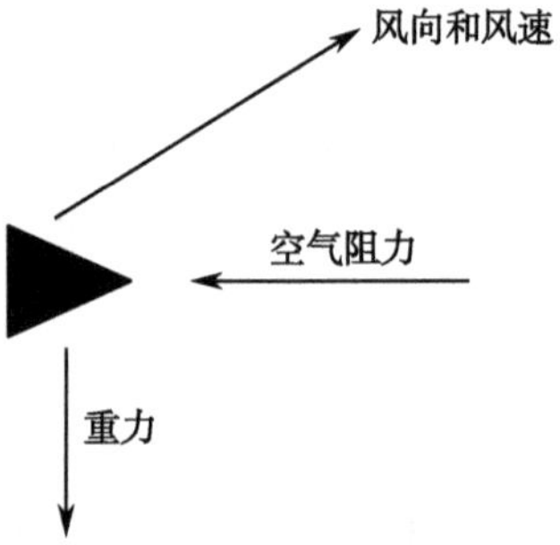

图 8-2　弹头运行的受力

章动角的大小是弹头运动稳定性的重要指标，也是复杂弹道分析重现中必须考虑的因素。通常情况下，枪管内膛线精密度高、弹头质地均匀时章动角小，此时弹头抗外界干扰能力强，其运动更符合直线运动；如果章动角过大（一般以 3° 为限），则弹头射出后直线性较差、遇到干扰时容易发生翻滚或抖动。

二、枪弹杀伤力

从动能方程 $E=1/2mv^2$ 可知，低速物体（与光速相比）的能量是由其自身质量和速度共同决定的。因此，弹头动能的大小主要受其自身重量、速度影响，同时还取决于其能够将多少能量传递给目标物。一般，需要通过侵彻力和停止力来衡量弹头的破坏能力大小。

（一）侵彻力

子弹侵彻力又称为贯穿力或穿透力，是指弹头侵入并穿透物体的能力。侵彻力的大小主要由弹头质量、弹头的横截面密度以及命中物体时的速度决定，通常以穿透标准密度的物体的深度来表示。现代步枪弹（尖头弹）的侵彻力比较强，如 7.62mm 北约制式步枪弹可以在 100m 内贯穿 6mm 厚的匀质钢板，而手枪弹和冲锋枪弹（钝头弹）的侵彻力则较弱。

（二）停止力

停止力是指弹头命中目标后，令目标丧失活动能力的效力，停止力越强则目标从被击中到丧失活动能力的时间越短。由于人体的结构比较复杂，命中不同部位会产生不同的效果。公安执法人员常常需要近距离射击并在最短的时间内制服歹徒，因此警用枪支通常使用停止力较强的钝头弹。

第二节　枪杀案件现场重现的基本条件

要对枪杀案件进行分析与重现，必须首先判明射击距离、射击方向、射击角度。因此，正确判断现场尸体的射入口与射出口，有助于搜寻弹头、弹壳以及弹着点。法医在检验枪杀案件的尸体时，特别要注意尸体上的盲管创。解剖时要沿着组织损伤或血流方向的路径寻找弹头，必要时可以采用 X 线等方法完成定位。如体内没有发现弹头（丸），应当考虑其可能从原弹道退出，可能是由于现场搬运或抢救时所致，考虑在现场仔细搜寻。鉴于枪杀案件的复杂特点，其现场勘验工作与现场重现往往不能一次完成，需要反复勘察现场、反复讨论，法医需要沉着冷静的分析和思考。

一、枪杀案件现场勘验重点

（一）射入口与射出口的检验

射入口、射出口、射击距离、射击方向的确定是法医弹道分析研究的基础。如果判定失误，就会影响案件侦破、误导侦查方向。典型的射入口与射出口较易分辨。在近距离射击时，人体或现场物体上的射击残留物和弹头可以直接反映射击方向和射入角。近距离枪弹创射击方向和射入角判断的形态学特征中，中心皮肤缺损、挫伤轮、烟晕和火药颗粒有重要意义。当弹头垂直射入人体时，擦拭轮、烟晕以及火药颗粒在射入口周围分布较为均匀，射入口中心皮肤缺损较圆；当弹头呈一定倾斜角度射入人体时，擦拭轮和烟晕等则呈单侧集中分布，射入口中心皮肤缺损呈类椭圆形。射入角越小，擦拭轮和烟晕等单侧分布越明显，射入口中心皮肤缺损的长轴也就越长。射出口通常无中心皮肤缺损和火药颗粒，但部分动能较大的弹头如狙击步枪弹、反器材步枪弹等由于动能极大，会携带部分火药在弹头上，射出时附着在射出口。此时在射出口也能出现皮肤缺损和微量火药颗粒，在检验时还需结合实际情况综合分析。此外，弹道上若遇到骨骼阻挡，弹头会嵌顿在骨骼上或击穿骨骼造成粉碎性骨折，此时骨碎片会朝着弹头前进方向移位，典型的情况还能够见到骨碎片在射出口处聚集。

（二）弹壳及弹着点的搜寻与勘验

在枪杀案件中，弹着点的寻找和发现，弹头、弹壳的提取是进行后续弹道分析重现的基础，也是案件侦破最重要的环节之一。

1. 弹着点的勘验　弹着点是指枪弹、炮弹等射弹与地面、水面或目标表面的第一交点，在枪案现场中弹着点是指子弹所有接触的人或物品的第一交点。枪弹的弹头在击中人体后，会形成挫伤轮、擦拭轮以及烟晕等特征性的射入口痕迹，击中物体后也会根据物体特性不同留下不同的印迹、嵌入或击穿物体。

在对弹着点的勘验时，首先应当搜寻伤者肢体或尸体上的弹着点。此外，还应当在物体上寻找弹着点。物体上的弹着点寻找相对简单，在枪案现场，尤其是在射击主轴区域，只要对墙壁、家具、门窗等处认真搜寻，一般不难发现弹着点。需要注意，由于弹头飞行速度快，因此有时在遇到坚硬物体无法射入时，其不仅会在物体上留下弹道痕迹，飞行方向和速度也会发生改变，发生跳弹现象，出现多个弹着点。

2. 弹头的搜寻　弹头动能耗尽后便会处于静止状态而停留在被害人体内或现场物体上。弹道上的障碍物是降低子弹动能的最重要因素。因此，搜寻弹头的重点区域常常就是障碍物所在的地方。

目前国内的枪杀案件，涉案枪支除了少数为制式枪支外，大部分都是自制枪支。由于自制枪支制作工艺粗糙，子弹发射初速度小，因此弹头的侵彻力不足，击中人体后就会停留在人体内形成盲管创。制式枪支发射的子弹也有可能在穿过中间障碍物，或在有效射程之外命中人体造成盲管创。若有明确的射出口，弹头通常在尸体附近，根据尸体的弹道方向和附近物体弹着痕迹一般都能顺利发现。弹头有时会嵌入泥土或质地较软的木质物体中，搜寻勘验时需要仔细观察。

弹头除了直接嵌入物体中以外，还可能在击中刚性物体后运动方向发生改变，这种现象称为“跳弹”。因此在勘验刚性物体的弹着点时，要注意观察弹着点的形态和原始位置，细心推断跳弹方向。对现场物体上射击痕迹勘验并结合人体或尸体上射入口、射出口的推断，是分析嫌疑人射击位置以及射击顺序的关键。

3. 弹壳的搜寻　步枪弹和手枪弹的弹壳位于弹头的后部，大多呈圆筒形，通常由金属制成，内装填发射火药。霰弹枪子弹的弹壳或弹杯材质多样，某些可燃材质如牛皮纸、塑料制成的弹壳或弹杯在射击后燃烧殆尽，不易搜集。但是，霰弹枪子弹的金属底火是其发射的关键证据。

部分自制土枪属于火枪，其发射方式和制式枪支不同。此类枪支无膛线，通过前膛装药，装填铁砂或钢珠，使用黑火药或黄火药撞机发火。因此，通过现场勘验和尸体检验确认发射枪支为火枪时，勘验重点是搜集火药或火药包裹物。火药包裹物上常常留有嫌疑人的指纹或者DNA样本，火药及其残留物还可以为火药产地或嫌疑人活动地点提供信息。

普通单、双管猎枪或转轮手枪，因为没有自动退壳装置，其弹壳都留在枪支中，如果嫌疑人没有退弹填装，现场不会留下弹壳；如果有退弹，弹壳可能会集中在一个小范围内。

除上述几种类型的枪械外，大多数枪械发射后弹壳都会自动弹出发射枪支。这类枪支射击后的弹壳大多遗留在射击点附近。法医与痕迹人员需根据弹道学理论和现场勘验情况，推断发射方向和位置，并以此为范围进行搜寻。

4. 弹头、弹壳的提取　枪杀案件中现场搜集到的弹壳、弹头（丸）是案件侦破的重要线索，也是案件侦查审理中的重要证据之一。因此，对于发现的弹壳、弹头（丸）要进行以下处理程序：

（1）现场记录：枪杀现场中发现的一切弹壳、弹头（丸）、弹着点或其他痕迹都必须首先进行原位拍照。照片中不仅要清晰地展现各个细节，同时还要附上标准比例尺。除了照相之外，还要详细地记录下弹壳、弹头（丸）、弹着点之间的相对位置，以及各个被击中的物体的大小、方位、损坏情况等信息。这些第一手勘验资料是案件侦查的指南。

（2）弹头、弹壳的提取：在现场中应优先提取弹壳、弹头（丸）上的指纹、火药残留物以及生物学物证等较脆弱、易破坏、难保存的证据，并应当分别包装，避免互相接触导致污染。使用金属器械直接接触弹头会破坏弹头上的膛线痕，影响对嫌疑枪支的同一认定。因此，在枪杀案件现场最好使用竹质、木质或塑料镊子夹取弹头、弹壳等物证，也可在金属器械上缠绕一定厚度的干净脱脂棉或者塑料薄膜后再使用。当提取完成后，缠绕物也必须放进一同包装内。对于嵌入坚硬物体内如地面、墙壁等固体的弹头，则需尽可能最小程度地破坏物体，并避免人为破坏弹头，并将小范围物体或物品整体提取后，送实验室进一步检验。

（3）弹壳、弹头（丸）的检验鉴定：对弹头、弹壳的检验鉴定，需根据需要选择不同的检验、鉴定项目。①可以通过观察弹头或弹壳上的膛线痕、拉壳钩、抛壳挺痕迹及撞针痕迹确定发射枪支的种类；②利用对比显微镜比对不同弹头上的痕迹以确定是否为同一枪支发射；③检测其上的射击残留物成分包括分析子弹的生产厂家等。

二、射击残留物与射击物的认定

射击残留物（gunshot residues）是指枪支击发时，从枪口中喷出或从套筒末端逸出的气团中所夹带的火药颗粒和金属粉末等物质组成的混合物。射击残留物常常会沾染在弹孔的内缘和周围、射击者手背、手指间，以及弹头、枪管内壁和有关机件表面。通过检验和分析这些射击残留物，比对其单个颗粒的显微形态差别和元素组合特征，可以对发射枪支和嫌疑人的认定提供证据。

（一）射击残留物的成分和分布

射击残留物的主要成分是未燃烧和未完全燃烧的火药颗粒、弹头与枪管摩擦产生的金属粉末等。射击残留物成分复杂，有时不易被发现。因此在进行射击残留物提取时，要结合现场情况并综合考虑其受周围环境影响，对射击残留物的重点分布区域进行提取。

根据射击残留物形成过程以及分布特点，提取射击残留物的主要范围或部位如下：①嫌疑射击者：重点提取部位是手、脸、领口、袖口等位置；②尸体或活体创口：重点提取部位是枪弹创周围的皮肤组织以及创腔内缘；③枪支：重点提取部位是枪管内部、枪口和套筒退壳口附近。

（二）射击残留物的提取

提取射击残留物的目的是解决是否发生枪击、谁开的枪、开了几枪以及使用何种枪械等问题。因此，在枪杀案件中，法医在尸体或活体检查时应当认真、仔细进行，并准确、有效地提取射击残留物。其具体方法有：

1. 探针（牙签）提取法　这种方法适用于较小的枪弹创内壁附着的残留物的粘取。由于贯穿性枪弹创内壁弧面和入口锥形扇面上附着物较为丰富，用这种方法提取效果较好（图 8-3）。若创道内有血液流出，可用纱布封堵或直接将创口缝合，避免残留物随血液流失；若尸体已运回实验室，可将整个创道组织进行固定后再剪开，进行观察或提取。

提取方法是将双面导电胶带贴于牙签或小于弹孔内径的圆柱形物体一侧的纵面上。粘取时用胶面沿孔洞内壁表面或喇叭口的锥形面上轻轻转圈粘取，将附着物富集在胶带局部后，用塑料镊子小心取下胶带并转移至包装袋或检验平台上即可。

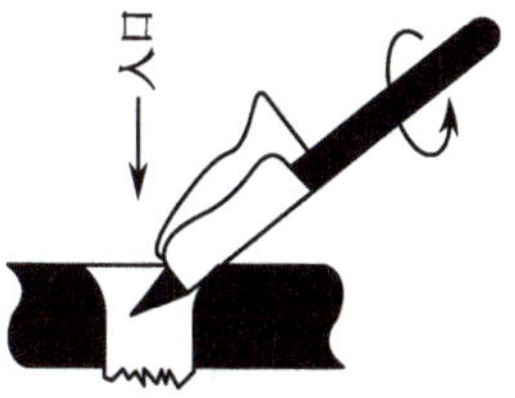

图 8-3　牙签提取法

2. 颗粒收集法　颗粒收集法主要针对被害人或嫌疑人衣物上附着的残留物。在勘验和送检过程中，对衣物的翻动或折叠容易使微小颗粒状射击残留物散落进织物纤维的缝隙中而不易被粘取到。此时，可将衣物可疑部位面向下方，用分离针反复抖动衣物让细小颗粒物从纤维的缝隙中散落到硫酸纸上，或者使用专用静电吸附器吸出这些颗粒（图 8-4），最后将收集到的颗粒集中后，再用显微镜样品台粘取。

图 8-4　静电吸附器

颗粒收集法作为辅助提取手段十分有效，其优点是能利用显微镜将纤维、杂质和射击残留物分离、纯化，浓缩有效颗粒物。在采用颗粒收集法前，应按照常规方法进行表面粘取，若无法检测出特征元素，则改用颗粒收集法。

3. 指尖富集浓缩法　指尖富集法适用于粗糙不整表面的样本粘取。该方法是用指尖衬垫在双面导电胶带下，利用指尖肌肉的弹性在弹坑内及弹坑周围反复粘取，将有效颗粒富集浓缩在指尖局部胶带的微小范围内。提取时，可视弹坑的大小和深浅选择使用小指尖或其他手指尖。

（三）射击残留物提取的注意事项

1. 尸体创道内、创口周围以及衣物上的射击残留物尽可能在现场提取。对不同类型枪弹创使用不同的提取方法，减少创道内微量残留物的损失。

2. 在条件允许的情况下最好将残留物连同吸附载体一起送检，以减少样品的损失，同时提取空白样品以便对照。

3. 提取现场发现的弹头、弹壳时应用前述方法放入玻璃瓶或硫酸纸袋内。提取时一物一袋，粘取时一物一台，分别编号、独立包装以避免相互污染。

4. 对玻璃上的弹坑应尽量粘取到各个缝隙和平面，因为玻璃所形成的凹坑或破碎面粗糙不平，容易丢失很多有价值的特征颗粒物。

5. 在采集样本时，不要用普通宽胶带大面积直接粘取，这会大大降低有效颗粒物的富集效果并使得仪器检测变得十分困难。

（四）射击残留物的检验

现场提取的射击残留物在现场进行肉眼观察和记录后，必须立即装入硫酸纸袋、塑料物证袋、塑料盒或玻璃瓶内，避免与其他金属器械直接接触，并尽快送检。

射击残留物的检测方法较多，都是对残留物颗粒形态和元素进行检测。根据其检验的原理和方法，可以分为以下几类：

1. 化学方法　经典的化学方法是石蜡测试法，它是射击残留物检测的最早方法，其原理是通过对嫌疑人皮肤是否含有硝酸根来判定是否进行了射击。此后，在此基础上又开始对皮肤是否含有底火中的 Pb、Ba 和 Sb 元素进行检测。如利用红氨酸法检验 Cu^{2+}、利用玫棕酸钠法检验 Ba 和 Pb、利用氰化汞法检验 Sb^{3+} 等。

2. 组织化学技术　茜素红 S 是组织学鉴定钙沉积物的一种常用有机染料，它能同底火残留物中存在的 Ba、Pb 等金属离子形成有色的产物，并能识别不同厂家生产的底火残留物成分。

3. 色谱分析法　色谱法是一种利用分离不同物质来分析各个成分的方法，在分析化学、有机化学、生物化学等领域有着非常广泛的应用。其原理是利用不同物质在不同相态的选择性分配，以流动相对固定相中的混合物进行洗脱，混合物中不同的物质会以不同的速度沿固定相移动，最终达到分离的效果。薄层色谱法、气相色谱法、高效液相色谱法等都可用于射击残留物的分离与分析。

4. 光谱分析法　光谱分析法是利用光谱学的原理和实验方法以确定物质的结构和化学成分的分析方法。不同的物质都具有自己的特征光谱，利用特征光谱可以研究物质的结构或测定化学成分。光谱分析法具有灵敏度较高、选择性好、准确度高、分析速度快、需要的样品量少、应用范围广等优点。常见的有原子光谱法、红外显微光谱法、显微拉曼光谱法以及等离子发射光谱法等。

5. 扫描电镜能谱法　扫描电子显微镜 -X 射线能量色散光谱仪（SEM-EDX）是目前公认的最有效的射击残留物检验方法。该方法不仅简便快捷、灵敏度高，而且可以对样本进行直接的观察、检测。SEM 与 X 射线能谱仪结合使用可以同时完成单个颗粒的显微形态和元素组合特征的检测（图 8-5）。该方法样品采集推荐使用粘胶法。

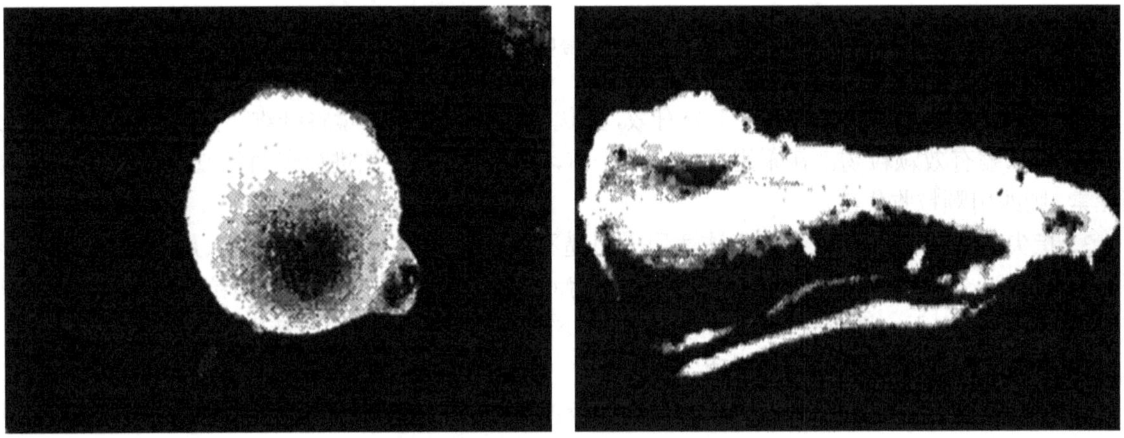

图 8-5　扫描电镜下的残留物颗粒

6. 其他方法　除了以上介绍的方法外，还有诸如毛细管电泳法、中子活化分析法、电位溶出分析法、离子迁移谱法等其他检测方法。这些方法的原理虽然有所差别，但核心都是对元素或颗粒进行分离、鉴别。

（五）射击残留物结果判断

通过对射击残留物的检测，可以确定弹药的火药成分和射击枪支的加工工艺，为寻找、认定射击枪支和嫌疑人以及寻找枪源地提供信息。需要注意的是，由于射击残留物可以散布在一定范围内，如果犯罪嫌疑人手上被检出有射击残留物，说明该嫌疑人近期开过枪、接触过枪支或曾经出现在枪击现场，和射击者有过近距离的接触，不能排除其作案的嫌疑。如果嫌疑人手上没有检出射击残留物，也不能就此否定嫌疑人开枪，因为射击残留物可能已经被人为清理或者随时间的流逝而消失。进行射击残留物检测时需要与嫌疑人的另一只手或其他现场物品作空白对照，以排除污染的可能。

如果对照物本底过高，分析和结果判断时一定要谨慎。同时，有时候嫌疑人用双手握枪，也需要通过双手的检验结果和现场物品比对来判断。

（六）射击枪支的认定

射击枪支的认定主要是通过搜集到的弹头、弹壳上的痕迹、元素以及目标物上的元素和发射枪支以及剩余弹药进行比对分析。子弹从装入枪支到发射，由于其在枪支内运动会在弹头、弹壳上留下各种特征性的痕迹，如撞针撞击底火凹痕、拉壳钩和抛壳挺在弹壳上留下的划痕以及弹头上的膛线刮擦痕等。通过对嫌疑枪支特征元素的含量、形态进行对比，结合现场和案件情况，一般能够认定发射枪支。但枪支在制造和使用过程中，由于各种因素可能造成其元素的组成以及含量发生改变；子弹的成分也会因为制造工艺或厂家不同而存在差异。

第三节　枪杀案件现场重现

枪弹损伤的法医学鉴定主要是依据弹道学的基础理论，结合现场痕迹检验和现场勘验结果，对射击方向、射击角度、射击顺序、射击距离、射击枪支以及损伤性质等相关问题进行分析、判断。

一、射击方向的确定

射击方向的确定，主要根据以下的两个方面：①弹头击中人体后在体内运动的方向。其主要涉及体表创口和体内创道的分析，核心是射入口、射出口的判断。但有些时候，因为弹头在人体内翻滚、中弹后人体的翻动或其他原因导致被害人的位移，这些情况下射入口仅仅能反映弹道在人体内的方向而非真实子弹弹道；②弹头在体表的运行方向。其主要是解决弹头低角度或切线运行时在皮肤或脏器表面留下的创口方向性问题。近距离或贴近距离的射入口的判断和撕裂角的指向性主要依据射入口的形态进行判断。

除了要对人体上的射击方向进行判断外，还需要对物体上的痕迹进行分析。弹头划过物体后，会在其上留下方向性的痕迹。通过对这类痕迹的分析，结合最终弹头停留的位置可以判断射击方向。由于物体刚性较好，而且不存在人体内弹头翻滚造成变异弹道情况，推断更加可靠和容易。

二、射击角度的推断

射击角度包括命中角和发射角两种。在不考虑重力和风速影响下，发射角和命中角成互补关系，即发射角 + 命中角 =90°（图 8-6），这是射击角度分析、推断的基础。目前，一般采用观察射入口形态结合三角函数进行分析。此外，人体在直立与运动时其身体纵轴是有变化的，在进行射击角度推断时要考虑这些因素的影响。

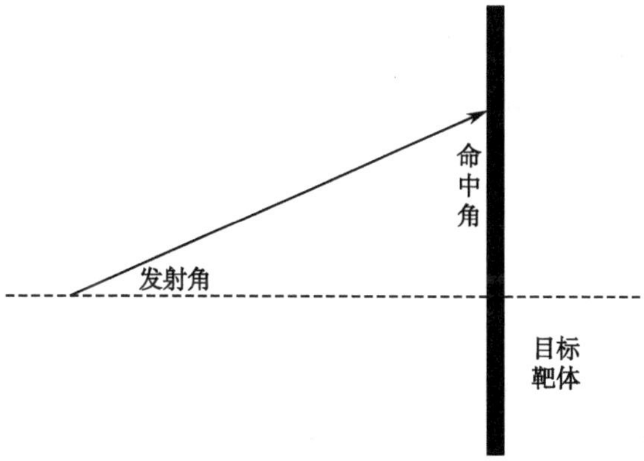

图 8-6　射击角度

（一）相似三角形法

当射击满足以下两个条件时，就采用相似三角形进行入射角推断：①被害者身体上的射入口和射出口必须成直线相通；②射击时人体位置要相对固定。这种方法可以得到较为准确的数据，同时能够比较全面地反映弹头的整体飞行情况，但是其条件苛刻，一般情况下难以实现，所以目前仅用这种方法进行粗略推算。

（二）正弦推算法

正弦推算法是利用射入口的直径差异与命中角关系进行推断的方法。如果弹头垂直进入人体，那么射入口应当成一正圆形；若成角射击，入射口就会形成类椭圆形的皮肤缺损。若入射角为 α，椭圆形长轴为 X，短轴为 Y，则 $\sin\alpha = Y/X$，查表就能得到入射角 α 值。

正弦推算法适用于盲管创，其优点是可以不考虑弹头的运行轨迹，仅考虑弹头与人体接触的瞬间，因此受到的干扰较小。使用本方法时，在测量时要注意精准性，测量的轻微误差容易导致最终数据的差异（图 8-7）。

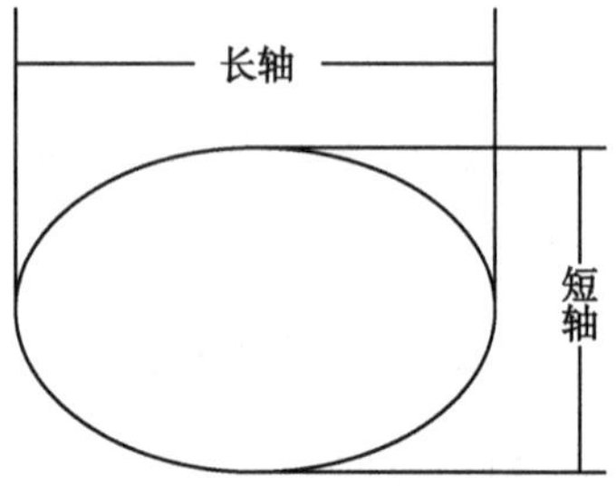

图 8-7　正弦推算法

以上两种方法各有优劣，需根据案件的实际情况和工作条件选择合适的方法。射击角度的推断必须建立在明确创道的基础上，并排除弹头击中骨骼或其他硬质物体后飞行状态发生改变的情况。同时，以上两种方法大多着眼于体表的损伤形态，因此在判断前还要确定是否存在跳弹的情况，否则在对射击角度分析时可能会出现严重错误。

三、射击顺序的分析

当人体受到多次枪击，法医在检验时，不仅要对射击次数进行判断，还要分析射击的先后顺序。目前来说，对射击顺序的判断需要依赖于经验，命中部位、骨折线和创口血迹形态等可以辅助，结合现场和目击者描述进行综合分析推断。此外，如果一次有多人遭枪击致死，还需要分析推断这些被害人被击中的先后顺序，对整个案件过程进行重现。

（一）Puppe 原则

Puppe 原则是指若骨折线 A 在延伸过程中被骨折线 B 所阻挡、中断，那么骨折 A 发生在骨折 B 之后。这一原则被广泛应用于多处骨骼损伤的先后推断。同时由于枪弹损伤容易反映在骨骼上，因此该原则对射击先后顺序的判定相当实用，尤其适用于颅骨枪弹伤的顺序推断。

（二）血迹形态分析

利用血迹形态进行射击顺序的分析，其原理是血迹的形成和方向是由重力、人体体位和受力情况所决定。因此我们能够根据血迹的形态来推断被害人被击中时的体位，从而分析射击的先后顺序。例如，被害人头部中枪倒地后，身体其他中枪部位的血迹基本偏向身体一侧；若身体先中枪倒地后，头部再中枪，那么身体中枪部位的血迹呈扇形分布，而头部的血迹偏向一侧。在实际枪案中，血迹形态分析虽然很难像骨折线分析那样得出具体射击顺序，但是能够对很多重要部位损伤先后进行推断，为案件定性提供极为重要的参考依据。

（三）根据中弹部位推断

根据中弹情况结合现场勘验，也可以对射击顺序进行推断。如一案件被害人腹部和右腿膝关节被击中，现场血迹有较长的滴落区域，因此可以据此推断腹部先于膝关节中弹。

四、射击距离的判断

根据弹头发射后运行轨迹差异或枪口与目标的相对位置，射击距离可以分成以下几类：①水平射击距离：即弹头从枪口至弹道上任一点斜距离的直线投影；②实际射击距离：是指弹头从枪口至靶体的直线距离；③弹头飞行距离：弹头离开发射枪械后飞行的实际距离。为了弹道计算和现场制图的方便，现在所用的射击距离大多采用水平射击距离，即发射人和目标间的水平直线距离。

（一）射击距离的划分

射击距离的界限目前争议较大，各行业、各学派都根据自己的工作实践和理论需要进行了各种划分。目前，国内法医学界根据实际案件和损伤特点倾向于以 6cm 以内为接触射击，6～60cm 为近距离射击，60cm 外为远距离射击。

（二）霰弹枪与自制土枪射击距离的推断

霰弹枪和自制土枪的发射物不是单个的弹头而是很多小弹丸及其包装物。因此，这两种枪械射击距离的推断和其他枪械有所不同，大多是依据弹丸的分布或包装物造成的损伤进行推断。

1. 根据弹丸分布形态　在一定范围内，霰弹枪弹丸的分布范围随射击距离增大而增宽。在接触射击时，由于弹丸集中、质量大，因此常常会造成弹着处“爆裂”的情况，这种情况以头部中弹明显。由于霰弹枪弹丸的形态不适合远距离飞行，在 20m 外无法保证射击精度，超过 500m 基本丧失杀伤力。据推算，霰弹枪弹丸飞行距离在 2～100m 之间时，每增加 1m 弹丸的分布直径以增加 25cm 的比例递增。土枪和霰弹枪的原理类似，因此推断方式也基本相同，但由于土枪的填装物主要是铁砂或其他不规则的硬质物体，因此一般都是在近距离发射时才能有足够的杀伤力。

2. 根据弹丸包装物进行距离推断　一般的霰弹枪子弹，弹丸都会包装在弹杯（又称为送弹器或弹托）中，其作用是固定弹丸并减少弹丸在发射时和枪管碰撞引起变形，并提高弹丸的分布密度。常见的弹杯呈三叶或四叶，在射击时和弹丸一起飞出并展开成花形。因此，在较近的距离内，弹杯也能和人体皮肤发生碰撞，留下特征性的挫伤或裂伤。在 30cm 以内，弹杯展开不完全，形成的创口不典型；在 30～90cm 间弹杯展开较好，而且动能有一定衰减，形成的创伤形态较为典型；但 90cm 以外，弹杯因空气阻力而动能耗尽，因此无法到达目标物。

（三）具膛线枪支射击距离推断

1. 接触射击　接触射击的典型特征是枪口印痕、射入口撕裂以及皮肤灼伤。接触射击时，由于射击枪支和皮肤距离较近，容易在射击时和皮肤发生撞击形成典型的枪口印痕，其本质就是皮下出血。此外，由于近距离射击时枪口的高压气流能够使皮肤瞬时膨胀导致皮肤组织过度牵拉而撕裂，从而造成射入口撕裂的现象。射入口撕裂大多在头部等有骨骼衬垫的地方才能见到，这是由于高压气体在没有骨骼衬垫的区域很容易进入软组织深部，皮肤撕裂不明显。除枪口印痕和射入口撕裂外，火药燃烧时释放出的高温也会灼伤附近皮肤，出现烫伤表现。

2. 近、远距离射击　这类射击由于弹头飞行距离增大，射入口形态没有稳定、规律的形态学改变，一般随着距离增大，擦拭轮逐渐不明显，射入口的细小撕裂增多。除此之外，很多学者通过射击残留物、火药斑纹以及烟晕的分布构建函数方程的手段来推断射击距离，但其结果一致性一般，这里不再赘述。

3. 比例作图法　对于一些射击距离较远的案件，由于其射入口形态和射击残留物无明显的特征，此时可依据枪械射击时高度、射入口高度、射出口高度以及命中角等几者关系进行作图，使用前述相似三角形法来推算。

第四节　各类枪杀案件的现场特点

我国对枪支进行严格管制，除一些少数民族准许个人持有猎枪外，任何个人不能私自持有枪支、弹药。但是，由于枪支的发射原理简单，工艺也并不复杂，因此国内自制枪支的枪杀案件日益增多。目前国内非法枪支的来源主要有以下三方面：①犯罪嫌疑人从境外或其他地下渠道获取的走私枪支以及零件；②直接从军工企业取得本该销毁的枪支或次品零件自行组装；③小作坊或地下工厂非法制造枪械。此外，近年来暴力杀害军警、银行安保人员并抢夺制式枪支后再作案的案件也时有发生。

目前，国内枪杀案件以制式手枪、自制土枪、自制霰弹枪和自制手枪作案数量较多。

一、制式枪支案件的特点

制式枪支是指同一种枪支的各种技术参数相同，并且由专门生产企业进行生产，经部队武器装备部门批准备案，有正式型号编号，由政府军队或警察部队使用的武器装备。由于我国对这类武器管理严格，因此长期以来制式枪支仅在极少数的意外枪击中可能涉及；在国外，由于很多国家准许公民持枪，因此在很多案件中都可能涉及。

（一）案件性质

对于此类管制极为严格的枪械，一般涉及的案件主要是意外，尤其是在射击训练中。制式枪支精度高、穿透性好，容易发生误伤靶场外平民的事件，国外曾有平民在靶场 1000m 外被击中的报道，部分自杀案件可能会使用该类枪支。近年来，随着一些国内外枪战电影、电视剧的播出，模仿影片或剧中人物暴力杀害军警、银行安保人员并抢夺枪支的犯罪嫌疑人时有出现；此外边境贩毒分子从境外购买制式枪支偷运回国作案也日益增多。以上这些现象值得我们高度关注和警惕。

（二）弹头和弹壳的寻找、提取

制式枪支一般都有自动退壳装置，而自动步枪能够连续射击，其弹壳的散落主要根据射击地点和射击时移动路线而定。这类武器因为火力强，射击次数多，弹壳的散布范围大，因此在现场勘验时要注意确定合适的搜索范围，以免遗漏。

对于制式枪支涉案的现场，有盲管创的需在人体内寻找弹头，如有贯通创则根据弹道学理论确定范围进行搜寻。由于制式枪支子弹穿透性强，因此在遇到障碍物阻挡时仍有继续运动的可能。搜索时不仅要寻找弹头还要对现场遗留的弹着点痕迹进行勘验、记录，为现场重现打下基础。

（三）射击方向、角度和距离的判断

制式枪支因穿透性较好、可连续射击，因此尸体上可能留有多个孔洞。在判断弹道和射击方向时主要还是依靠射入口和射出口的形态。制式枪支造成的创道一般比较规则、完整，能够为弹道分析提供更多的参考信息。此外，还可以参考弹壳的散布位置和被害人的姿态来确定大致的射击方向、角度和距离。

（四）人体损伤特点

制式枪支造成的人体损伤主要集中在头部和躯干，死因常常是重要生命器官损伤或失血性休克。

二、自制手枪案件的特点

（一）案件性质

自制手枪案件一般都是刑事案件，尤其是在现今的涉黑案件中较多见，偶见于意外。

（二）弹头和弹壳的寻找、提取

自制手枪是按照制式枪支的外观进行仿制，或者由发令枪改装而成。其工艺精细程度和制式枪支相比差距较大，射击精度一般不高，弹头出膛后章动角较大，弹头击中物体后容易发生翻滚，常常会停留在目标物体内。同时，自制手枪大多数有退壳装置，因此射击后弹壳会从发射枪支中抛出，虽然可能发生滚动或被有反侦查意识的嫌疑人拾取，但大部分情况下还是会遗留在射击地点附近。

在寻找自制手枪弹头或弹壳时，需根据现场情况结合弹道学理论推算射击点和命中区域，通过认真细致的勘验一般都能有所发现。

（三）射击方向、角度和距离的判断

自制手枪发射的弹头飞行稳定性差，在击中目标后运动方式会发生明显变化，因此在很多现实案件中只存在射入口；即使有射出口，也会因为弹头击中目标物或人体后发生翻滚而使射出口呈爆裂状。因此，其射击方向有时不易判断，需结合现场情况综合分析。由于自制手枪不适合远距离射击，因此在射入口周围大多会留下如挫伤轮、火药烟晕等特征表现。自制手枪的射击角度和射击距离的判断与其他枪支类似。

（四）人体损伤特点

自制手枪案件中一般以射击人体头部或胸腹部为主。由于自制手枪弹头飞行稳定性差，击中物体后容易发生翻滚，因此在人体内创道常常不呈直线，且容易造成多个脏器的损伤。除了枪伤外，由于大多数自制手枪案件与涉黑案件有关，因此人体或尸体上还可能存在各种各样的钝器伤或锐器伤。

三、自制土枪案件的特点

土枪是指民间使用钢管、螺丝、电火塞等零件自行制造的非正规发射器，其通常使用铅丸、铁钉、铁砂等硬物作为子弹，使用黑火药等作为发射药。自制土枪形制不一，其形成的损伤也多种多样。

（一）案件性质

目前，自制土枪涉案主要集中在农村，城市已经极少发案。该类案件除了部分是使用自制土枪打猎或操作失误引发意外伤害外，绝大多数都是村民因争水、争地等矛盾而使用土枪造成死伤。因此，土枪伤人大多都是刑事案件。当然，偶尔也有使用土枪自杀的案件发生。由于土枪枪管一般较长，被害人用枪管对准自己头部或其他部位后大多使用脚趾扣动扳机，也有通过扳机在门、树木或其他硬质物体上撞击实施自杀行为的。这类自杀案件在尸体上一般都可以发现大量集中的火药残留物，同时在扳机或其他物体上留下手、足印或撞击痕迹。

（二）弹丸和包装物的发现、提取

自制土枪通常发射的是铁砂，一般只有简单的火药包装物，因此不存在明确的弹头或弹壳。同时由于填装复杂，所以这类案件一般仅能进行一次射击，弹丸大多集中在被击中的人体和其周围物体上。火药包装物可能遗落在火药填装地点，也可能和弹丸一起装入枪管，在发射时因高温燃烧殆尽，极少部分可能随弹丸一起射出。由于土枪的“弹丸”质量较差，经过高温和撞击之后可能发生严重的变形甚至破碎，在搜集时要根据弹道学理论进行仔细搜索。

（三）射击方向、角度和距离的判断

由于土枪射击精度和射程不足，此该类案件大部分为近距离射击，射入口形态一般都比较典型，外周的火药烟晕也较为明显。通常情况下，由于土枪威力较小，大部分弹丸仅能形成盲管创。现场及尸检都与前述枪支种类的现场特点不同，需要与有关机械损伤及弩箭相区别。

（四）人体损伤特点

土枪案件由于射击距离近，其杀伤力巨大而且集中，致命时间极短，以打击头部和上半身多见。这类案件死亡原因以严重颅脑损伤，胸腹背部内脏损伤、大量出血为主。另外，因为土枪“弹药”没有固定的规格，其投射物不一定是弹丸。有些实际案件中，嫌疑人用铁棒、刀片、硬币等物品装入枪管进行发射，当距离较远时，容易与普通锐器伤或钝器伤相混淆。因此，在被害者损伤情况和现场勘验分析情况矛盾时，要注意认真寻找是否遗留有可疑包装物或火药残留。

四、自制霰弹枪案件的特点

霰弹枪是将弹丸（通常是钢珠或橡胶球）装入弹杯或直接放入弹壳内，依靠火药推动将弹丸射出。由于这类枪械的弹药制作方便、工艺要求低，且其子弹较大，方便在自制枪械或一些管制猎枪中使用，因此自制霰弹枪涉案十分常见。

（一）案件性质

我国对霰弹枪有严格管制，禁止自由买卖霰弹枪弹药。因此，这类案件一旦发生基本上都是刑事案件。

（二）弹丸和弹壳的搜寻

和土枪类似，霰弹枪发射的弹丸分散程度与射击枪支和目标的距离成正比。利用弹道学知识基本可以划定弹丸分布区域，在该区域内的物体和人体中都可寻找到弹丸。

现场是否能发现弹壳，需要根据发射枪支的情况而定，如双管猎枪发射后，需要手动取出弹壳；

而泵动式霰弹枪则能自动退壳。因此在这类案件中，如果经过仔细搜寻仍没有找到弹壳，就要考虑弹壳可能随枪支被嫌疑人一同带走。

（三）射击方向、角度和距离的判断

霰弹枪弹丸射出后，由于其射击距离和射击角度不同，这些弹丸在目标物体上的分布范围也会有所差异。根据弹丸分布差异情况利用正弦定律推算大致的射击角度；利用分布宽度结合文献情况通过计算后得到射击距离。

（四）人体损伤特点

霰弹枪弹丸虽然不适合远距离飞行，但是弹丸初速度大，如果极近距离射击可以造成比土枪更严重的人体爆裂伤。随着飞行距离的增加，弹丸的精度和动能会以极快的速度下降。霰弹枪的损伤大多集中在人体的躯干部位，而死亡原因通常是重要内脏器官损伤，若在极近距离射击，则可造成头部、躯干爆裂。此外，霰弹枪由于经常在涉黑案件中出现，因此这类案件中除了霰弹枪损伤之外还可能有其他诸如刀、棍棒损伤同时存在于尸体上，法医尸检时需要细致检查加以鉴别。

五、气枪案件的特点

气枪的发射方式和普通枪械不同，它是利用压缩空气推动投射物进行射击的。虽然普通的气枪推动力较差，一般难以造成人员死亡，但是由于对其管制不严，很多玩具厂商都在生产，因此其涉及的伤害案件很多，故在本章一并介绍。

（一）气枪的动力与投射物

气枪依靠气体为推动力，动力较小，因此投射物一般都是质量较小的物体，以铅弹、钢珠或气针为主。但是，近年来部分不法厂商为谋利益，也出现了一些以压缩瓦斯为动力的高压气枪。

（二）案件性质

气枪伤害一般以意外为主，少数可在斗殴、抢劫或恐吓案件中出现。

（三）损伤特点

气枪投射物损伤一般集中在头面部或胸腹部，损伤根据投射物和距离以及枪的情况而定，一般主要是皮肤撕裂创。但是，高压气枪发射的小号铅弹也能够造成骨折或盲管创。

案例1：

俞某，男，43岁，某日被发现死于一路边面包车副驾驶座上。面包车副驾驶座侧车窗摇至底部，被害人右肘部搭在窗缘上，车窗下车门外见流柱状血痕。被害人右眼上、下睑青紫肿胀，口鼻腔内血液外溢，右眉弓外侧部见直径为0.5cm的圆形洞创，创缘向内凹陷伴有0.1～0.2cm挫伤轮，创口周围直径4cm的范围内见有大量密集点状的皮下出血及黑色颗粒状物质，其损伤符合枪弹创特征。尸体检验发现被害人右眉弓外侧眶上缘额骨呈空洞形成缺损，创道经由右眼、蝶骨进入颅腔。蝶骨右侧大、小翼及蝶骨体呈粉碎性骨折。颅内创道经脑桥中右侧腹面并贯穿左侧小脑半球至左侧颅后窝中部，左侧颅后窝处见有一枚64式手枪子弹嵌入骨质。弹头取出见颅骨贯穿，颅骨呈不规则四边形凹陷性骨折。

根据被害人右眉弓外侧部洞创创缘向内凹陷伴有挫伤轮、创口周围见有大量密集点状的皮下出血及黑色颗粒状物质，左侧颅后窝处见有一枚子弹嵌入骨质，可以认定被害人右眉弓外侧部创口为枪弹射入口。根据创口周围伴有烟晕及残留火药颗粒，推断应为近距离射击。根据枪弹射入口及子弹弹头在颅内的位置以及射入创口擦拭轮右侧宽分析，创道方向为被害人右前上方斜向左后下方。根据子弹射入角度，可以判断凶手当时站在俞某右侧正面对着他开枪射击。

破案后嫌疑人交代：与被害人在生意上发生纠纷，两人在车上协商未果，遂用自制手枪杀死被害人，其射击方式和分析情况一致。

枪弹损伤是各类损伤中规律性较好的一类，因此该类案件的法医学检验重点是根据损伤特点对作案当时情况的进行重现，分析案发过程。在该案中，对损伤进行了细致检验，准确地推断了射击情况，为案件的侦破和后续的审理提供了有力的支持。

案例2:

罗某，男，41岁，被发现死于某市一市场公厕后的马路上。被害人头戴米黄色摩托车帽，上身外层着灰色夹克衣，中层着棕黑色相间羊毛衫，内层着白色衬衣，三层衣服左前胸部均有一破口，破口大小2.0cm×3.0cm，外两层衣左袖上段处分别有一破口大小为4.0cm×2.0cm、2.0cm×2.0cm，破口不整，周围有黑色烟晕及烧灼痕。内层衣服相应外层衣服破口部位衣服纤维变硬，大小约3.0cm×5.0cm。尸体检查左胸腋前线乳头外有一3.0cm×2.5cm类圆形创口，创口中心组织缺损，创口上下边缘表皮剥脱并少许皮革样化，创口周围肌肉出血，创口处3、4、5肋骨完全骨折，折端不整，左上肺叶贯通，伤口大小5.0cm×2.0cm，心包破裂，裂口5.0cm×3.0cm心脏表面有散在挫伤，左胸腔及心包腔有积血，胸腔内取出6粒钢珠弹丸。

本案尸体上身所着三层衣服均有不规则破口，肋骨骨折、断端不整，左肺上叶贯通，心脏表面散在损伤，并从胸腔内提取到弹丸，其躯干部未见射出口，判断其系被他人用火药枪一次射击左胸部致脏器破裂大失血死亡。根据被害人身份为摩的司机，结合衣服破损、纤维变性及损伤分析，犯罪嫌疑人当时应坐在摩托车后座，当摩托车停车时，犯罪嫌疑人从左侧下车（车右侧为排气管）并处于站立位近距离持枪威胁被害人，被害人抬左臂阻挡时枪击发，枪击发时枪管与身体冠状面为15°角，水平面30°角而形成左上臂内上段与胸部的一次性损伤。

后据犯罪嫌疑人交代，事发当晚两人搭乘被害人的摩托车到一偏僻小巷里，下车后持自制火药枪击伤车主，抢走摩托车，后将火药枪抛入海中。

自制土枪由于一次发射多个弹丸，其在衣物上留下的创口形态变化较大；但其动能较小，因此多形成盲管创同时射击距离一般也较近。本案通过细致的尸检寻找到了全部弹丸，同时通过现场环境、根据创口以及创道的形态，现场推断为近距离射击，并通过射击角度重现了与被害人的位置关系，对案件进行了全面的重现，破案后与犯罪嫌疑人供述一致。

案例3:

某日，刑警A某因有任务携枪回家不久，便有人听见有枪声从其家中传出。闻讯而来的人在卧室见其女友倒卧在床头旁，鲜血从头上的两个弹孔流出。尽管被立刻送往医院，但仍抢救无效死亡。事后，公安局派出法医对现场进行了勘验。经勘验找到64式弹壳一枚，但是奇怪的是，在现场未发现弹头及弹着点。随后的尸检发现尸体头部有左右贯通的枪弹创。经检验分析判断，认为其女友左侧头部为射入口，右侧为射出口。结合被害人倒地位置及姿势，分析判断为他人开枪射击身亡。尽管做出了判断，本案还是存在疑点：①本案若为他杀，卧室是否是本案的第一现场？尸体上的枪弹创和群众听到的枪声都证明了本案在A某家中发生，但是A某家中却没有找到弹头。若说凶手拿走了弹头，那为何连弹着点也找不到？②若是自杀，倒地位置和姿势存在疑问，射出的弹头在哪？弹着点又在哪？

带着这些疑问，参与本案的法医重新对尸体进行了检验，有了新的发现：其女友左侧颅骨外板与右侧颅骨内板均呈喇叭状，这说明子弹的射入口在头部右侧，射出口在头部的左侧，弹道与原先判断的相反，认为之前射击方向有误，倒地的姿势亦符合自己开枪。因此，法医对现场重新进行勘察，结果在床头方向距地面1.2m的墙缝中发现了弹头，在早先的勘察中，因为墙纸的遮挡导致弹头未被发现。分析认为：①其女友在下蹲位、上身前倾靠在床边，用右手开枪可以形成该倒地姿势；②床头方向墙上应有弹着点；③其女友左侧颅骨外板与右侧颅骨内板的喇叭状特征符合右侧为射入口，左侧为射出口，符合贴近距离射击。弹道、方向和射击夹角及倒地的姿势均符合自己开枪所形成，正确解决了本案的定性问题。

（万立华　吕　宙）

思考题

1. 枪击案件中，现场勘验首先需要解决什么问题？
2. 如何判断射击角度、距离和射击位置？
3. 枪击案件的现场勘验中，需要提取哪些物证？

第九章　爆炸杀人案件的现场勘验

爆炸杀人案件的现场勘验，是通过对爆炸地点及其波及区域进行勘验调查，查明爆炸有关情节，确定爆炸现场的死亡人数，判明死伤者与爆炸发生的因果关系，确定爆炸性质。通过寻找、提取、检验、分析尸体、尸块中以及现场有关环境的爆炸残留物及嵌入物等，重现爆炸时现场原始状况，为案件迅速、准确侦查提供科学依据。

第一节　爆炸案件的基础知识

爆炸（explosion）指物质由一种状态迅速转变成另一种状态，并在瞬间放出大量能量，同时产生巨大声响的现象，也可视为气体或蒸汽在瞬间剧烈膨胀的现象。

一、爆炸案件的概念和特点

（一）爆炸案件的概念

爆炸案件是指采用爆炸手段进行杀人、毁坏公私财物和严重危害公共安全的犯罪行为构成的案件。

（二）爆炸案件的特点

1. 因果关系较明显　出于私仇报复，爆炸目标常指向特定的人或物。对社会不满或出于政治原因，则多选择政治影响较大或繁华的场所。

2. 犯罪预谋过程复杂周密　案前一般有较充分的预谋过程，作案前准备爆炸器材，选择爆炸的时间、爆炸的地点、爆炸物品及爆炸方式，有的还进行引爆试验，往往需较长时间。

3. 案件暴露快　现场上可供利用的现象、痕迹和物品较多。爆炸一旦发生，立即会被人发现，侦查人员可迅速到达出事地点，对现场进行勘验和访问。

4. 现场破坏较严重　现场上难以提取到通常的痕迹物证，但可获取大量爆炸残留物、抛出物，为正确认识爆炸事件、分析案情提供信息。

5. 犯罪嫌疑人应具有特殊的犯罪条件　采用爆炸手段作案，一般有使用爆炸器材的知识和技能，有取得爆炸物和引爆物的条件。

二、爆炸案件的现场特点

（一）爆炸的分类

爆炸是一种极为迅速的物理或化学的能量释放过程。爆炸体系内存有高压气体或在爆炸瞬间生成的高温高压气体和它周围的介质之间发生急剧的压力突变是爆炸的最重要特征，这种压力差的急剧变化是产生爆炸破坏作用的直接原因。按爆炸变化的性质，一般可以分为以下三个类型：

1. 物理爆炸　通常是指气瓶、锅炉、压力容器等的气体压力升高超过容器所能承受的压力，引起容器破裂所形成的爆炸。爆炸是一种纯物理过程，只发生物态变化，不发生化学变化。在爆炸前后，爆炸物质的性质及化学成分均不发生改变。如水蒸气爆炸、氧气爆炸、电石气爆炸、煤气爆炸、沼气爆炸、氢气爆炸和其他易燃气体爆炸等。

2. 化学爆炸 是由物质发生高速放热的化学反应，产生大量的高温高压气体而引起的爆炸现象。反应的高速，产生大量的气体和热量是化学爆炸的三个基本要素。如鞭炮爆炸和各种炸药的爆炸。

3. 核爆炸 某些物质的原子核发生裂变或者聚变反应，瞬间释放出巨大的能量而形成的爆炸现象。核爆炸可形成数百万到数千万度的高温，在爆炸中心区造成数百万大气压的高压，同时还产生大量的热辐射和强烈的光以及对人类生存有害的能够长时间存在的放射性粒子，具有巨大的破坏力。如原子弹和氢弹的爆炸。

通常所见的爆炸现场为化学爆炸和物理爆炸。在侦查实践中最为常见的炸药爆炸则是化学爆炸中最常见的一种，本章着重研究炸药爆炸案件现场的形成、特点以及勘验的重点和方法。

（二）爆炸案件的现场特点

凡因爆炸作用而造成人员伤亡及建筑物、交通工具、仪器设备等财物破坏的场所及其他与爆炸有关的一切场所，均称为爆炸现场。爆炸现场具有以下特点：

1. 现场破坏严重 炸药爆炸反应速度快，并在瞬间放出巨大能量和产生高压气体，形成强烈的冲击波，对周围介质能造成巨大的破坏。由于爆炸案件多发生在公共场所、私人住宅和火车、汽车上，现场破坏严重，因此，爆炸案件现场具有范围大、对现场物体破坏程度严重的特点；爆炸也严重破坏了犯罪行为人实施爆炸行为时遗留在现场上的痕迹、物品；爆炸发生后，由于急救、扑灭火险及排除险情等，也严重变动了现场的原始状态。

2. 现场上有起爆点以及爆炸残留物和抛出物 爆炸案件现场往往遗留有因爆炸所致的形状不一、大小不等的坑洞或缺口，即起爆点。炸药爆炸后，遗留在空间、地面、物体上含有炸药成分的灰尘、气味和残存的起爆材料等称为爆炸残留物。爆炸抛出物是指在起爆点及其周围原有的物体。爆炸抛出物散落面积的大小以及被抛出距离的远近跟炸药的威力和数量有关，由此可以推断出炸药的种类和数量。

3. 现场及其周围留有爆炸破坏痕迹 炸药爆炸后产生的冲击波对起爆点及其周围物质产生的机械破坏而遗留的痕迹称为爆炸破坏痕迹。距离起爆点越近的物体，破坏越严重，破坏痕迹就越明显。

4. 现场上留有冲击痕迹和燃烧痕迹 由于爆炸产生物和爆热的作用，在起爆点、抛出物的表面，会留下颜色不同、深浅不均的烟痕以及爆破冲击导致的形变；起爆点及周围的可燃物会引起燃烧。根据现场上的痕迹分布、颜色的不同和深浅程度的变化，以及燃烧痕迹的轻重程度等，可以推断炸药的种类与数量。如 TNT 炸药烟痕为灰黑色，有苦味；硝铵炸药烟痕为灰色（图 9-1），有涩味；黑火药烟痕为黑色且有白点，有硫化氢味。

5. 爆炸现场具有范围大、立体性强 爆炸过程中，爆炸装置周围的物体被强大的作用力炸碎，向四周呈辐射状抛出，碎块分布广泛。

图 9-1 爆炸烟痕

6. 爆炸案件现场危险因素多　与其他犯罪现场相比，爆炸案件现场具有较大的危险性。首先，现场上可能存在还未引爆的爆炸物品，随时可能发生再次爆炸。有的犯罪行为人故意在现场上的爆炸物品中设置反拆弹装置，一旦处理不当，立即发生爆炸。其次爆炸现场的建筑物随时可能发生坍塌，建筑物内断裂的煤气管道、电线都有可能伤人。因此，在到达现场后要切实遵循"先排爆后勘验"的原则，以防发生新的伤亡。

第二节　爆炸案件现场勘验

爆炸案件现场的痕迹是现场分析的基础和依据。它是爆炸过程中爆炸物与周围介质、物体、建筑结构、人员等各类目标物相互作用形成的。研究痕迹的种类、形成机制及痕迹特征，建立各种痕迹之间的关联性，可以为现场分析提供系统化的理论支持。

一、爆炸案件现场痕迹的分类及形成机制

爆炸气体产物和冲击波是爆炸痕迹的主要造痕体，而爆炸源周围的介质和物体则是承痕体。有时这些介质和物体既是爆炸痕迹的承痕体，其受到爆炸作用后所形成的爆炸碎块同时又是造痕体，可以对爆炸源周围的介质和物体造成进一步的杀伤和破坏作用。

（一）炸点痕迹

炸点，是爆炸源爆炸的中心点。当安放在介质上的爆炸物被引爆后，产生高温高压的爆炸气体产物猛烈压缩邻近介质及物体，造成其破碎、变形和缺损，从而形成炸坑或很集中的破坏痕迹（图 9-2）。有些爆炸条件下没有炸坑，但一般呈现出严重的破坏痕迹。爆炸现场上常见的介质种类有土石介质、金属介质、砖石砌体、木材、有机体等。对应的有土壤、岩石、砖墙上的炸坑；金属上的锥形凹坑、层裂痕、断裂痕；混凝土、木材的截断炸点痕迹，以及人体被炸断缺损痕迹等。

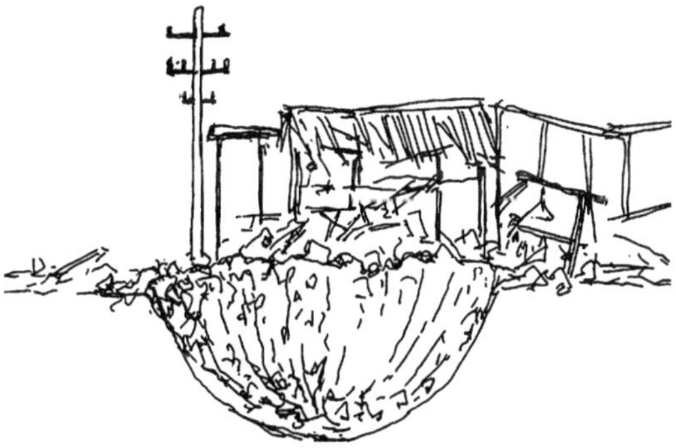

图 9-2　炸坑

（二）爆炸抛出物

爆炸抛出物是指爆炸物及其周围的介质、物体受到爆炸产物的强烈冲击和压缩作用，形成碎块向四周飞出，或者整体从原始位置抛掷出去，散落于炸点周围一定距离处的一切微观物质及介质、物体碎块（包括人体组织碎块）（图 9-3）。它包括爆炸装置爆炸形成的抛出物（爆炸残留物和爆炸遗留物）以及介质抛出物（介质和物体受到爆炸作用后被击碎抛出并散落在炸点周围的碎块）。其中，介质抛出物和爆炸遗留物为宏观物证，而爆炸残留物属微观物证，爆炸现场上二者并存且分布广。

爆炸抛出物记录了物体被毁伤的特征，是爆炸现场上最重要的物证。同时，爆炸所形成的具有一定速度的碎块体能够对爆炸现场的物体和人体产生进一步的毁伤效应。当它们获得足够的能量时，硬介质碎块会侵入阻碍其运动的物体，形成击穿或侵彻的痕迹，这些痕迹对分析判明爆炸装置的

结构类型及引爆方式、炸药的种类、炸药量，分析犯罪嫌疑人的特点，确定侦查方向，均能够起到重要的作用，是研究爆炸瞬间现场物品分布情况，人员站位情况及炸点位置、炸药量多少等的重要依据。

图 9-3　爆炸抛出物

（三）爆炸产物高温作用痕迹

炸药在地面、近地面或其他介质临空面的空中爆炸时，其高温、高压、高能量密度的爆炸气体产物对周围物体、介质产生强烈的冲击破坏作用，在物体、介质表面形成炸坑。爆炸产生的高温和热辐射作用，使在爆炸产物直接作用范围内的介质呈现出烧焦和人体的炸烧伤等痕迹，是爆炸产物直接作用痕迹的最直接表现。为查明爆炸死伤人员与爆炸的关系、判断炸药的品种、推算炸药量，以及特定条件下判断药包的形状提供依据。对判明案情有重要作用。

（四）空气冲击波作用痕迹

空气冲击波是由于爆炸产生的高温高压气体瞬间迅速膨胀，猛力挤压四周的空气，使后者压缩而形成高压区，并由炸点向各个方向以超声速移动。空气冲击波能够对物体、人员、建筑物等造成巨大的破坏，是爆炸案件现场非常重要的一类痕迹。

（五）人体上的爆炸作用痕迹

爆炸作用于人体而形成的各种损伤，即爆炸伤，也是爆炸作用的痕迹。根据痕迹形成原因的不同，将其分为直接损伤（爆炸产物直接作用于人体而造成的损伤）和间接损伤（爆炸产生的高温、高压气体产物的能量在猛烈膨胀中转换成其他形式的能量对人体造成的损伤）。人体上的爆炸作用痕迹往往表现为人员的伤亡，是爆炸现场中最为突出的特征痕迹。人体上的爆炸痕能为查明爆炸发生的有关情节，分析爆炸装置的原始形态，推算炸药量，判明被炸死伤人员与爆炸之间的因果关系，寻找爆炸事件的制造者等提供重要的依据。

（六）爆炸现场其他痕迹物证

1. 常规痕迹物证　主要指手印、足迹、工具痕迹、枪弹痕迹及其他常规痕迹。有些爆炸现场除具有明显的爆炸痕迹外，在某些特定客体上会遗留指纹等重要的常规痕迹。成功提取到这些痕迹进行检验鉴定，对侦查破案将起到关键作用。

2. 微量物证与生物物证　爆炸现场上某些特定的客体上可能遗留重要的微量物证与生物物证，如纤维、毛发、唾液等。

3. 电子证据　近年来，犯罪嫌疑人在作案过程中经常会使用手机、公用电话、电子邮箱以及社交网络等各种通信工具互相之间或与外界联系，这类电子证据的存在时间不长，要注意及时寻找、提取。

4. 视听资料　视听资料是指以录音、录像、电子计算机以及其他科学技术设备与手段所存储的与案件有关的信息。它们是在案件发生过程中形成并与案件事实有客观联系、能够反映案件真实情况的信息。如公共场所安装的摄像头所拍摄记录的信息等。

二、爆炸案件的现场勘验

爆炸案件现场勘验，是通过对案件现场死伤人员的检验及周围环境的勘验，在有限的时间与空间内最大限度地获取爆炸终结状态所提供的信息，对爆炸的真实状态和过程进行查证、分析和逆向推断，查明爆炸的性质和爆炸的一个情节，为侦破案件、证实犯罪行为人提供充分的证据。

爆炸案件发生后，应立即核实爆炸发生的时间、地点、被炸单位名称和个人的姓名、住址及人员伤亡和财产破坏的情况，并向上级刑侦部门和行政主管部门报告，同时划定并保护好现场。通过现场调查了解爆炸发生经过和事主及所在单位与爆炸有关的情况。要重点勘验炸药爆炸现场的炸点，仔细勘验受爆炸力量作用被击碎并抛散在炸点周围的抛出物以及受冲击波破坏的范围和情况。注意提取土样，寻找提取炸药包装和引爆器材残片；搜集各种犯罪遗留的痕迹物证等。以查明爆炸的性质；判定炸药的种类、成分、数量和引爆方法，分析案件性质及死伤者与爆炸的关系，迅速准确侦破案件。

（一）爆炸杀人案件现场勘验任务

1. 查明发生爆炸的时间　应重点询问受伤的被害人和现场周围的群众，了解发生爆炸时，看到火光、听到响声、感觉到震动的时间，响声的次数及间隔的时间等。有的犯罪行为人利用定时爆炸或遥控爆炸等特殊的方法进行爆炸，所以准确地推断爆炸时间有助于分析作案手段和爆炸方法。

2. 查明爆炸的性质和爆炸的类型　查清爆炸事件的性质是爆炸案件、爆炸事故还是爆炸自杀；判断爆炸类型，如果是化学爆炸，还要判断出是一般炸药的爆炸还是燃料空气炸药的爆炸，为进一步分析爆炸的原因及犯罪嫌疑人的实施过程奠定基础。

3. 查明现场有无火情以及起火与爆炸的关系　查明爆炸现场有无火情、燃烧的物质及引起的燃烧原因。是低爆速炸药爆炸形成火情，还是在爆炸物中或周围放置汽油等燃烧剂，或是由于房屋失火导致物品燃烧后引起炸药及易燃易爆品的燃烧转爆炸。

4. 固定现场痕迹物证的原始位置　应用照相、录像、绘图及笔录等方法，将整个原始现场、变动现场及其与周围环境的关系固定下来。有价值的痕迹物证要先记录固定，再进行提取。

5. 确定爆炸中心的位置　现场勘验首先应该确定爆炸中心的位置，即爆炸装置放置的位置。该位置的准确定位，对各种爆炸痕迹、爆炸抛出物的分布及形成原因的分析确定具有重要意义。

6. 收集提取物证　应用各种技术手段、仪器设备提取有价值的爆炸抛出物以及微量物证，观察测量并描述爆炸痕迹的特征，进一步进行检验、鉴定。

7. 查明炸药种类、推算炸药量　有关炸药的信息能够直接和犯罪嫌疑人信息相联系，爆炸现场勘验的主要任务之一是查明爆炸所用炸药的种类、品号，推算炸药量，进而寻找炸药的来源，分析案件性质和作案动机，是爆炸犯罪的重要证据。

8. 判明爆炸装置的原始形态　爆炸装置是爆炸犯罪现场中和犯罪行为人联系最为紧密的要素，爆炸装置的原始形态是爆炸犯罪的重要证据。

9. 查明死伤人员与爆炸的关系　爆炸案件现场勘验和法医检验的重要任务之一是通过尸体检验和伤情检验，查明死伤人员与爆炸物的关系、距离、角度，生前或伤前所处的位置、姿态及衣着，有无引爆动作等，进一步查明死伤人员中有无爆炸事件的制造者。

10. 查明爆炸造成的伤亡和破坏情况　查明爆炸造成的死、伤人数及其自然情况和爆炸造成的建筑物、交通工具、仪器设备的损毁、破坏情况以及爆炸造成的经济损失。

11. 控制犯罪嫌疑人，并在其身体、衣着、住处提取炸药残粒　发现重点嫌疑人应迅速控制，并在其手（尤其是指甲缝污垢处）及身体其他部位、衣着、住处提取炸药残粒。可采用现场快速显色法或送检验鉴定部门化验，以证明其是否触摸、携带过爆炸物。

12. 分析、描述犯罪嫌疑人特点，确定侦查方向　根据以上查明的情况，为犯罪嫌疑人画像。分析犯罪嫌疑人是否懂得爆炸知识，有何特殊技能，爆炸作案的动机、目的及因果关系，犯罪嫌疑人的性别、年龄、身高、体态、相貌特征等，进一步研究确定侦查方向、范围和线索。

爆炸现场勘验和调查访问是爆炸案件现场勘验的两个重要组成部分，可同时分别进行。

（二）爆炸杀人案件现场勘验的程序和注意事项

1. 封锁警戒，保护现场　爆炸伴有巨大的爆炸声和闪光，易招致路人围观，影响勘验工作，会破坏现场，甚至犯罪嫌疑人可能混在人群中，继续作案；另外，爆炸犯罪多为重特大案件，需上级公安机关组织或协助勘验、处理，因此，应重视爆炸现场的警戒与保卫。

现场保护的重点是炸坑、重要的抛出物及可疑尸体。保护的方法，除设立2～3个大小不同的保护圈外，对露天现场的炸坑用雨布、塑料布盖上，以防雨水冲刷或消防注水破坏；对现场中的尸体要用物品遮阳，防止尸体被破坏或加速腐败，此外在现场勘验完毕后应尽快将尸体冰冻保存；如果在运行的汽车、火车上发生爆炸案，要保护真实爆炸位置，惯性停止位置，以及拖运到的安全位置。

2. 排查险情，清除隐患　现场工作人员应当增强安全意识，注意自身防护，勘验中要严格遵循“先排除险情后系统勘验”的原则，安排精干的民警进入现场观察、搜索，查看有无危险物、爆炸物或其他险情，以防二次爆炸，同时还要注意检查房顶及墙体是否会塌陷倒下；高压电线有无掉落带电；电线、开关是否与可疑物品相连；室内爆炸时有无有毒气体；煤气管道是否有炸断、漏气，有无可能造成爆炸的火源等。发现未爆装置或其他安全隐患，应迅速报告临时指挥部，并将人员撤至安全地带，由排爆、消防等专业队伍处置险情。排除爆炸物时注意提取常规痕迹。若发现未爆装置，在确定引爆方式前，在现场应设置无线电屏蔽设备，切断现场电源，进入现场人员要关闭手机等通信工具。

3. 抢救伤员，灭火救援　现场伤员应及时抢救治疗，按指定路线出入，尽可能不破坏现场特别是中心现场的原始状态。抓住时机询问伤员及尽可能录音录像。要及时灭火和抢救财物，注意将灭火措施控制在最低限度，防止水量过多把爆炸残留物冲走，或过多的灭火剂将残留物覆盖沾染，难以取样并影响理化检验分析的准确性。在采取抢险救援措施的同时要注意记录现场原始状态，尽量避免破坏现场痕迹、物证。

4. 按照先静后动，先下后上，先中心后外围，先重点后一般，先固定后提取的原则巡视现场，根据现场实际情况详细勘验检查现场，发现、固定、记录和提取痕迹、物证以及与案件有关的信息资料。

（三）爆炸杀人案件现场炸点的勘验

炸点是爆炸现场上的主要破坏痕迹，是现场最明显、最重要也是最具特征的一类痕迹，是介质和物体破坏变形最显著的部位。其他痕迹都是以炸点为中心呈辐射状分布，其分布状态与爆炸装置的位置和结构有关。

“炸点”与“爆心”的概念不同，前者一般是可观察到的爆炸作用粉碎区部分（小药量悬空爆炸除外）；而后者是无法直接观察到的特定的坐标点，是爆炸发生时爆炸的中心点。一般情况下“爆心”附近必定形成一个可观测的“炸点”。

1. 炸点的形状　根据不同介质受爆炸作用的破坏情况，炸点形状常有以下几种情形：

（1）球缺形炸点：将爆炸物放在硬介质表面或土地地面上爆炸时，则形成球缺形（锅底形）炸点（图9-4）。其特点是炸坑的深度小于坑口的半径，是常见的一种炸坑。

（2）锥形炸点：又称抛掷漏斗坑，多由埋入介质内部的爆炸物爆炸形成。

（3）截断炸点：爆炸物在条柱形物体一侧爆炸形成截断炸点，炸点成喇叭形，接触爆炸物一侧口小，另一侧口大。

（4）粉碎分离炸点：爆炸物在皮革、人造革、人体、木板材等物体上爆炸，形成粉碎分离炸点。炸点周边呈星芒状不规则破损，有裂纹向远处延伸。

此外，还有洞形炸点、模迹炸点、殉爆炸点、穿孔炸点、切割炸点等等。

2. 确定炸点位置　①从整体看，现场上破坏最重的部位（包括人体和其他物体），一般是炸点；②炸药爆炸形成的炸坑、缺口、孔洞等能较明显地表示炸点的位置；③根据抛出物是从炸点向四周辐射的特点，通过遗留物、抛出物散落的方向、位置进行判断；④根据现场地面、墙壁等物体的毁坏状态进行推断；⑤在交通运输工具（如火车、汽车等）上发生爆炸（图9-5），可根据爆炸力作用痕迹判定，车厢板塌陷和四壁炸裂痕中心连线确定；爆炸物在汽车底板处爆炸，主要根据汽车上金属被爆炸力作用弯曲、翻卷变形情况确定。

图 9-4　球缺形炸点

图 9-5　公交车上的炸点

3．测量炸点大小　炸点大小是推断炸药量的主要依据。应将炸坑内及其周围的回填物清除，以保证准确。对截断炸点断口，要注意测量断口上、中、下三个部位的宽度及其折断的方向、弯曲度，以便分析爆炸物在现场的位置。测量塌陷炸点时，有些部位坚固性较差，在爆炸产物作用范围之内，虽不是炸点，也可能形成塌陷，故应注意测量塌陷物的厚度、材料质量及结构，并结合现场其他情况，分析其是否是真正的炸点。

4．炸点痕迹保全　炸点部位的气味因爆炸产物的微粒或气体混在沙土中，能保持较长的时间，勘验时应将炸点及其周围的物质等含有爆炸气味的尘土用密闭容器进行提取，以备检验或爆炸实验时作比对用。

（四）几类典型爆炸案件现场炸点的勘验要点

1．室内爆炸现场炸点的勘验要点

（1）对于爆炸后建筑物基本完整的现场，根据破坏的严重程度和现场遗留物抛散的方向，确定炸点大概的位置，再根据地表和四周破坏痕迹，进一步确定爆炸装置放置的位置是地面以下、地表面还是地面以上的悬空状态。①装置在地面以下爆炸，炸坑一般成漏斗状；②装置在地表爆炸，炸坑较浅，一般呈锅底形，且表面压缩痕迹明显；③装置在地面以上的悬空状态，随着爆炸装置装药量的及装置距离地面高度的不同，对应的地表会有或深或浅的凹陷痕迹（图 9-6），但装药量太少则可能不出

图 9-6　悬空炸点在地表形成凹陷痕迹

现凹陷痕迹，只出现某一半径范围内的爆炸气体作用痕迹，地面相对干净，一些浮尘和碎屑被吹至该半径范围之外。

（2）对于建筑物破坏严重甚至整体坍塌的爆炸现场，在炸点勘验前首先要进行现场的分层清理，主要是清理建筑废物，拣出可疑物集中分类堆放。清理堆积物接近地表（15～30cm）时，应用人工翻拣的方式，对同类遗留物较多的可选择具有代表性的物体提取，一时不易区分的可将尘土和遗留物整体提取，异地进行分拣。

2. 室外爆炸现场炸点的勘验要点　室外爆炸形成的炸点，勘验时应充分考虑痕迹范围大、抛出碎介质多的特点，可以采用“坐标式分块勘验”，对大范围的地面现场进行平面坐标划分，将现场勘验人员分成若干小组，每组配备照相、痕迹、法医专业人员各1名，以一定面积为单位实行包干，以期快速固定、提取。对短时间难以甄别的物证全部清扫收集、打包装箱、登记造册，避免混乱和相互污染。

3. 交通工具爆炸现场炸点的勘验要点　这类炸点的勘验，首先要通过对现场死伤人员的伤情检验，推断其与爆炸装置之间的位置关系来确定爆炸中心，然后再进行勘验测量。

三、爆炸案件现场物证的发现提取

（一）爆炸装置

1. 常见的起爆器材　使炸药发生爆炸的器材称为起爆器材。按其用途大体可分为：引燃类、引爆类和其他起爆器材三大类。引燃类起爆器材是在外界能量作用下产生火焰，并以火焰再点燃其他装药的起爆器材。如火帽、拉火管、电点火头、导火索等。引爆类起爆器材是以爆炸方式去引爆其他装药的爆炸器材。如雷管、继爆管、非电导爆系统、导爆索等。

2. 常见的发火组件　按发火原理不同，即外界起始动能作用形式的差异，可将发火组件分为机械发火组件、电发火组件、化学发火组件、摩擦发火组件等四类。

3. 常见的爆炸物　爆炸物通常由炸药（含包壳）、起爆器材和发火组件三大结构组成。按爆炸装置的不同，一般可分为：

（1）投掷爆炸物：点火类爆炸装置，用明火或拉火管点燃导火索，导火索燃烧引爆雷管，雷管引爆炸药，可用手直接投向预定的目标。如制式手榴弹外及各种自制玻璃瓶炸弹、铁皮罐头盒炸弹、水泥壳炸弹等。

（2）延时爆炸物：是经过一段时间自行发生爆炸的爆炸物，其中，延期时间准确的称为定时爆炸装置。设置该类装置，是为了既达到爆炸特定的目标，又有时间离开爆炸现场，不会受到伤害或被抓获的目的。延时的方法有机械延时、电延时、化学延时等，是一种常见的爆炸装置。

（3）压发爆炸物：该类爆炸装置由活动的压板作为发火组件，与电雷管、电池连接起来，压板在自然状态时电极分离，处于待爆状态。当压板受到外力压迫时，压板下的电极柱就互相接触，导通电路引起爆炸。

（4）拉发爆炸物：此类爆炸装置由拉线、极片、导线、电池、电雷管或拉火管与火雷管、炸药、伪装物等组成。该装置只有受到一定力作用下才发火爆炸。为增加杀伤力，在炸药中有时还加入螺钉、螺帽、钢珠等物。

（5）松发爆炸物：这类爆炸装置由拉线、弹簧、导线、电池、电雷管、炸药、伪装物等组成。当装置所受的拉力或压力被解除，击发引信或接通电路，将电雷管引爆。

此外，爆炸装置还有反拆卸爆炸装置、诡弹、遥控爆炸装置、气压式爆炸装置、温控式爆炸装置、反能动爆炸装置等等。

4. 爆炸装置在现场上的分布及形态

（1）导火索残留物：用导火索引爆的爆炸现场，常可找到炸碎的导火索，多为被炸碎的残段，分布在爆炸物安放导火索的一侧，外包线不完整，外包线头参差不齐，有毛状纤维。外层包装纸保留有明显的外包线的压痕，药芯线烧毁。

(2) 炸药包壳残留物：炸药包壳残留物多分布于炸点附近或炸坑内。用铁皮、钢管等包壳的爆炸装置，由于材料塑性好，爆炸后碎片多有扭曲、折倒、撕裂等变形，且断口锋利。纺织品（如棉、麻、合成纤维等织物）作炸药包壳，爆炸后的碎片边缘呈毛绒状，面积较小。塑料薄膜制品包壳的爆炸装置，炸后碎片边缘很不整齐，多有丝状痕迹。木箱等木材包壳的爆炸装置，现场多有束状纤维或小木渣状残留物。

(3) 捆绑物：爆炸物的捆绑物一般可在炸点外围发现。爆炸物的捆绑物爆炸后多呈较小碎片或碎段，断口呈毛绒状（图 9-7）。有的用导火索捆绑的爆炸物，其残留碎段药芯线完整，可以与点火用导火索相区别。

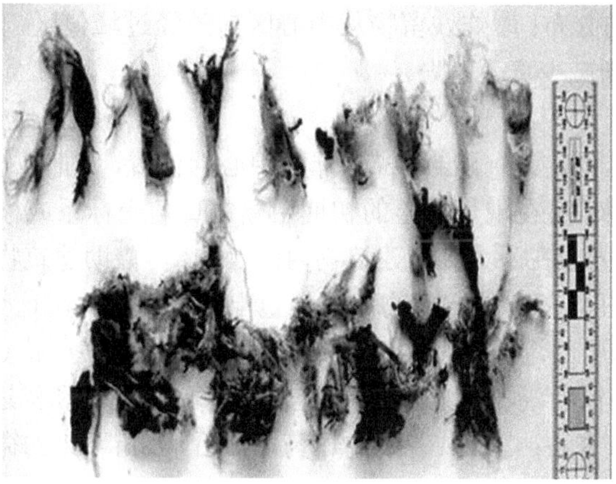

图 9-7　捆绑物

(4) 引爆装置碎片：爆炸后引爆装置碎片或多或少地遗留于现场，多分布在安放一侧的外围或炸坑内。如爆炸位于室内，引爆装置碎片有一部分会飞嵌入屋内墙壁和木器之中。

常见引爆装置爆炸后的碎片形态如下：①雷管的金属碎片：常见的是钢壳、铝壳雷管引爆较小的药包，或少量雷管自爆，或药包爆炸不完全时残留于现场上，呈现为软化、冲击痕迹。少数现场上可发现纸壳雷管中金属加强帽的残片，有的现场可发现纸壳雷管外皮的残片。②电引爆装置的残片：利用电池、电雷管引爆装置的爆炸物，现场常可见电池外皮、填充料、塑料或纸制封盖的残片、电雷管脚线、导线的残段等（图 9-8）。多有冲击、软化、撕裂、灼烧等痕迹。③填加物：在炸药中或药包周围填加螺钉、螺帽、铁钉、钢珠等物品，这些物品受爆炸能的作用而产生抛射运动，增加爆炸的杀伤力，称为填加物（图 9-9）。

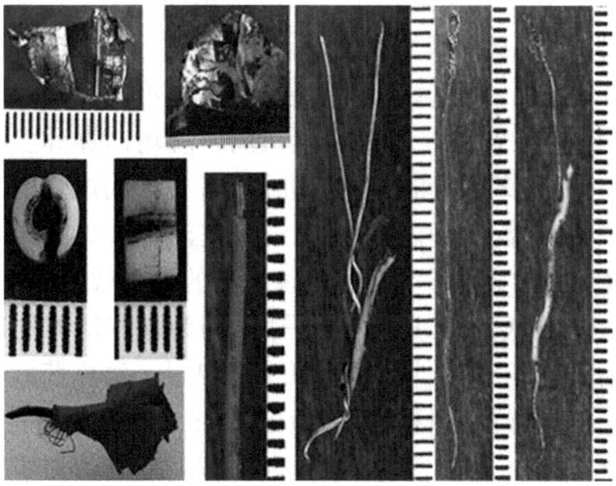

图 9-8　电引爆装置残片

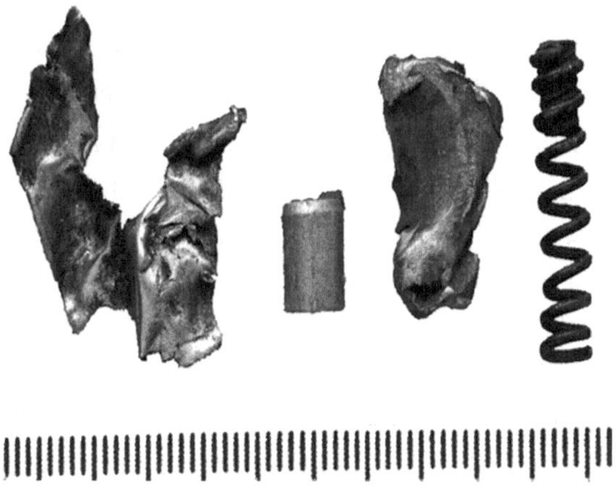

图 9-9　填加物

（二）爆炸残留物的分布和提取

1. 爆炸残留物的分布　一般按照残留物浓度的变化，把爆炸现场及其附近地带划分为爆炸中心区、残留物峰值区和残留物扩散区三个区域。

（1）爆炸中心区残留物分布：在爆炸中心区（一般指炸坑区），爆炸残留物浓度主要与中心区地表介质的硬度和被粉碎介质的颗粒度有关。爆炸中心介质越硬，则爆炸残留物越少。当介质的硬度由软（耕地）、中（山路）向硬（水泥）变化时，爆炸残留物浓度由“高”、“中”变化为“低”。

（2）残留物在峰值区的分布：爆炸中心区的爆炸残留物不一定最多，特别是当中心区的地表介质硬度较大时，爆炸中心区的残留物较少，中心的外围残留物逐渐增多并达到一个高峰值，再向更远的外围，残留物减少直到消失。可以把这种规律定性地表述为“少～多～少～消失”。

（3）残留物在扩散区的分布：爆炸残留物从中心区向外经过峰值区，再向外延伸就到了扩散区。该区域内的爆炸残留物逐渐减少直至消失。

2. 爆炸残留物的提取

（1）爆炸残留物方位的固定：为了准确描述爆炸中心的位置，并把现场发现、采集的爆炸残留物的位置准确地记录固定下来，可在现场勘验的初期用建立直角坐标系或极坐标系的形式将它们表示出来：①直角坐标系：在室内或在不太大的建筑物内的爆炸，可借助建筑物来建立直角坐标系。建筑物内任何一点的位置以及任何部位的散落物和收集尘土的位置都可用这个坐标系来记录、固定和描述；②极坐标系：在空旷场所的爆炸，以炸点为极点，选择炸点至某一特定方向为极轴，建立极坐标系，这一场所任何位置的残留物或收集尘土的位置都可以固定、记录和描述。

（2）爆炸残留物的提取方法：爆炸装置中的炸药爆炸后，残留下来的微量炸药成分和分解产物以极为细微的颗粒的形式与爆炸卷起的泥土或粉尘混在一起，散落在炸点外围一定的距离之内，这种混有爆炸后微量炸药的尘土，称为爆炸尘土。现场勘验人员必须通过收集、集中并提纯现场爆炸尘土，才能检出残留的炸药成分，确定炸药种类，为了查明爆炸案件有关情况提供线索和证据。

①炸点处爆炸尘土：在炸坑上准确地划定炸点范围后，通常以压缩或粉碎区为收集爆炸尘土的范围。收集前应将回填土清除后用小铲挖取压缩壁上或粉碎区有烟痕的表皮土，放入物证袋内密封好，作为炸点处检材。一般应取炸点面积的 1/2 或 1/6 以上；②炸点外围不同方位的爆炸尘土：对于平坦的现场，可采用“前密后稀”的原则收集同一方向（顺风方向）的爆炸尘土，从炸点开始，间隔 0.2m 布点，取到 1m 或 2m 处；然后间隔 0.3～0.5m 布点，取到 3～5m，以后间隔就可大一些。对大爆炸案可取到 10～20m 远，甚至更远处，这些检材编为一组。取每点检材时（包括炸点处）要测量记录所取检材的面积尺寸，以便定量分析时计算炸药残留物的含量。不同距离上的检材，要分别包装、密封，防止爆炸尘土流失。另外做好方向、距离、面积、序号等标记。当现场情况复杂，不可能沿一方向采集系列检材时，可以用不同方向的检材，以距离炸点的远近为依据组成系列检材，但应注意采集检材部位的条件应尽可能相似；③空白土：指爆炸现场上无炸药残留物污染的尘土。在爆炸现场，还需采集空白土。因为在检验爆炸尘土检材时，除检验有机成分外，还要检验无机成分，这些离子在自然界中的各种场合几乎都或多或少地存在着。为了区别这些成分是爆炸产物还是自然界中原来存在的，则通过空白土与检验结果作对照，扣除背景。空白土须在同一现场而爆炸尘土落不到的地方采集。如取地下 20cm 深处的土，或者在远离炸点的逆风方向，或者在未因爆炸而变动的物体下面（如石块、水缸、家具等物）取空白土。若爆炸发生在砖墙上，可在没有被炸的砖头上刮下的粉末作为空白土用；④特殊情况下炸药残留物的采集：室外爆炸现场上的炸药残留物，与风向和方位因素有关。如大风天气，只能在顺风方向的低洼处或避风处采集，因为这些地方的炸药残留物多。又如爆炸后发生火灾现象的现场，由于使用含碱性物质的灭火剂灭火，致炸药残留物中的 TNT 成分与碱作用而生成另一种物质，若采集这样的检材就不易检出 TNT 成分，必须采集未被灭火剂污染的地方的检材，如在缝隙处的内部收集炸药残留物，才能做出客观准确的检验结论。

应该注意：采集每点检材的工具必须经过清理后才可取另一点处的检材，最好先取空白土后再取爆炸尘土，确保工具上无检材成分。在采集系列检材时，不应漏过爆炸残留物基本分布规律的峰值点，这部位的炸药残留物含量高，是定性分析的最佳检材。

3. 炸药残留物检材的送检　检材送检应注意以下几点：

（1）检验目的和要求应具体、明确。

（2）写清检材的名称、数量，说明检材发现、采集和包装的情况及所处环境等。

（3）送检材的同时，必须送空白样，以消除背景。有条件时应送比对样，以确定炸药种类。

（4）送检要及时、确保安全。因炸药成分易吸潮，受热易变化，不能损坏和丢失检材。

（5）送检人应熟悉案情，了解并主动介绍现场勘验和检材获取的情况。

检验人员除进行实验室的检验工作外，对一些重大爆炸案件现场或发生在要害部位的爆炸现场，还要亲自到现场采集检验或跟案检验。

四、爆炸案件的现场分析

（一）从现场特点分析

1. 爆炸自杀现场特点　现场位于偏僻处或现场虽在室内但门窗完好，无外人开启进入的痕迹，外人也无法投入爆炸物，被害人有引爆动作，手上有爆炸物残粒。现场勘验及调查走访可发现有自杀因素，如遗书或生前有清理物品、安排后事等行为。

2. 爆炸杀人现场特点　爆炸有选择性，爆炸后果严重。爆炸目标、爆炸物安放部位、爆炸时机都有选择性，炸药的种类、数量和爆炸装置等精巧、适用。

（二）从行为能力分析

1. 自杀　将爆炸物安放在自身躯体要害部位引爆，多不伤及他人、他物。

2. 他杀　使用爆炸装置复杂，常用诡弹，遥控炸弹，反拆卸、定时、拉发、压发、松发等爆炸装置，采取投掷式或其他人包分离的爆炸方式。

（三）从爆炸次数分析

自杀为一次性爆炸。在一个地区发生间断性系列爆炸，多属爆炸犯罪案件；在同一地区、同一时间，采取多路分点实施爆炸犯罪，多为恐怖性爆炸犯罪。

（四）根据作案手段分析

犯罪嫌疑人进行爆炸犯罪的手段，能反映出案犯故意爆炸杀人的性质。例如，将爆炸物事先埋藏、支撑悬挂，待机引爆；在车、船等目标上事先选位偷放爆炸物，定时、定点引爆；将爆炸物投进窗户、烟囱等室内爆破；自身携带，自杀式爆破等，都反映故意爆炸杀人、破坏的特点。

第三节　爆炸案件的法医学检验

爆炸物、爆炸产物直接或间接作用于人体形成的各种损伤，通称为爆炸伤。

一、爆炸伤勘验的目的和任务

（一）爆炸伤勘验的目的

人体爆炸伤主要有爆炸产物直接损伤（炸碎伤、炸裂伤、炸烧伤等）及爆炸间接损伤（空气冲击波损伤、弹片伤、抛射伤、抛坠伤等）。在爆炸案件现场勘验过程中，通过对伤亡人员爆炸伤的法医学检验，对判断炸伤与爆炸的关系、推断炸药量、炸点位置，弄清案情，特别是确定爆炸伤亡人员中有无爆炸行为人或爆炸事件的制造者，具有独特的作用。

法医在检验死伤人员过程中除对各种爆炸伤进行勘验外，还需对死伤人员的衣物进行勘验，弄清衣服损伤的性质，判断是爆炸产物直接作用还是冲击波造成的破坏，从而判明死伤者与爆炸的关系。同时要配合痕迹、理化等专业的技术人员提取爆炸残留物及各种物证，以查明炸药种类，为查明爆炸事件性质和个体识别提供有力证据。

（二）爆炸伤勘验的任务

1. 查明爆炸伤的类型，炸伤程度和死亡原因；判明损伤的性质（是爆炸产物直接损伤还是间接损伤）以及被害人是被炸致死还是死后被炸。

2. 查明爆炸物是否接触人体爆炸以及接触爆炸炸点位置，测量尸体上炸点的范围和粉碎区半径。

3. 查明爆炸时死伤者所处位置，距爆炸源的距离、方位及姿势，死伤者与炸点之间是否有隔离物，分析死伤人员中是否有爆炸犯罪行为人。判明爆炸时死伤人员所处的位置及姿势，死伤者有无引爆动作。

4. 判断爆炸气体产物和介质破片、爆炸遗留物破片作用于死伤者的方向、角度及高度。

5. 在伤痕处及创洞中提取爆炸遗留物和隔离物碎片及残留物；检验伤痕处肌体、衣物粉碎分离或撕破剥离情况，以便在现场上寻找抛落的衣物碎片、肌肉、肢体残段，并进行拼接复原，查明缺损范围。

6. 对无名尸或炸碎尸体进行个体识别。

7. 分析爆炸事件的性质，明确是爆炸自杀、爆炸杀人还是意外事故。

8. 依据炸伤范围及受冲击波伤亡的等级及距离，估算爆炸物的炸药量。

9. 根据损伤的特点和创伤区提取爆炸物碎片，推断爆炸装置类型。

（三）爆炸伤的特征和检验要点

1. 炸碎伤　贴近或紧靠爆炸源的人体，受爆炸产物的直接作用形成炸碎伤。其特征是人的肢体、器官、躯干等被炸断粉碎抛出，肌体组织缺损，拼凑不能复原（图 9-10）；人体衣服破碎严重，有明显的穿孔现象。根据炸碎伤情况，可以分析判断死、伤人员与炸点的关系和爆炸时人的姿势以及有无引爆动作等。

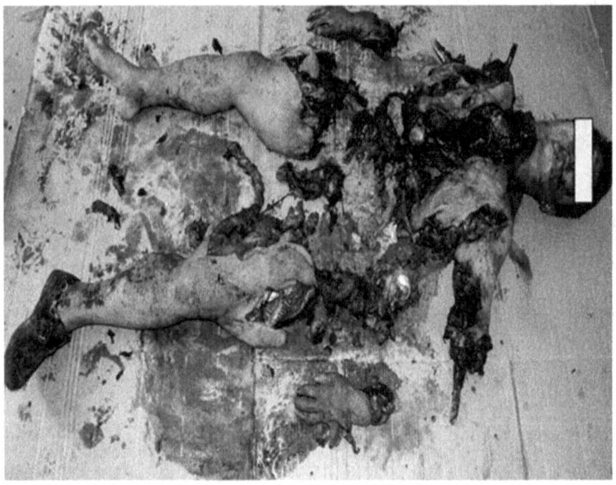

图 9-10　炸碎伤

2. 炸裂伤　爆炸物膨胀产生的超压直接作用于人体形成炸裂伤。其特征是组织撕裂，创面上常留有爆炸装置残留物和隔离物碎片，创伤和分离的肢体组织无缺损，拼凑能复原（图 9-11）。这种伤能明显表现爆炸力作用的方向、角度、高度和距离。由于炸裂伤的范围较为明显，对炸裂伤的测量一般与测量炸碎伤同时进行。

3. 爆炸烧伤　火药或炸药爆炸产物直接作用于附近的人体，由于距离关系又达不到炸碎程度时，在朝向炸点一侧形成烧伤（图 9-12）。程度不同的炸烧伤是爆炸发生后人体上出现的较稳定特征。烧伤多见于头面部、手部、脚部等裸露部位，头发、眉毛、睫毛、胡子被烧焦。根据烧伤部位、面积、程度和具体特征，可以判明爆炸物的种类、死伤人员与炸点距离、方向以及是生前烧伤还是死后烧伤。

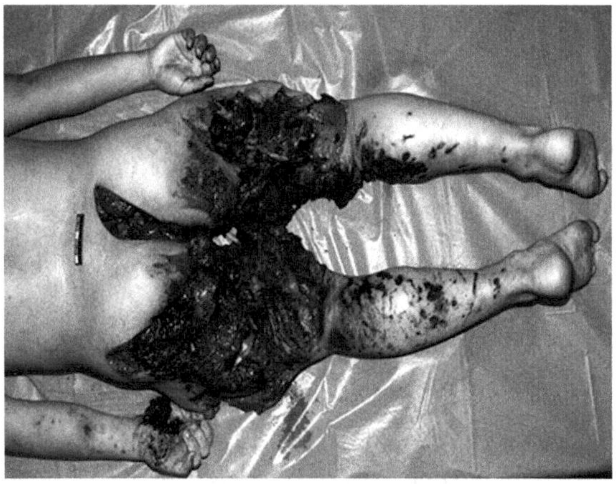

图9-11　炸裂伤

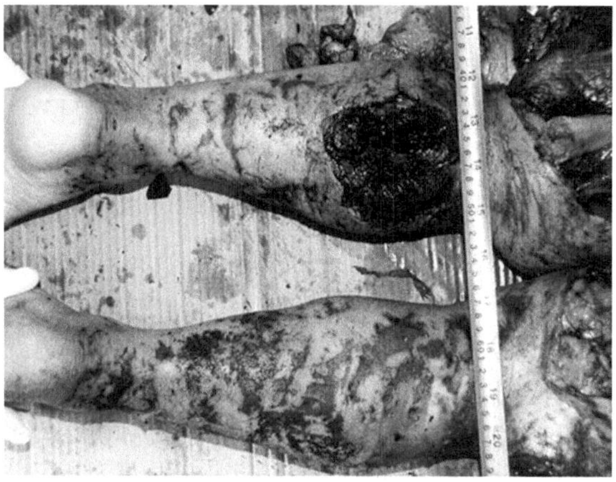

图9-12　炸烧伤

被害人的“闭眼反应”，是由于爆炸产生的强光刺激眼睛，因条件反射而闭眼。因光速传播快而火焰和烟尘传得慢，所以闭眼在先，烧伤和污染在后，故在眼部周围皱纹沟内皮肤，无烧伤或烟痕附着。因此“闭眼反应”是生前炸烧伤的重要标志。

4. 冲击伤　炸药爆炸生成的冲击波冲击人体形成冲击波直接损伤。其主要特征是尸体完整，衣着被撕裂、剥光，人体损伤外轻内重，但穿孔现象不明显。体表仅发生片状、条状、波浪状挫伤，而内脏却有多处损伤；靠近炸点的一侧冲击波伤重，有时形成大面积的皮内出血。对肺的伤害造成肺挫伤出血、肺破裂、肺水肿等；对肝和脾也造成破裂出血；对耳的伤害是使耳鼓膜破裂、中耳损伤；对喉咙、气管、腹腔、胸腔、脊柱膜和脊椎神经也有损伤。

当被冲击波加速抛掷的爆炸破片撞击人体，会使整个人体发生位移，撞击物体造成损伤；冲击波还能以烟尘暴吹和热作用造成伤害，这些间接作用能造成骨折、脑震荡、颅骨骨折等间接损伤。

在现场勘验中，要注意推断和查明记录是否存在爆炸冲击波所致的人体损伤。若存在损伤，则查明损伤的部位与伤情，以及人体受伤时与炸点的距离及具体位置等。

5. 弹片射入伤　爆炸装置有金属外壳和有坚硬填充物或爆炸源附近有坚硬物体时，距炸点较近的人往往被击伤，有的穿透后形成贯通伤，有的滞留在体内形成盲管伤，距炸点较远的人体容易造成钝器伤、刺创伤。

对于弹片射入伤的检验，应着重于人体身上的伤痕、创口方向、形状、面积和深度，并据此推断弹片射入的方向和角度，判明人体当时的姿势、与炸点的距离。要对弹片的性质、结构、形状进行仔细检验、记录，为判断爆炸装置的类型、结构提供有力的依据。

6. 抛坠伤　抛坠伤是人体在受到爆炸作用力的作用，被抛至空中后坠落地面所造成的广泛性人体损伤。抛坠伤都出现在距离炸点较近的人员。勘验抛坠伤时，首先要检验由于从高处坠落而造成的人体骨骼的骨折、内脏的破损，另外，还要检验人体上的炸裂伤、炸碎伤、冲击波伤，并且根据抛掷的方向、炸伤的特征，分析推断人体原来所处的位置及与爆炸物的关系。

7. 对不知名尸体的个体识别检验　在爆炸案件现场经常有些尸体不知其姓名身份，对此，法医除认真检验上述几种伤外，还要对未知名尸体进行个体识别，以便甄别被害人的姓名和身份。

除检验上述几种伤外，摔伤、挤压伤等亦属爆炸间接伤，也需要认真检验。

二、伤亡人员的衣着检验

爆炸发生时，在炸点和炸点附近的人体常被炸碎抛到现场各处，所着衣物常同时被炸碎或烧焦。勘验伤亡人员衣服，要弄清衣服损伤的性质，判明是爆炸产物直接作用，还是冲击波造成的破坏，从而判明伤者与爆炸的关系。爆炸产物直接作用衣服时，若衣服上有粉碎、穿孔状破损，有产物高温烧灼痕，表明伤者在爆炸火球之内，离炸点很近；若衣服上只有撕裂状破损，无高温痕和烟痕，表明是冲击波造成破损，则说明伤者距爆源较远。

要特别注意收集伤亡者的衣着，在现场中心附近寻找伤亡者的衣物及衣物残片、纸片、随身物品、有关证件等，注意收集重要的无名尸体的衣物和证件等可以用作个体识别的物证，对所收集到的物证要妥为保管，备作个体识别用。

三、尸体检验及个体识别

（一）尸体检验

仔细收集残缺尸体、尸块或破碎组织，认真拼接，确定死亡人数。检查尸体上的损伤是生前还是死后形成，注意检查是否存在爆炸以外因素引起的损伤，如各种锐器伤、钝器伤、颈部及四肢的索沟、枪弹损伤和中毒等，据此查明有无用其他手段杀人后利用爆炸破坏或伪造现场。尸体的解剖要细致全面，要提取足量的组织和器官作病理检验，同时还应提取胃内容物、胃、肝、肾、血液、尿液等作毒物分析或乙醇含量等检测。提取被害人组织进行 DNA 检验，有条件时还要捺印提取尸体十指指纹，备作将来比对鉴定样本。

（二）个体识别

确定被害人身源，面目完整的可通过辨认来确定身源。面目不完整的，可通过尸表的特殊标记、随身携带的各种物品（如证件、行业标志等）进行初步辨认，进一步通过性别检验、年龄推断、个人特征和 DNA 检验鉴定确认个人身份。

1．性别检验　根据爆炸尸体残留部分寻找具有性别特征的组织。一般依据服饰、面容、乳房、头发、胡须、腋毛、阴毛、外生殖器等来鉴别男女性别。目前主要根据细胞遗传学方法，检查细胞核内的染色质，以确定性别。

2．年龄推断　在个体识别中甚为重要。根据牙齿的磨耗程度、化骨核的形成和骨骺愈合、耻骨联合面的变化、下颌体后缘和下缘所形成角度及颅骨骨缝的愈合等推断年龄。

3．个人特征的检验　可按解剖学位置排列，测量颅顶至足跟骨的长度再加 5cm，即是该个体的身高。在个体识别检验中应详细描述尸体的脸型。分别测量额部从发际到鼻根，鼻部从鼻根到鼻底，口部从鼻底到颌部的距离。记录前额的倾斜度、高度、宽度及其他特征，以及鼻根、鼻梁、鼻底、鼻翼、鼻尖的特征。记录口的大小、上下唇的厚度，凸出程度；鼻口曲线的形状，如鼻尖、口角、颌部的情况；上下颌突出的形状，是全颌突出、上颌突出还是下颌突出等。描述耳部的形态、大小及特点。

4．DNA 检验　DNA 检验技术是目前最可靠的个体识别方法。从爆炸案件中毁坏严重的尸体或尸体碎块提取的人体组织若不能在短时间内送达 DNA 实验室检验时，应放置到 −20℃或 −80℃冰箱冷冻保存。

四、爆炸装置残片的检查

爆炸发生后，爆炸装置残片随冲击波嵌于死伤者体内，对怀疑遗留残留物证的组织要进行仔细的检验，主要方法如下：①分层解剖：按照人体的结构层次（皮肤、浅筋膜、深筋膜、肌肉、血管、淋巴管和淋巴结、神经），依次剥离各层组织，仔细观察组织内或组织间的异物成分，分辨爆炸残留物残片（图 9-13）；②薄层切片：适用于爆炸案被害人组织中爆炸装置残片的检查。用手术刀片对疑有爆炸装置残片的组织进行薄层解剖，每层厚度约为 2～3mm，切片时注意感觉刀片切割组织时是否存在异物感，若有就将该层组织切下，在放大镜或体视显微镜下认真观察，寻找残片；③ X 线检测：适用于爆炸案伤者受伤部位组织中爆炸装置残片的检查，寻找其中的金属成分；④金属探测仪检测：适用于爆炸案中死伤人数较多，组织块较碎、数量比较多的情况，主要寻找爆炸装置的金属组成部分。但如果现场金属制品比较多，应注意鉴别，排除干扰因素；⑤组织清洗、离心富集：适用于组织量少，爆炸装置残片细、散，肉眼或放大镜等难于发现的情况。可将组织块收集后，用灭菌去离子水洗涤数遍，收集洗涤后的液体，并通过离心沉淀等方法，富集、纯化残留物，用扫描电镜及能谱等手段进行检验，为确定爆炸装置提供依据。

图 9-13　人体内爆炸装置残片

第四节　爆炸案件的现场重现

一、模拟爆炸试验

（一）模拟爆炸试验的目的和理论依据

模拟爆炸试验是在现场勘验后，对爆炸残留物和爆炸痕迹等的检验有了结果，对现场基本情况有了可靠的分析意见之后，为了验证这些认识是否正确而模仿现场大体情况进行的人为试验。它是现场实验的一种特殊形式，检验人们对爆炸现场的认识是否正确和全面的有效方法，是对现场检验、分析和推论结果的实践检验，也是客观认识原爆炸装置、爆炸方法及爆炸前的状况的途径。其目的是为了研究和查明现场情况，证实爆炸案件的具体情节，检查、验证根据现场的爆炸痕迹物证等推断分析的结论是否正确。它是爆炸现场勘验、分析和现场调查的继续、深化及验证。对于重大的爆炸案件，复杂的爆炸装置，需经模拟爆炸试验比较分析后，才可得出正确的结论。

进行爆炸试验，首先要制定试验方案，确定试验内容和目的，根据“爆炸模型相似原理”来决定模拟爆炸试验的条件。应尽可能让模拟爆炸试验与现场的介质条件、爆炸物条件等相一致，以便于爆炸现场的分析和鉴定。要有具体的方法、步骤、组织领导和安全措施，并经有关部门批准后，由具有爆炸知识的人员实施爆炸。

爆炸试验后，要有组织有目的的进行勘验，并与爆炸现场的实际情况比较分析，当发现现场勘验中未被发现的问题时，需研究下一次的试验方案，以使试验更接近于爆炸现场的实际情况。

（二）模拟爆炸试验的实施

爆炸试验必须严密组织。在参加试验的人员中，要设总负责人，下设安全警戒组、材料组、爆炸实施组、现场观察组、爆炸尘土收集组、物证痕迹勘验组、照相录像组等。做到分工明确，有条不紊，安全高效。

总负责人负责试验的全面领导工作。安全警戒组负责划出警戒范围和安全地段，确保人员安全。材料组负责安全运输、保管炸药和起爆器材以及试验用的所有器材和工具。爆炸实施组负责爆炸装置的组装，确定引爆方式和爆炸方式并具体实施。现场观察组负责记录爆炸时的声响、烟雾等现象。技术组负责现场勘验、验尸、检伤及爆炸遗留物和残留物的收集检验，技术组担负着爆炸试验的关键性任务。

模拟爆炸试验要精心组织，周密安排，稳妥实施，切忌盲目。试验条件应接近发案当时的状况。

二、爆炸案件的现场重现

（一）重现爆炸前的瞬间状态

通过爆炸现场抛出物及爆炸残留物分布规律，结合爆炸中伤亡人员的损伤情况，再现临爆炸前的瞬间现场人员所在的位置，爆炸物的形态，周围物体、物质存放的处所、部位，分析死伤者原始姿势，判明炸点、爆炸方式、引爆炸药的行为人等信息。

（二）对爆炸装置进行复原

通过对爆炸残留物及爆炸装置残留物的分析，确定炸药的成分、数量和形状；炸药包装材料的材质、容积和形状；药包的捆绑物、药包内的填充物；引爆方式及引爆装置的构造等。

爆炸案件现场重现工作是一项复杂的系统工程，根据现场勘验和尸体以及物证检验结果，并结合案情调查信息及获得的有关犯罪信息和资料，对爆炸现场进行合理的分析，以求再现犯罪嫌疑人的犯罪过程并刻画爆炸前瞬间人的动作和心理特征，最大限度地为侦查提供线索，缩小范围和指明侦查方向。

案例1：

某社区便民服务大厅发生一起爆炸案件，致多人伤亡。经勘验，现场大厅北侧立柱棱边上见33cm×15cm范围的扇形水泥块脱落，钢筋外露，脱落凹陷最深处（A点）距大厅地面95cm，在70cm×48cm范围内有由中心向东侧、上部呈放射状分布的辐射烟熏痕迹；A点下对应地面见有15cm×20cm范围的塌陷，并伴有同心辐射裂纹，中心的地砖呈碎裂状（图9-14）。大厅地面、墙面、顶部见由A点向外辐射分布的血迹、人体组织（图9-15）。在大厅室内、室外发现炸碎人体组织，其中左下肢残端位于A点南侧距A点5.2m处大厅东墙下，左手残端位于A点南侧距A点7.3m处的大厅南墙下，头颅及胸部残端尸块位于A点西南侧距A点7.8m处的南墙下，右手残端位于室外A点西北侧距A点15m处的地面上，右下肢残端位于室外A点西北侧距A点4m处地面上。经法医检验，所有炸碎人体组织均来自同一个体赵某，其尸块残端皮肤有大面积撕裂伤、灼烧伤，局部见烟熏痕，衣物边沿呈撕裂状，部分见烧灼痕迹，分析被害人在爆炸中心现场应为站立位，处于爆炸中心最近位置，爆炸装置位于其腰背部。A点西南侧地面发现两具尸体，后背部均见大面积皮肤烧灼伤，局部见爆炸撕裂伤，解剖检验，两具尸体胸腹腔脏器均见不同程度的挫碎。根据现场爆炸冲击波的作用方向、烟熏痕迹、尸块的分布情况、墙壁上血迹的喷溅及滴落方向；死、伤者的爆炸伤情况，认定炸点位于便民服务大厅北侧立柱距地95cm高的棱边上即A点（图9-16）。现场痕迹勘验及爆炸残留物检验，认定

图9-14 现场情况

图9-15 现场内部情况

炸药为硝铵炸药，引爆方式为遥控引爆，同时在炸药包装物上检出除赵某外另一男性的DNA分型。经现场重现(图9-17)，爆炸发生时，赵某在爆炸中心现场为站立位，爆炸装置位于其腰背部，被人以遥控方式引爆炸药。

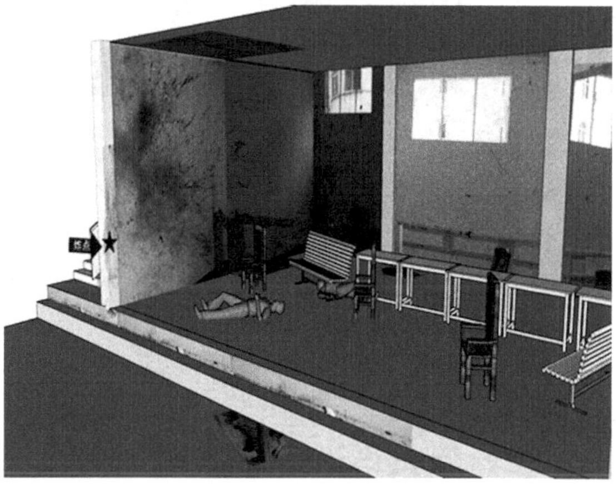

图9-16　炸点

图9-17　现场重现

通过视频侦查及轨迹排查，抓获了犯罪嫌疑人。嫌疑人邓某交代：其因对自家征地拆迁补偿不满，利用并指使赵某把装有爆炸装置的背包带入现场，其通过遥控实施爆炸。

案例2：

某日8时，某地发生1起公交车爆炸致1死4伤。现场勘验，车内地板上见大量爆炸残留物，提取到电路板残片、电池皮残片、导线、地面上散落有大量玻璃碎片、塑料碎片、皮革碎片、铁皮碎片。后三排座位的破损严重，以车内左侧倒数第三排靠走道侧座椅为中心，由中心向外，座椅表面损坏程度依次递减。通过现场收集该座椅的残缺部分，经过复原，以该座椅头枕部右侧孔洞下缘距车厢内底板88cm处为中心，见向靠背左下方呈放射状的爆炸冲击波痕迹(图9-18)。车内中间过道上躺有一具上身裸露的男尸(图9-19)。中心外围现场提取到电池片、红色绝缘胶带、红色导线、残缺电路板、白色金属导线、细金属丝、电路板残片等爆炸残留物。

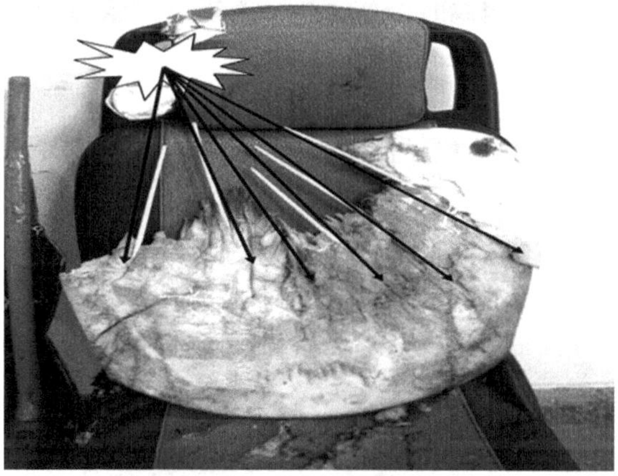

图9-18　靠背左下方呈放射状的爆炸冲击波痕迹

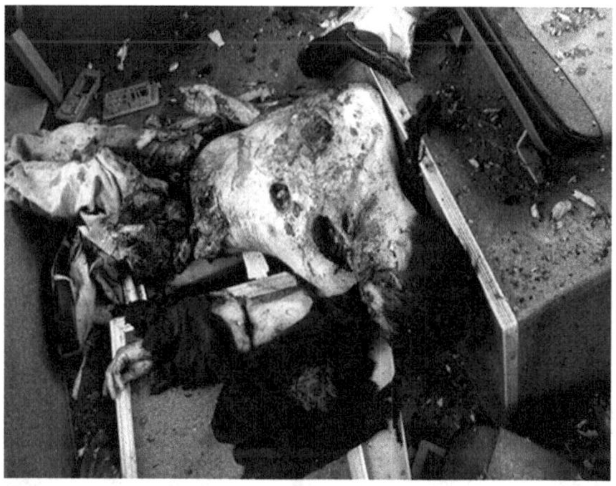

图9-19　尸体原始位置

尸体检验(图9-20)，被害人右眼球缺失，右侧面部纵形挫裂创、右侧面颅骨骨折。胸壁大面积皮肤挫裂创，组织挫碎及烧灼伤。双上肢除手掌外大面积组织挫碎撕裂。右下腹大面积组织挫碎、撕裂，双大腿前侧大范围软组织挫碎撕裂。右臀部皮肤损伤形态规则，程度表浅。在尸体左大腿前侧正中处发现一块电池残片（图 9-21）。

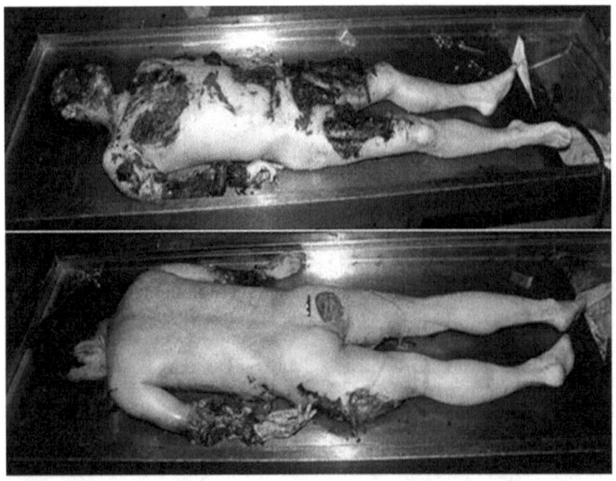

图 9-20　尸体损伤情况

图 9-21　尸体内电池残片

根据公交车上后三排座位的破损情况及爆炸抛射物打击情况结合现场被害人身体受损的部位情况，综合分析认为炸点位于车内左侧倒数第三排，靠走道侧座位靠背右上部的扶手处（图 9-22）。根据被害人损伤主要分布于头面部、躯体前侧及四肢前侧，损伤以皮肤及皮下软组织爆碎、撕裂为主，损伤区域组织上粘附有塑料、木屑、金属等碎片，组织具有灼烧、结焦、烟熏等高温作用特点，反映出爆炸后抛掷物损伤、冲击波损伤及爆碎伤的特征，据此分析被害人损伤符合生前受爆炸形成。根据损伤的位置分布，损伤的形态特征等综合分析，反映爆炸当时，被害人的体位符合坐姿，爆炸物应位于其前侧、大腿上方、较近距离的区域内（图 9-23）。被害人双手完好，结合尸检情况，排除被害人是爆炸实施人。根据现场痕迹勘验及爆炸残留物检验，认定炸药为硝铵炸药，引爆方式为定时、电雷管引爆。经多次爆炸试验（图 9-24），推算炸药量为 500g 左右。

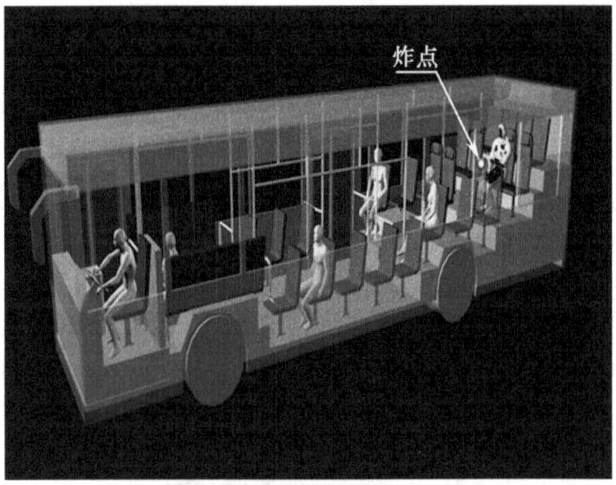

图 9-22　炸点

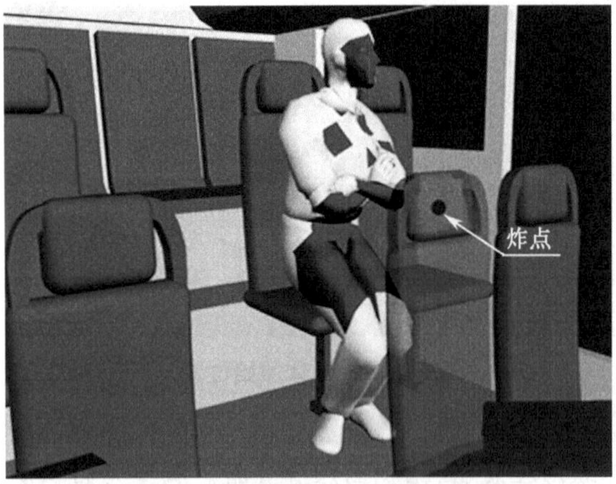

图 9-23　爆炸发生时被害人呈坐姿

图 9-24　爆炸试验

炸点确认是侦办爆炸案件的关键点和转折点，及时准确地对炸点确认，能够有效推动案件侦破工作的顺利进行。刑事技术专业人员在尸体检验的基础上，通过对中心现场进行细致勘验、反复推敲论证，多次开展爆炸试验，结合理化检验鉴定情况，准确确定爆炸炸点，明确了案件性质。

（韩晓华　樊爱英）

思考题

1. 爆炸杀人案的现场勘验应该遵循怎样的顺序？
2. 确定中心炸点的作用和意义是什么？
3. 搜索提取爆炸残留物有什么重要意义？
4. 如何进行爆炸现场模拟试验？

第十章　放火案件的现场勘验

火灾现场的现场勘验，是公安部门在法律规定的范围内，使用科学的手段和调查方法，对火灾有关的场所、痕迹、物体、尸体等进行实地勘验，查找、鉴别、提取能证明火灾原因（cause of fire）物证的过程，是发现、研究、提取火灾证据的重要手段，也是分析判断火灾性质、起火特征、起火时间、起火部位、起火点和起火原因的重要途径。法医工作涉及的放火现场是放火杀人、杀人后放火焚尸等案件。这类案件社会影响较大，放火对现场造成的毁损严重，现场勘验难度大，给侦查工作造成巨大困难。因此，必须进行系统性的现场勘验和调查访问，提取并检验物证，积极进行法医学尸体解剖检查，以提供线索，查明案件事实。放火案件是一类极其严重的刑事案件，依据我国刑法相关规定，对于放火类案件，只要年满 14 周岁即可追究其刑事责任，因此对于放火类案件，要严格区分是意外失火还是放火。

第一节　放火案件的分类及特点

对怀疑有放火（commit arson）可能的案件，勘验时须仔细发现和分析与动机相关的证据，并认真加以区别。

一、放火案件的分类

实施放火行为，总是要有一定的目的性，即表现为一定的作案动机。根据放火动机和目的不同，可以将放火案件分为以下几类。

（一）刑事性质的放火

为了掩盖犯罪所引发的放火行为最为常见，犯罪嫌疑人为了掩盖犯罪事实，在作案后往往通过焚烧现场，破坏现场的证据，制造假象，达到逃避法律惩罚的目的。报复他人而引起的放火案件也很常见，犯罪嫌疑人多与受害人有一定的矛盾或利害冲突，如经济纠纷、情感纠纷、嫉妒或者仇恨等。在这类放火案件中，犯罪嫌疑人员有时还会故意闭锁房门，阻断受害人逃生的路线，使受害人无法自救。另一类常见放火案件的犯罪嫌疑人是通过放火来骗取保险金或因为害怕自己的经济违法违纪问题被暴露，而通过放火销毁账目或清单，逃避相关部门的检查、审核。此外，由于我国当前处于社会转型期，社会矛盾突出，有些心胸狭窄、孤僻、自卑的人，难以处理正常的人际关系，多通过极端的方式危害社会，以期达到自身的心理平衡。这类人故意制造社会混乱，破坏正常的社会秩序，存在明显的报复社会心理。

（二）精神病患者实施的放火

我国有大量的精神病患者，有时候他们得不到很好的监护，在精神病发作期间，因行为上不能自控，可能实施放火行为。

（三）自焚

自焚案件往往因生活、事业遭受严重挫折，消极而悲观厌世，以致于采取自焚的方式自杀。此类现场往往都有明显的可燃物，如汽油、柴油、煤油等。

（四）过失放火

放火案件并不一定是故意的，也有可能是由于过失或者疏忽大意导致的。即行为人应当预见自己的行为可能会导致火灾的，因为疏忽大意而未预见或已经预见自己的行为可能引起火灾，却因为轻信火灾能够避免，结果发生了火灾。例如冬季在室内公共场所生火取暖引发火灾，行为人对火灾危害结果既不希望，也不放任其发生，但最终依然引发火灾。行为人对于火灾的发生，主观上具有犯罪的过失，同样需要承担刑事责任。

二、放火案件的特点

放火案件的现场不同于其他任何形式的案件现场。因为燃烧本身就是一个销毁证据的过程，燃烧物对现场造成极大的破坏，实施灭火行动后会对现场造成再一次的破坏。这就增大了调查、勘验的难度。但在实施犯罪的过程中，犯罪嫌疑人为了达到预期的结果，常采用一定的手法，因此有一定的规律和特点，主要表现在以下几个方面。

（一）有明显的放火动机

动机往往是使某人以某种特定的方式从事某种行为的一种内部驱动力，是个体发动和维持其行动的一种心理状态。被害人有时候与他人有一定的矛盾或利益冲突，甚至曾经危害过嫌疑人。

（二）存在多个起火点

实施放火的犯罪嫌疑人，为了烧毁较大面积的目标，或者为了使火势烧得更快等而销毁证据，掩盖犯罪事实，往往会在现场多个位置点火。现场勘验时有两个或者多个起火点时，一定要引起注意。

（三）起火时间多发生在夜间

犯罪嫌疑人为了不让别人发现，或者趁他人熟睡后容易作案，常常选择在夜间作案。冬季夜间长于白昼，再加上天气寒冷人们活动不便，犯罪嫌疑人更容易作案。

（四）起火点的位置异常

放火的地点多有一定的规律性，通常在门前、通道等出入方便或有易燃物堆放的地点。这些地点有一定的隐蔽性，另外，这些地点通常不会放置容易引起火灾的柴堆、煤炭等。因此，起火点的位置能够帮助判断火灾性质：是意外还是故意实施的放火。

（五）现场有破坏痕迹

以盗窃、焚尸、销毁财物账目为目的的放火现场，常会发现嫌疑人伪装留下的痕迹物证，以及攀爬痕迹，撬压、翻动的痕迹等。通过检查现场出入口，勘验现场的物品，这些异常现象多能够被发现。

（六）助燃物的残留

放火案件的现场常有助燃剂燃烧后的痕迹，有时候嫌疑人急于逃离现场，而把放火的工具留在了现场，比如在现场发现打火机、火柴盒、油瓶等残骸。打火机和火柴使用的最为普遍，但也最容易烧毁。塑料的油瓶往往不能完全燃烧，现场勘验时一定要注意发现提取。

在对放火现场起火部位勘验时，要注意地面残骸中铁丝、锁具及门把手等掉落的位置，以认定被烧毁时门的开闭状态。这些发现对于进一步的现场重现工作非常重要。

（七）放火的连续发生

在报复动机的放火案件中，如果嫌疑人在以往的放火中没有达到其破坏的，或者没有造成自己满意的财物损失，往往过一段时间后继续实施放火行为。

（八）起火有突发性

放火导致火灾在较短的时间内突发且快速蔓延，这常常提示有助燃物的可能。如果有汽油等助燃物，还可能引起爆炸，加速火势的蔓延。这种蔓延往往不符合易燃物品存放的情况，甚至与风向及建筑结构等条件有悖。

第二节 放火案件的现场勘验

法医学涉及的放火案件多属于刑事案件，且存在人员的伤亡，颇具社会影响。尸体保存有重要的案件信息，具有其他现场物证不可替代的作用。为了查明案件事实，必须积极进行系统、规范的法医学尸体检查。

一、放火案件现场勘验的重点

对于放火案件的现场勘验，要按照一定的顺序进行，先进行外部环境的勘验再进入现场内部进行勘验。现场环境勘验的主要工作包括：勘验着火现场建筑的外部特征及烧毁程度，判断起火点；勘验火场周围是否有相关的痕迹物证，比如犯罪嫌疑人遗留的引火物、包装物、盛装助燃剂的器具、凶器、足迹及排泄物等；观察起火现场建筑周围设置及设备的情况，比如通信电缆、电线等。现场勘验的主要目的是确定起火部位和起火点，并在相应的区域内寻找相关的物证，从而确定起火原因。

（一）现场勘验的基本程序

1．环境勘验　主要对起火建筑的外部环境、建筑结构、组成类型和起火房间的基本情况及同层周边房间的火烤、烟熏痕迹（图 10-1）等进行勘察。同时通过对当事人以及目击者的调查和询问，了解火灾现场周围的环境情况。

图 10-1　烟熏痕迹

2．静态勘验　进入起火建筑内部，检查其内部的构件和物品烧损程度，烟熏痕迹、高温烘烤痕迹以及火灾扑救时的水迹影响，并从多角度拍照和记录。根据对这些痕迹的观察和分析，最后确定勘察的重点区域。

3．动态勘验　动态勘验是进一步对现场进行挖掘、翻动、清理工作，收集确定起火点的痕迹物证，寻找火源、引火物。这一步骤一定要与静态勘验的记录和照片充分结合，认真比对。

4．专项勘验　对于一般纵火或意外失火案件，之前三个步骤已经基本可以完成火灾现场的勘验工作。专项勘验主要是对起火点和引火源进行细致检查，找出起火原因，尤其是在电气线路火灾事故中尤为重要。这一步骤需要一定的专业知识。

（二）起火痕迹的类型

火灾形成的起火痕迹有多种，按物质的种类分有：木材等可燃物的炭化、灰化痕迹；金属的变色、变形、熔化痕迹；混凝土的变色及点状、片状、块状爆裂痕迹；玻璃的爆裂痕迹；地砖的爆裂痕迹；导体的熔融痕迹；液体的流淌痕迹；人体的烧伤痕迹等。按形状变化还可分为：烟熏痕迹、蔓延痕迹、V形痕迹、倒塌痕迹、灰层的层次痕迹、摩擦痕迹等。

每一种痕迹的形成都有它的证明作用，可以是证明蔓延方向的一种事实，也可能证明多种事实。既可能与起火点有关，也可能与起火点无关，因此仅仅依靠一种痕迹来认定起火点，难免失之偏颇，必须应用多种痕迹来证明，换句话说，就是要形成痕迹体系才能保证证明结果的可靠性。因此，如何把握中心现场的各种痕迹，组合成能够认定起火点的痕迹体系，是现场勘验的中心任务。

（三）起火痕迹的特征

起火痕迹的形成过程，是火场中的各种载体受火灾的作用而形成的外在形变或内在质变的变化过程，是随着起火蔓延发展而逐步发生变化的一个渐变过程，一般具有以下特点：

1. 蔓延痕迹具有方向性

(1) 从可燃物的烧毁情况体现：火灾发生后，随着火势的发展蔓延，现场中的各种物体受火灾作用的影响呈现出一定的变化特点和方向性，也就是火灾的蔓延痕迹。这种痕迹一般呈现出先烧的重、后烧的轻的形貌特征，以蔓延途径上可燃物的烧毁程度表明火是从重的一侧向轻的一侧蔓延，燃烧较重的地方往往就是起火点。

(2) 从物体的倒塌状况体现：室内火灾现场常常伴随着桌椅橱柜等陈设物被烧毁时，因失去平衡和支撑，向迎火面方向坍塌的痕迹，这些物品的支撑腿被烧后呈下低上高斜坡状，表明低点方向是起火点，反映出火灾蔓延方向性的痕迹特征。

(3) 从物体的痕迹上体现：在建筑火灾现场上常见的几种痕迹，均反映出方向性的规律，如，烟熏痕迹，不仅在室内的墙壁上、屋顶结构上附着有烟迹流动方向的痕迹，而且在建筑物门窗的孔洞上、墙壁外侧上部，往往呈现烟迹中间区域浓黑，两侧浅的特点，显示出中间重并向两侧延伸渐轻的迹象。建筑物铝合金窗框的受热烧毁状况，一般也呈现中间严重并向两侧延伸渐轻的迹象，烧毁严重区域造成烧熔，周围呈现变形，更轻微的只是变色。钢窗框受热后同样显示出中间重向两侧延伸逐渐减轻的迹象：中间区域严重变形，周围轻微变形或是变色。根据烧毁的严重程度可以判断起火点的位置。

2. 灰层痕迹具有层次性　可燃物燃烧的先后顺序，形成了起火点的灰层与非起火点的灰层差异。由于室内起火点所处的位置不同，随着燃烧发生的时间差、位置差和温度差的变化，便形成了不同的灰层。

如果起火点在下层，可燃物燃烧产生的炭灰便掉落在地面上，形成小面积的炭灰层。火势的继续发展、温度的升高，导致热气流向上扩散的速度比下部水平方向蔓延的速度快，在相同的燃烧时间内，上部受热的面积大于下部燃烧的面积，出现上部大、下部小的火势燃烧态势，使上部烧毁的陈设或结构的炭灰瓦砾部分掉落在下部起火点的炭灰层上，而大于起火点范围的炭灰瓦砾便掉落在地面上，于是便形成了起火点与非起火点炭灰层的分界。

起火点炭灰层按其自下而上排列依次为：地面层 - 灰层 - 瓦砾层；非起火点炭灰层按其自下而上排列依次为：地面层 - 瓦砾层 - 炭灰层。从灰层自下而上自然形成的排列中可以看出，起火点与非起火点之间灰层的区别就在第二层，起火点是炭灰层，而非起火点是瓦砾层。

如果起火点位于空间一定的高度，应对地面上炭灰层的层次进行具体分析，仔细识别地面层上灰层的灰质，判定是上部哪个部位的物品最先起火烧毁的，以灰质作为线索，查证起火前陈设装饰的位置和材质，顺藤摸瓜，以准确查找起火点。

3. 空间痕迹具有交叉性　处于室内高位火点的火势蔓延，火势从起火点出发，由点向面沿着各种物体的表面向周边空间扩展延伸。起火痕迹围绕起火点的有限空间向各个方向辐射延伸，纵横交错，呈现立体交叉状，形成立体交叉痕迹。

4. 起火痕迹具有聚集性　起火痕迹是伴随着火势从起火点向外伸延的，其痕迹的源头位于起火点。现场上常见的烟熏、炭化、灰化、蔓延、坍塌、爆裂、变形、熔融痕迹及灰层痕迹、V 形痕迹等，以起火点为中心聚集在起火点的周边，构成了起火痕迹的群体。起火痕迹群体既显示了起火的迹象，也证实起火点的位置，是现场勘验中发现、识别和认定起火点的依据。

（四）注意事项

1. 查看损毁财物　勘验人员要注意从残留物和灰烬中检查原物是否缺少，与事主核对有无财物损失。检查办公桌、文件柜、保险箱及家具是否有撬压痕迹，物品是否有翻动的痕迹，查明何种物品丢失，丢失物品的数量、种类及特征，便于侦查人员的侦查，并注意比对现场状况是否与当事人叙述一致，以及当事人对起火案件的态度。

2. 查找引火物品　在清理燃烧的灰烬中，仔细寻找引火物的残体。要特别注意在火场周围及起火点的灰烬中检查带有纵火痕迹或能够起火的物品（引火物），如干柴、干草、废纸、木屑、火柴、香烟头等。另外，还应注意是否有盛装可燃物质（如汽油、煤油、柴油等）的容器。

3. 查明起火时间　起火时间和放火时间不一定相同，前者是指起火物发出明火的时间，而后者是指物质被点燃或放置引火物的时间。大多数放火案件中，都是在犯罪成功实施后放火，隔一段时间才被发现起火，再加上一些犯罪嫌疑人放火时使用了延时的手段。所以准确确定放火时间比较困难。这就要求根据现场起火物质的种类、性质、数量及燃烧情况，按照起火时间到放火时间逆向推断。

4. 信息审查　对证人和当事人的调查访问信息对放火案件的重现起到重要的作用。但由于被调查人可能提供与客观事实不符的信息，从而误导案件的定性，因此要注意审查调查访问信息。被调查人提供与事实不符的信息，主要有两种可能：一是证人或当事人故意隐瞒事实真相；二是证人主观上愿意揭发事实真相，但其对事实的描述与客观事实不符。这就要了解被调查人与案件是否有利害关系，起火后的行为是否反常，必要时调查其是否有作案时间。

总之，放火案件有其特定的规律性。要特别注意收集现场证据，并积极进行相关实验室检查。在火场勘验后，应通过对现场物证的提取化验、调查访问、监控录像资料、模拟画像、图像处理并结合周围群众的反映情况等进行综合分析推理，实现传统手段与现代科技的结合，不断剖析放火人的心理，探讨犯罪动机，划定放火嫌疑人的范围，确定侦查方向，及时侦破案件。

二、现场尸体的检验

（一）尸体的位置、姿势及周围现场情况

根据尸体所在的位置和姿势，可分析被害人死前的状态及心理表现。如尸体趴在门口、墙角或某些物体下，说明被害人有求生的欲望，这说明案件性质自杀可能性小，意外或他杀可能性大。另外，还要分析被害人生前未爬出去的原因，是受伤爬不出去，门被锁住出不去，还是爬到门口被烧死。

（二）被害人衣物烧灼情况

认真检查衣服残片（图 10-2）情况，不仅可以为认定被害人的身份提供依据，还可以分析死前的穿着，如睡眠状态可能穿着睡衣，或极少的衣物。注意被害人衣物上是否有助燃物成分，并观察助燃物所在的部位，推断助燃物是怎样进入现场和被害人身上的，为现场重现做好铺垫。

图 10-2　被害人衣物残片

（三）确定是生前烧死还是死后焚尸

鉴别生前烧死还是死后焚尸，明确死亡原因，确定死亡方式是法医勘验的重要工作。火场内死亡的人员除了燃烧的热作用外，还可能是窒息、中毒死亡，也有可能因机械性损伤而造成的死亡（如建筑物倒塌造成的钝性暴力打击，或高坠等情况）。烧伤程度严重的伤者，经过几个小时或者更长的时间，可因并发症死亡，如继发低血容量性休克、器官衰竭或者感染等。

在鉴别生前烧死还是死后焚尸时，主要观察尸体上有无局部或者全身生活反应。仔细检查体表皮肤各种程度的烧伤（如红斑、水疱、坏死等）（图 10-3），注意有无炎症反应。死后形成的水疱液体较少，大部分为气体，且液体内蛋白质含量低，白细胞少或者无。对于肉眼鉴别有困难的，可应用免疫组织化学方法或者测量烧伤组织周围酶的活性或组胺的含量来辅助诊断。常用来检测的酶有酸性或碱性磷酸酶，肺特异性酯酶等；如果酶的浓度升高，常提示生前烧死。

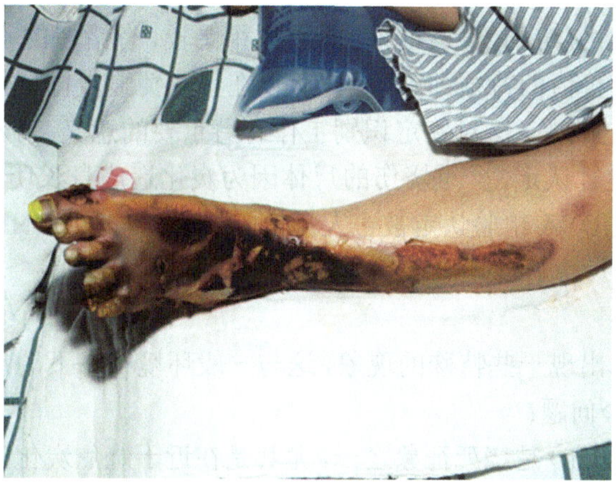

图 10-3　体表皮肤烧伤

在火灾的高温环境中，灼烧的空气、蒸汽、刺激性气体及大量的烟雾随呼吸进入呼吸道，从而引起呼吸道烧伤改变，称为热作用呼吸道综合征。此特殊征象说明火灾发生时，被害人尚有呼吸能力，为生前烧伤所特有，是区别生前烧死与死后焚尸的主要依据。尸体检查可发现：有时烟灰与炭末沉积于呼吸道（如口、鼻、咽喉、气管、支气管）黏膜表面，有时与黏液混合形成黑色线条状黏痰，量多时可充满整个呼吸道；会厌、喉头等黏膜充血水肿；咽喉、气管及支气管黏膜充血水肿、出血、坏死，有时可见水疱形成，严重者上述部位黏膜坏死，形成白喉样假膜，容易剥离。在湿度较高的火灾环境中，吸入蒸汽引起的呼吸道烧伤要相对严重。镜下可见上呼吸道黏膜血管扩张淤血，黏膜上皮细胞肿胀变性，可脱落至管腔；严重者黏膜上皮细胞坏死，与纤维素、白细胞及红细胞组成假膜，紧贴于管壁，或脱落形成浅表溃疡，残留的上皮细胞核变细长，呈栅栏状排列；黏膜腺体分泌亢进，黏膜下层水肿、淤血，原纵形排列的弹力纤维呈不规则状或者网状。电镜下可见呼吸道黏膜上皮纤毛呈瘤样结构，表面不平，纤毛顶端呈镰刀状弯曲，杯状细胞膨胀破坏。

（四）损伤情况及案件性质的确定

尸体检验时一定要注意有无烧伤以外的其他损伤。尸检时不仅要认真检查体表，还应认真检验皮下、肌肉等软组织及内脏损伤情况。因为在烧伤比较严重的情况下，体表的一些损伤，特别是表皮剥脱及皮下出血往往被烧伤掩盖，但体表损伤造成的皮下肌肉等软组织血肿及内脏出血、破裂却可以通过解剖检查发现。所以一定要解剖，而且应分层解剖，并拍照记录一些阳性发现。不仅要注意检验有无烧伤以外的损伤，还应检验是否有烧伤以外的其他手段致死，不管是自杀、他杀，还是意外的情况。如有的自杀者往往先采取自伤、窒息或服毒等手段，在先前的自杀失败后才引火自焚；他杀者往往将被害人杀死或者致被害人昏迷后又纵火，通过焚尸毁灭证据，或伪装现场意外失火以掩盖犯罪事实。

对于自焚的尸体，一定要细致检验才能认定。其割腕、刎颈的行为一定要分析是否自己形成，以防定性失误。意外起火导致死亡的多为老人、小孩、体弱多病、癫痫发作或醉酒状态者，因其无能力自救或逃离火场而被烧死。

单纯利用放火进行他杀的案件极其少见，而利用焚尸方式掩盖杀人罪行的方式则较多。单纯以焚烧为手段杀人的案件，仅依靠尸体检验无法认定案件性质，只有结合案情调查、现场勘验、实验室的相关物证检测等信息综合评定，才能得出准确的结论。他杀后焚尸常留有他杀的痕迹或物证，比如机械性损伤、机械性窒息的尸体征象，血液或组织中毒物的检出，现场作案工具、残留的毒药等。死后焚尸的情况，一般尸体周围焚烧严重，现场多经过伪装，且尸体解剖无生前烧伤的征象。有些情况很难确定死亡方式，常见的机械性窒息所致死亡征象或者某些钝器伤的特征，完全可以因为焚烧而破坏消失，这时应更加积极、细致的检查，怀疑机械性窒息的情况下应仔细检查舌骨和甲状软骨。

（五）个体识别

焚毁炭化尸体的法医学鉴定与一般性烧死的尸体相比较，有诸多的不同，除了不易被焚毁的金属外，基本上把尸体有鉴定价值的特征都破坏了，所以在鉴定焚毁炭化尸体前，要尽可能地收集尸体上仅存的个体特征和附着的物品，这对鉴定识别工作有着重要的意义。轻度焚化的尸体可以通过衣着、身高及其他体表特征进行认定，严重烧伤的尸体因为炭化造成身长明显缩短，要结合牙齿、骨骼等比对检验，并进行实验室DNA检验认定被害人身份，若无法提取到DNA等信息，可以采用颅像重合技术来确定被害人身源。

（六）注意事项

由于高温作用，尸体会出现一些特殊的现象，这与一般环境状态下的尸体现象有所区别，在认定火灾性质时应注意以下几个问题：

1．皮肤皲裂（chapped skin）是烧死征象之一，尤其是在近于烧焦炭化的尸体上，皮肤的皲裂应与锐器伤相鉴别，皲裂表现为高温使皮肤凝固收缩，形成与皮下组织分离绽裂，多呈直线或弧形，走向多与皮纹一致，不要将此种皮肤开裂现象误认为切创或砍创。

2．在肌肉遇高热而凝固收缩时，由于屈肌较伸肌发达，所以屈肌收缩较伸肌强，四肢常呈屈曲状，类似于拳击手在比赛中的防守状态，故称“拳斗姿势”。拳斗姿势不能用来鉴别生前烧死或死后焚尸，在死后焚尸也可以形成。

3．硬脑膜外热血肿应该与外伤性硬脑膜外血肿相区别。头部受火焰高温作用，脑及硬脑膜受热凝固收缩，与颅骨内板分离形成间隙，同时硬脑膜血管及颅骨板障血管破裂，溢出的血液聚集于该间隙而形成血肿，即硬脑膜外热血肿。

4．尸体表面呈樱桃红色的尸斑，不能作为认定一氧化碳中毒死亡的原因。火场空气中的一氧化碳可以通过皮肤与皮肤和皮下组织血管内的血液形成碳氧血红蛋白，进而形成樱桃红色的尸斑。因此，对于火灾中死亡的尸体，必须对心血做碳氧血红蛋白浓度检测，以明确是否为一氧化碳中毒死亡。

第三节　放火案件的物证提取与现场重现

一、放火案件物证的发现与提取

放火物证，是现场中能够客观、真实地反映案件发生的原因及火灾蔓延规律等情况的实物证据。正确掌握火灾现场物证的提取，有利于客观、科学地分析火灾发生、发展的规律及认定火灾事故发生的原因。

（一）现场生物检材的发现提取

对于火灾事故程度不太严重的现场，要及时全面的提取生物检材，避免现场再次扑救造成的物证遗失和污染，尤其要注意现场出入口是否遗留有作案用的工具、手套、痕迹及毛发等，查看是否有血迹及嫌疑人的脱落细胞成分。对于焚烧严重的现场，一定要注意隐蔽部位的物证收集，人体组织由于高温炭化作用会影响DNA的检出，因此要收集骨骼、牙齿及深部组织进行检验。

（二）引火物品的发现提取

参与现场勘验的法医在起火点附近要注意搜集各种引火物，除了打火机、火柴盒、火柴梗、烟头等物品外，还要注意发现装过助燃剂的容器。有时犯罪嫌疑人利用现场的条件放火，比如电炉、煤气灶等，这时要检查起火点及其附近是否存在异常的物品，必要时可以提取到实验室进行助燃剂的检测。有些懂得专业知识的犯罪嫌疑人，往往采用生活中不常用的易燃液体作为助燃剂，如轮胎厂的硅油保护剂，电路板厂的丙酮清洗液等。

把助燃剂泼洒在地面或者现场物品上是最常见的放火方式，大量助燃剂浸入地面，从裂缝内能够提取到可以检测的助燃剂。火灾后使瓷砖、水泥地面表面烧酥炸裂，在完整的地面有时会形成液体流淌的晕状图案，仔细观察还可以看到水泥或者瓷砖釉面与胚体层的剥离。实践证明，利用助燃剂放火的条件，由于助燃剂渗透力强，渗透速度快等特点，在短时间内可以渗透到地面及地板的缝隙，这样可以采用“掘地取证法”，采取地面一定深度的材料进行实验室检测。有特殊气味的现场，如煤油、汽油、柴油、硫磺、硝化纤维素等，应采集现场空气、被害人残留的衣物及现场灰烬，以备化验。

（三）气体物证的发现提取

气体物证包括三类，分别是无机物气体、蒸汽和气溶胶。无机物气体包括一氧化碳、氯气等。蒸气是由低沸点及低熔点的液态和固态物质挥发形成，存在于空气中，如液态苯、乙醚以及固态的酚、萘等熔点很低的化学物质。气溶胶是以固体、液体微小颗粒分散在空气中的分散体系，其以雾、烟、尘的形式存在于空气中。对以上气体物证可以采用抽气法、真空瓶法、置换法、静电沉降法提取，提取后应及时送检。

（四）液态物证的发现提取

液体物证指火灾现场中存在的汽油、煤油、柴油、乙醇、丙酮等易燃或可燃液体。液体物质具有挥发性、流动性、渗透性。因而决定了液态物质燃烧的特点是速度快、燃烧面广，并且在燃烧的地方会留下痕迹。

对于汽油、柴油、煤油等油类这种分子量大的液体，由于液体燃烧时的重质分子可分离出游离碳和液体的渗透性，烧余的残渣和少量的碳粒会牢固地吸附在地面，虽然水泥、水磨石、大理石地面不会燃烧，但是液体浸到之处燃烧后的痕迹仍清晰可见。乙醇、乙醚因含碳量少且挥发性强，在水泥等一类不燃的水平面上，燃烧后不易留下这一类痕迹。

液态物证应注意提取浸渍在纤维、砖瓦、泥土等中间的液态物证。注意检查家具的下面和侧面、地毯、床垫、地板裂缝和接缝处，以及救火后形成的死水，各种盛放液体的容器等。

（五）固态物证的提取发现

由于固态物证的形状、颜色、气味、质量及组成等物理和化学性质都可能对火灾原因有证明作用，故取样时应尽量保持物证的原样，不能损坏。做到轻拿轻放，妥善保存。如果怀疑是放火工具或用品时，注意不要碰破；为避免留下自己的指纹和擦掉上面原有的指纹，应戴上手套拿取。

二、放火案件的现场重现

通过对火场周围环境的勘验，了解火场的位置、周围的道路、院墙、相邻的建筑物，从中判断犯罪嫌疑人实施犯罪的路线。

1. 放火案件中心现场周围的勘验　注意在火场周围发现可疑的痕迹及其他物证。如攀登围墙时蹬蹭的痕迹、现场周围的交通工具、抛弃的赃物、犯罪嫌疑人遗弃的衣物、照明工具、点火工具、易燃物及包装物、地面可疑足迹等。由于存在犯罪嫌疑人没有直接到起火点放火，而是利用现场的环境条件将引火物点燃后抛至起火点处，因此对那些不被人们重视的开口、孔洞、窗户也要进行认真的勘验和检查，从而确定犯罪过程，为现场的重现打下基础。

2. 现场尸体的原始状态 在纵火现场内常常会发现被燃烧的尸体。在一些犯罪过程中，犯罪嫌疑人为掩盖犯罪事实，逃避法律惩罚而焚尸灭迹。因此必须仔细勘验尸体周围的情况，详细询问消防人员发现尸体时的原始状态，尸体移动情况等，并详细记录与尸体周围物体的联系等。了解尸体的原始状态有助于现场分析和重现工作。

3. 放火现场的出入道勘验 放火现场的出入道勘验对判断案件性质很重要。首先确定门锁是否有燃烧前形成的撬、撞、砸等痕迹。尽管在燃烧中可能会烧坏门锁，只要门边门框的炭化层未脱落，撬压等痕迹依然会存在。通过检验门的合叶，也可了解燃烧时门的开闭状态。根据窗户的插销、锁扣是否为关闭状态，玻璃是否有被打击形成的碎片（因玻璃被火烧后形成炸裂，裂纹从边角开始，裂纹少时呈树枝状，裂纹多时呈龟裂纹状，落地碎片边缘不齐多呈圆形钝角。而打击的玻璃以击点为中心，裂纹呈散射状，形成四周伸展的裂纹，落下的碎片呈锐角状，边缘整齐平直），确定出入道痕迹。

4. 起火点的勘验 起火点的确定是案件重现的重点，它是指火灾现场中最先开始起火的具体地点。实践证明，起火点是认定案件性质的出发点和立足点，及时准确判定起火点更是现场勘验工作的核心，是案件侦破工作的重要基础。放火案现场的勘验较之其他犯罪案件难度更大，放火者为了加速火灾的形成，往往采取多处点火或多个房间分别点火，这就构成了多处起火点。通常由于燃烧和抢救火灾，现场均遭到严重的破坏，但如果仔细寻找，仍然可以发现犯罪痕迹。

5. 现场物品的勘验 现场物品的变动情况也是现场重现分析的基础，在勘验时还要注意以下几点：放火现场区域或室内有无与火前不同的迹象；家具与物品是否还在原始位置；柜门抽屉是否开启；物品是否被翻乱；物品是否丢失；从现场残留物和灰烬中检查原物品是否缺少。还要注意账簿、单据是被烧毁还是丢失。

此外对于人员伤亡的案件，一定要进行系统规范的尸体检查。特别要注意检查烧伤以外的其他损伤，判断生前烧死还是死后焚尸，根据损伤特征推断致伤物，要注意判断案件的性质。对他杀性死亡案件，需进一步刻画犯罪嫌疑人的特征，确定侦查范围和方向。

案例：

某年冬天早晨，某男称其妻子昨天在家中触电导致入院救治，事主称需要向民警求助，需要勘验现场。

（一）现场勘验

现场为单家独户，四周为民宅区。起火现场被严重破坏，救火时将床上棉被、衣服移到客厅地面上，其他地方未见暴力破坏痕迹，住宅周围未见攀爬痕迹，住宅内未发现被盗窃、被破坏痕迹物证。

起火房间面积约 2.7m × 3m，房门向西靠南墙，房内西北角摆放一张 1.5m 大小的木床，床头向北（床尾在救火时，被人向东侧挪移），木床上有床垫、床罩，在床尾中部床木架与床垫结合位置发现衣服燃烧残留物，在残留物上发现衣服拉链等物品，在该残留物两侧床垫上发现燃烧痕迹；在床垫东侧靠南、西侧靠南侧边发现燃烧痕迹；在床尾发现一个接线板，长 1.65m，接线板插电端发现烧熔痕迹，电线上发现两处燃烧裸露痕迹，未发现明显短路痕迹，接线板插头端插在墙上固定插座上，固定插座离地 1.35m，床高 0.5m。床上挂有蚊帐，蚊帐未挂起，床尾对应位置有燃烧痕迹，上有明显烟熏痕迹，其他地方未发现明显烟熏痕迹。房内北墙靠东放一个衣柜，东侧放有书桌，其上未见可疑痕迹。

在客厅内有一张棉被及大量衣服，棉被正面有燃烧痕迹，范围 1m × 0.8m，反面未见燃烧痕迹。三件衣服有燃烧痕迹。

其他地方未见可疑痕迹。

（二）伤者法医临床检查结果

1. 伤者身上未见外在暴力性损伤，未见扼颈、捂口鼻等痕迹，眼睑未见出血点，身上无电流斑。

2. 伤者双脚发现灼烫伤痕。

伤者法医毒物分析结果

对伤者血进行常规毒物、地西泮检测、毒品检测、一氧化碳检测，碳氧血红蛋白浓度为6%，其他检测结果均为阴性。

（三）分析意见

1. 起火点位于床尾中部：①该处有衣服燃烧残留物；②该处对应蚊帐有燃烧痕迹及明显烟熏痕迹；③该处发现火势向两侧蔓延的痕迹。

2. 燃烧形式为阴燃：①未见大范围明火燃烧痕迹；②除床尾处蚊帐外，其他位置的蚊帐未见燃烧及烟熏痕迹；③棉被上为表面过火蔓延痕迹，未见明火燃烧痕迹；④事主反映未见明火。

（四）燃烧过程时间

发现起火时已经燃烧了一段时间：①燃烧形式为阴燃；②床垫上发现阴燃形成过火线路，线路长而狭窄；③棉被表面过火，而棉花难以形成明火燃烧且燃烧速度较慢。

（五）损伤成因

烧伤成因：伤者双脚烧伤，其他地方未见烧伤，因而烧伤不是致命伤；而根据烧伤表面反映，双脚烧伤为热辐射形成的灼烫伤。

伤者昏迷成因：①一氧化碳中毒可以致昏迷，血液中碳氧血红蛋白含量为6%，由于抢救输液、供氧及伤者自身缓解，可以降低碳氧血红蛋白含量，因此，伤者原来碳氧血红蛋白含量高于6%，可使伤者昏迷；②电击可致昏迷，但伤者身上未发现电流斑，需进一步检验；③根据化验结果，排除安眠药、毒品、毒物致昏迷，排除扼颈、捂口鼻等致昏迷。

（六）接线板燃烧成因

接线板插电端为热辐射形成的塑料熔化，未见燃烧痕迹，接线板插电端内部未打开检验，需进一步检验。排座电线发现两处燃烧裸露痕迹，未发现铜线短路形成的熔珠痕迹。

（七）是否有他人行为

未发现他人行为：①伤者身上未发现他人行为的损伤；②未发现明显明火点火痕迹，无助燃剂燃烧痕迹。

（八）一氧化碳中毒成因

1. 与人自身抵抗能力有关，不同人一氧化碳中毒致昏含量不同。

2. 与人所在位置有关。一氧化碳比空气轻，含量浓度从顶部往下扩散，随热气流移动，因此在床边人员会先一步吸入一氧化碳；小孩头部周围的衣服、棉被可以阻挡或过滤一氧化碳吸入；起火现场形成的温度不高，会影响一氧化碳的扩散；床跟与床边可以产生冷热气流层，阻挡一氧化碳流动；现场蚊帐会影响气流流通。

3. 起火现场产生一氧化碳能否快速增加。①现场衣服燃烧、床垫泡沫燃烧可产生大量一氧化碳，棉被燃烧不能产生大量一氧化碳；②阴燃现场不能大量产生一氧化碳。

（九）起火过程

接线板漏电使床上衣服燃烧，火势向床垫、棉被蔓延，产生一氧化碳致伤者昏迷，棉被进一步燃烧致伤者双脚产生灼烫伤。

（权　力　程海鹰）

思考题

1. 放火案件现场勘验中，应当注意提取哪些痕迹物证？
2. 放火案件的尸体检验时应当注意哪些问题？
3. 试述放火案件现场勘验与重现的原则。

第十一章 分尸案与未知名尸体案件的现场勘验

随着社会经济的发展，交通越来越便利，人口的流动也越来越多，随之而来的是城市治安管理的问题。据不完全统计，近年来上海公安法医在平日的尸体检验鉴定工作中，未知名尸体的数量约占整体检验量的五分之一，刑事案件、非正常死亡案件，特别是分尸案件呈明显上升趋势（图 11-1）。在这些案件中由于被害人身份不明，调查访问中涉及被害人背景资料和社会关系的内容会出现空白，往往使案件的侦办陷入僵局。此时，亟待现场法医解决的就是被害人个体识别的问题。本章节主要介绍一般未知名尸体案件和杀人分尸案件的现场勘验和主要工作内容。

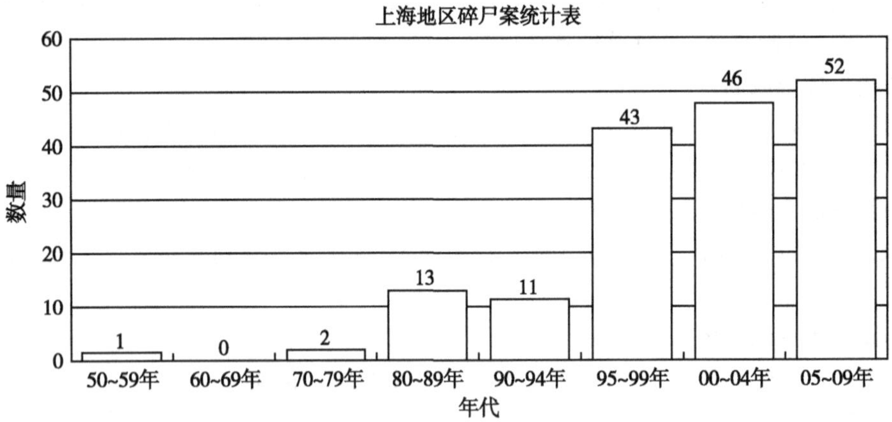

图 11-1 上海地区各年代分尸案统计表

第一节 未知名尸体的现场勘验

未知名尸体依据其尸体体貌是否完整可分为两大类。对于体貌特征完整的未知名尸体，其法医学检验要求除法医人类学个体识别工作内容外，其他操作程序和要求与一般已知名命案尸体的检验要求差异不大；而对于另一类尸体完整性被人为破坏的案件（即分尸案件），按一般的已知名命案尸体的检验方法已无法解决个体识别的相关问题，给法医学检验造成极大困难，故其检验程序和工作要求有一定特殊性。

一、未知名尸体的概念

传统上，法医和侦查人员习惯将案发当时暂不知姓名又一时无人认领，不能确定身份的尸体统称为无名尸体。但实际上这类尸体并非被害人本身无姓名，为了规范公安机关调查该类尸体身份工作，充分发挥尸体信息在侦查破案和社会服务中的作用，目前公安部刑事侦查局已协调全国各级公安机关，统一将原称谓的无名尸体规范称为未知名尸体，即指尸体被发现后、经调查暂不能确认身份的尸体（包括尸块、尸骨）。同时制定了未知名尸体勘验信息登记表等规范化的处置文件（表 11-1）。

表 11-1　未知名尸体勘验信息登记表

* 填表单位（盖章）：

<table>
<tr><td colspan="8">编号：W[ ][ ][ ][ ][ ][ ]-[ ][ ][ ][ ][ ][ ]-[ ][ ][ ][ ][ ][ ]-[ ][ ][ ][ ]</td></tr>
<tr><td>* 勘验时间</td><td colspan="3">年　月　日　时　分</td><td>* 勘验单位</td><td colspan="3"></td></tr>
<tr><td>* 勘验人</td><td colspan="3"></td><td>* 联系电话</td><td colspan="3"></td></tr>
<tr><td>* 衣着情况</td><td colspan="7"></td></tr>
<tr><td>随身物品</td><td colspan="7">名称 / 规格型号 / 颜色 / 数量 / 特征 / 式样 / 成色</td></tr>
<tr><td>* 尸体完整度</td><td colspan="2">完整○　尸块○</td><td colspan="2">* 尸体腐败度</td><td colspan="3">新鲜○　腐败○　白骨化○</td></tr>
<tr><td>* 性别</td><td colspan="2">男○　女○　未知○</td><td colspan="2">* 出生日期推断</td><td colspan="3">年　月　日至　年　月　日</td></tr>
<tr><td>尸长</td><td>cm</td><td>体型</td><td colspan="2"></td><td>* 血型</td><td colspan="2">A○　B○　AB○　O○</td></tr>
<tr><td>足长</td><td>mm</td><td>脸型</td><td colspan="2"></td><td>*DNA 检验</td><td colspan="2">是○　否○</td></tr>
<tr><td>DNA 编号</td><td colspan="7"></td></tr>
<tr><td>发长</td><td>cm</td><td>头发特征</td><td colspan="5"></td></tr>
<tr><td>指纹编号</td><td colspan="7"></td></tr>
<tr><td>牙齿特征</td><td colspan="7">部位 / 方位 / 特征</td></tr>
<tr><td>解剖发现情况</td><td colspan="7">部位 / 特征 / 推断原因</td></tr>
<tr><td>生物检材情况</td><td colspan="7">名称 / 特征 / 说明</td></tr>
<tr><td>体表标记</td><td colspan="7">部位 / 方位 / 数量 / 名称</td></tr>
<tr><td>盛装物及其他明显特征</td><td colspan="7"></td></tr>
<tr><td>* 死亡性质</td><td colspan="4">自杀○　他杀○　意外○　自然○　其他○</td><td>推断尸源地区</td><td colspan="2"></td></tr>
<tr><td>* 死亡原因</td><td colspan="4"></td><td>推断尸体身份</td><td colspan="2"></td></tr>
<tr><td>* 死亡时间</td><td colspan="7">年　月　日　时至　年　月　日　时</td></tr>
<tr><td colspan="2">衣着及随身物品保管单位</td><td colspan="3"></td><td>保管人</td><td colspan="2"></td></tr>
<tr><td>* 填表人</td><td></td><td>* 填表时间</td><td colspan="2">年　月　日</td><td>* 审批人</td><td colspan="2"></td></tr>
<tr><td>备注</td><td colspan="7"></td></tr>
</table>

※ 未知名尸体照片附后。

二、未知名尸体检验的目的与任务

调查未知名尸体身份工作的内容和目标是公安机关按照相关工作要求，对发现的未知名尸体身份进行调查，并依托信息网络和计算机技术，对未知名尸体有关信息进行收集管理、查询比对和综合应用，以尽快查明未知名尸体的真实身份。因此，法医在未知名尸体现场勘验和尸体检验中除了要解决一般尸体解剖应解决的问题外，应重点关注其个体特征、随身物品和现场物证等，为查找尸源及认定被害人身份提供线索和证据。

三、未知名尸体现场勘验的重点

（一）注意现场与尸体相关的细节

现场重点注意尸体所处环境、位置，确定是否原始现场。在翻动尸体前要充分观察并照录像固定：尸体及衣物等原始状态；现场血迹的分布情况；现场有无拖拉痕迹；尸体衣着或皮肤有无拖拉形成的痕迹或损伤；尸斑、尸僵的形成情况与所处的体位是否一致；现场尸体体位与身上血液、体液等流注情况是否一致等。结合具体案事件综合分析判断，如存在移尸可能时应考虑接触部位的痕迹、物证等采集。

（二）尸体衣着及随身遗留物品的检验

详细检查、记录并照录像固定衣着服饰特征及随身所带物品，尽可能发现与被害人身份有关的线索。对未知名尸体衣着及随身物品的检查，要注意色泽、款式、图案、商标、型号等的描述和记录。注意观察衣着所附痕迹、卫生状况、破损情况，并分析新鲜或陈旧性破损；区分钝器、锐器或火器类工具所造成的衣着损伤。结合尸体损伤综合分析，对判断被害人的经济状况或社会阶层有一定帮助，也可为侦查部门提供侦查、追踪线索。发现其随身物品应及时反馈，以甄别所含信息的真实性和关联性等。

（三）尸体检验

尸体检验重点检查尸体外表的个体特征，照录像固定被害人的面部和全身。包括性别、身长、肤色、体型、体重、营养及发育、畸形、残疾等；头部如发型、发长、发色等特点、脸型、胡须、口唇外形及口腔内状况（齿列、龋齿和义齿以及牙齿的磨耗程度等）；颜面、乳房等器官有无整容；手足的职业特点、指甲长短和形状；眉、唇、甲的修饰和染色；皮肤文身（部位、图案、颜色等）、瘢痕（部位、形状、数量等）；及其他病理改变及卫生状况。对于女性被害人要注意观察是否有受性侵害的损伤和痕迹，观察处女膜、妊娠等情况。记录时应注意部位、色泽、大小及形态特征等的描述。常规尸检时应特别注意胃内容物的种类、性状、含量及消化程度，既有助于死亡时间推断，又可帮助分析被害人饮食习惯，从而提供给侦查部门调查访问被害人死前一段时间的活动状态。同时还需要观察内脏器官有无医源性改变，如胆囊、阑尾切除等。

（四）提取检材并及时送检

提取必要的检材进行实验室检查。目前国内常用的认定或比对身份信息的系统包括DNA测定比对和指纹比对，因此在未知名尸体检验时切要提取被害人的血液（腐败尸体可提取肋软骨、骨骼等）并捺取指掌纹以供备查。必要时可提取尸体随身附着物及现场痕迹等进行微量物证检验。死因分析时要提取被害人心血、胃及其内容物、尿液等进行毒化检验。需要进行人类学检查判断年龄的，应提取耻骨联合、胸骨、长骨等进一步处理后观察推断。

（五）综合分析

根据案情调查、现场勘验、尸体检验和实验室检验等作综合分析以判断案件性质，提出个体识别的依据、确定死亡原因、推测被害人的年龄和死亡时间等。

第二节　分尸案件的现场勘验

尸体受外力作用而被分解成两部分以上，称为分尸或肢体离断。既可见于刑事犯罪案件，亦可见于意外事故，如工伤及交通事故，以及地震、洪涝等意外灾害。少见于动物对尸体的毁坏、水中尸体被船只螺旋桨切削等所致的分尸块、偶有被抛的医源性截肢或组织块。刑事案件中，犯罪嫌疑人杀人后为掩盖或毁灭犯罪证据而移尸灭迹所致的分尸，称为杀人分尸案，俗称分尸案，是法医检验的主要内容。

一、杀人分尸案检验的目的和任务

（一）种属鉴定

到达杀人分尸现场后首先要确定所发现的分尸块是否为人的肢体和组织器官。发现较大尸块或较完整的人体肢段（如头、颈、躯干、手、足），根据其解剖特征可以确定；如果是组织块，难以确定是否人体组织，则需进行抗人抗体的免疫组化和组织匀浆抗人血清沉淀反应、生物物证检验等加以识别。

（二）同一尸源认定

对发现的分尸块要判断是否都是同一人体。检验时要注意断端吻合情况，衔接是否完整，有无重复部位等，综合分析是否同一个体。实际检案中要做到每块尸块都提取足够检材以备生物物证检验。

（三）个体识别

注意观察尸块上的个体特征信息，包括体型、体重、营养及发育状况、容貌特点、皮肤颜色及性状（对性别、年龄的分析有帮助）和其他生理病理改变及种类与分布特点，饰物的类型和特征，尸体及衣物的卫生状况等。根据骨骼发育情况可推断个体的性别、年龄、身高等，牙齿磨耗等的特点有助于判断个体的年龄、食物种类、咀嚼习惯等。

（四）确定死亡原因和死亡方式

对尸块检查，要注意寻找生前暴力损伤的证据，特别留意有助死因判断的死亡征象，如机械性窒息常见的体表局部特征和伴随的内部征象，如心肺出血点及器官脏器的淤血改变，同时应收集相关检材进行毒物化验，女性尸块要注意乳房和生殖器的检查。分尸案以他杀案件多见，但也须留意有其他死亡方式的可能。

（五）推测死亡时间和分尸时间

1. 死亡时间的推断　死亡时间推断对缩小侦查范围极为重要，一般主要根据尸体现象、胃内容物消化程度。有一点需要注意的是，分尸后，各部分尸块可能因处理方式不同、部位不同（躯干或四肢），以及丢弃尸块所处环境不同，而造成腐败程度存在差异，应结合抛弃尸块的自然环境、尸块包装等情况全面分析后，推断出死亡时间。

2. 分尸时间的推断　分尸时间的推断主要根据尸体现象，观察断端软组织收缩情况等进行推断。死后不久就被分尸的尸块，由于肌肉、皮肤还存在超生反应，使断端软组织发生不同程度收缩，引起断面不齐和骨骼外露。死后立即分尸的，由于血液还有微弱的凝血作用，因此可见少许血凝块黏附。死后经较长时间分尸的，则以上改变不明显。如果在尸斑的扩散期分尸，由于尸斑的连续性及稳定性，分尸后即使变动尸块，仍能保留原尸体放置体位的特征。如果断端两侧的腐败血管网出现程度和分布有连续性，分尸的时间夏天约在死后24小时，春秋天约48小时，冬天5～7天，还要考虑南北地区的气候差别的影响。

（六）推断分尸手法、分尸目的及分尸工具

通过对被害人的分析判断来刻画犯罪嫌疑人：分尸手法是对犯罪嫌疑人分尸部位的选择、分尸工具的选择及使用分尸工具的熟练程度而言。分尸手法与犯罪嫌疑人的生活习惯、从事职业以及对人体结构知识的了解有关。随着全民文化教育程度的普及，对人体生理结构的了解甚至熟知的人群越来越多，特别是从事宰杀动物、厨师以及从事体育运动或医疗行业的人，分尸时越容易表现出其自身特点。分尸手法熟练一般表现在准确选择关节部位解离尸体，采用轻便薄刃锐器，断面干净利落，不损伤骨质和骨关节面等方面。如一起分尸案件中对被害人踝关节处的水平环切的手法，反映出屠宰工人对猪蹄处理的职业特征（图11-2）。

也应注意有些犯罪嫌疑人对人体解剖结构了解不多，但使用工具熟练，如装修工人，对生理解剖结构可能不太了解，但由于其擅长使用切割机、锯等专业工具，分尸时常会表露出职业特点。不会使

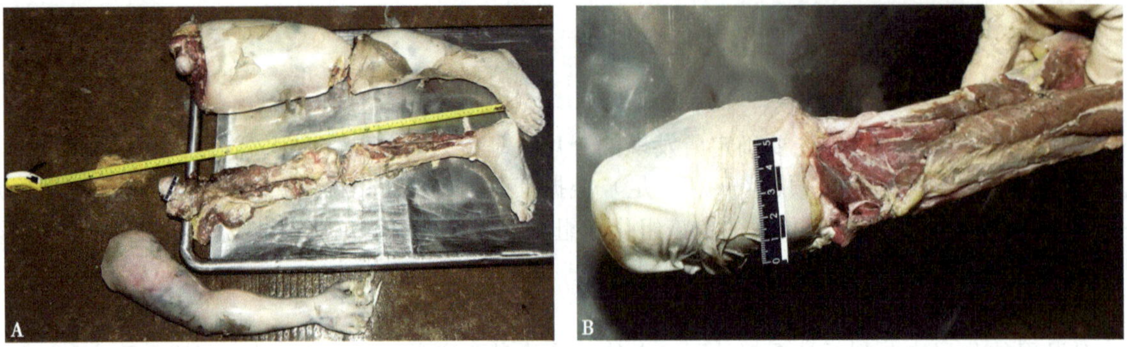

图 11-2 踝关节处的水平环切

用专业工具，又不了解人体解剖常识的犯罪嫌疑人，也常在关节附近离断人体，但容易造成骨质、关节和软组织面的多种损伤；或采用笨重的砍器，一砍到底，使断面紊乱，容易造成分尸工具的残缺。检验时要注意在分尸断面寻找分尸工具残留的碎片或留下的痕迹。分尸的手法除表现犯罪嫌疑人的职业特点外，还表现犯罪嫌疑人的体力状况和分尸现场条件。通过对尸块的检验分析，确认被害人的性别、年龄等情况后，可根据尸块上一些特别的损伤来分析刻画犯罪嫌疑人和被害人的关系以及分尸目的等，如在尸块检验中见严重的毁容现象提示犯罪嫌疑人与被害人有较密切关系。此外女性乳房及外生殖器如有切割与毁损现象，反映其杀人分尸动机可能带有性或情色因素。对于抛尸碎块的检验，根据包装物、体积、重量等可分析运输工具、作案人数等。

（七）收集提取物证检材

杀人分尸案件检验时，要注意收集提取和尸块有关的所有物品，以利于确认被害人身份；同时也要注意在尸块上、包装物、黏附物、作案工具及现场显现、提取犯罪嫌疑人的指掌纹、足迹、生物性检材等。充分利用当前的数据库去检索、查证被害人或犯罪嫌疑人的身份。同时应注意对现场有关的监控等数据信息的收集提取。

二、杀人分尸案的现场勘验

杀人分尸案现场勘验是此类命案侦破的重要组成部分，杀人分尸案的现场一般包括尸块发现的现场和杀人分尸的现场，有些案件还存在移尸或藏尸的现场。现场勘验过程是获取有助于分析判断被害人个体识别及犯罪嫌疑人相关信息的非常有效的方式，如何运用勘验手段将现场信息有效的挖掘转化为破案线索，是命案能否侦破乃至成功诉讼的关键。法医在现场应当着重注意对尸块包装物、衣物、黏附物的检验及分尸、藏尸现场的勘验。

（一）包装物的检验

杀人分尸案中对尸块包装物和衣物的检验，不能看做是单纯的痕迹学检验工作的范围，它同样也是法医检验的内容之一。分尸案件的侦查破案工作往往是从寻找被害人、确认被害人是谁开始的。从包装物和衣物的检验，可以为寻找被害人身源提供重要线索。

杀人分尸案中犯罪嫌疑人为了转移尸块或使抛尸过程不被发现，往往会对尸块用塑料布、塑料袋或床单、被褥等捆扎，并且有时还对捆扎包裹进行伪装，故法医检验时必须要认真（图 11-3）。要细致检验包裹尸块的物品、捆扎尸体的绳索，并用文字或照录像记录，记录时要突出物品的商标、产地、新旧程度或破损程度等特征。研究绳索捆扎尸块的方式可以分析其有无职业特点；从包装物商标、产地和联系方式可以了解商品的销售区域，同时也能反映出被害人或犯罪嫌疑人的身源地，为调查走访及分析被害人或犯罪嫌疑人可能居住、活动的区域提供重要依据。部分包装物，如报纸、杂志可以从侧面反映案发时间，同时注意发现和记录包装物上可能存在的名字，通讯地址，电话号码等重要信息，它们往往是整个案件的突破口。

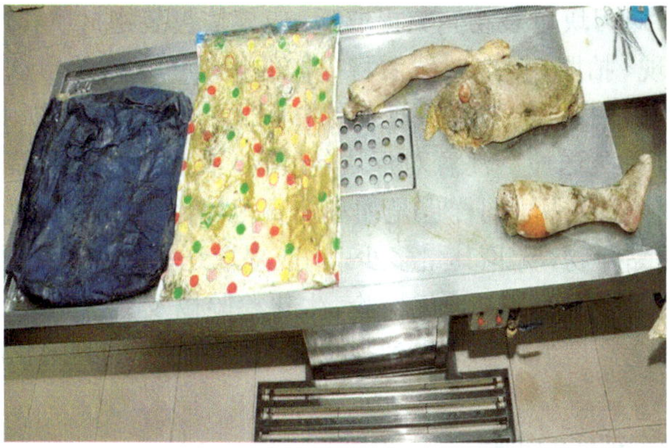

图 11-3　包装物检验

（二）衣物的检验

除了仔细检查被害人每件衣物的状况（扯破、纽扣脱落等）以外，还要注意衣着的数量、质量、式样、色泽、商标、大小规格、装饰物品、图案、文字、新旧程度等特征，尤其是自制、自织或有补丁的衣物则更有特征性。在尸检时还应注意某些被害人的衣物上可能留有某些洗染店标注的被害人名字及电话号码等，并要注意所穿衣着与气温、季节是否相符。根据衣着进行个体识别可以反映被害人的生活档次、职业特点、精神状态、个人爱好等。如一起杀人分尸案件在尸块的内裤上经特殊处理后发现写有被害人的姓名，从而为查证、破案提供至关重要的线索（图 11-4）。

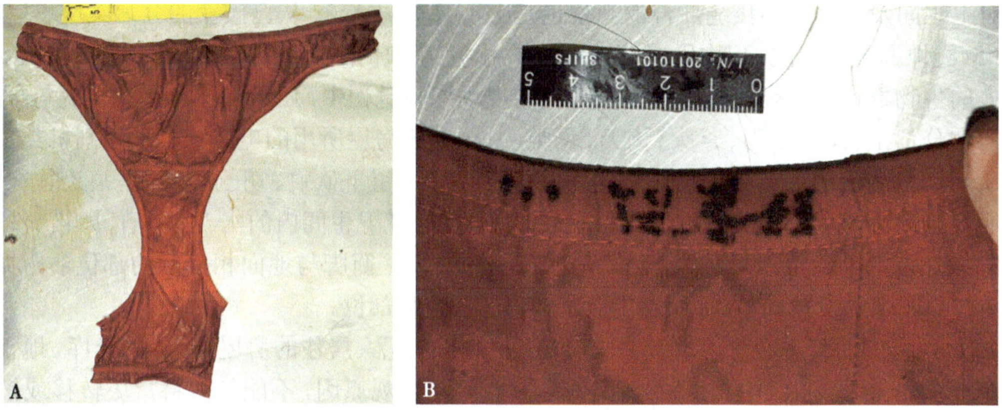

图 11-4　尸块内裤上写有“饶某某”字样

有些尸块在检验中发现证件、钥匙、饰物、钱物和各种票证、凭证等随身物品。根据随身物品有时可以确定被害人身源，即使随身物品不能明确其身源，也可能有助于对其职业或年龄及其他方面的推断。如藏钱物的特殊部位（文胸、袜子、鞋内），饰物挂件上的生肖图案，有助于推断被害人年龄，有些饰物的材质、形状、工艺是专门为其设计制作，甚至是独一无二的，对其身源识别有重要意义。

对包装物和衣物检验完毕后，要注意妥善保管，该包装物和衣物往往是被害人家属、朋友及相关熟悉人员辨认、识别从而确定其身源的重要依据。

（三）黏附物的检验

1. 严格遵守检验规范　在检验尸块包装物过程中，应尽量保持其原始完整性，不能随意剪绞破坏包装物的原始状态，在确认包装物上无任何犯罪嫌疑人所遗留的指纹和分尸现场黏附物品之前，不能轻易冲洗包装物，以免该类证据物品被人为破坏。检验人员及提取相关痕迹者应借助工具或戴手套操作，要有一定的程序规范，以免将黏附物破坏或将自己的指纹及上皮细胞黏附，从而扰乱侦查视线。

2. 及时固定黏附物　对尸块包装物完整提取后，应该按包装物材质和性状采用不同的显现方式对包装物进行指、掌纹显现、拍照、提取。然后将提取的指纹输入指纹自动比对系统进行检索查询，以期发现犯罪嫌疑人。对拍照提取的指纹即使查询未获时，也必须存档留用备查。

3. 根据黏附物的不同种类送检　注意对尸块包装物、衣物及尸块上黏附物的寻找和发现，以便分析分尸案发生的区域和分尸场所，同样也是缩小侦查范围，寻找杀人分尸场所的需要。对于所发现的生物性或非生物性的黏附物，无论其量多少，均应提取送相关实验室作分析检验。检验项目一般包括：生物种属检验、生物物证检验、理化检验、生化检验以及其他如植物学、昆虫学、土壤学、地质学等特殊项目的实验室检验。尤其在提取到某些有地区性特征的黏附物时，将会对整个案件的侦破起到关键性作用。

（四）分尸、藏尸及抛尸现场的勘验

杀人分尸案件在确定尸源的基础上，寻找和认定杀人、分尸、抛尸现场，或继续寻找尚未找全的尸块，是侦查破案工作的重要环节。近些年，公安工作为适应政法体制改革的需要，实行了“侦审合一”的体制改革，促使侦查工作对技术检验鉴定的证据要求越来越高。因为在杀人分尸或抛尸现场往往可搜查获取认定犯罪证据，从而使整体诉讼证据两条更为完整，方能达到移送审查起诉证据要求。此类现场具有一定的特殊性和规律性，现根据已破获的杀人分尸案件作简要的经验总结。

1. 分尸现场的勘验　分尸现场多在室内，其空间的局限更容易留下较多的物证，而分尸的过程耗时耗力，对犯罪嫌疑人来说往往还存在着巨大的紧张、恐惧等精神压力，因此尽管犯罪嫌疑人在杀人分尸后可能对现场进行清理、冲洗，甚至对墙面进行铲刮、重新用涂料粉刷或用油漆掩盖痕迹，但如果细致勘验，并借助现代化设备和手段，仍然能够发现诸如墙面涂料颜色差异、点状血迹的隐现等线索。对卫生间及厨房地砖接缝部分的观察也是必不可少的环节，从已破获的分尸案现场取证过程中发现：该类地面虽被清洗，但由于血液的渗透作用，在凿取的地砖缝隙部位的水泥中往往也能提取到被害人的生物性检材。在对疑似杀人分尸案的现场勘验过程中，还必须注意寻找发现与分尸案有关的凶器和分尸工具，如菜刀、斧头、肉刀、锯类，甚至装饰房屋所用的电锯或电动切割机类工具，应当注意厨房或卫生间的墙砖或地砖表面是否在分尸过程中留下砍痕、切割痕，这些痕迹往往是判断分尸场所及判断分尸工具种类的重要依据。同时，对厨房或卫生间内的水斗、水槽、冰箱、洗衣机等物品的隐藏部位的勘验也不可疏漏，尤其是冰箱或洗衣机平衡脚与地面相接触的部位沾附血液后，往往不易被犯罪嫌疑人发现和清除，是提取生物物证的理想部位。

2. 藏尸现场的勘验　藏尸现场多为隐蔽场所，如长期无人居住的房屋、废弃的仓库、地下室、紧锁的汽车后备箱等处。由于受到突发情况的影响或其他客观原因，不能及时将尸块转移或销毁，有时犯罪嫌疑人会把尸块包装好后临时藏匿于某处，以便其适当时机更加隐秘地处理、毁尸灭迹。正是因为其隐蔽性强，一旦由于包装物等致密性不足造成血液等流体渗出时，犯罪嫌疑人也往往难以及时发现和清理，因此在勘验此类现场时要注意去发现蛛丝马迹。

3. 抛尸现场的勘验　抛尸现场常在室外，如垃圾箱、偏僻地或荒野、水域中、埋于地下等，也罕见有封于墙内或家中的。对室外现场勘验时，更要注意收集犯罪嫌疑人的痕迹物证如足迹、烟头、饮料等，要有立体现场概念，犯罪嫌疑人一般都是到其了解或熟知的地理位置抛尸，要考虑犯罪嫌疑人进出现场通道，判断交通工具、作案人数等，也可以从周边监控等来发现活动轨迹。

第三节　杀人分尸案的尸块检验

杀人分尸案的尸块检验必须依照规范逐段、逐块进行，以尽最大可能获取犯罪嫌疑人在实施犯罪过程中留下的犯罪信息。对不同的尸块按照人体组织形态、结构特征确定每一尸块的解剖学部位，检验观察尸块的尸体现象和损伤特征，对躯干段尸块要按照法医学尸检规范要求进行系统解剖检验，同时尽可能多的提取生物检材进行个体识别鉴定。

一、个体识别的概念

个体识别是以个人为对象，识别个人的异同，判断某人确系为某人，或与某个人是否为同一个人。个体识别主要是鉴定人以被鉴定人或人体组织材料的形态、特征、生理、疾病、损伤或修饰等，判断个人的异同，并解决有关法律问题。个体识别主要分为活体的个体识别和尸体（尸骨）的个体识别二类。

尸块的个体识别就是鉴定在不同现场发现的多个尸块是否为同一个体，是通过对尸块的性别、年龄、身高等个体特征相关信息进行推断。目前，对尸块组织DNA进行遗传标记分析已经成为常规的检验方法，并能对多个尸块进行准确的同一认定。个体识别工作可以为侦查过程中查明被害人身源提供重要线索和依据，是侦破杀人分尸案件的重要环节，该项工作的成功与否将直接关系到命案是否能及时侦破。大多数杀人分尸案件犯罪嫌疑人和被害人都有一定的熟悉程度，相互之间有明确的利害关系，当找到被害人时，往往就是案件破获之时，故工作中习惯称："找到被害人身源案件就破了一半"。所以无论所发现的尸块是否齐全，腐败程度是否严重，法医必须要通过对尸块的检验来解决尸块的性别、年龄、身高等一系列个体识别难题，最终查明被害人是谁，这就是个体识别问题。

二、尸块的同一认定

尸块经判断为人体尸块后，就要对所发现的全部尸块进行判断，看它们是否都来自同一个体。有时分尸案的犯罪嫌疑人将分割的大部分尸块或全部尸块抛尸于同一或相邻地区，由于所发现的尸块具备足够的检验判定条件，故可根据尸块的腐败程度，分割断离工具的形态及切割方式、被害人个体的营养发育状况、皮肤颜色特征及尸块离断部位的解剖学形态特征对尸块进行拼接对合。要注意观察断端之间能否相互吻合、同一解剖学部位人体组织有无重复出现等情况。综合分析后，再判断被检尸块是否为同一个体，这样的方法并不困难且十分有效。但实际检案中，经常会遇到尸块在发现时零碎不完整或并非相邻的解剖学部位等情形，特别是在非同一行政区域内或相近时段内发现的尸块，对这类尸块用形态学方式确认是否属同一个体显然会有一定难度。故这类案件可分别取尸块的肌肉、骨骼等人体组织进行生物物证检验，从而进行同一认定。

三、尸块的个体特征

杀人分尸案的检验过程中，要注意寻找刻画被害人生前个体特征的信息，这样做将有助于为侦查缩小寻找失踪人员的范围。此外，由于疾病、损伤、整形美容、个人习惯、嗜好等形成的特征在个体识别中也非常重要。

在尸块检验中，同未知名尸体外表的个体特征检验类似，并根据个体特征的检验情况，结合骨骼发育、牙齿磨耗等的特点来推断被害人的性别、年龄、身高。

对于形态相对完整或齐全的尸块，可用人类学的形态学观察和测量方法对尸块的骨骼做出性别、年龄、身高等推断。但有时犯罪嫌疑人为达到毁灭证据目的，将尸块抛于江、河、湖、海中，尸块随水漂流往往不易找全，即便找到的尸块也因为高度腐败缘故致使软组织腐烂、缺失，给法医学检验判定性别、年龄、身高等工作造成很大困难。日常工作中解决上述三个问题的依次顺序往往是先确认性别，然后推断年龄范围，最后通过测量四肢长骨将所测相关数据代入有关公式计算出结果的人类学办法来推算个体身高。这三项工作以推断个体年龄工作难度最大。

（一）个体性别推断

通过辨别尸块的容貌和生殖器官两性性状特征来解决尸块的性别问题是最直接有效的方法。对于已腐烂或白骨化尸块可根据观察耻骨或完整的骨盆、颅骨、四肢长骨的形态学特征及人类学测量方法加以区分。根据成年人整副骨骼判定性别时，以人体骨盆最有价值，而后依次为：单块髋骨 > 颅骨（脑颅、面颅）> 下颌骨 > 胸骨 > 股骨。成年人整副骨骼判定性别准确率可达98%以上。就个别零碎骨骼或某单一部位的骨骼形态学方法判定性别而言，单一耻骨准确率最高。而当尸块严重残缺或最佳检材骨盆、耻骨、颅骨等均缺失时，可提取血液、肌肉、长骨等进行生物物证检验，从X、Y性别位点出现与否来判定性别。

（二）个体年龄推断

杀人分尸案件中尸块年龄推断方法虽多，但难度很高，而所有指标中以骨骼的生长发育特点进行推断最为稳定，所以骨骼的年龄推断，已成为个体识别中非常重要的一项工作。骨骼的生长发育及衰变随年龄增长而发生一系列形态结构上的改变。成年人的骨组织中有机成分与无机成分比例为1∶2，所以骨变得较为坚硬。老年人的骨组织中无机成分比例增加，故骨变得脆性较大且易折断。这种形态学和骨组织结构上的改变和个体年龄直接相关，但不同的个体之间又会有一定的形态学差异，这种个体差异性和个体的遗传因素有关联，且受不同个体营养、发育、种族、地区、饮食等诸多因素的影响。在分尸案件推断年龄时，尽可能对获取的所有骨骼进行全面认真地检验观察，测量各项指标，并对各形态学特征和测量指标进行综合评定，才能得出比较正确的结论。

骨骼的年龄变化虽在个体间有差异，但其各年龄段发生的变化对于推断年龄是人体组织中最有价值的部分，而且其抗腐性强，易于获取。对不同年龄阶段的个体可采用不同的方法及观察重点。青春期之前的个体可根据乳齿和恒齿的萌出、四肢长骨骨化中心的发生发展和骨骼的发育情况作为判断依据；对青春期或青春期以后的个体可根据不同部位的骨骼其骨骺愈合程度、牙齿的磨损程度、颅骨的骨缝和腭缝愈合情况、肱骨髓腔的发育情况及椎体高度、胸骨形态学变化、肋软骨钙化程度的形态结构变化、耻骨联合面形态学变化等综合分析判断；老年时的骨质增生及吸收呈退行性变可作为年龄推断的主要依据。其中以耻骨联合面的形态学变化最为常见，且准确率相对较高。由于肋软骨切面的钙化程度的形态结构变化易观察，在实际检案中可作为年龄推断的第一参考指标（图11-5）。

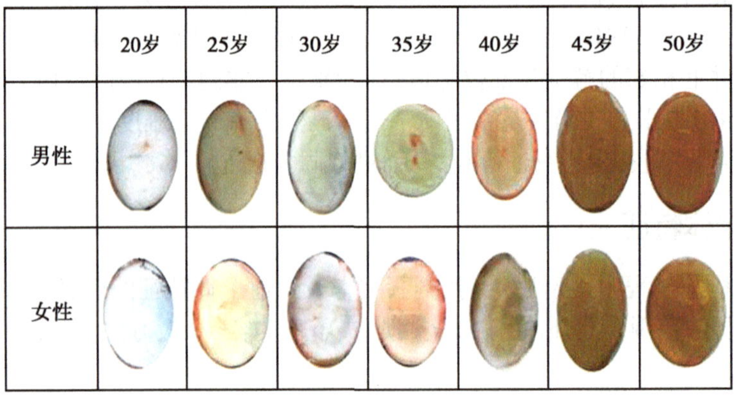

图11-5　男性和女性20～50岁年龄段肋软骨横断面的形态学特征

在骨骼不全的情况下，尽可能把推断年龄价值高的材料作为重点，结合其他材料进行分析；在同一个体的特征有差异时，要考虑重点材料和大多数材料的一致性；对患有疾病，左右有明显差异的骨骼，把健侧作为推断年龄的依据。

（三）个体身高推断

杀人分尸案尸块检验中，对残缺不全的尸块（肢体）推算身高也是个体识别中的另一项重要工作。有些检案人员习惯将所发现的全部尸块采用直接拼接方法将尸体复原，然后测量其身高。这种形似完整拼接方法所测身高往往会造成较大误差。况且在多数分尸案中，发现和得到全部尸块的概率较低，尤其是被害人头颅段尸块，当被抛于江、河、湖、海时，往往不易上浮而发现，所以许多杀人分尸案直至案件破获都无法寻找到头颅。故实际检案中不宜采用直接拼接测量法所得到的数值作为实际身高值，以避免造成推算错误。

在实际检案中，通常采用骨骼测量方法获取测量值，代入相关公式推算身高。但是，采用公式来推算身高的方法又受种族、性别、年龄和个体差异的影响，因而推算所得数值（数据）仅只是被害人生前近似的身高。个体的身高与年龄有关，通常情况下，同一个体在青春期后三十岁之前是人体一生身高的最高峰，中年以后会有所降低（变矮）。

就人体不同部位的骨骼而言，长骨推算身高较其他类型骨骼推算身高准确度更高，下肢长管骨推算身高的可靠性比上肢长管骨高，用多根长管骨推算身高比单根长管骨准确性更高。全身骨骼中以股骨推算身高的相对误差为最小。骨骼推算身高须注意的问题：清洁送检骨骼，对有破损或破碎的长骨应先进行拼接复原，尽可能将骨骼恢复至原来的解剖学形态。然后确定骨骼的性别、年龄，必要时须确定种族和民族。按所采用公式的具体项目要求准确测量骨骼，最后选择合适的公式至关重要。由四肢长骨推算身高的公式甚多，国内外各版本的法医学书籍中均有所介绍，但适合中国人推算身高的公式并不多。公安部在20世纪七八十年代曾组织江西、云南、贵州、广西、山东、安徽、河北、青海、吉林省（自治区）公安厅（局）开展对中国人身高课题的联合研究，根据472具已知生前身高和被害人身长、性别、年龄的汉族男性骨骼，经测量四肢长管骨，并将测量数据经统计学处理获得一元和多元回归方程式，该方程式经检验无地区性差异，适用于国内其他地区汉族成人男性身高的推算，是目前国内推算男性身高最完整的公式。由于该公式使用时对骨骼测量方法上有一定限制要求（如最大长、全长、功能长、两髁长），故非人类学专业人员对该测量方法不易准确掌握，且该公式仅限男性个体，所以有一定局限性。Trotter和Gleser通过蒙古人长骨推算身高公式因不必区分性别、不分左右侧及不划分年龄阶段，且统一采用测量长管骨的最大长，方法简便易操作，测量值误差较小，故有较强的通用性，尤其适合现场检案推算身高所用。

第四节　分尸工具的推断

杀人分尸案件的分尸工具推断，在案件的侦查阶段可以为侦查人员查找作案工具种类划定范围，有些特定的工具往往能为刻画犯罪嫌疑人的生活习惯和职业特点提供分析判断依据。当案件进入到诉讼程序阶段，对分尸工具的推断可为法庭认定犯罪嫌疑人所陈述的犯罪过程和犯罪事实是否确凿可信提供判定依据。以往的分尸案，其分尸工具多见于菜刀、尖刀、斧类、锯类、碎肉机、切割机等传统性工具，在一起案件中往往还有多种工具同时使用的情况。对分尸工具的研究过程中应当邀请痕迹学专家一同参加，必要时可进行工具痕迹试验比对以取得样本的推断依据。很多分尸案中使用的分尸工具通常都是案发当地区域比较多见且日常使用的生活或生产工具，故分尸工具推断时除了依据尸块断端的损伤形态特征外，还需要结合案发地区的工具种类等因素。

一、菜刀类工具分尸的形态特征

用菜刀类锐器切割分解尸体时，往往在尸块断端的被切割部位上的皮肤软组织上可检见有长度较长，有时可达20cm以上的切割痕或砍击痕的特征，这种特征往往表现为切口较为平整，创壁光滑，尤其在断端周围或附近皮肤上总能见到切割过程中工具刃口来回切割形成的深浅不一、呈平行排列的切割皮瓣。当切割至骨骼时，多采用砍击动作，故在骨骼上留下砍击痕迹，尤其是砍击骨密质较厚的四肢长骨（如股骨、胫骨）时，可形成线条状沟痕和崩裂的骨质碎片。当长骨被砍断分离时，其断面往往不整齐，可见有不规则的梯状的斜坡，这是与锯类工具所形成骨骼断面的最大区别点。由于菜刀类锐器刃部较薄，在砍击尸体过程中遇到骨骼时，较易造成刃部崩裂，崩裂的金属碎片会嵌留在尸块内，检验时应注意寻找。

二、匕首类锐器分尸的形态特征

用匕首类锐器分尸时，由于工具分量较轻，无法实施砍击动作，故在尸体断端所见均为切割痕（菜刀除切割痕外，往往有砍击痕），在皮肤上往往见有划痕、鱼尾状拖刀痕或齿状皮瓣。在分离的关节部位，尤其是在髋关节（这种解剖学结构为嵌入式）的髋臼和股骨颈部位可见有较多的划痕，这种划痕往往是匕首、尖刀类工具分尸的主要特征。如果所见尸块都是在人体关节部位被切割分离断开，无明显砍痕时，可提示分尸者对关节结构有所了解，但未必一定具有某种职业特点，往往有一定生活阅历者，也能较直观地把握从关节部位分尸的常识。

三、斧类锐器分尸的形态特征

斧类工具重量及结实程度与菜刀类锐器有明显区别，尤其是斧刃以上部位具有较厚实的特点，分尸过程往往会出现和菜刀类锐器分尸差异较明显的特征。用斧类工具分尸时，尸块断端软组织和骨骼均可见有砍痕，软组织的砍痕创口长度明显短于菜刀类锐器的创口长度，但深度较深，即便在大关节部位断离也往往采用砍击方式，尸块断离处较少见切割痕（由于斧类工具分量较重，切割动作不易实施）。在骨骼的断离部位，尤其在四肢长骨骨密度厚实部位，斧刃砍击时的楔形面和挤压作用所造成的骨质崩裂极为明显，是斧类工具分尸的重要特点。

四、锯类工具分尸的形态特征

锯类工具分尸的案件，尸块软组织往往多伴有锐器切割的刀痕，单纯用锯分尸的案件较为少见。一般情况下，将锯类工具分为手工锯及电锯两种。

（一）手工锯分尸的形态特征

手工锯有锯齿在同一平面的呈一字线型，此类分尸所形成的断面一般光滑、整齐，很难分辨出锯齿痕，有时能分辨出起或收锯痕；有锯齿不在同一平面互相交错的，此类锯分尸时，软组织也可出现断面较为整齐的现象，但在断端边缘的皮肤上往往可以发现排列较为整齐的点状皮肤组织缺损或斜形的划痕，呈梳状或锯齿状；结合骨骼断面较为整齐，尤其是四肢长骨骨密质厚实部位的断面见有均匀的平行排列、呈细条状的梯状锯痕时，较易判定（图 11-6）。但依据骨密质断面平行排列的锯痕的

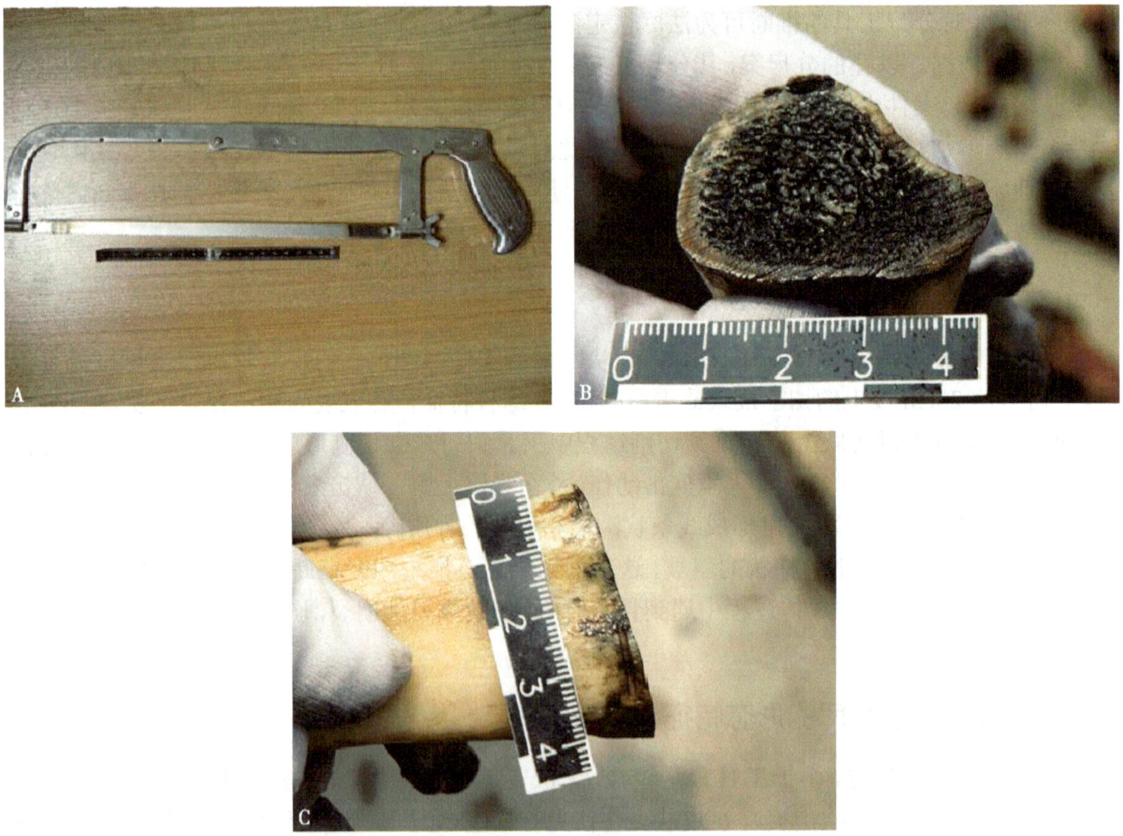

图 11-6　钢锯形成骨质损伤特点

间隔距离推断锯齿的型号、种类往往难度很高。锯痕的深浅往往与使用者对工具使用熟练程度和使用方式是否得当有密切关系。由于同一锯子锯割作用力、作用角度和作用频率不同，在骨骼横断面上所形成的细条状痕迹间距差异性很大。对疑似锯类分尸的尸块检验时，应注意寻找收集黏附在骨骼周围软组织中的骨骼碎屑，以便印证是否系锯类分尸。不管锯齿方向如何，和刀斧的刃口相比，其均有一定的厚度，在起锯处的骨质表面均容易形成槽状的划痕或缺损。

（二）电锯分尸的形态特征

电锯类工具作用于骨质上时，以环形旋转的电锯为例，由于电锯锯片的高速旋转，在骨质主干上滑动时易形成与锯片厚度相当的槽状缺损或更加细腻的骨皮质缺损，而在断面上常会出现更加稳定和密集的呈环形排列的细锯痕，若存在未完全锯断而形成骨嵴的情况，骨嵴朝向锯面的一侧更光滑（图 11-7）。由于电锯类工具的锯轴上常黏附有润滑油，在接触到的软组织及骨质上常有相应的黏附物，应注意观察和提取。同时由于电锯的高速运转，在组织上易形成热作用损伤。

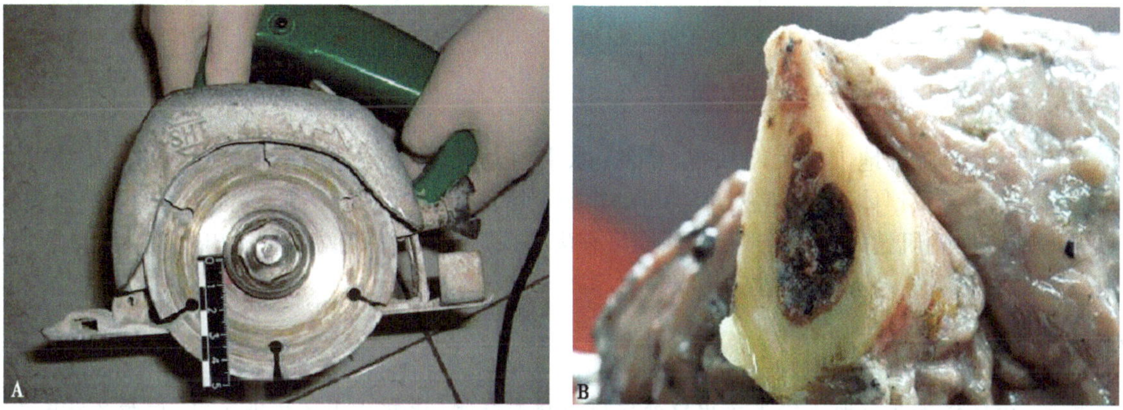

图 11-7　电锯形成骨质损伤特点

第五节　其他类型人体组织块的鉴别

在实际检案中，经常会遇到所检尸块并非都是杀人分尸案件的情况，如灾难事故中的尸块；水中尸体被船只的螺旋桨作用使尸体的肢体、躯干等部位断离；医学院校对人体器官标本的处理不按规范要求执行，随意丢弃或浅埋；动物对人体的破坏等。这些都会造成疑似杀人分尸案。对这类尸块均需法医检验，从尸块断端的形态特征加以鉴别。

一、灾害事故形成尸块的鉴别

灾害事故，包括地震、泥石流、洪水等灾难过后，常会在灾害当地或者远离当地的下游地区发现分尸块。一般在灾害所在地发现的分尸块，根据灾害发生的时间，房屋倒塌及相邻尸块的发现等情况不难鉴别。在远离灾害发生地的下游地区发现的分尸块，通常易误以为杀人分尸案。此类分尸块一般是在灾害事故中受巨大暴力挤压、拉扯、撞击等形成，断面通常参差不齐，皮肤常沿着皮纹的方向撕裂，筋膜肌腱等组织长短不一，尸块整体也会有毁损的改变，或粉碎性骨折或组织器官破碎，其严重程度一般人为力量不能形成。部分尸块可能缠绕有撕裂破碎的衣物，而同一般的杀人分尸案衣物均相对完整或伴有明显的工具伤。

二、交通工具形成尸块的鉴别

飞机、火车或汽车形成的尸块，通常都有比较明确的事故，且由于交通工具的高速运动等特点，形成的损伤通常具有广泛性，损伤特点上具有外轻内重的特点，在实际案例中不难鉴别。水中发现的尸块一般需要鉴别是属于杀人分尸案，还是船只螺旋桨损伤。船只螺旋桨造成的水中尸体的肢体离断往往可见皮肤有大面积呈片状带有一定弧度、长短不一的挫擦伤或擦划痕。如在尸体上形成创口，创口形态多为条形、弧形，创口大于创底，甚至会有皮瓣样创口，这种皮瓣样创口往往是由螺旋桨切削作用所形成。断端部位的肌肉和肌腱等软组织参差不齐，骨折断端也不整齐，分离软组织可见部分骨折呈粉碎性，且可见螺旋桨边缘作用于骨骼表面时所形成的压痕或压痕样凹陷性骨折。

三、医源性切除人体组织块的鉴别

医疗过程中截肢手术的人体组织往往见于难以医治的或威胁生命的严重损伤或疾病。其断端皮肤切缘整齐，断端骨膜被剥离，离断部位的血管会见有结扎止血的线头等医疗手术痕迹。医学标本废弃物往往按照器官功能解剖分离暴露相关组织，如伸、屈肌肌腱被分离暴露，血管（动、静脉）、运动神经（如坐骨神经、尺神经、桡神经等）被剥离暴露，部分血管按组织结构和不同功能被分别灌有不同颜色的显示染料，且散发有较浓烈的甲醛溶液（福尔马林）防腐液气味。另外，医源性组织块的颜色、腐臭和腐败状况等方面与杀人分尸也有明显差别。

四、动物破坏形成尸块的鉴别

食肉性动物（如陆地上的犬、狼、虎、狮等；水中的大型水族动物；天上嗜食尸体的飞禽等）均会造成尸体毁坏，导致尸体残缺不整。但由于动物撕咬所形成的创面或断端表现为粗糙不齐、撕裂状、深浅不一或有血管肌腱的游离等特点，创周可有齿痕或爪痕，骨的断端也可检出齿痕。现场或尸体上可发现动物的毛发、足迹或拖散的组织碎块等。

案例1：

某日，小区保安在一地下停车场出口处发现一袋肉样物，遂扔于小区垃圾箱内，后两名农民工在翻找垃圾时发现该肉样物类似人体组织，遂报案。

包装物检验：由外至内依次有白色编织袋、透明白色塑料袋、黑色垃圾袋。白色编织袋局部见数处破损，袋外面一侧见大片血迹，另一侧见渗透样血迹，袋内面较干净。

尸块检验：

躯干段尸块：躯干段尸块上端自第6颈椎椎体处离断，下端自第3腰椎椎体处离断，左侧自肩关节盂处离断，右侧自右肱骨近端处离断。第6颈椎、第3腰椎及右肱骨近端离断处断端表面平整（图11-8），骨密质表面可见间断环状、平行排列的细小锯痕，右肱骨离断面上缘见一处槽状锯痕（图11-9），深至骨髓腔，断面可见间断环状、平行排列的细小锯痕。左肩关节盂离断处表面见数处条状切划痕。尸块除两肩残存少量皮肤外，其余部位皮肤均缺如，皮肤断缘整齐，肌肉基本缺如，暴露骨质。尸块背侧面黏附多量碎石子及泥沙样物。右胸第2至9后肋近中线处骨折，其中第2至7后肋呈开放性骨折（图11-10），断端处无明显出血等生活反应。两侧肩胛骨粉碎性骨折。两侧胸腔内未检见积血，胸壁内侧壁未检见血液积聚浸染痕，两肺呈淤血状，两肺叶间检见出血点。心脏表面见少量出血点，心尖部及心脏背侧面见数处撕裂创，局部见挫碎，创腔内见大量组织间桥，但生活反应不明显（图11-11）。

本案例中胸腹腔残留的脏器以淤血改变为主，且心脏、肺脏伴有出血点，在死因方面侧重考虑为机械性窒息。根据尸块的检验所见，损伤大致有三种类型，一种是切割皮肤肌肉组织的损伤，另一种是分割骨质的损伤，再有一种是骨质的粉碎性骨折及内脏的挫碎。第一种损伤从损伤的形态特点上来讲，很容易就可以推断出是用锐器切割形成；第二种损伤根据长骨骨皮质上观察到的锯痕及槽状缺损一般也较容易判断为锯类工具形成，结合断面的锯痕具有环形排列且细腻而稳定的特点，考虑为电锯形成（图11-12）。第三种损伤，特别是肋骨的骨折、心脏的撕裂、挫碎，具备外轻内重、一侧损伤为主的特点，为巨大钝性外力作用形成。结合损伤的生活反应分析该损伤应为死后损伤，再结合胸腔内并无积血及血液浸染情况（图11-13），分析该损伤应发生在大循环内失血之后，根据死因的推断，分尸之后才有大循环的失血，故该类损伤应该在分尸之后发生。综合分析该袋尸块具有高坠形成的损伤，重点应调查访问现场大楼内的住户。破案后，证实了法医的推断：系家庭矛盾，丈夫扼死妻子后，用刀、电锯分尸，因无法带出大楼而从12楼抛下来再准备转移出去。

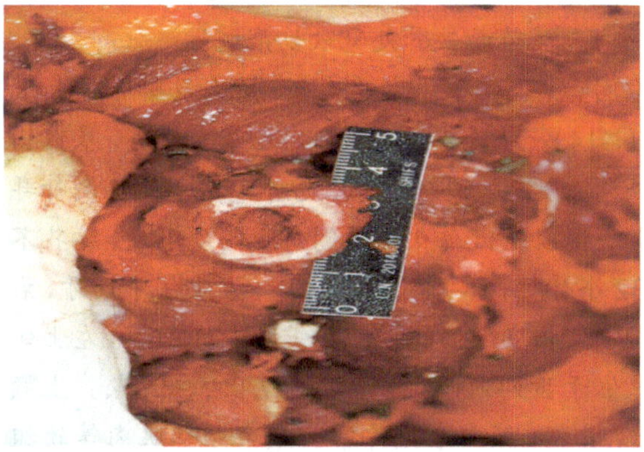

图11-8　锯痕：细腻，稳定

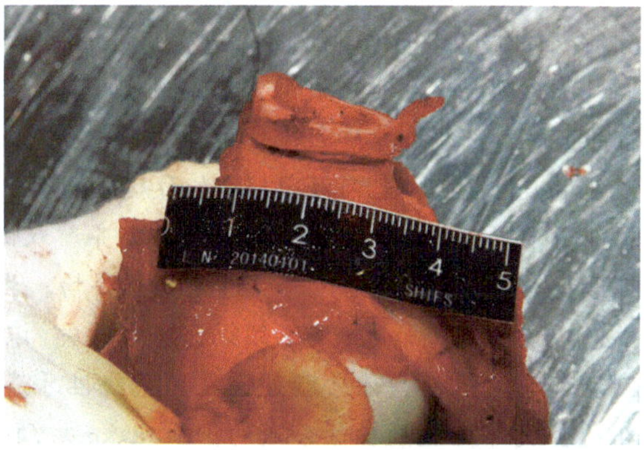

图11-9　骨质槽状缺损

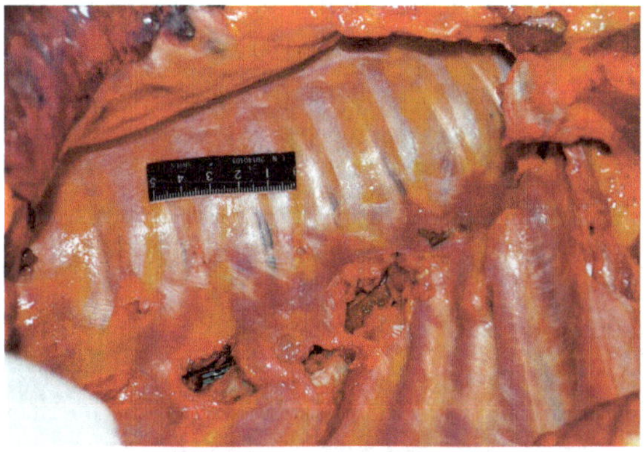

图11-10　心脏挫碎

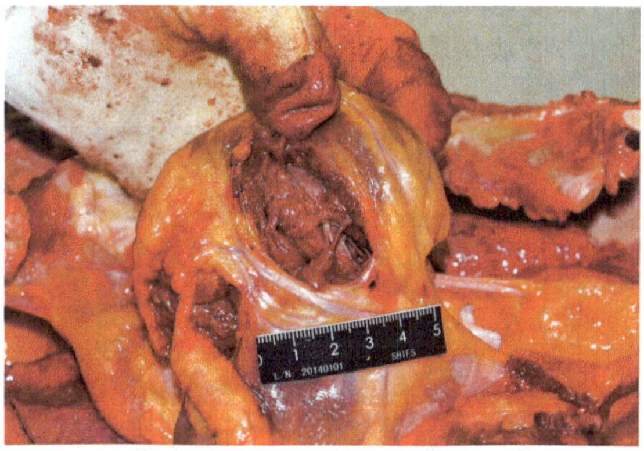

图11-11　胸腔无积血

图11-12　电锯

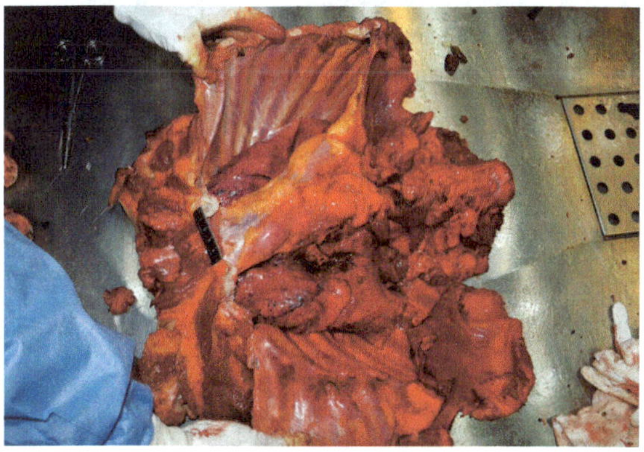

图11-13　肋骨骨折无生活反应

案例2：

某日，在某路桥下附近水面发现、打捞上来头颅、长骨、胸骨。检案法医在现场快速判断这些尸块为人类尸块后，本案的性质便明确为杀人分尸案件。

检验情况如下：

两侧股骨上端自髋关节处分离，下端自膝关节处分离。胫、腓骨上端自膝关节处、下端自踝关节处分离，仅在踝关节周围残余少量片状皮肤（皮肤断缘整齐）。左、右侧上肢尸块上端均自肩关节关节盂处离断，且腕关节以下部分缺失。尸块所附皮肤、肌肉等基本被完全剔除，仅残留少量软组织于骨质表面。以上断面处肌肉及韧带等软组织断端均较平整，关节面软骨处见砍切痕迹。

头颅尸块（连部分颈椎骨）下端自第3颈椎下缘椎间盘、舌骨下缘水平离断，肌肉及韧带等断端较平整，第3颈椎骨质未检见明显砍、切、锯痕迹（图11-14）。头面部皮肤、肌肉已基本缺失，暴露出残留的皮下组织、肌肉及筋膜，左面颊部尚有少许皮肤残余，皮肤边缘整齐、光滑。鼻部及双侧外耳廓缺失，缺失边缘软骨及软组织断面整齐。双侧球、睑结膜检见出血点。双侧角膜高度浑浊，瞳孔不可透视。口、鼻腔及两侧外耳道未检见异物。共检见32个牙位，28颗牙齿。其中，左上颌中切牙、右上颌中切牙及侧切牙、左下颌第2磨牙缺失，以上缺失牙齿相应部位的牙龈萎缩（图11-16）。左上颌侧切牙及右上颌尖牙牙颈处检见黑色线性牙渍。舌尖位于齿列内，舌体边缘检见出血斑、点。上颚部及会厌部检见散在性分布的出血斑、点。颅骨未检见骨折，颅内未见异常。残余颈部肌肉等软组织未检见出血，舌骨未检见骨折征象。

胸骨、肋骨尸块上端自胸锁关节处分离，胸骨柄及胸骨体两侧各胸肋关节完整。左侧胸骨体第2、4、6肋处残留3～7cm肋骨，余各肋骨均于肋软骨处断离，以上断面均具有平整、光滑等特点。胸骨体下段腹侧缘骨质检见长2.5cm纵形创口。剑突完整并于胸骨体相连（图11-15）。

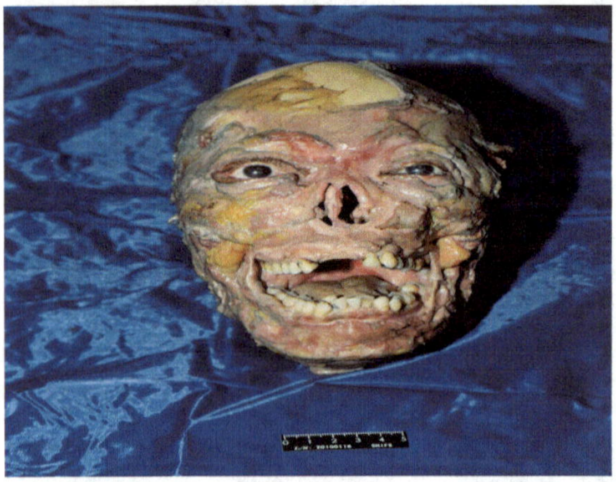

图11-14　头颅尸块

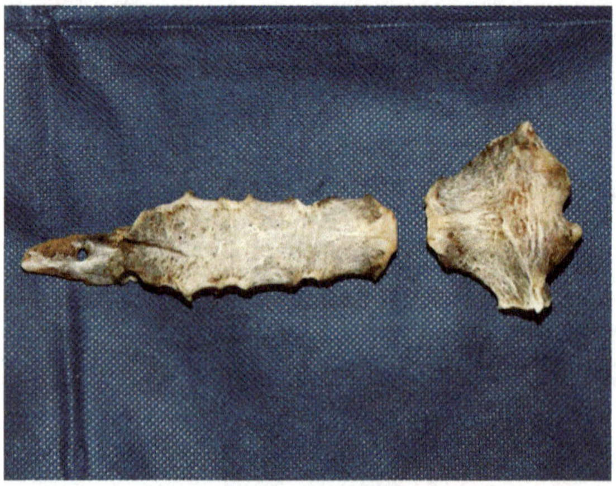

图11-15　胸骨

本案例，检案法医在对上述尸块进行检验时，把检验重点放在两侧股骨、胸骨及头颅尸块上。长骨是推断被害人身高的理想检材，且以股骨最为精确，误差最小。经测算，被害人身高约为168cm。

胸骨和肋软骨是判断被害人年龄较为理想的检材，本案中，在被害人骨盆或耻骨联合缺少的情况下，胸骨和肋软骨自然成为推断被害人年龄的最佳选择，再结合被害人牙齿磨损程度综合判断被害人的年龄为40岁左右。

头颅尸块包含的被害人特征点也最多。本案犯罪嫌疑人对被害人头颅尸块的皮肤、肌肉及软组织进行剥离，给寻找被害人面部特征点的工作造成了较大影响，需要从被害人骨质上寻找特点。

根据处理好的被害人的颅骨的性别特征点并结合被害人胸骨形态特点，首先判断出这是一名男性。其次，从颅骨整体的形态特点，推断被害人是一名消瘦的人。最后，检验法医发现了被害人的最具有特征性的关键点——牙齿：一是被害人的牙齿排列紊乱，但大多外突，俗称"龅牙"。二是检案法医还发现被害人上颌正中缺少了左侧中切牙、右侧中切牙、右侧侧切牙3颗牙齿。考虑到这3颗牙齿常常暴露在外，易引起他人注意，因此也作为被害人显著的特征点。

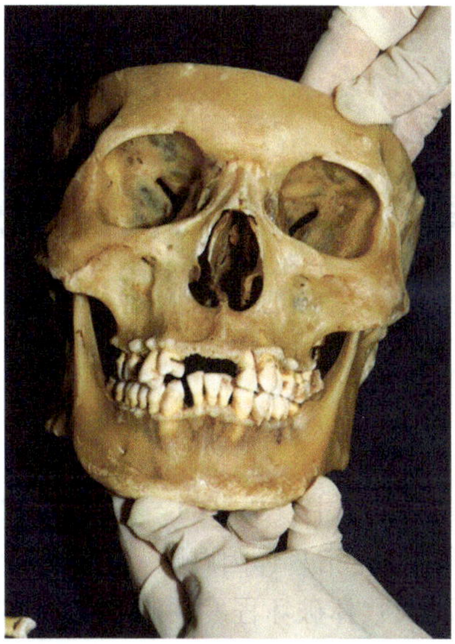

图 11-16　上颌正中缺少牙齿

至此，检案法医对被害人进行了刻画：男性，40 岁左右，身高约为 168cm，消瘦，龅牙，上颌中间 3 颗牙齿缺失（但可能佩戴义齿）。由于对犯罪嫌疑人的准确刻画，尸源迅速明确，此案得以迅速侦破，查找尸源的突破点便是被害人的牙齿，协查一经发出便有人来反映出被害人的身源。

在对分尸案件进行尸检时，检案法医对所发现的尸块都要一一检验，不能有疏漏。对于重点尸块，如头颅尸块、下肢长骨尸块、躯干段尸块更要认真检验。尤其是头颅尸块，往往蕴含的信息量最大。通过头颅尸块既可以快速判断被害人性别，又能根据牙齿磨损程度推断年龄，更重要的是，有个体特征的面貌特点往往也富集于头颅尸块，比如黑痣、瘢痕以及有明显特点的五官特征，这些面貌特征都是侦察人员排查尸源的好抓手，甚至也可能是整个案件的突破点。对尸检发现的特征点应仔细记录、及时固定，有时特征点在骨质上时，最好要对尸块进行处理，剔除多余的皮肤、肌、软组织，充分暴露骨质，以便于观察研究。

（马开军　王建文）

思考题

1. 未知名尸体现场勘验的重点是什么？
2. 试述杀人分尸案现场勘验的重点。
3. 分尸、藏尸、抛尸的现场有何特征？
4. 试述个体识别的内容和方法。
5. 如何根据尸块特征推断分尸工具？

第十二章　白骨化尸体案件的现场勘验

白骨化尸体案件是法医现场勘验工作中较少见的一种类型，白骨化（skeletonized remains）是尸体自然腐败产生的一种晚期尸体现象，是指尸体因腐败、软组织溶解、消失，最后仅剩骨骼。该类案件具有影响因素众多、案发时间较长、尸体破坏程度大的特点，对法医现场勘验工作的要求较高、专业性强，现场勘验人员应熟悉人体骨骼结构与特征，具备法医人类学相关知识。其现场勘验的主要任务是解决以下几个方面的问题：种属鉴定、种族鉴定、性别鉴定、年龄鉴定、身高推断、死亡时间推断、损伤机制、致伤物推断、死亡原因分析、身源鉴定以及提取必要的生物学及其他证据。

第一节　白骨化尸体形成的影响因素

尸体白骨化过程受自身及环境等多种因素的影响，其中尸体个体情况、暴露环境、掩埋情况、昆虫与动物作用等是常见的影响因素。此外，尸体是否被包裹、有无损伤、尸体完整性等也具有一定影响。这些诸多影响因素在现场勘验时都应当充分考虑，必要时需进行相应的鉴别。

一、暴露环境与掩埋情况

白骨化尸体往往因为直接暴露于外界环境而被发现，但也有的是由于开棺验尸、指认掩埋尸体等而需要进行现场勘验。直接暴露于外界环境与掩埋条件下的尸体，由于受到外界环境变化、周围微生物的种群以及昆虫、动物的破坏情况等因素对其白骨化进程的影响程度具有明显差异，因而会产生不同的腐败过程。

（一）暴露于外界环境

1. 环境温度　尸体所在区域的环境温度，对尸体腐败过程影响最大。随温度的升高尸体腐败过程明显加快，并且高温环境也有利于昆虫的生长发育。在温暖气候的环境中，通常经过 2～4 周，尸体就能完全白骨化。而在寒冷的环境，尸体腐败的过程会减慢，甚至会完全停止。

2. 环境湿度　随着环境湿度的增加，蝇及蛆虫等生物昆虫和微生物的活动也明显活跃，进而加速尸体自然腐败的过程。在干燥的地区如沙漠，尸体可能成为干尸如木乃伊，而不会形成白骨化。

3. 昆虫、微生物作用　使尸体软组织降解加速的主要因素是昆虫的作用，所以将尸体放在昆虫接触不到的地方，如放置在冰柜中，尸体自然腐败的过程就会变慢。放在混凝土地面上的尸体，比放在土地上的尸体，自然腐败的过程可能会延长。在室温下放置在塑料袋中的尸体，即使没有蝇类幼虫，但在腐败细菌的作用下，尸体的自然腐败过程要比没有塑料袋包裹的尸体腐败加快。

4. 食肉类、啮齿类动物作用　无论是对新鲜尸体还是腐败尸体，食肉类、啮齿类动物都有浓厚的兴趣。食肉类动物主要啃食尸体的头部、手和足的软组织，骨骼主要是髋骨的髂翼、长骨的前端及脊椎。啮齿类最常见的是鼠类，它们主要咬食尸体的头面部、手、足和腹部。食肉类、啮齿类的动物对尸体的啃食，可以加速尸体白骨化的过程。

（二）掩埋环境

通常情况下，放置在地表的尸体比埋葬在地下的尸体腐败加快。引起掩埋尸体白骨化的主要因素是土壤中微生物的作用，由于大部分微生物主要活动在浅层土壤。因此，尸体埋葬的深度对尸体腐败过程也有明显的影响，尸体埋葬深度为0.3～0.6m，白骨化过程需要几个月至1年，甚至会更晚一些；埋葬深度为0.9～1.2m，尸体腐败到白骨化的程度，则至少需要1年或更长的时间，有时要比埋葬浅的尸体晚数年至数十年。如果埋葬时，尸体装在塑料袋里，或用塑料纸包裹，则尸体腐败的过程会更慢。此外，掩埋尸体的介质也是重要的影响因素，如介质的湿度、pH值、富含微生物的程度等，因为这些因素与微生物的生长和活跃程度具有明显相关性。

二、尸体的个体情况

尸体的个体情况，如衣着、身高、胖瘦，以及有无疾病、疾病种类、身体有无损伤及其类型等，也都是影响尸体腐败白骨化过程的重要因素。

（一）胖瘦情况

肥胖的尸体，死后因脂肪快速液化，体重迅速减轻，尸体自然腐败的过程在开始阶段会加快。有资料记载，一具女性尸体偏胖（重量为110公斤），而另一具男性尸体偏瘦（重量为65公斤），两具尸体均置于完全相同的自然条件下。在夏季，女性尸体经过了2周时间达到完全白骨化；而男性尸体则用了比女性尸体多两倍的时间才完全白骨化。但是，肥胖尸体要比瘦弱的尸体更容易发生尸蜡化，从而延缓尸体腐败过程。

（二）衣着情况

与没有衣着的尸体相比，有衣着包裹尸体的自然腐败过程要快。因为衣着可以保护昆虫的幼虫，使它们的活动能力加强，从而加速了尸体腐败的过程。当然，如果尸体经过紧密的包裹，则不利于昆虫幼虫的生长，尸体的腐败过程反而会变长。

（三）身体损伤情况

与无损伤的尸体相比，开放性损伤尸体的自然腐败过程明显加快，因为蝇类首先在尸体的伤口处产卵，显著缩短了蝇类与尸体的接触时间。此外躯体的组织损伤使大量组织细胞被破坏，在细胞内溶酶体的作用下，组织自溶也会加速。

第二节　白骨化案件的现场勘验与物证提取

由于尸体白骨化要经过很长时间，此类案件现场通常表现为：一是破坏性大，二是现场环境条件恶劣。因此，会给现场勘验、尸体检验造成困难，现场勘验时必须认真细致，注意发现细节，并尽量全面收集尸骨样本。同其他现场勘验程序一样，尽管白骨化尸体的案件很多情况下在野外或偏僻的环境，发现和了解现场的人员相对较少，但现场勘验人员到达现场后，仍应向这些人员进行现场调查，并尽可能全面地了解现场及周围环境情况。

一、白骨化案件的现场勘验

此类案件常见的有两种情况：一种是接报案后警方直接进行现场勘验，另一种是案件侦破后，犯罪嫌疑人指认现场，根据案犯的指认进行现场勘验。因此，以下内容将按照这两种情况进行分别介绍。现场勘验时要尽可能全部找到尸骨，对于尸骨集中的案件，要着重观察尸骨各骨骼的位置是否与解剖位置一致，这有助于判断被害人的体位和状态，而对于尸骨分散的案件，要对收集的尸骨按解剖位置进行重排，以判断尸骨的种类及是否全部收集（图12-1），当然有时也会出现不能收集全面尸骨的情况。需要注意的是，在现场勘验中的记录、照相、录像都要符合相关标准或规范，对于掩埋尸骨案件，必要时应画出剖面图并标明相关高度与掩埋介质性质等信息。

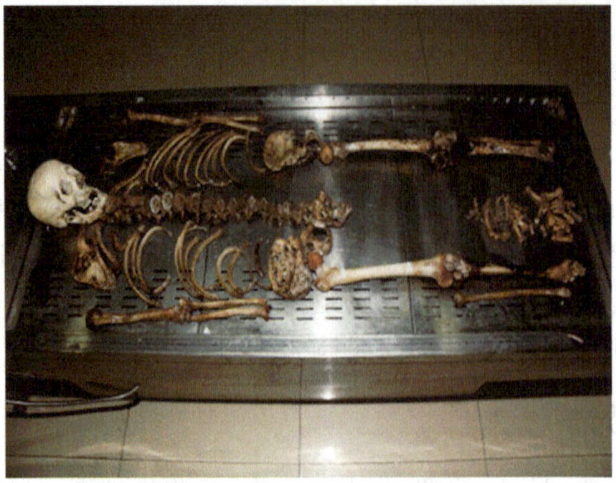

图 12-1　尸骨按解剖位置重排

（一）白骨化案件现场勘验

根据现场尸骨数量，可将此类案件分为一人尸骨（图 12-2）、多人尸骨、尸骨残片等现场。还可根据尸骨的分布情况，分为中心现场、周边现场。尸骨较为集中或者说很多尸骨处于正确解剖位置的区域为中心现场，而尸骨分散、数量较少的现场为周边现场。

图 12-2　一人尸骨白骨化案件现场

1. 一人尸骨案件

（1）现场勘验：首先，要了解尸骨发现及现场保护的情况，以发现的尸骨为中心，确定现场方位及周边概貌，根据现场的复杂程度与保存状态，确定现场勘验的范围及顺序；其次，在现场勘验时，要注意尸骨存在的位置、各尸骨之间的位置与解剖关系、尸骨与周围物品的位置关系，如饰品、衣着、随身携带物品等，并注意尸骨周围的植被情况、尸骨上植物的长入特征、尸骨周边是否有昆虫活动及蛹壳存在、尸骨的损伤及是否存在动物咬痕、尸骨缺失情况等；第三，对现场的自然状况要进行详细的记录，包括现场方位、环境温度、土壤等介质情况等。

（2）固定现场：对发现尸骨的现场原始状态进行拍照、录像，包括现场概览、方位等，并且照相、录像必须在未移动现场物品时进行。照相、录像要反映出现场物品与外围场景的相对位置，尸骨与周围物品的位置关系等，并需要在现场图上清晰标示。

（3）制作现场勘验笔录：制作现场平面图，要反映尸骨的自然状态及与周围主要场景的相互关系，表明现场方位，要含有图例及比例。制作现场勘验记录，详细说明现场勘验的过程，内容包括：报案人姓名、报案及现场勘验的时间、现场位置及周围情况、勘验人员名单、现场提取物证的情况等。

2．多人尸骨案件　多人尸骨案件现场往往范围较大，有时尸骨也相互混杂，勘验难度增大，通常采用的是考古学方法进行现场勘验。首先要确定现场的范围及勘验的顺序；其次，用绳索（或白石灰）将现场围成 2m × 2m 的方格，每一个方格代表一个搜索区域，按既定顺序逐格进行勘验。如果现场需要发掘，则按方格挖掘，挖掘出的土方要进行水洗筛查。对每一方格发现的物品，包括人骨、饰品等要认真记录、拍照，以便对现场情况进行复原。

3．尸骨残片案件　尸骨残片现场多见于杀人焚尸案或用物理、化学方法毁尸灭迹的案件，通常需要在现场仔细搜寻并尽可能全面地收集尸骨残片。杀人焚尸现场常常是有特定条件的场所，或者在现场中仍保留有处理尸体的器具，也要对这些器具进行勘验。

在露天的焚尸现场周围，必定有助燃物，尸骨的残片常存在于灰烬中。对现场存在的灰渣要认真筛检，发现骨骼等可疑物均需提取备检。在杀人纵火的案件中，常常是以火灾报案，如果发现火灾现场有尸体，需按杀人焚尸案的现场进行处置。

利用炉具焚烧尸体，烧骨的残渣常与灰渣混在一起，要将与案件有关的灰渣全部筛检。如果犯罪现场的锅炉或窑炉正在使用，需停火，对灰渣进行筛检，以发现烧骨或其他可疑物。

在室内处理尸体的现场，要将所有物品移出后再进行现场勘验，必要时要将室内地板拆除，或将下水道打开，寻找骨骼残片或其他生物学物证。

如果是化学腐蚀性物品处理尸体的现场，首先要将现场的溶液无害化处理后，再捞取尸骨残渣。现场勘验中，要严格遵守对腐蚀性液体接触移出的操作规程，做好现场勘验人员的防护工作，避免现场勘验过程中造成损伤。

（二）指认尸骨（白骨化）案件现场勘验

在杀人毁尸案件中，有的案件是在犯罪嫌疑人归案后，通过其对犯罪过程的交代，警方再对嫌疑人指认的现场进行勘验。

1．抛洒尸骨案件　抛洒尸骨的现场常常是在案发很长时间以后，警方才到现场进行勘验。由于时间的推移，抛洒尸骨的现场环境会有很大变化，增加了现场发现、提取尸骨和物证的难度。在寻找尸骨的过程中，所有发现的尸骨及可疑物品均需收集、拍照、编号备检。

在公路沿线抛洒尸骨，首先要从与案发地相反的方向，沿公路的边缘进行网格式搜查。如果犯罪嫌疑人乘公共交通工具抛洒，要从具备抛洒条件处为起点，搜寻到公交车的终点。如果犯罪嫌疑人使用自有交通工具抛洒，首先要确定停车抛洒尸骨的地标，对地标的特征进行反复核对，如高速公路界标、公里数牌、停车岛、距休息区远近等。确定抛洒尸骨的中心区后，以该处为中心，确定勘验范围，进行网格式搜查。

在我国南方地区，水网密布，水中抛洒尸骨的案件时有发生。寻找水中抛洒的尸骨，首先要确定抛洒范围，有条件时，将水抽干，寻找尸骨残片。

2．掩埋尸骨案件　在犯罪嫌疑人指认的埋尸地点进行现场挖掘，首先要对犯罪嫌疑人指认的埋尸地点及周边情况进行调查，确定现场勘验的范围和顺序。在对尸骨挖掘时，要尽可能找到全部尸骨，尤其是颅骨、骨盆、四肢长骨等体积较大的骨骼，并且需对这些尸骨所处的位置、高度以及周围的填充物进行记录。对找到的骨骼要进行初检，以便确定嫌疑人交代的内容与现场发现的情况是否相符合。在尸骨挖掘时，对发现的其他可疑物品也要提取。

二、白骨化案件的物证提取

白骨化案件现场勘验时，通常需要提取全部尸骨、饰物、遗留物等，必要时还要提取尸骨周围的填充物、动植物样本等。在经过现场初检后，需要将这些提取的物证送到专业实验室作进一步检验。如通过进一步尸骨检验，确定被害人数量、推断年龄及性别等特征；通过对尸骨的 DNA 检验，可进行个体识别；对骨骼以及填充物的毒物检验，确定有无中毒等。

尸骨最好是在完全暴露后再提取，提取的尸骨应妥善包装，最好存放于纸袋内，避免在运送过程中出现再次破坏，若在提取过程中出现损毁，应当进行详细记录。在提取纸袋上进行标记，至少应包括编号、尸骨名称、发现位置、受损情况等信息。重要的尸骨如颅骨、盆骨、长骨等需要单独包装，椎骨可按颈、胸、腰节段包装，颅腔内的填充物不用移除，可更好地防止颅骨受损、牙齿脱落等，盆骨要注意耻骨联合面的保护。如果尸骨周围有液化的软组织，要用干净的棉花或纱布进行包裹、提取。如果发现有手术遗留物如血管夹、乳房填充物等，在记录其位置后亦要提取。

（一）尸骨的提取

1．单人尸骨　单人尸骨采取从上到下依次提取，先提取体积较大的骨骼，后体积较小的骨骼。青少年尸骨由于存在很多未融合骨骼，一方面骨块的数量会明显增多，另一方面很多小块骨难以鉴别，易与周围的石头、树枝相混淆。此外，这些小块骨容易碎裂，提取时需要特别注意。尸骨提取时，要认真记录、拍照，按规定进行包装，送实验室备检。

2．多人尸骨　提取多人尸骨时，需对每一尸骨进行唯一性编号。如果有多个个体的尸骨混杂在一起无法区分时，需要将所有的骨骼全部提取，利用形态特征对骨骼进行分类检验。根据容易鉴别的骨骼，如颅骨、骨盆的数量确定被害人的数量及年龄、性别构成。要检验骨骼DNA进行个体识别。

3．尸骨残片　在抛洒现场寻找尸骨残片时，应将所有可疑尸骨提取，并按发现的区域进行编号、记录、包装、送检。

焚尸现场寻找到的尸骨残片，要放置在硬质容器中，并使用棉花或海绵保护，防止骨骼残渣的进一步破损。提取的尸骨残片，要进行编号、记录、包装、送检。

（二）其他物证的提取

1．包裹物及衣物　在尸骨的搜寻过程中，发现的包裹物及衣物要一并提取。对于尸骨埋藏时间较长的情况，衣物等会被腐蚀成碎片，在提取时，衣物或包裹物的碎片也要提取，包装后放在硬质容器中，减少提取过程对物证的损坏。提取物品的编号要与尸体的编号一致。

2．饰品等　现场发现的饰品或其他不易损坏的物品要单独包装。首饰、腰带的金属扣等，在外界环境中，经过很长一段时间后，仍能完好的保存，往往会对尸体的身源寻找及认定提供重要线索，与尸骨同时发现的饰物等要进行编号，且与尸体编号一致。同时，要按相关要求进行记录、拍照、录像。

第三节　白骨化案件的现场分析

白骨化案件情况复杂，通常需要对提取的物证在专业实验室作进一步的检验，但现场初步检验与分析对案件的侦破也很有帮助。现场分析的主要任务是解决被害人数量、身源、鉴别生前损伤、死亡时间、死亡原因、死亡性质等相关问题。

一、尸骨的法医人类学分析

（一）白骨化时间的分析

无论是直接暴露于外界环境还是掩埋尸骨，由于影响白骨化的因素很多，如被害人个体因素、环境温度与湿度、动物及昆虫和微生物破坏、掩埋深度、尸体包裹情况、掩埋介质理化性质等，使得推断白骨化时间非常复杂，需要结合上述具体影响因素综合判断。也有专门研究埋葬后机体发生变化规律的学科，被称为埋葬学（taphonomy）。在现场主要是通过尸骨腐败程度以及形态学改变进行大致推断，在实验室主要是通过对微观结构、微生物等的观察和检测进行推断。通常白骨化时间在露天环境下需要2～9个月，土埋无包裹者需要3～6个月，但由于影响因素众多，这个时间会出现较大的波动。

（二）种属判定

现场发现的尸骨或尸骨碎片，首先要确定是否是属于人类骨骼。如果现场发现的骨骼不属于人类骨骼，则发现的骨骼没有实际意义。国外有统计资料显示，送往实验室进一步检验的尸骨，大约有

25%～30% 为畜类动物骨骼。由于哺乳类动物的骨骼有共性，因此，一些大型哺乳类动物如熊、鹿、大型狗、猪的骨骼很容易被误认为是成年人类尸骨，而一些小型动物的骨骼则易被误认为是未成年人类尸骨。现场检验时，可通过骨骼成熟度和形态进行初步鉴别。对于未成年人长骨尸骨，其末端的干骺端与骨骺由于未融合而产生分离，因此长骨末端往往呈现不光滑的粗糙表面，而小的成年动物长骨末端为骨骺融合，从而表现为光滑的末端；尽管人与其他哺乳类动物具有类似的骨骼解剖结构，但由于人是直立行走，因此，与四足行走动物骨骼形态具有明显不同，如人的长骨通常比较直，而动物则具有一个明显的弧度。

二、尸骨的人为处理情况分析

（一）焚烧尸骨分析

在杀人焚尸现场只发现尸骨残片的情况下，需要对尸骨焚烧的条件进行分析。根据灰烬的范围和特征，分析是否使用了助燃剂及其种类、用量。根据焚烧尸体的工具，可以推断嫌疑人毁尸灭迹的过程及方式，并找到焚尸的证据。

（二）理化因素处理尸骨分析

在现场中发现腐蚀性液体（强酸、强碱）要注意在液体中搜寻尸骨的残渣，无论是酸性液体还是碱性液体，都会对骨骼产生明显的腐蚀作用。由于尸块中脂肪组织对骨骼有一定的保护作用，尽管毁尸的溶液浓度很高，仍有可能残存尸骨碎片。在此类现场，还要对腐蚀性液体的来源及使用情况进行分析，从而对犯罪嫌疑人的职业特征判断提供线索。

三、尸骨损伤的鉴别与分析

由于该类案件仅残存尸骨，故可检见的损伤以骨折为主。现场勘验时发现的骨折形成机制存在两种情况：一种为原发性骨折（即生前所形成的骨折），另一种则是死后掩埋过程或自然环境如山石滑坡等所形成的骨折。因此，在现场分析时，需要对所发现的骨折进行鉴别。

（一）原发性骨折

多见于生前骨骼受到机械性暴力作用所致，如钝器打击、枪击、锐器砍击、高坠、交通事故等。

1. 颅骨损伤　根据颅骨损伤的形成机制和形态不同，一般可分为骨质擦痕、骨缝分离、线状骨折、塌陷骨折、洞状骨折、粉碎骨折。另外还有一些特殊类型颅骨损伤，如枪弹引起的颅骨锁孔状骨折，砍器引起的颅骨条块状缺损等。

2. 胸骨损伤　胸骨骨折并不常见，一般多系较大直接外力作用所引起。好发于接近胸骨角的胸骨体部或胸骨体与胸骨柄交界处。如平头汽车正向撞击胸部、倒地后用脚踹胸部时可以形成。此外还应注意观察胸骨边缘有无锐器刺击、枪击时形成的损伤。

3. 肋骨损伤　根据受力方式不同，可将肋骨骨折分为打击性骨折和挤压性骨折，按受力条件不同又可分为直接骨折和间接骨折。肋骨直接骨折多系致伤物打击所致，表现为受力处肋骨向内弯曲而发生骨折，断端肋骨内侧骨膜破裂，外侧骨膜完好，又称内向性骨折。间接骨折多在胸部受较大面积挤压致胸部变形，在非受力处的肋骨向外变形而引起的骨折，断端肋骨外侧骨膜破裂，内侧骨膜完好，又称外向性骨折。间接骨折单纯性和多发性均可发生。一般 3 根以上的多发性肋骨骨折且骨折线基本在一条直线上，应首先考虑为间接骨折。此外还应注意观察肋骨或边缘有无锐器刺击、枪击时形成的损伤。

4. 脊柱损伤　脊柱的骨折类型主要有线性、粉碎性（压缩性）、撕脱性三种，其中以粉碎性多见。由于脊柱各段的解剖学结构存在差异，骨折形成机制比较复杂，此外还要注意非直接暴力因素引起的骨折。结合实际工作中，由于锐器砍击、刺入、枪弹、高坠形成的骨折损伤易于辨别，所以在遇到脊柱损伤的案件时，应结合其他部位有无伴随损伤，特别是发生于深山老林中的案件，注意区分粉碎性骨折，这对案件性质分析有较大帮助。

5. 肢体及骨盆骨折

（1）上肢骨折：根据骨折形成机制分为直接暴力和间接暴力形成。直接暴力所致的锁骨骨折多呈粉碎性或横形；肩胛骨骨折、肱骨干骨折、尺骨干骨折也多系直接暴力所致；桡、尺骨干双骨折则可因暴力直接作用、也可由间接传导所致，直接暴力所致的骨折线常在同一水平，骨折线为横形、蝶形、粉碎形；间接暴力所致的骨折为斜行，桡骨高于尺骨。

（2）骨盆骨折：骨盆一般不易发生骨折，若有则提示其曾受强大暴力。髂骨翼骨骨折多系直接暴力所致，呈线性、粉碎性；侧方挤压可导致双侧耻骨上下支骨折；髋臼骨折可由直接暴力的挤压或打击形成，亦可由下肢传导的间接暴力所致。

（3）下肢骨折：股骨颈骨折多系坠落或摔跌所致；直接暴力如撞击、挤压等多形成的股骨干骨折，呈横断型或粉碎型；间接暴力如高坠、扭转等形成的股骨干骨折，呈斜行或螺旋性骨折；髌骨的粉碎性骨折主要为直接暴力所致。胫骨、髁骨骨折可由直接暴力（摔跌、撞击）和间接暴力（垂直传导等）所致。胫腓骨骨干横形、短斜形、楔形或粉碎性骨折，最常见直接暴力如小汽车保险杠撞击；间接暴力引起的胫腓骨骨折形态呈长斜形或螺旋形。

（二）死后形成骨折

在实际检案中，有时需要鉴别骨折是生前原发性骨折还是死后形成骨折，尤其是户外现场。因为户外现场容易形成死后骨折，如动物的撕咬、高山地段雨水冲击引起尸骸移位与周围物体撞击形成。而对于挖掘时形成的骨折比较容易鉴别，该类骨折断面新鲜，受力处骨折面有时可看到与周围骨质颜色不一致现象，皮质有新鲜脱落痕迹。有学者曾提出两种鉴别白骨化尸体上骨折是生前还是死后形成的方法：①利用骨折断面颜色是否与正常骨表面风化现象断面颜色近似相鉴别。如果近似，说明其风化程度一致，考虑为生前形成，否则如断面颜色浅淡而风化较轻，考虑为新近发生，为死后形成骨折。②根据骨折形成机制判断。如果不同骨骼上同时存在二处以上类似骨折，则难以一次形成，或者二处骨折几乎在同一位置，但方向不一，也难以一次形成，这说明只有在白骨化后骨骼发生位移或因骨的力学性能发生改变时发生，提示为死后形成。这两种方法都具有局限性，应用时需要结合案例具体分析。

四、死亡原因推断

推断死亡原因和致伤方式是确定死亡性质或案件性质的关键。有无致命性损伤、有无中毒是检验的重点，注意发现颅骨、舌骨、肋骨等有无暴力作用引起的骨折及遗留的工具痕迹等，研究其形成机制，有助于确定死亡原因及案件性质。

白骨化案由于受尸体条件限制，准确地确定死亡原因常常难以实现，只能用排除法推断死亡原因，通过骨骼上的损伤推断可能的死亡原因。

打击头部致被害人的颅骨上会留下各种形态的骨折、缺损、砍击痕迹。分析颅骨骨折形成的机制有助于确定致伤物及被害时的体位，从而进一步确定案件性质；舌骨骨折，提示颈部曾受过扼压，其死亡原因不排除机械性窒息。观察胸骨、肋骨、肩胛骨上有无锐器刺击或砍击形成的痕迹，进而推断是否存在失血性休克造成的死亡。对于电击、投毒、一些机械性窒息、刺器未伤及骨骼造成的死亡，检验骨骼不可能发现损伤，死亡原因因受客观条件限制，难以确定。

有条件的情况下，对每起白骨化尸体均应做毒物检验，取肝脏、胃所在部位泥土等填充物进行毒物分析；怀疑重金属中毒，可取骨骼进行检验。

五、身源认定

身源的认定一般通过两种方法进行：一种是对相关失踪人员与现场尸骨的关系进行人类学方面的检验；另一种是对尸骨进行 DNA 检验。法医人类学方面的检验是通过三维颅面鉴定技术实施。

三维颅面鉴定技术主要包括三维颅面复原和颅相重合，该技术是综合运用法医学、解剖学、人类学、数学、美学、艺术、计算机等多学科理论进行颅骨相貌复原及个体识别的技术。颅骨容貌复原是根据颅骨形态特征与面部五官特征的关系，在颅骨上或颅骨的模型上，复原个体的生前容貌。颅相重合是用被害人颅骨和生前照片，通过重合照相或重合投影，使人像和颅骨像重合，然后根据人像面部软组织与颅骨之间的关系，判定人像与颅骨是否出自同一个个体。

通过尸骨DNA检验进行身源认定，是指应用不同提取及检测技术，对骨骼细胞中的DNA进行检验，并将骨骼DNA检测结果与可疑被害人生前遗留物品的DNA检测结果进行同一比对或与可疑被害人直系血亲的DNA检测结果进行亲缘关系鉴定，从而判断尸骨身源。

案例1：

某年5月，有群众在某乡的公路东侧发现一尸体，呈白骨化状态。现场位于距公路110m的灌木、杂草丛中，在中心现场3.0m×2.5m范围内有呈不同方向倒伏、折断的灌木，部分倒伏、折断的灌木已枯死，倒伏的灌木、杂草区域内可见形状各异的石块，石块之间可见部分人体尸骨，被害人右裤包内有克咳胶囊、安必仙、盐酸左氧氟沙星、克喘宁各一板，外裤东侧32cm处有“红山茶”牌过滤嘴香烟半包、白色的一次性塑料打火机一个，外裤西侧17m处有一只左脚黑色男式皮鞋。

尸骨及衣物检验：右颧弓断离缺失，右乳突上有一横形砍痕，左上一、二和右上一、二为义齿。在四肢长骨、髋骨上有犬类动物啃咬形成的痕迹。根据右乳突上有砍痕，由此推断右侧颈部有足以致命的砍伤存在，可考虑为右侧颈部砍伤致失血性休克死亡；根据砍痕形态特征为砍刀的刃部所致，据此确定案件性质为他杀，砍痕方向垂直于骨面，可判断受力方向基本与颞平面呈横向垂直状态，而人处于站立位时要形成这样砍痕基本不可能，推断是被害人左侧卧位时被他人砍伤。右颧弓断离缺失，断端不整，为钝器打击所致。根据现场外裤西侧有一只左脚黑色男士皮鞋，判断被害人生前从公路向东侧逃跑中将鞋跑掉。

根据骨骼的白骨化程度及植物枯死程度，推断死亡时间为一年左右。将骨骼拼接后为一人骨骼，推断内容如下：男性，40岁左右，身高160cm左右。左上一、二及右上一、二牙齿为义齿。有抽烟习惯。可能患有呼吸系统疾病。最后通过DNA认定被害人身份，系上一年7月失踪的外地人张某（男，42岁），身高162cm，有抽烟习惯，患有哮喘病。

案件侦破后证实：犯罪嫌疑人周某骑摩托车将张某诱拐至此地抢劫，张某向东逃跑，周某持刀追赶100多米，周某用砍刀背击打张某右颞部，使其倒地后又用砍刀刃部砍击张某右侧颈部两次，致其死亡后抢走现金潜逃。

案例2：

某日于某山顶上发现一具无名尸体，尸体下及旁边的杂草枯萎，杂草旁见一个冰红茶的空瓶，左脚穿黑色男式凉鞋，在尸体南侧800m处发现一只右脚黑色男式凉鞋。被害人上身穿红色短袖T恤，下身穿七分灰蓝色牛仔裤，尸体已基本白骨化。尸体呈俯卧位，尸骨排序完整、整齐，全身骨骼无骨折、缺损等情况。

根据现场勘验、尸体检验及被害人衣着情况分析，断被害人年龄17岁左右，男性，身高170cm左右，死亡时间为3～6个月。全身尸骨完整、排序整齐，左手骨位于尸骨相当于胃的部位，考虑生前有腹部不适，旁边有一空的冰红茶瓶，不能排除毒杀可能。提取冰红茶瓶、被害人衣物、尸骨、尸体下泥土做毒化检验，检出毒鼠强。由于地点偏僻，人迹罕至，所以可以肯定现场遗留的冰红茶瓶与本案有关。通过查找，发现两只脚的鞋都在现场，说明该现场就是第一现场，但距离周围居住地位置较远，不符合被害人本人所形成的特征。根据上述情况，综合分析，分析被害人可能为饮用了有毒饮料后被他人移尸至此，并在移尸过程中使得鞋子脱落。破案后证实，被害人被几名男青年骗上山顶，并饮用了加入毒鼠强的冰红茶后中毒死亡，后被他人抬到尸体被发现的地点。

（刘　力　百茹峰）

思考题

1. 试述白骨化尸体形成的影响因素。
2. 白骨化尸体案件现场的勘验重点有哪些?
3. 如何鉴别与分析尸骨上的损伤?

第十三章　强奸案件的现场勘验

强奸（rape）是指违背被害人的意志，使用胁迫、暴力或其他手段与被害人发生性行为。在全球大部分国家，强奸行为属于犯罪行为。该类案件多为男性强行与女性发生性行为，但也有男性强迫男性发生性行为、女性强迫男性发生性行为的案件，甚至还有强迫变性人发生性行为的案件。由于各国国情的不同，一些国家认为，只需要满足“强行发生性行为”这一定义，即构成强奸；另一些国家则只承认男子强行与女子发生性关系的行为属于强奸。我国《刑法》第236条规定的强奸罪是指违背妇女意志采用暴力、胁迫或者其他手段，强行与妇女发生性交的行为，未包括男性胁迫男性、女性胁迫男性等情况。另外，我国法律规定，与年龄未满14周岁的少女（即使本人同意）发生性关系也视为强奸。对于与智障女性发生性关系，《最高人民法院、最高人民检察院、公安部关于当前办理强奸案件中具体应用法律的若干问题的解答》[（1984）法研字第7号，1984年4月26日公布实施]中规定，明知妇女是精神病患者或者痴呆者而与其发生性行为的，不管犯罪嫌疑人采取什么手段，都应以强奸罪论处。与间歇性精神病患者在未发病期间发生性行为，妇女本人同意的，不构成强奸罪。

第一节　强奸案件的基本特点

一、强奸案件的特点

强奸案件是针对女性实施的性犯罪活动。在我国，强奸案件的被害人只能是女性，而犯罪嫌疑人可以是男性也可以是女性。强奸案件在作案时间、地点的选择上，作案手段、方法等方面都具有一定的特征。其一般特点是：现场可见搏斗痕迹，被害人衣服不整齐、有撕裂痕迹，如纽扣脱落、乳罩腰带撕断、裤子脱下、会阴部及大腿内侧损伤、处女膜破裂，阴道棉拭子检出精斑，双手、口颈部有抵抗伤等（图13-1），少数胁迫类型的强奸案可以没有上述特征。随着社会环境的变化，被害人及犯罪行为实施人有年轻化的趋势；熟人作案也是近些年强奸案件的特点之一。部分案件作案的动机、目的多，作案的过程复杂，随着作案过程的演变，会产生新的动机。特别是近年在卖淫嫖娼过程中由于嫖资纠纷而引发的“强奸”案件有增加的趋势。

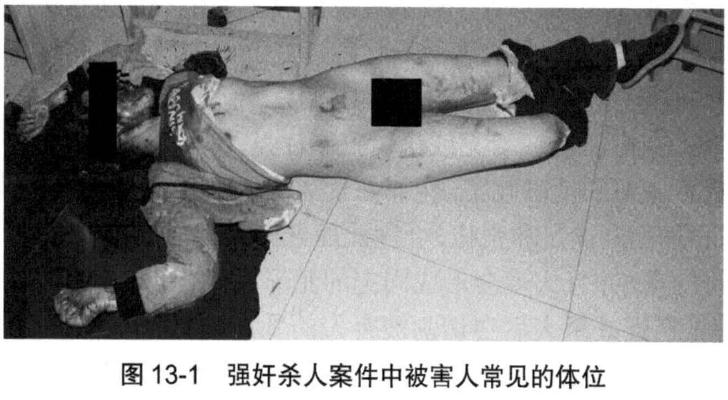

图13-1　强奸杀人案件中被害人常见的体位

（一）作案季节、时间和地点

室外强奸案件的发生具有明显的季节性，南北方均以冬季为最少，约占 18.5%，而春季最多，占 36.3%。在我国北方地区，由于冬季气温较低，室外强奸案不多见，几乎都是室内强奸案件。调查显示，2 月份强奸案发生最少，8 月份发生最多。但室内强奸案件则没有明显的季节性。凡具备作案条件的时间和地点均可能发生强奸案件，比如女性白天独自活动在人少的野外、家中只有一名女性的情况等。强奸案件发生的时间和地点与被害人的活动状态（如夜班回家，丈夫出差等）、案发地点环境（如交通状况，人员流动情况等）、案发现场是室内现场或室外现场有关。城镇的强奸案多发生在室内或者室外僻静处，且多发生在晚上，而郊区、农村的强奸案件发生在室外和野外的较多，多发生于白天，特别是农村在野外单独活动的女性更容易白天遭遇强奸。

（二）犯罪嫌疑人的特点

强奸案件的犯罪嫌疑人以男性为主，多见于独身、没有性伴侣的男性，有的存在性饥渴或者性变态，有些有性伴侣甚至有正常家庭；多有猥亵妇女或有性犯罪前科，性变态者常会制造系列强奸案件甚至强奸杀人案件。有些童年不幸、生活在社会底层的人有可能会制造系列的强奸杀人案件。据统计分析，犯罪嫌疑人年龄以 36 岁以上者居多，约占 47.4%；从犯罪嫌疑人的职业来看，在有犯罪嫌疑人信息的 43 个案件中，无业者约占 70%。另有激情强奸者，如青春期少年强奸案等，被害人有些与犯罪嫌疑人有联系，如长期暗恋的女性、女同学等，但多数具有不确定性。有些貌似不具有强奸条件的人也可能制造强奸案件，有报道称阴茎切除手术后的男性强奸了多名幼女。因此要全面分析案件的性质和特点，据此推断犯罪嫌疑人的特点。

（三）性侵害对象的特点

强奸案件因性质不同其侵害的对象也不相同，单纯强奸案件的侵害对象具有不确定性，各年龄段的女性都可发生，与现场条件、犯罪嫌疑人的取向、双方的身体条件、犯罪嫌疑人控制对方的方法和手段、被害人的状况等多种因素有关。统计分析表明，在 134 名强奸被害人中，年龄段在 21～25 岁者最多，约占 25.0%，其次为 16～20 岁组，约占 21.6%；职业以学生最多，约占 35.8%，其次为农民和无业人员，各占 22.4%。被害人一般以独居、独自活动的女性更容易受到性侵害。

（四）作案手段、方法上的特点

室内强奸案件的发生多以撬压门窗、叩门入室、预伏等候、路遇劫持、诱使欺骗等手段作案，但和平进入室内也很常见。一般具有室内只有一名女性且有机会侵入室内的现场条件，犯罪嫌疑人多为邻居、熟人、了解情况的人。室外强奸杀人，多发生在郊野、偏僻路段，犯罪嫌疑人有的是路遇临时产生歹意，有的是掌握了女性的行为规律，在半路守候寻机作案；有些是以谈情说爱的青年伴侣为对象，以守候、尾随的方式强行将青年男方赶走，或冒充值勤人员、甚至公安人员，用欺骗、恐吓等方式将男女分离，后对女方实施强奸。

（五）强奸杀人案件的特点

强奸杀人案件多发生在夜晚人员活动较少的时间段，地点多在较为隐蔽的地点，如行人稀少的路旁庄稼地或者单门独户的室内等处。单纯强奸杀人案件由于犯罪嫌疑人目的简单明确，多使用杀伤性致伤物或徒手扼压颈部、打击头部等手段威逼或使被害人丧失抵抗能力后，对其实施猥亵强奸，达到目的后为了灭口而将其杀害；偶见杀人后奸尸者。混合型强奸杀人案件多以盗窃、抢劫、绑架等犯罪行为作为初始动机，在实施犯罪的过程中，临时产生歹意实施强暴，或在对女性实施强奸、猥亵等行为时，因被害人呼喊、挣扎、反抗、看见或认识犯罪行为人，而将其杀害。

强奸杀人案件发生后如果未及时破案，犯罪嫌疑人会因作案成功而产生侥幸心理，特别是有了成功体验之后，性犯罪心理得到满足和强化，会因此而继续作案形成系列强奸杀人案件。因此，该类案件多具有连续作案的特点，并且大多会形成固定的犯罪模式，比如有些犯罪嫌疑人会在环境相似的地点重复作案、有些人在强奸杀人后会切割被害人的乳头、性器官等，从而在作案时间、地点、手段和侵害目标的选择上形成明显的习惯性和规律性。这种系列强奸杀人案件可以串并案件进行侦查，一般通过现场环境、侵害对象、作案手段以及现场遗留的物证、DNA 检验结果等能够进行串并案件。

二、强奸案件的类型

根据强奸案件发生时犯罪嫌疑人的主观心理、侵害对象、作案地点、作案人数、实施方式、强奸者和被害人的关系等，可以分为以下几个类型：

（一）主观心理

按犯罪嫌疑人作案的主观心理分类，可以分为蓄谋型和随机型。蓄谋型是指在实施强奸犯罪之前，产生了强奸的意图，有蓄谋有计划的作案，犯罪嫌疑人往往事先对行为对象、作案时间、作案地点、作案工具进行了周密计划。犯罪嫌疑人对被害人情况比较了解，由于其成功作案的概率更大，所以蓄谋型强奸案例比较常见。随机型是指犯罪嫌疑人事先并无动机，由于处于某种易于作案的环境或偶然出现的机遇，受到性刺激或性刺激的诱惑而又遇到可实施强奸的对象，临时起意，其随机性大。

（二）侵害对象

按侵害对象分类，其可分为强奸妇女和幼女型。以暴力胁迫或者其他手段对 14 周岁以上妇女实施强奸行为是强奸妇女。强奸幼女是指与不满 14 周岁的幼女发生性行为，无论该女子是否同意。

（三）作案地点

按作案地点分类，可分为室内型和室外型。室内型是指犯罪嫌疑人侵入室内，如办公室、居民楼等相对封闭的空间作案，轮奸案件中以室内型居多。室外型是指犯罪嫌疑人在室外作案，拦路强奸是典型的室外类型强奸案。

（四）作案人数

按作案的犯罪嫌疑人的人数多少分类，其可分为单人强奸型和轮奸型。前者是单一男性强奸妇女的案件，后者是两名以上男性强奸一名或多名女性的案件，相比之下后者的社会不良影响更大。

（五）接触过程

按接触到犯罪的过程分类，其可分为交流型和无交流型。交流性强奸案件是指犯罪嫌疑人接触被害人时先与女方会话，经过一段时间的双方交流，并有一定了解之后才作案，多见于约会强奸。无交流型强奸案件是指犯罪嫌疑人遇到被害人时即实施强奸行为，双方完全没有意识交流。

（六）混合强奸案

按强奸案和其他案的关系分类可以分为单纯强奸案和混合型强奸案。混合强奸案包括抢劫强奸案、报复强奸案、绑架强奸案、盗窃强奸案等。在司法实践中存在大量案件性质比较单一的强奸案件，但是与其他案件，尤其是重大恶性刑事案件混合发生的强奸案件也在逐步增加，需要与其他案件并案侦查。

近年来随着女性法律意识的增强和我国法治建设的完善，出现了“婚内强奸”的提法。婚内强奸是指丈夫违背妻子的意志，以暴力、胁迫或者其他手段强行与之发生性关系的行为。我国刑法原则上将在法定婚姻关系存续期间丈夫违背妻子的意愿，强行与之发生性关系的行为不定义为强奸，由此而造成的伤害后果或者有虐待等其他严重情节的，可以按其他罪行如故意伤害罪、虐待罪等论处。

第二节　强奸案件的现场保护和现场调查

接受案件时，应当向报案人、控告人、举报人（以下统称报案人）问明强奸犯罪行为在何时、何地、由何人基于何种目的和动机、使用何种工具对何种目标造成了何种后果等有关情况，包括强奸案件发现和发生的时间、地点、详细经过，发现后采取的保护措施，现场所见情况，有无可疑人或其他人在现场，现场有无反常情况，以及物品损失等情况；强奸案件现场可疑人或作案人数、犯罪嫌疑人的个人特征，来去方向、路线等以及与所报案件现场、被害人有关的其他情况。制作填写《接受案件回执单》，布局现场勘验、现场调查人员。

一、强奸案件的现场保护

强奸案件一般现场上有挣扎、搏斗的痕迹，常有犯罪嫌疑人的遗留物。因此，在外围设置警戒线防止无关人员进入现场的同时，勘察人员要按指定路线进出现场。被害人在现场时要查明其是否已经死亡，若未死亡应立即进行抢救，抢救时要力求避免破坏现场，同时对伤者躺卧的位置和姿势进行标记。伤者意识清楚、没有生命危险且可以讲话时，应抓紧时间，简单扼要地询问姓名、住址、凶手特征和被害情况等。如果被害人已经死亡，则不要移动尸体和触动尸体上的物品。现场勘验时不要破坏现场的各类痕迹，勘验结束后按原来路线退出。

（一）露天现场的保护

对在野外、道旁、庄稼地等处的强奸案现场，要注意对现场周围的足迹、泥地、草地、植物上发现的身体压痕、拖拉、抵抗的痕迹进行保护；还要对现场附近的遗留物，如作案工具、衣服、纸片、口罩、纽扣、表带等物品加以保护。通常是划出一定的范围布置警戒，原则上应当包括犯罪嫌疑人作案的地点和犯罪嫌疑人可能遗留痕迹的场所。现场范围划定后，在勘验人员到达之前不许任何无关人员进入。如对于不大的露天现场，条件又许可时，可以在现场周围绕以绳索，或撒以白灰作为标记；对于现场的重要部位和出入口，应当设岗看守或者设置屏障遮挡；对于通过现场的道路，必要时可以中断交通；对于大院内空地上的现场，可以将大门关闭，如果院内有其他住户，可以划出进出通道；有些露天现场虽位于偏僻处，但也应加以保护，防止被破坏。如遇到气候变化等情况，可能使痕迹、物证遭到破坏时，应采取措施妥善保护。

（二）室内现场的保护

对室内现场的保护，通常可将房门封闭，并在门窗和重点部位设岗看守，对房子周围和进出室内经过的场所，应布置警戒禁止任何人接近，同时应对室内留下的烟蒂等物品注意保护，并对床单、被褥、地毯、衣服等物上的斑迹、血迹等做出标记并注意保护，不要直接用手触摸。室内案件还应注意保护室外的痕迹物证，比如窗外的卫生纸、避孕套、各类工具和痕迹等。对于与室内现场相邻的场所也应适当加以保护，因为有些案件室内现场不是第一现场，此时要找出第一现场，重点保护并给予勘验。

二、强奸案件的现场调查

一般强奸案件中犯罪嫌疑人以得到性满足为目的，需要被害人的配合，所以与被害人有相对长时间的接触，有时还会有较长的搏斗过程，很少有直接杀死被害人然后进行奸尸的情况。因此，被害人常能掌握犯罪嫌疑人的体貌特征。被害人如有呼救行为，现场周围的群众能够听到呼救声或异常响动，如果有目击者，目击者可以描述犯罪嫌疑人的体貌特征。现场调查的对象主要是被害人、现场周围的群众、被害人的亲属以及其他相关人员等，系列强奸案时要综合听取几个案件相关人员的陈述。在现场调查之前，应详细了解案情，了解被调查人与被害人、犯罪嫌疑人之间的关系，确定现场调查的任务和方法，对被访问对象进行个别调查，向被调查人出示证件并制作询问笔录。

（一）被害人的访问

通过对被害人调查，可以取得真实可靠的言词证据。因此要重点向被害人了解有关情况，包括以下内容：

1．一般情况　如姓名、年龄、职业、文化程度、婚姻情况、有无月经、月经是否正常，平时与人交往情况等，对成年女性还要询问有无妊娠或分娩史等基本情况。在问询时要注意被害人的精神状况，尽量派遣女性工作人员完成问询，必要时可以向其家人求证相关情况。

2. 受害情况 启发和诱导被害人回忆案件发生的过程，询问案发的时间、地点、次数、犯罪嫌疑人数、受害过程、加害手段、有无携带凶器、防卫和抵抗情况、有无搏斗或呼喊、犯罪嫌疑人与被害人相互位置关系、犯罪嫌疑人有无射精、射精的位置、射精后有无擦拭、被害人自己有无擦拭、擦拭物放置的位置、有否戴避孕套、有无流血、作案后是否在现场逗留及逗留的时间、犯罪嫌疑人是否有交通工具（如自行车或摩托车等）以及撤离现场的路线。

3. 犯罪嫌疑人体貌特征 由于被害人与犯罪嫌疑人有一定时间的接触，被害人大多能够在一定程度上了解犯罪嫌疑人的个人特征，所以要向被害人仔细询问犯罪嫌疑人的情况，包括犯罪嫌疑人的发育、营养状况、身高情况、面部有何特征（包括有无瘢痕、痦、痣、胎记等）及其位置、牙齿排列和缺失情况、说话的口音是当地人还是外地人、加害过程中身体是否受伤、什么部位受伤、衣服的特征、衣物有无撕毁等。要尽可能地了解清楚，越详细越好。

4. 现场周围环境情况 要询问现场的位置、周围存在的物体或建筑、有无人员经过、案发时的天气情况、周围有无特殊声音、夜晚发生的案件还要询问附近有无灯光、灯光距离的远近等。

5. 其他 被害人还可以回想是否在案发前与犯罪嫌疑人有过接触等，在什么地点及时间与犯罪嫌疑人见过面。双方有搏斗过程时，被害人可以致伤犯罪嫌疑人，这样可以通过损伤部位及特征的检查，有助于对犯罪嫌疑人进行初步筛查，如果现场或被害人的指甲等部位遗留犯罪嫌疑人的物证，还可以通过DNA的检验进行同一认定。室内现场还要询问当事双方是否向室外扔过物品、是什么物品、扔在何处。有时犯罪嫌疑人会顺手带走被害人的物品，如手机、包、内衣和照片等，因此要询问被害人是否有物品丢失。

调查女性被害人时，对被害人的调查应该按照相关法律法规，对被害人要以平和开放的态度进行询问，要有同情心，言语温和，要了解被害人的心理状态、行为表现和需求，真正关心关爱被害人，掌握影响被害人如实陈述的主要因素，选择合适的场所，必要时要由女法医或女侦查人员进行，以便详细了解案情。原则上只进行一次询问，并注意保护当事人的隐私。

（二）现场周围群众的调查

对现场周围的群众调查，可以进一步了解案件发生的时间、地点，犯罪嫌疑人的来去方向、活动路线、交通工具等情况，为案件侦破提供线索。如果有目击者，则能够提供犯罪嫌疑人的体貌特征如相貌、身高、衣着、声音特点等，对案件的侦破提供重要线索。询问的主要内容有：

1. 案发前后有哪些人进出过现场。如果看到过可疑人员，要仔细了解可疑人员的面貌特征、身体特征和衣着特征，并注意了解可疑人员的进入和离开路线。询问案发时是否听到异常响动或者呼救声。

2. 对周围群众认为的可疑人员要询问其怀疑的依据，同时要了解案发后周围群众对案件的看法和反应。

3. 通过周围群众了解案发前后被害人的表现有何不同，被害人的活动情况、了解其日常生活、职业情况、人员交往、婚姻状况、生活作风、有无纠纷等。

4. 了解周围地区、厂矿、企事业单位以及附近村落等有无类似案件发生，如有类似案件要详细了解，以便进行串并案侦查。

（三）被害人亲属调查

被害人亲属多数对被害人比较了解，能够提供案件侦查所需的被害人的一般情况、人际关系、交友情况、生活状况等情况。有时出于特殊目的他们也会提供一些虚假信息或者隐瞒一些情况，因此在询问时要加以注意。同时，出于亲情和血缘的关系，被害人亲属一般对案件高度关注，取得信任后能够积极配合公安机关的调查取证，而且这些人容易与被害人沟通，能够获得被害人的信任，有些被害人不愿意讲的情况有可能对他们讲，因而能了解更多的情况。所以要充分利用他们的优势，获得更多、更深层次的案件信息。在对被害人亲属进行询问或者通过他们了解被害人的情况时，应告知他们相关的保密义务，保护当事人的隐私。

第三节　强奸案件的现场勘验

现场勘验是侦破刑事案件的首要环节，在刑事侦查工作中占有特别重要的位置。通过对强奸案件进行现场勘验，发现和搜集犯罪的痕迹、物证，研究分析案情，判断案件性质，确定侦查方向和范围，可以对犯罪过程进行还原重现，通过取得的生物物证认定犯罪，为案件侦破提供线索和证据。强奸案的现场可能遗留有较多的痕迹、物证，如室内现场物品凌乱、摆放异常，床上被褥、枕席、床单等分布凌乱，甚至破损；室外现场可有泥土、植被等被践踏、施压痕迹；现场可能遗有凶器、绳索、血痕、精斑、毛发或其他证物。对所有痕迹物证均应全面勘验和详细记录，并绘图、照相留证，有条件时可同步录音录像，然后分别提取，以备检验。

一、强奸案件现场勘验的原则

强奸案件现场勘验的主要任务是发现、固定、提取与强奸犯罪有关的痕迹、物证及其他信息，存储现场信息资料，确定犯罪，判断案件性质，分析还原犯罪过程，确定侦查方向和范围，为侦查破案、刑事诉讼提供线索和证据。

强奸案件的现场勘验应当遵循《公安机关刑事案件现场勘验检查规则》的相关规定，对具备勘验、检查条件的强奸案件现场由县级以上公安机关侦查部门及时组织勘验；必要时，可以指派或者聘请具有专门知识的人参加现场勘验；在现场勘验的过程中，要注意保护公民生命安全，保护当事人隐私，尽量避免或者减少公私财产损失。

二、强奸案件现场勘验的要点

强奸案件现场勘验的对象是与案件本身相关的一切人证、物证，包括目击证人及相关人员，被害人自身、可疑物品等，在勘验的同时需要做好记录、拍照并取证，进行初步分析和推理；强奸案件现场勘验的内容包括：现场保护、现场实地勘验检查、现场调查、现场搜索与追踪、现场实验、现场分析、现场处理、现场复勘与复查等，记录现场保护情况、现场原始情况和现场勘验、检查的过程与所见，制作现场勘验、检查工作记录。

（一）强奸案件现场勘验要点

1．室外强奸案件现场勘验要点　室外强奸案件发生的现场一般多为远离热闹街区、隐秘不易被发现的场所，比如山上、田野、废弃建筑周围、桥下隐蔽处等。由于被害人大多不会自主到这些场所去，所以凶手拦截被害人的地点一般不是这些地方，而是采用诱骗、暴力挟持、拖拽、恐吓等方法将被害人带离拦截地，到这些隐秘处后实施犯罪，故室外强奸杀人案件现场勘验应注意案发地点的道路交通情况、现场所处位置、与周围环境的关系等。

室外现场勘验时，要注意通过痕迹物证分析被害人和犯罪嫌疑人在现场活动的情况，观察地面有无相应的拖压痕迹，比如布纹痕迹、拖拉痕迹、足蹬踩痕迹、手按压痕迹等，并以此推断被害人和犯罪嫌疑人的位置关系、是否为原始现场、现场有无变动等；发现足迹时要分析是否与本次犯罪有关系、遗留足迹的人数、活动范围、个体特征等；注意发现现场遗留的各类斑迹、毛发等人体成分；注意发现有无凶器、纽扣、纸张、铺垫物、衣物、纤维、交通工具痕迹等；注意观察杂草、树枝、植物等的倒伏折断方向等；室外现场勘验时寻找关联现场很重要，要特别注意寻找和判断，确定犯罪嫌疑人实施作案的全过程，特别是对潜伏、蹲守现场要注意发现足迹、烟头、火柴等物证；对一个案件的各类现场（中心现场、外围现场、关联现场等）要逐一勘验，全面搜集犯罪证据，推断作案过程，确定犯罪嫌疑人来去路线，研究分析犯罪嫌疑人对现场环境的熟悉程度，从而准确刻画凶手的体貌特征和心理特征。注意观察、拍照、记录和提取。

2．室内强奸案件现场勘验要点　注意犯罪嫌疑人出入现场的路线，注意发现有无遗留的指纹、足迹、DNA 生物检材等。犯罪嫌疑人有可能扒墙、破门窗等入室，要特别注意周围墙的情况和门变动的情况；注意观察室内物品的陈设位置、有无变动、有无搏斗痕迹、有无避孕套及包装物等；注意搜查地面的足迹及其种类、行动范围和路线等；分别提取被害人的衣物、被褥、铺垫物等；同时注意观察有无毛发、血迹、斑迹等；特别要注意观察纸篓、垃圾袋及卫生间内有无带有斑迹的卫生纸、避孕套等物品。有些被害人或犯罪嫌疑人作完案后洗澡，要注意检查洗手间和浴池等处有无毛发、血迹等。室内现场要注意检查窗外有无卫生纸、凶器等物证。

（二）强奸杀人案件现场勘验要点

1. 衣着检查　被害人衣着常被脱掉，或因发生搏斗而被撕扯损坏，出现衣着不整的情况，现场常会发现衣服撕裂、纽扣脱落、胸罩带断裂、腰带抽出、拉锁拉开、内裤连同外裤和袜子一起脱下。被害人衣物未被脱下时，上衣和胸罩被上翻至双乳以上，内外裤常脱至大腿及膝盖以下。衣物上可沾附有现场上的植物碎屑、泥土、杂物等，也可能附着有精斑、血迹等。被害人反抗时可能撕下犯罪嫌疑人的衣物碎片和纽扣等。

2. 尸体检验　强奸杀人案件被害人的尸体多呈仰卧位，双下肢分开，双手上举或在身体两侧，在室内时常有被褥、衣物等覆盖，在野外时常被植物掩盖或埋在土坑内等。强奸后发生抢劫、虐待等情况后被杀害者尸体的位置和姿势会多种多样。因此要仔细观察尸体的位置和姿势。

口鼻部常会出现捂压形成的表皮剥脱、口唇黏膜出血和挫裂创、牙龈出血甚至牙齿松动、脱落；头面部常能见到徒手伤造成的表皮剥脱和皮下出血，颈部可见扼压形成的痕迹，乳房、会阴部及两大腿内侧可见抓伤和咬痕；无性经历的女性可见处女膜新鲜破裂出血，幼女可见阴道裂伤。双上肢特别是手腕部和双手常有抵抗伤。若被害人挣扎反抗激烈，其肩胛部、背部、肘后、臀部可见表皮剥脱和皮下出血，臀部等处附着有现场的泥土草屑等杂物。口唇、舌尖、耳廓、乳房、胸前部、外生殖器、大腿内侧、手指、手臂等处常可见咬痕。有些犯罪嫌疑人杀人后会切掉被害人的乳房或砍伤阴部等，有些案例还会在阴道里插入异物、剖腹、毁容等。需要注意的是，胁迫或采用药物强奸后杀人，尸体上的抵抗伤可能较少或缺如。遇到此类尸体，应当关注被害人的社会关系及血液毒化检查等相关信息。

（三）强奸案件的现场物证检查

在各类强奸案件的现场中，最常留下、也是最具特点的物证是精液（斑）。因此查找精液和精斑是强奸案件现场勘验的主要任务之一。精液（斑）常遗留在被害人阴道、大腿内侧、外阴部、内裤等处，有时还会留在被害人口腔、直肠内以及手部胸腹部等处。室内强奸案件现场的床单、被褥、地面等处可能会发现精液（斑），垃圾桶、床边、室内及窗外等处可发现带有精斑的擦拭物；室外强奸现场地面、周围植物、强奸杀人的尸体等处会发现精液（斑）以及擦拭物。除了精液（斑）外，现场有时会发现挣扎搏斗痕迹、压迹、蹬痕、手印和足迹等，有时还会遗留凶手的鞋帽、手套、衣服、凶器等。

发生搏斗时被害人手中有时会握有犯罪嫌疑人的毛发，指甲缝内有时能检出皮屑。现场地面、被褥、衣裤、尸体、擦拭物等处会发现毛发等，特别是被害人阴部有可能遗留犯罪嫌疑人的阴毛等物证，要格外注意；搏斗现场有时会发现犯罪嫌疑人留下的衣物碎片、纽扣、饰物等物品，都可作为生物物证进行检验。在寻找生物物证时，常规提取被害人的阴道、肛门、口腔分泌物和乳房周围擦拭物，还要提取被害人指甲进行 DNA 检验。犯罪嫌疑人戴避孕套作案时可遗留于现场或其附近。发现咬痕及吸吮痕迹时注意提取唾液斑，有时被害人的身上可留有犯罪嫌疑人的汗液成分。

三、强奸案件的被害人检验

在对被害人进行检查时，应先注意观察被害人的表情、神态是否自然，走路姿态、步态是否平稳，举止、行动、精神状态是否正常，情绪是否低落，有无害羞、恐惧、担忧或气愤表现。然后进行身体状态的一般检查，包括身高、体重、发育和营养状况、第二性征成熟情况、体质是否强健等。最后，针对强奸行为对特定部位和内容进行检查，重点检查被害人的处女膜是否存在破裂、阴道是否存在裂伤，特定部位的身体或衣物如外阴部、大腿内侧、肛周、下腹部，甚至口腔、胸部等处是否存在生物学物证，详细观察、记录和固定能够说明是否有性交行为、性交的后果以及所使用的手段的各种证据和征象。有的强奸案件由于被害人的强烈反抗，犯罪嫌疑人动作粗暴或暴力过度或者采用特殊的暴力袭击，可能造成被害人阴道和会阴的撕裂、出血，严重者可留下终身残疾，甚至造成被害人大出血死亡。尤其是幼女被性侵时，阴道和会阴部损伤更易发生。同时，也应当注意暴力作用征象的检查，包括：衣着情况、机械性暴力损伤、药物、毒物中毒、精神创伤等情况。

对强奸案件犯罪嫌疑人的活体检验时应了解犯罪嫌疑人的居住状况、婚姻状况、对性的认识程度，是否有犯罪前科劣迹等，检查身体时应当注意对损伤的发现和检查，如头发是否有缺失，上臂及后背部皮肤是否有抓痕，会阴部尤其是阴茎、龟头是否存在损伤等。犯罪嫌疑人的龟头可能会有被害人的分泌物及脱落细胞，需进行提取并进行实验室检查、比对。犯罪嫌疑人如果拒绝检查，侦查人员认为有必要的，经办案部门负责人批准，可以进行强制检查。

四、强奸案件现场勘验的步骤

对强奸案件进行现场勘验时，应遵循公安部颁发的《公安机关刑事案件现场勘验检查规则》，按照以下步骤：①首先观察现场情况，划定勘验和检查范围；②按照先静后动、先下后上、先重点后一般、先固定后提取的原则，根据现场实际情况确定勘验、检查流程；③确定流程后，先初步进行现场检查，录像、拍照和记录，以固定和记录现场的原始状况；④原始现场情况固定、记录后，要详细进行勘验，发现、固定、记录和提取痕迹、物证；⑤做好现场勘验工作记录。提取的原则是先静后动、先固定后提取、先无损后有损，要做到宁全勿缺、宁繁勿简、宁早勿迟、标识明确、分别包装、低温干燥、尽快送检。

五、强奸案件现场勘验的注意事项

强奸案件现场勘验时，应当邀请 1～2 名与案件无关的公民作见证人。检查妇女的身体，应当由女侦查人员、医师或法医进行，根据检查的情况制作笔录，由参加检查的侦查人员、检查人员和见证人签名或者盖章。移动现场尸体前，应当对尸体的原始状况及周围的痕迹、物品进行照相、录像，并提取有关痕迹、物证。强奸案件中生物学检材的采集、保存和送检必须尽早进行。由于强奸案件的特殊性，有时物证会很快消失，如被害人由于厌恶心理等会尽快清洗身体和内衣等相关物品，犯罪嫌疑人也会因洗澡等将沾附在其身体上的生物物证清洗掉，所以该类案件要尽快进行检查，以保证能够收集到物证。一般情况下，被害人阴道内的精液成分在 72 小时内大多能够检验出来，超过 72 小时后大多会消失。被害人死亡时，由于精子抗腐败能力较强，其阴道内的精液成分会保留更长时间。处女膜破裂约 1 周后两侧裂缘各自愈合，留下永久性裂口，演化为陈旧性破裂；有些强奸案件，因犯罪嫌疑人的生理原因或客观环境因素的影响，可能没有射精过程；因无精症、输精管切除或结扎、阴道炎症、月经等影响有时也检验不出精子，但仍能检出男性 DNA 成分。

现场发现和提取物证时要注意个人防护。个人防护是为了两方面的目的，其一是为了防止生物物证被污染，所以要求必须在进入现场以及勘验过程中始终穿戴包括面罩、口罩、鞋套、手套等个人防护装备，使用洁净工具，避免用手直接接触物证或其他物体（包括自己的身体），在每次采集生物物证时更换一次性手套；其二是为了自身保护，要将生物物证都视为具有传染性的传染源，勘验时要穿防护服、带口罩和保护眼睛；采集生物物证时要带手套，用后丢弃；所有使用过的工具都放在不易被划破的容器内，避免被锋利物体划伤；要经常用肥皂洗手，意外被污染要立即用 1∶9 过氧化氢溶液进行彻底清洗；禁止在现场吃东西、吸烟、喝水等。

六、强奸案件现场的物证处理

强奸案件中涉及的生物物证主要是精液与精斑、血液与血痕、唾液斑、阴道分泌物及脱落上皮细胞、毛发及其他纤维物以及可能沾附有犯罪嫌疑人汗液成分的物品，如绳索、凶器等，通常是在现场勘验、检查和对被害人、犯罪嫌疑人人身、衣着等检查过程中发现。对它们进行定性分析和血型、DNA 遗传标记等方面的检验，以为核实有无性交行为等案情，为排查和认定犯罪嫌疑人提供客观、科学的证据。

一般情况下性犯罪案件收集样品项目包括：被害人的已知样品（全血、唾液、阴毛、头发）；被害人身上的可疑样品（阴道分泌物、口腔拭子、肛门拭子、脱落阴毛、收集的碎片和破碎物、可疑斑迹等）；对于已婚妇女或其他成年女性被强奸的案件，需送其丈夫或同居者的血样做对照。

（一）现场生物物证的发现

1. 发现方法　目前现场生物物证的发现方法主要有以下几种。

（1）肉眼观察法：就是利用肉眼和自然光或借助普通光源，观察与各类载体形状不同的物体如血液（斑）等来发现生物物证。

（2）物理方法：借助各种特殊光源，如不破坏 DNA 的长波紫外光、蓝光、白光、激光等光源，通过激发生物斑迹内的物质发光和显色来发现潜在的各类人体斑迹，如血斑、精斑、尿液斑、汗斑、唾液、阴道分泌物等生物物证。

（3）化学方法：使用简单快捷的化学试剂，使人体斑迹等生物物证显现肉眼能够观察到的颜色或光线来发现生物物证，常用的有无色孔雀绿、四甲基联苯胺、火棉胶、酸性磷酸酶试剂等。

（4）免疫学方法：目前常用的检验血痕 / 精斑的金标试纸条具有较高灵敏度和特定性，反应时间短，且仅需少量检材，在现场即可使用，但无法检验微量检材。

2. 强奸案件现场生物物证常出现的部位　室内案件的进出口，被害人身体，现场的衣物、被褥，犯罪嫌疑人内裤、阴茎等处，现场被盗财物存放处，来去现场路线，现场遗留的凶器等物品、外围现场以及潜伏守候、窥测踩点等处。室外现场主要有地面、周围植物、擦拭物、遗留物等。具体如下。

（1）常量生物物证的发现：常量生物物证（constant biological evidence）是指检材量达到一定程度、肉眼可见或经过物理化学处理后肉眼可见的生物物证。在强奸杀人案件或者在搏斗中出现开放性损伤时可以留下血液（痕）。血液（痕）的颜色在不同的时间和环境条件下不同，可呈红色、暗红褐色、黑褐色等。血液（痕）常见于现场的地面、墙壁、门窗、家具、被褥、凶器、洗手间以及人体表面如皮肤、毛发、指甲缝等处。经过处理的现场要注意查看物品的底脚、缝隙或遮盖处、地板的缝隙处和地板下面，工具的凹槽处、衣服兜内、鞋子的底面或缝隙处以及其他隐蔽部位；有尸体的现场在尸体的下面或其下的地面。特别要注意发现孤立的血迹。

精液（斑）是性犯罪现场常见的生物物证，常出现在地面、床单、被褥、衣裤、卫生纸及被害人胸腹壁、大腿、会阴部。有时会出现在口腔、肛门等隐蔽部位，也可以出现在被害人的手上。如果被害人阴毛粘成一簇，作精斑检验很有价值。现场垃圾桶内发现避孕套或擦拭纸时能够检出精液成分。被害人阴道内精子的检出期限受多种因素影响，通常性交后活体 30 分钟到 3 小时阴道内可以检见有活动能力的精子，3 小时以后可检见无活动能力的精子，12 小时后精子的检出率为 60%，大多在 72 小时后消失，个别案例在 5 天后甚至更久还能检出精子。精斑的发现主要靠肉眼观察和紫外光照射，典型精斑呈不规则的地图形，颜色及光泽与周围物体不同，新鲜精斑触摸有浆糊斑样硬感，有特殊腥臭气味。颜色因附着物不同而有差异，浓稠时呈灰白色痂状。浅色物体上呈浅淡黄色，触及较硬。深色物品上不易发现，在紫外光下呈银白色带淡紫色的荧光。水洗、雨后的或有色载体上的精斑肉眼不易发现，要用紫外光照射。显现荧光时应注意与染料、汁液及其他斑迹相区别。

强奸案件中犯罪嫌疑人的唾液斑常出现在被害女性的口唇、面颊、乳房周围、阴部、颈部、耳部等处。犯罪现场遗留的烟头、喝过水的茶杯、纸巾、口罩、手帕、瓜子壳、果核、邮票、信封、牙刷、咬过的水果和食物、口香糖等，均可沾附唾液。

毛发可自然脱落或外力拔下。强奸案件中常出现在现场的地面、床上、被害人阴部、大腿间、内裤、被褥、凶器、被害人手中等处，也可见于犯罪嫌疑人的进出通道、停留处。

（2）微量生物物证的发现：微量生物物证（trace biological evidence）是指检材中生物成分含量极

少，肉眼或经过常规物理化学处理后肉眼仍不可见的生物物证。实验证明人体接触物体5秒钟就有细胞遗留在物体上，因此，查找现场微量生物物证是目前强奸案件现场勘验的重要任务之一。这类案件现场中人体直接接触的物体都可能留存人体细胞，如犯罪嫌疑人遗留在现场的帽子、围巾、面罩、口罩等物品可遗留头面部脱落细胞和毛发，烟头、口香糖、咬痕等处可遗留口腔上皮细胞，绳索、刀柄等凶器上可遗留皮肤脱落细胞，被害人指甲缝内可遗留犯罪嫌疑人的皮屑，犯罪嫌疑人阴茎上可遗留女性上皮细胞，野外强奸案件中犯罪嫌疑人遗留在现场的粪便表面可遗留消化道黏膜上皮细胞，强奸杀人案件中被害人的扼颈部位可遗留犯罪嫌疑人的皮肤脱落细胞。

（二）现场生物物证的固定

现场生物物证的固定主要是记录现场勘验、检查的过程和所见，通过照相、录像、制图、测量和文字记录等方法固定该过程和所见。固定的主要过程为：发现物证后，首先观察物证存在的部位、颜色、形状、大小等，并明确显示物证位置以及与其他物体的方位关系；然后放置物证牌和比例尺，进行照相或录像，显示物证采集前的状况；之后制作笔录，用文字说明物证状况、采集了检材及采集的方法；最后还要绘制物证在现场的位置草图。有些无法照相固定的检材（如阴道分泌物等）要用文字记录清楚。

（三）现场生物物证的提取

1. 确定提取方法　提取现场生物物证时，首先要根据载体、物证的特性，确定首选的采集方法。用于采集的工具必须洁净无菌、无人源性污染。尽量使用一次性器具；需要连续使用的，在提取每一件物证前都要彻底清洗、冲净。采集时要尽可能避免环境中无关的物质（如泥土、油脂等）混入。利用湿润拭子采集斑迹时，可以用适量的水湿润，不可沾太多的水，以免拭子干燥变慢以及检材内的细胞被稀释。如有必要，使用多个拭子来采集整个斑点，然后用一个干燥无菌的拭子再次拭抹该区域；同一个检材用多个拭子擦拭时，拭子晾干后可放入同一个容器内。在采集斑迹时还要在斑痕附近采集一个或多个没有斑痕的样品作为对照。不同的物证（指物理空间不在一起的物证）要分别提取、标记和包装。凶器上的生物检材要分段提取。每个物证都要逐件进行标记和登记。标明案件名称、编号、采集人以及物证编号、名称、采集时间、位置、状态、内含物、数量等。

2. 提取物证的相关工具准备　提取前要准备好棉签或植绒拭子用于转移收集固定物体上的斑迹。植绒拭子由短垂直尼龙超细纤维构成，可以更有效地收集和释放细胞，提高DNA检出效率。还要准备好蒸馏水或无菌水、移液器、注射器、吸管、镊子、解剖刀、不易破损的防漏容器、用于包装干燥物证的滤纸和纸袋，用于粘取干燥物证的胶带。

3. 不同物证的提取方法　各类物证由于性质不同，提取方法也不同。可以连同载体一起提取的物证如衣服上的斑点、头发、皮肤细胞以及各类痕量物质，即整体提取法，简称为“搬”；无法整体提取时，可以从包含生物物证的载体上将其切下局部提取，简称为“切”；也可以使用解剖刀从载体刮下干燥生物物证，放置在滤纸上，折叠后放入纸袋内，简称为“刮”；对于干燥的生物物证，在载体表面比较光滑致密时，可以采用湿转移提取法，利用拭子的湿润部位，将生物物证转移到拭子上，简称为“擦”；也可以采用干转移提取法，用胶带粘取干燥的生物物证，简称为“粘”；对于没有附着在载体上的独立物证（如骨骼、毛发等），可以采用原物提取法，简称为“移”。具体的各种生物物证的提取方法如下：

（1）血液和血斑的提取：提取液体血时用注射器或吸管将液体血吸到试管内，使用EDTA抗凝剂后冷藏。有凝血块时使用药勺将凝血块移至试管内。也可以用拭子沾取液体血或凝血块，晾干后包装，此时注意不要只吸取血清部分。冰雪上的液体血应立即提取，将最浓的部分尽可能搜集到合适的容器内，避免进一步稀释和污染；融入冰雪和水中的血可用合适的容器采集，或用小块纱布过滤后将纱布晾干。尸体上的血斑要轻轻的沾或擦拭，以减少尸体本身细胞的混入。

血痕或载体潮湿时，如载体较小可将放在洁净平面上晾干后整体采集，不能在阳光下直射或加热烘干；载体较大时可将血斑转移到拭子上晾干。提取时注意避免载体抖动造成血液成分损失，不适合用拭子转移的或不可移动物体上的干血痕，可采用粘、擦、刮、切等方法转移。

(2) 精液和精斑、唾液、尿液或其他体液(斑)提取：物证为液体状时可用注射器或吸管吸至试管里冷冻保存或用拭子吸取后晾干保存。形成斑迹时，小件可移动物体上的可整体提取，大件可切割物体上的可连同载体的一部分切割下来。大件不可移动物体上的可用刀刮到洁净纸上，或用胶带粘取，也可用拭子擦拭后晾干。物证或载体潮湿时应先晾干后包装。提取阴道、口腔、肛门、皮肤上的该类物证时，最好在医院或门诊室进行，可用小块纱布或拭子擦拭，晾干后保存。擦拭用的纱布面积不要过大，否则影响检验。避孕套既可以检查里面的精液成分的DNA，也可以检查外面的女性成分的DNA，整体提取时要注意不能将内容物(精液)漏到外面，需要将口部扎紧后放入塑料或玻璃容器中冷藏或冷冻保存，并尽快送检。提取被害人阴道分泌物检材时要在阴道前庭阴道后穹隆部分别用棉签提取，棉签要在阴凉处晾干后及时送实验室检查。

(3) 组织、器官、骨骼、指甲：该类物证大多可以原物提取，放入密封的容器内冷藏或冷冻保存。尸体腐败或白骨化时尽量提取完整长骨。提取指甲时用指甲剪剪下指甲，不要带被害人本人的血液和组织，每个指甲分开包装。

(4) 毛发提取：提取毛发时要屏住呼吸，在没有较大气流时用镊子夹取，不要损坏可能存在的毛根组织。相同地方发现的毛发可以包装在一起；不在同一处的毛发应分别提取、包装。毛发湿润时要晾干后保存。

(5) 强奸致孕组织提取：未流产时，在怀孕1～3个月可在医院于人工流产过程中采集绒毛组织；人工流产时要告知医院彻底清洗吸引泵以免造成污染，而且要尽量保留胚胎形态，以免分不清胚胎和母体组织；如果已经人工流产取出胎儿组织，可取肌肉或脑组织，放入试管密封。如果受孕女性想保留胎儿直至分娩，在妊娠早期、中期可以通过分离孕妇血清中DNA进行胎儿DNA成分的检测；孕16周以后可抽取羊水进行胎儿脱落细胞的DNA分型检测。

(6) 接触DNA的提取：从密封的容器中取出拭子(每个拭子只使用一次)。用移液器或吸管从小管中吸取蒸馏水或纯净水，在拭子尖端一侧滴一滴水。不能浸透拭子或将拭子浸入水中。在提取区域旋转擦拭拭子，使拭子的整个表面都可利用。一般情况下每15cm^{2}的擦拭区域使用一个拭子，擦拭后做好标记。在拭抹不规则、颗粒状的表面时，顺着纹理拭抹；旋转拭子表面，以确保相同区域未重复使用。用湿润的拭子擦拭后，再用一个干燥、无菌拭子再次拭抹该区域。擦拭同一个物证的拭子晾干后放入同一个纸盒内。

在提取接触DNA时要严格注意防止污染。由于在其他地方使用过的器具可能包含了其他生物物证，应当使用新的无污染的器具。

(7) 对照样本的提取：在现场采集检材的同时，还要按照上述采集方法提取被害人和犯罪嫌疑人的血液和唾液作为对照样本，已婚妇女还要采集被害人丈夫的血液或唾液作为对照。血液的对照样可以直接采集耳血或指血，涂到棉签或滤纸上晾干后包装。唾液的对照样本提取时让提供者清水漱口后张口，唾液自然流出后，取1～2ml装在洁净的试管内，置冰冻保存，或者涂到棉签或滤纸上晾干后包装，做好标记。

(8) 对照毛发最好与检材毛发取自同一部位(如同是头发或同是阴毛)，对照毛发的提取量不应少于5～10根。

第四节　强奸案件的现场分析与重现

一、强奸案件现场分析与重现的任务

强奸案件现场分析与重现是在现场勘验(包括现场勘验、活体及尸体检验、现场调查等)基础上，通过逻辑推理研究分析案情、辨明案件性质、划定犯罪嫌疑人范围、确定侦查方向和范围，为破案提供线索和证据。现场勘验是现场分析的基础，现场分析反过来又可以指导现场勘验，对于疑难复杂

案件，法医应当检验、分析，再检验、再分析，做到检验与分析有机结合，侦查与技术密切配合，直至破案。

二、强奸案件现场分析与重现的内容

（一）分析判断案件性质

根据现场勘验所见、现场调查情况、实验检验结果及鉴定意见进行综合分析判断，分析现场上发生的事件是否属于犯罪，是否构成强奸，是否需要提请侦查部门立案侦查。特别是目前有些案件是双方发生性行为后，由于一方为达到目的（如经济利益）而报警。另外根据被害人的情况、现场的具体环境、现场调查人提供的情况及现场的各种迹象综合分析案件性质，通常从两个方面进行，一是从犯罪的行为结果分析，如果符合《刑法》规定的强奸犯罪构成，则确定强奸（杀人）案件；二是从犯罪嫌疑人的动机目的上进行分析，即根据犯罪嫌疑人的行为特征确定案件具体类别，如抢劫强奸、盗窃强奸等。

（二）分析判断作案要素

包括作案时间、作案地点、作案工具、作案人数、分析作案动机和目的、还原作案过程等六要素。在分析研究案情性质时，需要注意各方面的因素，只抓住某一点是不全面的，必须相互紧密地结合起来进行分析，全面利用各种信息和条件，才能得出比较准确的结论，才能有利于侦破每一起强奸（杀人）案件。

1. 对发案时间的分析　时间是肯定或否定犯罪嫌疑人的重要依据。作案时间的确定对排摸作案对象具有十分重要的意义，分析强奸案件首先要从案件发生的具体时间入手。一方面是在现场勘验与调查和分析研究的基础上逐步确定案件发生的时间，为侦查工作提供情况，缩小范围；另一方面要充分应用确定的案发时间和情况，确定案情性质，为侦查工作提供线索，确定或否定犯罪嫌疑人。强奸案件的现场分析时，通常确定案件发生的时间主要根据是：①通过案件发生和发现的时间来推断作案时间；②根据事主、发现人、报案人以及知情人和现场周围有关人员听见异常声音、呼喊的时间和最后看到被害人的时间以及发现的可疑人员、可疑情况出现的时间来推断发案时间；③通过现场痕迹的消失变化、新旧程度来判断发案时间；④根据各种记载时间的物品推断作案时间；⑤如已对被害人进行了尸体剖验，可以根据被害人胃内容物的消化、排空程度和膀胱贮尿情况来推断发案时间。

2. 对发案地点的分析　作案地点包括犯罪嫌疑人潜伏守候等待作案的地点，对被害人进行袭击的地点，对被害人实施强奸的地点以及犯罪嫌疑人的逃跑路线等。在有些情况下，地点的不同案件的性质也会发生一些变化。因此，地点也是作为分析案情、确定案件性质的一个重要因素。在分析案发地点时，要联系到案发时间、损失物品的数量及实施犯罪过程、使用的交通工具以及周边交通情况来综合判定，分析犯罪嫌疑人出入现场的位置、侵入方式和行走路线等，并在以上基础上对犯罪嫌疑人是否熟悉现场、作案动机、时间、手段、人数、个人职业等生理特点作出判断。

3. 对作案手段和作案工具的分析　对现场遗留犯罪痕迹、遗留物的检查和分析，可以帮助分析预备手段、侵入现场手段、伪装灭迹手段、欺骗和伪造手段等。分析犯罪嫌疑人使用的工具和工具的移动可以划定侦查范围；依据被害人陈述、现场遗留物品、现场遗留的工具痕迹以及对被害人身体上的损伤形态等，有助于对作案工具进行分析。强奸案件发生时，犯罪嫌疑人常使用暴力致伤，甚至会使用药物、麻醉剂等手段，在现场分析时应加以注意。

4. 作案人数的分析　通过现场指纹、脚印、损失物品重量、体积等可以推断出作案人数，同时要结合案发地周围群众的反映情况以及犯罪后果来进行综合评判。

5. 犯罪动机的分析　通过对现场犯罪遗留的工具、物品以及现场痕迹等，可以分析犯罪嫌疑人的职业范围和从业特点、生活习惯、身份信息；分析犯罪嫌疑人在现场的活动过程有无伪装或者其他反常现象，这些可以帮助分析犯罪的初始动机和目的。在强奸（杀人）案件现场分析中，需根据被侵害对象的特点、现场态势、被害人平时人际关系、恋爱、婚姻、经济状况、仇怨等可能的因果关系进行分析挖掘。另外，强奸案件往往初始的犯罪动机是抢劫或盗劫等，随着犯罪行为的进展和犯罪过程中的突发情况，动机和目的会发生转变，在现场分析时要注意区分。

6. 重现作案过程　强奸案件涉案活动情况是指犯罪嫌疑人实施强奸行为的过程中的各种行为等，根据被害人陈述和现场的痕迹、物品摆放方式等情况，分析侵入现场的部位、方法，在现场的活动顺序，离开时的路线等。要有效利用现代刑事科学技术，寻找犯罪嫌疑人，同时利用犯罪信息库进行比对，全面搜索犯罪嫌疑人。

（三）分析判断犯罪嫌疑人

根据被害人、知情群众提供情况和现场痕迹物品来分析犯罪嫌疑人的体貌特征、衣着冠带特征、习惯和嗜好等。同时分析犯罪嫌疑人的心理特征，即分析犯罪嫌疑人的人格类型与实施犯罪行为时的心理状态；分析犯罪嫌疑人的社会身份和职业特点、居住状况、对现场的熟悉程度、是否为惯犯等。

三、强奸案件现场分析与重现的步骤

1. 汇集材料、综合分析、做出判断　这是整个侦查工作中关键的一个环节，是确定侦查方向、制订正确侦查计划的前提。通过现场勘验、尸体检验或对被侵害者的检查情况等，调查初步收集与案件有关的各种线索，如现场痕迹、遗留物品、被害人基本情况、作案手法、工具特征等，加以分类，剔除虚假、重复的信息，汇集客观真实的材料。在具备丰富办案经验的基础上（对各类相关案件的一般动机、行为过程、对象特点充分了解），提出对本案案情的若干基本假设，其核心内容主要是：强奸案件的性质、动机，犯罪过程（进入的时间、路线、主要动作等）、使用何种工具、犯罪嫌疑人的个人特征等。

2. 单项分析　分析过程中抓住事件的必然性，注重事件的偶然性。根据单一证据或情况分析，提供案件线索或证据。

3. 综合分析　坚持全局的观点看问题，不要以点概面、以偏概全，要充分地考虑现场上的每一个痕迹。抓住关键性问题分析，根据现场勘验、现场调查和被害人检验等情况综合分析，判定案件性质、缩小侦查范围。

四、强奸案件现场分析报告的书写

现场勘验后，应当完成现场勘验、检查工作记录。之后的案件现场分析也要整理上报分析报告。基本内容包括：

1. 案件简要情况和提请立案/不立案的基本依据；

2. 对现场及现场上犯罪活动的各项勘验、检验内容；

3. 综合分析的方法和判断决策，包括侦查方向、侦查范围及拟采取的各项侦查措施、分工、要求和注意事项等。

案例1：

某年5月，某地发现了一个女童尸体，经调查被害人叫王某某，9岁。现场位于下匝道桥下，下匝道横跨一条南北流向的河道，河道的西岸是一片长方形土方区，土方区的东侧边沿是一段南北走向的水泥墙面。土方区中发现一片长130cm、宽50cm、高52cm的泥石隆起，移除泥石块可见女尸。尸体头朝西、脚朝东、呈仰躺状，头部遮裹有一件红色的长袖T恤，呈外翻状，袖口套于双手处；双脚穿有浅色袜子，其余部位赤裸。在头部上方10.1cm和12.5cm处、头部位置混凝土石块上、左大腿上方的混凝土石块上、尸体南侧30cm处的泥块面上各发现一处血迹；在距离尸体西北侧104cm处发现一件黄色的长袖毛衣，尸体东南侧98cm处发现一张塑料薄膜。尸体的东侧地面上有二根圆柱形水泥柱，呈倒卧状，二者呈“V”字形，在夹角处的地面上发现白色塑料泡沫碎块，碎块边有一条裤脚外翻的深蓝色长裤和浅色内裤，在长裤东北侧地面上发现一只黑白相间色的运动右鞋，鞋长21cm，在长裤东南侧塑料泡沫碎块下发现一只与右鞋图案相同的左鞋。在塑料泡沫碎块东侧地面上发现一块带有血迹的混凝土石块，其正上方的水泥墙上发现一处 34cm×62cm 的喷溅状血迹。石块下方地面上有一处直径 18cm、深 14cm 的圆形凹坑，凹坑北侧部分泥土呈凹陷状。在凹坑内发现一块带血石块和三个紫色发夹（2 个发夹上有血迹），凹坑底部有血迹；在凹坑内壁边缘发现一处毛发。

另外，在上述凹坑东北侧 70cm 处的水泥墙上沿发现一个打火机、东南侧 36cm 处发现一块口香糖。同时，在现场下匝道下土方区南侧 23m 处有条未开通的高架桥，在桥下南侧一根水泥墩边发现一本书，封面呈翻开状（后经证实为被害人所有）。

尸检发现颈部有明显扼痕，左额部、左面部和鼻部挫裂创，颅骨骨折，脑挫伤。处女膜裂伤、阴道裂伤，阴道内检出男性 DNA 成分。

该案件的现场特点是案发现场隐秘，不易被人发现；尸体衣物被脱下，阴道损伤，并检出男性 DNA 成分，是一起典型的强奸杀人案件。现场距离居民区较远，推断应该是被害人受到胁迫或引诱来到现场，犯罪嫌疑人用殴打、扼颈等手段将其制服后实施强奸，并杀人灭口。现场除掩埋尸体处外，还在周围发现了泡沫碎块、土坑、书籍等物品，而且发现喷溅状血迹的地方和发现裤子的地方与埋尸地点不一致，说明在案发过程中有一系列的活动，分析案件时要将几个现场情况综合起来进行分析。同时，现场有大量血迹，多块石块上有被害人的血迹，说明被害人头面部的挫裂伤很有可能是这些石块打击所致，而且被害人的血迹非常可能溅到犯罪嫌疑人的身上，在确定犯罪嫌疑人时应作为一个重要证据进行检查。被害人 9 岁，在强奸过程中阴道出现裂伤，犯罪嫌疑人应为成年男性。破案后，犯罪嫌疑人的供述与现场分析的情况一致。

案例 2：

某年 12 月 2 日下午 5 时许，某辖区派出所接到刘某（女，28 岁）报警，称其于 11 月 30 日 18 时许被老乡李某（男，29 岁）带到他的出租屋，二人吃饭喝酒后上网看电影、聊天，于 12 月 1 日 8 时许被李某强奸。接警后警察勘验现场。现场位于辖区内八巷 302 房，房间房门向西，门口左边是梳妆台，房间东面是洗手间和厨房，厨房门向西，房间南面是摆放衣柜和饭桌，北面是床，现场勘验中没有发现特殊情况，床上用品摆放整齐，没有可疑斑迹，地面已被李某拖擦，没有发现毛发和可疑斑迹等，垃圾桶和洗手间等处也未发现可疑生物物证。检测刘某的阴道擦拭物，检出与李某的 DNA 分型一致的男性 DNA 成分，证明二人发生过性关系。

该案是没有任何现场痕迹的强奸案件，除 DNA 检测结果外仅有女性报案人的陈述。在处理这类案件时要充分注意以下两点：①被害人在事发后 30 余小时才报案，现场勘察时，能够证明强奸案件的痕迹物证均已灭失。此时，女性阴道（尤其是后穹隆处）分泌物是关键的、也有可能是唯一的生物物证，应当尽快提取并进行 DNA 检验和同一认定；②被害人事发前在现场停留了很长时间，并与男方一起吃喝玩耍，事发当时没有报案，身上未见任何损伤，阴部检查没有新鲜处女膜破裂，内裤也已被其清洗。这些情况在分析案件性质时应当注意，综合分析是否构成强奸。

（林子清　赵　锐）

思考题

1. 强奸案件的室内现场和室外现场各有哪些特点？
2. 强奸案件现场勘验有哪些要点和注意事项？
3. 强奸杀人案件的现场勘验要点有哪些？

第十四章　高坠死亡案件的现场勘验

人体从高处以自由落体运动坠落于地面或其他物体上的过程称为高坠，所形成的损伤称为高坠损伤。高坠在自杀、意外事故中多见，偶尔有用其他手段谋杀后，伪装自杀或意外事件的案例报道，应引起法医工作者的重视。

根据坠落位置的不同，有人将坠落分为人体从一固定的物体（如建筑物等）上的坠落和人体站立时的摔跌两种类型。典型的摔跌中人体站立位置与坠落位置大致在同一平面。高坠和摔跌的主要区别在于人体有无自由落体运动，但在实践中有时二者可以相互转化，如从楼梯上跌落，既可有摔跌在楼梯台阶的过程，也可有高坠于楼梯底部的现场。又如，道路交通事故中，站立的人体有时会被汽车撞击抛起后坠落。总之，坠落与摔跌导致的后果和损伤特征十分相似，我们多将摔跌作为坠落的一种特殊形式。

有人根据坠落高度不同，将坠落高度低于10m的称低位坠落，大于10m的称高位坠落。

高坠现象可出现于各种性质的案件中，因此对高坠案件定性十分重要，但有时因为勘验欠周详、分析不严谨、解释欠缜密、家属不理解等原因，高坠案件常常引发纠纷。因此，对于高坠案件，应该慎重为案件定性。

第一节　高坠伤的现状调查

坠落伤较为常见，因意外导致死亡的，高坠伤仅次于交通事故处于第二位。在美国每年由坠落伤引起的死亡在13 000人以上，1～4岁儿童外伤性死亡中高坠居第三位。英国每年死于坠落伤者也高达5000人。按照死亡性质划分，美国50%以上的坠落死亡属于意外事故，20%为自杀，20%与犯罪有关。在我国因外伤而住院的患者中高坠占第二位，国内的高坠案件以意外和自杀为主，与犯罪有关的较少，总体流行趋势是男多于女，常发生在夏季、秋季。根据1994年上海市劳动局公布的数字，上海地区年高坠死亡154例，位居死亡原因的首位，并有增加的趋势。因此了解并掌握坠落伤的致伤规律及特点、减少坠落所导致的伤害势在必行。

坠落伤可发生在所有年龄组、各类群体和各种场所，尤其好发于人群密集的高层建筑区。

谭宗奎等研究显示，坠落伤的发生情况与性别、年龄、职业等因素有关，16～49岁年龄段是坠落伤的高发人群，其次是15岁以下儿童。不同年龄段的损伤环境、受伤时间、损伤类型、伤情程度、坠落高度、着地姿势亦具有一定差异。儿童坠落伤主要为意外事故，多以学龄期儿童为主，尤其是大龄男性儿童喜好攀爬冒险，意外高坠发生概率较高。成人坠落伤以男性为主，多发生在20～40岁年龄段，分为职业坠落与非职业坠落。职业坠落多发生于建筑业、装修业中，通常为意外事故。非职业坠落多与精神因素、情感因素、服用药物及饮酒等有关，主要为跳楼自杀与酒后意外坠落。

高坠损伤中以骨折最为常见，随着落差的增大，损伤类型发生改变。3m以上坠落的，骨盆、胸腰椎骨折以及内脏损伤的可能性增加；落差小于3m的，则以四肢骨折为主；而颅脑损伤及肋骨骨折可发生在任何坠落高度。

第二节　高坠的动力学

人体在通常情况下都能保持平衡，发生高坠的前提是人体在高处失去平衡状态。人体平衡的稳定性是人体处于有限稳定平衡状态时，抵抗各种破坏平衡的作用而保持平衡的能力。也就是说，当人体所受合外力为零，合外力矩也为零时，可以获得平衡。影响平衡稳定性的主要因素包括支撑面大小、重心高度、体重等。支撑面越大，重心越低，体重越大，平衡稳定性就越强。

作为人体这个具有高级神经活动的生物力学系统，影响稳定性还包括一些重要的生物学因素：①人体自身的器官活动（如呼吸、心跳、血液循环、肌肉收缩的不完全对称性可以改变人体重心位置，或改变支撑体的力量和位置状态）；②人体通过复杂神经反射进行补偿运动改变身体的重心或扩大支撑面来获得平衡，如在过独木桥和体操的平衡木项目中，人体可通过调整双臂和躯干的位置、支撑腿力量的分布等方式，使身体重心保持稳定，从而维持身体平衡；③心理因素的影响。在平坦的地面与在悬崖边上同样划出窄窄的通道，人在悬崖边就很有可能会失去平衡。这主要是由于视觉因素造成的心理紧张，导致人体肌群间拮抗运动缺乏协调，而导致支撑面内的压力不均，使人体失去平衡。

人体在从高坠起点至落地点的过程，在不考虑中间障碍物的情况下可以看作是一种二维运动。运动起始的方向和速度决定了从高坠起点的地面投影点与落地点之间的距离以及空间运动的轨迹，而坠落起始点初速度的大小和方向可能与高坠案件的性质相关，因此初速度的大小与方向的判断在很多案件的定性中十分重要。但仅以此作为案件定性的依据尚不全面，常需结合其他情况综合分析。

空气是一种黏性介质，当物体线度（物体从各个方向测量时最大的长、宽度）较小，运动速度不大时，物体后面没有漩涡发生，在此情况下物体在空气中下落所受到的是因气体的黏滞性而产生的黏滞阻力而非理想条件下的“自由落体运动”，在空气中物体自由落体一段距离后速度不再增加，变为匀速。因此，通过流体力学得知，在空气中坠落速度与物体质量成正比，质量愈大终极速度愈高。体重75kg的人体坠落形成匀速的临界距离为200m，收尾速度为63m/s。以上情形可出现在飞机失事、跳伞意外等情况中，在法医学实践中少见。

高坠过程在以周围环境为参照系的力学系统中，人体在未受到其他外力作用时，运动轨迹是相对固定的。但在坠落过程中的人体自身的力学系统中，正如跳水运动员一般，人在腾空时就已获得动量矩的转动，意识清醒的状态也有可能完全在空中发起转动，运动力学研究证明，人体可以通过环节间相对运动可能完成动量矩在轴间的转移，从而可以完成各种复杂的空间转动。因此人体在从高空坠落过程中的姿势变化是极为复杂的，坠落的高度越高，人体改变姿势的时间越充足，落地时与高坠起点姿势间的相互关系就可能越复杂。即便是坠落前处于无意识状态也有可能因坠落发生时就已获得转动所需的动力矩，在空中人体沿某一轴继续发生转动。人体在高坠过程中主观意识状态、本能动作及复杂的神经生理反射等状况各不相同，而因高坠者死亡率较高，其坠落过程中的种种情形往往无从知晓或无法印证。国内外亦可见空中抑制死的案例报道。因此，不能单独根据落地时的姿势或接触点来对案件定性。

第三节　高坠死亡的成伤机制及损伤特点

一、影响坠落损伤的因素

坠落损伤特点和严重程度可以用物理学规律来解释，它与坠落高度、人体质量、地面性质、着地部位及体位密切相关。

（一）高度

坠落高度是损伤严重程度的主要决定因素。在人体重量和下坠速度一定时，坠落高度和碰撞冲击力成正比，即坠落起点越高、碰撞冲击力越大，导致的损伤越严重。据统计，在硬质地面上，10m 以上的高位坠落死亡率大于 90%；而在 10m 以下的低位坠落死亡率小于 80%；坠落高度小于 4m 时，死亡率约 60%。但需指出的是，有时碰撞物的状况和坠落体位对损伤程度的影响更大，在高度很低的情况下有时也会导致严重损伤，因此需综合考虑高度与损伤严重程度的相关性。

（二）人体质量

体重较重者坠落对地面撞击力大，地面反作用力强，从而加重损伤。因此在同一高处坠落时，肥胖者将比体重轻者受到的冲力大，成人承受的冲力亦大于儿童。

坠落时冲力大小可根据物理学冲力公式 $Ft=mgh$ 计算，F 是冲力，m 是人体质量，g 是重力加速度，h 是坠落高度，t 是碰撞开始至静止的时间，根据这一公式，人体质量越大，坠落高度越高，所受的冲力越大。

（三）地面性质

坠落者身体和地面之间接触时的撞击力持续时间（碰撞时间）也影响损伤程度。撞击时间由公式 $t=2s/v$ 来测定（t 为撞击持续时间，s 为停止距离，v 为着地时速度）。着地时速度快，其撞击持续时间就短，损伤就重。坠落在像泥地、雪地等较软的地面时撞击时间长，其损伤较轻。根据能量守恒定律，动能 = 机械能 + 势能 + 热能，传导给坠落者撞击部位的能量由公式 $KE=1/2mv^2$ 来决定（KE 为动能，m 为物体质量，v 为撞击速度）。在坚硬的地面，绝大多数动能转换为机械能，从而使被害人骨折或内脏器官损伤的可能性增加。

另外碰撞冲击力的大小与碰撞时间的长短关系也可以根据上述冲量定理来解释，如碰撞物为水时，碰撞时间大大延长，同时人体重心位置也有明显的移动，碰撞冲击力也随之明显减小。因而，地面性质对高坠影响的根本因素在于碰撞接触时间的不同。

（四）体位

一般而言，在其他条件相同时，坠落碰撞的体位也影响单位面积所受的碰撞冲击力。公式 $S=F/A$（S 为应力，F 为撞击力，A 为受力面积）表明应力大小与受力面积有关。在双脚着地时，负荷分布在双脚足底其受力面积较小从而受到的应力较大，而当侧身水平着地时受力面积较大所受到的应力较小。

这里应注意两点，一是人体坠落的总的碰撞冲击力并不因体位的差异而改变，大面积的体位碰撞，单位面积受力小，但整体受力不变；二是体位的变化影响的不仅仅是局部与整体受力的差异，而且也直接影响损伤的程度。例如头部首先着地的结果比后背着地严重得多，特别在低位坠落时由于总的碰撞冲击力不一定巨大，因此体位可能是影响损伤严重性的关键因素。另外，同样是下肢着地，弯曲的下肢较伸直的下肢更易使人体减轻损伤的严重程度，其缘由是下肢弯曲时通过人体重心的垂直移动而延缓了碰撞时间从而减小了碰撞冲击力。

（五）中间物的作用

中间物的作用及损伤在高坠伤中常见。人体在坠落过程中身体触及中间物，一是中间物可起到缓冲作用，使人体接触地面时的速度减小，高坠损伤减轻；二是身体接触中间物后改变坠落接触地面时体位，与无中间物时推断的落地体位可能有所不同；最后还要考虑接触中间物本身所致的附加损伤。

二、坠落损伤的特点

坠落损伤属钝性损伤。当人体从高处坠落时，其形成损伤的因素来自内部和外部两个方面，主要来源于外部，即人体与其他物体的碰撞。人体坠落与其他物体碰撞，按照牛顿第三定律，等于与人体相同重量的物体以自由落体的速度所产生的冲击力（碰撞冲击力）作用在人体上。同时坠落的碰撞过程十分短暂，因而人体往往在瞬间承受巨大暴力作用而形成严重损伤，几乎所有的钝器损伤形态学类型均可出现。坠落损伤的主要特点可归纳为以下几个方面：

（一）外轻内重

体表损伤轻微而体内损伤严重是坠落损伤的一个主要特征。坠落伤的体表损伤严重性与坠落高度并无明显的正相关关系，常常在高位坠落时，体表也仅仅有表皮剥脱、擦伤和皮下出血的改变，少有挫裂创，甚至没有明显的损伤。究其原因，一般人体坠落所接触的多为平面物体，只要产生的压强未超过人体皮肤的弹性极限，皮肤的全程结构一般不发生破坏，即如果在碰撞位置无突出或带有棱边的物体，单位面积作用力不足以使皮肤产生挫裂创。

另一方面，由于人体受到的总的冲击力大，通过力的传导和能量传递，人体碰撞时产生的内部器官惯性作用、压缩变形、体腔内压的改变等情况，体内组织、脏器则极易受到严重的损伤。如足着地时可出现踝、股骨骨折；躯干部位着地时可出现肋骨、脊椎骨的骨折；局部皮肤可由于内出血渗于组织间隙表现为蓝色或蓝黑色。内脏中实质脏器如肝脏、脾、肾可出现地图状破裂，肺根部及肠系膜根部可形成血肿（图 14-1）；主动脉起始部可见破裂甚至完全断裂。对高坠死亡尸体上见到的皮肤创口，应特别注意检查判断是坠落过程中遇障碍物形成，与地面作用形成，还是开放性骨折断端刺出形成，不能一概而论。

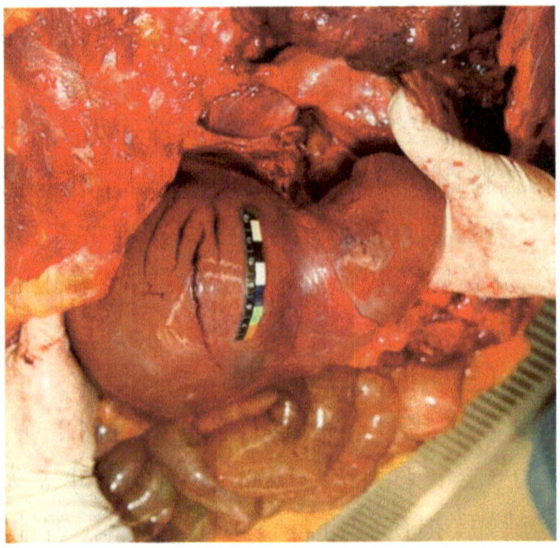

图 14-1 肝破裂

（二）损伤广泛多发

坠落损伤死亡的尸体上除了在着地点有直接碰撞性损伤外，多在非着力处也可见严重损伤，如足先着地时除了足部的损伤外，极有可能出现枕骨大孔的环形骨折，检验时应引起注意，臀部先着地时的颈椎损伤等。坠落产生广泛而多发性损伤的原因一般认为有三种机制：

1. 碰撞冲击力的传导作用　如足位坠落时，冲击力沿下肢骨、盆骨、脊椎传导，常使中位或上位胸椎发生骨折；传导至枕骨大孔可使脊椎“突入”颅内而形成枕骨大孔周围的骨折。股骨可能在任何一处骨折，股骨颈也可造成骨折，可出现髋关节脱位、盆骨骨折及骶髂关节或耻骨联合分离（图 14-2）。如落地时以手支撑，冲击力沿上肢骨传导，可引起上肢骨及锁骨、肩胛骨等骨折。

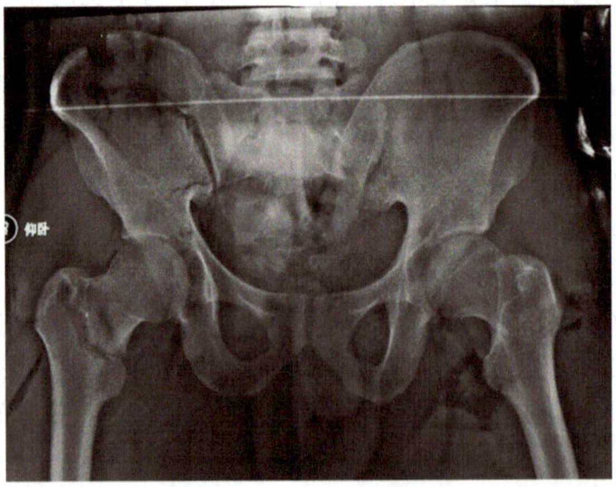

图 14-2 骨盆骨折

2. 人体的挤压变形　人体坠落与碰撞物接触的瞬间由于大平面的挤压作用使人体发生变形。如侧位或仰卧位、俯卧位坠落时，胸腔受挤压而产生在胸骨端、脊椎端和腋中线附近的肋骨多发性骨折。

3. 内脏器官损伤　内脏器官常因坠落时冲击力传导和受挤压而导致腹腔内压的瞬间增高和脏器的强烈震荡移位，从而使弹性较差的实质器官如肝、脾、肾等脏器易发生爆裂性损伤。在内脏器官的系膜根部、固定韧带处如肺根部、肝韧带、肠系膜常可见到裂伤或出血（图 14-3、图 14-4）。高位坠落死亡尸体中常可见到主动脉弓破裂亦属于此类。肢体的过度伸展可能导致外衣出现撕裂，局部出现伸展创或与外衣相互作用形成擦伤。发现女性尸体的大腿根部擦伤时应仔细检查，并与性侵害时形成的暴力损伤加以鉴别。颈部的过度扭转可导致舌骨的螺旋形骨折和颈深肌群出血。胸腹腔内压的突然增高可能导致腰带崩裂、外衣撕脱、衣扣脱落、女性胸罩带断裂等现象，并在相应部位皮肤作用形成挫伤、擦伤等。

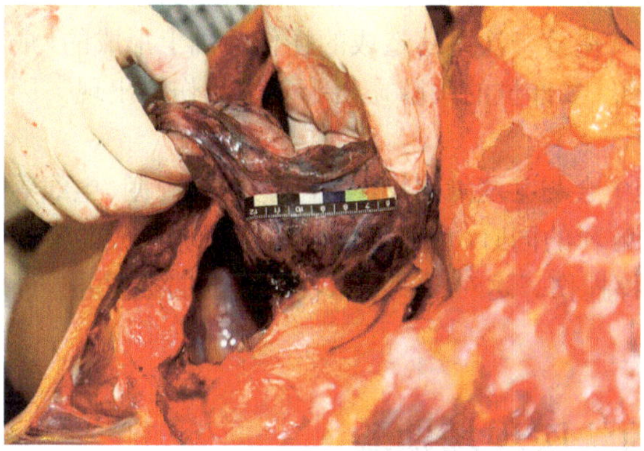

图 14-3 肺及肺根部出血

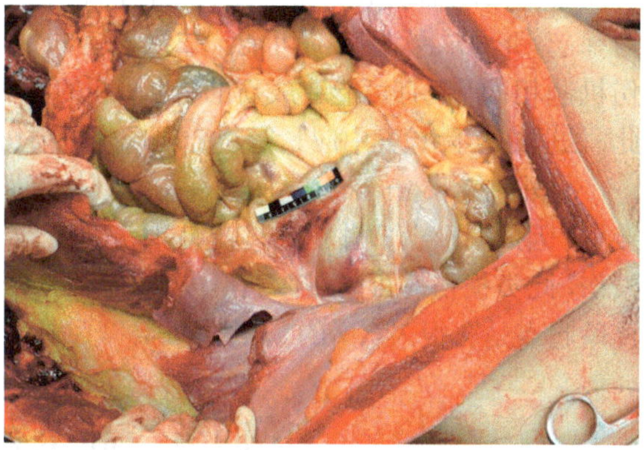

图 14-4 肠系膜出血

但是，坠落产生广泛而多发的损伤特点并非见之于每一起案例。一般而言，坠落高度与广泛多发的特点成正相关。许多统计资料表明，低位坠落，特别是小于 3m 高度的坠落，严重损伤的广泛多发性特征仅见于 50% 左右。

（三）颅脑损伤常见

高坠和摔跌会对颅脑造成减速性损伤。目前已知的创伤性颅脑损伤的力学机制主要包括加速伤、减速伤、旋转剪切力伤和挤压伤等，其中减速性颅脑损伤又被认为是最严重的损伤。从损伤生物力学机制上看，头颈部的生物解剖方式使头颈部在遭受加速和减速冲击载荷时头部动力学有所区别。头部在遭受加速度载荷时，因头部能做相对运动，空间上的缓冲延长了加速度载荷的作用时间，降低了加速冲击，且损伤主要发生在受击打部位。颅脑减速伤则不然，头部由运动状态撞击于静止的物体或地面突然停止运动，颅骨虽处于静止状态，但颅内脑组织因惯性继续向撞击部位运动，漂浮于脑脊液中的脑组织撞击颅骨后又向对侧运动，当脑组织撞击对侧颅骨后，脑组织又反向运动，如此往复直至静止，常表现为着地点对侧的蛛网膜下腔出血、脑挫伤等，因而在高坠案件中出现的头部对冲性损伤往往显得更为广泛而严重。

值得注意的是，由于脑部结构的复杂性，某些高坠和摔跌后发生颅脑损伤情况下伤者并未即时出现心肺死亡，而是由于迟发性颅脑出血及脑挫伤等原因出现进行性的颅内压增高，甚至可以自行离开坠落点后经过一定时间再倒地死亡。因此在根据尸体现象并结合现场因素判断高坠死亡方式及死亡时间时，应多方面考虑，综合判断。

（四）特定分布

坠落损伤分布虽然并非全部在直接受力处，但有与坠落体位密切相关的特定区域分布特点，特别是皮肤和骨骼的损伤，所以在法医实践中常据此来推断人体坠落接触地面时的体位。如人体以侧面坠落时，骨骼和皮肤的损伤多分布于碰撞的一侧，较少越过后正中线；人体以臀部坠落时，下肢的损伤较轻微，而盆骨及以上部位损伤严重；人体以足位坠落时下肢骨骼损伤最为明显（尤以踝关节为甚），并可波及脊柱和颅底，但上肢损伤轻微；人体以头部坠落时，主要表现为颅脑损伤和颈椎损伤的特点，较少累及胸、腰椎及下肢骨。必须指出，这种特定区域分布特点多适用于坠落后骨骼损伤，而对于胸腹腔脏器则并不如此。另外由于坠落时人体体位不固定，所以有时也并不完全遵循上述规律，比如侧位坠落，常可能会伴有一定的偏移（偏卧或偏仰），那时其骨骼的损伤的一侧性分布可能并不典型。

（五）损伤一次形成

尽管坠落损伤具有广泛多发的特点，但均是一次巨大暴力所致，所有损伤新鲜程度一致。这里的一次是指碰撞开始到结束的整个时间段，而不仅仅是一次作用力。如多发性的骨骼损伤或与作用力的传导有关，或与人体受挤压有关，其骨折均应呈现相应的特点；如人体坠落于不平坦的物体上，可能会因滚动而造成更加广泛的损伤，特别是软组织损伤；如果坠落起始位置很高还可能出现坠落后弹起，形成二次坠落的可能。二次坠落的损伤是建立在第一次坠落造成的损伤基础上形成的，成伤机制相同，但有可能造成新的骨折、新的体表擦挫伤、多部位的颅脑损伤等复杂的伤情出现。因此，法医在实际检案中应紧密结合现场分析损伤的成因。

另外，在相当一部分高坠案件中，人体在坠落过程中会与某些障碍物，如空调支架、雨棚、电线等接触，因此对坠落尸体上的广泛性损伤做出一次形成解释的同时，应特别注意上述情况造成的附加损伤，此类损伤有可能在体表形成具有特征性形态的擦挫伤。这对于判断致伤障碍物的类型并判断高坠起点是有很大意义的。

第四节　高坠案件的法医现场勘验

高坠案件的现场勘验对于确定坠落性质极为重要。高坠案件中被害人死亡方式判断有时较为困难，只有详细勘验现场，细致全面检验尸体，结合案情调查综合分析，才有可能正确地判断死因及案件性质，消除家属及群众的疑虑，减少不必要的纠纷，维护社会的稳定。

确定案件性质是高坠案件现场调查的重点和难点，极易引起被害人亲属的争议。因此在承办该类案件时，不能先入为主，首先主观上应以承办刑事命案的指导思想来开展调查取证和刑事技术勘验工作。只有坚持这样的指导思想，才能避免主观上的先入为主。其次刑事技术人员应夯实现场证据基础，通过现场重现最终实现案件的科学分析、准确定性。在勘验现场时必须认真细致地提取现场发现的可能遗留的各种痕迹、物证，并且特别注意微量物证的提取。在很多疑难案件中，微量物证的提取对案件定性可以起到至关重要的作用。但对于现场遗留的“遗书”等可能对案件定性产生影响的书证应认真加以甄别，切不可一看到“遗书”便认为案件性质已经明确。

（一）了解案情

了解案情是勘验开始前的准备工作，在勘验尸体前必须了解案情的基本情况，包括发现人的基本情况、发现的时间、地点、被害人的基本情况、生前的心理及身体状态、现场调查走访情况以及被害人的接触人员情况、社会关系等。

（二）确定高坠死亡现场是否具备高坠条件

了解尸体周围的情况，如是否有楼房、高塔、吊桥、树木、高坡等结构，是否处于航空器航线附近等发生高坠的现场客观条件。

（三）高坠死亡现场的勘验

高坠死亡案件的死亡性质按被害人的动机分类可分为主动、被动和无意识。因高坠案的性质不同以及高坠死亡者的动机、行为存在差异，其坠落时的速度、坠落点与起坠点的垂直距离、水平距离等均存在较大差异。人类通过自身主动运动能达到的最大水平速度可以大于 10m/s，而人体离开高坠点的初始水平速度亦有可能为 0。因此在确定勘验范围时，应根据对坠落高度的初步判断尽量扩大勘验范围，其工作的核心是准确客观记录现场情况，以动态、联系的理念充分利用各种手段进行现场重现，并在重现的过程中不断修正勘验范围和方向。

现场勘验按现场位置可分为起坠点的勘验、坠落空间的勘验和坠落点的勘验。起坠点即坠落发生的起点，往往会留下各种痕迹，如指纹、足印、烟头、饮料瓶、衬垫物、擦蹭痕（女性被害人常因身材力量等不足需借助外物攀爬、踩踏等）或搏斗痕迹等，要注意对这些痕迹的发现、固定和提取，这有助于对案件性质的判断。因起坠点的环境条件复杂，起坠点所遗留的痕迹物证可能相当有限或者人为变动现场等原因，起坠点的寻找有时有一定的难度，往往需要细致的勘验，并结合尸体损伤情况和物证检验情况分析才能确定。坠落空间即坠落过程中经过的空间，坠落空间的勘验不仅可以通过检验是否有空间障碍物的接触，明确坠落途径，解释尸体上的附加损伤，还可通过坠落高度评估着地时冲击力大小，损伤可能的严重程度。坠落空间的勘验重点是对空间障碍物和突出物的勘验，障碍物、突出物通常有电线、空调外机、遮雨棚、树枝等。同时应注意障碍物和突出物是否脱落、变形、折断等。坠落点一般为发现尸体的位置或尸体附近，需注意由于坠落时产生的动能相对较大，当人体与地面发生碰撞时有时还会弹起，这时就会形成两个甚至更多坠落终点。勘验现场之时，必须首先采用照、录像的方式多方位、多角度的固定被害人原始状态、周边物品原始状态以及地面情况等；其次应仔细观察尸体衣着、周围和尸体表面血迹分布、现场是否有血迹、血迹形态特点、分布情况及干燥情况，仔细搜寻、固定现场遗留的散落物，并向勘验前所有接触过尸体的人员了解尸体的原始位置和姿势以及尸体变动情况。

现场勘验时准确测量起坠点和坠落点的垂直高度以及起始位置投影点和坠落点水平距离，并详细记录起坠点和坠落点之间的空间状况。之间如有障碍物则应仔细考量障碍物的状况及性状，以与尸体损伤相对照。

法医应协助痕迹勘验人员对现场发现的足迹、指纹等准确记录并加以固定、提取。对高坠起始点周围的阳台、窗台等的高度、宽度、形状、质地等应详细记录并测量，明确相互关系。如现场已经过变动，应详细了解并记录参与变动人员的活动情况以及向他们了解现场变动前的状况。上述工作有助于对高坠者坠落前的行为进行分析和重现。

第五节　高坠死亡尸体检验及死因分析

高坠案件应全面进行尸检，对损伤进行分析，判断致命伤与坠落的关系，分析死亡原因，区分生前伤和死后伤；并注意能否用高坠对身体所有损伤进行解释，骨折的形成机制是否一致，能否用一次外力来解释，否则应引起警惕。对于不能用高坠解释的损伤，应根据损伤形态特点，分析判断是自己形成还是他人所为，是否为中间物损伤等。

疑为高坠的尸体，有条件者在尸检前进行全身的影像学检查，可发现尸检中容易漏诊的骨折。

一、被害人的衣着检验

检查被害人衣着时必须按照由外及里的步骤进行检查，注意衣着的翻卷、拖拉情况，有无破损，破损的部位、数量、大小及形态特征；纽扣有无脱落及断线残端的情况；皮带有无脱钩或断裂；衣着上的附着物、血迹或其他痕迹的部位、范围亦要加以注意等。如发现高坠死者特别是女性，其衣服翻卷、内衣断裂、衣缝撕裂等情况时，要仔细加以鉴别，切不可不假思索地笼统认为只有他人加害可以形成。随身物品的检验主要是检验被害人衣服内的物品及随身佩戴的物品，检查衣物内是否有遗书、药品、钥匙等，有时可为案件性质的确定提供重要信息。亦要注意对被害人所穿鞋及足底情况的检验和记录。鞋底花纹可用于和现场遗留足迹的比对，而鞋底和足底沾附物的检验对判断高坠起点和高坠现场重现都很有意义。

二、高坠案件的尸体检验

尸表检验应按照从头到脚的解剖顺序对损伤的部位、形态特征、大小及数量逐一描述并拍照，尤其对睑球结膜有无出血、出血范围、数量及大小要详细检查记录。对于颅底骨折后血液外渗常导致的“熊猫眼”，耳道、鼻腔出血等应仔细鉴别出血来源。“熊猫眼”可能会与拳击眼部引起的眼周皮下出血相混淆，鼻腔、耳道的出血、骨折的部位、形态、严重程度等应详细检验记录，亦可能为头皮裂创、耳周创口、鼻腔内损伤出血后血液流注形成。正确的区分血液来源有助于通过致伤方式的判断从而为案件定性提供依据。对口周、唇、牙龈、牙齿有无损伤要详细检查记录；对颈部皮肤有无损伤及损伤的位置及形态特征要做具体描述；对双前臂、双手掌手指的损伤位置、损伤特征及大小数量也应认真检查拍照，同时仔细检查甲缝中有无异物、指甲有无折断等。并提取手掌相应异物、指甲及擦拭物及时送检。对躯干有无损伤及骨折的检查也不应疏漏忽视；对臀部和双下肢的损伤情况，特别是双下肢有无骨折、骨折的部位、形态、严重程度等应详细检验记录；应对会阴部、肛门及双侧大腿内侧的损伤情况和阴性征象做细致的记录、拍照，并提取阴道拭子、肛周拭子等擦拭物，进行实验室检查。所有尸表物证的提取均应在冲洗尸体之前进行。通过全面彻底的尸表检验，一般可以初步查明被害人的着地部位及有无高坠之外的损伤。

高坠所致颅脑损伤为减速性损伤，故在剖验时要特别留意颅底有无骨折及骨折类型、特征，与外力打击所致的加速性损伤相区别。注意颈部肌群、甲状腺等有无出血，肌群出血的部位、范围和严重程度，甲状软骨和舌骨有无骨折以及骨折的部位和方式；心肺大血管有无断裂、心肺表面有无出血点、出血点的具体位置、形态特征；脊柱两侧肌群有无出血、脊柱有无骨折。对肝、脾蒂和肾蒂周围有无损伤及出血应认真检查。对四肢损伤有疑问时应进行局部剖验。对颈部、心肺、肝脾和肾脏等处检查到的阳性和重要阴性征象均应记录、固定。

如在尸体检验中发现有高坠无法形成的损伤则应引起高度重视。首先应区分该损伤的形成时间是否与高坠时间相符。如不属于陈旧性损伤，则应对损伤逐一记录并区分大小、位置、分布、走向性质等，综合判断损伤成因。仔细寻找现场可能遗留的血迹，着重判断血迹的形态、数量、分布、干燥度与损伤和高坠的相互关系。

高坠引起即时死亡常见的死亡原因有重度颅脑损伤、重要脏器破裂、大失血、创伤性休克。死亡原因既可为单一原因，也可为复合原因，如多发性骨折既可致大失血死亡，亦可致创伤性休克死亡。部分高坠引起即时死亡的案例中，由于特定的死亡方式且过程短促，尸体出血可能较少，而这一点容易引起被害人家属对死亡性质的争议。可以对有损伤的部位进行病理学检验，以明确生活反应的有无或程度。通过详细的尸表检验，典型的高坠死亡尸体损伤特征明显，判断死因常常并不困难。但对于尸体外表相对完整、无明显外表损伤或尸体严重损毁的尸体均不宜仅通过尸表检验来判断死因，这就需要按照法律相关规定尽快解剖检验以明确死因。

三、高坠案件的实验室检验

常规对被害人心血、尿及胃内容物等提取，通过实验室检验有无乙醇、毒品、毒物及镇静安眠药等可帮助判断死因和案件性质。如经过常规尸体检验未发现明确的死亡原因则应重点关注重要脏器的病理学改变，尽量穷尽检验手段。如果仍无可靠的阳性发现，慎重考虑做出排除性的结论。对于确实无法明确死因的，应尊重客观事实，向各相关方做出合理和科学的解释。

高坠死亡在意外、自杀、他杀案件中均可见。典型的高坠自杀案件中现场常很平静，没有打斗痕迹，可能留有遗书，或者在某一平台可见大量烟蒂、酒瓶、餐盒等反映被害人自杀前徘徊、犹豫的心理过程的行为表现。

四、高坠案件的性质确定与现场重现

案件性质的确定是个逐步实现的过程，而现场勘验则是起点。详细的现场勘验和对物证的准确识别以及固定、提取是实现最终目的的必要条件。法医高坠现场勘验工作应以尸体为核心，以尸体停留点到坠落起始点为思维路线，结合充分的现场调查和背景调查，将现场获取的信息反复勘证、排除，最终才可能获得对案件性质的准确认定。特别需要注意的是他杀案件中人为伪造的高坠现场。一般有两种情况：一是坠落前被害人已经死亡的，此种情况一般为其他方式死亡后移尸到起坠点，人为抛甩，其本质为死后高坠，坠落点非死亡的第一现场；另外一种情况是坠落点为第一现场，被害人高坠前已处于濒死期或者已经失去了反抗能力。对于法医来说正确地区分被害人损伤的生活反应，判断损伤的形成方式以及确定被害人坠落前的行为能力是判断是否为凶杀案的关键。对于有血迹存留的高坠起始现场，准确的血迹分析往往是打开案件迷局的钥匙。

必须强调的是，高坠死亡案件的定性是一项涉及多部门、多专业的综合性工作，仅依赖侦查或某一项刑事技术的检验结论来确定高坠死亡案件的性质是极其片面和危险的。只有进行充分的现场调查和背景调查、细致的现场勘验、系统全面的尸体检验并结合实验室检验结果综合分析，才能形成完整的证据链条，最终准确定性。而有的高坠案件可能由于案件经过本身很复杂，调查存在缺陷，缺乏有助于案件定性的证人、证言，或者发现时间晚、尸体腐败，现场遭到破坏等原因给定性工作带来困难，即使经过多次复核勘验，死亡性质仍然难以明确。总之刑事技术人员应本着实事求是、认真细致的工作态度，明察秋毫、去伪存真的工作方法，甄别判断、抽丝剥茧，为高坠案件定性提供客观依据。

（李红卫　张　奎）

思考题

1. 高坠损伤的成伤机制？
2. 高坠案件中，现场勘验的重点是什么？
3. 如何区别高坠案件的性质？
4. 高坠案件中，尸体损伤分布情况？

第十五章　机械性窒息案件的现场勘验

在法医学工作中常见的机械性窒息(mechanical asphyxia)案件有压迫颈部、捂压口鼻、异物或溺液进入呼吸道、压迫胸腹部以及异常体位所引起的窒息等。机械性窒息导致的死亡发生较快，是自杀、他杀和杀人后伪装自杀的常见手段，也有一些属于意外，法医现场勘验时需要仔细鉴别。溺死作为机械性窒息的一种特殊方式，在法医学检验中很常见，有其特殊之处，故另设章节叙述。

第一节　机械性窒息案件的现场勘验总则

现场勘验对案件定性非常重要，法医应会同其他刑侦技术人员了解整个案件的情况，对现场进行详细勘验，现场尸体勘验一般应在痕迹勘验之后进行，以避免破坏遗留下来的痕迹，主要勘验尸体的位置、状况及与周围物体的关系，现场状态是否可以由被害人本人形成，现场有无他人活动的迹象及其他异常现象。需要强调的是，尸体的发现、原始现场的情况及尸体被发现时的位置、状况等需要重点了解清楚。

(一)机械性窒息案件的现场勘验的重点

1. 尸体的位置、损伤与现场及周围的情况是否吻合　一般自杀或意外原始现场与尸体位置、姿势及损伤等情况基本吻合。如自杀现场一般整齐或者稍有挣扎痕迹，室内现场多门窗紧闭，无搏斗动乱迹象，无其他人足印，调查常有自杀案情或有遗书。如不吻合，需要考虑移尸或者他杀等情况。他杀案件中尸体往往存在挣扎痕迹多或有搏斗痕迹，如果检查尸体上伤痕多，而现场又无造成伤痕的条件，则要考虑他杀的可能。

2. 寻找、勘查及比对机械性窒息所用工具及相关痕迹　如颈部受压所用的绳索、口鼻部捂压所用的枕头、毛巾等物。现场要积极寻找这些工具，并且将这些工具与局部损伤痕迹仔细比对，同时收集这些工具上遗留的生物痕迹并做相应检查。

3. 机械性窒息现场其他可疑物证提取　现场可疑痕迹及指纹等均需收集并做相应比对。如一些勒死、扼死的被害人可能在挣扎抵抗过程中在指甲内留有犯罪嫌疑人的生物组织等物。

(二)机械性窒息现场尸体勘验的重点

1. 是否存在机械性窒息征象　新鲜尸体的外部征象，如尸斑显著且呈暗紫红色，颜面青紫肿胀，眼睑结合膜甚至面部有出血点等。此外，尸体内部征象如血液呈暗红色流动状，内脏淤血，心、肺表面点状出血等情况是要在下一步尸体解剖时需要注意的。但也要注意正确评判这些征象，这些征象既不是机械性窒息所特有，也不是必需的改变，因此不能作为窒息致死的可靠依据，只能起提示作用。一般头面部青紫肿胀及出血点以勒死(伤)为最重，扼颈和缢颈次之。不新鲜尸体的外部窒息征象则可能随着死后变化的发展而逐渐消失。

2. 有无机械性窒息所致的局部损伤痕迹及征象　相当一部分机械性窒息死有其特有的局部暴力损伤痕迹。局部损伤检验以颈部、口鼻及其周围、气管及支气管内以及胸腹部是否有相应的局部损伤和异物为重点，而体位性窒息损伤检查的重点是检验四肢及全身是否有异常体位造成的痕迹及损伤。常规尸体检查均需仔细检查颈前部、两侧及项部皮肤是否有可疑痕迹或损伤。颈部索沟除须注意索沟的位置、方向和数量外，还要注意甄别是生前索沟还是死后索沟、是勒沟还是缢沟。

3. 是否合并有其他损伤及致死手段　一些他杀的机械性窒息案例的被害人身体上往往有抵抗伤，另外也可见到多种手段致死的情况，如勒颈后又合并棒击或放火等复杂案件。因此一定要检查被害人身上是否有其他损伤。

第二节　缢　　死

缢死(death from hanging)俗称吊死，是被害人自身全部或部分的体重通过绳索或类似物使颈项部受压迫而引起的窒息死亡。

缢死的姿势可表现为悬位、立位、坐位、跪位、蹲位和卧位等体位。根据缢颈者体位不同，可分为完全性和不完全性缢颈，前者为双足离地的悬位缢颈者，后者为其他体位缢颈者。缢颈时体位不同，颈部通过缢索而承受的压力也不同。一般认为，悬位缢颈者颈部承受体重 100% 的压力；立位和蹲位者约为体重的 70%～80%；坐位者约为体重的 15%～20%；卧位者约占体重的 15%～40%。通过这些体位实施缢吊可使颈部的血管和气道压闭而引起窒息死亡。据研究，15kg 重力可压闭气管，约 2kg 重力可压闭颈静脉，约 5kg 重力可压闭颈动脉，约 30kg 重力可压闭椎动脉。因此即使不完全性缢颈，只要身体部分重力，甚至仅仅是头部的重量，也可引起脑血液循环障碍而导致脑缺血缺氧，从而致死。国外报道有躺于床上在床柱上缢死的案例。

一、缢死的分类

按照颈部受缢索压迫的部位不同，将缢型分为典型和非典型两类。前者又称为前位缢型，后者又可分为侧位缢型和后位缢型。

(一) 典型缢型

缢颈时绳套挂在颈前部正中，一般位于甲状软骨与舌骨之间，左右对称地越过下颌骨角下方向后上方达枕部，或在枕骨中部上方打结后悬吊，头向前倾垂。由于着力点在颈前部，故又称为前位缢型(图 15-1)。

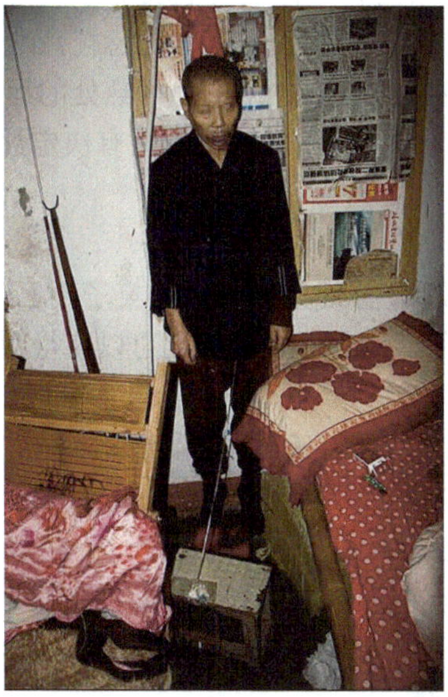

图 15-1　前位缢型

（二）非典型缢型

1．侧位缢型　缢索在颈部左侧或右侧，相当于甲状软骨上下水平，一侧缢索经同侧下颌角绕向耳后及枕部，另一侧缢索向颈前绕经甲状软骨、对侧下颌角、乳突向上，双侧缢索在对侧悬吊。由于缢索主要着力部位在颈部的左侧或右侧，头向颈部受力侧呈侧位倾斜，故称为侧位缢型（图 15-2）。

图 15-2　侧位缢型

2．后位缢型　与前位缢型相反，缢索由项部向两侧绕行，分别经两侧下颌角后悬吊，或打结后悬吊，头向后倾斜。由于受力点在项部，故称之为后位缢型。

二、缢死现场的法医学勘验重点

缢死的现场勘验应该先静态观察，后进行动态勘验。重点观察尸体的位置、体位、姿势和衣着状态及与周围物体的关系，有无移尸迹象。偶有自缢者为防止改变主意，而自行将其双手捆绑的现象，甚至有缢被害人中途想解开绳结在缢沟上下留下抓擦痕。尸表若有血迹或其他附着物，应观察其形态、流注方向、干涸程度等，现场勘验时要对缢索、悬挂点、垫脚物、攀缘物进行仔细勘验。缢索对案件性质的认定起重要作用，一定要提取并进一步研究。

（一）悬挂点

观察尸体悬吊的位置、姿势和高度，是否可以由被害人自己形成。第一，观察悬挂点的有无，有些“套白狼”勒死的他杀案件，颈部索沟和尸体上其他表现与缢死类似，但是现场上往往找不到合乎情理的悬挂点；第二是悬挂点位置的选择，有的被害人把悬挂点选在很高的树上，这种位置他杀和伪装都是难以做到的；第三是悬挂点处的痕迹，他杀的悬挂点处的绳子印痕往往呈现滑动状态；第四是悬挂点的指纹，一定要认真寻找，这对于判断案件的性质有决定性的意义；第五，要注意悬挂点上的纤维与缢吊的绳子是否一致。

（二）垫脚物和攀缘物

相当一部分缢死的悬挂点比较高，拴绳索时常借助桌子、椅子等物品，在现场遗留相应的物品，或者在上面有其留下的指纹、足迹等。因而通过攀缘物可以获得判断案件有价值的线索。

（三）缢索

缢索是缢颈者所用的主要工具，是判明死亡性质、揭露和证实犯罪的重要依据，具有重要的法医学物证意义。常见的缢索为绳索、电线及绑带等。现场勘验时必须注意保存缢索，并规范地固定、检验及描述。检验时还要注意以下几点：

1．对搜集和保留在现场的缢索在检验前要做好记录、拍照。

2．检查缢索的性状、长短、软硬、粗细、索套的圈数，要与缢沟的性状、条数、印痕等相互验证。若不相符应高度警惕他杀后伪装自缢。

3．保留绳结。绳结能反映打结人的职业特点和其惯用的打结方法。因此，检查绳索时，不得将绳结打开，而应在远端部位将绳套剪断，然后用细线连接断端，并固定索套交叉重叠处，使绳结、索套尽量保持原始状态。

4. 仔细检查缢索上的附着物，如皮肤组织、粉尘及血迹等，并与缢沟附着物对比。缢索上常常附着一些微量的生物检材，甚至肉眼不可见的生物物证，如电线、绳索与颈部接触的位置，可能存在的人体脱落细胞及组织成分，应作 DNA 比对，以确定是否为缢索，这些微量物证往往对案件侦破具有重要意义。

5. 如果缢索已经被被害人家属或其他人员解开，应尽量调查（或恢复）其原始状态，如果勘验现场时缢索不在现场，在追查到可疑缢索后，要对可疑缢索与索沟的特征及附着物进行对比。

6. 另外，要注意调查绳索的来源，是否被害人生前可以获得。

三、缢死的尸体检验重点

（一）缢沟的检验

缢沟是缢索压迫颈部，在颈部皮肤上所形成的缢索印痕，是缢被害人的重要尸表改变。它能反映出缢索的性质、缢索的形态及颈部受力的部位。一般开放式缢套缢沟颈部着力最重的部位位于绳结对侧，该部位缢沟最深，其两侧分别斜向上走行，且向绳结方向逐渐变浅，其两端不相交，无缢沟处称为提空，到提空处缢沟消失。滑动性缢套的缢沟呈闭合状，无提空现象，在缢索上提处变浅，在相接处常留有绳结的压痕。

以固定开放式索套绕颈时，前位缢型者，形成的缢沟呈马蹄形，上口呈八字不交状，缢沟在颈前部位最深，在枕外隆突两侧消失；侧位缢型者，缢沟在绳结的另外一侧颈部最深，在耳部下方或耳后形成提空；后位缢型者，缢沟以项部最深，至颈前部提空消失。

缢沟的数目与直接压迫颈部的缢索匝数有关。实践中自杀缢沟数目以一条者常见。两条以上缢沟的平行、分离、交叉印痕，常说明直接作用于颈部的缢索的平行、分离或交叉状态。特殊情况下，不能仅根据缢沟的数目来认定缢索的匝数，若在缢吊时缢索在颈部有滑动，一条缢索可形成轻重不同的两条缢沟。

多数案例的缢沟宽度与缢索的直径相当或略窄。缢沟深度与缢索的直径、软硬、缢型、体位、体重以及缢吊时间的长短有关。质地柔软而宽的缢索形成的缢沟浅而宽，缢沟局部表皮剥脱很轻，称之为软缢沟；质硬而细或表面粗糙的缢索形成的缢沟窄而深，常伴有缢沟局部表皮剥脱，甚至缢沟边缘有皮内、皮下出血或者水疱形成，称之为硬缢沟。若缢索与颈部之间有柔软的衬垫物，如柔软的毛巾、衣裤等，则缢沟浅、无明显缢沟，甚至缺如。肥胖体重者及缢吊时间长者缢沟较深。缢沟处皮肤常能留下缢索表面纹理的花纹样印痕，缢吊时间越长，花纹样印痕越清晰。

缢沟的颜色与缢沟处皮肤受损的程度有关。软缢沟一般初期呈苍白色，随着缢沟处组织中的水分蒸发，缢沟颜色变深呈黄褐色或暗红褐色，并逐渐干燥而皮革样变。

由于重力压迫及皮肤与缢索之间的相互摩擦，缢沟部位的皮肤全层致密变薄，表皮角化层缺损甚至表皮剥脱。缢沟周边区皮内小血管充血，有时可见局灶性出血。特殊组织学染色如改良的 Poley 酸性复红 - 甲基绿染色、Mollory 染色有助于判断有无皮肤受压。

（二）缢沟深部颈部组织和器官的改变

缢索压迫颈部尤其是硬质缢索，可使颈部肌肉出现相应的压陷痕迹，并伴有局限性出血。另外，还可观察到颈部浅、深淋巴结出血，颈内和颈外动脉分支处下方的内膜出现横向裂纹及局部内膜下出血，颈动脉中膜也可发生破裂，甚至舌骨大角和甲状软骨发生骨折。骨折的发生率在不同文献报道不完全一致。

（三）体表及手足损伤

缢吊过程中，濒死期的挣扎、缢索扭转使身体摆动、碰撞均可在体表出现擦挫伤等损伤，应注意与他杀损伤的鉴别（表 15-1）。

表 15-1 缢死与死后缢尸现场的鉴别

鉴别点	自缢	死后缢尸
缢沟	有生活反应	无生活反应
体表伤	可能有表皮碰撞伤	有抵抗、防卫伤
现场	平静，可能有遗书	有搏斗迹象，并留有痕迹或遗物
尸体现象	缢型、索沟、尸斑与自缢体位相符	缢型、索沟、尸斑等不符合自缢体位
死因	缢死，并有自杀因素	非缢死，有其他死因

（四）缢死的其他较为特殊尸体征象

缢被害人尸斑常位于身体悬挂的低下部位，如手、前臂、下肢及小腿，甚至可以在这些部位形成瘀点性出血。完全缢型缢被害人一般面色苍白，舌伸出；而不完全缢型者，可由于椎动脉未压闭而颜面部淤血。

（五） 缢死的法医学鉴定要点

缢死为最常见的自杀手段之一，意外少见，偶有他杀缢死或用其他方式致死后伪装缢死的案例。在勘验时要仔细甄别是否符合自缢的特点，他杀缢死多发生在被害人处于沉睡、醉酒、昏迷或失去抵抗的情况下，意外缢死多见于儿童或性窒息。死后悬尸多为完全性缢颈，文献报道死后 2 小时内缢吊尸体均可形成缢沟。确定生前缢死主要根据以下几点：

1. 颈部有一次形成的生前索沟。索沟内部和边缘可见有充血，皮下、皮内出血点甚至水疱形成。

2. 索沟相应部位颈部皮下组织、肌肉内挫压性出血，颈浅、深淋巴结出血，舌骨大角骨折伴出血，颈动脉内膜横行破裂甚至颈椎骨折。

3. 有不同程度的窒息征象：前位缢型被害人面色苍白，非典型缢被害人颜面青紫肿胀；其他机械性窒息的尸体征象。

4. 排除其他死因，尤其是毒物中毒的案例。

第三节 勒 死

勒死（ligature strangulation）是以索状物缠绕颈项部，由外力作用使索状物压迫颈项部而导致的窒息死称为勒死，又称绞死。

一、勒死现场的法医学勘验重点

（一）勒索的检验

绞勒颈部时所用的条索状物称为勒索，可分为硬勒索和软勒索，所有的带状物均可被用做勒索，常见有各种质地的绳索、毛巾、围巾、领带、衣服、皮带、电线等。

勒索缠绕颈部的匝数不定，多为一圈，少数为多圈。他杀案件中以一、二圈者多见，自杀案件中可能勒索缠绕颈部的圈数较多。结扣的形式各有不同，有半结、死结等，也有多匝勒索而无结扣者。结扣形式因各人习惯而异。他杀者结扣多在项部或颈的侧面（图 15-3），自杀勒颈者结扣多在颈前部或一侧。

图 15-3 勒索结扣位于颈侧面

勒索多位于甲状软骨或气管的部位，位置较低，最常见的勒颈方式是将勒索的两端交叉，以双手向两侧相反的方向用力拉紧勒索或打结，压迫颈部。有些先用绳套绕颈结扣，再插入棍棒类等物扭转后致死。

（二）现场及抵抗伤

他勒现场一般较凌乱，常留有他人的足迹，他勒被害人可见到衣着不整或有破损。但无挣扎抵抗能力者，如婴幼儿、醉酒、沉睡或昏迷者，或被凶手从背后突然用勒索套住颈部勒被害人，现场可无搏斗抵抗迹象，抵抗伤不明显。被害人手中常可留有与凶手搏斗时扯落的衣片、头发及纽扣等物，指甲缝中常嵌有犯罪嫌疑人的表皮或血迹。

被害人挣扎抵抗伤可见于肢体、头面部及其他部位，以擦伤和皮下出血较多见（图 15-4）。凶手在勒颈前打击被害人头部可形成颅脑损伤。部分被害人口中、及面部被塞有或者绑有异物（如毛巾、衣服等），常造成口唇黏膜破损，口周围表皮剥脱及皮下出血，应对此类损伤仔细检验（图 15-5）。有时为防止被害人反抗，部分被害人双手及两腿被捆绑。

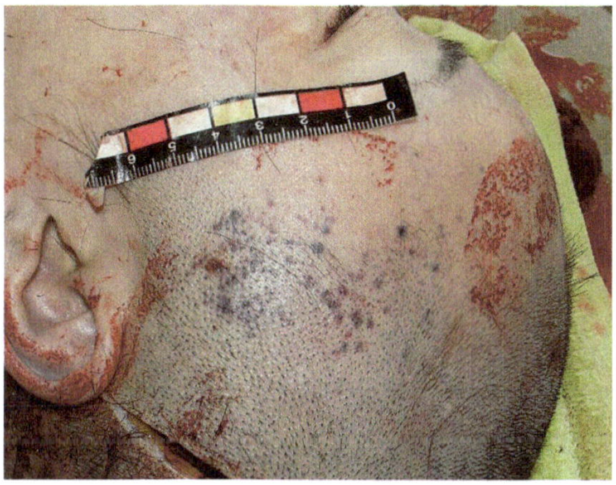

图 15-4 挣扎、抵抗伤

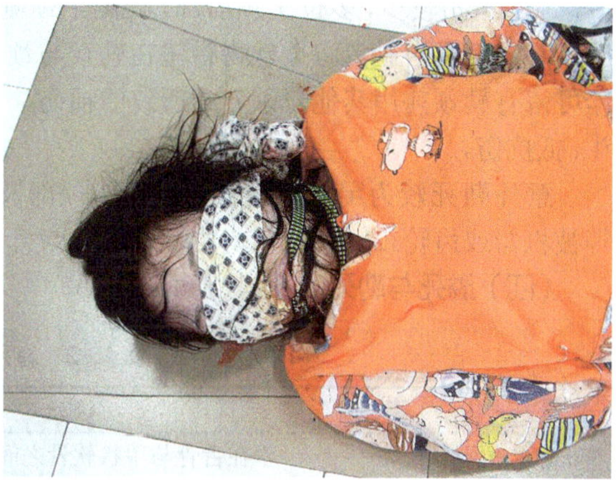

图 15-5 颈部勒绳及双眼被衣服蒙盖

二、勒死的尸体检验及法医学鉴定要点

（一）颈部的检验

勒索压迫颈部所形成的沟状痕迹称为勒沟，勒沟是认定勒死的重要证据。勒沟与勒索的特性、被害人抵抗力的大小及施害者的力量有关。勒沟多为近似水平的环形闭锁状索沟，颈部全周基本上均匀地受到勒索的压迫，在嫌疑手抓勒索并勒紧部位的勒沟可出现中断。勒沟多位于甲状软骨的下方。勒沟的数目仅反映直接压迫颈部的勒索的圈数，以 1～2 条勒沟者多见。勒沟能反映勒索的硬度、勒索表面的形态及其他一些特征，勒沟表面的印痕反映压迫颈部的勒索的纹理结构，勒沟的宽度一般与勒索的粗细相当。硬而窄的勒索形成的勒痕深，宽而软的勒索形成的勒痕浅，勒索软者（如床单、围巾等）勒沟可不明显，如果死后又很快除去勒索，则勒沟不明显。勒沟处皮肤可有明显擦伤，干燥后常呈暗褐色皮革样化，勒沟上下缘可有散在点状出血。

勒沟周围可见到被害人试图去除勒索所留下的损伤痕迹，有时犯罪嫌疑人由于将手置于勒索下面而在颈部留下擦挫伤痕迹。

勒沟深部组织的改变与缢沟相仿，皮下组织和肌层常有出血。甲状腺、喉头黏膜、咽部黏膜、扁桃体及舌根部可有明显的淤血和灶状出血。当勒索位置在甲状软骨以上时，舌骨大角可发生骨折和出血。当勒索在甲状软骨以下部位时，可发生气管软骨骨折。

此外，还应注意鉴别婴儿、老人及腐败尸体上出现的假勒沟。

（二）颜面部的机械性窒息征象

他勒被害人一般窒息征象较为明显，但若被害人勒颈前已昏迷而失去抵抗能力或体质虚弱，则窒息征象不明显。尸体解剖时内部器官多呈机械性窒息的一般征象。

（三）勒死的法医学鉴定要点

勒死是很常见的一种杀人方式，多为他杀，自勒少见，意外勒死罕见。他勒被害人多为女性，被害人常被伪装成自缢而死。这要根据现场勘验、系统尸体检验，结合案情调查并排除其他死因等来鉴定，勒死鉴定的难点主要是鉴别他勒和自勒。

勒绳来源可疑或非被害人所有，结扣位置在项部或侧位者多属他杀。在勒索与颈部之间可有被害人衣领，甚至被害人的下颌等，颈部及胸前部常有抓伤，勒沟明显、较深，常提示为他勒。在检验时颈部损伤的特征应与勒索的特征一致（图 15-6）。尸体解剖时可见勒沟深部的软组织出血广泛而明显，可有甲状软骨骨折、舌骨骨折或气管软骨骨折，气管黏膜点状出血。

自勒者多呈仰卧位，勒沟较浅，勒索缠绕颈部的匝数可能较多，颈部结扣较少，多位于颈前部，少见于颈侧方，更罕见于颈后。有案例见自勒者将柔软物衬垫在勒索与颈部之间。部分尸体可留有勒颈前用其他自杀方式所致的损伤。自勒者常常无搏斗、抵抗伤。

意外勒死较为罕见。偶有被害人头颈部披着的围巾、上衣等被机器或齿轮绞转致颈部被勒而死亡。

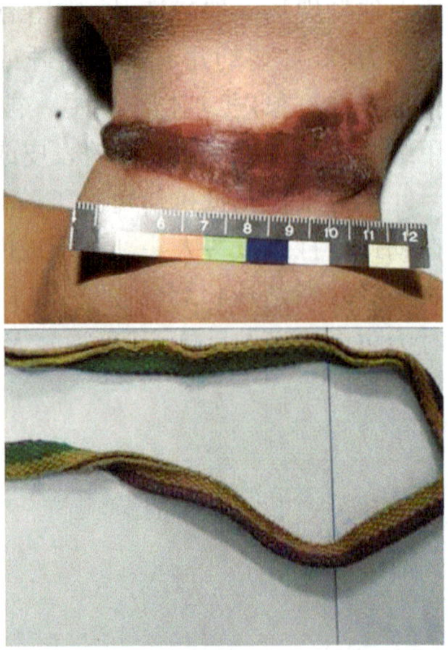

图 15-6　勒沟与勒索比对

（四）缢死与勒死的鉴别（表 15-2）

表 15-2　缢死与勒死现场的鉴别

	缢死	勒死
索沟位置	多在舌骨与甲状软骨之间	多在甲状软骨或其下方
索沟走向	着力处水平，两侧斜行向上提空	多为环形水平状
索沟闭锁	多不闭锁	一般呈闭锁状态
索沟深度	着力部位最深，向两侧逐渐变浅消失	深度基本均匀，结扣处有压痕
涕涎流注	多有	常无
其他部位损伤	手足可有碰撞伤	多有挣扎、抵抗伤
暴力性质	多为自杀	多为他杀

（五）自勒与他勒的鉴别（表 15-3）

表 15-3　自勒与他勒现场的鉴别

	自勒	他勒
现场	多在室内，现场安静，无搏斗抵抗痕迹，现场有勒索	室外多于室内，现场多混乱，有搏斗痕迹，勒索较少留在现场
勒沟	较浅，表皮剥脱轻微，边缘整齐，出血较少，如无衬垫物，常为完整的环形	较深，表皮剥脱严重，边缘不整齐，出血较多，常为间断的环形
衬垫物	有时在勒索与颈部之间垫有毛巾等物	有时被害人的衣领或其他异物夹在颈部与勒索之间
勒索	留在颈部，环绕颈项，结扣较少，多位于颈前部，如重复打结，第二结扣较轻	可不留在现场，如果留在颈部，结扣多位于颈部或颈侧面，重复打结，越打越紧
尸体姿势	常为仰卧，两臂屈曲，两手上举，勒索端握在手中	体位不定
损伤	四肢无抵抗伤，甲状软骨及舌骨骨折少见，勒沟下组织出血轻微	四肢常有抵抗伤，甲状软骨及舌骨骨折多见，勒沟下组织出血较重
其他	有时勒套内有棒状物用于绞勒颈部	口中可有异物填塞，手中抓有犯罪嫌疑人的毛发、布片等

第四节 扼 死

扼死(manual strangulation)俗称掐死，是用单手、双手或上肢等扼压颈部而引起的窒息死亡，偶有用手掌部造成的扼死。扼死均为他杀，偶有误伤或意外致死。自扼死亡是不可能的，因为自扼颈部者，当意识开始丧失时，肢体肌张力也迅速消失，难以继续扼压颈部致死。扼颈不需要工具，尤其是凶手与被害人体力悬殊时更是如此，所以扼死的被害人女性远较男性多见。扼死案件的起因以奸情杀人最多，故女性被害人以年轻妇女较多。

一、扼死现场的法医学勘验重点

一般现场常有搏斗的迹象，尸体多处于异常体位和姿态，衣着不整，手足呈挣扎抵抗的姿态，手足和头面部常有暴力所致的损伤(如抵抗伤)。口中或有毛巾、衣片或纸团等异物填塞。女性尸体还应注意有无被强奸或其他性侵害的迹象。应详细检查提取现场遗留的指纹、足迹、血痕和其他物证。

部分案例犯罪分子先在饮料、食物中加入安眠药、麻醉药等使其昏迷后将其扼死，故应提取血液及胃内容物做毒物检验，以判断是否有中毒。

二、扼死的尸体检验及其法医学鉴定要点

(一) 颈部的损伤

对颈前部或颈侧面任何一种可疑痕迹都应仔细检查。一般被扼被害人在颈部皮肤均可见到由手指、指甲等所致的损伤即扼痕，这是认定扼死的重要依据，一般扼痕以斑片状或不规则形常见。扼痕会因扼颈的方式(单手或双手扼)、是否衬隔柔软物品以及被害人的健康状况不同，扼痕的形态或轻或重，有显著差别。要注意偶有扼颈死亡者扼痕不明显。一般手指压迫颈部可形成圆形、椭圆形、类圆形、片状或条形的皮肤擦伤和挫伤(指压痕)(图 15-7)；指甲可形成新月形或短线状的表皮剥脱、平行的线状表皮剥脱或带状真皮出血，甚至不同形态的皮肤破裂创口(指甲痕)；前臂扼颈会在颈部形成长圆形或不规则的皮下出血。但需要注意的是，这些损伤在有些案件中并非都是犯罪嫌疑人所致，被害人挣扎抵抗可在自己颈部形成指甲抓挠伤。扼痕要注意与嫌疑人的指甲进行比对鉴定。

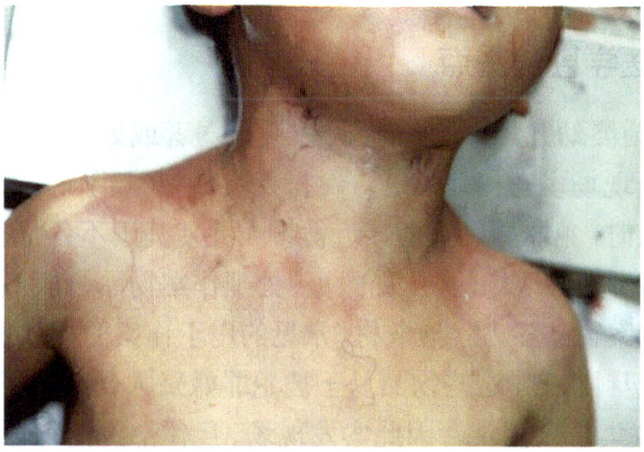

图 15-7 右侧颈部手指压痕、出血

扼痕一般多分布于喉头两侧或颈侧部位，少见于项部。用右手扼压颈部时，可在被害人左侧颈部皮肤上留有 3～4 个扼痕，右侧有一个；如用左手扼颈，则位置相反。如用双手扼压时，颈部两侧可各有 3～4 个扼痕。若被害人挣扎抵抗，则扼痕的部位、数目及形态常有改变。颈部若垫有衣领、围巾等物品时，则扼痕可以不明显。

扼死案件中因犯罪分子用力扼压被害者颈部，在扼痕皮下及肌层常常伴有出血，并可导致甲状腺、颌下腺、舌根部及咽后壁等处出血。此外，还可见声带充血、水肿及出血等。当颈部受到较强力扼压时，甲状软骨、环状软骨、舌骨可发生骨折，以甲状软骨上角多见，舌骨大角多为内向性骨折，且多见于拇指扼压的一侧。

（二）颜面部窒息征象和内部器官改变

颜面部可见到窒息征象。对于年幼体弱者，因抵抗力低，窒息过程短，窒息征象轻。尸体解剖时内脏器官以淤血改变为主，心、肺表面可见点状出血。

（三）抵抗伤及其他损伤

扼颈过程中被害人常常挣扎抵抗，在其颜面、下颌、胸部和四肢等处常可见表皮剥脱或皮下出血（挣扎、抵抗伤）。若被害人还遭受暴力打击，则其他部位可能有机械性损伤。如果被害人在醉酒、沉睡或者昏迷状态下被扼死，所以无抵抗伤。

（四）手部检查

在扼死案件中，因被害人挣扎抵抗，可使凶手受到损伤，甚至被害人手中及指甲中留有凶手的皮肤组织及血液等，故应特别注意对被害人双手的检查，被害人的手中可有犯罪嫌疑人的毛发、衣片、纽扣等，指甲缝内嵌有犯罪嫌疑人的皮肉、血痕等。故对作案的嫌疑人应尽早检查，特别要检查其身体裸露部位有无抓伤、咬伤等痕迹，并提取嫌疑人的血液、唾液等进行检验，并与现场提取物进行比对。

（五）扼死的法医学鉴定要点

扼死都属于他杀，多见于抢劫或强奸等刑事案件。但犯罪嫌疑人作案后常对尸体和现场伪装，给法医鉴定工作带来一定的困难。因此，对案情调查、现场勘验和现场尸体检查（尤其是颈部的仔细检查）结果进行综合分析至关重要。

第五节　捂　　死

捂死（smothering）是以手或其他柔软物体同时压闭口鼻部而引起的窒息死亡。

捂闷的方式一般分为四种：用手捂压口、鼻孔；用柔软的物体捂压口、鼻孔；用塑料袋套住头颈部；将口、鼻压在较软的物体上。

一、捂死现场的法医学勘验重点

捂死的案例被害人多为婴幼儿、年迈的老人、体质虚弱者或处于昏迷状态者。要捂死清醒状态下的健壮成年人并非易事，现场多有搏斗痕迹。在捂死案件中犯罪嫌疑人同被害人之间如为家庭成员、亲属或朋友等密切关系时，犯罪嫌疑人能接近被害人并使其于不备状态下行凶杀人，尸体和现场很少遗留搏斗迹象，同时易于进行现场伪装，如毁灭、处理作案物品、伪称病死等。

捂死作案多在室内，作案物品多为就地取材，常见的用于作案的柔软物品包括手帕、毛巾、衣服、棉花、被褥、枕头、泥团和塑料袋等，这些物品易于被犯罪嫌疑人伪装、销毁、洗涤、移作他用或被现场勘验时破坏，常给物证收集带来困难。因此案发现场、尸体部位的物证发现和提取非常重要。要注意被害人口、鼻部可疑物证的提取，特别是检验可疑捂死物体上有无血迹、鼻涕、唾液、痰液等痕迹并提取保存备检。

在实际案件中，犯罪嫌疑人对被害人实施捂压口鼻的行为时，被害人往往有一定的反抗或搏斗，在被害人的指甲缝常附着犯罪嫌疑人的残留物，有的是肉眼可见的血或带血组织，但更多的是肉眼不可见的微量皮肤上皮细胞。要注意指甲本身带有被害人本人表皮组织，且每个指甲留有犯罪嫌疑人皮肤组织的量也不一样，所以提取时要逐个指甲分别提取。

二、捂死的尸体检验及法医学鉴定要点

(一)捂死的尸体检验要点

不论采取何种方式，捂死的暴力作用点均集中于口、鼻部，因此口鼻部捂闷伤痕是怀疑捂死案件的检查重点。由于作案物品的柔软程度不同，以及犯罪嫌疑人所用暴力的差异等原因，损伤的范围和程度可有较大的差异。用手掌强行捂压被害人的口鼻部时，口鼻周围常有局部擦挫伤、抓痕、口鼻歪斜或压扁甚至鼻骨骨折，口腔黏膜、齿龈处可有损伤出血，特别以颊黏膜和齿龈黏膜最易检出，部分案例可伴有唇黏膜或鼻黏膜的损伤出血，主要原因是口腔、唇及鼻黏膜均具有柔嫩、血液循环丰富的生理特点，加之内面有牙及颌骨衬垫等解剖学特点，当犯罪嫌疑人在局部施以持续性强大暴力，容易导致局部损伤。用泥土捂压口鼻时，在口腔、鼻孔内及其周围有较多的泥土。用柔软的物体捂压时，有时可不遗留有任何痕迹(图 15-8)。

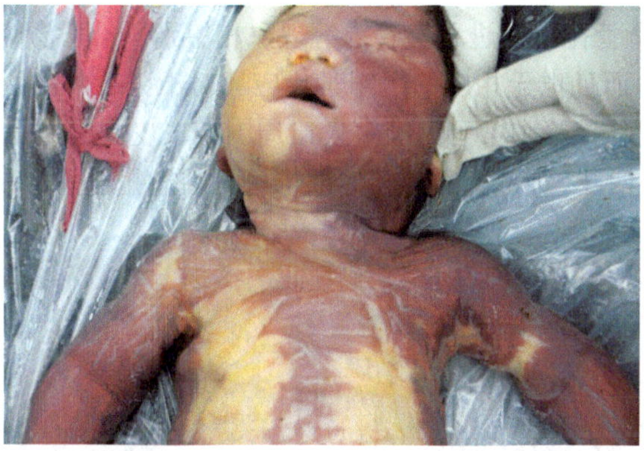

图 15-8 捂被害人口鼻部无明显损伤

尸体上也可检查到机械性窒息死亡的征象，由于阻塞口鼻所致窒息死亡是单一缺氧所致，比压迫颈部所致窒息死亡过程相对要长，其窒息征象也比较明显。

(二)捂死的法医学鉴定要点

捂死的案例多见于他杀。此种致死方式简单，在发案初不易引起注意，且最有价值的损伤有时轻微或者深藏于口腔内，具有比较隐蔽的特点，特别是当体表损伤和颜面窒息征象不明显时，不易发现或易被忽视，有的犯罪嫌疑人往往又对现场进行伪装，因此检验鉴定中的失误并不罕见，应引起高度重视。

意外性捂死也时有发生，多见于婴幼儿在睡眠中被衣物、被褥等覆盖在面部，将口、鼻盖住，或是醉酒后口、鼻压在软的物体上如枕头及被子等，也有性窒息者头部套有塑料袋而引起意外性窒息死亡。偶见熟睡中的成人肢体压在婴儿的口鼻部或妇女哺乳将乳房紧压在婴儿的面部而引起婴儿窒息死亡。

对成年健康者采用捂死时多伴有其他辅助手段。因此，在法医学检验鉴定中，其他有关的检验工作亦很重要，如组织病理学、毒物分析及物证检验等，从而使鉴定更加完善可靠。

第六节 闷 死

闷死(suffocation)是由于局部环境缺氧所发生的窒息死亡。一般发生速度较快，无典型的窒息征象。

闷死绝大多数为意外事故，如矿井、坑道坍塌或进入废弃的矿井、地窖、通风不良的山洞等，导致缺氧窒息而死亡，故闷死案例的现场勘验至关重要。国外有在废弃的冰箱闷死的报道。有些情况下

还可能存在有毒气体中毒。因此，调查和分析环境缺氧对死因的鉴定具有非常重要的意义。另外一定要注意排除其他可能的死因。对怀疑有毒气体中毒者，还应提取心血和现场空气标本进行检测。

第七节　哽　死

哽死（choking）是指异物堵塞呼吸道，阻碍气体交换所致的窒息死亡。常见异物分为：①外源性异物，如花生米、水果、糖块和肉组织块等食品类；纸团、笔帽、硬币、纽扣、药片、瓶盖等非食品类，案情调查时要注意这些堵塞物的来源；②内源性异物：来自于人体本身的异物，如呕吐物、血液、凝血块等。

哽死多为意外窒息死亡。鉴定主要依据是咽喉部、气管或支气管等部位发现异物，有时异物可被吸入至细支气管内（图 15-9），有时异物可致呼吸道内部局部损伤。如果窒息时间较长，还可有肺水肿、出血以及异物存在处周围炎症反应。哽死必须与濒死期时的胃内容物吸入或因死后尸体腐败产生的气体将胃内容物经食管排出后进入气管内等现象相鉴别。一般濒死期或死后进入的胃内容物仅在气管或左右支气管中，而且也无相应的组织学反应。对于强行将异物塞入口腔及咽喉内阻塞呼吸道而杀人的哽死案件，尸体检验中常可见被害人口周围有表皮剥脱，牙龈、口腔或者咽喉等处黏膜剥脱及黏膜下出血，被害人四肢、头部及身体其他部位可见因挣扎抵抗形成的抵抗伤。

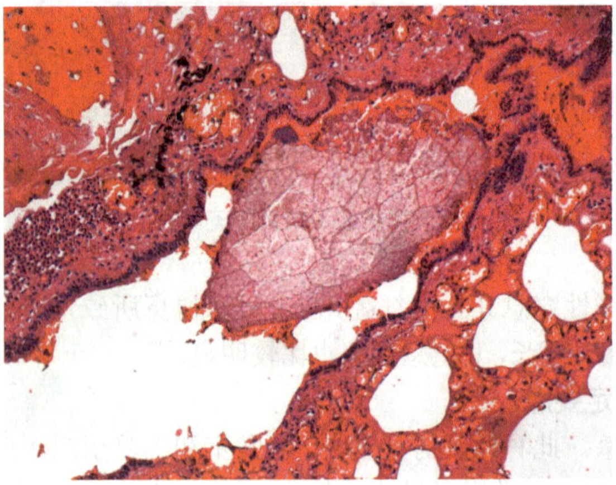

图 15-9　细小支气管内吸入的植物细胞成分

第八节　性　窒　息

性窒息（sexual asphyxia）是性心理和性行为异常者用某种奇特方式引起一定程度的缺氧以刺激其性欲，增强其性快感而进行的一种反常的性行为活动所致的窒息。常由于所用的措施失误或过度，意外地导致窒息性死亡。

一、性窒息案件现场的法医学勘验重点

性窒息死者常采取的方式为缢颈和勒颈方式，也有用塑料薄膜袋笼罩头面部以及布包扎口鼻部以致轻微缺氧的方式。勒、吊方式及绳结绳套常常较复杂奇特但较松，自己可以形成及解开，常在颈项部或绳索压迫处与绳索之间衬垫以柔软的毛巾、围巾或衣服等。

性窒息死者绝大部分为男性。好发于青少年，偶见中老年人。男性性窒息案件发生的场所多在室内等僻静、隐蔽的场所或人迹少到之处，如独居的卧室、地下室、仓库、浴室、密林深处等，一般出入口紧闭或内锁，死者的活动通常不易被他人发现。发生性窒息死亡的现场没有搏斗痕迹，一般现

场可见各种绳索、塑料薄膜袋以及女性物品，如女性内衣、内裤、鞋袜、化妆品、假乳房、乳罩、妇女发辫等，还有色情书刊、画报、小说等，有时现场还有镜子便于性窒息者观察自己的活动（图 15-10）。

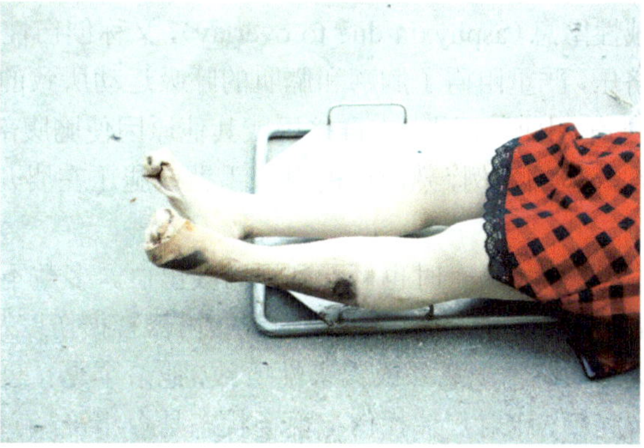

图 15-10　性窒息男性身着丝袜及裙子

案情调查表明绝大多数性窒息者性格内向、孤僻，有不同程度的异装癖、恋物癖、淫物癖及自淫虐症等变态性行为的表现。女性性窒息少见，其特点与男性类似，但异装癖少见。

二、性窒息的尸体检验及法医学鉴定要点

性窒息尸体姿态一般较为奇特，常为全裸或半裸，生殖器裸露，阴茎部位或附近常有精液。一般无明显暴力性损伤或抵抗伤，但在身体的突出部位，如头皮、肩、肘等处有时可见表皮擦伤或挫伤。

除所采用的窒息方式和尸体姿势比较特别外，性窒息者死亡机制、形态学改变与缢死、勒死等机械性窒息基本相同。

因性窒息者地点隐蔽，易被误认为是自杀或他杀。除了进行认真仔细的现场勘验外，还一定要在现场勘验前了解现场是否有过变动，可以向第一发现人询问发现现场的原始情况，分析绳套、绳结等窒息工具的特点，并向被害人亲属及朋友了解被害人的性格、生前的习惯和爱好等相关信息。性窒息者均无自杀或他杀的证据。

第九节　体位性窒息

体位性窒息（positional asphyxia）是因身体长时间限制在某种异常体位，使呼吸运动发生障碍或者致上呼吸道阻塞及静脉血液回流受阻而引起的窒息死亡。体位性窒息案件现场多为审讯监禁场所，也见于居室或车内。被害人多数为犯罪嫌疑人或被绑架者，也可见于精神病患者在运送或被约束其躁狂行为时，少数为儿童或饮酒者，多见于肥胖的人。

常见的限制性体位有：捆绑双上肢悬挂；捆绑双下肢倒立悬挂；捆绑胸腹部的水平悬挂；将四肢捆绑于背部，并使身体置于俯卧位。也可见于长时间头部过度屈曲、胸腹屈曲或同时上肢也内收的屈曲体位、双上肢于胸前位捆绑并且一侧下肢或双下肢捆绑后系于高处使身体呈悬挂状态等。

体位性窒息多属意外死亡，故意杀人或自杀罕见。被捆绑者尸体上多留有相应的印痕或损伤，在一些因屈颈或身体屈曲而发生体位性窒息者中，暴力损伤可不明显。此类案件鉴定时首先考虑被害人有被捆绑或由于其他原因被较长时间固定在某一特定体位的事实，现场尸体检验的重点是检验上肢或四肢是否有被捆绑悬挂的痕迹及损伤，比对尸体上的伤痕与现场上的痕迹是否吻合，同时要认真分析这种痕迹是如何形成的。尸体解剖检验时可见一般机械性窒息死亡征象。一般通过详细了解案情，勘验现场并排除因中毒、损伤、自身疾病等致死的可能性后，方可做出限制性体位性窒息死亡的法医学鉴定。

第十节　压迫胸腹部所致的窒息

压迫胸腹部所致的机械性窒息(asphyxia due to overlay)，又称创伤性窒息(traumatic asphyxia)，是指胸部或腹部受到强烈挤压，严重阻碍了胸廓和膈肌的呼吸运动所致的窒息，可发生于房屋倒塌、矿井塌陷、道路交通事故、雪崩、山崩、活埋、人群挤压或其他原因使胸腹部受强大压力时。如胸腹部埋压在泥土等中而头部露在外边的案例，熟睡中的母亲手臂或腿压在婴儿的胸腹部也可导致创伤性窒息。

尸体上可见到机械性窒息的征象，有时也可看到视网膜出血。多数不伴胸、肋骨骨折，但当外力过强时，除可伴有胸骨和肋骨骨折以外，尚可伴有胸内或腹内器官损伤以及脊柱和四肢损伤。

因创伤性窒息死亡者，大多数属于意外或灾害性所致，他杀罕见。创伤性窒息在法医学鉴定时应重点检验胸腹部有无压迫伤痕，比对尸体损伤与现场状态是否相符，有无矛盾之处，同时要勘验现场是自然灾害、意外事故所形成还是有一定的人为因素在起作用。

案例：

(一)简要案情

某男，某日早上6时许被发现吊死在某市一建桥工地的民工宿舍的临时洗澡间。案情调查：经调查，他平时在工地上守夜，事发前几天因工地材料被盗，受到领导的责难，思想包袱重，曾打电话给老家表露出不想活的话语。在死前晚上11时，有人见到他独自坐在床上没有睡觉。

(二)现场勘验

现场位于某建桥工地。中心现场是在该工地临时搭建的用于洗澡的简易房间内，距宿舍较近，无任何洗澡设施。尸体的位置与姿态：尸体半悬吊于进门右侧靠墙的铁架上，呈坐姿，胸部朝门，头朝下，双上肢下垂，下肢右腿伸直、左腿屈曲，颈部用皮带(后调查和证实为被害人所有)缠绕一周，一端穿过带扣后固定在墙壁的铁架上，皮带由于负重被拉得很紧。

1. 衣着状况　上穿白色T恤，前襟染有大量血迹；下穿短内裤，脚穿深色袜子，袜底有较多血迹；外裤位于左腿的前下方(皮带已被抽出)，裤腿前侧有较多血迹，裤袢及拉链未见新鲜破损；手机套在尸体的右侧(手机在其宿舍床上)(图15-11)。

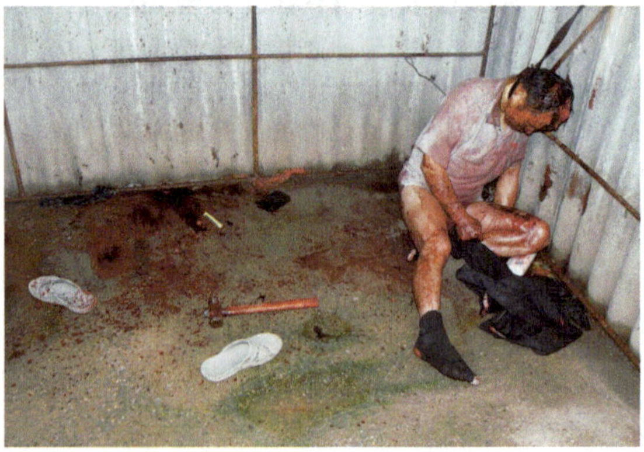

图15-11　现场情况

2. 现场血迹分布　①血泊：一处位于现场的房中间靠里的地面上有一较大面积的血泊，可见大量的头皮软组织、毛发、骨质碎片等，另一处位于尸体的下方；②飞溅状血迹：在近第一处血泊处即进门的对面墙上有大量向四周呈放射状的飞溅状血迹；③飞落状血迹：顶棚上有少许飞落状血迹；④血印痕：在房内地面上有两处疑似血脚印；⑤滴落状血迹：在门口外侧地面上可见4～5滴滴落状血迹，无明显方向，没有向外延伸；另外，在房内地面上也发现滴落状血迹。

3. 尸体的血迹分布 头面部、双手及前臂、双下肢均有大量的血迹，左大腿前侧有从头面部向下滴落形成的血泊，血泊又向大腿两侧形成流柱状血迹。现场散落的物品：①锤子一把：为木柄铁锤，位于现场血泊旁边，锤体两端呈八角形态，边缘有破损，锤体和锤柄附着有大量的血迹和毛发；②拖鞋一双：位于现场血泊旁边，鞋面上可见滴落状血迹，其中右鞋底部沾有少许血迹。地上未见明显拖擦痕。

（三）尸体检验

①头部损伤：头顶部有一较大裂创，可见25个皮瓣，中央有一皮肤缺损，其内见颅骨粉碎性、塌陷性骨折，骨质碎片较小，探查硬脑膜未见破裂，颅内未见明显出血；②颈部索沟：颈部喉结节处有一索沟，沿颈部两侧向后延伸，在项部消失，索沟呈马蹄形，伴有表皮剥脱和皮下出血（图15-12）；③其他：尸体和衣着未见拖擦痕；眼结膜见点状出血，口唇及指、趾甲发绀，双手未见明显损伤；④尸体解剖时发现胃内容空虚，未闻及特殊气味，胃黏膜未见出血，心外膜见点状出血，颅底未见骨折，脑组织未见挫伤出血。

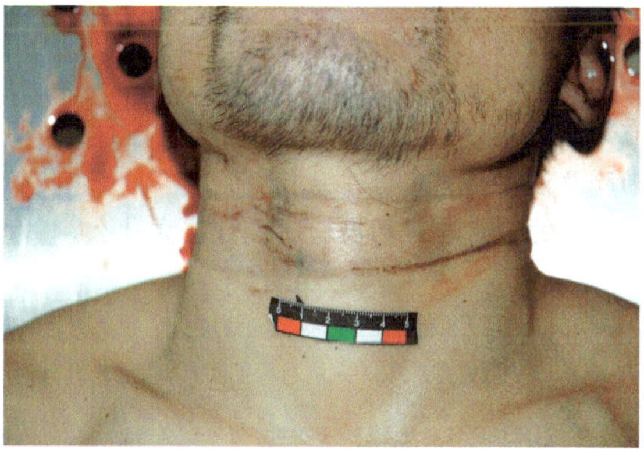

图15-12 死者颈部索沟

（四）实验室检验

①提取现场血迹做DNA检验，均为被害人血；②提取被害人血样进行毒物分析未检出常见毒物。

（五）法医学分析

1. 损伤程度、特征及致伤物推断 头顶部有一较大面积的裂创，头皮缺损，创周伴有约25个皮瓣，方向较一致，说明其头顶部受到多次反复打击；相应部位的颅骨呈粉碎性、塌陷性骨折，碎片较小，推断致伤物为质地坚硬、便于挥动的金属钝器，现场上沾有血迹和毛发的铁锤可以形成。颅内未见出血，硬脑膜未见破裂，脑组织未见挫伤出血等提示其打击的力度不很大，损伤程度虽然较重，但为非致命伤，自己可以形成。

2. 死亡性质 颈部索沟伴有表皮剥脱和皮下出血，说明为生前形成的，尸体外部和内部可见窒息征象，结合头部损伤程度、现场血量、被害人姿态及皮带的负重和毒物化验结果等综合分析其符合缢颈致机械性窒息死亡。

3. 案件性质 ①现场位置不偏僻：现场位于工地宿舍区域内，距宿舍很近，发生打斗非常容易被人发现；②现场血迹属于静态：现场血迹范围虽然较大，但不凌乱，且血迹相对集中，血迹分布没有明显交叉、重叠，符合在相对安静状态下形成的；③头部损伤符合自己形成：根据墙上向四周飞溅状血迹的中心高度，分析头部受伤时处于蹲位。头部受到打击次数非常多（达25次之多），打击的力度又不很大时，在口未受限制和口腔无充填物、又有活动力量的条件下，不反抗、不挣扎、不呼救，体位没有明显的变化，显然不符合他人所为。因此，综合分析其损伤自己完全可以形成；④无抵抗伤：根据双手沾附有大量的血迹和毛发，双手在头部受到打击时距伤口很近，若被他人打击时，应本能地双手护头，但20多次打击双手居然没有抵抗伤，据此分析双手血迹分布符合自己双手握锤打击头部形成的；⑤缢颈过程现场氛围显得较从容而不紧张：把皮带抽出，还把裤子完全脱下来，再扣上皮带，套到颈部后较繁琐地缠在铁架上；⑥被害人非常容易就可以获取致伤物，并遗留在现场；⑦整个现场很自然，没有发现人为的、故意的伪造、伪装的迹象；⑧从事发地点、事发时间、损伤特点、被害人身份、被害人物品的状况等特点分析不符合他人作案；⑨根据案情调查，被害人有自杀的倾向。综合分析其死亡符合自杀。

4. 伤后行为能力　①虽然头顶部损伤较重，但颅内未见出血，硬脑膜未见破裂，脑组织未见明显挫伤出血，故为非致命伤；②袜底沾附较多血迹；③地面上血脚印等；④地面、衣服、尸体上未见拖擦痕。根据上述特点说明其头部损伤后仍有行走的行为能力，这与现场所反映出其受伤后在现场行走的痕迹相一致。

（董红梅　林子清）

思考题

1. 缢死案件的现场勘验重点有哪些？
2. 自勒和他勒死亡现场有何异同？
3. 捂死案件的现场勘验和分析的重点是什么？
4. 缢死与勒死的现场有何异同？
5. 体位性窒息的现场勘验及法医学鉴定需注意什么？
6. 机械性窒息案件死亡方式的判定在现场勘验时重点注意什么？

第十六章　水中尸体案件的现场勘验

水中尸体是法医学实践中常见的类型，其中的大部分为溺死（drowning）。溺死是由于液体堵塞呼吸道及肺泡，阻碍气体交换，导致体内缺氧，二氧化碳潴留，发生窒息性死亡，俗称淹死。溺死多发生在江河、湖塘、水井或近海，少数可发生在水田、沟渠、水池或浴缸、化粪池等；溺液除淡水、海水外，油类、粪水、酒等液体均可使人溺死。一般认为全身浸入溺液才会溺死，其实只需将头面部，甚至仅将口鼻孔同时淹没于溺液中即可导致溺死。

世界卫生组织在2014年11月发布的《全球溺死报告：预防一个主要杀手》（global report on drowning: prevent a leading killer）指出，每年全世界有37.2万人溺死，平均每小时42人；2012年中国有约6万人溺死。溺死是我国人群意外致死的第3位死因；其中0～14岁的儿童占56.6%，为这个年龄段非正常死因的第1位，以农村地区更为突出。

根据呼吸道有无溺液的存在，可将溺死分为两种类型，即“典型溺死”（typical drowning）和“非典型溺死”（atypical drowning）两类。典型溺死即溺液吸入呼吸道和肺泡，引起窒息死亡，约占溺死的85%～90%。非典型溺死虽属溺死范围，但呼吸道和肺泡内无溺液，也称干性溺死（dry drowning），约占溺死的10%～15%。有学者认为，非典型溺死不属于溺死的范畴，但由于这类死亡也是因液体淹没口鼻而致，所以仍将此类死亡列入溺死的范畴。

在江河湖海等水中发现的尸体绝大多数属意外溺死或自杀溺死。但由于溺死也是他杀的常见手段之一，也有很多案例抛尸入水伪装溺死，因此，对水中尸体必须进行认真细致的现场勘验和检验鉴定。其步骤与其他命案现场基本相同，包括：①现场勘验与调查；②尸体检验；③物证发现提取及检验；④现场分析与重现。

第一节　溺死现场勘验与调查

溺死现场环境复杂多样。由于江河、湖泊水域的流动性，水中尸体变化大、影响因素多，发现时多呈不同程度的腐败，很多有价值的证据已丢失或毁坏，导致这类案件的现场勘验及尸体检验工作难度增大。水中尸体不仅要解决死亡原因、死亡性质、死亡时间、生前伤与死后伤等基本问题，还经常涉及入水地点、无名尸体个体识别等。这类现场不像室内现场，不具备反复勘验的条件，因此，全面、科学、细致地进行现场勘验与调查非常重要。现场访查可与现场勘验先后交替或反复进行。

一、溺死案件的现场保护

依据相关规定，维护现场秩序，划定现场保护及警戒范围由公安机关和治安保卫部门负责，除抢救人员、保护物证等紧急情况外，不允许任何人以任何理由进入现场保护区。在勘验人员到达之前，应当对现场上的痕迹、物品和尸体等采取相应的保护措施，指定专人看管。如尸体仍在水中，可等待专业打捞人员或现场勘验人员到达后再打捞。但如尸体随着水流而流动时，应及时固定，防止尸体在继续的流动过程中随身物品丢失；或尸体与水中物体如桥墩、暗礁、过往船只等发生碰撞而受损。

如已打捞上岸，不得随意触摸、搬动尸体。

负责现场保护的人员应当将现场及尸体原始情况、现场保护和变动情况及时报告给现场勘验人员和指挥人员。现场发现人、现场保护人员以及其他人员拍摄的照片和录像资料等应及时收集和保存。

二、溺死案件的现场调查

勘验人员应当调查或收集现场相关信息。询问前，应了解被询问人的身份。必要时，可以通知相关人员到公安机关提供情况，并做好询问笔录。首先要询问尸体发现人，准确了解尸体发现经过、发现时间、尸体状态、衣着、是否发现周边物品、尸体周边环境、尸体的可能来源、尸体漂浮移动等情况；其次，要到气象及水文部门重点了解尸体发现地水流、水质特点，气象资料等情况；三是要根据尸体的体貌特征、衣着、相关物品及时开展身份调查，同时，要调查附近有无人员失踪，提取可疑人员生活相关 DNA 样本及直系亲属 DNA 样本检验比对，以确定被害人身份。身份查明后，应向家属及亲友了解被害人生前有无家庭矛盾、精神失常、重大疾病、失恋、事业受挫、投资失败、债务纠纷或畏罪等情况等。

三、溺死案件的现场勘验

现场勘验首先要收集发现尸体现场及附近的可疑物品，如血迹、呕吐物、药品、凶器、衣物等备检；要了解水温、水流方向、流速、鱼蟹、浮游生物、硅藻、污染情况以及水下情况。特别值得注意的是，发现尸体的地点有时并不在落水点附近，需要详细勘验分析。落水点通常可发现有价值的痕迹，如与被害人相关的足迹、烟头、纤维、衣物，抓握、挣扎、被拖曳等痕迹，与嫌疑人相关的车胎印痕、足迹、烟头、凶器等。身份明确的尸体，还要对其居住的房间进行勘验。居住的房间内可能发现被害人遗留的衣服、背包、手机、电脑、遗书、病历、药物等。这些物证对揭示案件性质有重要的价值。有条件时，现场相关的视频图像要及时提取和甄别。

四、溺死尸体的打捞

多数情况下，打捞尸体的人员并没有相应的专业知识和打捞技巧，也没有专门的打捞工具。所以，如尸体已被打捞上岸，勘验人员要详细了解和记录打捞人员的打捞过程和打捞用具，分析有无造成尸体损伤或随身物品丢失的可能。

目前，不少单位有专门的打捞人员、打捞工具和独到的打捞方法。其中，利用过滤网从尸体下方将尸体连同包裹物整体托起，再移动到打捞船（艇）的方法最为理想，既避免了对衣着、尸体、包裹物、沉尸物的损坏，又保证了手套状或袜套状的手足表皮、指（趾）甲以及小件物品不会丢失。

五、溺死者的衣物及包裹物勘验

水中尸体通常只有随身穿戴的衣物及佩戴物。被害人穿戴的衣服、鞋袜等，佩带的物品如手表、戒指、发夹、项链等，衣袋中的物品如手机、钱包、钥匙等，都必须逐一检查，微量物证要规范提取、异常痕迹要逐一拍照。如发现尸体被包裹或捆绑在其他物品上，必须重点勘验，特别是尸体包裹物，如麻袋、箱子、被褥及附着物（图 16-1）；沉尸物，如砖石、铁块等（图 16-2）。每一个物品及附着的痕迹物证都必须逐一拍照、细致检验、识别分析、及时提取、尽快送检。任何疏忽，都有可能给案件的定性和侦破带来损失。

图 16-1 尸体被装于行李箱内

图 16-2　水中尸体伴沉尸物

第二节　水中尸体体表检验

由于空气温度较水高、尸体内水分多，故尸体离开水后，腐败速度更快。实际工作中发现，虽然水中尸体多数已高度腐败甚至呈巨人观，但刚打捞出水时，尸表的擦伤、皮下出血、浅表的创口等都能较为清晰正常地检验和拍照。如果冷藏，尸体全身变黑，尸表的损伤很难发现和鉴别。所以，尸体被打捞后应及时检验，进行现场勘验的技术人员最好在打捞船（艇）、岸边或附近码头进行尸表检验和特征拍照，第一时间获取相关信息。但如果是晚上发现的水中尸体，则应尽快将尸体及相关物品送到光线充足的专门的场所进行检验。若不及时进行尸体检验，会使很多有价值的尸体征象受到破坏而影响鉴定。

一、腐败早期尸体的尸表检验

（一）尸体温度较低

溺水被害人的体温很快下降至水温水平，从水中打捞出的尸体温度较陆地上死亡的尸体温度低。

（二）尸斑浅淡、呈淡粉色或粉红色

溺水者入水后，由于皮肤血管收缩，可致尸体皮肤苍白。由于尸体随水流漂浮，体位不断地改变，尸斑难以固定在身体某一低下部位。同时，皮肤血管和立毛肌遇冷水刺激收缩，导致尸斑出现缓慢且不明显。由于水温较低，血液中的氧合血红蛋白不易解离；加之水中的氧气渗入血管，形成了较高浓度的氧合血红蛋白（HbO_2），导致尸斑常呈淡红色或粉红色。

溺死后及时被捞起，尸斑呈淡红色或粉红色，尸斑部位以外的皮肤为苍白色（图 16-3）。

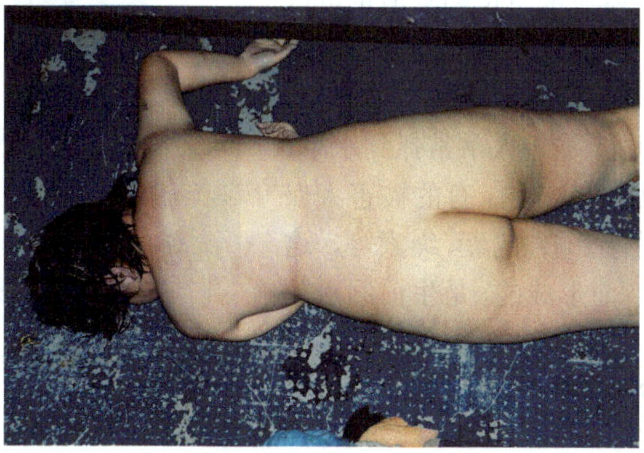

图 16-3　尸体皮肤苍白，尸斑浅淡

（三）尸僵出现早

由于水温低，且在溺死过程中发生挣扎抽搐，肌肉剧烈运动，血液内、肌肉中的能量（ATP）消耗多，因此溺死者尸僵发生一般较早。

（四）口鼻部泡沫

在溺水过程中，由于冷水刺激呼吸道黏膜，黏液分泌亢进，黏液与溺液和空气随剧烈的呼吸运动互相搅拌混合，形成细小均匀的白色泡沫。这些泡沫涌出附着在口鼻及其周围，如白色棉花团，状似蕈形，故称蕈样泡沫（mushroom-like foam）（图 16-4）。若支气管黏膜或肺泡壁由于压力增加而引起小血管破裂出血，则泡沫呈浅粉红色。这种泡沫富含黏液，不易破灭，抹去后可再溢出。夏季可保持1～2 天，春、秋季可保持 2～3 天，冬季可保持 3～5 天。泡沫干燥后，在口、鼻处或其周围皮肤形成痂皮样残留物，尸体腐败后泡沫消失。蕈样泡沫是生前形成的，是一种生活反应，对确认是否为生前溺死具有十分重要的意义。但溺死过程短或干性溺死，则无此征象。蕈样泡沫也可见于其他原因死亡的尸体，如有机磷农药中毒、勒死、癫痫、电击死、急性肺水肿等，应注意鉴别。

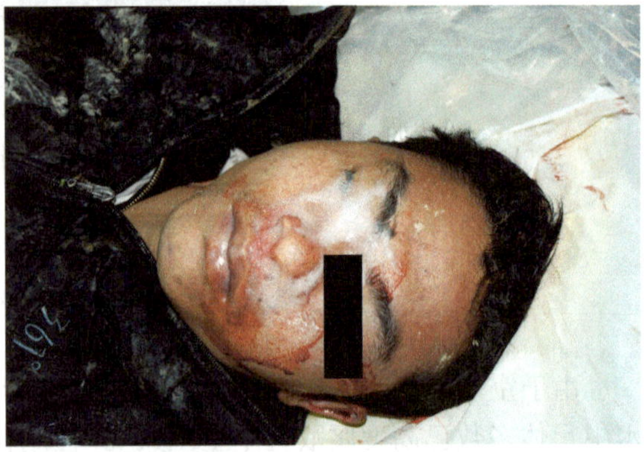

图 16-4　口鼻部蕈样泡沫

（五）眼结膜点状出血

溺死者的眼结膜显著淤血，少数眼结膜下可见点状出血，但不像缢死、勒死尸体那样在结膜出现多发的针尖样或融合成片状的出血。

（六）皮肤呈鹅皮样改变

溺死者由于皮肤受冷水刺激，导致立毛肌收缩、毛囊膨胀呈鹅皮样隆起。称鹅皮样改变（goose skin），一般以两臂和两腿外侧较为明显。但要注意死后不久抛尸入水的尸体也可见到此征象。冻被害人或死后不久置于寒冷处，或经雨水淋过，也可出现。所以，皮肤呈鹅皮样隆起不是生前溺死特有的征象。

（七）洗衣妇手

尸体浸泡在水中，由于水分进入皮肤，使表皮角质层变软、变白、膨胀、皱褶，以手和足的变化最为明显，呈洗衣妇样皮肤（washer-woman's skin）（图 16-5）。这种现象通常在水中浸泡数小时至半天左右可见到，浸泡两天，手、足部皮肤可全部累及。但要注意的是，这与水温、季节有关。手足部皮肤的改变并非生前溺死者所特有，死后入水的尸体在水中长期浸泡也可以形成。

（八）手及指甲中有异物

在落水时由于惶恐、挣扎，被害人常常抓到水草、树枝、泥沙或甲缝中嵌入泥沙等异物；有的被害人保持入水时临死状态，手中握有手帕、包裹、绳索等。这些现象是由于尸体局部痉挛而形成的，是生前溺水死亡的证据之一。但嵌入指甲的泥沙不一定就是水中的泥沙，因此，指甲内泥沙对判断生前溺水的价值要在确认泥沙种类后具体分析。

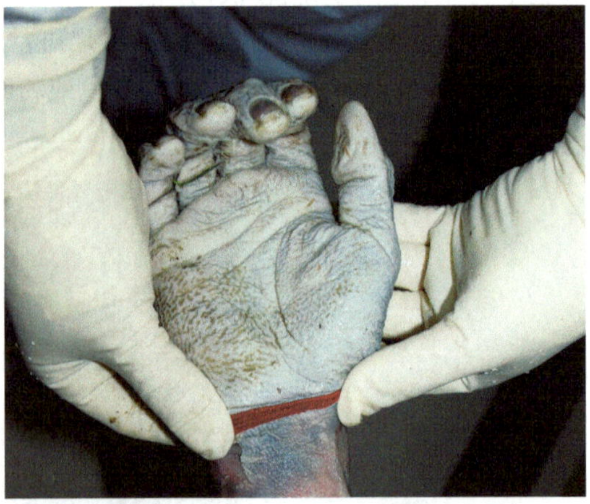

图 16-5　右手部皮肤呈洗衣妇样改变

二、腐败晚期尸体的尸表检验

水中尸体的腐败通常呈下行性腐败。因溺死尸体的血液不凝固、呈流动状，头面部腐败淤血比较明显。随着时间的变化，腐败逐步由头面部、颈部向胸腹部、双上肢、双大腿、双小腿、双足推移。这主要是由于外界水中的细菌通过破损的肺组织随血液循环系统到达身体各部位，血供越丰富的器官组织腐败越快。因此，远端组织如双足腐败较慢，很多时候可以见到，尸体手表皮已呈手套状脱落，而足部表皮只是发白发皱。

（一）手足皮肤套样脱落

由于尸体长期浸泡在水中（夏季1周，冬季2～3周），加之自溶腐败作用，尸体的手足皮肤的表皮与真皮脱离，指（趾）甲脱落，形成手套或足套样脱皮，故称“溺死手套”（glove-skin）（图16-6）、“溺死足套”。

尸体较长时间浸泡在冷水中均可出现类似变化。

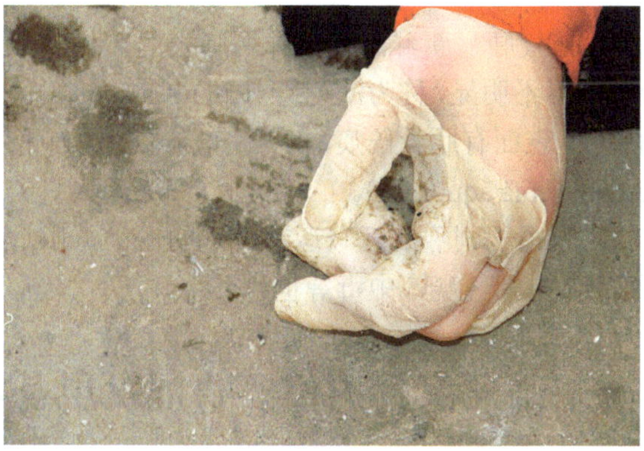

图16-6 左手部皮肤呈手套样脱落

（二）尸体的沉浮

当吸入了溺液，身体的重量大于等体积水的重量，尸体沉入水底。当尸体腐败，产生腐败气体，使尸体的重量小于等体积水的重量时，尸体浮于水面，俗称浮尸。

一般来说，在夏天约需2天左右，冬季则在1周左右即可出现浮尸。由于男子重心偏向前方，女子重心偏向后方，故浮尸上浮一般为“男俯女仰”，即男性尸体浮起后多呈俯卧位，女性尸体浮起后多呈仰卧位。当腐败气体不断产生，尸体皮下、消化道充满腐败气体，使尸体膨大呈“巨人观”（图16-7），表现为气味恶臭，全身呈桶状，皮肤发绿，表皮剥脱，毛发脱落，颜面膨大，眼球外突，舌尖挺出口外，上下唇外翻呈漏斗状等。

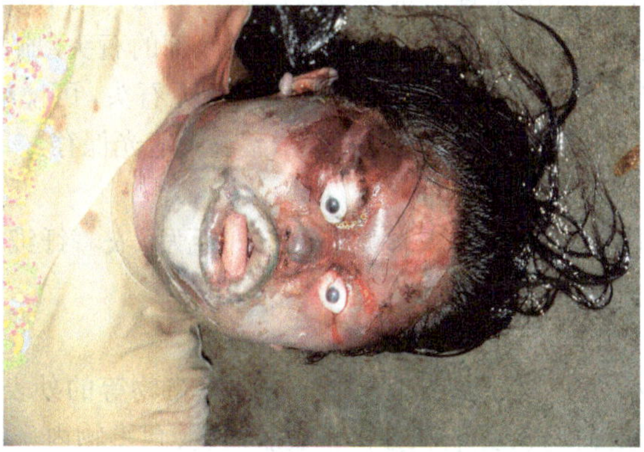

图16-7 巨人观

水中晚期尸体器官可呈泡沫样或尸蜡化改变。由于腐败气体可使组织原有结构破坏消失，导致实质性内脏器官如肝、心、肾的切面呈海绵空泡状，称之为泡沫肝、泡沫心、泡沫肾等，最后，所有脏器逐渐出现软化、液化、泥化而消失。而尸蜡首先见于皮下组织及其他含较多脂肪的器官组织，如四肢、臀部、面部、女性的乳房等。

三、水中尸体的尸表损伤检验

溺死者在落水或漂流时，可与水中的各种硬物相互碰撞（如桥墩、水底石块或船底等）、被船桨或螺旋桨击中而形成生前、濒死或死后的各种损伤，水中生物亦可导致尸体损伤，所有损伤均须按技术规范要求，认真检验，拍照固定。

尸表检验尚不足以明确溺死的，尸体解剖时候应注意：

1. 呼吸道和消化道内的溺液和异物　由于生前的呼吸运动及吞咽运动，可将溺液、泥沙等异物吸入气管、支气管、肺中及胃。如果在肺内支气管腔内发现异物，如水草、泥沙、植物碎片等有助于生前溺水死亡的诊断。

2. 肺脏表面溺死斑及水性肺气肿　新鲜溺死尸体两肺表面可见圆形或不规则、大小不一、散在分布的淡红色出血斑块，边缘分界不明显，称为溺死斑（Paltauf's spots，subpleural hemorrhage）。溺水者两肺体积明显增大，充满胸腔，表面有肋骨压痕，切面呈淡灰红色，有泡沫状液体流出，肺脏的重量显著增加，呈水性肺气肿（emphysema aquosum）。

3. 颞骨岩部出血　一般认为由于剧烈的呼吸运动和水的压力，溺液从咽鼓管或外耳道进入，可使锥体受压发生淤血及出血而造成，但窒息、中毒等也可发生。

第三节　溺死案件的重要物证发现及检验

水中尸体现场多位于流动性水域，与其他死亡案件相比，现场勘验和物证提取具有分散、变动、难度大、物证及尸体容易毁损等特点，因此，要及时、全面、科学地发现、提取和检验物证，综合利用物证信息。要围绕被害人是谁、生前还是死后入水、入水地点、死亡性质，如为他杀凶手是谁作为搜寻和检验痕迹物证的重点。

一、重要物证的发现与提取

（一）提取尸体检材

按有关检验要求，水中尸体应提取肺、肝、肾、骨等组织、血液、尿液以及胃内容物、气管分泌物，女性尸体还要提取阴道擦拭物。上述检材质量要满足常规的毒物分析、物证检验和病理检查。

（二）提取尸体被发现处和落水点的水样

提取尸体被发现处和落水点（或可疑落水点）水样，通常取深度约1m处的水样，装入干净的塑料瓶（如纯净水瓶或蒸馏水瓶）。如水浅，可捡取采水样位置底部的石头，刷擦表面后，用采样位置水冲洗，将洗液收集至干净塑料瓶内，洗液量约500ml。如水底无石头，可搅动底部后再取水样，然后在水样中加入甲醛溶液（分析纯）至甲醛浓度为5%，置于室温下避光保存。

（三）在主体现场和关联现场寻找物证

注意发现现场水域周围的地面痕迹、人体痕迹、血迹、毛发、衣着纤维、饰物等，通过照相、摄像、绘图和笔录等方法固定。

（四）在与尸体一起打捞的物品上寻找物证

要对捆绑绳索、包裹物、沉尸物、可疑凶器、穿戴物、佩带物等的外表特征、性质、是否毁损、品牌、商标等情况逐一照相固定、检查、提取和分析。衣服口袋、包裹物内一些细小的物品容易遗漏，如纸条、字据、名片、毛发、纤维等。物品商标、纸条内所包含的信息都可能成为尸体身份认定和案件定性的关键线索。

值得注意的是与尸体一起打捞的物品，必须仔细分析，最好在第一次检查时就提取痕量物证。可疑血迹、斑迹，沉尸物、可疑凶器、穿戴物、佩带物等物品表面擦拭物，都有可能提取到DNA，对查找被害人、嫌疑人都有可能发挥关键作用。

二、痕迹物证的提取、保存与注意事项

水中尸体案件与其他命案要求基本相同。对痕迹物证的发现、固定、提取、存储、运输、保管等必须按照现场勘验检查规则和行业标准进行，确保相关证据的客观真实、合法有效。

有关痕迹和各类实物，在提取之前应将其形状、数量、颜色、所在地点等分别编号记录。现场发现的痕迹、物证，要及时提取，防止物证被污染。即使提取同一物品不同部位的物证，每提取一次也不得重复使用同一工具，更不得用手直接接触物证。

三、重要物证的检验及价值

水中尸体身份不明、死亡原因及死亡性质不能确定时，除需要系统的尸体解剖外，还需做DNA检验、异物检验、毒物药物检验、硅藻检验等。现场遗留的痕迹物证单纯凭肉眼观察也难以鉴别，需要通过科学手段进行检验、确认，为案件定性和侦破提供强力支撑。

（一）DNA检验

水中发现的尸体多为无名氏，且绝大多数已呈高度腐败状态。尽管体貌特征、穿戴物及佩带物等都可以作为推断身份的依据，但最可靠的方法还是DNA检验比对认定。水中发现的尸体（块），都必须提取DNA检材。腐败尸体DNA检材应提取骨、牙、指甲等硬组织做检验，检验结果及时入库，发现报失踪的可疑人员，要及时提取其直系亲属如父母、孩子DNA样本和可能含其DNA的生活用品如牙刷、梳子、枕头（巾）等做检验比对，以认定其身份。对于可能来源于嫌疑人的混合检材，要利用拆分组合比对、加做Y-STR等技术比对分析，以确定检材来源。

（二）异物检验

手抓异物多通过肉眼识别。口腔和指甲内异物多为泥沙，在支气管腔内、肺组织、胃内容见到异物颗粒，如泥沙、水草、植物碎片、浮游生物等，都是由于吸入溺液所致，是生前入水的有力证据。微量异物应作镜检观察或成分分析，指甲内提取物等必要时还应做DNA检验。

（三）体内检材毒物药物检验

水中尸体常需要进行乙醇、毒品、毒物、药物检验。有些被害人因醉酒、吸毒后意外落水溺亡；有些被害人服用毒物或药物自杀未遂后自行入水；也有些被他人投毒后溺水死亡或抛尸入水伪装溺死。由于这些案例在实际工作中并不罕见，所以即使尸检无致命伤、气管和支气管内有少量泥沙等异物，有生前溺死征象，也应常规对血液、胃内容物、肝、肺等进行乙醇、常见毒品、常见毒物、常见安眠镇静类药物等做必要的排查检验，这对完善证据链、准确地定性非常重要。

（四）硅藻检验

在溺死过程中，硅藻（diatom）等浮游生物会随溺液进入呼吸道，溺液进入肺泡使肺泡扩张，导致肺泡壁微小损伤。水中微小的浮游生物穿过肺泡毛细血管屏障，进入肺静脉循环，随血液流回到左心腔，然后通过体循环到达全身组织器官，如肝脏、肾脏、脾脏、骨髓等。

死后入水的尸体，由于水中的压力或者扩散，浮游生物有时也会进入死后被抛尸者的气管、支气管，甚至肺泡。但死后入水尸体的心脏已经停止跳动，浮游生物不能进入体循环的组织器官。可见，在肺以外的脏器或组织中发现了浮游生物就表明：①被害人入水中时仍有自主呼吸、心脏跳动；②溺水是死因或者辅助死因。因此，对水中尸体，尤其是水中腐败尸体的心、肝、肾、脑、骨髓、牙齿等组织器官进行硅藻检验（diatom test），对于判断是否为生前入水甚至落水点，具有十分重要的意义。

传统硅藻检验方法存在消解产生的腐败气体对人体及环境有害，容易污染，肝、肾、牙齿、骨等脏

器检出率低等缺点。新近建立的微波消解 - 膜富集 - 镜检观察硅藻的新方法较好地解决了上述难题。该方法采用微波消解，在密闭环境进行，对环境和人体无害；检材使用量少，操作步骤简便，对硅藻破坏小，易于分类（图 16-8）；硅藻检出率高，溺死尸体的肝、肾、牙齿、骨髓等体循环脏器总检出率可达 100%；而死后入水尸体、陆地自然死亡尸体脏器（肺脏除外）均未检出硅藻。将滤膜透明化后，在光镜下观察硅藻的效果也十分满意（图 16-9）。可见，微波消解 - 膜富集 - 镜检观察硅藻的方法在法医学溺死鉴定中有良好应用前景。

图 16-8　常见硅藻扫描电镜照片

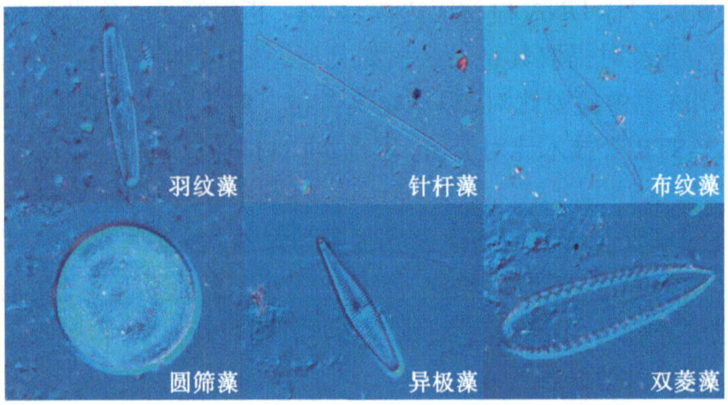

图 16-9　滤膜透明化后光镜观察的硅藻照片

硅藻检验结果有意义的先决条件是检材未被污染，因此在硅藻取材、检验的全过程中应特别注意避免污染。提取检材和硅藻检验过程中所用的器材在使用前必须用超纯水冲洗，必须用新的塑料管或塑料袋盛装检材。器官的提取应遵循先腹腔后胸腔，腹腔中先肾脏（带包膜的完整肾脏）后肝脏，胸腔中先心脏后肺脏的顺序。若胸腹腔已被污染，则应提取一侧股骨送检。每取一个检材后应更换一次手套并换一副干净的器械后再提取下一个检材；取材应迅速，尽量缩短检材在空气中的暴露时间，不加任何防腐剂，不能立即送检的应冷冻保存。

硅藻检验判断生前或死后入水在法医学界中仍有争议，主要焦点为，有些学者在溺死者体内反复检验也不能检出硅藻，反之，在一些非溺死者内脏中也可检出少量硅藻，故不能将其作为诊断溺死的唯一证据。

利用硅藻检验结果判断溺死应符合以下要求：①尸体检验未发现抵抗防护伤；②尸体检验未发现其他机械性损伤或损伤有合理解释；③乙醇、毒物、毒品及安眠镇静类药物检验为阴性；④肺组织检出硅藻，体循环器官如肝、肾、牙齿和骨髓等脏器也检出硅藻，且硅藻种类与落水点一致。

值得注意的是，体循环器官内没有检出硅藻不支持溺死，但也不能完全排除溺死。因硅藻检验阴性可能因检材量不足，或溺液中硅藻含量太少，甚至无硅藻所导致。

（五）其他检验

1. 血液生物化学变化　肺内溺液经肺循环进入左心，使左心腔内血液变稀。在等量血液中，左心室血液中红细胞数量比右心室少，血红蛋白含量低，左右心血离子浓度也会改变。有学者致力于血液中锶元素（Sr）、氟元素（F）、心钠钛（ANP）、肺部表面活性因子的研究，用于鉴别溺死或死后入水死亡，但均处于实验探索阶段，且部分方法无法满足对高度腐败尸体的检验。

2. 异物元素的检验　研究显示，来源于溺液的脏器内异物颗粒可以作为溺死诊断的一种指标。水中含有大量的异物颗粒，如灰尘、沙粒、镁、硅、铝、钙、铁、铬、铜、锡等，这些异物颗粒可以通过扫描电镜观察其大小及形态，用能谱仪检查元素的种类及密度，有时具有唯一性，不仅可作为溺死判定的可靠指标，甚至可以推断溺死地点。

3. 植物花粉孢子　在湖泊、江河的水底可以沉积大量的花粉孢子，溺死时随着呼吸运动，花粉孢子可进入肺脏，进而随着血液循环到达全身，在肺的边缘组织内发现花粉孢子支持为溺死，如结合心脏、肾脏、肝脏等组织的检验结果可更有说服力。

4. 叶绿素 a 检验　许多浮游生物的细胞中都含有叶绿素，这种色素在荧光显微镜下可产生淡红色荧光，含有这种色素的浮游生物因显有红色荧光而被认出。硅藻、甲藻、绿藻、金藻等藻类含叶绿素 a、b、c，其中以叶绿素 a 含量最高。叶绿素 a 是强荧光物，在 405nm、430nm、436nm 波长紫外线激发下可产生波长为 668nm 的荧光。故有学者提出用荧光检查肺中的叶绿素 a 来鉴定溺死，但仍然需要在法医学实践中应用和验证。

5. 微生物检验　为了探索诊断溺死的新方法，采用 PCR 法检测尸体不同器官是否存在水中浮游生物或呼吸道常见细菌的 DNA，信息量丰富、灵敏性和特异性高，如检测浮游生物 16S rDNA 等，已成为溺死诊断、甚至推断落水地点的研究方向。但还需要法医学工作者的不断探索研究。

6. 现场水域污染　由于工农业、养殖业的发展，造成部分水环境污染；不同地区工业生产分布不同，污染物不同，据此可以进行落水点的推断。但许多研究尚停留在动物实验阶段，对尸体进行研究的案例较少。

第四节　溺死案件的现场分析及重现

水中尸体法医现场学分析与重现，其最重要的就是搞清以下四个问题：①是否溺死，是否在发现尸体处或附近溺死；②是否存在其他死因；③是否死后被抛于水中；④是否由犯罪行为所致。

一、生前伤与死后伤分析

水中尸体上常有各种类型的损伤，如表皮剥脱、皮下出血、内脏器官破裂、骨折等，损伤程度不一；根据形成过程，分为生前伤、濒死伤和死后伤。现场勘验和尸体检验时需要查明损伤的性质、程度、致伤物等，以利于死因和死亡性质推断。

（一）生前伤

即在溺死前就有的损伤，特点是具有明显的生活反应，可为意外伤、自伤和他伤。要根据损伤的部位、程度、大小、数量、创口特征及现场勘验综合分析。

1. 意外伤　即意外落水导致的损伤，如游泳、涉水、失足、酒醉或癫痫发作以及水灾、沉船等事故。原因不同，损伤形态及严重程度差异很大。

2. 自伤　损伤程度较轻，多为自己手能触及的部位。自伤者常用刀切割手腕、颈部，后因自杀未遂而自溺。

3. 他伤　损伤程度较重，而且没有特定的部位，往往可发现抵抗伤。通常采用暴力将被害人致死、致昏迷或无反抗能力时才将其抛入水中。

以上各种损伤，肉眼无法确认有无生活反应时，需进行组织学检查。

（二）濒死过程中的损伤

濒死伤生活反应不明显。在落水溺死过程中，机体常可撞击水中硬物，如木桩、桥墩、石头、河床等，在身体头部、前额、肢体等突出部位出现表皮剥脱、挫伤、挫裂创、骨折，甚至内脏损伤等。濒死伤生活反应多并不明显。

（三）死后伤

死亡后形成的损伤，常见原因为：①尸体在随水漂流的过程中与水中的岩石、桥墩、树桩、船只等其撞击和摩擦，发生的损伤；②鱼虾、螃蟹、水蛇和老鼠等对尸体咬伤；③船桨或螺旋桨打击形成的损伤；④在打捞尸体过程中形成的损伤。特点是无生活反应。

在检验水中尸体的损伤除观察生活反应外，还要观察和分析：①有无抵抗伤，这是案件定性非常关键的问题；②有无跌撞造成的损伤，醉酒、心脏病、癫痫发作等意外溺死者，往往会有跌倒或碰撞而产生的损伤；③有无其他不合常理的损伤。水中动物啃咬所形成的损伤特征明显，如发生在突出、暴露的部位，创口浅表，创缘不整，甚至有些可见动物的牙痕。尸体被水中飞速转动的螺旋桨劈砍而致肢体断离或在体表形成几个平行弧形、方向一致、间距规则的开放性裂创；创面往往较整齐，多数是一次形成，常因沾有机油等而污秽不堪。抛入水中的碎尸块，其断面往往有砍、切、锯的痕迹，创缘可见多数皮瓣。其他方式形成的损伤，有的容易识别，有的识别比较困难，但死后形成的损伤创口苍白，无生活反应是共有的征象。

二、溺死案件的死因分析

（一）溺死

新鲜尸体根据尸表征象和内部器官改变以及实验室检查结果，不难作出判断。高度腐败尸体，则要查明有无致死性损伤或疾病、结合硅藻检验等，再结合现场勘验和调查情况综合分析判断。

此外，溺死还须与下列几种情况引起水中死亡相鉴别：

1. 约 10%～15% 溺水者落水后的刹那间，由于冷水刺激上呼吸道黏膜，使迷走神经兴奋，引起声门痉挛导致急性反射性心跳停止或神经源性休克，迅速发生死亡，尸表检验及尸体解剖无溺死和窒息征象，呼吸道和肺泡内也无溺液，称为干性溺死（dry drowning）。有时可见冷水刺激、强力闭口导致唇内留下明显牙印。

2. 少数溺水者由于恐惧、水温及水压刺激引起剧烈挣扎，可触发潜在性疾病（心脏病、脑血管病等）突然发作而死亡，属于水中猝死。

3. 同样有极少数溺水者由于酗酒、服用麻醉药、安眠药等或遭受其他暴力后，在昏睡或昏迷时被投入水中引起死亡，此种情况虽属溺死，但必要时应取材做毒品、毒物及药物分析以确定生前有无中毒、麻醉等。

（二）其他死因的判断

水中发现的尸体如不是溺死，死因鉴定方法与陆上尸体相同，但要注意尸体入水后的一些特殊改变。

三、溺死案件的死亡性质分析

（一）意外溺死

没有致命性损伤或其他迹象，是溺死案件中最常见的类型。意外溺死有一定的季节性，夏季在城市周边的河流、湖边、码头经常发生游泳意外溺死。失足落水或癫痫、心脏病发作造成落水的情况也不少见，根据案情和现场勘验可找到线索。现场地理环境特点和水流对分析意外溺死也有价值，如水流复杂多变，河床凸凹不平，水下暗流多，边缘坚硬的河床突变沙沼等很难自救，容易导致溺水死亡。

（二）自杀溺死

自溺者一般有自杀的原因与动机，多因家庭矛盾、家庭暴力、肿瘤等绝症、患精神病长期使用药物、失恋、事业受挫、投资失败或畏罪等，一般在落水点、尸体衣着口袋或居住房间有相关遗书、病历、药物等。有些自溺者尸体上虽然有些损伤，但均为非致命伤，或为生前自伤，或因投水时形成，且并不少见。溺水者常是一人，也有夫妻或恋人双双同时溺水自杀；自杀者有时捆绑手足甚至与石块、铁链等重物捆绑在一起再投水自尽。由于是自己捆绑，故其捆绑方式简单，多捆住两手腕、足踝或膝部等双手可及部位，捆绑及打结方式符合自身习惯或职业特点。有的在溺水前刎颈、服毒未遂而后投水。溺水自杀要谨慎鉴别，需要经过系统的尸体检验，毒品、毒物及药物分析，现场勘验及调查，以排除他伤、中毒、疾病死亡或其他谋害的证据。

（三）他杀溺死

他杀溺死比例虽小，但其属于犯罪，故是法医学检验的重点。要结合尸检、案情和现场勘验、调查等情况相互印证，综合分析做出科学的判断。常见于以下几种情况：

1. 乘其不备，推入水中　在特定条件发生，如知晓被害人不会游泳或患有某种疾病，在酗酒、服用安眠药物之后，或处于惊恐状态，乘其不备突然推入水中。这类他杀性溺死与意外溺死的死后征象无法区分，应结合现场勘验、调查走访、物证检验结果，发现可疑线索，综合分析。

2. 致其昏迷、抛入水中　扼颈、打击头部等暴力作用或用毒物、药物致被害人昏迷后，再将其投入水中溺死。该类型的特点是既有溺死依据，也有他伤或抵抗伤，毒化化验可发现毒物、药物的依据。

3. 陆地死亡，抛尸入水　多见于以溺死之外的方式杀人后，抛尸于水中。尸体可能被用重物沉下，以防被人发现。该类型的特点是水中尸体有生前致命性的损伤而无溺死依据，应重点分析其成伤的方式。一些因毒品（如海洛因）中毒而死亡的案件中，目击者（其本人也可能吸毒）会将被害人的尸体藏匿于水中，通过尸检和毒物分析可确定死因及案件性质。

4. 溺死之后，移尸出水　与水相关的死亡案例，少数尸体被发现的位置远离水源，因而，现场并不指向溺死。这类案件虽然罕见，但需慎重对待，因为他杀性溺死的尸体有可能被抛至陆地。嫌疑人或将尸体置于偏僻位置使其腐烂分解，或进行焚尸以掩饰尸体。在某些浴缸内意外溺死的案件中，尸体可能被搬到床上以造成自然死亡的假象。对尸体不在水中，怀疑为他杀溺死案件，尸表检验、解剖及病理学检验通常可以发现溺死征象，此外，硅藻检验的作用非常重要。即使尸检时溺死征象不明显，对提取检材做硅藻检验也可提供关键证据。

四、溺死案件的死亡时间的推断

水中尸体的死亡时间，主要根据尸体现象的发展程度及尸体解剖所见来推测。新鲜尸体，从尸体现象的发展程度和胃中食物的消化状态推测进食后入水的大概时间。尸体改变与水温和尸体所在水中深度有关。尸体在40m以下深度，水温长期在4℃以下不易发生腐败。我国幅员辽阔，南北纬度相差较大，同一个季节气温差别也较大，故很难有一个较统一的溺死时间推测数据。溺死尸体在水中的变化及其死后经历的时间可参考《法医病理学》。

案例1：

某日，在江面发现1具被包装物包裹的尸体。经法医检验，尸体被四层包装物包裹，被害人年龄26岁左右，男性，身高171cm，体表有多处棍棒打击伤。法医检验定性为死后抛尸入水，属他杀。围绕发现尸体的地点进行走访、排查、发布《协查通报》等均未查找到尸源，也未找到凶案第一现场。后通过包裹尸体条状床单上手写的一组“8-2-103-2”编码（图16-10），通过床单的类型找到生产厂家及使用单位，根据该手写编码找的使用者，再了解到与使用者相关的一个非法传销团伙，从而发现第一现场，将涉案的嫌疑人抓获。其供述系因被害人不服从管理而将其殴打致死后用床单包裹，抛尸入江中。

图 16-10　床单上的手写编码

案例 2：

某日，在农田机井中发现一具男性尸体，尸体高度腐败，呈巨人观。经调查，被害人系某村村民，智力低下。尸体检验情况：下唇部可见 5.0cm × 1.0cm 皮下出血，余未见明显异常；解剖后提取肺脏、肝脏、肾脏进行硅藻检验，均检出与井水中一致的硅藻。其死因系溺死，但是下唇的皮下出血难以解释（图 16-11）。法医将胃内容物及血液送检，毒物化验结果检出溴敌隆。进一步侦查，把其后母列入嫌疑对象，经审讯，其后母供述给其喂食溴敌隆，然后趁其走到水井旁边时，将其推入水井中而溺死。

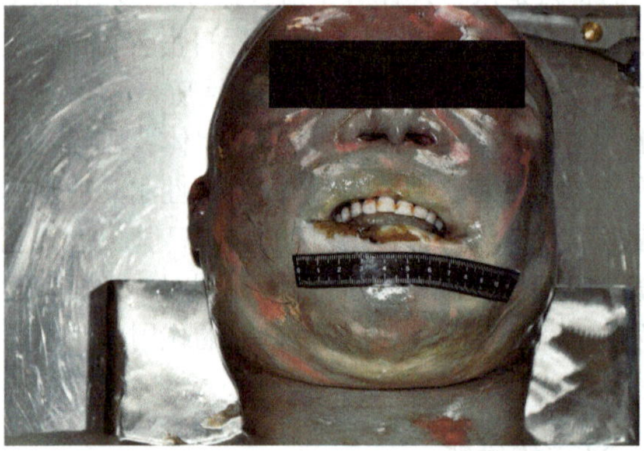

图 16-11　下唇皮下出血

（刘　超　左芷津）

思考题

1. 如何搜寻溺死案件的现场痕迹物证？
2. 早期溺死征象有哪些？
3. 如何利用硅藻检验判断水中尸体的死因？
4. 溺死后在水中形成的损伤有哪些特征？
5. 他杀溺死现场勘验与重现的重点有哪些？

第十七章　电击与雷击案件的现场勘验

电击伤（electric injury）又称电烧伤（electrical burns），是指电流直接或间接作用于人体造成的损伤。因电流作用引起的死亡，叫电击死（electric death）。因雷击引起的伤亡，称为雷击伤或雷击死。

我国电击伤亡案件的发生率很高。据统计，电击伤病人占住院烧伤病人的6.56%，截肢率为27.32%，死亡率为3.1%。电击伤亡案件中，绝大多数为意外案件，如违反电气操作规范、电路老化、电器漏电等引起的意外触电等，其次为自杀案件，偶见于他杀案件。

雷击伤或雷击死基本上属于意外案件。我国有很多雷击高发地区，在这些地区，每年均有雷击伤亡事件的发生。

电击与雷击案件现场常较复杂，对此类案件，除需对被害人进行法医学检验外，还需对现场进行较全面、细致地勘验，才能明确案件的真相，为准确定性提供依据。

第一节　电学术语及触电方式

一、电学术语

（一）电流（I）

是指一群电荷的流动。电流的大小称为电流强度，是指单位时间内通过导线某一截面的电荷量，国际单位制中电流的基本单位是安培（Ampere，A）。

根据电子流向的特点可将电流分为交流电和直流电两种类型。交流电（alternating current，AC）的电子流具有周期性往返运动的特点；直流电（direct current，DC）的电子流向具有恒定不变特点。

（二）电压（U）

也称为电势差或电位差，是衡量单位电荷在静电场中由于电势不同所产生的能量差的物理量。电压的国际单位制为伏特（volt，V）。根据电气设备对地的电压值的高低，可将电压可分为高电压、低电压，对地电压高于1000V的为高压，对地电压小于或等于1000V的为低压。我国民用电为220V，工业用电为380V，大型机电设备和远程输电设备的电压值更高，可达上万伏。

（三）电阻（R）

是指物质对电流产生的阻碍作用。电阻会引起电子流通量的变化，电阻越小，电子流通量越大，反之亦然。电阻的国际单位制为欧姆（ohm，Ω）。没有电阻或电阻很小的物质称其为电导体，简称导体；不能形成电流传输的物质称为电绝缘体，简称绝缘体。

电流、电压及电阻间关系可简单地用“$U=IR$，$I=U/R$，$R=U/I$”三个公式进行计算。

（四）电功率

是指单位时间内电路中电场驱动电流所作的功。电功率的国际单位制为瓦特（watt，W）。1瓦特（1W）=1焦/秒（1J/s）=伏×安（V×A）。

（五）电路

是指由金属导线和电气以及电子部件组成的导电回路。最简单的电路由电源、用电器（负载）、导线、开关等元器件组成。

根据不同的分类方法，可将电路进行不同的分类。根据电流性质的不同，可分为直流电路、交流电路；根据电路组成方式不同，可分为串联电路、并联电路。

二、触电方式

人体触电一般是由人体靠近或接触电气设备带电部分和人体触及正常不带电而绝缘体损坏时外壳或多发构架带电引起。根据人体是否直接与电流接触，可分为直接触电和间接触电。以直接触电为多见。

（一）直接触电

是指人体与电流直接接触而引起的触电。根据接触方式不同，可分为：

1．单相触电　指人体某部位与一相带电体接触，电流通过人体与大地（或中性线）构成电流回路所造成触电（图 17-1）。多见于意外。

图 17-1　单相触电

2．两相触电　是指人体两处分别触及同一电源的两相带电体（即火线、零线）构成电流回路，电流流经人体所造成的触电（图 17-2，图 17-3）。多见于自杀，也可见于他杀或意外。

图 17-2　两相触电

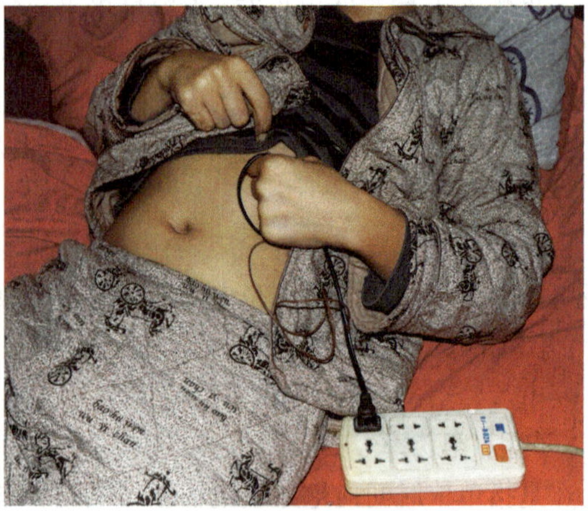

图 17-3　两相触电

3. 跨步触电　指带电体接地时，电流以接地点为圆心向大地流散，形成分布电位，当人体站在接地点周围，两脚之间形成跨步电压所引起的触电（图 17-4）。多见于意外。

图 17-4　跨步触电

4. 接触电压触电　运行中的电气设备因绝缘损坏或其他原因造成漏电，当人触及漏电设备时，电流通过人体和大地形成回路所造成触电。多见于意外。

（二）间接触电

指人体不与电流直接接触，通过电弧、电火花引起人体的损伤。以高压电多见，多为意外。

第二节　电击伤亡的机制、影响因素及病理改变

一、电击的损伤机制

目前对电击损伤的机制仍不清楚，有四种假说：

（一）电热作用

由于组织存在电阻，当电流通过组织会产生热量，引起机体温度增高，当温度增高到一定程度时，引起细胞内水分汽化、蒸发，蛋白质和核酸变性，从而引起组织损伤。

（二）电渗作用

电场引起生物大分子结构改变，细胞膜稳定性破坏，致使细胞膜破裂或细胞膜孔直径扩大，细胞内重要物质流失，导致细胞死亡。

（三）极性化作用

电流通过组织时产生电磁场，引起组织细胞内带电离子或带有不同电荷的生物大分子发生迁移，从而引起细胞变性坏死。

（四）继发损伤学说

电击后机体局部血供减少，神经内分泌失调，局部代谢紊乱，有害物质的产生使组织继发坏死。

二、电击的死亡机制

（一）心室纤颤与心搏骤停

电流通过心脏，使心肌细胞广泛去极化，在心肌内形成多个异位起搏点，导致心室纤颤、最终心力衰竭死亡。当电流强度较大时，可直接导致心搏骤停。

（二）中枢性呼吸麻痹

多数电击被害人发生呼吸麻痹。电流通过脑干或颈髓上部，可引起呼吸中枢麻痹，呼吸停止继而死亡。

（三）呼吸肌强直性痉挛

电流作用于呼吸肌，使之发生强直性痉挛，引起窒息死亡。

（四）并发症死亡

电击当时未死亡者，可继发休克、感染、急性肾功能衰竭、脂肪栓塞或内部器官破裂等死亡。

三、电击伤亡的影响因素

电击伤（死）受多种因素的影响，主要包括：电流类型和强度、电压高低、皮肤电阻、电流通过机体的途径、电流作用部位、作用时间和机体自身因素等。

（一）电流强度和类型

电流强度和电流类型与电击伤（死）的严重程度密切相关。作用于人体的电流越强，损伤程度越重，致残率和死亡率越高，反之亦然。在其他电学参数相同的情况下，交流电比直流电危险，尤以频率为50～70Hz的交流电危险性最大。通常情况下，通过人体的交流电达70～80mA，直流电达100mA，即可引起电击伤亡的发生。实际案例中，大多数电击伤亡案（事）件由交流电引起。

（二）电压

人体电阻较高时，接触的电压越高，产生的电热越大，造成的电烧伤越严重。当接触到1000V以上的高压电时，往往可造成严重电烧伤。人体电阻较小时，接触的电压越高，通过人体的电流越大，对人体组织器官的损害越严重。

（三）皮肤电阻

人体组织的电阻各不相同。皮肤、骨、软骨、毛发的电阻最大，脂肪、神经、肌腱、肌肉、淋巴管、血管的电阻次之，心、脑、血（体）液的电阻较小。但这并非一成不变，许多因素都可影响人体组织的电阻值，如皮肤的湿度，可引起皮肤电阻较大范围的变化，人体干燥皮肤的电阻高达8000～400 000Ω，潮湿皮肤的电阻可降至500～5000Ω。

在电压不变的条件下，皮肤电阻越大，流经人体内的电流强度就越小，对人体内部组织器官损害越小，但往往可在电极接触部位形成皮肤电烧伤；反之，电流强度就越大，对人体内部组织器官造成的损害也就越大，但在电极接触部位形成的皮肤电烧伤较轻微或不明显。如电压同为220V电压，当皮肤电阻为2000Ω时，流经人体内的电流强度为110mA，可引起人体死亡，电极接触部位可不形成明显电流斑；当皮肤电阻为200 000Ω时，流经人体内的电流强度则为1.1mA，对内部器官的影响很小，不会引起人体伤亡，电极接触部位可形成明显电烧伤。

（四）电流通过人体的路径

电流流经人体内的路径不同，造成的损害结果也不相同。当电流通过脑、心、肺时，可引起呼吸肌麻痹、房室纤颤、心搏骤停、昏迷、瘫痪甚至死亡；如电流只通过人的肢体，可引起肢体局部损伤，但一般不会引起死亡。

（五）电流作用时间

电流作用于人体的时间越长，通过人体的电流量越大，引起的损伤越重，危险性越大。反之，通过人体的电流量越小，引起的损伤越轻，危险性越小。

（六）其他因素

人的机体状态对电击后果也有较大影响。人体受热、受冷、疲劳、创伤、失血、衰竭、过敏及某些疾病等均可使机体对电刺激敏感性增高；而睡眠、麻醉、休克等却能使机体对电刺激的敏感性降低。老人、儿童和体弱者较健康青壮年敏感。

环境因素对电击伤亡的发生也有明显影响。意外电击伤亡较易发生于潮湿环境中，如在浴室中使用电吹风，由于湿度大，使电吹风外壳带电，使皮肤电阻明显下降，便易发生电击伤亡。

四、电击损伤的病理学改变

（一）电流斑

电流斑（electric mark）是由带电导体与皮肤接触，电流通过完整皮肤时，在接触处产生一种特殊皮肤损伤。最常见于手指、手掌，其次是足底部，也可见于身体其他各部。一般1～2个，也可多个。典型的电流斑呈圆形或卵圆形，直径6～8mm，中央凹陷，周围隆起，边缘钝圆，形似浅火山口，与周围组织分界清晰（图17-5）。镜下见表皮局部缺失，基底细胞、毛囊细胞、皮脂腺细胞极性化改变，间质凝固坏死（图17-6）。电流斑对电击损伤具有诊断价值。

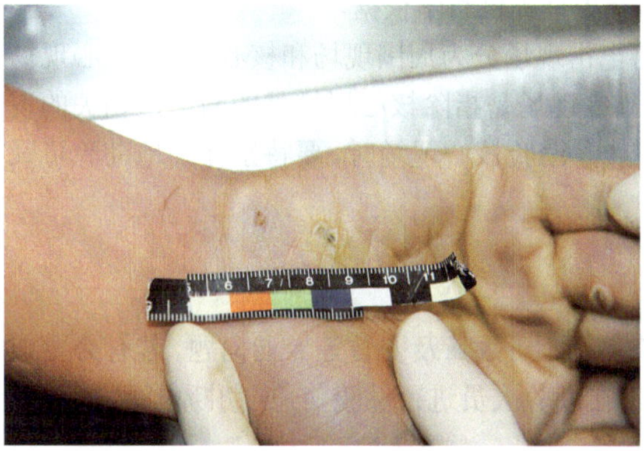

图17-5 电流斑（肉眼）

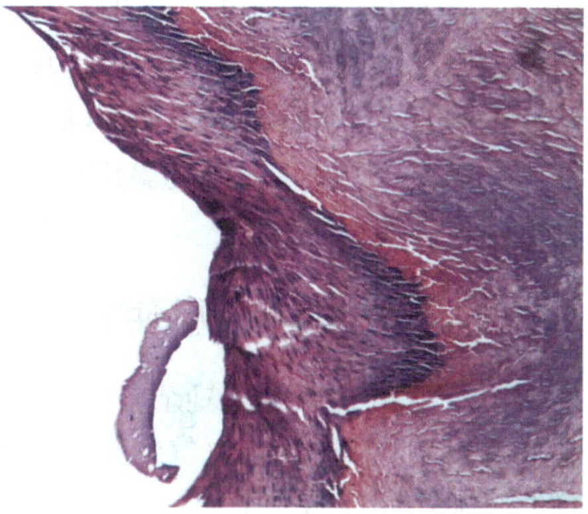

图17-6 电流斑（光镜）

（二）皮肤金属化

皮肤金属化（electric metallization of skin）又称电镀现象，是指电极金属在高温下熔化和挥发，金属微粒沉积于皮肤表面及深部，是证明电击伤的重要征象，尤其在高压电击时明显。

（三）肌肉和骨骼损伤

电流引起肌肉收缩、撕裂，剧烈的收缩可导致骨折、脱臼。电热效应可使肌肉烧伤，甚至烧焦。

电热效应可使骨组织坏死，胶原破坏和无机物熔化。熔化的特殊产物即所谓骨珍珠（osseous pearls），由磷酸钙融合而成，如珍珠大的小体，灰白色，内有空腔，多在受损骨的表面，被认为是证明电击伤的重要征象。

（四）心血管系统损伤

电流经过血管，可引起血管壁明显水肿，管壁平滑肌、内皮细胞核可发生极性化改变，变性坏死，内弹力膜弛张、分离或断裂（图17-7）。有研究结果表明，血管的上述改变，对电击伤亡诊断的具有重要价值。

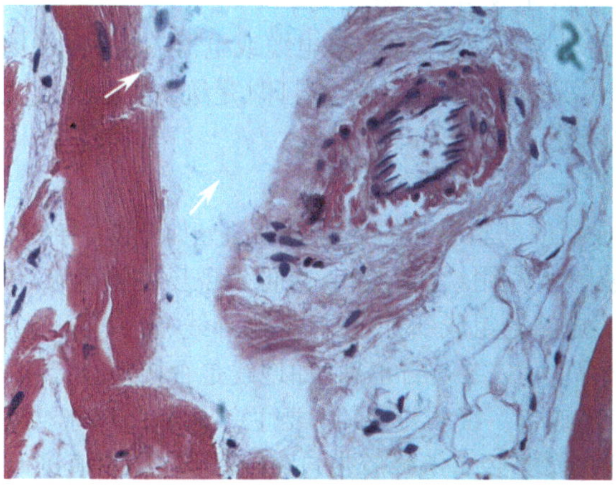

图17-7 血管内皮细胞极性化、栅栏状排列

（五）其他改变

如电流作用于脑组织时，可发生脑组织、蛛网膜下腔出血，神经细胞变性。电流可引起消化管破裂，尤其是肠破裂。但这些组织器官的改变为非特异性，不具有诊断价值。

第三节　电击现场的勘验

电击现场的勘验是一项复杂的系统工程，由现场勘验、尸体检验及实验室检验三部分有机组成。只有全面、细致地完成这三项工作，才算完成了电击现场的勘验任务，才能正确认识电击案件的发生原因，才能对电击案件进行准确定性，为电击案件的后续处理提供科学依据。

电击现场的勘验，为了便于现场勘验，可人为地将电击现场分为周围现场和核心现场，核心现场是指电路行走区域和尸体所在区域共同组成的现场，周围现场是指除核心现场外的与电击相关的现场。在现场勘验时，应先勘验周围现场，再勘验核心现场，勘验核心现场时，要特别仔细地勘验可疑触电部位。

一、电击案件的现场勘验

由于电击案件现场复杂多变，涉及电学、电器设备的设计、故障及安装等专业问题，若有必要或条件许可，应邀请具有电气知识的专业人员协助勘验。在勘验人员进行勘验前，应切断电源，确保现场勘验人员的人身安全。

电击现场的勘验，除需按现场勘验的一般要求进行勘验外，还要对电路构成、触电部位等电击现场特有的痕迹物证进行重点勘验。

（一）了解案情

在现场勘验前，勘验人员应向报案人、目击证人详细了解案情。重点了解电路构成，电器的安装、使用年限及有无故障，被害人电击后的表现等。对室外现场，还要了解电击发生前后的气候情况，如有否下雨、刮风，现场环境是否潮湿、积水，电缆何时、何故被断落，断落时是否通电等。

（二）周围现场勘验

在现场勘验前，应根据不同的案情、现场环境，制定相应的现场勘验计划。严格按照现场勘验规范和勘验计划，对周边现场进行勘验。勘验要做到全面细致、主次分明，对重点部位要重点勘验。

1．室内现场　首先要勘验现场的进出口，如现场门锁是否被破坏、是否有工具开锁等情况，门锁部位是否有掌指纹及相关痕迹物证，窗户的开闭、破坏情况，窗玻璃、窗框内外是否有掌指纹及相关痕迹物证；其次要勘验出入口与中心现场（即电击发生处）间的周边现场的痕迹物证，如地面足迹鞋印（或足迹）的大小、形态、花纹、数量、走向及排列方式等，现场物品是否有翻动、破坏痕迹，现场有否打斗痕迹，现场的烟头、唾液、毛发等痕迹物证等。

2．室外现场　首先勘验现场所处位置，断落电缆或电器的情况，现场是否潮湿积水，周围树木、建筑物是否有倒塌、断裂等情况；其次勘验现场内鞋印（足迹）的大小、形态、花纹、数量、排列、方向，现场内烟头、物品等物证等所处位置、分布、数量等。

（三）核心现场勘验

1．勘验整个电路的组成　应勘验电路的各个组成部分如电源、导线、开关、电器等，对整个电路组成要有一个完整、清楚地认识，利用绘图、照相、录像及现场勘验笔录等方法固定。

2．勘验电路组成部分　电路的组成部分包括电器、导线、开关等。勘验电器时，要注意电器所在位置及其周围环境是否潮湿积水，安装是否正确（如地线是否接地等），电器是否老化、绝缘体是否破裂，是否有熔化或烟熏火燎痕迹等。勘验导线时，要注意导线的走向，导线外层绝缘体是否老化、破裂，导线连接处是否松动、脱落、是否有绝缘胶带包裹，是否有切割痕迹，是否有熔化、烟熏火燎痕迹等。勘验开关时，要注意开关的开闭状态，是否松动，绝缘体是否老化、破裂，是否有熔化或烟熏火燎痕迹，是否有掌指纹等。

3. 勘验人体(可疑)接触部位　当发现被害人被带电导线捆绑，不要马上解除捆绑的导线结，应仔细观察、记录和固定捆绑位置、方向、方式、结的形态，是否有熔化、烟熏火燎痕迹等。当人体与电路相接触时，应仔细观察、记录和固定人体与电路的接触方式、接触部位，接触处是否有熔化、烟熏火燎痕迹，是否有掌指纹及其分布情况。当人体与电路分离时，应根据尸体位置、姿势、损伤、可疑电流斑或皮肤金属化部位，电路的破损部位，熔化或烟熏火燎痕迹部位推测可能的触电部位，然后在这些可疑部位观察、记录、固定可能存在的掌指纹、熔化、烟熏火燎痕迹物证。

二、电击现场物证的发现与提取

电击现场的物证通常可以用肉眼进行识别，但有时需要利用各种光源按照不同的照射角度发现现场痕迹物证。对现场勘验中发现的各种痕迹物证，应通过绘图、照相、录像、现勘笔录等方法进行固定。对于痕迹物证进行提取时，可以采用不同的技术和方法对这些痕迹物证进行提取，如对灰尘鞋印用静电提取法提取；对掌指纹用胶带法提取；对脱落细胞，用胶带法或棉签法提取。所提取的物证要采用严密的包装妥善保存。包装的目的除便于运送外，更主要的是防止所提取的痕迹物证出现破坏、脱落、丢失、污染。不同的痕迹物证有不同的包装方法，如对脱落细胞，用物证盒包装，防止检材与周围物体接触；对烟头应阴干后分别用物证袋包装；对血迹应阴干后分别用物证袋包装。送检时应注意“一证多用”，即尽可能最大限度地利用现有的痕迹物证提供更多的信息，综合分析决定检验的目的、方法和次序。如送检一水杯时，首先用针管吸取杯内的液体，切忌直接将杯中液体沿杯口倒出，进行毒物检验；其次应用光学方法或粉末法检查法发现、固定、提取杯体的掌指纹；最后再用棉签法提取掌指纹部位及杯口处的脱落上皮细胞。

三、电击案件的尸体检验

(一)发现、固定和提取电流斑或可疑电击部位皮肤组织

电流斑的出现与否与皮肤电阻、电流强度、电压高低及电流作用时间有关，皮肤电阻对电流斑的形成尤为重要。皮肤干燥时，皮肤电阻大，易形成电流斑；皮肤潮湿或处于水中，皮肤电阻小，不易形成电流斑。

在对电击伤亡案事件的尸进行检查时，首先应重点检查电流斑或可疑电击部位的皮肤、皮下及血管组织。有明显电流斑者易发现。电流斑不明时，应在尸体上导线捆绑部位查找电流斑；若捆绑部位不明确，应根据电路组成、尸体与电路间的关系来推测可能的触电部位。

提取电流斑或可能触电部位的皮肤组织(包括皮下血管)送病理实验室检验。主要明确：①皮肤及皮下组织、血管损伤是否为电流斑或被电流作用过；②推断电击伤的形成时间，如生前电击、死后电击等。

(二)发现、固定皮肤金属化

皮肤金属化的形成与否，与电热效应及导线金属的熔点相关。电热效应越大，金属熔点越低，越易形成皮肤金属化，反之亦然。

在尸体检验时，应注意发现、固定和提取皮肤金属化部位的皮肤组织，供实验室对皮肤金属成分分析，与导线金属成分进行比对，推测和认定引起电击的金属导线。

(三)尸体姿势

当被害者尸体与电路分离时，应根据尸体位置、姿势、损伤、可疑电流斑或皮肤金属化部位，电路的破损部位、熔化或烟熏火燎痕迹部位推测可能的触电部位，然后在这些可疑部位观察、记录、固定可能存在的掌指纹，熔化、烟熏火燎痕迹物证。

(四)尸体解剖检验

对电击被害人或可疑电击被害人，除上电流斑、皮肤金属化的检验外，还应对尸体进行全面、系

统的法医学尸体解剖检验，排除致死性疾病、致命性损伤及机械性窒息。提取毒物检材进行毒物检验，明确是否有毒物、毒品、安眠镇静类药物的存在，毒物、毒品、安眠镇静类药物的种类与剂量。

电击死亡者，具有急死的尸体征象，在法医病理解剖学检验时，应全面进行尸表检验、尸体解剖，仔细观察是否存在急死尸体征象。详细内容参见《法医病理学》中相关部分内容。

(五) 衣物检验

对电击死亡案件尸体进行法医学检验时，应检验被害人的衣物，重点发现是否存在烧灼痕迹、金属颗粒沉积及其他损伤痕迹。并将烧灼痕迹、金属颗粒沉积部位的织物送实验室检验。

四、电击案件的实验室检验

(一) 电流斑检验

对尸体中提取的电流斑或可疑电击部位的皮肤组织，可通过光学显微镜、扫描电镜或透射电镜等进行检验，以判断是否为电流作用形成。

(二) 皮肤金属化检验

对所提取的金属化皮肤，衣物上金属化或烧灼部位的织物进行微量化学分析法、扫描电镜 -X 射线能谱法（XEM-EDX）、活化分析法进行检验。对金属成分进行定性和半定量分析，与可疑导体进行比对和同一认定，推断和认定电击导体。

(三) 电器产品检验

若为电器漏电引起的意外电击案件，应对相应的电器设备进行检验，明确漏电原因等，明确责任，为该意外事件的后续处理提供依据。

第四节 他杀电击案件的现场勘验

虽然电击多发生于自杀和意外，但也有少数为他杀或他杀后伪装成自杀的电击案件。他杀电击案件有自己的特点，除对现场进行全面勘验外，还应结合他杀电击现场的特点对某些重要位置进行重点勘验，才能明确事件性质。

一、他杀电击的现场特点

他杀电击案件除了具有电击死亡的一般特点外，还具有以下特点：

1. 除电击损伤外，常伴有其他暴力痕迹（如不同程度的颅脑损伤等）、捆绑痕迹（如捆绑手足）或特殊手段（如使用催眠剂）等。虽然电击死亡有可能造成骨折，但是此类骨折多由于触电后被抛出或肌肉强烈的强直所致，与外力打击所形成的骨折有明显区别，应当加以鉴别。

2. 电流斑可分布在被害人的任何位置，可以是被害人自己无法或难于达到的位置（如肩背部），也可以是分布十分隐蔽的部位（如口腔、阴道及肛门等）。

3. 触电方式多为双相触电。

4. 有的案件中，犯罪嫌疑人为达到他杀目的而多次反复通电，以致电流斑形态变化较大，数量较多，且分布于多处。

5. 现场多位于室内，常较紊乱，可有打斗或翻动痕迹，现场除被害人的痕迹物证外，有他人的痕迹物证。

6. 有的电击现场可以是变动现场或伪造现场（如伪装缢死、服毒或转移水中伪装溺死）。

7. 电路中的电源、导线或其他电器设备除有被害人微量物证外，可有犯罪嫌疑人的指纹或微量物证。

二、他杀电击的现场勘验

对于自杀电击现场，除常规现场勘验外，应重点注意以下几方面：

（一）现场调查

对普通刑事案件而言，他杀特别是利用电击他杀者，犯罪嫌疑人与被害人常有相对明确的因果关系，如是否存在为情、财、仇、性等目的而杀人。在调查时应重点注意以下几方面：①被害人生前的社会关系，特别是与他人间的情、财、仇等矛盾；②被害人死前24小时的活动轨迹、所接触的人员。

（二）现场进出口及门窗的勘验

他杀电击现场多位于室内，犯罪嫌疑人在作案时必须进出现场，在进出现场时不可避免地要与进出口处的门窗接触，会在这些接触部位留下相应的痕迹物证。现场勘验时，应注意发现、固定、提取这些部位的掌指纹和脱落细胞，与被害人的掌指纹和脱落细胞进行比对，在排除被害人自己遗留之外，应考虑为犯罪嫌疑人所留。

（三）现场痕迹物证勘验

犯罪嫌疑人进入现场实施犯罪，不可避免地会在现场遗留相应的痕迹物证，如在现场行走时留下鞋印或足迹；与被害人打斗，造成现场物品不同程度破坏或翻倒；翻动物品时在床头柜、衣柜等门锁或把手上留下掌指纹或脱落细胞；在现场抽烟，留下烟头；在现场喝水，在杯子上留下掌指纹或脱落细胞；清洗现场时，在水龙头把手上留下掌指纹和脱落细胞；在现场切割导线时，在导线的残端留下掌指纹和脱落细胞；在现场受伤时，留下血迹等。在现场勘验时，应注意发现、固定和提取这些痕迹物证，送实验室进行相关检验。

（四）电路的勘验

他杀电路多不是正常用电所需要的电路，为犯罪嫌疑人实施电击所组建的电路；但也有个别案例，犯罪嫌疑人利用现场电路的破损部位，伪装成意外电击。犯罪嫌疑人在组建这些电路时，在各个接触部位都留有自己的掌指纹或脱落细胞，如导线切割处、导线与接线板接触处、导线捆绑人体时，不与被害人皮肤直接接触处（如衣物，衬垫物）、移动尸体时在被害人衣物等。在勘验时，应注意发现、固定和提取这些部位的掌指纹和脱落细胞等痕迹物证。

（五）尸检时注意发现电流斑和其他损伤及特殊手段

他杀电击案件，被害人电流斑可分布于被害人全身各部位，且数量常较多，尸检时，应注意电流斑的数量、分布范围，特别是被害人自己不能实施电击的部位出现电流斑具有重要意义。他杀案件，往往手段多样，电击只是其中一种手段，在这种情况下，被害人尸体可有分布广泛的、轻重不一的损伤，在尸检时应注意这些损伤的分布、严重程度，特别是损伤出现在被害人自己不能伤及的部位，且为致命性损伤时具有较大指导价值。他杀电击案件，有时可在被害人体内发现安眠药等，这主要是犯罪嫌疑人为实施犯罪而采用的特殊手段，防止被害人反抗，尸检时应注意提取毒物检材进行定性、定量分析，另在现场勘验时应注意发现水杯杯壁上是否有犯罪嫌疑人的掌指纹和脱落细胞，并提取这些物证进行同一认定。

第五节 自杀电击案件的现场勘验

电击进行自杀事件常较多见。通常，自杀电击现场有其自身的特点。除对现场进行全面勘验外，还应结合自杀电击现场的特点对某些重要位置进行重点勘验，才能准确地判断事件性质。

一、自杀电击的现场特点

使用电击作为手段自杀案件，其主要有以下一些共通特点。

（一）环境相对封闭

现场多位于相对隐蔽、封闭的室内，如卧室、浴室等。有时，自杀者为防止其自杀行为被他人阻止，可将门锁反锁。

（二）现场常无明显的打斗和翻动痕迹

自杀现场往往较平静，没有明显的打斗痕迹，也没有翻找财物等痕迹。

（三）现场痕迹物证多为自杀者自身遗留

自杀现场所遗留的各种痕迹物证多为被害人自己遗留，如切割导线的工具只有自杀者的掌指纹、脱落细胞，现场门把手上的痕迹物证为自杀者自己遗留，有时可在现场找到遗书和能反映被害人自杀动机的书证或物证。

（四）实施电击的电路多是专门组建的，且多保持原始状态

自杀者常用导线固定于肢体，再将导线接于接线板，后通电自杀，且死后电路仍保持电击当时的原始状态。

（五）电击部位多为被害人易接触的部位，触电方式多为双相触电

自杀者用导线捆绑的部位均为自己易接触的部位，常见的为四肢、胸腹部。自杀者常用两根导线的一端分别缠绕于双手（足）或一手一足，导线的另一端分别与两相电源的火线、零线相连，形成电路。

（六）肢体多有固定

为防止电极脱落，电击自杀者常将电极反复多次缠绕于身体，所形成的电流斑多呈沟（槽）状组织缺损或碳化，且分布相对局限。

（七）证据指向性单一

电路中的电源、导线或其他电器设备只有被害人的指纹及微量物证，而没有他人的指纹和微量物证。

（八）其他自杀手段

有时可见除电击损伤外其他损伤或自杀手段，但这些损伤或自杀手段不是能立即致命的损伤或立即致死的手段。

二、自杀电击的现场勘验

对于自杀电击现场，除常规现场勘验外，应重点注意以下几方面：

（一）调查走访

自杀者均有其自杀的原因，在调查时应重点注意以下几方面：①被害人生前是否有反常表现，特别是死前 24 小时的情绪变化、心态和活动轨迹；②被害人的工作状况、生活状况、经济状况、社交状况、家庭矛盾、重大疾病、重大挫折等可引起自杀的原因；③被害人的性格特征，自杀者往往性格较内向，易忧愁，遇事不喜欢与人沟通。

（二）现场进出口及门窗的勘验

自杀者为避免外人干扰其自杀行为，往往选择相对隐蔽、封闭的场所，如浴室、卧室等进行自杀，且进入自杀现场后，多将门锁反锁，将窗户关闭。因此，在现场入口处的门把手、窗户上留下自己的掌指纹和脱落细胞。故在现场勘验时应重点勘验现场进出口及门窗位置，发现、固定和提取这些部位的掌指纹和脱落细胞等。

（三）查找遗书及有关反映自杀的物证和书证

有些自杀案件，被害人可能在现场留有能反映被害人自杀原因和动机的相关物证、书证，如遗书、巨额欠条、重大疾病诊断书、安眠药、毒药等。勘验时要重点发现、固定和提取这些物证、书证，对遗书、欠条、疾病诊断书等要注意发现、固定和提取上面的掌指纹和脱落细胞，要注意送实验室进行书写人、书写时间等相关检验鉴定。

（四）电路的勘验

自杀者所用的电路可以是正常用电所需要的电路，也可以是被害人自己为实施电击所组建的电路。被害人在组建这些电路时，在各个接触部位都留有自己的掌指纹或脱落细胞，如导线切割处、导

线与接线板接触处、导线捆绑人体时与衣物或衬垫物等不与被害人皮肤直接接触处等。在勘验时，应注意发现、固定和提取这些部位的掌指纹和脱落细胞等痕迹物证。

（五）尸检时注意发现电流斑和其他损伤及特殊手段

电击自杀者，电流斑通常较明显，且分布于自己易接触的部位，尸检时应注意电流斑的数量、分布范围、是否自己易接触处等。此外电击自杀者，还可能有其他损伤，如切创、挫擦伤等，但这些损伤均为非致命性损伤，且多分布于被害人自己切割、碰撞能够完成的部位或尸体突出部位，尸检时应注意发现和分析这些损伤。还有的自杀者电击可能服安眠药、毒药等，当这些方式不能致死或没有立即致死的情形下，再利用电击自杀，尸检时应注意提取毒物检材进行定性、定量分析。

第六节 意外电击案件的现场勘验

一、意外电击的现场特点

意外电击案件多发生在以下情形：①架设供电线路不规范，如架设临时电路，电力线与其他电缆混合在一起或共用一根线杆；②电器设备老化、损坏或不合规格。如电源开关、插座破损，电气设备设计装配不良、长期使用而不检修；③违反电力技术操作规程。如电力设备不装单独的开关和保险线，不按规定装接地线，因而不能在发生事故后立即切断电源；④不按安全规程办事，如检修安装电灯、电器时不断电源开关；抢救触电者时，不用绝缘材料去挑开电线等；⑤日常生活中的意外事故，如大风将电线刮落刮断；⑥不具备电学知识的人，私自组装电路，用于捕鱼、捕猎等。现场主要表现为以下特点：

1. 现场位置不定，既可发生在室内，也可发生在室外。

2. 一般发生在使用或无意接触到带电的电气设备时。

3. 现场常有带电的电气设备或电缆，有时还可能见到处于工作状态的电气设备，带电的掉落导线。

4. 现场多处于自然状态，没有明显的人为改变和破坏。

5. 电流斑多在上肢（特别是手）或身体露出部位，主要是因为意外电击多发生在工作或生活中需要用手操作带电设备时，或身体露出部位意外接触漏电时。

6. 被害人身上除电击损伤外，一般无其他致命性损伤或致死性手段，但要注意，有时高压电所致意外电击，因其多发生在高压电检修工人作业时，可能会导致严重的高坠损伤。

二、意外电击的现场勘验

意外电击现场，多是被害人在使用电器时，因电器老化、绝缘体破裂，电器短路，电路中的导线老化、绝缘体破裂时发生的意外电击案件；也有的是电气工人实施带电作业，尤其是高压输电线路中作业时，由于距离电缆过近，电弧击穿空气引起的意外电击案件；还可见于带电导线断落，特点是高压输电电缆断落，被害人误入现场造成的电击案件。

（一）室内意外电击现场的勘验

1. 调查走访　重点了解被害人生前是否是正常使用电器，如是否洗澡、洗头、洗衣服、操作电器等；了解电器的使用年限，是否有老化、破损，以前是否有漏电的情况等；被害人生前的社会关系，如是否与他人存在情、仇、财等矛盾而杀人；了解被害人生前的精神状态、经济状况、疾病状况等，是否有自杀的动机等。

2. 周边现场勘验

（1）现场出入口：发现、固定和提取相应的掌指纹、脱落细胞和鞋（足）印，注意是否有除被害人之外其他人的痕迹物证。通常，意外电击的出入口多遗留被害人自己的痕迹物证。若发现有他人的痕迹物证，则应认真分析这些痕迹物证的形成时间、形成方式等，以排除他人趁被害人用电器时潜入现场，利用电击杀人的可能。

(2) 周边现场：现场湿度，地面及电器周围是否积水，发现、固定和提取现场痕迹物证，如烟头、鞋（足）印，是否为被害人所遗留，若发现他人的痕迹物证，则应分析这些痕迹物证的形成时间、形成方式等。

3. 电路及电器勘验 勘验时应重点注意电路铺设情况，电器与电路的连接情况，电器表面是否有浸湿或破损等情况，在可疑漏电部位查找是否有塑料熔化痕迹并查找和提取脱落细胞。对疑有故障和设计缺陷的电器，应邀请相关电器专家进行现场勘验，初步判断是否存在故障和设备缺陷。现场勘验后，应将该电器送专业质量检测机构进行分析检测，明确电器是否存在故障或设计缺陷。

4. 尸体检验 在全面检验的基础上，重点检验尸体与电器可能的接触部位，详细观察这些部位的损伤形态、大小、数量及走向，结合电器可能的接触部位分析，看接触部位是否能形成这些损伤，若能形成这些损伤，则应考虑这些损伤部位即是可能的电击部位，若不能形成这些损伤，应分析这些损伤的形成原因和机制。观察后，应提取这些部位的皮肤组织及心血管组织进行病理检验，明确是否有电击作用。

（二）室外意外电击现场的勘验

1. 案情调查 了解被害人在室外使用电器的情况，如是否正常工作需要，是否为打猎、捕鱼需要等；了解被害人以前是否有类似操作行为和习惯；了解被害人所掌握的电学知识等；了解被害人是否曾购买过相关电器产品等。

2. 现场勘验 勘验电路的组成情况和分布范围，此类电击的电路多由被害人自己架设，应注意发现、固定物提取电器连接部位、电源开关、导线接头等部位的痕迹物证，如掌指纹、脱落细胞等，送实验室进行检验、比对；勘验电器是否带电或处于工作状态；勘验电路及其分布范围内地面情况，如是否潮湿、积水等；勘验电器设备是否存在老化、绝缘体破裂、表面潮湿或积水等情况；勘验被害人倒地位置和姿势；勘验电路周围地面的鞋（足）印的大小、形态、数量及排列方式，并与被害人的鞋（足）进行比对。

3. 尸体检验 室外意外电击被害人的电流斑、皮肤金属化的变化很大。主要与触电时皮肤电阻、电流强度、通电时间等密切相关。皮肤干燥时，皮肤电阻高，则有明显的电流斑、皮肤金属化。比较容易明确被害人的伤亡原因和伤亡机制，尸检难度不大，重点在于发现、固定和检测电流斑和皮肤金属化改变。若皮肤潮湿或浸入水中，皮肤电阻低，则不易在皮肤上形成电流斑或皮肤金属化，常不易明确伤亡原因和伤亡机制。必须对尸体进行全面、系统解剖，在排除机械性损伤、机械性窒息、中毒、致死性疾病的前提下，结合现场勘验综合分析才能明确伤亡原因和伤亡机制。重点应综合现场情况，分析可能的电击部位，提取可疑电击部位的皮肤组织和心血管组织进行病理检验。若综合现场情况仍不能可疑电击部位，则应在被害人肢体、躯干突出部位或有损伤部位提取相应的皮肤组织和肢体大血管、心脏组织进行病理检验，明确伤亡原因和伤亡机制。

（三）高压电缆电击现场勘验

电气操作人员违反操作规范，带电对高压输电电缆进行检修作业时，因接触电缆，电热作用可引起操作人员电烧伤；或因距电缆太近，电弧击穿空气时，电流流经操作人员体内，可引起电击伤亡。此外，高压输电电缆因外力因素，如大风、建筑物倒塌、电缆塔倒塌，可使带电电缆断落，人们走近断落电缆周围，可引起跨步电击伤亡事件发生。

1. 案情调查 了解操作人员作业时电缆是否带电及电压值；了解作业时是否有电火花产生，操作人员在电击瞬间的情况；了解电缆、电缆塔的建造时间，是否有破损、老化等现象；了解电缆断落前是否有刮风及风力大小；了解建筑物是否有倒塌、倒塌时间、是否打断电缆等情况。

2. 对电缆及电塔进行勘验 邀请专业电气工程师协助，在断电后对高压电缆及电缆塔进行勘验。重点发现、固定电缆是否有烧灼、熔化痕迹，是否沾附有衣物、组织炭化后形成的异物。在此基础上，提取烧灼痕迹处的电缆进行理化检验，与被害人皮肤金属化处的金属成分进行比对和同一认定；如有条件，提取异物成分，与被害人衣物进行比对，提取异物中的脱落细胞进行DNA检验。

跨步电击是因为带电电缆断落到地面，被害人误入断落电缆附近引起的意外电击。现场勘验时，应勘验电缆断落处周围环境，如电缆塔、建筑物、树木等是否有破损、断裂及倒塌等情况；勘验电缆断落处地面环境，如是否潮湿、积水，有否鞋（足）印、鞋（足）印的大小、形态、数量及行走方向等，是否有人体倒地形成的痕迹等；勘验电缆的断端，分析断端的形成机制和形成方式，分析电缆是否存在金属疲劳现象等。

3. 尸体检验　在全面对尸体进行法医学解剖检验的基础上，重点检查烧伤部位，观察其形状、大小及走向等，明确其损伤机制，并与电缆、电缆塔的形态特点进行比对分析。

跨步电击者，其最初的电流进出口多位于被害人双脚，在倒地后身体的其他部位可能为电流进出的部位。通常，跨步电击案件所形成的电流斑不明显，主要是因为地面多潮湿，有的甚至地面积水，被害人鞋子潮湿等导致皮肤电阻显著下降所致。因此，在进行全面法医学尸体解剖的基础上，应重点检查和提取被害人双足底皮肤组织和心血管组织进行病理检验，明确是否有电击作用。

第七节　雷击的特点和雷击案件的现场勘验

一、雷击的特点

雷电是因带有大量电荷的云层与云层间、云层与其周围空气间或云层与地面间存在巨大电位差，在极短的时间内产生的巨大自然放电现象。其电压可高达109V，电流最高值约数万～10万A。雷击有以下特点：

1. 发生在雷阵雨季节，我国雷阵雨季节为七、八月间。

2. 人畜伤亡地方有雷击发生。

3. 雷击现象破坏情况差异较大。有的雷击现场破坏不明显。有的雷击现场破坏严重，如建筑物破裂、倒塌或烧毁；树木劈裂、折断或烧毁等。

4. 雷击现场金属物品常发生熔化、磁化。在雷击现场，由于巨大的电热效应，可产生非常高的温度，引起金属熔化。由于强大的电流作用产生的电磁场效应，可使现场金属产生磁化效应。

5. 尸体可呈现不同的雷击征象。

（1）雷电击纹：系强大电流通过人体时，造成局部皮下血管麻痹扩张，在皮肤上留下的红色或蔷薇色树枝状或燕尾状斑纹改变。多位于颈、胸部，也可位于肩背部、腹侧或前臂等处。

（2）雷电烧伤：由于巨大的电热效应，释放大量热量引起不同程度的烧伤，头发烧焦等现象。

（3）雷击综合征：遭雷击时未即刻死亡者，意识丧失、外周或脑神经功能暂时障碍、鼓膜破裂、传导性耳聋、前庭功能紊乱、视神经受损、视网膜剥离及皮肤烧伤等征象，故将这些征象称为雷击综合征。

（4）衣物破损：由于雷击时产生的高热，可引起雷击处局部巨大气压差，从而引起类似冲击波样损伤，可引起被害人衣物破损。

二、雷击案件的现场勘验

雷击伤亡多为意外事件，在雷击现场勘验时应重点注意以下方面：

1. 了解案情　了解该地区是否为雷击高发区及是否有雷击现象的发生，了解雷击时伤亡人畜的具体位置等。

2. 全面、细致勘验现场建筑物是否有破损、倒塌、烧灼痕迹；树木是否有劈裂、折断、烧灼痕迹；伤亡人畜与损坏的建筑物、树木间的相互关联。

3. 勘验现场金属物品是否有熔化现象、磁化现象等。

4. 对尸体进行全面、系统的法医学检验　重点观察头发是否伸直、有否烧灼痕迹；皮肤是否存在雷击纹，雷击纹对判断是否遭雷击有较高的价值；内脏器官是否有急死的征象；是否有类似冲击波损伤的表现。对未死亡者，是否有雷击综合征的表现等。

5. 检查被害人衣物及佩带物　观察衣物是否有撕裂样破裂，鞋子被炸开现象；佩带的戒指、耳环、项链、手镯等是否有熔化、磁化现象。

案例 1：

某日，某区公安分局接报，发现张某死于自家卧室内。接报后，该分局刑警支队侦查人员、现场勘验人员和法医到达现场。开展现场调查走访、现场勘验和法医学尸体解剖检验。

现场：位于某小区第 1 栋 20 楼 3-1 号。该公寓门被打开（为被害人母亲到该公寓为被害人打扫清洁时打开。其母回忆，她到达现场时，该公寓防盗门呈关闭状态，由她本人用随身携带的钥匙开门进入）。勘验发现该防盗门没有被破坏，没有技术开销形成的痕迹，该锁功能正常，能有效关门，在防盗门内侧把手上检出不全右掌纹一枚，不具备鉴定条件，提取的脱落细胞检出 DNA（与被害人同一）；客厅、主卧室、次卧室、厨房、卫生间地面干净，未发现明确的鞋（足）印；客厅茶几、电视柜，主、次卧室衣柜、床头柜，厨房各种厨具、调料和食物，卫生间洗漱用品物品摆放整齐，无明显翻动痕迹，在茶几、水杯、关闭的笔记本电脑（提取电脑送电子证据实验室检验，发现其电脑内有多封写给一位男孩的情书。QQ 记录上显示多次与该男孩的聊天记录，被害人曾多次向男孩示爱，但男孩表示拒绝，认为做普通朋友可以，但不能发展成恋人关系，男孩表示自己已有心仪的女朋友）、卧室衣柜、床头柜，卫生间水龙头把手上均发现数枚掌指纹和脱落细胞（经比对，掌指纹和脱落细胞均与被害人同一）；茶几水杯残留少量水，取水进行毒物检验（检出高浓度地西泮药物成分）；尸体位于被害人主卧室床上，呈仰卧位，未盖被子，被子位于尸体左侧，叠放整齐；尸体左、右手腕均有裸露铜导线缠绕并扭转固定；导线总长约 1m，2 根裸露导线长约 20cm，其远端分别包裹红、黑 2 色塑料，黄色导线塑料层未被切割，包裹三色塑料的导线长 20cm，断端有锐器切割痕迹（割断处提取的脱落细胞检出 DNA，与被害人同一），其远端导线为白色塑料将三色导线包裹，与末端的三相插头相连续，插头与插座插入接线板插孔，接线板开关呈开启状；右侧床头柜有一工具刀（被害人母亲证实为被害人家原有）和部分被剥离的白、黑、红塑料（工具刀把手、剥离的塑料上均检出 DNA，与被害人同一）。被害人捆绑的导线与其卧室内电风扇上残留的导线大小、颜色均一致。

尸检：被害人的左右手腕均有环状沟槽状皮肤烧灼痕，呈黄褐色，质硬，边缘隆起，宽约 2～6mm。其余未发现致命性机械损伤、机械性窒息征象和致死性疾病。被害人双腕部皮肤病理检验示：局部表皮剥脱，凹陷性缺损，皮下组织凝固性坏死，组织间隙增宽，皮肤基底细胞、毛囊细胞和皮脂腺细胞核固缩、深染、核伸长，呈栅栏状排列；被害人心脏及大血管内皮细胞极性化改变，栅栏状排列，管壁疏松。被害人胃内容物、心血中检出地西泮成分，达中毒剂量。

调查走访：被害人生前情绪低落。曾向自己非常要好的朋友表示，自己心仪的男朋友不接受自己，很难受，想一死了事，其朋友多次劝说，但效果不佳。被害人母亲反映，被害人性格内向，但非常固执。死前 2 天曾到其小区社区医院就诊，诉头痛、失眠，要求开安眠药，医生按规定开具少量安定。

案例 2：

某日，某县公安局接报，发现鱼塘蛇皮口袋内装有一死人。接报后，该分局刑警支队侦查人员、现场勘验人员和法医到达现场。开展现场调查走访、现场勘验和法医学尸体解剖检验。

第一次现场勘验：某当地鱼塘，鱼塘周围无电器及输电电缆。被害人浮于鱼塘边缘水中，呈俯卧位，衣着完整，赤足。

尸检：尸体高度腐败，被害人右面部多个类圆形皮损，呈黄褐色改变，皮损中央凹陷，周围呈火山口样隆起，质硬。尸检结果排除溺水死亡、机械性损伤死亡和机械性窒息死亡，认为电击死亡可能性大。

调查结果：因被害人电击死亡可能性大，且尸体所在地没有电器、电缆，专案组认为杀人抛尸可能性大。调查走访中发现被害人为王某的女婿孙某，孙某平时好赌，好吃懒做，与妻子关系不好，一直在闹离婚，孙某死活不同意，并威胁如离婚要杀王某一家；孙妻一直在外打工，且与同单位的打工人员同居，其父王某支持其女儿与孙某离婚，并认可其现男朋友。案发前 3 天，孙某到王某家吃饭，吃后即到二楼休息，根本不帮王家做事，王某非常气愤，决定帮女儿除害。王某是电工，懂电学知识。王某趁孙某睡觉时，在楼梯拐角处（孙某下楼必经之处）铺设电线，将两根电线的一端分别固定于电源开关，在电线另一端剥离长约 0.5cm 长的塑料绝缘体，并接通电源。准备完毕，王某用一大号雨衣罩在身上，伪装成放置于拐角处的物体，将两根电线的游离端固定于右手两个指头间，蹲在拐角处等孙某下楼。大约 1 小时后孙某下楼，王某趁孙某不注意，迅速用电线戳在孙某右面部，孙某当即倒地，王某怕电不死孙某，于是反复多次电击，直到确认孙某死亡为止。电击死孙某后，王某于当晚深夜用蛇皮袋将孙某装好后，丢到鱼塘。

第二次现场勘验及实验室检验：根据王某的交待，在王某家找到该电线，在楼梯拐角处的电源开关和电线连接处均发现曾连接的痕迹物证。在电线另一端的塑料绝缘体上，检出 DNA，与王某同一；在裸露的金属导体上检出 DNA，与被害人孙某同一；提取孙某电流斑处皮肤用 SEM-EDX 进行皮肤金属化检测，电流斑处金属成分、含量与电线金属导体相同。

案例 3：

某日，某县公安局接报，发现王某在工地操作水泥搅拌机时突然倒地死亡。接报后，该分局刑警支队侦查人员、现场勘验人员和法医到达现场。开展现场调查走访、现场勘验和法医学尸体解剖检验。

现场：位于某小区建设工地。距该工地 1 号楼右侧 100m 处，地面潮湿积水。现场有一台水泥搅拌机，搅拌机旁侧卧一具男性尸体（为该机器操作人员王某），被害人身着蓝色工作服，工作服较破旧，足穿解放号胶鞋，鞋子潮湿。

搅拌机一侧立有一潮湿木条，木条中下端被一黑色电缆捆绑固定于搅拌机脚，黑色导线两端塑料绝缘体被剥离，金属芯裸露，该导线一端的金属芯与木条接触，另一端位于潮湿地面。在木条上端固定有一白色电源开关，开关呈开启状，开关下端的红、蓝色导线分别与搅拌机电机相连，开关上端的红、蓝色导线与中心现场旁的工棚内的电源总开关相连（开关呈关闭状，为工友发现被害人倒地后关闭）。勘验人员在着绝缘服后，打开电源开关测试，发现潮湿木条及位于地面黑色导线均带电。

尸检：被害人的下颌下缘见一横行椭圆形表皮剥脱，2.5cm×1.6cm 大小；右踝外侧两处类圆形表皮剥脱，直径分别为 0.5cm、0.8cm。其余未发现致命性机械性损伤、机械性窒息征象和致死性疾病中毒死亡的依据。被害人下颌部、右外踝表皮剥脱处皮肤病理检验显示：局部表皮剥脱，周围皮肤基底细胞、毛囊细胞和皮脂腺细胞核固缩、深染、核伸长，呈栅栏状排列；被害人心脏及大血管内皮细胞极性化改变，栅栏状排列，管壁疏松。被害人胃内容物、心血中未检出地西泮类药物、常见农药和鼠药成分。

调查走访：现场水泥搅拌机主要用于搅拌少量混凝土固化地面，机器一直由被害人操作，电缆为被害人自己铺设，以前使用均正常。事发前一晚，工地下雨，将木条、机器和导线淋湿。被害人死前正常上班，自己往搅拌机加料后开机。在开机瞬间，被害人发出尖叫声并倒地，工友见状立即跑到总开关处关闭开关，随后到被害人倒地现场呼叫被害人，被害人无应答，打 120 呼救。120 到达现场确认被害人死亡，即打 110 报警。

（马智华　董红梅）

思考题

1. 电击伤亡的机制？
2. 电击伤亡的影响因素？
3. 自杀电击现场的特点？
4. 电击现场的勘验重点？
5. 他杀电击现场的特点？
6. 雷击现场的勘验重点？

第十八章　精神病杀人案件的现场勘验

精神病是指在各种生物学、心理学以及社会环境因素影响下，大脑功能失调，导致认知、情感、意志和行为等方面出现不同程度障碍的临床综合征。精神病患者难以正常的学习、工作和生活，动作、行为表现异常、与众不同并且难以被一般人理解；在病态心理的支配下，患者有不同程度的辨认能力、控制力的缺陷，导致有自杀或攻击、伤害他人的动作行为。绝大多数患者往往对自己的精神症状丧失判断力，认为自己的心理与行为是正常的，拒绝治疗。精神病患者杀人案件是对家庭、社会危害程度很大的一类案件，绝大多数是公开而且现场分布宽、场景充满悲惨，但是有时也具有隐蔽性，常需要与情杀、仇杀、报复杀人案件相鉴别。

第一节　精神病患者杀人的特点

精神病患者由于受自身疾病的影响，在很多情况下不能控制自己的行为，而出现许多肇事、肇祸现象，部分肇事肇祸涉嫌违法犯罪，严重威胁群众的生命财产安全，具有很强的社会危害性。

调查显示，在涉及精神病患者的案件中，男性占 80.32%、女性占 19.68%，且以青壮年人员为主。此外，此类案件与家庭经济条件、生活环境以及医护条件相关，暴力犯罪大多生活在乡镇，城区中精神病患者则相对较少。

涉及精神病患者的案件，在涉案类型上有一定的特殊性。其中最为常见的是伤害、杀人、殴打他人、损毁公私财物和扰乱社会管理秩序、放火案件，并由多种行为同时并存。

涉及精神病患者的案件通常具有五个方面的特征：

1. 作案动机异常　精神病患者在辨认或控制障碍下的作案动机大多比较荒谬，让正常人难以理解。除了明显的病态的动机之外，精神病患者的危害行为还可以出于不明动机，比如处于精神错乱状态，说不清自己为什么要加害于他人；或者处于意识障碍状态，根本不知道自己已经加害于他人。

2. 发案时间不确定性　精神病患者作案与其发病时间密切联系，精神病患者在未犯病时与普通群众无异，而发病又具有猝然性，作案时间缺乏规律性。

3. 侵害目标随意性　精神病患者违法犯罪行为指向不确定，往往在发病作案时，见人伤人，见物毁物，令被害人防不胜防。

4. 作案手段暴力性　精神病患者虽然思维异常，但具有正常的体力，破坏力甚至大于常人，人身危险性大，特别是伤害、杀人、打砸最为突出。

5. 作案后多缺乏自我保护　精神病患者作案后多不能像正常人那样消除作案痕迹，逃离现场，或者就通过杀人而达到自杀的目的，即曲线自杀。

第二节　精神病患者杀人案的现场特点

现场分析的目的，是通过细致、完善的现场勘验、尸体剖验、物证分析结合走访调查的情况，解答案件中致伤物和致伤方式、死亡原因和死亡时间以及案件性质、现场类型和作案的人数、过程、动机，并且在这些基础上对犯罪嫌疑人进行刻画。对精神病患者杀人案件的特点分析也将从以上几个方面进行讲解。

一、精神病患者杀人的现场概况

精神病患者行凶所使用的致伤物尽管不同，其致伤凶残程度却有共同特点，是决定其现场特点的主要因素之一，其种类和损伤特点对案件的侦查和鉴别具有重要的地位。

精神病患者的伤害行为，主要是受到发病时的病态思维驱使，因此伤害行为具有突发性，除了部分抑郁症患者，大多难以像其他凶案那样可以进行预先的谋划和准备，因此，所使用的“武器”大多以简单易得的物品为主。在多数牵涉精神病患者的凶案中，刀具是最常见的致伤物，其次则为砖石、棍棒。

根据精神病患者行凶时所用的致伤物不同，被害人身体的损伤有一定的区别，精神病患者作案由于受病态思维的驱使，在作案时一般想致被害人于死地，因此大多选择对被害人要害部位尤其是头部进行砍杀、撞击或打击，导致损伤以头部或其他相对易于暴露的部位为主且集中。精神病患者杀人凶狠残忍，由于精神病患者欲致被害人于死地，因此大多会对损伤部位进行反复多次打击，造成损伤部位组织破坏严重，外观通常惨不忍睹。精神病患者由于其辨认能力和控制能力的缺失，因此难以像正常人那样在行凶后对尸体或现场进行处理。但是，其病态的思维可能导致在杀死被害人后对被害人尸体进行其他难以理解的行为。如一精神病患者在杀死自己妻子后将其肠管全部掏出，声称要找出影响自己的监视器。因此，在处理出现这类情况的案件时，不仅要考虑到是否存在精神病患者作案，同时要注意和其他类型的凶案相鉴别。抵抗伤是指被害人为保护自己头面、躯干等较重要部位，在遭受攻击时采取对应的保护姿势而形成的损伤。抵抗伤常见于被害人前臂外侧、手背处，若与犯罪嫌疑人搏斗抢夺凶器，则会损伤手掌与手指之间的部位。但由于精神病患者作案时有突发性，因此在部分案件中被害人尚未来得及反应就被致昏或被杀死。故在大部分案件中可能出现被害人的损伤集中、严重，但缺少防护性和搏斗性的抵抗伤。

对死亡原因的分析并不在于认定精神病患者杀人案件，而是在于排除。这是由于精神病患者作案是受到病态的思维影响，因此其作案类型大多是缺乏细致谋划的“简单”作案，如大多数的案件都是以暴力打击被害人。所以，在犯罪嫌疑人可能为精神病患者的案件中，要对被害人的死亡原因进行细致的分析，如果被害人的死亡是由极为复杂的方式造成，那一定要注意和其他类型的杀人案件相鉴别，特别是嫌疑人本身存在精神疾病时更要考证其在作案时是否存在辨认力和控制力的缺失。

二、精神病患者杀人现场的类型与动机

案件的现场类型主要是考察案件现场是否是原始现场，有没有伪装痕迹，如果不是原始现场那么还需寻找能够对原始现场起指向作用的痕迹、物证或检材。

从理论上讲，在涉及精神病患者作案的案件中，现场大多是比较完整和原始的。这是因为精神病患者的病态思维，导致其社会能力的减弱甚至丧失，因此在作案时大多是受到原始的“本能”驱使产生“犯罪”的行为，思维能力一般较低，所以在作案后难以像正常人那样有破坏、伪装现场的意识，很多时候可以用于精神病患者作案与正常人作案进行鉴别。但由于精神病患者的病态思维模式，因此很多时候会产生比较大的破坏或其他行为，导致现场的破坏。比如精神病患者在行凶后再纵火烧毁房屋，表面上看有凶手想毁尸灭迹的迹象，这类案件也是常有报道的；另外，还有案件报道，一精神病患者因与他人发生口角后用石块击伤被害人，并将被害人置于街边，声称是为了让人发现以便及时实施救治。由此可见，在可能涉及精神病患者的案件中，除了对案件现场类型进行分析外，还要结合调查访问情况、个人病史等进行综合判断，才能正确的和其他类型的案件进行鉴别。

对精神病患者杀人案作案动机的研究，长久以来都受到法医学家、精神病学家和法学家的关注，

很大一部分精神病患者的作案实际上是缺乏明显的动机，在存在明确动机的案件中以躁狂症为主，江明君曾报道在躁狂症患者涉案的案件中近70%的患者存在作案动机，而抑郁症患者作案存在动机仅为53.5%，且P值为0.518。在存在作案动机的精神病患者中，以妄想为主。很多精神病患者作案的案件都是患者因为感觉到某人要对自己或者已经对自己实施迫害、监视甚至控制，从而为了“保护自己”实施了攻击、侵害行为。部分抑郁症患者行凶可能是过于悲观但又害怕自杀的痛苦，因此通过杀害他人使自己受到法律制裁而达到自杀的目的，或者是担心自己自杀后其亲人、子女生活悲惨，因此在自己自杀之前先将他们杀害。这些动机是异常的精神和情绪紧张所产生的病态动机。

精神病患者的显著特点，就是其辨认力、控制力严重缺失，导致其社会功能，即社会交往能力、正常思维能力等受到严重影响。因此，在精神病患者杀人案件中绝大多数都是单人作案，甚至有部分专家提出“与他人合谋的精神病患者肯定不是精神病患者”的论断，这是社会能力低下甚至丧失的结果。某市精神卫生中心曾报道一例抢劫案，犯罪嫌疑人家属自称其患有精神疾病，通过公安机关调查发现犯罪嫌疑人曾多次参加此类案件，还多次和他人一起分赃，由此判断其存在正常的辨认力，声称有精神疾病是不成立的。

但是值得注意的是一些涉及精神病患者的案件中，精神病患者受到正常人的“引导、指示”从而实施侵害行为，在这类案件中精神病患者已作为“工具”被正常人所利用。因此，在涉及精神病患者作案的案件中，不仅仅要调查精神病患者，在此基础上还要注意是否存在受人利用的情况。

第三节　精神病患者自杀的现场特点

精神病患者自杀大多是因为患者本身病态的辨认力和控制力导致的，部分患者是因为治疗后对自己的社会处境或者在患病期间的所作所为产生的内疚感导致本身过于压抑而产生了自杀的念头甚至付诸于行动。

由于精神病患者的病态辨认能力，导致精神病患者自杀的行为多种多样，同时由于精神病患者特殊的社会处境导致部分该类案件不仅容易与其他类型的凶案混淆，同时也可能产生比较大的社会影响。因此，在对可能是精神病患者自杀案件的现场勘验时，重点是要注意收集痕迹物证和生物检材，以便排除他杀或者意外，避免不必要的社会纠纷产生。同时做好对亲属的解释、说明工作。

精神病患者自杀现场主要有以下特点：

1. 现场的环境　精神病患者大多选择相对安静、隐蔽的场所来实施自杀行为，如自己家中、野外山坡或者高楼屋顶等。部分患者因为病态的冲动情绪导致突发的自杀行为，这类案件的场所大多是根据患者发病时的位置而确定。

2. 自杀形式　精神病患者由于其病态的认知能力，因此其自杀手段多种多样甚至出现“怪异”的自杀方式，四川大学华西医学中心曾报道一例精神病患者将自己的头部浸入盛水的脸盆中自杀的案件。不过，大多数的精神病患者自杀的方式仍以割腕、上吊、跳楼、窒息为主。

3. 工具物证　精神病患者自杀所使用的自杀工具多为自己常用的生活用具，如绳索、刀等，工具上遗留有自杀者的指纹或血手印；有时还留有遗书，但需对遗书进行相应鉴定，排除他杀。

4. 损伤特点　精神病患者由于自杀手段多样，因此损伤形式主要和采取的自杀方式相关，但是损伤原则上均应为自己所能形成同时相对容易快速导致死亡的部位，同时在损伤数目方面一般特点是轻伤多，重伤少，除致命伤外，可能有数个较轻的损伤，损伤比较集中。

5. 衣着的状态　精神病患者自杀相对衣着比较整齐，致伤部位的衣服为暴露致伤处以便实施自杀会解开或卷起所致，伤后衣着大多无新鲜破损。

6. 缺乏抵抗的征象　自杀者由于都是自主行为，不需要有抵抗和防卫，故尸体上不会出现防御伤或抵抗伤痕，但需注意有时会出现数量较多的创口，应与他杀中胁迫伤和正常自杀者的试切创相区别。

在有关自杀的研究中，自杀的传染性是一个受重视的现象。不少研究都介绍过因影视、广播等媒体详尽报道一些自杀事件，而使社会上自杀或企图自杀者增加的事实。日本曾出现一位走红女演员跳楼自杀事件，此后的几个月中，连续不断出现采用类似方式而自杀的事件，其中女学生居多；筑波大学发生过一男性教师从理工大楼7层跳楼自杀，一年中有3人在同一地方先后以同样的方式自杀。

研究表明，自杀的模仿性现象及潜意识引导确实存在。对1973～1979年美国电视报道自杀事件的研究报告指出，电视报道自杀事件确能导致青少年自杀率上升，越多媒体报道，内容越详尽，则引致自杀率上升幅度也越大。青少年女性自杀率上升约13%，男性上升5%。因此，媒体应当减少或限制此类案件的报道，从而减少模仿性案（事）件的发生。同时对有自杀倾向的人员加强监管，采取相应的防范和引导措施。

自杀是住院精神病患者意外死亡的最常见原因，自杀的干预主要在预防，预防自杀可分为三级，即一级预防，二级预防和三级预防。一级预防主要是指预防个体自杀倾向的发展。一级预防的主要措施有管理好农药、毒药、危险药品和其他危险物品，监控有自杀可能的高危人群，积极治疗自杀高危人群的精神疾病或躯体疾病，广泛宣传心理卫生知识，提高人群应付困难的技巧。二级预防主要是指对处于自杀边缘的个体进行危机干预。通过心理热线咨询或面对面咨询服务帮助有轻生念头的人摆脱困境，打消自杀念头。三级预防主要是指采取措施预防曾经有过自杀未遂的人再次发生自杀。

目前，预防自杀的有效手段之一就是精神疾病的早期诊断与及时治疗。另外，成立专门机构提供电话咨询或进行专业干预，也是防范措施之一。

第四节　精神病患者杀人案件的鉴别

精神病患者杀人案件是精神病患者在病态思维的驱使下不同程度的丧失了辨认能力和控制能力，从而产生危害行为。因此，对精神病患者犯罪特征的掌握，是鉴别精神病患者杀人案件和其他类型案件的关键。

精神病患者在其辨认能力或控制能力障碍状态下所实施的危害行为，通常有以下几方面的特征：

1. 作案动机异常　正常人作案都出于现实动机，是为了满足某种欲望或实现某种目的，而精神病患者在辨认或控制障碍下的作案动机都十分荒谬，让正常人无法理解。除了病态的动机之外，精神病患者可能在精神错乱状态、意识障碍状态或者癫痫发作时导致作案动机不明。除以上两种动机之外，精神病患者的危害行为还可以出于混合动机，这种动机兼有病程与现实两种成分，行为的发生一般多在病理性基础上，由现实矛盾或冲突引起。

2. 作案多缺乏预谋性　多数精神病患者作案都没有预谋，他们对作案的时间、场合、方式、工具等均缺乏严密的选择，有时甚至公开作案。

3. 作案手段往往极其残忍　有些精神病患者杀人手段之残忍，已经超越了正常人的想象。除手段残忍之外，由于精神病患者的攻击行为多数是突发性的，周围人难以防备，所以被害人往往累及多人，有时甚至可达十几人。

4. 作案后多缺乏自我保护　精神病患者作案后多不能像正常人那样消除作案痕迹，逃离现场，以防被抓获。他们作案后或者站在血泊中等待逮捕，或者躺在尸体旁睡大觉，或者自己到公安机关报案。还有一种抑郁症患者，其杀人的目的就是为了让公安人员杀死自己，他们缺乏自杀的勇气，就通过这种间接自杀的办法以求一死。还有一位患者，为了“投胎”，选择到公路边等候他意识中的卡车到来，在卡车到来的时候，迅速扑向卡车轮胎而被碾压致死。

5. 绝大多数为单人作案　由于精神病患者辨认能力或控制能力严重障碍，因此正常情况下缺乏多人预谋作案的能力。但是，在部分案件中，精神病患者可能受正常人的唆使而作案，从而形成表面上的多人作案。

一、精神病患者杀人与仇杀、情杀、报复杀人案件的鉴别

仇杀是指出于仇恨而杀人，是凶杀案件中比较常见的形式之一。由于被害人与犯罪嫌疑人之间存在仇恨，虽然犯罪嫌疑人不一定会对作案过程进行精密策划，但是在行凶过程中手段相对凶狠，将被害人直接置于死地。如2006年陕西省汉阴县邱兴华案，凶手在杀死9男1女后，将一名被害人双眼挖出，心、肺被掏出，且被下锅炒熟，切片后放在盘中。仇杀案件常用的作案凶器以斧锤、绳子、刀等易获得、便于携带物品为主，并且大多是自己提前准备带入现场，作案时间和地点大多是选择能与侵害目标独处的情况。

精神病患者杀人与仇杀案件在法医现场检案中所见的共同特征是行凶手段凶狠残忍，但由于精神病患者作案是在病态思维的驱使下实施的，因此行凶没有特定的目标，作案工具也基本上使用现场附近的现成物品，同时也缺乏对作案过程的谋划和案发后的自我保护，一般都不会逃跑，而仇杀则与其相反。通过调查访问发现犯罪嫌疑人与被害人有明显的利害冲突及因果的关系，以及对犯罪嫌疑人作案时以及作案后行为的分析，能够为鉴别这两类案件提供可靠的依据。

情杀，是指因为感情纠纷而杀人，是凶杀案件中最常见的类型之一，特别是在古代，甚至有“十次谋杀，九次奸情”的说法。情杀案件由于涉案人员情感关系复杂，因此作案手段多种多样、现场表现形式也极为复杂。但是，由于犯罪是由于情感原因所引发的，因此情杀案件的被害人一般比较明确，绝大部分的案件也会事先进行精密谋划，作案实施通常选择毒药、刀、绳索等物品，行凶后大多也会对尸体进行一定的处理。由于情杀案件的侵害对象较为明确，大多数作案都会在事先进行周密的策划，同时在作案后大多会对尸体和案发现场进行一定的处理，这些都是精神病患者行凶杀人后难以实现的。因此，通过细致的现场勘验和分析，结合社会关系调查，就能够对这两类案件进行鉴别。

报复杀人和仇杀案件在很多方面存在相似之处，但是报复杀人案件的作案者有时由于报复心理的驱使可能会扩大伤害对象，因此该类案件与精神病患者行凶存在一定相似。报复杀人是指为达到宣泄个人仇恨的目的而实施的杀人行为，其特点是伤害目标较仇杀范围更大，除了人际关系的问题导致对个人及其亲属的报复行为外，个人对社会不满导致的大范围报复杀人案件也时有出现，如2010年福建南平案，犯罪嫌疑人认为就读当地实验小学的都是有钱人从而实施了自己报复社会行为，造成8死5伤的悲剧。报复杀人其目的是满足自己对他人或对社会的仇视心理而实施的犯罪行为，因此有比较明确的目的和侵害对象，同时对自己的行为有一定程度的策划。由于精神病患者的侵害行为是在其丧失辨认和控制能力的基础上产生的，因此难以对自己的行为进行谋划，通常不可能形成较大范围的且明确的侵害目标。

二、伪装精神病杀人案件的鉴别

犯罪诈病，是指健康人为达到某种目的而伪装疾病。在刑事案件中，最多见的就是犯罪嫌疑人为逃避刑事责任而伪装精神病；而在民事案件中，多见于为取得赔偿或劳保待遇，而伪装心血管病、胃出血、肝炎等内科疾病或头痛、聋哑、瘫痪等运动功能和感觉障碍方面的疾病。

诈病的表现形式有：诈盲、诈聋、伪装肢体运动功能障碍、伪装血尿、其他诈病表现（伪装癫痫、伪装发热、伪装心脏病、伪装精神病），其中诈盲、诈聋和伪装为精神疾病是最常见的诈病类型。

诈病诊断标准：为了逃避外界某种不利于个人的情境，摆脱某种责任或获得某种个人利益，故意模拟或夸大躯体或精神障碍或伤残的行为。具有下述特点：①有明显的装病动机和目的；②症状表现不符合任何一种精神疾病中的幻觉、妄想及思维障碍、情感与行为障碍等症状表现；③对躯体或精神状况检查通常采取回避、不合作、造假行为或敌视态度，回答问题时，反应时间常延长，对治疗不合作，暗示治疗无效；④病程不定；⑤社会功能与躯体功能障碍的严重程度比真实疾病重，主诉比实际检查所见重；⑥有伪造病史或疾病证明，或明显夸大自身症状的证据；⑦病人一旦承认伪装，随即伪装症状的消失，是建立可靠诊断的必要条件。

诈病者行凶和精神病患者行为有明显的区别。诈病者行凶其目标明确，即是通过诈病来为自己的行为开脱，因此可以通过以下几个方面来识别诈病：①症状与体征不符。很多诈病者主诉症状多，而客观体征常缺乏相应支持证据，有的对个别或典型症状描述较细，而对疾病全部症状或并发症有所忽略，结果辅助检查与“阳性体征”不符；②症状体征不具备常见病的变化规律，一般伪装精神病患者大多没有正常精神疾病的演变过程，而是突然发病，一旦其目的达到或被识破，其症状体征会突然减轻或消失；③拒绝相关检查，诈病者往往对临床检查不太配合，尤其是仪器检查和实验室检查；④发病前和社会、心理因素因素相关，存在明显的目的性。

案例1：

某市广场正中央发现一黑色塑料袋，内有人右小腿、右耳、两只童袜、成人丝袜等物品；当晚又在当地一职工宿舍楼道发现一烟草公司送货袋，内有用毛毯包裹的其余尸块。

尸块检验见被害人全裸，除头面部外皮肤呈鸡皮样改变，未检见尸斑，尸僵、角膜浑浊等情况均为早期尸体现象。各尸块断端可对应吻合，且有多处大小不等、深浅不一的创口，双耳、右手五指末节部分缺失，以上损伤均无生活反应。口唇部黏膜、牙龈有多处挫伤出血；颈部有皮下出血；甲状软骨中下段离断，断端光滑整齐，其右后、右下后侧及左侧有肌肉出血；食管于同一位置离断。心尖部浆膜散在针尖样出血；胃充盈，400g食糜，可分辨红辣椒、海白菜等，未闻及异常气味。

DNA检验确定尸块为同一人，后认定被害人为该烟草公司宿舍内一男童。

现场分析：被害人颈部皮下、肌肉出血明显，心尖处心外膜散在点状出血提示有窒息征象，结合被害人其他部位的创口、断端均无生活反应，可推测死亡原因为机械性窒息，后被分尸、抛尸。犯罪嫌疑人分尸、抛尸的目的通常为延长案发的时间，因此选择地点较偏僻和隐蔽，而此案尸块发现地点均为人流量大、易发现的场所，与抛尸目的相悖；同时尸块上的锐器伤均为死后形成，数量大且无规律，结合调查被害人及其家庭与外界无仇恨，提示此案应为精神病患者作案。结合抛尸地点、被害人住所及尸块包装物特点等分析，嫌疑人应为一人且与被害人住所比邻。据此，排查烟草公司及附近目前疑似精神疾病状态或有精神病史的人，以确定犯罪嫌疑人；后期对其家秘密勘验，发现并提取到被害人的血迹，明确分尸现场，锁定犯罪嫌疑人，其交代案情与分析结果一致。

此案在现场勘验中注重对抛尸地点、包装物、被害人住所等信息的关联分析，为定性及排查范围的划定提供依据；而尸检结果亦印证了现场勘验的分析，两者结合为侦查提供了线索，尤其是对犯罪嫌疑人条件的准确刻画，为确定精神病患者作案提供了充足的依据。

案例2：

某日群众报案，称某村大路上发现大量血迹。侦查人员顺着血迹方向寻找，在约150m外的麦地里发现一具尸体。现场勘验见尸体表面覆盖有大量麦秆，全身衣物上沾有大量血迹，头部见多处钝器伤及粉碎性、开放性骨折，双眼球缺失。公安机关勘验现场为移尸现场，不能排除抢劫或情仇报复杀人。故将本案定为凶杀案并展开侦查工作。案发数天后，有一男子将两只眼球送到派出所问“你们要不要”。公安人员将其抓获，将眼球与尸体进行比对，确认两只眼球均是从该尸体上剜下。其后该男子被鉴定为精神分裂症青春型（该案例提示，精神病患者杀人案件与情仇报复杀人案件的损伤特征及现场反映出的凶残程度相似，应与这类凶杀案件相鉴别）。

案例3：

某年大年三十群众报案，称某市木材加工场职工葛某（男，30岁）于当晚持菜刀闯入岳母卧室，一边挥刀砍杀其岳母，一边高呼“加强无产阶级专政，杀死你这个女特务！”其妻大声呼喊：“不能杀，那是妈妈”。但葛某已砍下岳母头部，并将其扔向院坝。随后其又围绕着血淋淋的人头转了几圈，自言自语：“我看你还跑不跑！”公安人员赶到将葛某擒获后，审讯人员审问葛某为何要杀害其岳母，葛某称其岳母与电影《列宁在1918》中杀害列宁的女特务很像，尤其是她抽烟的样子。后经鉴定，葛某为精神分裂症偏执型。

案例4：

某日群众报案称当日中午12时许，其五弟持剪刀进入母亲卧室，骑在母亲身上用剪刀猛刺胸部，当时在场的其他兄妹上前阻止："老幺，不要杀，那是妈妈！"其五弟并未停手，连刺三十余刀直到母亲死亡。随后其又打开缝纫机抽屉拿出机油壶，向其母亲尸体鼻孔内压入机油，声称为母亲加氧气要救活她。公安机关将该男子抓获后，经鉴定为精神分裂症偏执型。

（万立华　王建文）

思考题

1. 精神病杀人案件的特点是什么？
2. 精神病杀人与情仇杀人的区别是在哪里？
3. 如何区别精神病杀人与伪装精神病杀人？
4. 如何鉴别精神病人在犯罪时有无刑事行为能力？

第十九章　自杀案件的现场勘验与重现

在法医学实践中，死亡方式可分为自然死亡（natural death）和非自然死亡（unnatural death）两类，非自然死亡即暴力性死亡（violent death），包括自杀、他杀、意外事故和不能确定四种类型。自杀（suicide）是一种暴力性死亡，是个体故意或自愿采取各种手段毁灭自我生命的过程及结果。自杀也是个体与环境不相适应而产生的应激性反应，是为了应对心理危机而采取的一种极端措施和一种自我指向性的暴力。

自杀的概念目前还不十分统一。在心理学和公共卫生学实践中，为了预防自杀，将其区分为自杀行为（suicide behavior）和完全自杀死亡（completed suicide）两类；个体出现自杀行为警示家庭和社会要采取预防措施；而法医鉴定和现场勘验中，既往的自杀行为可以在身体留下损伤痕迹，可为完全自杀死亡的确定提供线索。

第一节　自杀的分类和过程

一、自杀的分类

自杀是一种复杂的个体心理、行为异常的社会现象，也是法医鉴定实践中经常需要甄别的一类死亡方式。不同研究者对自杀有不同的分类。

（一）法国学者涂尔干对自杀的分类

法国社会学家爱米尔·涂尔干认为个体如果与社会充分整合，其欲望和抱负受到社会规范的调控，就不容易发生自杀，反之则易出现自杀行为；涂尔干依照个体与社会整合和社会调控的相对有无，将自杀分为四种类型：

1. 利他性自杀（altruistic suicide）　这类自杀个体生前与社会整合过度，即社会纽带过于牢固，重视社会甚于重视自己，通常在社会群体的压力下而自杀，或者为追求某种精神上的目标而自杀，或者为了担负特定的社会责任、牺牲小我实现大我，如癌症患者或慢性疾病缠身的人，为了避免连累家人和社会而自杀。这类自杀者一般普遍认为死亡是他们生命中唯一的选择，也是有价值的，自杀可以实现他们更高层次的精神境界。

2. 利己性自杀（egoistic suicide）　与利他性自杀正好相反，利己性自杀发生于与社会整合度低的人群。当个体离群索居或与特定群体的联系被削弱甚至破裂时，就会发生此类自杀。个体一旦失去与社会之间的约束和联系，对家庭、社会及周围群体毫不关心，其内心产生强烈的孤独、绝望，继而出现自杀行为，如无子女者、中年失独者、离婚者、老年失偶者等。这类自杀问题在家庭气氛浓厚的社会发生概率一般较低。

3. 失调性自杀（anomie suicide）　也称之为脱序性自杀，由于缺乏社会调控引起，指个人与社会固有的关系遭到破坏而产生自杀行为和结果。例如在失去工作、至亲身亡、失恋失婚、经济陷入困境等事件发生时，当事人不知所措，难以克服困难或控制自身悲伤情绪而自杀。

4. 宿命性自杀（fatalistic suicide）　是个体因多种原因受社会或外界力量过分控制、指挥，在命运面前完全无能为力时自杀，如被困囚室人员自杀或宗教徒为教义献身等。

（二）中国学者对自杀的分类

我国学者把自杀分为情绪性自杀和理智性自杀两类。

1. 情绪性自杀　因委屈、悔恨、内疚、羞惭、激愤、烦躁、赌气等心境短时间内引起情绪异常爆发并实施自杀行为。此类自杀进程迅速，发生过程短暂，呈现冲动性和突发性，其死亡后果常令家人及亲友非常错愕，百思不得其解。例如一位母亲发现上中学的女儿文身，立即表现不满，两人发生激烈争吵，女儿对母亲的责骂表现出剧烈地情绪反应，一怒之下当即跳楼自杀，母亲跟随其后自缢身亡，两人均呈现典型的"应激障碍"性自杀。自我性自杀、失调性自杀、宿命性自杀及应激障碍性自杀均属于情绪性自杀。

2. 理智性自杀　不是由于偶然的外界刺激唤起的情绪状态导致自杀，而是自身经过长期的评价和体验，并进行了充分地判断和推理之后，逐渐地萌发出深刻的自杀意向，并且有目的、有计划地选择自杀措施。因此，此类自杀的进程比较缓慢，发展周期较长，也易留下较多的痕迹和证据从法医勘验的角度易于辨别，其自杀的方式也比较温和。利他性自杀一般属于理智性自杀。

（三）特殊类型的自杀

在司法实践中，经常有一些特殊类型的自杀，如扩大性自杀（extended suicide）、多人集体自杀（mass suicide）、网络邀约自杀（internet invited suicide）、杀人后自杀（murder-suicide）等。例如一位 26 岁的女性与丈夫发生争吵之后带着两个小女儿跳河自杀，她先将两个女儿按入水中溺亡，但当她入水自杀时却被路人发现救活。这些特殊类型的自杀在缺乏目击证人或现场录像时，大大增加了法医现场勘验和死亡方式鉴定的难度。

二、自杀的过程

除情绪性自杀外，理智性自杀、网络邀约自杀等自杀方式多是一个逐渐发展和实施的过程。国内学者一般把自杀过程分为三个阶段：

1. 自杀动机或自杀意念形成阶段　通常是遇到难以解决的问题，想逃避现实，为解脱自己而准备把自杀当成解决问题的手段。

2. 矛盾冲突阶段　产生自杀意念后，由于求生的本能会使打算自杀的个体陷入生与死的矛盾冲突之中，从而发出谈论自杀、暗示自杀等直接或间接的自杀企图信号。有些自杀者不敢一个人自杀，通过网络社交平台邀请他人一起自杀，包括讨论自杀的方式、死亡前的体验等。

3. 自杀行为选择阶段　从矛盾冲突中解脱出来，当事人死亡的决心已定，情绪逐渐恢复正常，甚至表现出异常平静，仔细考虑自杀方式，做自杀准备，如买绳子、搜集安眠药、选择自杀场所甚至选择衣着、首饰等，时机一到即采取结束自己生命的行为。

第二节　自杀人群特征和现场特点

一、自杀案件的人群特征

世界卫生组织（WHO）报告数据显示，全球每年大约有 100 万人死于自杀。为预防自杀和降低自杀率，自 2003 年开始，WHO 和国际自杀预防协会（International Association for Suicide Prevention，IASP）将每年 9 月 10 日确定为"世界预防自杀日"（World Suicide Prevention Day），以帮助公众认识诱发自杀行为的危险因素，增强人们对不良生活事件的应对能力，预防自杀后果的发生。

按照 WHO 制定的国际标准，每年自杀发生率小于 10 人 /10 万人的国家为低自杀率国家，每年自杀率高于 20 人 /10 万人的国家为高自杀率国家。2013 年 WHO 统计全世界范围内人群平均自杀率为 14.25 人 /10 万人。我国人群很长一段时间处于高自杀率状态。据我国疾病监测系统的数据（1991～

1995年)，中国人群的自杀死亡率为19.9人/10万人，其中城市为6.5人/10万人，农村为22.9人/10万人，中国自杀死亡人数的绝对数值位居世界第一。据北京心理危机研究与干预中心发表的《中国自杀率报告：2002～2011》，1995年至1999年我国15～34岁农村女性自杀率为35.2人/10万人，2011年我国同年龄段农村女性自杀率为3人/10万，降幅十分显著。2011年我国疾病预防控制中心(Chinese Center For Disease Control And Prevention，CDC)公布的数据显示，中国平均自杀率为22.23人/10万人。多个统计显示，我国城市居民总体自杀率目前呈现逐年下降的趋势。

我国自杀人群有两个年龄峰段，即60岁以上老年人群和25～35岁青壮年人群；前者其自杀死亡率高与世界上大多数国家和地区一致；后者人群中女性比例高于男性。女性青壮年人群自杀的原因多为爱情和婚姻受挫、家庭纠纷、邻里不和等。

我国自杀人群职业特征表现为：农民工的自杀率最高，下岗待业者次之。中学生和大学生自杀率近几年呈逐年上升趋势；2013年报道有73例小学生发生自杀；成绩较差的学生中，自杀行为报道率较高。

二、自杀现场的特点

(一)现场的环境

理智性自杀者所选择的场所多为室内或相对隐蔽的位置，而情绪性自杀者由于其冲动性和突发性，选择的自杀方式比较随机多样，自杀场所可能发生在任何地方；而这类自杀也极易与他杀混淆，如果现场勘验工作不仔细，很容易误导侦查方向。

(二)自杀工具和物证的搜集

一般自杀工具，在现场常能够发现，有时也可能被埋藏于泥土之下，或者抛弃在周围草丛、树林、垃圾堆等地方。工具多为自杀者日常生活或工作场所用具，工具上遗留有自杀者的指纹或血手印。自杀现场周围常留有遗书，必要时需进行笔迹比对。有的自杀者将遗书通过电子邮件发给亲友，必要时也需要鉴别电子邮件的真伪，同时确认被害人遗书是生前在没有受到胁迫或者在清醒状态下所写。

(三)自杀者尸体损伤特点

自杀现场勘验的重点之一是自杀者尸体上的损伤特征及微量物证的检验。尸体本身就是一个小型的现场，尸体上的微小损伤特点或者物证往往成为鉴别自杀、他杀或意外死亡的重要依据。

1. 损伤的部位与排列　自杀者由于心理及自我操作的便利性，自杀过程所造成的损伤往往相对比较集中，呈现出规律性排列。损伤部位原则上均应为自己双手能够到达及形成的位置。自杀所致的损伤，常选择认为可以致迅速死亡的部位，如锐器切割颈动脉、桡动脉、股动脉；用枪口贴近头颅颞部、心前区部位射击等。

2. 损伤的方向　一般而言，自杀所形成的损伤方向与自杀者优势手的运动方向一致；如右利手自杀，右手持刀割喉，在其颈部可出现较多的斜行切痕，损伤方向自左向右，左高右低，创口左深右浅，反映出自杀者右手握刀，起刀重、收刀轻的损伤特点。

3. 损伤的程度与损伤的数目　一般自杀者在其损伤部位常有数个平行的损伤，一个损伤较深、较重，其余损伤相对表浅，或者全部损伤就其程度而言都不足以之致命，但可因逐渐出血或其他原因死亡。数个较轻的损伤一般比较集中；这些较轻的损伤，系在致命损伤形成之前，内心在犹豫、矛盾、害怕试过程中多次试切形成，称之为试切创(hesitation wound)。

(四)现场血迹的分布

现场血迹既是一种痕迹，又是一种物证，具有双重证据特性的特点；作为一种痕迹，血迹是人体损伤的一种外化表现，血迹有相对特别的颜色，易于现场人员观察、提取和鉴定；作为物证，血迹可以进行DNA个体识别和同一认定。

自杀现场上可见到被害人在受伤过程中和死后静止状态下形成的血泊；伤后有行为或运动能力者，现场有滴落的血迹，或由于损伤后痛苦挣扎形成抹擦的血迹；尸体头、面、颈、项、胸、腹、足面等部位和衣服上可有流柱状血迹；手掌或手背、袖口上可见喷溅血迹及流柱血迹等。

（五）自杀者的衣着状态

自杀者常将选作致伤部位的衣着解开或将衣袖卷折，故成伤后衣着应无破损。也有文献报道，自杀者在野外刺杀自己后，将衣服脱下，与致伤物一起抛至周围草丛中，伪装他杀以将保险留给亲友。

（六）抵抗征象

自杀者生前应无挣扎或抵抗行为，尸体上不应出现防御伤或抵抗伤(defence wound)。然而，在自杀过程中，身体可碰撞到周围的物体，体表形成一些碰撞损伤。

第三节　自杀现场勘验重点

一、尸体所在场所的勘验

（一）室外现场的勘验

对于在室外自杀的死亡现场，首先要勘验现场所在的地理位置是否安宁、隐蔽，符合自杀现场的一般特点；勘验周围的路径及交通状况，判断被害人是否可以进入或到达该现场。

其次要勘验现场中有无搏斗痕迹、拖拉痕迹，现场有无遗书、被害人进入现场的足迹、被害人在现场遗留的指纹等；应检查尸体有无随身携带物品、身份证、工作证、机票、车票、船票等，以判断被害人的身份；应在尸体周边寻找可疑物品，如提包、食品、饮料、足迹、工具、与环境不相适应的物品等；根据以上现场信息，并结合尸体解剖检验结果综合分析、推断是否属于自杀。

（二）室内现场的勘验

1. 现场进出口的勘验　进出口的勘验主要是为了明确是否有他人进入室内的痕迹和物证。勘验时，要注意观察现场门窗的状态是开启还是关闭的，能否从外面关闭，门窗上有无外来暴力破门而入的痕迹；锁舌、门闩上有无拨划痕迹；屋顶、墙壁等其他进入现场的部位是否完好。

2. 现场变动情况的勘验　重点勘验现场是否有物品发生位移、翻动、毁坏，变动情况是否与亲属或医务人员抢救被害人有关；钱物、银行卡等财物有无损伤；搜寻被害人生前个人持有的物品，如手机、钱包、钥匙等物；寻找和勘验被害人遗书、日记及电脑、网络记录和痕迹。

3. 自杀工具的发现和确认　自杀工具多留在现场，工具上可遗留有被害人手印。也有少数案例自杀工具被自杀者丢弃或被家人、急救者丢失。

二、自缢的现场勘验

自缢(suicide by hanging)是利用自身全部或部分体重，使绳索或类似物品压迫颈项部而引起的一类机械性窒息死亡。自缢死亡者现场勘验的重点内容包括以下内容：

（一）自缢现场尸体体位勘验

勘验尸体的体位是立位、半立位、蹲位、跪位、坐位、仰卧位、半卧位等；注意观察、记录尸体双足是否悬空等。

勘验尸体旁边是否有蹬踏物品，蹬踏物上及周围地面有无被害人的足迹或其他可疑足迹。判断被害人能否自行完成自缢行为，或是否能够借助工具完成自缢行为。需要注意的是，由于自缢不一定需要借助绳索，而且体位多变，因此不典型的自缢要与体位性窒息或意外相区别。

（二）悬吊点的勘验

悬吊点是缢吊时缢绳与支撑物体的接触点。现场勘验时，应特别注意观察、记录悬吊点附近有无加层或减层手印，该手印是否为被害人所留，该部位灰尘有无摩擦印痕，印痕多少、深浅程度；悬吊点两侧的缢绳上有无因擦刮而形成毛刺。缢绳的长短、悬挂高低、悬挂点上方的浮土有无擦蹭的情况等。

一般情况下，自缢死亡者在支撑物体上可能留下被害人的手印和指纹，悬吊点两侧的缢绳上没有因拖拉等而形成的毛刺。他缢死亡者，支撑物体上一般不留下被害人的手印，而且因为拖吊被害人悬空时用力较大，常会在悬空点附近的支撑物上形成较重的摩擦痕迹，悬空点两侧的缢绳上可形成明显的毛刺。

（三）缢绳及绳结的勘验

勘验缢绳时，主要记录缢索的性质（何种物品）、来源（是否被害人家中所有），缢绳的股数、材质（是麻绳、草绳、铁丝、电线还是其他材质）、硬度、粗细、宽窄，还要注意观察和记录绳套是固定型（死套）还是滑动性（活套）及缢绳打结方式。

绳结的打法常可以反映犯罪嫌疑人的职业特征和其平日结绳扣的习惯手式，在现场勘验中应保留结扣，不能随意解开绳结。绳结形状经调查与被害人平常打结手法相对照，常可用来区别自缢、他缢或印证犯罪嫌疑人口供。勘验时，应先固定绳结的形状，不得已剪断时，应在无绳结的地方剪断，并用细绳将两断头连接复原。

（四）尸体检验

1. 衣着检验　自缢死亡者的衣着一般较为整洁，有的甚至在自缢前化妆、换上新衣服；他缢死亡者，则可能会因搏斗或挣扎而致衣着翻卷、撕裂、纽扣缺损或沾有血迹等。自缢死亡者衣着口袋可有证件、遗嘱等物品，注意检查、记录。

2. 尸表检验　首先重点检验尸僵、尸斑等尸体现象的分布情况。悬空自缢死亡者，脚尖一般自然下垂，尸斑常位于躯干及四肢下部。他杀后伪装成自缢死亡者，如果尸斑、尸僵形成后再吊起，则尸斑因不同的停放体位则可能分布于腹、背部；同样，被害人的脚尖也会因已形成尸僵，不会再呈现自然下垂状。

3. 索沟的检验　索沟是缢绳压迫被害人的颈部所形成的痕迹，一般呈马蹄形，下深上浅，逐渐“提空”，这是与勒死的重要区别之一。勘验时，应注意索沟的形状、位置、方向、宽度、深度、颜色、数量等特征，与现场缢绳绳套和绳结是否相符，以及索沟处的皮肤组织有无出血等生活反应，以判断是自缢死亡还是他杀后伪装成自缢。

4. 尸表伤痕的检验　尸体上除索沟之外，还有其他部位的明显损伤，一般应考虑他缢；当然，要排除自缢时因濒死期挣扎碰撞附近物体形成的相应痕迹；有些自杀者在缢死前尝试用其他自杀手法而形成的自伤，如颜面切创（图 19-1）。

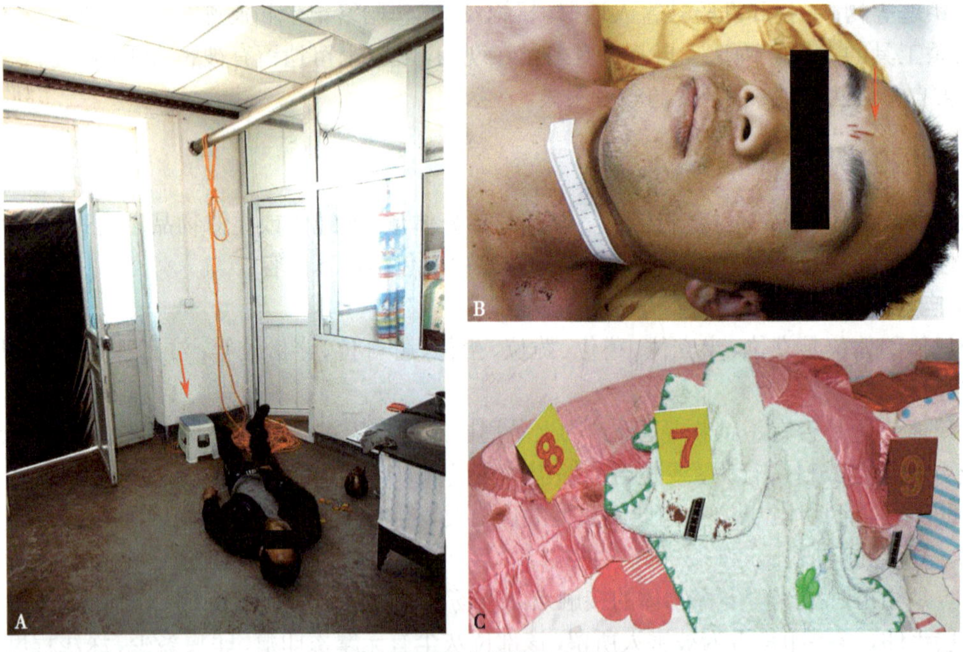

图 19-1　室内自缢死亡现场

A. 青年男子悬挂在取暖炉的烟囱上自缢，邻居发现后从缢套中将其平放地上，发现已身亡；现场为客厅；缢索为电线；烟囱下有踩踏的凳子；被害人衣着整齐；B. 额部有 3 处表浅、无交叉的切创；C. 卧室枕头和枕巾上有擦拭血迹；物证检验，与被害人 DNA 分型一致

5. 全面、系统的法医学解剖检验 解剖时要特别注意检查颈浅、颈深肌肉有无出血，甲状腺、颈部淋巴结有无出血，颈动脉内膜有无损伤，舌骨、甲状软骨有无骨折等。尸体解剖过程中要注意提取心血、胃内容物、肝、肾等检材进行毒物分析。

三、溺水自杀的现场勘验

溺死（drowning）俗称为淹死，指因大量液体进入呼吸道，影响气体交换而引起的窒息死亡。由于我国大部分地区江河湖泊等水域广泛，溺水身亡也是自杀者经常采用的死亡方式。溺水死亡现场勘验的重点包括入水点和尸体勘验。

（一）入水地点的现场勘验

溺死案件中，需要寻找被害人生前入水地点并进行现场勘验以推断死亡性质。在水井、水塘、湖泊等水体相对静止的地方，一般发现尸体的地点即入水点；而在大江、大河等水流快速的地方，发现尸体的地点则可能与被害人入水点不相一致；现场勘验人员应根据水流方向、速度，并结合气温、尸体腐败程度、体内异物特点、硅藻检验等综合分析，查明溺死者的入水地点。勘验入水地点时，应该按照现场勘验的一般原则。首先应观察环境，包括现场所处的位置是否隐秘、现场周围的交通是否便利、现场周围是否有遗留的交通工具。注意勘验入水处湖岸、河坝坡度大小、水流缓急程度，斜坡上有无擦划、踩踏、翻滚等痕迹，近岸水域的水底有无被害人由浅入深的足迹；岸上有无足迹，是否被害人一人的足迹，有无同行的足迹，该足迹是否步态正常，有无“打横”现象，以分析被害人是自行而来还是被挟持而来。勘验现场时，需要查明有无能够判断溺死性质的痕迹和物证，例如现场上有无踩断的树枝、花草、滴落的血迹、脱落的纽扣、撕碎的布片等搏斗痕迹；有无运输工具痕迹、拖拉痕迹、坐卧痕迹、吃剩的食物、饮料等；在入水点周围地面上放置的鞋袜、衣服等遗物排列是否整齐；入水点周围现场有无遗书（图 19-2）。

（二）溺水尸体的检验

水中尸体检验的首要的任务是识别该尸体是生前溺水死亡还是被抛尸入水。生前溺死的尸体通常有以下几个形态特征：尸斑浅淡；口、鼻部有蕈状泡沫；手中握有水草、泥沙等物；球睑结膜出血；呼吸道内有溺液；水性肺气肿；肺表面有“溺死斑”（Paltauf's spots）；胃肠内有溺液、泥沙等异物；静脉淤血怒张，右心淤血；脑、心、肺、肝、肾、脾、骨髓等组织中检出硅藻；左右心腔血浆内离子浓度检测差异。溺水的时候，由于人体挣扎，有很多溺水死亡者在一些不容易因为外伤形成出血的部位出现肌肉出血，如胸锁乳突肌、斜角肌、胸大肌、背阔肌等处肌肉形成灶状、片状出血。而死后抛尸入水的一般不具备上述特征，但是通过尸体解剖检验能发现其他死亡原因。

生前入水溺死者一般尸体上生前损伤轻微或者没有；有些自杀者，入水前可能采用其他自杀方式而产生一些损伤，如额部、颈部、腕部试切创等，但这些损伤部位必须是被害人自己能够形成的损

图 19-2 护城河溺水自杀的现场

A. 护城河溺水现场；B. 被害人为女性，在某三甲医院确诊为乳腺癌后当日下午在护城河内溺水自杀

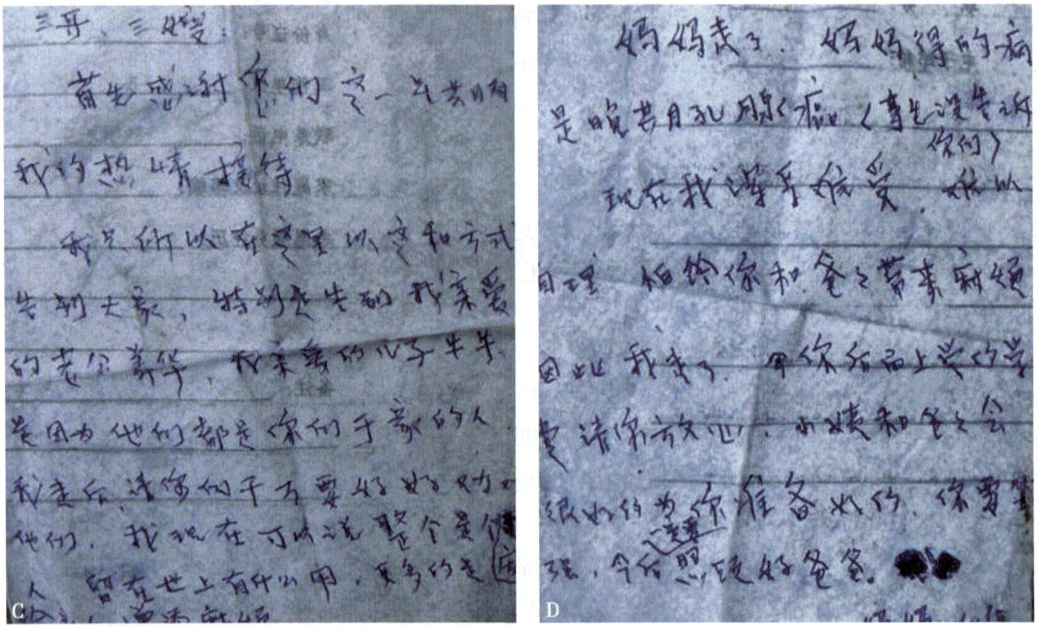

图 19-2　护城河溺水自杀的现场(续)

C、D. 落水点附件发现有被害人手袋，其中有写给哥嫂和孩子的遗书

伤；该损伤的方向与被害人右利手或左利手相一致。自溺者尸体上一般没有挣扎伤、抵抗伤和致命性损伤，具有溺死的特征性法医病理学改变。

自溺者一般衣着比较整齐，衣着多少和厚薄与环境气温相适宜；有些自杀者经常穿着新衣和鞋袜；衣物上一般无损伤；有些自溺者在衣服口袋里有遗书，有的自溺者衣服口袋和袖子里可能装有石头等沉重的物品。

部分自溺者入水前进行自我捆绑，但捆绑自溺死亡与他杀捆绑不同；自溺者自我捆绑绳索比较均匀、规则，松紧适度，捆绑部位皮肤软组织一般无损伤、无出血；捆绑一般位于躯干，同时可能捆绑有重物；双手有绳索捆绑者，双手部位一般比较松弛，自己能够完成。

四、高坠自杀的现场勘验

近年文献报道，对我国陕西、四川、湖北、福建和广东 5 省市 2000～2007 年 574 例法医鉴定的高坠死亡案进行统计分析，其中 321 例为自杀，所占比例为 55.92%。2014 年有研究者以上海市徐汇区为视角，对 391 例高坠案件进行统计分析，其中 314 例为自杀，所占比例为 80.31%。因此高坠案件现场勘验在确定自杀等死亡性质法医鉴定中具有十分重要的作用。

(一) 高坠自杀案件的现场勘验

1. 室内现场勘验　城市中高层住宅、办公和商务场所中室内阳台、窗户等是自杀者选择的坠落起始点。在勘验时要注意检查房门及门锁情况，并详细询问原始状态；勘验室内有无翻动、搏斗、拖拉痕迹，寻找被害人生前携带或个人拥有的物品；能确定楼层、窗户的现场，重点发现提取窗下地面足迹、窗台上爬或蹬蹭痕迹、窗框和玻璃上的指纹，详细记录指纹遗留的位置、指尖朝向、指位等情况，分析被害人生前是否能自主完成这些动作；不能确定楼层的，要结合调查和尸体损伤特点，初步分析起坠点所在的楼层范围。

对被害人生活场所的勘验，应确定生活场所与起坠点现场的关系。应对被害人生前生活场所内的物品、生活痕迹进行勘验，如被害人生前吃过的食物、喝过的饮料等；并提取相关物品进行毒药、药物检验。

2. 楼顶、平台等室外坠落起点现场勘验　在坠落起点处着重寻找足迹、蹬踏、爬蹭等痕迹；在通往坠落起点的通道、楼梯处寻找被害人的足迹；在坠落起点周边寻找被害人的物品；注意墙面有无可疑字迹、物品。

坠落起点周围环境的勘验也同样重要。在坠落起点周围注意勘验有无烟头、衣物、遗书等物证，推断被害人在坠落起点周围的活动范围和轨迹，从而判断被害人自杀的心理状态。坠落起点现场的勘验还应注意现场是否有打斗搏斗痕迹，寻找现场及周围环境中是否有人为的物品损坏及打斗工具。

3. 坠落空间和坠落地点　首先要测量尸体与坠落起点一侧楼体间的距离，测量坠落地点至地面的高度，以便推断撞击力量大小。

查看坠落地点地面硬度、地面平坦或粗糙等，根据不同地点或物体的情况，分析其与尸体上的损伤有无矛盾，借以判断坠落损伤的性质。

查看坠落路线的空间中有无突出物。人体在坠落过程中可能与空间突出物体接触、碰撞而形成附加损伤，如悬空的电线、树枝、雨棚、广告牌等物体上一旦发现有被害人的毛发、血迹、组织及衣服纤维等物证，通过DNA检验分型比对后对分析尸体上损伤的成伤方式有重要帮助。

4. 注重电子证据的收集　调取案发街道、社区、建筑周围及电梯内的监控录像资料，了解被害人进入建筑的时间、衣着、步态、表情以及生前是独自进入还是与他人一起进入建筑等信息，用以联合推断死亡时间、死亡性质等。

5. 现场调查　对室内、外现场进行勘验的同时，要注意询问被害人亲朋好友、同事邻居等相关人员，了解被害人生前的生活状况，如有无情感、财物、法律纠纷等；了解被害人生前健康状况，是否患有躯体或精神疾病（如抑郁症）；了解被害人生前有无毒品、乙醇、镇静安眠类药物等物质滥用问题；了解既往有无自杀史；注意在现场及周围环境中查寻有无遗书。

（二）尸体检验

1. 衣着检查　注意检查坠落者的衣着上是否沾附有地面环境的物质，如泥土、青草、油渍、污水等。

由于重力的作用，坠落过程中所产生的巨大外力可通过测量坠落起始点和落地点之间的高度并根据物理学中动能计算公式 $E=1/2mv^2$ 和自由落体公式 $v=\sqrt{2gh}$ 计算坠落着地时的动能。高度越高，落地时产生的动能和受到的冲击力也就越大。此外，人体的损伤还与地面的材质有关。由动量定理 $Ft=mv$ 可知，人体受力 F 除了与体重 m、落地速度 v 有关以外，还与接触时间 t 有关。接触时间 t 是指人体从与地面接触开始，到与地面相对静止的时间。一般来说，人体与水泥地面的接触时间小于 0.1 秒；与救生气垫的接触时间约为 0.3 秒。据文献报道，人体胸部总受力超过 5000N（牛顿）即会胸骨及对胸腔内器官造成损伤。以 80kg 的成年男子为例，从四楼落下（层高为 3m），与水泥地面接触时，受力约为 12 000N；而与救生气垫接触时，受力约为 4100N。因此，下落高度越高，地面越坚硬，人体重量越重，其衣着和机体的损伤越严重。坠落时可造成衣裤沿衣缝崩裂、腰带断裂、女性胸衣系带断裂。手机、手表摔坏而停走或不能使用，手表停止的时间往往显示坠落着地时间。

要注意查看坠落者所穿鞋子特别是鞋底有无高速擦蹭形成的痕迹，同时与坠落起始点地面、楼梯上的擦蹭印痕比对。

2. 尸表检查　高坠伤不同于一般机械性损伤，有其自身的特点：体表损伤轻，内脏损伤重；内脏器官破裂明显，脏器周围及体腔内出血较少；损伤一般比较广泛，常有多发性复合性骨折；除空中障碍物所致的损伤之外，多处损伤均由一次性暴力所形成。

头面部常有明显损伤，从耳、鼻、口部位流出血性液体或脑脊液，颜面损伤、变形到全颅崩裂、脑组织膨出、碎裂等损伤类型均可出现；坠落尸体有时可发现眼结膜不同程度的出血，轻者呈点状，重者可形成结膜下血肿、结膜及角膜破裂；前颅凹眶板发生骨折的尸体往往可见眼睑血肿；有的高坠伤可造成下颌骨骨折或牙齿脱落，注意搜寻、收集。

胸、背部最常见的损伤有广泛擦挫伤、挫裂创、多发多处肋骨骨折、颈、胸、腰部脊柱骨折，肩胛骨、锁骨、胸骨骨折，胸廓、脊柱变形等。

腹部外表损伤较少，有时仅见轻微擦伤，但内部器官损伤重是其特点之一。在坠落高度较大时，腹部可形成开放性挫裂创。

损伤最多见，程度也不一致，从擦伤、挫伤、挫裂创至开放性或闭合性骨折；四肢骨折可为粉碎性骨折，有时骨折断端刺破皮肤、肌肉组织，形成开放性刺创和挫裂创。

五、中毒自杀的现场勘验

对我国2006～2013年伤害监测系统（National Iniury Surveillance System，NISS）中自残和自杀未遂就诊的45 426例患者大数据进行统计分析显示，因自残/自杀就诊者中56.1%采用服毒的方式，其次为锐器损伤。对精神病患者、肿瘤患者、青少年及农村自杀人群进行的调查和统计分析显示，其中60%～70%采用服毒的方式自杀。导致自杀者中毒死亡的物质有农药、杀虫剂、杀鼠剂、镇静安眠药、乙醇、毒品、煤气、天然气、汽车尾气等；烧炭自杀在我国香港、台湾地区比较常见。中毒自杀者多位于室内或封闭的环境（如汽车）中。与高坠、溺水、枪击等自杀方式相对比，采用服毒的方式自杀，有更多的获救机会。

（一）中毒自杀案件的现场实地勘验

1. 疑似煤气中毒死亡的现场　详细询问记录房门、窗户的开闭状态；检查室内有无异味、有无产生中毒气体的装置及使用状态是否正常，如煤炉烟囱管道是否堵塞，燃气灶、热水器是否泄漏；隔壁或其他房间有无类似装置且与现场空气流通；此类现场有时伴有被害人生前的挣扎、扭动、爬行等动作，应分析是否为自主形成。

2. 其他中毒死亡的现场　应注意观察尸体的位置与姿势，尸体周围有无杯盘器皿、药瓶、酒瓶、注射器等物。检查尸体的衣着情况，特别应注意检查胸前、双肩部有无药物流柱、腐蚀痕迹，检查有无呕吐物、泡沫黏液等物质附着；检查口袋内有无药瓶和剩余药品、遗书等。检查衣着的新旧程度，是否换装、是否整齐等，并进行拍照、记录。

（二）中毒尸体外表征象检验

1. 口腔周围状态　检查口腔周围或口角附近有无白色泡沫或褐色、黑色、鲜红色黏液，口唇黏膜有无腐蚀或烧伤痕迹，牙缝或龋齿凹陷中有无可疑残渣或颗粒，有无特殊气味。

2. 检验尸体有无暴力损伤和机械性窒息死亡征象。

3. 尸斑颜色　一氧化碳、氰化物中毒和苦杏仁中毒尸斑呈鲜红色，氯酸钾中毒的尸斑呈暗褐色；亚硝酸盐中毒的尸斑呈深灰褐色；硝基苯中毒的尸斑呈绿褐色。一般中毒的尸斑颜色暗红，分布广泛。

4. 瞳孔大小　一般中毒瞳孔散大；甲酚皂溶液、有机磷农药、氯丙嗪、吗啡中毒者瞳孔缩小；吗啡中毒死亡者瞳孔缩小似针尖，是其中毒特征之一。

5. 皮肤针孔　仔细检查皮肤上有无注射针孔，如有针孔，还应与抢救时注射各类药物的针孔相鉴别。

6. 气味　压迫尸体腹部或翻动尸体时，有无特殊气味弥散出来。氰化物中毒可呈碱性气味；有机磷农药中毒可闻及明显蒜臭味等。但不能仅凭气味进行判断，要注意提取检材，进行实验室检验。

（三）检材提取与送检

现场及尸体检材的发现、收集、保存、送检在中毒案件中具有特别重要的意义。为了证实被害人是否因中毒而死亡、是何种毒物中毒，均需要提取适当的检材，科学地保存、及时地送检以进行检验，这是现场勘验中最重要的工作。

1. 样本采集　包括现场样本采集和人体组织样本采集。现场应注意发现、提取尸体周围呕吐物、排泄物及房间内现场中剩余食物、饮料、残留的药片、药渣、可疑容器、垃圾桶中抛弃的注射器等进行收集和检验。

采集尸体组织检材时，应结合现场勘验及尸检所见，初步判断毒物的类型，有选择地提取含毒量最多的部分检材。一般情况下，口服毒药、药物急性中毒死亡者，以胃及胃内容物为最好。在胃内容物已经排空后，应提取十二指肠内容物为检材。毒物吸收进入体内后，可分布于脑、心、肺、肝、脾、脂肪组织，并经过代谢和排出，不同毒物在体内各组织脏器分布的量不同，而且呈现动态变化；一般情况下，多采集血、尿、肝、肾、脑等组织作为人体检材。若怀疑毒物系注入体内的，则应取血和提取注射部位局部的组织进行检验。经过呼吸道吸入的毒物，应该提取肺组织。

2. 保存和送检　检材必须用干净、干燥的容器独立分装，然后密封容器口，外贴标签，写好检验编号、被害人姓名、检材名称、数量、提取日期等，并需检验人、检材提取人、经手人签名。如怀疑被害人系挥发性毒物，如乙醇、一氧化碳、二氧化碳、硫化氢等毒物中毒死亡，提取心血时，检材应装满容器，并及时密封、保存、送检。

六、枪击自杀的现场勘验

枪击自杀是美国最常见的自杀方式。我国虽然实行枪支管制，但是涉枪案件近年也逐渐增加，特定人群使用手枪或霰弹枪、运动枪等自杀的案例也时有发生。枪击自杀案件现场勘验的目的是通过对现场射击痕迹的发现、提取和分析来认定枪弹损伤，通过射入口、射出口的形态判断射击距离、射击方向并推断死亡性质等。

（一）现场枪弹射击物证的发现、提取和检验

射击的枪支、弹头、弹道和相关物证的检验一般应由枪弹学专家和法医共同进行，在死亡案件现场和尸体上的枪弹、生物检材往往是由法医提取。检材的发现、提取、包装和送检直接影响枪弹检验和物证检验的结果，所以，法医在对此类案件勘验中必须严格按照以下的基本原则进行检验：

1. 未经专门技术人员采集枪支指纹前，法医不要接触或移动现场的枪支。提取枪支后要首先检查弹匣和枪膛内有无子弹，并注意保护枪支上的痕迹和物证。

2. 应仔细寻找和收集可能遗留在现场上的弹壳、弹头和弹着痕迹。

3. 对停留在尸体内的枪弹头必须全部提取，并进行编号，分别包装，并标明取出部位。取弹头不能使用金属钳夹，以防留下人为的痕迹，干扰弹头金属成分鉴定。

由于弹头较小，体内弹头较难寻找，可采用 X 线拍片检查的方法帮助定位和查找。尸体内霰弹枪弹丸较多时，不要强求完全取出，但必须部分提取（如 10～20 粒）有代表性的弹丸送检。

4. 注意尸体上各种物证的保护，运送尸体时最好用塑料袋包裹住被害人双手；物证提取前不要清洗尸体；衣着上有枪弹损伤或有关痕迹时，要先详细检查、记录、拍照，然后小心脱下，包装送检，避免衣着上的痕迹物证遭到破坏。

（二）射击部位

枪弹自杀选择的射击部位都是在被害人双手易于射击到的部位，射入口一般多在前额、左侧或右侧颞部（根据被害人左利手或右利手而不同）、口腔、左胸前壁等靠近脑、心、肺等人体要害部位。除特殊现场（如张口呼喊被他人枪击）外，向口腔内射击基本为自杀。

现场勘验时，根据射入口、射出口和射创管确定射击方向是最关键的环节；应特别注意各种因素所导致的不典型的射入口和射出口，如弹头穿过中间障碍物后导致的损伤及跳弹损伤等。射击角度也是推断死亡性质的一个重要因素；一般而言，自杀者所采用的射击角度多垂直或略倾斜于射入口部位机体的表面；当射入口角度小于 30° 时，弹头可能沿皮肤表面飞行而不进入人体内，多考虑被他人枪击形成。

（三）射击距离及发射弹数

自杀者多采用接触射击和极近距离射击，持枪一侧手（右利手或左利手）的表面常沾附有回溅的血液；枪击自杀时通常只射击一发子弹；但使用自动枪支时，连续扣动扳机可发射出数枚子弹。

（四）射击者手表面的弹药残留物检验

火药爆发产生的气体不仅从枪口喷出，也能从枪膛枪尾部的细微间隙中弥散出来，并沾附、沉积于自杀者的手表面或衣服袖口上；这些沾附在表面的火药颗粒残迹很难用肉眼识别，大多数情况下需要借助 SEM-EDX 检查或化学方法检验来确定，这是通过鉴别射手而明确自杀的重要方法。

（五）尸体上射击痕迹的勘验

1. 射入口的勘验　主要勘验射入口的位置、形状、创口的大小、有无火药颗粒残留、有无擦拭轮、挫伤轮、烧灼痕迹等。近距离（通常是指射击距离不超过 1m）、极近距离（通常指射击距离不超过 5cm）射击的自杀者，随着高压气体喷射而出的烟雾、残余火药颗粒和金属碎屑大部分直接进入创口周围皮肤及皮下组织。射入口周围皮肤常见擦拭轮、挫伤轮、火药颗粒和碳氧血红蛋白环等。

当接触射击部位的皮下即为骨骼时，高压气体被局限于皮下，气体的膨胀力从坚硬的骨质上反弹回来，可导致皮肤撕裂，形成边缘不整、面积较大的星芒状或十字形缺损，即“爆炸性”接触射入口。这种形态的射入口，一般见于头面部，如前额、乳突、颞部等。远距离射击的，一般没有上述特征出现。

枪击自杀者的射入口，除了可见擦拭轮、火药烟晕外，还可能在被害人手上发现射击残渣、喷溅血迹等。霰弹枪射击的，还要测量各弹丸在皮肤上的分布面积。

接触射击时，创口周围的皮肤或衣着上可见到圆形或半圆形印痕，称为枪口印痕（muzzle imprint），反映出发射枪支枪口处的结构特征（如枪管直径等）。这是因为枪口喷出的气体在皮肤下膨胀，将皮肤向外冲起，其表面紧贴在枪口上皮肤受挫压而形成的，这种印痕本质上属于表皮剥脱或兼有皮下出血。枪口印痕的存在不仅表明射入口的位置，而且表明是接触枪伤，还能反映出枪口特征。射入口的勘验对推断射击距离、区分自杀和他杀具有重要的意义。

2. 射创管和射出口的勘验　射出口一般大于射入口，创缘外翻，没有擦拭轮、火药颗粒、碳氧血红蛋白环等。对盲管创，即只有射入口而无射出口的枪弹损伤，要注意采用 X 线检查在尸体内寻找弹头。对枪弹贯通伤，即有射入口、射创管、射出口的枪弹伤，要结合被害人枪击时的位置、射击方向等来推断弹道轨迹，在现场上找寻弹着点和弹头。因为自杀多为接触射击或近距离射击，所以贯通伤多见。

七、其他自杀方式死亡的现场勘验

（一）锐器自杀

锐器自杀时多采用刀、锥、钉等切器、刺器，自杀工具一般都留在现场。刺创部位多位于胸前壁和腹部，尤其以左胸壁心前区最常见。自杀切创最多见于颈部，其次是手腕部、腹股沟和腹部。锐器自杀损伤单一，创口相对集中，呈现规律地排列；损伤的方向与自杀者利手的运动方向一致，如右利手自杀者创口方向多为左高右低，左利手者反之；如果有多个损伤，其中轻伤数目多，重伤数目少，轻微、表浅的损伤多为试切创。所有损伤原则上均可以由自杀者自己双手形成。

（二）利用交通工具自杀

利用交通工具自杀，一般是由于家庭纠纷、婚姻、久病不愈等原因自杀或有意制造不良影响而自杀。这类案件的一般规律是，汽车驶近时自杀人冲向车辆或躺卧在车下被碾压致死。也有的自杀手段和情节非常恶劣，驾车高速行驶与对面汽车相撞或冲下高架桥致死。

1. 道路交通车辆自杀现场勘验　常见自杀者横卧于马路上，自杀者手掌、小臂前侧、肘、膝关节有擦伤，路面有车辆刹车痕迹。因此，应详细勘验自杀者倒卧的位置和姿态，衣服上的轮胎花纹印和尸体损伤情况。车辆痕迹检验时，应仔细检查汽车前部、侧面有无剐蹭、冲撞痕迹，后轮胎冠、胎面上是否有人体组织、血痕或衣服纤维附着。

检查自杀者所携带的物品有无遗书；如有能反映自杀原因的物品和文字材料，应当场拍照，妥善收集保存。

现场调查目击者和司机，了解全面的经过，特别要详细了解被害人生前在现场的位置、行为变化过程以及司机事前是否发现被害人的情况和是否采取了措施。

尸源明确的案件，通过调查被害人的社会关系，全面了解被害人生前的生活状态、思想情绪及其他与自杀有关的问题。

2. 铁路线上的自杀现场勘验　铁路线上自杀现场多在室外，可能有路人或周围田野作业人员目击被害人生前行踪，注意进行现场调查，收集相关信息。

自杀前如果有犹豫彷徨，现场周围可发现交替重叠的足迹或坐卧的痕迹；自杀者若吸烟，在坐卧或徘徊足迹的周围可留下烟蒂；有的现场周围可发现自杀者撕碎的纸片、照片、遗书、吃喝剩下的食品、饮料等。女性自杀者可将贵重的首饰、手表等物品用衣物包装好放在明显的位置；大部分女性自杀者衣着比较整洁。

勘验外围现场时要注意将现场足迹与自杀者所穿的鞋子大小、鞋底花纹进行比对，判断是否一致。搜索外围遗留的碎纸片、照片、遗书等以分析被害人的自杀相关因素。收集能说明被害人身份的证件，查明尸源。搜查有无与被害人同来现场人员留下的足迹，分析与被害人的因果关系。

卧轨自杀一般尸体移动较少，多数尸体呈俯卧状，多数尸体从腰部或颈部碾压离断，尸体一分为二，头身异处，轧压创边缘不整，在轧断处下方的钢轨有血迹。卧轨自杀案件现场勘验中要注意收集列车的行驶速度及现场天气资料。

3. 利用飞行器自杀　据美国联邦航空局发布的调查报告，2002 年至 2012 年间美国发生的 2758 起致命航空事故中，有 8 起是由于飞行员自杀所致，约占飞行死亡案件的 0.3%。调查显示，这 8 名自杀飞行员都是男性，其中 4 人体内检出乙醇，2 人体内检出抗抑郁药物。

2015 年 3 月德国一架搭载 144 名乘客和 6 名机组人员的客机在法国南部阿尔卑斯山区坠毁，导致机上全部 150 名人员丧生。调查人员通过现场搜寻，找到 2 个航空飞行记录器；语言记录显示副驾驶员将正驾驶员支离驾驶舱，关上舱门，独自操控飞机，并拒绝打开舱门让正驾驶员进入；自行降低飞行高度导致飞机坠毁。警方在飞机坠毁后立即搜查了该副驾驶员的住所，发现了治疗心理疾病的药物和医疗文件；警方从其住所带走电脑、手提电脑等物品进行检查，电子证据显示该副驾驶员曾上网查询自杀方法；曾因具有自杀倾向而接受治疗；死亡前刚和女朋友分手；这些证据显示了导致该飞行员蓄意自杀的原因。

这是一起扩大性自杀的案件，导致 100 多名无辜人员死亡。飞机从高空坠下，机上自杀者和其他乘客尸体组织严重毁损，碎片四散；而且现场位于山区和深谷，现场范围大，证据收集困难。但现场勘验人员设法搜寻到机上所有 150 名人员尸体组织，并通过 DNA 检验分型，对所有被害人的身份予以认定。

第四节　自杀案件现场调查和自杀者心理剖析

一、自杀案件现场调查

自杀对家庭和社会产生严重不良影响；对自杀死亡方式的确认，应排除他杀和意外事故。司法实践中，经常有他杀后伪装被害人自杀的案件发生，导致凶手逍遥法外；也有精神障碍患者采用多种奇特的方法实施自杀，可能被误断为他杀而成为悬案；也有部分被害人意外死亡而与自杀方式不能鉴别使其得不到保险赔偿。这些案件都需要通过系统的法医解剖检验、细致的现场勘验、现场调查及心理剖析来推断死亡方式和死亡性质。

（一）自杀案件现场调查的对象

案件的线索和证据，不仅存在于尸体、现场遗留的物证、痕迹，也存在于了解案件发生前后相关情况的人员大脑中，以记忆形式的痕迹体现出来。自杀案件的现场调查就是以了解自杀现场和自杀者情况的人员为对象，通过对案发地点及周围人员的查访、询问，发现和收集存储于大脑中与自杀事件有关的信息。

一般情况下，报案人、发现人、目击者、自杀者亲属、邻居、同事等都属于现场调查的对象；调查亲属包括配偶、父母、兄弟姐妹等，并从亲属中了解被害人生前往来好友情况。现场调查工作主要由侦查技术人员及法医承担。

（二）调查内容

对报案人和发现人的调查内容主要有：①发现自杀者死亡的时间、地点及详细经过；②发现现场的状况，现场有无变动；③发现死亡时有无其他人出入现场；④发现死亡后如何报案，对现场是否采取保护措施。

对自杀者家属的调查内容主要有：①被害人平时的生活时间、个人爱好、工作情况、社会交往情况；②被害人生前的生活态度、生活作风、言行有无异常表现；③婚姻状况或异性交往情况，包括是否交有异性朋友、是否结婚、是否生育、夫妻关系、与孩子的关系、是否有婚姻外异性或同性亲密朋友往来、孩子状况；④有无失恋、离婚、借债、破产、亲人患病、身亡等突发事件等及家人在突发事件后对其支持状况如何。

对自杀现场周围知情人的调查内容为：①是否看到可疑的人员，是否听过异常声响，或者喊叫、呼救的声音，是否观察到其他可疑迹象；②有关被害人及其亲属个人爱好、社会往来、生活作风、经济状况、生活质量、案发前后有无异常表现等；③案发地区社会治安、人员流动状况，案发之后周围有无人员行为举止异常等；④知情人对案件的看法以及周围群众对案件的舆论和反应等。

对自杀案件的现场调查一般是由调查对象对其所知道、所了解到的与案件有关的情况进行自由陈述，之后法医及侦查人员针对案件中需要了解的问题进行广泛提问，当调查对象对一些情况记忆模糊或者遗忘时，调查人员可以同构联想刺激帮助调查对象唤起对案件过程或特定细节的记忆。由于调查对象的情况复杂，个性多样，进行现场调查时应该注意采用科学的方法和灵活的技巧。

二、自杀者心理剖析

心理剖析（psychological autopsy）是相对于尸体解剖的概念而言，两者分析的对象都是被害人，但心理剖析是指通过与自杀者生前的亲友、同事等访谈而重现被害人生前精神状态和躯体健康情况，分析死亡相关危险因素的一种死后调查方法。心理剖析的这一术语的首次应用是为了区分故意自杀与药物过量致意外死亡的案例，从而有效地进行自杀的预防。对自杀人群心理剖析显示，在社会和经济上处于不利地位使自杀行为的风险增加；童年逆境和创伤对成年人自杀行为影响压力增加；严重的心理疾病、抑郁、焦虑、情感障碍、精神分裂症、药物滥用和成瘾显著导致自杀风险的升高。

心理剖析与侦查人员询问笔录、自杀人群流行病学统计资料不同；心理剖析的工作主要由精神病学专家及司法精神病学专家承担。心理剖析的目的是对被害人的个性特征、行为方式、生活习惯、家庭及社会状况进行深入调查和了解，以分析被害人生前是否存在自杀的动机和促使其自杀行为实施的危险因素。就目的而言，心理剖析与侦查人员的现场调查是相同的。

心理剖析主要用于鉴别自杀死亡及区分性质不明的死亡，如溺死、性窒息、毒品成瘾相关的死亡、交通事故死亡、死亡现场可疑的案例及保险赔偿、医疗事故、刑事犯罪等案件。心理剖析的一般方法如下：

1. 收集、整理并准确掌握被害人有关的资料，如个人基本情况、习惯嗜好、医疗记录、精神病学记录、家庭有无变故等。

2. 对信息人（被害人家庭成员、亲属、邻居、同事、自杀的目击者、发现者）进行访谈；访谈之前应制订访谈提纲。有效的访谈经常能出乎意料地获得被害人生前一些重要而不为人所注意的重要信息。

3. 查访被害人日记、电子邮件、网络社交平台、网络聊天记录等电子信息和证据。

4. 结合现场勘验人员询问笔录、现场照片、尸体解剖检验结果综合剖析被害人生前自杀的可能原因、导致自杀行为形成的可能因素，为佐证“自杀”提供精神与心理层面的证据。

目前，心理剖析作为法庭证据应用仍然存在一定的限制，主要表现在：缺乏标准方案，缺乏可靠的评估工具，访谈对象出现偏倚等。然而，在死亡方式不明确、现场物证有限的情况下，心理剖析不失为一种有效的工具，帮助法医区分死亡性质和方式。

（阎春霞　韩晓华）

思考题

1. 自杀的类型有哪些？
2. 自杀案件现场有何特点？
3. 什么是心理剖析？对自杀案件侦查和鉴定有何意义？

第二十章 猝死案件的现场勘验与重现

猝死(sudden unexpected natural death)是指貌似健康的人,因患潜在疾病或急性功能障碍,突发急速、意外的自然死亡。WHO 将其定义为:看着健康的人或是一个病情平稳、或正在好转的病人在24 小时内意想不到地发生非暴力性死亡。其特点为:死亡急骤;死亡出人意料;自然死亡或非暴力性死亡。猝死的发生可有或没有外因的诱导或促进作用,患者发生猝死时可有或无目击者在场。虽然猝死是因患者自身的疾病引起,而非暴力所致,但因发生的突然而意外,故易对其死因产生怀疑,尤其是之前存在纠纷或损伤的情况下更容易被疑为暴力死。所以,这类案件的现场勘验和调查走访就显得十分重要。

第一节 猝死案件现场勘验的目的和意义

一、猝死案件的性质与不确定性

猝死是指急速、意外的自然死亡,其性质属于非暴力死亡,是一个案例经过案情调查、现场勘验和法医学尸体检验之后作出的鉴定结论,每个案例在得出鉴定结论之前并不知道其是否为猝死案例。实际工作中,部分猝死案例很容易被认为是暴力死案件,如没有目击证人在场的猝死者,特别是外地宾馆、旅社、单位宿舍、拘留室、看守所,或荒郊野外以及水中等其他地方发生的猝死案例;同样,有的暴力死案件也可被误认为是正常死亡或是猝死,如某些中毒致死或体表无明显外伤的机械性损伤和机械性窒息的案例等。所以,尽管猝死案件的性质原本属于自然死亡,但在没有被检验鉴定之前,具有不确定性。

二、猝死案件现场勘验的目的

尽管猝死案件的现场勘验没有机械性损伤、机械性窒息和电击死等案件那样复杂,但是在得出结论前,都必须像那些暴力死的案件一样,要全面、重点、认真仔细地做好现场勘验工作,这对查明案件性质、确定是否猝死具有十分重要的意义。

猝死案件现场勘验的主要目的是:排除机械性损伤、机械性窒息、中毒、电击和烧死等他杀、自杀和意外所致的暴力死;收集与暴力死和自然死有关的文证和物证,如致伤物、遗书和药片等;判断是否存在提示与猝死有关的现场情况,从而排除或肯定猝死,如现场血液是否为门脉性肝硬化食管静脉曲张患者的食管血管破裂出血,或是空洞型肺结核患者空洞内的血管破裂出血所致等。

鉴定猝死必须首先排除各种暴力致死,由于猝死案件在未明确之前存在各种可能性,故与其他案件一样必须进行现场勘验,以排除暴力死。任何被怀疑为猝死的案例在未得出鉴定结论之前不能肯定其为猝死。部分猝死案例需要现场勘验获取有关证据而相互印证。

三、猝死案件与其他案件现场勘验的异同

与其他案件相比，猝死案件有以下一些相同与不同之处。

（一）相同性

1. 现场勘验的目的相同　猝死案件与其他案件一样，都须肯定或排除暴力死。

2. 发现和收集有关文证和物证　猝死案件与其他各种案件都必须收集文证和物证。如病历资料、遗书、药片或有关票证等。

3. 发现和提取有关样本　如病理性脑出血猝死者因颅内高压引起呕吐后的现场呕吐物，肺结核患者咯血后发现的现场血液等。

（二）不同性

1. 现场勘验的重点不同　猝死案件的现场勘验的重点之一是从宏观上排除各种暴力死，另一个重点是发现和收集与猝死有关的文证和物证。

2. 具体的现场勘验方法和步骤不同　因猝死案件不存在刑事犯罪问题，其现场相对来说简单明了，故猝死案例的现场勘验不像某些谋杀和电击死等其他案件那样复杂。

（三）特殊性

每个案例都有一定的特殊性，或简单明了，或复杂难定。因此，每例的现场勘验除了常规的项目和内容外都有其自身的特殊性。与高坠、电击和交通事故等暴力死的现场勘验相比，猝死的现场勘验要相对简单。但在没有明确是否为猝死之前，不能将其作为一般的猝死案件来对待，而忽视了其他可能存在的暴力死证据，特别是那些原本是他杀暴力致死却谎报为猝死的案例，其现场勘验更是如此。

四、猝死案件现场勘验的程序及内容

猝死案件的现场勘验，无论从程序和步骤还是具体的项目与内容，都有与其他类型案件的现场勘验相同的内容，此外，猝死案件本身所特有的特点决定了其在现场勘验时需要更多的获取死者的病史、生活习惯等一般资料。对于猝死的现场，其具体的程序及内容是：①现场案情调查；②现场勘验；③发现和收集有关物证与文证；④分析案件性质；⑤推测可能的死因。

第二节　猝死案件的现场调查

一、猝死案件现场调查的目的和意义

猝死是因患自然疾病引起的死亡，具有进展快、出人意料的特点。部分病例猝死前有生前病史、猝死时有目击者，但有的则无。此类案件现场通常比较平静，缺乏明显的打斗或搏斗痕迹；现场可位于室内，也可在户外；尸体的体位及姿势可以是各式各样的。因此，怀疑猝死的案件现场，在进行现场勘验以前，必须进行十分细致的现场调查和详细了解案情，为正确分析案件性质和判明死因提供重要信息。这类现场调查的主要目的是向有关人员详细了解猝死者既往个人病史、家族病史，以及发生死亡时的过程等情况。这对分析案件性质和推测可能的死因具有十分重要的意义。

二、猝死案件现场调查的对象及重点

猝死案件现场调查要向各种知情人员进行调查，其中主要有报案人或发现死亡者、被害人的家属及亲友、参与救治的医务工作者以及在场人或其他知情人员。如果是他杀谎报猝死的，其报案人也可能是犯罪嫌疑人。

（一）报案人

向报案人或发现死亡者询问发现现场的时间、地点，发现过程，发现被害人当时的情况，如尸体

所处位置、体位和状况，以及现场的保护情况等。当报案人或目击者为多人时，要分别单独进行详细询问，并对各自陈述的情况进行相互验证及补充。报案人或目击者可能是与被害人无任何关系的目击者或其他人员，也可能是被害人的家属或亲友，后者则要进一步调查以下情况。

（二）被害人家属及亲友

被害人的家属及亲友包括被害人的家人、亲戚、朋友、同事和邻居等。主要调查：①被害人的年龄、婚姻状况、个人病史、平时的身体健康状况和就医情况、死前是否被救治及经过；②家庭病史及与家庭成员的关系；③对死因的怀疑情况及理由，如疑为被害死亡，其依据是什么，所怀疑的犯罪嫌疑人是谁及证据；④被害人生前最后一次见到的人是谁及当时的状况；⑤现场有无变动、有关物品是否丢失等。

（三）参与救治的医务人员

主要向参与救治的医务人员询问最初接触被害人时的情况、具体的症状体征、抢救治疗经过、有关仪器和药物使用情况及其反应等。例如，开始抢救的地点是在现场还是医院，救治前患者的呼吸、脉搏、瞳孔和血压等生命体征情况，是否进行胸外心脏按压、人工呼吸、电击除颤、气管插管、气管切开，以及进行过何种手术、救治措施的效果等。要注意有时在医务人员进行救治之前，可能有其他人员进行过初步的抢救，也要向这类人员进行调查询问有关情况。

（四）在场人或其他的知情人员

对在场人或其他的知情人员调查了解的主要内容有：①与被害人的关系；②何时、为何到达现场，如何知道死亡事件的发生及其发生的经过；③现场是否还有目击者或其他人员，或者是其他事情发生；④所了解的其他情况，如被害人的身体情况、过去病史及救治情况等。

三、猝死案件现场调查的主要内容

（一）发现被害人死亡的时间、地点及状态

1. 时间　向目击者或发现被害人的人询问其发现被害人的具体时间和地点。时间最好具体到分钟，如无准确时间，也可指出大概时间；还可以提示某种事情以便帮助发现者回忆起准确或大概时间，例如当时听到或看到电视内正在播放新闻联播，即可推断其为当日19时许。

2. 地点　调查亦应尽可能地具体，如自家卧室的床上、火车站候车室第一排第二个座位中、距路边3m远的山坡树林里等。道路应分清是国道、省道、县道、村道，还是乡间小路。室内要问清是高档宾馆、一般旅店、自家卧室、单位宿舍、门房值班室，还是亲友家中等。

3. 状态　指最初发现被害人时所处的状态，包括：①被害人当时的体位，是仰卧位、俯卧位、侧卧位，还是半卧位、坐位、跪位或其他体位；②尸体的姿势，如尸体呈仰卧位、右手屈曲放在胸前，尸体呈半卧、躯干倚靠在床边等；③衣着情况，如是否穿衣服及衣服类型与状态，衣服上有无血液或呕吐物附着以及附着部位和形态；④其他，如口角是否有口涎流出，口腔内有无呕吐物，有无大小便失禁等。

（二）被害人个人及生前的活动情况

1. 个人情况　向目击者、家人或其他知情人询问被害人的个人情况，包括年龄、性别、职业、婚姻状况、家庭关系和工作情况等。

2. 生前活动情况　被害人死亡是在睡眠、就餐、工作、休息、跑步、娱乐之中或之后等。如果在工作或劳动，当时具体在做什么；如果是娱乐，是从事何种娱乐活动；如果是在就餐，是否饮酒及具体的酒名和数量；如果是在驾驶途中，是驾驶何种车辆，当时的道路和天气情况；死前及近期有无过度劳累、兴奋、悲伤、外伤、就医、服药或其他刺激和诱发因素等。

（三）被害人死前的症状、体征及有无外伤

1. 死前症状体征　死前症状体征对判断是否猝死和分析死因非常重要。应调查了解被害人死前有无前期症状、症状类型、持续时间等。不同原因的猝死生前表现各不相同：有的猝死者先感觉有

轻微的不适而突然死亡，如心脏疾病可见胸闷、血压下降、脉搏快而弱、心绞痛和放射痛等；呼吸系统疾病可见呼吸困难，口唇、指甲发绀，口吐白沫或咯血等；有的猝死者虽患有某种慢性病，但没有预示恶化的迹象而突然死亡；有的猝死者缺乏任何感觉和症状，几乎不经过濒死期，或者突然意识丧失经过极短的濒死期而死亡。除了猝死前的症状外，猝死者通常没有十分典型的疾病阳性体征，所以生命体征的调查尤显重要，生命体征主要包括心率、脉搏、血压、呼吸、瞳孔和角膜反射的改变等。

还有一种情况是慢性中毒引起的猝死案件，尤其是多次投毒引起慢性中毒后死亡的案例，更应该了解其生前症状。此类案件多有反复发生的相似症状出现，投毒者的目的是使被害人家属及亲友误认为被害人患有某种疾病，因此，这类案件的症状调查尤为重要。

2. 外伤　主要调查被害人死亡前的一段时间内有无遭受过外力作用、作用的方式和受伤的部位以及伤后的表现。此处所指的死亡前的一段时间内可以是几小时、几天甚至几个月，因为有些损伤可以造成迟发性损害或遗有并发症后遗症等，有些外伤造成的迟发性损害、并发症、后遗症有时可能会与疾病相混淆，如外伤性迟发性脑出血、迟发性脾破裂等。

（四）被害人死前是否被抢救及经过

1. 是否被抢救过　向有关知情人员询问被害人死前及死亡发生时是否被抢救过。

2. 抢救经过　如果曾被抢救，则要了解其具体的抢救治疗经过：①抢救的时间和地点。时间包括开始、持续和终止抢救的时间，地点要问清是在现场、救护车上，还是哪级哪家医院；②具体的抢救经过，询问进行了哪些抢救，如胸外心脏按压、人工呼吸、电击除颤等；进行过何种检查，如 CT、MRI 或 X 线等；是否做过手术及何种手术，如伤口缝合、去骨瓣减压术等；应用过何种药物，如激素，注射过三联针等。

（五）被害人的个人及家庭病史

病史是猝死案件现场案情调查的重要内容，应比其他案件询问得更加全面、详细和具体。包括猝死者的现病史、既往病史和家族病史。但有的案例，被害人家属因种种原因可能不愿意提供其病史，要注意做好思想工作、询问的方式方法，尽量收集。

1. 猝死者的现病史　是指猝死者从生前发病到死亡的全过程，即疾病的发生、发展、演变和诊治经过。该过程的时间长短不一，有的可能很短，如几分钟、几十秒钟，甚至几秒钟。其中，死亡过程十分急骤，自出现症状到死亡的间隔时间在一分钟以内的猝死者称为即时死（instantaneous death）。主要询问：①起病情况与发病时间；②主要症状体征及其特点；③有无诱因及何种诱发因素；④病情的发展与演变；⑤伴随病状；⑥诊治和抢救经过。

2. 猝死者的既往病史　个人的既往病史对猝死案例具有重要的参考价值，要全面重点询问和收集。由于猝死的意外性、突然性和急骤性特点，家属所提供的既往病史很有限，甚至有些家属即使知道被害人生前的一些既往病史和症状也不愿意提供。所以，法医现场勘验人员应巧妙、耐心、细致地进行猝死者既往史调查。其中，最主要的是：①个人的出生史、预防注射史、生长发育情况、饮食习惯与爱好；②是否有吸烟、饮酒史及程度，③是否有生活中或职业性毒物接触史和吸毒史；④过去病史，包括平时有何症状体征，门诊就诊及住院情况，生前有无服用过或摄入过可以引起急性中毒并导致死亡的药物或毒物，有无药物过敏史，做过什么检查及结果，做过何种手术及效果等；⑤是否受过外伤及诊治情况，有无并发症和后遗症等。

3. 猝死者的家族病史　需要询问的主要内容：①猝死者的父母和兄弟姐妹的身体健康情况及病史，其在世的年龄和死因，有的甚至可追溯到祖辈；②具有家族遗传性或遗传倾向的疾病的病史，如高血压、心肌病、冠心病、糖尿病、马方综合征等；③是否有传染性疾病的病史，如乙型肝炎、艾滋病或梅毒等；④是否有过敏性疾病的病史，如哮喘、青霉素等药物过敏史。

对家族史进行调查，询问家族中有无心脏病史、脑血管意外病史、传染病史以及猝死病史等，可以帮助了解被害人可能存在的潜在疾病，以便在具体实施法医学检验时予以注意。

四、猝死现场调查的注意事项

尽管一般猝死案件现场并非刑事案件，但是现场调查时依然需要按照相关法律法规，对现场进行全面细致的调查。

（一）全面重点

与其他类型的案例一样，猝死案例的现场调查必须全面，但重点是下述内容：

1. 猝死发生的时间、地点和猝死时的症状。
2. 猝死发生时有无诱因和生前的活动情况。
3. 猝死者个人的生长发育和生活情况。
4. 个人病史和家庭病史。
5. 猝死前的救治情况。

（二）注意方式方法

有的猝死案例其家属因种种原因可能会隐瞒病史或不愿提供真实的病情。因此，在调查过程中要主动、耐心地做好思想工作，并注意方式方法。对不容易记忆的情况应用提示法，如猝死发生的时间可以多种方式从不同角度提示；对某些敏感问题要采用间接提问的方法，让被访问者自然说出真实情况；对有些涉及个人隐私实在不愿提及的则不应强求。有时要多向几位知情人进行交互询问，以便相互印证。

第三节　猝死的现场勘验

猝死现场的勘验，首先要判断现场的环境与特点，接着观察尸体所处的位置及状态，然后勘验其衣着、尸表及损伤，并同时发现、收集有关文证和物证。

一、现场环境与特点

（一）猝死现场环境

与其他类型案例的现场一样，猝死案例的现场也有原始现场和非原始现场、中心现场和外围现场之分。原始现场是指发生猝死的地方，如家中卧室、旅社房间、火车卧铺和单位值班室等。非原始现场是指猝死者被送诊所、医院或在救护车上抢救，或者是被转移到其他的地方如冰柜、殡仪馆或医院太平间等。其中有的可能被转移过多次，因而可有第二、第三现场等。中心现场是指发现猝死者尸体的位置，一般只有一个；但因送医院抢救或被立即转移等原因，原始的中心现场则无尸体。因此猝死案例的现场环境与猝死发生的地方和尸体停放的位置密切相关。

现场环境可分为室内和室外两种。对于室内的中心现场，首先是要勘验出入口情况，确定门窗的状态、门锁是否完好，有无人为破坏和蹬踏痕迹等。对于室外中心现场，主要勘验现场周围环境和地面有无打斗留下的痕迹。

（二）猝死现场特点

在各种类型的现场中，真正属于猝死的现场因无暴力因素参与而显得“平静”和“原始”。这种现场的特点是“静”，既无搏斗痕迹、也没有物品翻动或丢失。但有部分猝死者在发生猝死之前可能有一定的诱因或其他环境因素等，从而使本应“平静”的现场变得不平静。如自己曾意外受过轻伤，或是在与他人发生纠纷过程中受过轻度外伤致软组织破裂出血，就易被怀疑有打斗等经过；猝死后尸体遭受到洪水及其水中物体的冲击与碰撞或者是动物、昆虫或鱼虾对尸体的毁坏等。

二、尸体的位置及状态

（一）尸体的位置

猝死案例尸体的位置与其现场类型或环境有关。室内现场，尸体多位于床铺或地面上，有的可位于椅子或沙发中或倒在其旁；如果是在交通车船内，与室内现场一样，也多在床铺、凳子或车船内的地面上。室外现场，包括道路、田间、山坡、荒郊、野外等，要注意观察尸体的具体位置，表情（痛苦或者是安详），姿势（如有误手捂胸部等）。例如，尸体位于卧室之间的地面上，距右前方的床铺 1m 远；并注意尸体底下的情况，是床单、木板、草地、泥土，还是其他情况，有无血迹或其他物品等。

（二）尸体的状态

尸体的状态包括尸体的体位和自然状态，并注意是否原始状态，有无变动，并结合现场案情调查确定做过何种变动。

1. 尸体的体位　猝死案例的尸体的体位以仰卧位居多，也有俯卧位、侧卧位、半卧位或其他体位，很少见奇特体位；变动后的体位一般都是仰卧位。

2. 尸体的状态　尸体的状态可多种多样。有的安详似处于睡眠中，有的在发生猝死时因身体不适或痛苦，其肢体或躯干可有相应表现，特别是四肢。如坐在沙发上看电视，突然感觉心慌不适，可见猝死者尸体呈卧位躺在沙发上，右手屈曲放在左下胸前。再如已经取药在手，但尚未来得及吞服药丸而突发猝死倒地者，其尸体倒地后，右手还抓有药丸等。

三、尸体的衣着检验

尸检时候应该注意尸体的衣着，是否整齐、完整，有无血迹、呕吐物，扣子是否扣上。这些都与当时的季节、环境，是睡眠时还是工作中，以及发生猝死前的情况等有关。如睡眠中猝死，可仅穿睡衣或内衣外加覆盖的被子。工作中突发猝死，可身穿工作服，衣袋内还可有某种工作所用的工具或记录等。病理性脑出血猝死者，衣服和地面上可有喷射状呕吐物分布。对可以猝死必须全面仔细，不能放过任何疑点。

四、尸表及损伤检验

（一）尸表检验

猝死的尸表检验与一般案例的常规尸表检验一样，应检验各种生理状况和死后变化，有无病变和损伤等。重点是一些可能引起猝死的疾病的外在表现和个体情况，包括生长发育、体型和营养情况等。例如，马方综合征猝死者的骨骼发育不协调、身材高、四肢细长、双臂平伸时两手中指端间距大于身高的长度、手指和脚趾呈蜘蛛样外观等。

（二）损伤检验

猝死是由疾病引起的死亡，一般无损伤。但有以下几种原因可在现场勘验和尸表检验时检见一些损伤。

1. 有的猝死在发生或发生前就有损伤，如癫痫病猝死者，可检见其发病时形成的舌头咬伤。

2. 部分猝死案例，被害人猝死前曾与人争吵、抓扯或有过肢体接触，受过轻伤或者是因受轻微外伤诱发猝死，此类猝死者可有外伤，需仔细分析鉴别。

3. 有的猝死者在发生猝死时，因倒地等原因可形成一些摔跌性损伤，如步行、跑步或站立时发病倒地后形成的体表暴露部位的损伤，有的甚至是较严重的外伤，如头皮裂创、颅骨骨折或上肢骨折等（图 20-1）。

4. 对猝死者进行救治时可形成一些损伤，如注射造成的针孔、胸外心脏按压引起的胸骨和肋骨的骨折等。

5. 某些猝死者因自然环境及人为等其他因素，可被动物、昆虫或某些水生动物噬咬而毁坏尸体，形成不同程度和类型的损伤。因此，猝死案例的现场勘验均应常规检查尸体有无损伤，损伤的类型、性质、特征、生前伤与死后伤的判断等。对这些损伤要认真检验，并结合现场环境和案情调查情况综合分析、审慎判断。这对分析是否猝死和案件性质具有十分重要的意义。

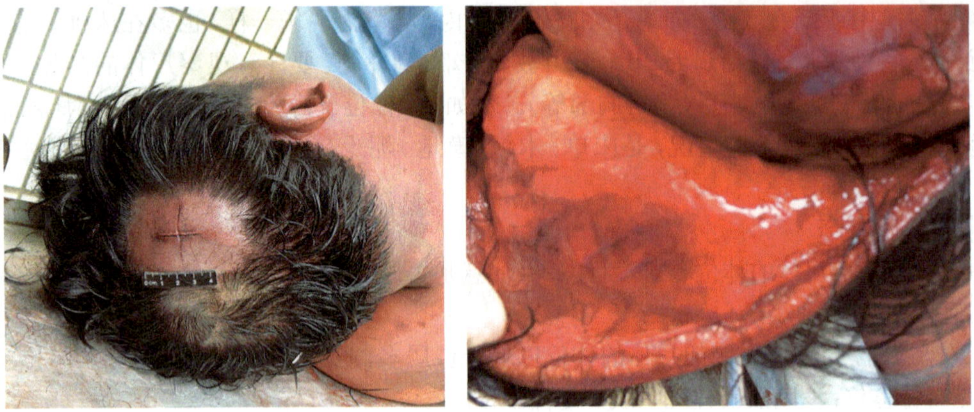

图 20-1　枕顶部头皮裂创（死后人为现象）

患者猝死后在搬运尸体时头被重重地摔在冷藏柜的铁皮床板上形成裂创，解剖未见裂创下头皮出血

五、血迹和其他斑痕检验

（一）血迹

如同损伤一样，猝死案例因无打斗、现场平静，一般无明显血迹。但有的案例也可检见一些血液或血迹。如空洞型肺结核患者发生咯血后现场可检见血泊或血迹，但这种血泊或血迹与损伤形成的血迹明显不同，新鲜时颜色鲜红，量可能较大，地点与尸体头部位置有关，形状通常不是滴落状、喷射状或喷溅状。有的案例因生前体表受到轻度损伤也可有少量出血而在体表检见流柱状血痕、在地面形成滴落的血迹。所以，在发现血液或血迹时要对出血的部位、来源、方向、数量、特点、新旧程度及其与尸体位置的关系等进行仔细勘验和判断。

（二）其他斑痕

除了血迹外，猝死案例的现场还可检见的其他斑痕有：①口水流出后在口周及衣服上形成的唾液斑；②发生呕吐后在衣服和地面形成的斑痕；③因精液外溢而在会阴部、大腿或衣裤上留下的精斑；④因大小便失禁而出现的尿迹和粪便污染形成的斑痕。这些斑痕不一定都有，但有助于确定被害人的原始位置，或提示被害人生前的状态和死前的症状，对分析案情性质和死亡原因有一定参考价值。此外，对于现场的呕吐物及所形成的斑迹还应与现场遗留的食物和尸体解剖时提取的胃内容物进行比对和检验。

六、有关物证和文证的收集与检验

发现和提取现场的文证和物证是现场勘验的重要内容。虽然不同的案例和现场其勘验的内容和重点各异，但猝死案例现场勘验时一般应收集的文字和物证有：①临床病历资料，如就诊病历、体检报告、化验单、X 线（片）、CT 和 MRI 片等；②药物、食物和衣服的附着物；③有关信件和票证；④血液、血斑、呕吐物和其他斑痕；⑤其他有关生活用品等。主要目的是帮助分析是否猝死及其病因。

七、猝死现场勘验的注意事项

（一）首先要确证死亡

由于有些猝死案例并非真已死亡，经及时、就地、有效地救治可挽救其生命，故要首先确证其是否死亡，是否还应进行救治。

（二）最重要的是排除暴力死

猝死现场勘验的最终目的就是为了确定案件性质，如何将暴力、投毒等引起的死亡与猝死相区分是确定案件性质的关键。一方面因部分猝死案例无目击者易被怀疑为谋杀，部分猝死者死前有一定程度的外伤常被其家属认为是因外伤致死，另一方面也有些他杀案例往往谎报猝死，故要认真勘验，排除各种暴力死的可能。

（三）现场勘验与案情调查相结合

法医学检验一般是先进行案情调查，然后才做现场勘验，有时案件需要同时展开或者交互进行；若在现场勘验过程中发现了新的疑点，则可根据疑点设计问题，再对相关人员进行进一步的现场调查，反之亦然。

科学策略和细致的现场调查访问在猝死的现场勘验中十分重要，有时被访问者一个不经意的言语和举止，就可能为勘验人员提供与死亡相关的重要信息，甚至确定死亡性质。在调查访问之前最好针对不同的被访问者设计好要提问的问题，对一些敏感问题应采用间接提问的方法，让访问者不知不觉中吐露出与案件相关的真实内容。访问时要耐心细致，应避免没有重点的简单询问，尽可能获取与案件相关的信息。猝死的现场调查，有时被访问者可能是案件当事人甚至是犯罪嫌疑人，因此，要交替访问、对访问获得的信息保密并进行综合分析。

第四节　猝死的性质分析

案件的性质通常是指一个案件中死（伤）者的死亡（损伤）方式。法医学上将死亡方式，又称死亡性质，分为自然死亡和非自然死亡两大类。自然死亡，亦称非暴力死或正常死亡，是指因患自然疾病引起、或符合生命的自然发生规律的死亡，进一步分为生理性死亡和病理性死亡，如冠心病猝死，肺癌或肝癌引起的死亡等。非自然死亡，又称暴力死或非正常死亡，是指由某种（些）外力作用或有害因素导致的死亡。根据暴力是如何实现的，又分为自杀、他杀和意外三种，如刎颈自杀、投毒他杀和交通意外死亡等。

案件性质的分析有赖于死亡原因的确定。一般只有在查明死亡原因后才能最终明确案件性质。死亡原因（cause of death，COD），简称死因，是指引起死亡的疾病或损伤等原因。确定任何案件的性质和每个案例的死因必须在认真仔细的案情调查、全面重点的现场勘验、全面系统的尸体解剖和可靠的辅助检查，并进行综合分析之后。然而，现场勘验可对其进行初步分析，有的案件甚至经过现场勘验之后就可确定案件性质，但死因却要在进行尸体解剖和辅助检查完成之后。

一、猝死性质分析的目的和意义

虽然猝死案例是因病引起的自然死亡，而非暴力死，本不存在案件性质分析的问题，但在尚未确定猝死之前仍需分析案件性质。因此，猝死案件性质分析的目的是判断能否排除暴力死，这对确定该案例是否属于猝死，准确判断案件性质，消除被害人亲属和社会公众的怀疑都具有十分重要的意义。

对于只是怀疑猝死的案件，其死亡方式或案件性质的分析，不仅能揭露犯罪，而且还能解除怀疑，平息矛盾。如果在现场进行初步分析后，认为是刑事案件，就由公安机关进行立案侦查，如果是非刑事案件则应将遗体移交被害人亲属做下一步的处理，如送殡仪馆火化或对其进行尸体解剖，以查明死因等。

猝死性质分析难易不等，简单明确的案例在现场进行案件性质分析比较容易。例如，有明确的高血压病的个人病史和家庭病史的患者，死前有人见证他突觉头痛、头晕，伴有喷射状呕吐，并倒地迅速死亡，又无外伤或其他诱因。有的案例却较复杂，例如，有的案例发生猝死时无目击者，有的案例的死亡发生地方特殊，如在宾馆、监狱、看守所或荒郊野外等。还有一些案例死前有争吵、打斗，体表伴有一定程度的外伤，仅通过现场勘验和现场分析难以确定，必须进行尸体解剖，并结合案情、现场勘验和相关辅助检查进行综合分析。

二、猝死性质分析的方法及注意事项

（一）分析方法

猝死往往有损伤、毒物、环境等多种因素参与，从而增加了案件性质分析的难度。尽管可采用多种不同的方法进行分析，为进一步检验和最终的鉴定结果提示方向和参考。但对于此类案件性质分析通常有以下两种方法。

1. 明确诊断　一个案例中，如果仅存在某一种损伤、疾病构成直接致死原因，则死亡原因比较明确，案件性质也可直接进行判断。例如，有冠心病和急性心肌梗死病史的患者在家中睡眠中发生死亡，死前无任何外伤，又无中毒的情节，则很可能是睡眠中发生猝死，可判断其案件性质是自然死亡。当严重损伤构成绝对致命伤时，可以肯定其案件性质是外伤致死，而非猝死。新鲜尸体的尸斑呈樱桃红色，现场具有一氧化碳中毒的环境条件时，可认为是中毒致死，不是猝死。案情调查中被害人在生前夫妻间曾发生争吵，现场勘验家中室内现场发现有农药敌敌畏空瓶，口鼻部有白色泡沫并可闻及明显的大蒜臭味，可分析其是农药中毒致死。

2. 排除外伤与他杀　当现场勘验过程中未发现可直接致死的某种损伤、中毒或疾病时，可应用排除法排除某种或某些致死原因的可能性。例如，未发现机械性损伤的证据，可直接排除因机械性损伤致死的可能；无中毒案情情节、环境条件和现场证据，可初步排除其系中毒致死，再结合案情调查情况和死亡经过分析，加大了猝死的可能性。

（二）注意事项

1. 首先分析是否为猝死　猝死案例的案情分析是一项复杂、难度大和责任性强的工作，要以科学的态度、认真负责的责任感和实事求是的精神，去分析其是否为猝死。切忌盲目、主观和犯经验主义错误。

2. 注意存在多种可能性的案例　复杂而有多种因素参与的案例，包括既有损伤、中毒，又存在某种或某些疾病的可能的案例，不要轻易判断案件性质，只能提供可能的分析意见，其最终结果要待进一步的尸体解剖和辅助检查结果进行综合分析。

3. 对案情性质不明确的案例可暂时不提出案件分析意见，但要尽量发现和收集有关证据，包括各种阳性证据，也包括重要的阴性证据。

4. 具体分析时要根据现场勘验的结果，结合案情、临床病史和死亡经过等进行综合分析。

第五节　猝死的死因分析及常见死因

一、猝死案例的死因分析

死因分析是指应用法医学及相关学科的理论和知识，根据案情调查、现场勘验、尸体解剖、辅助检查结果及相关材料，对构成某一案例死亡的有关因素进行综合分析，并判定其死亡原因的过程。死因有多种不同的分类方法，法医学死因分析又将死因分为根本死因、主要死因、次要死因、诱因、直接死因和联合死因等多种。

死因分析是一个复杂的过程。既要有坚实的理论基础，又需具备一定的实际经验，更要有全面、丰富、客观、可靠的鉴定资料。对于怀疑猝死的案例，仅通过现场勘验和现场尸表检验往往难以明确死亡原因。只有经过案情调查、现场勘验和全面系统的尸体解剖，才有可能得出客观准确的结论。因为在此类案件中，通常缺乏明显的致命性损伤，死亡现场多数保持原状，死亡过程一般也比较平静。因此，对于法医现场勘验人员首先要通过现场尸表检验，排除常见损伤所致的暴力性死亡；其次，依据案情调查、临床资料、死亡过程、现场勘验、现场尸表检验结果等，进行综合分析。通常情况下，猝死案例死亡原因的现场分析可能得出下述几种不同结论。

（一）排除猝死

虽然原怀疑是猝死，但经过案情调查和现场勘验后，发现有明显的暴力死的证据，故可否定猝死，如谎报为猝死的一氧化碳中毒他杀案例等。

（二）肯定为猝死

有些案例未发现任何暴力死证据，再结合案情、临床病史及资料、死亡经过和现场勘验结果，可肯定其为猝死；或者是虽有损伤，但程度轻微，不足以致死，最多只能构成次要死因或是诱因。这些猝死案例既是指那些有明确死因的猝死，也包括一些无明确死因的猝死，其中任何一种可能伴有或不伴有诱因。

（三）有明确死因的猝死

1. 明确原因的猝死　通过案情调查和现场勘验，除能排除暴力死外，还能找到引起猝死的疾病，例如有明确的心脏病和临床病历资料且于睡眠中突发死亡者，可以肯定其是心脏性猝死。

2. 不能明确具体死因的猝死　虽然能排除暴力死，认为是猝死，但暂时还没有发现引起猝死的疾病。例如生前无明显疾病症状的肥胖的成年男性在睡眠中发生死亡，只能高度怀疑是心脏病猝死，但没有任何证据和临床资料提示其是什么心脏病引起的死亡。再如一些离子通道改变和基因突变等疾病所致的猝死，即使进行尸解后也不能发现明显的病理形态学变化，只有采用排除法，推测其为猝死。

3. 神经反射引起的猝死　有些案例猝死前虽然体表的某些特殊的敏感部位遭受了轻度的外力作用，但因外力很轻、作用部位没有留下明显的损伤痕迹，在排除暴力死和潜在疾病致死的前提下，可推测其是由于神经反射引起的死亡。

(1) 颈动脉窦神经反射致死：颈部左、右侧颈动脉三角内距甲状软骨两侧约 5～6cm 处各有一压力感受器——颈动脉窦，是颈总动脉分支处的膨大部分，对外界压力和刺激十分敏感。当遭受直接打击或压迫时，会刺激延髓的心血管中枢反射性地引起心脏功能抑制或衰竭而死亡。曾有一例在跳舞时当男舞伴用手触及到女舞伴的颈部后其迅速倒地死亡。

(2) 迷走神经丛反射致死：起始于延髓呼吸循环中枢的迷走神经，经颈动脉鞘向下进入胸、腹腔，与交感神经一起协同维持人体正常的呼吸和心率。打击或压迫颈动脉三角区，会兴奋颈部迷走神经，并将兴奋传入延髓的迷走神经中枢、反射性地引起心率减慢、心力减弱或呼吸骤停而死亡。

(3) 腹部神经丛反射致死：人体腹部的神经分布十分丰富，支配各器官的交感神经和副交感神经彼此交错成神经网络，并形成了一些神经丛，其中最主要的是太阳神经丛。它位于腹部正中，与腹腔内的其他神经丛构成复杂的神经联系，并广泛分布于腹壁、腹膜及腹腔内器官。腹壁钝器伤（如徒手伤）能够伤及腹膜并引起腹腔内器官的震荡和牵拉，刺激腹腔太阳神经丛，从而引起强烈的神经反射，使人晕厥、昏迷、甚至死亡。

(4) 其他神经反射致死：除了颈部和腹部外，打击胸部、背部或会阴部也可以造成脑脊髓、心、肺的震荡或神经反射而引起猝死。例如有一例中年妇女，因独生儿子淘气打了一巴掌。他丈夫见后因心疼儿子，便坐在椅子上，将妻子拉过来半跪位地趴在他的腿上，并边开玩笑地说你打儿子我就打你，边用手在她臀部拍了一下，妻子迅速从他腿上滑下倒地死亡。分析其是因丈夫膝盖顶住妻子的会阴部后，当他右手拍击其臀部时，使会阴部受到刺激引起神经反射而造成死亡。

（四）猝死案例的诱因

诱因（inducing factor，precipitating factor）是指诱导或促进发生死亡的有关因素。任何猝死案例发生猝死时均可伴有或不伴有某种或几种诱因。因此，在进行死因分析时应分析其有无诱因，以及是什么诱因。猝死的诱因有多种多样，要根据死亡发生过程、参与因素的严重程度等综合判断是否构成诱因，切忌盲目使用。常见的诱因包括：

1. 体力活动增强　如爬山、劳累、搬运重物时。

2. 精神情绪变化　如惊吓、恐惧、兴奋、争吵等精神紧张、情绪激动时易诱发猝死。

3. 暴饮暴食　当饮食过多或过于油腻，可于餐中或之后短时间内发生猝死。

4. 过冷过热　有心、脑血管疾病等的患者，可因气温骤变导致疾病发作而猝死。

5. 轻度外伤　轻度外伤可诱发猝死。

6. 其他因素　如日常生活中的饮酒、步行、上厕所、性交等均可成为猝死的诱因。

（五）猝死案例死因分析时的注意事项

1. 猝死案例进行现场死因分析的首要任务是排除各种暴力引起的死亡。

2. 要注意猝死案例现场死因分析的局限性，因为没有尸体解剖结果印证，大部分猝死案例仅靠现场勘验等资料不能明确其真正死因。

3. 注意分析猝死案例有无猝死的诱因及具体因素是哪一种或几种，同时也不能乱用诱因。

4. 当存在几种能够引起猝死的疾病时要分析其主次、先后，经综合分析后再确定其真正的死因或主要死因。

二、常见引起猝死的病因

人体各个系统的疾病几乎均可引起猝死，但其发生的比例不同，以心血管系统疾病最多见，其次是中枢神经系统和呼吸系统疾病。而且不同性别和年龄的患者猝死的发生率也存在明显的差别。例如，老年人以心脑血管疾病多见，儿童则是呼吸系统的疾病占第一位；男性的心脑血管疾病明显多于女性，女性的生殖系统疾病所致猝死相对较多。

（一）心血管系统疾病

心血管系统疾病中，常见的疾病是：冠状动脉粥样硬化性心脏病（冠心病）、心肌病（特别是扩张型心肌病和肥厚型心肌病）、心肌炎、心瓣膜病、高血压性心脏病、冠状动脉畸形、主动脉夹层、动脉瘤、肺动脉栓塞、先天性心脏病和马方综合征等。其中以冠心病猝死最多见。

（二）中枢神经系统疾病

中枢神经系统疾病引起猝死，主要有脑出血、蛛网膜下腔出血、脑血管栓塞和脑膜炎等，癫痫和脑肿瘤也可引起猝死。其中，脑出血猝死者可有某种诱因，引起出血的原因多为高血压性，其他原因还有脑动脉瘤和脑血管畸形等。

（三）呼吸系统疾病

呼吸系统疾病引起猝死，常见于大叶性肺炎、支气管肺炎、声门水肿和支气管哮喘等。其中，肺炎是导致儿童猝死的第一位病因。肺结核虽然是一种慢性疾病，有时也可因结核空洞血管破裂大出血等原因引起猝死。

（四）其他系统疾病

1. 消化系统疾病　引起猝死的消化系统疾病常见有：急性出血性坏死性胰腺炎、急性消化道出血、胃和十二指肠溃疡穿孔和急性黄色肝萎缩等。

2. 泌尿生殖系统疾病　由泌尿生殖系统疾病引起的猝死比较少见，其中主要有肺羊水栓塞、妊娠高血压综合征和宫外孕等。

3. 内分泌系统疾病　最常见的是嗜铬细胞瘤，其他还有慢性肾上腺皮质功能减退症（Addison 病）、甲状腺功能减退和糖尿病等。

此外，甲亢性心肌病、围生期心肌病、青壮年猝死综合征（sudden manhood death syndrome，SMDS）、婴儿猝死综合征（sudden infant death syndrome，SIDS）和过敏性猝死（sudden death from hypersensitivity）也是法医学上较常见而又重要的猝死。

三、猝死的案件性质分析

死亡分为自然死亡 / 非暴力性死亡和非自然死亡 / 暴力性死亡 / 非正常死亡两类。前者又分为生理性死亡和病理性死亡，猝死属于自然死亡中的病理性死亡，但常常会有一些因素诱发固有疾病发作而引起猝死。非自然死亡可由多种外界因素引起，包括物理性因素、化学性因素和生物性因素等，非自然死亡的死亡方式可分为自杀、他杀和意外三类。因此，分析猝死的性质十分复杂，一般可进行如下分析。

（一）由于本身疾病引起的猝死为自然死亡

这类猝死通常死因明确，死亡性质即为疾病死亡。

（二）既有显著的病理改变，又有暴力性损伤的案例

这种类型可分为几种情况：

1. 暴力损伤十分严重可以构成直接死因的应确定为暴力性死亡，结合现场勘验情况案件性质一般可分析为他杀或意外事故（如交通事故等）。

2. 由于发病以后摔跌、磕碰造成损伤并最终引起死亡的，案件性质为自然死亡。

3. 暴力损伤较重、使原有疾病恶化并最终导致死亡的案件性质可分析为伤害致死，此种情况的损伤为个体条件致命伤。

4. 病理变化显著而损伤较轻微的猝死案例，其案件性质可分析为过失（或意外）伤害致死，此种情况的损伤构成死亡的诱因。

（三）既有显著的病理改变，又检出某种毒物

结合现场勘验情况可做以下分析：

1. 毒物因治疗或职业关系进入体内浓度未达到中毒量或致死量，病理改变足以引起猝死，则应为自然死亡。

2. 如果毒物已达到致死量，即使病理改变足以引起猝死，也应为中毒死（即可以为自杀，也可以为他杀或意外）。

（四）既有损伤，又检出某种毒物

可分为以下几种情况：

1. 尸表检验见轻微损伤，内脏器官检出大量毒物已达到致死量，结论为中毒死；结合现场勘验情况，案件性质可为自杀、投毒或意外。

2. 存在致命性损伤，同时检出某种毒物但未达到中毒量或致死量，结论为外伤致死；结合现场勘验情况，案件性质多为自杀或意外，也见有他杀案例。

3. 存在致命性损伤，同时检出达到中毒量或致死量的毒物，结论为外伤和中毒联合致死；结合现场勘验情况，案件性质多为他杀，极少数为自杀或意外。

（五）同时检测到轻微的外伤、未达到致死量的毒物以及潜在的疾病

据尸体检验情况、结合现场勘验并参考有关案情做综合分析，案件性质一般为意外或过失伤害致死。

（六）体表没有明显损伤、又未检出任何毒物和病理变化

分析这类案件性质较为困难。一般可分析为某种疾病引起的自然死亡，也有意外或过失伤害致死或他杀的案例，自杀则极为罕见。

有一类猝死，被害人虽然遭受了外力，但由于作用部位为软组织，没有留下损伤痕迹，可能是由于神经反射引起了个体死亡。

上述几种神经反射引起的猝死，除了一些猝死征象以外，尸体解剖往往很难有阳性所见，其死亡性质应结合案情调查和现场勘验情况，在排除潜在疾病和中毒的前提下，得出推断性结论。

（陈新山　百茹峰）

思考题

1. 猝死现场勘验的目的意义是什么？
2. 猝死现场勘验的主要内容有哪些？

3. 猝死现场勘验与其他案件的现场勘验有何异同？
4. 如何对猝死性质进行现场分析，其注意事项是什么？
5. 猝死的常见死因有哪些？

第二十一章　中毒案件的现场勘验与重现

投毒(poisoning)是指故意向无毒环境投放有毒物质的行为，是严重的刑事犯罪案件。若将毒物投向特定的人或区域，构成故意杀人罪或故意伤害罪；若将毒物投向公共水源、食品、饮料或者牲畜、家禽的饮用水源、饲料等，对不特定人体健康、生命、财产安全造成威胁的，构成投放危险物质罪。另外尚有众多意外中毒及服毒自杀案例。本章的内容重点是投毒杀人案件的现场勘验。

投毒杀人案件具有较大隐蔽性及危害性、有预谋作案以及部分案件智能化程度较高、合伙作案等特点。由于其社会危害和家庭危害严重，应引起法医工作者的广泛重视。

第一节　投毒案件的特点及现场勘验

投毒案件的现场调查和勘验工作，必须根据投毒案件的特点，以获取犯罪嫌疑人作案特点、查明案件事实及证明案件事实为目标。

一、投毒案件的特点

投毒案件所投放的毒物千差万别，但是这类案件也有以下一些共通的特点。

(一) 犯罪准备阶段的特点

1. 毒物的获取　犯罪嫌疑人实施投毒犯罪前必须寻觅、获取毒物。犯罪嫌疑人可能采用购买、讨要、借用、盗窃等方法获取其想要的毒物；也有的犯罪嫌疑人在医院以治疗的名义获取能致人死地的针剂或药品，积少成多，用于投毒；还有的犯罪嫌疑人在野外采集某些有毒的动植物，利用其毒液、毒汁来进行投毒犯罪。这种准备行为会留下痕迹，为侦查提供线索。在现实生活中，可以置人于死地的毒物数不胜数，化工原料、医用药品、农用灭虫、灭鼠药、有毒动植物等都可以被犯罪嫌疑人利用。

2. 预实验　有的投毒案件中，犯罪嫌疑人为了使犯罪得逞，在实施投毒以前，可能会利用某些动物进行实验，以了解和掌握毒物的毒性、用量及使用方法等。

(二) 犯罪实施阶段的特点

犯罪嫌疑人一般都会精心选择投毒方式和投毒时机。一般来说，犯罪嫌疑人投毒的方式多选择往人们日常食用或作为原料的食材中投毒，如饮用的水源、水井、池塘、河流等；食堂、饭店、厨房加工好的饭菜或食品加工原料，如米面、油盐、酱油、味精等；商店里的商品如饮料、散装酒等。犯罪嫌疑人为了使其犯罪活动顺利得逞，一般都会慎重的选择投毒时机，除了避开人们的注意力、趁人不备、暗中下手这些常见的时机选择外，往往会趁诸如食堂做饭、开饭之际；或是人们利用容器内的井水、河水煮茶、烧饭之时；或是大量禽畜喂食之际进行其犯罪活动。在不同的地区、不同的时期，犯罪嫌疑人所用的投毒毒物不尽相同。投毒杀人案件中，犯罪嫌疑人一般都选用无色、无味、毒性强烈的毒物来投毒，如毒鼠强、氰化物、有毒气体等。由于毒物种类繁多，现场获得的检材可能含量极少，或被稀释、挥发、发生变化等，因此检验鉴定需要排查的毒物种类很多，获得证明犯罪事实证据的难度较大。

（三）投毒手段多样

犯罪嫌疑人实施投毒时，大多在趁人们失去警惕、没有防备的情况下进行，采用的投毒手段都是根据被害人生活习惯、居住条件、活动规律等因素选择的，形式多种多样。

法医学鉴定实践中常见的投放毒物的途径有：

1. 消化道摄入 将毒物混入被害人的饭菜、饮料、中药汤等食用物品中，诱骗被害人服用，使被害人在不知不觉中服毒。

2. 呼吸道吸入 犯罪嫌疑人将有毒气体引入被害人门窗紧闭的房间中，使被害人在正常呼吸的同时由呼吸道吸入毒气而中毒。

3. 皮肤黏膜接触进入 犯罪嫌疑人把毒物投放在被害人经常接触的物品里，如化妆品、衣服等，被害人在接触这些物品时，毒物就通过皮肤黏膜进入被害人体内造成中毒。

4. 血液吸收 犯罪嫌疑人借打针、输液之际把毒物直接注入被害人血液中。

5. 利用有毒动植物投毒 例如投放毒蛇、毒蝎、箭毒木之类的动植物到被害人居住的环境中，伪造成被害人意外中毒假象。

6. 其他特殊方式投毒 如通过阴道、肛门、穴位投毒，小剂量、多次投毒等。

（四）案件动机

投毒杀人案件的犯罪嫌疑人和被害人之间一般存在较为明显的因果关系，作案动机大多明显。多数是由于私情、奸情、恋爱、婚姻、家庭矛盾、邻里纠纷等引起。使用投毒方式杀人，不需要强大的体力，较为简单易行，犯罪嫌疑人和被害人案前多有交往关系，具有投毒机会和条件，因此这类案件多发生在夫妻、情人、邻居、本单位同事、本村村民之间，女性作案的比例较其他案件高。少数是犯罪嫌疑人出于报复社会而投毒。

二、投毒案件的现场勘验

投毒案件现场是指犯罪嫌疑人故意投放有毒物质，致人伤亡或使公私财物遭受重大损失的地点，以及遗留有与投毒犯罪活动有关的痕迹、物证的场所。投毒案件现场有别于意外中毒、利用毒物自杀案件现场的显而易见，也不同于其他案件现场，有其自身特点，因此实践中应针对性进行现场勘验。

（一）投毒案件现场特点

1. 现场隐匿性 与使用机械性暴力致机械性损伤、机械性窒息等导致现场凌乱、被害人损伤明显等犯罪现场不同，投毒杀人案件现场较为隐匿，物件摆设齐整，无搏斗痕迹，不容易被怀疑是犯罪现场。

2. 现场物证易破坏性 投毒案件现场暴露较为明显，案件一旦发生，常常很快被发现，被害人会被实施就地抢救或迅速送往医院，导致现场变动或破坏，也往往使与投毒犯罪有关或无关的痕迹、物品交杂在一起，或是互相掩盖、重叠，使投毒发案现场变得十分复杂，大大增加了现场勘验的难度。有的投毒案件则因为开始人们没有意识到会有人投毒，以为被害人是急病发作，进行抢救和送往医院的同时，家属对现场物品进行清理，造成物证灭失。

3. 案发延迟性 当毒物进入机体引起中毒时，机体往往会表现出一些症状或体征。不同的毒物毒理机制不同，从而引起不同的中毒症状或体征。一些中毒表现与某些疾病引起的症状体征相似，如砒霜中毒与霍乱、毒鼠强中毒与癫痫等，尤其是少量多次投毒案件，由于症状不显著、表现为慢性病变等，使投毒杀人案件的时间、空间跨度大。曾有报道在国内投毒于出口食品中，而进口国食用者出现伤亡。

（二）投毒案件现场的应急措施

由于投毒案件现场的特殊性，所以在现场勘验开展之前，必须根据现场的紧急情况，采取相应的紧急措施。对已中毒但尚未死亡的被害人和犯罪嫌疑人，应立即采取抢救措施；对毒源要立即封锁，及时划定污染区域，并采取相应控制措施；对控制范围内的毒源和污染区域，及时勘验，提取必要的样本后应立即消除毒物；对于投放有毒气体的现场，进入时要注意做好自身防护，提取空气样本后及时打开门窗通风，确认有毒气体已经散尽后再开展全面的现场勘验工作。

（三）现场物品及痕迹的固定

技术人员首先应对中毒案件现场进行静态勘验，通过绘制现场图、拍摄现场照片、制作现场勘验笔录等，对现场的物品及痕迹物证进行固定，特别要对与进食有关的饭菜、饮料、餐具、炊具等的位置、顺序以及餐具内的食物及残留量进行准确细致地固定。如果考虑是投放有毒气体的，要注意观察门窗有无撬压及导管插入的痕迹或者室内煤气灶具的开关状态等。

（四）可疑物证的提取

技术人员对现场固定结束后，应及时按规范收集、提取现场所有可疑物品及相关的痕迹物证，在投毒现场，犯罪嫌疑人常会留下足迹、手印、纸张、伪造的遗书、信件、日记或与犯罪有关的其他痕迹和物品。在提取时，要注意观察其在现场的位置、距离、与尸体、现场有关物体的关系等，以及现场环境和状态，如现场门窗是否关闭、插好，室内的通风条件如何，炉灶的位置如何，煤气管道是否漏气，存留的粮食、蔬菜、食品、调味品等有无掺入毒物的可能。现场中的其他人、禽畜、苍蝇等昆虫是否同时中毒、死亡等。必要时还要结合现场调查情况，扩大搜索范围，尽可能地将涉及到的物品全部收集齐全。

对怀疑中毒案件现场勘验时，应注意寻找毒物的来源，例如通风条件如何，有无燃气泄漏；有无可疑药瓶、药片、注射器等；食物、饮料及装盛的容器是否有异常；被害人的呕吐物、排泄物等。凡是怀疑与中毒事件相关的物品（检材），均应适量取材并分别包装、密封、标记备检。

如果是被害人被送往医院救治，为探明是否中毒及毒物的种类，也需要取材送检。由于检材来自活体，所能采取的检材种类和数量受到限制。怀疑中毒的临床案例经常采取的检材包括血液、尿液、呕吐物及洗胃液，这些都是技术人员收集提取的主要检材。采集时应注意：①采取血液时应注意抗凝；②洗胃液应收集最初的部分；③避免干扰检测的化学品污染，例如进行疑似乙醇中毒的血样采集时，应避免常规的乙醇棉球消毒操作，而改用十二烷基二甲基苄基溴化铵棉球消毒等。

（五）物证的保存与送检

疑是投毒杀人案件现场勘验时提取的物证均应分别包装、密封并进行唯一性标记，及时送检。

三、中毒死亡的尸体检验

疑为中毒死亡案例的尸体检验包括尸体衣着检查、尸表检查、解剖检验、检材提取等方面，必须依照国家或行业标准进行。以下着重提示尸体检验的常见观察点。

（一）衣着检查

投毒案件尸体检查时应注意衣着有无异常、衣服有无特殊的气味，如有机磷等杀虫剂中毒时，衣服上、口鼻处可能有特殊的大蒜臭气味等；检查衣服上是否有呕吐物及排泄物污染，有无液体流柱痕；如果是腐蚀性毒物中毒（如强碱强酸），衣服上可能会有腐蚀痕迹，且局部腐蚀的颜色可提示为何种毒物，如浓硝酸中毒，衣物可留有黄色腐蚀痕；浓硫酸的话，在口鼻部、衣襟处留有褐色、黑褐色烧灼痕迹。仔细检查口袋内有无与案件有关的物品，如残留的粉末、包装物、遗书等。

（二）尸表检查

一些特征性尸体现象可以提示被害人是否死于中毒以及哪类毒物，如尸斑的颜色、瞳孔大小以及尸僵情况等，因此疑为中毒杀人案件应仔细检查尸表。如氰化物中毒的尸斑常呈鲜红色，急性一氧化碳中毒被害人尸斑呈樱桃红色（图 21-1），亚硝酸盐中毒者尸斑呈暗褐色（图 21-2）等。检查尸僵的强度，因为痉挛性毒物（如毒鼠强、士的宁等）中毒被害人的尸僵强硬、持续时间长而保留痉挛状。观察瞳孔大小，记录左右瞳孔的直径，有机磷农药中毒被害人瞳孔常表现为瞳孔缩小（<3mm）。检查口腔黏膜、口周皮肤有无流柱痕或腐蚀斑，口腔、牙缝内是否有异物，口鼻有无特殊气味，体表其他部位有无化学性灼伤等。注意全身体表有无注射针眼（图 21-3），或局部坏死表现，必要时对阴道、肛门进行检查。

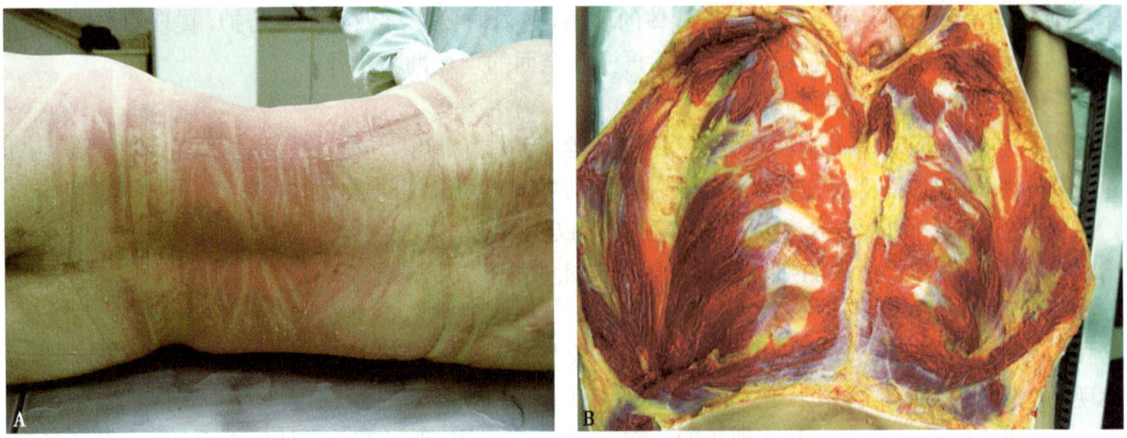

图 21-1 一氧化碳中毒尸体征象

A. 一氧化碳中毒被害人形成的樱桃红色尸斑；B. 胸大肌呈樱桃红色

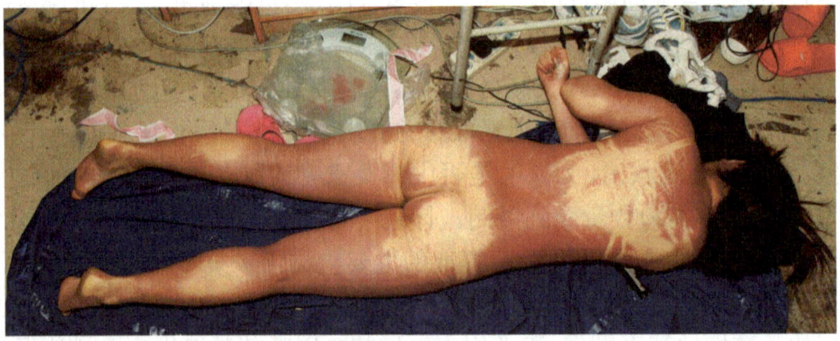

图 21-2 亚硝酸盐中毒被害人尸斑

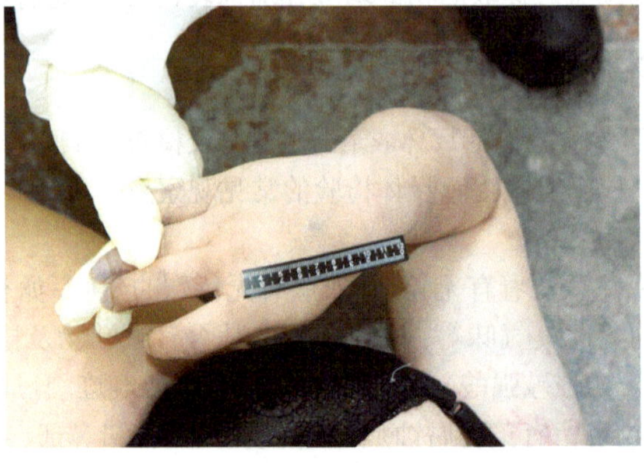

图 21-3 吸毒者右手背针眼

中毒死亡者必须进行系统解剖检验，提取有关脏器进行法医病理组织学检验，提取适当的检材做毒物检验。尸体剖验时应注意观察消化道、呼吸道有无异常；胃内容物、血液、尿液有无异常，服安眠镇静药自杀者有时胃内容物中可以看到未崩解的药片或粉末状物，苯酚中毒者尿液呈绿色；心脏、肝脏、肺、脑等器官肉眼及切片镜下观察是否异常，一些中毒案例可检见明显的肝、肾实质坏死。

（三）检材提取

检材的选取原则一般是毒物含量高、采集方便的检材。尸体剖验时提取的检材可以是未经人体消化吸收的体外检材，如口鼻部流柱状物、衣物上沾染可疑痕迹等，虽然检测结果不能作为鉴定中毒的直接证据，但对案件的分析也很重要，因此也应提取；中毒案件中应采集的更常见的是体内检材，此时毒物已被吸收，常含有代谢产物，检测结果能作为鉴定中毒的直接证据，尤其是血液，可进行毒药物的定性定量，对判断死因起到关键作用。

体内检材毒药物含量一般较低，常用的检材主要包括血液、尿液、胃内容物、器官组织和毛发等。血液是适用范围最广的体内检材，血液中目标毒物的含量是判断是否中毒及中毒程度的重要指标，但血液中毒物含量低、检出时限短，不宜用于未知物筛选分析。尿液取样方便，检材处理容易，且毒物浓度或其代谢物含量高、检出时限长。口服中毒者一般胃内容物中的毒物含量大，因此，一般应同时取胃内容物、尿液及血液送检，以免漏检。组织（肝、肾等）适用范围广，毒物含量较高，检出时限较长，可作为备用检材。

因此，尸体剖验时，应根据尸体征象、检查所见及临床表现（假如有的话），采取合适、足量的体液和组织等生物检材（表 21-1），分别包装、标记、送检、委托毒物分析检测。如尸斑为樱桃红色，怀疑是一氧化碳中毒，应取心血并注满瓶然后紧密瓶盖；体表有注射针眼、瞳孔针尖样缩小而怀疑吗啡中毒时，除了收集血液，尿液也是必须采集的。

表 21-1　急性中毒案例毒物检测常用的体内检材及取样量要求

入体方式	检材种类	一般取样量
口服	胃内容物、血、尿、肝等	20g（ml）
注射	血、尿、肝、注射部位肌肉组织等	20g（ml）
吸入	血、肺、肝	20g（ml）
皮肤、黏膜吸收	血、尿、肝等	20g（ml）

如果是高度腐败尸体，器官组织液化，可提取骨骼肌备检。如果怀疑是砷、铅、铊等慢性中毒时，骨骼（100g）、毛发（连同毛根一并拔取）及指甲（拔取）是很好的检材。

四、中毒案件的现场调查

中毒案件现场调查的重点是了解中毒发生的经过、中毒症状以及被害人死亡过程等，通过综合分析，对毒物的种类进行大致推断，为现场勘验及尸体剖验提供方向。

（一）对幸存人员的调查

通过对中毒幸存人员的现场调查，可以获得侦破案件的重要线索：①要及时了解中毒的经过，包括是否服用过有异味、异样的食物或饮料，何时感到不适，中毒后症状如何，中毒前是否有可疑人员到过现场等；②要了解被害人自己对中毒原因的看法，是否怀疑有人投毒，投毒嫌疑人可能是谁及依据等；③应结合法医检验以及中毒人员的表现推断毒物的种类，为采取有针对性的治疗和毒物检验提供依据；④要全面、细致地收集中毒人员的呕吐物、排泄物备检。

（二）对被害人家属及知情群众的现场调查

对被害人家属的现场调查应着重了解被害人的中毒症状、死亡过程及死亡时间，以及被害人生前的健康状况，如被害人生前是否患有疾病，是否服用某些药物以及剂量大小，有无过敏反应史，必要时要提取现场的药物。同时要听取被害人家属对中毒被害人死亡的看法，观察其反应，判断其是否知情。

对知情群众的现场调查应着重了解发案前是否听到或看到什么异常情况，被害人或被害人本身的情况，是否看到某人投毒；了解当地常用的农药或农用有毒物品的种类、使用、保管的状况以及与案情有关的其他情况。

（三）对被害人社会关系的调查

通过询问被害人家属、知情群众以及调取被害人电脑中聊天记录、往来邮件等，了解对被害人的社会关系以及思想状况、被害人生前交往人员同被害人关系情况，是否有私怨、债务关系和其他矛盾等。

（四）对犯罪嫌疑人的检查

投毒犯罪行为作案时间短、方法简单，在现场很难提取到直接认定犯罪嫌疑人的物证，因而围绕犯罪嫌疑人进行的勘验和调查就显得尤为重要。

1．对犯罪嫌疑人的人身检查　对犯罪嫌疑人的人身检查需由两名侦查员进行，检查时应邀请见证人在场，同时对整个检查过程进行录像、照相固定。对犯罪嫌疑人的检查首先是对嫌疑人衣物进行检查，特别是对衣服口袋的检查，检查其是否留有毒物包裹物以及毒物残留，必要时提取犯罪嫌疑人的衣物，以备进行毒物检验；其次是对犯罪嫌疑人的身体进行检查，特别是对犯罪嫌疑人双手的检查，要特别注意提取犯罪嫌疑人手上尤其是指甲缝内的附着物，必要时将指甲分别剪下，并用相应的可溶毒物的棉球对其指甲缝、手心、手背进行擦拭，分左右手包装保存备检。

2．对犯罪嫌疑人住所的勘验　犯罪嫌疑人的住所是其私人空间，也是犯罪嫌疑人最可能藏匿、销毁、转移物证的场所。首先要注意寻找可能存放毒物的部位；其次是对犯罪嫌疑人可能用于清洗、擦拭的水、容器、肥皂、毛巾等进行寻找和提取，以备毒物检验；第三，注意寻找发现并提取犯罪嫌疑人住所有无燃烧的灰烬，因为犯罪嫌疑人投毒后，很可能将包裹毒物的包装袋烧掉；第四，注意寻找和发现犯罪嫌疑人的可疑信件、日记中的可疑话语以及电脑中的聊天记录、往来邮件等，以备确定犯罪嫌疑人的犯罪动机。

3．对毒物来源的调查　毒物来源的勘验是印证犯罪嫌疑人口供的一个重要依据，可以通过划定犯罪嫌疑人可能活动的空间范围，调查毒物销售、存储、使用的有关场所和人员进行调查。如果犯罪嫌疑人已经供认的，可依据其口供进行调查和搜查相结合的方法进行调查访问。

第二节　中毒案件毒物检验物证的提取、保存与送检

中毒案件的毒物化验检材的及时发现与提取以及保存与送检，是案件侦破的关键环节。如果错过时机，现场遭到破坏、可疑物品被清理和销毁、尸体被火化，则毒物检材不可复得。

一、检材的发现与提取

（一）现场可疑毒物检材的发现与提取

现场可疑毒物检材主要包括呕吐物、排泄物、分泌物、剩余的食物、饮料以及药物残渣、盛装和包裹可疑毒物的器皿和物品等。提取前应注意这些物品在现场的位置、数量、性状、气味等，并要用正确的方法提取，妥善保存。

（二）尸体检材的提取

检验中毒尸体由法医进行，必要时可邀请病理、毒物、细菌学专家参加。进行尸体解剖的同时，应提取沾有可疑毒物的衣物、适当的器官组织及体液分别包装备检，以判明中毒原因、毒物种类、用量等。由于毒物的种类、数量、理化性状各异，毒物进入机体的途径不同，机体本身状态以及其他多方面因素的影响，尸体呈现的中毒表现也各不相同。因而，中毒尸体检材的提取必须先大致确定毒物的种类及染毒途径，提取适当的足量的检材，否则会影响毒物检验工作，甚至会得出错误的检验结果。

中毒尸体检材的提取可分以下几类：

1．急性中毒致死的被害人，应提取心血、胃及胃内容物、肠及肠内容物等检材。

2．毒物进入机体后经一定时间吸收后致死的被害人，应提取被害人的肝、肾、毛发、胃、脑、心血、尿等检材。

3．对怀疑由呼吸道吸入中毒死亡者，应提取肺组织和心血检材。

4．对怀疑通过注射途径中毒死亡的，应提取注射部位的局部组织及血液检材。

5．对怀疑毒物经阴道、肛门进入人体内的，应提取被害人的心血、阴道分泌物、阴道、子宫肛门、直肠组织等检材。

（三）检材的包装

提取的各种毒物化验检材必须分别独立盛装在洁净的容器内，密闭封口，做好标记，避免污染、混淆。如果怀疑是氢氰酸、一氧化碳等挥发性气体毒物中毒的，盛装检材的玻璃瓶必须装满，并用瓶塞塞紧密封，以免影响定量检测结果。

二、毒物检材的保存与送检

检材的保存与送检过程中应注意检材不破坏、不污染、不混淆。

（一）检材的保存

提取的各种毒物化验检材单独盛装后应及时冷藏（冻）保存，尽快送到专业的法医毒化实验室检验。对于组织检材，若送检路途较远，为防止腐败，必要时可加化学试剂（如无水乙醇），但必须同时送检所用的同一瓶乙醇样品作对照。

（二）检材的送检

送检时必须附有案件情况介绍的文字材料，说明案件发生情况、中毒主要症状、尸体剖验基本情况及送检目的。应尽可能根据尸检所见，结合调查和现场勘验情况，对重点检验的毒物种类、毒物排查的范围提出明确的建议。

第三节　疑为中毒案件的尸体挖掘

已埋葬的尸体，死后经过一段时间（数日至数年）才从案情调查上疑为中毒，需挖掘尸体取材做毒化检验的，在挖掘前应对怀疑毒物的种类、尸体埋葬的环境条件、季节等事先做出充分的估计。

一般挥发性毒物会很快从尸体中消失。有机磷农药虽具有挥发性，但有时可存留数月之久。氰化物易因尸体腐败而分解消失，但也有罕见案例报道冬季尸体埋葬2个月后在心血、心肌、肝组织内均检出氰化物。

多种非挥发性毒物可随尸体腐败而被分解破坏，但巴比妥类药物在尸体内能保存较长时间。曾有过埋葬14年后检出巴比妥的案例，也有埋葬25年后检出苯巴比妥的报道。此外一些番木鳖碱、钩吻碱及奎宁也能从死后数年的尸体腐渣中检出。

金属毒物不因尸体腐败而被分解破坏，特别是砷，可从埋葬多年的尸体中检出。如慢性砷中毒者的头发，在埋葬百余年后仍能检出。一氧化碳中毒者的血液腐败较慢，碳氧血红蛋白在尸体内可保存数周或数月。在1例毒鼠强他杀投毒案中，土葬一年半、已高度腐败的尸体，经开棺取胃、肝等组织，用气相色谱氮磷检测器GC/NPD检测仍能检出毒鼠强。

开棺时应避免浮土落入棺内污染尸体，检材以胃、肝、肾或相当于该部位的腐烂肉泥为宜，也可采取毛发、骨骼等检材，分别装瓶备验；需同时收集棺木旁的泥土、棺内衣物、液体等做对照检验，如泥土中的砷可渗入埋葬尸体的腐烂组织中。

（沈忆文　马开军）

思考题

1. 疑为中毒死亡案例现场勘验时应注意哪些问题？
2. 疑为中毒死亡的尸体检验时应注意哪些问题？
3. 如何对中毒死亡案例的死亡方式进行分析？

第二十二章　交通事故的现场勘验

道路交通事故（traffic accident）是指车辆驾驶人员、行人、乘车人以及其他在道路上进行与交通有关活动的人员，因违反《中华人民共和国道路交通管理条例》和其他有关道路交通管理法规、规章的行为，过失造成人身伤亡或者财物损失的事故。自汽车发明以来，全球死于交通事故人数近4000万人左右，远高于同期死于战争的人数。目前全世界每年死于交通事故的人数超过120万人。因此道路交通事故已成为现代社会第一公害。据统计，我国因交通事故造成死亡的人数居世界第一，每年死亡近10万人左右。其中，汽车造成的死亡人数占首位。死亡人群中，以农民居多；从年龄构成来看，17～35岁年龄段的居首位。为重现交通事故发生的情形，明确事故发生的原因，有必要对交通事故现场进行全面细致的勘验，以便为认定肇事车辆以及责任认定提供依据。

道路交通事故原因多为过错或意外所造成，但也有犯罪嫌疑人杀人后伪装成交通事故。因此，应对道路交通事故现场进行全面细致的勘验，为重现交通事故发生的情形，明确事故发生的原因，认定肇事车辆以及责任认定提供依据或揭露犯罪。

第一节　道路交通事故的分类

对交通事故进行分类，目的在于分析、研究、预防和处理交通事故，同时也便于统计和从各个角度寻找对策。

（一）根据后果分类

1. 轻微事故　指一次交通事故造成轻伤1～2人，或轻微伤3人及3人以上；或直接经济损失，机动车事故损失不足1000元；非机动车事故损失不足200元的事故。

2. 一般事故　指一次交通事故造成重伤1～2人或轻伤3人以上，或者财产损失不足3万元的事故。

3. 重大事故　指一次交通事故造成死亡1～2人或重伤3～10人；或者财产损失3万元以上，不足6万元的事故。

4. 特大事故　指一次交通事故造成死亡3人以上或重伤11人以上；或死亡1人，同时重伤8人以上；或死亡2人，同时重伤5人以上；或者财产损失6万元以上的事故。

（二）根据车辆类型分类

1. 机动车事故　指在事故当事方中机动车（汽车、摩托车、拖拉机等）负主要责任以上的事故。但在机动车与非机动车或行人发生的事故中，机动车负同等责任的，也视为机动车事故，因为在道路上行驶，机动车相对为强者。

机动车驾驶人员违反交通法规发生的事故常见的原因有：违反安全驾驶规程、违反限制车速的规定（超速行驶）、强行超车、逆行、通过交叉路口时不减速、左右转弯及掉头不适当、违反停车或临时停车规定、违反优先通行的原则、路口闯红灯、与前车不保持安全间距、装载不适当、酒后驾车、机械故障、过度疲劳等。

2. 非机动车事故 指畜力车、三轮车、自行车、人力车等按非机动车辆管理的车辆负主要责任以上的事故。在非机动车与行人发生的事故中，非机动车负同等责任的应视为非机动车事故，因为在道路上行驶，两者比较非机动车为强者。

3. 行人事故 指行人负主要责任以上的事故，行人违反交通法规，包括无视交通信号、不走人行道、随意横穿、斜插公路等。

4. 其他事故 指其他在道路上进行与交通事故活动有关的人员负主要以上责任的事故，如因违章占用道路造成的事故等。

第二节 道路交通事故现场的特点

道路交通事故现场千差万别，但通常都具有以下一些共通的特点。

（一）现场存在的客观性和现场状态的可变性

任何一起交通事故都有一个客观的事故现场。即使当事人为了逃避责任，采取手段改变或毁灭事故现场，也只能掩盖和改变事故现场的某些现象和状态。但是事故现场的某些现象会随时间、人为因素或自然条件的影响而发生变化或消失。

（二）事故现象的暴露性和因果联系的隐蔽性

交通事故现场表现为车物的损坏，人、畜的伤亡，或痕迹、物证的留存等，这些现象可凭认真的勘验而发现。违章行为与事故后果的因果联系却比较复杂，有时难以查明。

（三）事故现场的整体性和形成过程的阶段性

事故现场的形成过程可分为三个阶段，即事故发生前的动态阶段、发生时的变化阶段和发生后的静态阶段。它们组成事故的整体，并由各个阶段特点决定了整体性。

（四）事故现场的共同性和每一个现场的特殊性

虽然交通事故是千差万别的，但由于事故现场构成条件的原因往往具有许多相同点，构成事故现场的共同性。但是每一个具体的交通事故现场，又各有不同构成了其特殊性。

第三节 现场勘验的原则与方法

一、道路交通事故现场的分类

道路交通事故的现场环境、肇事原因、发生过程以及最终结局都各不相同，因此其现场的类型也会有所不同。在进行现场勘验之前，须先对该交通事故的现场进行分类。

（一）原始现场

指没有任何改变或破坏的现场。原始现场完整地保留着事故发生后时间、空间变化状态，可为事故原因的分析和事故责任的认定提供客观依据。原始现场能为事故分析提供最直接的凭据，因此必须强调原始现场的勘验价值，尽可能将事故现场的原始状态保留到现场勘验之时。

（二）变动现场

变动现场是指事故发生后到现场勘验之前，由于某种自然或人为原因，使现场的原始状态部分或全部地受到变动的现场。这类现场不能充分地为事故分析提供直接依据，造成案情分析困难。通常引起现场变动的原因有：①抢救伤员或排险：为抢救伤者必须移动伤者或被害人的倒卧位置，有时要改变车辆的位置；为排险必须清理易燃、易爆及有毒物质等；②保护不当：事故后未及时封闭现场，有关痕迹被破坏或消失；③自然因素破坏；④允许变动：如为了避免交通阻塞，经允许移动车辆或有关物件；⑤驶离现场：发生事故后，车辆驾驶员无意将车辆驶离现场。

（三）伪造现场

破坏现场指事故发生后，肇事者为了逃避或减轻责任，故意将原始现场的痕迹、物证清除或伪造痕迹。

（四）逃逸现场

事故发生后，肇事者为了逃避责任，有意隐瞒事故并将车辆驶离现场。

二、道路交通事故现场的保护

与其他命案现场相比，道路交通事故发生在开放的环境中。因此，对事故现场进行勘验之前，必须首先对现场进行保护。

（一）最初事故现场的保护

主要应依赖事故当事双方的驾驶人员、乘员及其他人员自觉维护并立即向交通管理部门报告。

（二）封闭现场

勘验人员应先查看现场全貌，确定现场范围，然后设立标记封闭现场，以提示车辆、行人等禁止入内。

（三）消除危险

车辆事故造成易燃品泄漏、有害物质抛洒等，应立即设法消除，以防诱发其他事故。

（四）保护痕迹和物件

现场任何物件或事故痕迹都应严加保护，必要时应加以遮盖（图 22-1）。

图 22-1　现场保护

三、道路交通事故现场勘验的内容和要求

（一）现场勘查的定义

依据相关法律法规，运用科学方法和现代技术手段，对交通事故现场的时间、地点以及人体、痕迹、物证等进行现场查问和实地勘验，并将所得结果完整、准确记录下来的专门工作。

（二）现场勘验的工作内容

现场勘验的目的是采集与事故有关的物证，为事故责任认定提供证据；查明事故原因（图 22-2）。

1．现场勘验　现场勘验包括对现场死伤者的损伤情况、血迹分布及其他痕迹、物证的采集和必要的实地试验。通过观察、测量及绘制现场图、摄影、摄像等手段实施。现场勘验的主要内容包括：

（1）现场道路环境勘测：必须查明事故现场的道路位置（路名及所处里程点）、走向、路宽线型、现场道路的视距，以及有关的标志和设施等。

（2）现场摄影：就是用现场拍摄的照片记录现场地貌、车辆、尸体、痕迹及散落物品的位置和状

图 22-2　现场勘验

态的勘验手段。对于变动现场，拍照前应将受伤者原始倒卧位置或尸体、物体的原始位置用白线画出。对血迹进行重点标示，并描述血迹（血泊）的方向或其上的印痕。照片应从不同角度和不同距离拍摄，以便全面真实地记录现场景象。除了摄影、录像外，还可使用三维激光扫描技术。

（3）绘制现场草图（scene draft）：即将现场的道路、车辆、人体、物品及有关事故痕迹的状况用平面图记录下来的勘验手段。现场徒手绘制的平面图虽是一种草图，但由于采用了规定的画法符号，并按比例将现场车、物、人体、痕迹表现在图面上，将它们之间的位置用尺寸数字标出，所以现场草图比照片能更准确地记录现场情况，它与照片相互补充，都是现场勘验不可缺少的。现场草图的绘制和尺寸标注必须全部在事故现场中完成。草图还应在现场核对，以便及时修改和补充。草图完成后，应由现场勘验的负责人审定，并征得事故当事双方认可（图 22-3）。

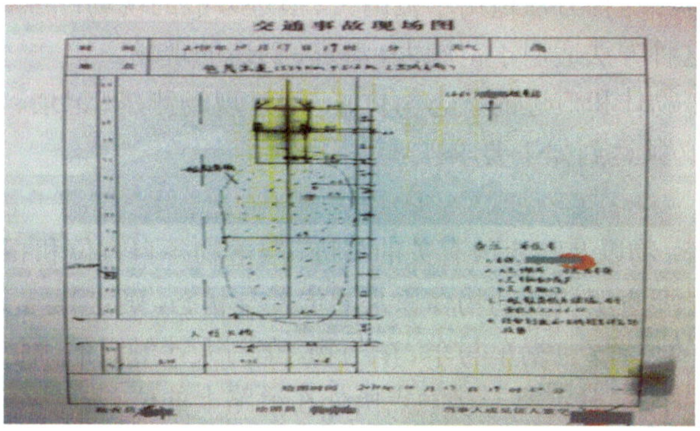

图 22-3　现场草图

（4）现场测量（scene measure）：现场测量其实是绘制现场草图工作的一部分，因为测量所得的数字，其大部分都要标注到现场草图上去。现场测量一般采用最普通的以直尺、卷尺为量具的直接人工测量方法，必要时也使用某些简单仪具。现场测量主要测定一些与事故相关的尺寸，包括测量肇事车辆上的有关尺寸及其在现场道路上的定位尺寸，道路的宽度、标线位置，制动印痕的长度、起始位置；测量尸体、血迹、受伤人体的位置、血迹、散落物的面积；测量有关交通元素的行进路线的位置；测量车辆车身损伤位置、面积、深度；测量坠车事故车辆的下落距离及相关的地形尺寸等。

（5）事故车辆检验：因涉及对肇事车的认定、提取与事故有关的物证，以及对事故经济损失的评估等事项，所以对事故车辆的检验必须全面深入。事故车辆的现场检验内容包括：查明事故车辆的车型、车号、颜色及有关的结构性能参数（如轴距、转距、外廓尺寸、排量、装载质量等）；检测与事故有关的车辆安全性能和技术状况，如制动、转向性能；灯光、信号装置的状况；驾驶视野及事故后操纵手柄的位置；查明事故车辆的损伤类型、破损的部位和破损程度；查明货物的种类以及与事故相关的货物情况，如超重、超高、货物的固定等情况。

（6）事故痕迹调查：寻找和核查在现场路面、车辆、建筑物、路边树木等物体上留下的轮胎印痕、撞击刮擦印痕，并对不同印痕与事故的关系作出初步分析，如根据轮胎印迹的突变点确定碰撞接触点的确切位置等。

（7）事故遗留物的提取和勘测：提取有物证价值的现场遗留物，如血迹、毛发、纤维、油漆、木片等；测定遗留物品的位置和散落物质的范围。如测定被害人遗留物品（鞋、佩戴物等）的位置、挡风玻璃散落的位置和范围。

（8）人体伤害调查：人体受交通事故伤害的情形十分复杂，对伤害性质和伤害程度的确切结果，有时必须经尸体解剖或体检才能得出。现场对人体伤害的调查，仅限于对死、伤者的伤害现象做出一般的描述：皮肤损伤、神经系统损伤、胸部、腹部损伤、骨折。

2．现场调查　现场调查的目的是了解事故过程和其他基本情况。调查对象包括事故当事人及目击者。现场调查应重点解决如下问题：

（1）肇事者的个人情况，如年龄、性别、驾驶经历、事故记录等。

（2）发生事故的时间、地点、车辆、出车事由、乘客人数或载物数量。

（3）发生事故时的估计车速，发现险情时车辆的位置，所采取的措施。

（4）事故过程的具体情况。

（5）逃逸车辆的车型、车号、颜色、去向等可供侦缉的线索。

（三）现场勘验的基本步骤

1．现场勘验起点的选定

（1）沿着车辆行驶路线勘验：这种方法适用于事故发生地点痕迹明显的现场；

（2）从中心（接触点）向外勘验：这种方法适用于现场范围不大，痕迹、物证集中，中心明确的现场；

（3）从外围向中心勘验：这种方法适用于范围大、痕迹分散的现场；

（4）分片分段勘验：这种方法适用于范围大、潜逃、伪造的现场。

2．静态勘验　不改变物体和痕迹的状态与位置，通过现场测量、记录、制图、摄影、录像等手段，予以如实的记载和反映，必须达到如下要求：

（1）确定现场方位。

（2）确定现场中人、车、物以及与事故有关的痕迹、散落物各自方位和相互间的联系。

（3）遇到变动现场时，要查明被变动物体原来的位置与状态，确定其与变动后位置的关系。

（4）确定事故接触点的位置，包括车与车、车与物、车与人接触时的部位和各自在道路上的方位。特别是在有多个接触部位时，要确定第一接触点所处在道路上的位置。

（5）确定事故车辆挡位、气压、装载、点火开关位置，雨天雨刷器效能，方向盘自由转动量，夜间灯光照明情况，追尾事故前车刹车灯性能等。

3．动态勘验　对现场实物、痕迹形态进行深入细致的全面勘验。由于在静态勘验过程中，不能改变现场的原始状况，有些痕迹、物证勘验不全，必须移动后才能补全。如遇移动即被破坏可能时，则必须采取录像或照相等手段保全和测量记录后，在见证人或当事人参加的情况下，进行检验提取。动态勘验必须达到以下目的：

（1）发现和搜集在静态勘验中未能发现的痕迹和物证（如人体组织、毛发、漆片、纤维、金属碎片等）。

（2）用简单的实验方法（如痕迹形状、位置的对比、血迹鉴别等）分析物体特征与痕迹形成的原因。

（3）根据车辆或行人运动的规律，分析现场中各种现象产生和变化的原因。

（四）现场勘验的要求

1．现场勘验必须及时　交通事故现场通常在勘验结束之前，为了保护现场不受破坏和便于勘测，都要封闭现场甚至阻断交通；事故现场的某些痕迹，也极易受到破坏；目击者可能离开。因此，要求交通管理部门接到事故报告后，都应立即赶赴现场进行勘验，才能最大限度地获取资料，并及时恢复正常交通。

2. 现场勘验必须细致　由于交通事故现场不能保留，一旦勘验结束，现场即被撤除。现场勘验力求把现场上一切可疑的痕迹、物证都记录和采集下来。在记录和采证时，尽管有的资料似与事故分析无关，但也不应轻易放弃，否则一旦需要就无法弥补。只有全面占有证据材料，才能进行系统的分析研究，这就要求现场勘验必须全面、细致、有秩序地进行，为弄清事故发生的真实情况，正确认定责任和处理事故奠定坚实的基础。

3. 现场勘验必须客观真实　对于发现的痕迹、物证，要客观、周密地研究它们与事故的关系，如实记录，切勿主观臆断，偏听偏信。对变动或伪造的现场，要分析了解变动的情况，有根据地指出其反常情况和矛盾所在，并得到合理的解释和有说服力的鉴定。

4. 现场勘验必须符合法律程序　现场勘验中在提取痕迹和物证、检验尸体、询问当事人、调查证人时都必须严格按照法律程序办事，要尊重被讯问人和被询问人的权利，尊重群众的风俗习惯，爱护国家和私人财产。

（五）现场分析

现场分析是现场勘验工作的最后环节，将现场勘验中所取得的资料总结归纳并进行初步研究和分析，以帮助对事故的整体化认识；发挥信息反馈作用，弥补勘验工作之不足；快速反应，指导逃逸事故的破案行动。对查明事件性质，确定事故发生时间，确定肇事车辆和驾驶员有重要的作用。

第四节　车辆与机动车痕迹的勘验

交通事故现场痕迹包括路面印迹、车体痕迹及人体痕迹。路面印迹如车辆轮胎的滚动和滑动印迹、人体足印和物件在路面上的划痕；车体痕迹包括因事故所造成的车辆变形和破损的痕迹、车体上附着的异物等；人体痕迹包括因事故在人体和衣服上留下的轮胎痕迹、撕裂痕以及人体表皮及内部损伤等。

一、轮胎痕迹的鉴别

轮胎与路面接触并承受车辆的重量，轮胎的印迹必然反映车辆运动状态的变化。

（一）轮胎印迹的宽度与花纹

宽度与花纹是区别不同轮胎印迹的最明显标志。轮迹宽度取决于轮胎的规格和形式。不同规格和形式的轮胎充气之后其断面宽度是一定的，在同样路面、负荷条件下，轮胎断面宽度大，轮迹的宽度亦大。轮迹的宽度还与轮胎的负荷和充气压力有关，同一轮胎在负荷大时变形大，轮迹宽度亦较负荷小时宽。汽车制动时由于轴荷转移使前轮负荷增加，从而可从前轮轮迹的突然变宽推断汽车的制动时刻。

充气压力对轮迹宽度也有明显影响，因为轮胎气压低于标准对轮胎变形的影响相当于轮胎超负荷的作用。据试验，轮胎气压为标准值 80% 相当于轮胎在标准气压下超载 20% 的断面宽；而气压为 55% 时相当于超载 80%，可见在同样路面条件下，鉴别轮胎印迹的宽度应考虑到上述影响。

鉴别轮迹的宽度和花纹，除鉴别每个轮迹所反映的轮胎宽度、花纹类型外，还必须注意轮印宽度及花纹深浅的差异，并从左右车轮轮迹测定车辆的轮距，使轮迹情况与车辆装用轮胎的类型以及车辆的运动状况联系起来。

（二）车轮的运动状态

根据车轮运动状态的不同，轮胎印迹可分为滚动印迹和滑动印迹两类。滚动印迹车轮在路面上作单纯滚动时留下的印迹叫滚动印迹，滚动印迹形状与胎面花纹基本一致。匀速运动车辆的滚动印迹是一条与轮胎宽度相当，且有均匀深浅的连续压印。当车辆在变速瞬间局部印迹花纹有加深现象，其加深的程度与车辆加减速度的大小相对应。

车轮在路面上不是单纯滚动而是其着地部分与地面有相动滑动时留下的印迹叫滑动印迹。根据车轮滑动的状态不同，又分为滑转印迹和滑移印迹。发生交通事故时，多数情况下驾驶者都会采取制动措施，因此勘验并鉴别制动印迹是十分必要的。制动印迹必然属于滑移印迹，但在不同制动条件和车辆运动状态下，制动印迹的形态又有所不同。如果将制动印迹分作两段，即将能分辨出轮胎花纹的部分作为前段，不能分辨出花纹的部分作为后段，那么可以看出，在前段，轮胎花纹是逐渐加深直至变形和模糊；后段车轮处于完全的滑移状后一段的制动印迹完全变成了轮胎与路面摩擦后的黑色条带，因此称做“制动拖印”。

（三）各种制动印迹

1. 制动压印的鉴别　车辆制动力的大小，并不仅仅取决于驾驶者加给制动踏板的力，它还和轮胎与路面的附着系数有关。而在不同滑移率时，车辆在紧急制动时，有经验的驾驶员并不让车轮抱死，尤其在滑溜路面上，这样不但可获得较短的制动距离，且可减少车辆发生制动侧滑的可能。具有自动防抱死制动系统的汽车，即使在紧急制动下，也能有效防止车轮完全拖死。在车轮不拖死，而是半拖半滚的运动状态下，路面上如果能看到其制动印迹，则必然是制动压印。因此，对制动压印的鉴别，应结合车辆结构、驾驶人的操作经验以及实际效果综合考虑。

2. 制动拖印的鉴别　车辆不发生侧滑时的正常制动拖印是几条与车辆轮距相当的平行印迹，前后轴轮距相同的车辆，印迹较深的一段，即是前后轮印迹的重叠部分。一般载货汽车都使后轮先于前轮制动，故先出现的拖印多为后轮拖印；速度较高的小汽车则多使前轮先拖死，先出现前轮拖印。

3. 制动跑偏印迹　制动跑偏是由于两侧车轮（尤其是两侧转向轮）制动力相差过大造成的，属于车辆本身的原因。当两侧车轮制动器的制动力不等，或两侧路面附着力不等时，在制动过程中，两侧车轮将处于不同的滑移状态下，其结果必然造成两侧车轮的滑移距离不同，使车辆向滑移距离短、制动作用好的车轮一侧偏转。紧急制动过程中，制动跑偏出现拖印的情况对两侧车轮来说是不同的，往往是跑偏弧线内侧车轮拖印长而外侧车轮拖印短。

4. 制动侧滑印迹　侧滑是由于轮胎在制动纵向滑移过程中受侧向外力作用而引起某一轴的车轮或全部车轮发生横向滑动的现象。车辆制动过程中所受的侧向力来自外界的冲撞力、侧向风力、道路横向坡度所形成的分力以及车辆转弯、变换车道乃至跑偏所产生的回转离心力等。

（四）轮胎痕迹鉴定

轮胎痕迹是以轮胎作为造痕客体，与其他客体相互作用时留在其他客体表面上的结构形象痕迹。轮胎痕迹的鉴定对还原事故现场、推断肇事车辆等至关重要。在交通事故现场勘验中，地面、人体体表、衣物等往往是轮胎痕迹产生的载体，其形态特征与造痕轮胎的外部结构、形态及两者接触形态和作用力的大小等有着密切的关系，通过轮胎痕迹鉴定，可以确定两者是否接触、如何接触。轮胎痕迹鉴定主要方法有以下几种：

1. 特征比对法　对现场的轮胎印迹和嫌疑车辆轮胎进行检验，需检验轮胎的花纹形态特征，包括花纹的形状、花纹块的几何尺寸、宽度、深度等；检验单个轮胎花纹组合特征和几个轮胎花纹的组合特征。检验轮胎痕迹形态特征时，可将样本和实验样本置于同一视野内，对它们的特征进行比对。

2. 特征测量法　是利用测量仪器对现场轮胎痕迹所反映的轮胎形象和嫌疑车辆轮胎的周长、直径、胎面宽度、花纹几何尺寸等方面进行测量，分析特征性等是否相互吻合。

3. 计算机检验法　用油墨捺印提取法或白纸压印拓取法提取轮胎花纹样本，在同等条件下对现场轮胎痕迹（检材）和提取的样本进行拍照或扫描，运用计算机软件，将两者进行重合、比对研究，比较特征出现的部位、形状、大小、间距、分布关系以及两者重合度等方面的异同情况。

4. 理化检验法　在轮胎痕迹形成过程中，轮胎与车体、路面、人体、衣物及配饰等之间会有物质交换，承痕体上往往会留有轮胎表面橡胶微粒，在某些情况下，还会留有原来沾附在轮胎表面的其他外来物质，这种外来物质将具有一定的唯一性；同理，车辆轮胎上也会留有车体、路面、人体、衣物及配饰上的某种物质（沥青、水泥、血迹、纤维等）或者附着物；通过理化检验，可以对外来物质进行种属认定或者同一认定。

二、碰撞接触点的勘验

碰撞接触点（collision junction point）是指车辆相互碰撞或碰撞其他物体时，其最初接触部位在碰撞瞬间对地面的投影点，根据碰撞接触点能够推断出碰撞瞬时碰撞体在道路上所处的位置。因此，碰撞接触点对分析事故原因和鉴定事故责任至关重要。

（一）车辆碰撞固定物体的碰撞接触点

固定物体的位置是不变的，其碰撞接触点在固定物体与车辆接触部位的下方路面上。

（二）汽车碰撞自行车或行人的碰撞接触点

由于碰撞双方的质量差别悬殊，碰撞接触点位于汽车碰撞部位的后方。碰撞时，由于受到突然的冲击和加速作用，自行车轮胎或人的鞋底可能在路面上留下挫印，在冲击瞬间，从自行车或人体上都可能掉落下物品（零件、佩戴物等），可作为判断碰撞接触点的依据。

（三）汽车相互碰撞的碰撞接触点

汽车相互碰撞可分为正面碰撞、追尾碰撞和侧面碰撞等。

1. 正面碰撞　正面碰撞时双方车辆在碰撞瞬时的减速度一般都很大，因此将造成较大的轴荷前移，使前轮负荷骤增，有时甚至将全车负荷都转移到前轮上，前轮印迹相应加宽并加重。正面碰撞的汽车一般偏离其行驶方向的程度较小，如两车轮距不同，碰撞后一车后退，则两车轮交叠部分中后退车的轮印终端，也就是两车相撞时该车的前轮位置，即碰撞接触点。另外，正面碰撞后两车前照灯或风挡玻璃的落地位置，也可作为判断其碰撞接触点的依据。

2. 追尾碰撞　追尾碰撞时后车通常也会出现较大的碰撞减速度，因此可能留下如正面碰撞一样的前轮加重印迹，此外追尾碰撞也会造成前车尾灯和后车前灯破碎的现象。与正面碰撞的不同是：追尾碰撞可能只有后车前轮加重的印迹而前车尽管被后车推移加速，但一般不出现可观察到的轮迹变化。

3. 侧面碰撞　侧面碰撞有侧面正交与侧面斜交碰撞之分。两种情况下，被撞车都可能程度不同地偏离原行驶路线。车辆碰撞后的运动趋势受碰撞接触部位、车辆形式和结构、操纵系统状态、附着系数诸因素的影响，所以侧面碰撞的碰撞接触点的确定不像其他碰撞形式那么简单。

此外，双方车辆碰撞后都可能出现斜向或横向滑移，使其轮胎与路面横滑，因此在碰撞瞬时，即便车轮处于无拖死制动状态，仍然可能在路面上留下车轮滑移印迹。通常这种印迹较短时，被称做轮胎挫印。横滑印迹和挫印的起点，可作为判断侧面碰撞接触点的重要依据。

三、车辆变形和破损痕迹的鉴别

交通事故造成的车体痕迹主要有碰撞痕迹、刮擦痕迹和机件损坏痕迹。

（一）车体刮擦痕迹

车体刮擦痕迹反映了车辆与其他车辆或物体既接触又相对运动的现象。刮擦痕迹的位置通常在车体的侧面，多为长条状，有时还具有凹陷和洞裂的特征。此外，刮擦痕迹有明显的方向性，即从车身泥土被擦掉或漆皮被刮落的形态能明显辨别出刮擦痕的走向。刮擦痕迹上很容易留下对方车辆的漆皮、木质纤维或其他物质。

（二）车体碰撞痕迹

碰撞痕迹的特征取决于碰撞力、碰撞部位及碰撞双方部件的特性和形状等因素。通常碰撞痕迹包括凹陷型痕迹、洞裂型痕迹和粉碎型痕迹。

凹陷型痕迹的位置和形状对判断碰撞对象及碰撞接触部位十分有用；凹陷的程度有时也可作为碰撞车速的分析依据。譬如尽管汽车碰撞人体后车身凹陷不大，但有时仍会发现车身留有与被害人被撞部位相吻合的凹坑。

洞裂型痕迹表现为被撞部位产生开裂或破洞，可反映碰撞的接触部位。粉碎型痕迹可反映出撞击振动的程度、方向及碰撞车速（图 22-4）。

图 22-4　车辆碰撞损坏

（三）车辆部件损坏痕迹

包括连接件松动或脱落、轮胎爆裂、刹车失灵等事故导致的损坏痕迹。

四、视频证据的提取

目前部分车辆安装有行车记录仪，其可作为交通事故的证据。行车记录仪即记录车辆行驶途中的影像及声音等相关资讯的仪器，能够记录汽车行驶全过程的视频图像和声音，同时把时间、速度、所在位置都记录在录像里，故被称为车辆的“黑匣子”。发生交通事故后，将监控录像记录回放，事故过程一目了然，交警处理事故快速准确；既可快速撤离现场恢复交通，又可保留事发时的有效证据，营造安全畅通的交通环境。

另外，调取相关路段的视频监控录像也很必要，从录像中可以明确整个事故的过程，对交通事故的勘验有很大帮助；其缺陷在于，有时监控摄像头安装过远或视频分辨率太低，对事故发生的细节问题不能做出准确判定。

第五节　相关客体的勘验

一、人体上的痕迹

交通事故中被害人体在与机动车撞、刮过程中，在外衣或表皮上都会留下挫裂痕，如人体被碾压，被害人衣服上会留下轮胎的花纹印迹，有时被车轮碾轧过的人体由于皮下组织溢血而呈现出与胎纹相似的青紫斑痕。人体痕迹的部位、形状可提供车辆碰撞人体时的接触部位、着力方向以及车辆速度的分析依据。

人体被碾压和撞击会导致骨折的发生。由于作用在人体上的器械形状和用力轻重的不同，而使骨折有不同的形态，比如有线状骨裂、凹陷状骨折、孔状骨折、粉碎性骨折以及骨面擦伤痕迹等。对于某些骨折伤痕，可作适当加工以清楚地反映其形态特点。比如，为清楚地反映裂痕的形态，可擦干净骨面上的血污，以突出裂缝中的血污，或在裂痕内抹以深色物质，以使裂痕明显地反映出来。对于孔状骨折，为避免孔内太黑，可在背面配以辅助光，以丰富层次增强质感（图 22-5）。

此外，应警惕杀人案件伪装交通事故的案例，因其隐蔽性较高，有的伪装极为严密，现场勘验人员除对尸体进行细致的检查外，还要对现场进行细致的勘验，损伤需与现场痕迹相吻合，才能得出客观的结论。

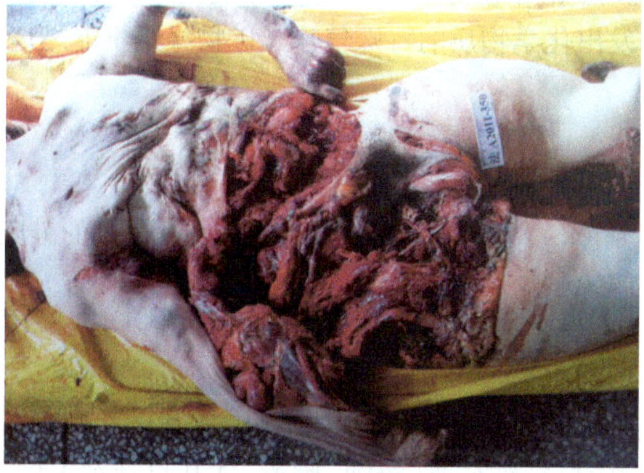

图 22-5　车辆碾轧、拖擦后的尸体

二、血痕的勘验

在交通事故现场中，血迹是勘验的重点之一，能清楚地反映出血痕的颜色、形状、大小和特征。另外，路面上狭长的拖拉痕迹及滴落血迹，应采用直线连续照相法分段拍照，最后拼接成一张照片反映全貌。尸体上的血肿及皮下出血等，要注意拍照角度，避免丧失真实感。

血痕鉴定具有较好的特异性，是认定肇事车辆和事故责任的有力证据之一。在交通事故处理工作中，需要检验的往往是肇事逃逸车辆表面沾附的微量或被污染的血痕。而且，人血与动物血外观相似，必须通过检验才能鉴别。血痕提取可用纱布或棉花蘸上生理盐水提取，待干燥后再装入试管。为了得到准确可靠的鉴定结果，除了及时取证送检之外，必须按照一定的程序进行检验。按照检验顺序，血痕检验分为预试验、确证试验、种属试验和血型测定与分析四个步骤。

1. 血痕预试验（联苯胺试验）　该试验是通过化学试剂的显色反应判断所提取的可疑检材是否可能有血。预试验多是利用血红蛋白的过氧化物酶样作用，使过氧化氢释放出新生态氧，将相应的无色试剂氧化成有色氧化物显色的原理。判断检材中是否有血。因某些氧化剂或含氧化酶类物质均可出现与血类似的反应，因此预试验灵敏度高特异性较差，阴性结果可否定血的存在，阳性结果只表明可能是血。

2. 血痕的确证试验　确证试验就是根据预试验结果，对阳性检材进一步进行检验，准确认定是否为血痕，常用方法有显微镜观察法、血色原结晶实验等。

3. 种属试验　可疑血痕经检验确定是血之后，需进一步进行检验，确定是人血还是动物血。这对认定肇事逃逸车辆是非常重要的，如果确定为人血，将作为重大肇事嫌疑进行审查。

4. 血型的测定与分析　经过预试验、确证试验和种属试验，证明从可疑车辆上所提取的可疑血痕中含有人血之后，必须进一步进行血型及 DNA 同一认定测定。只有确定可疑车辆上的可疑血痕与伤亡人员的血型相同，才能准确认定事故责任，进行事故处理工作。

三、毛发的勘验

毛发是交通事故现场常见的物证之一。在车辆与人畜间的事故中，往往可以从肇事车辆上找到毛发。提取和检验这些毛发，对认定事故责任具有重要的意义。

动物毛发与其他纤维，主要通过以下两条来鉴别：

1. 毛发皮髓质结构　人体毛发和动物毛具有皮髓质结构，有特殊的毛小皮纹理，用手指沿毛发的纵向捻搓时，毛发根端向前移行。其他纤维（包括植物纤维、化学纤维和矿物纤维等）只有纵向皱襞结构，没有皮髓质和毛小皮结构，用手指沿纤维纵向捻搓时，其纤维根端不发生移行。

2. 燃烧后变化　人体毛发和动物毛燃烧时发生卷缩，散发出烧焦的特殊气味，燃烧处末端呈黑褐色球状。植物纤维易燃烧，燃烧时散发出烧纸气味，燃烧处末端不呈球形，而且极易脱落。合成纤维一般也易燃烧，燃烧时散发出化学物质的特殊气味。矿物纤维不能燃烧，烧烤只能将其烧红，也无气味。

四、路面挫划痕迹

行人、自行车被机动车碰撞，由于碰撞双方的质量相差悬殊，人的鞋底或自行车轮胎都可能在路面上挫划，从而留下鞋底挫印或车轮挫印。

五、路面损伤痕迹

交通事故所造成的路面损伤多呈沟槽状痕迹，这种痕迹是由坚硬物体在运动状态下与路面接触所形成的。如被机动车撞倒的自行车车把、轮轴、脚蹬，或从机动车上撞落或部分触地金属构件等，在触地运动中都会留下深浅不同的沟槽。这类痕迹能清楚地反映出触地物件的运动轨迹，在其他痕迹证据（如车轮印迹）不足的情况下，绝不可忽视它的作用。

六、路面附着痕迹

路面附着痕迹是指那些在事故过程中由车辆、人体上掉落并附着在路面上的细小物质，如织物纤维、油漆、木屑、毛发、血迹、人体组织等。这些物质本身不但可作为现场物证，而它们所附着的路面位置，也可作为事故分析的依据。

七、道路交通事故的尸体检验

（一）尸体检验之前的相关工作

1. 现场勘验　交通警察到达现场后发现有受伤人员的，在急救医疗人员到达现场之前，应当按照救护操作规范立即组织施救，对伤情危急的伤员进行止血、包扎等紧急处置，同时标明受伤人员的具体位置和姿势并拍照。急救医疗人员到达现场后因抢救伤员需要变动现场的，应当标明受伤人员的原始位置并拍照。在交通警察到达现场之前急救医护人员先到场施救的情况，应当向急救医疗人员调查和了解伤者的具体位置、姿势，并尽可能保留伤者的衣物。

2. 衣物检验　尸体检验之前对衣物进行检验是至关重要的一个环节，对衣物的检验主要包括破损痕迹，如被车辆、物体、地面碰擦、碾压造成的衣物的撕裂、开缝、脱扣等痕迹，对于衣物的破损，详细记录形态和分布情况，尸体检验时注意上述衣物痕迹与人体损伤之间的对应关系；附着痕迹，如油漆、油污、泥土及血迹的附着等，附着痕迹的形态、位置及组成成分对案件的分析具有重要作用；碾压痕迹，即身体被碾压后，在衣服表面留下的轮胎花纹的痕迹，对明确是否被碾压、被哪辆车碾压及碾压方向等具有重要意义。有时衣物上的轮胎印痕不明显，但数码相机拍照后经过计算机图像处理，可获得较明确的轮胎印痕。

3. 事故车辆勘验　勘验事故车辆的破损状况，包括破损的分布、形态特征、离地面的高度等，以及勘验有无血迹、毛发、衣物纤维等附着物，初步分析车 - 车、车 - 摩托车、车 - 自行车、车 - 人等碰撞关系，如有条件对事故车辆进行三维扫描，则既能永久的保存数据，又能为事故再现提供基础。

4. 初步分析事故过程　经过案情调查、事故现场勘验、事故车辆勘验及衣物检验的过程之后，交通警察与法医、痕迹、生物力学、工程技术人员等共同初步分析事故过程，分析被害人在事故当时的运动状况及可能发生的损伤。

（二）尸体检验

交通事故尸体检验需遵循的国家和部门行业标准有《道路交通事故尸体检验》（GA268-2009）、《法医学尸体解剖》（GA/T147-1996）、《中毒尸体检验规范》（GA/T167-1997）、《法医病理学检材的提取、固定、包装及送检方法》（GA/T148-1996）、《道路交通事故痕迹物证勘验》（GA41-2014）、《道路交通事故现场勘验照相》(GA150-2014)、《法医学物证检材的提取、保存与送检》(GA/T169-1997)、《道路交通事故受伤人员伤残评定》(GB18667-2002)、《道路交通事故涉案者交通行为方式鉴定》(SF/Z JD0101001-2010)等，但由于道路交通事故的特殊性，法医需在上述标准及规范的基础上，还要关注以下几个要点：

1. 经过案情调查、事故现场勘验、事故车辆勘验及衣物检验，分析事故过程、被害人在事故当时的运动状况及可能发生的人体损伤的基础上进行尸检。

2. 尸体检验时放置一把长尺于足底至头顶部，以便于测量任何损伤距足底的高度。

3. 对经过事故过程分析认为可能与事故过程相关的人体损伤，要详细记录损伤的形态特征、大小及距足底的高度。

4. 腰背部及四肢的解剖是道路交通事故尸体检验必不可少的重要环节，明确腰背部及四肢皮下出血、骨折等情况之后，再对胸腹部进行解剖，这对系统分析损伤、受力方向及鉴别一次性损伤、二次性损伤、三次性损伤、是否被碾压、拖擦等具有重要意义。

5. 注意要常规提取心内血、尿液、胃内容物、肋软骨等检材，随时可以满足个体识别、是否饮酒及药毒物等检测的要求。

第六节　三维激光扫描仪的应用

三维激光扫描技术(3D laser scanning technology)又被称为实景复制技术，是20世纪90年代中期开始出现的一项高新技术，能够提供扫描物体表面的三维点云数据，因此可以用于获取高精度高分辨率的数字地形模型，是测绘领域继GPS技术之后的一次技术革命。它突破了传统的单点测量方法，具有快速性、不接触性、穿透性、实时、动态、主动性、高密度、高精度、数字化、自动化等独特优势。三维激光扫描技术在国内越来越引起不同研究领域的关注，作为新的高科技产品，三维激光扫描仪已经成功的在文物保护、城市建筑测量、地形测绘、采矿业、变形监测、工厂、大型结构、管道设计、飞机船舶制造、公路铁路建设、隧道工程、桥梁改建等领域里应用。三维激光扫描仪，其扫描结果直接显示为点云(pointcloud)，利用三维激光扫描技术获取的空间点云数据，可快速建立结构复杂、不规则的场景的三维可视化模型，既省时又省力，这种能力是现行的三维建模软件所不可比拟的。

近年来三维激光扫描技术积极应用于道路交通事故的现场勘验，通过道路交通事故现场复原分析，可以将三维模型(人物、车辆、散落物、地面痕迹等)拖拽到真实现场的360°全景图像中，通过增强现实技术将三维模型与全景图像进行融合互动，在360°全景图像中进行案发过程的实地模拟复原，可以更加客观、准确地分析事故过程。道路交通事故现场模拟复原分析系统内建强大的三维动画引擎，可以对三维人物和车辆等模型进行三维动画的创建和编辑。根据公安人员对现场案发过程的推理，通过拖拽的方式即可进行人物和车辆模型的动画创建。同时，道路交通事故现场模拟复原分析系统的操作简单快捷，可以将案情分析过程中的讨论内容和结果，即时创建为三维模拟动画，对案情的分析加以佐证和评估。在重现的三维现场中，可根据实际现场取证的数据在三维场景中创建尺寸标注，将已知的数据添加至三维现场布局图中，同时画笔标注功能可以在图像中的任意位置进行创建即时标注和圈点，还可以支持文本、图片、音频和视频等多种类型文件添加。这一功能对于绘制案发现场图像尤为重要，该功能突破了传统平面图的视角限制，而且还加入了真实的现场数据和即时的画笔标注，让整个三维重现的道路交通事故现场的信息量更加丰富和具体。即使限于条件事故发生后未能及时进行扫描，事后对事故现场、事故车辆分别进行扫描，再通过计算机处理也可以达到复原事故现场，准确分析事故过程的目的。

案例1：

2013年11月13日2时许，当事人甲驾驶轻型箱式货车沿丘海大道自北向南行驶至南北通停车场路段时，与同向行驶的由乙驾驶并搭载丙的两轮摩托车发生事故，造成丙送医院经抢救无效死亡，乙受伤，两车不同程度损毁的交通事故。

焦点问题：还原事故过程。

通过激光三维扫描重现现场，结合原始现场照片，利用地面特征信息比对，客观准确地复原现场空间信息，明确了摩托车与小货车路面上的碰撞区域，还原了整个事故过程。

案例2：

×年×月×日××高速，一轻型自卸货车涉嫌撞倒一名被害人并将其碾轧后逃逸，被害人上衣及裤子上均留有肇事车辆的轮胎花纹印，现要对被害人衣物上的轮胎痕迹是否为嫌疑车辆轮胎所压进行鉴定。

（一）道路交通事故现场图及事故现场照片

被害人北侧路面上见两处轮胎滚印，为并排双轮所留，滚动方向与被害人血迹喷溅的方向一致（由南向北），两处轮胎滚印与东侧路沿的距离由南向北分别为65cm和70cm，两处轮滚印间距为270cm。其中位于东侧的轮胎滚印为由“Y”字形曲折花纹组成的血印，位于西侧的轮胎滚动印为两条纵向曲折波形花纹血印，在两条纵向曲折波形花纹间未检见纵向的沟槽印。

（二）嫌疑车辆检验

嫌疑车辆右侧后轮为双轮胎，轮胎的固定螺栓未检见有新近拆换形成的工具痕迹。胎冠花纹为以横向曲折花纹为主，纵向花纹为辅的组合花纹，每条横向沟槽有两个曲折点，其中每两条横向沟槽的曲折点由两条纵向沟槽连接，形成两个反向“Y”字形；轮胎胎侧见以三条同心圆组成的花纹。内侧轮胎胎冠花纹为以三条纵向曲折沟槽为主形成的花纹，其中每两条纵向沟槽曲折点顶端由横向“Z”字形沟槽连接；轮胎胎侧见以五条同心圆组成的环状花纹；胎冠两边外缘见规则排列的凹槽；从外向内第一条与第二条纵向曲折沟槽间见一条疑被异物割划形成的沟槽。检验时使用染色剂均匀喷涂在受检轮胎表面，将白色工程制图纸平铺在水泥路面上，驾驶嫌疑车将受检轮胎分别在白色工程制图纸上滚动一周，使表面轮胎花纹转印到白纸上。试验采集的嫌疑车右后双轮轮胎的压印：轮胎滚印周长为264cm。右后外侧轮胎胎冠的横向曲折沟槽宽为0.5～1.0cm，两条沟槽对应曲折点顶端间距为4.7cm。右后内侧轮胎胎冠花纹为以三条纵向曲折沟槽为主形成的花纹，其中靠近外侧轮从外向内第一条沟槽内侧0.5～1.2cm范围内见一条纵向沟槽，该沟槽与胎冠三条纵向曲折沟槽趋于平行，沟槽宽约为0.2～0.7cm不等，沟槽未形成圆周，两端相距约11cm空缺。

（三）被害人所穿衣物的检验

受检上衣为黑色皮夹克，其左肩部距袖口（左臂后片）35.0～55.0cm范围内见由“Y”字形曲折花纹组成的泥灰印，横向曲折沟槽宽为0.3～0.4cm，每两条花纹曲折点顶端间距为4.7cm；后背左上部距上衣下沿26.0～72.0cm范围内见双排斜向泥灰挫痕，每排挫痕分别由四条泥灰印组成，其中位于右部的印迹右端见五个纵向等距分布的类盾形泥灰印。受检裤子为黑色牛仔裤，其裆部撕裂，左裤腿后侧见长17.0cm的挫痕，局部撕裂，同部位见一条模糊泥灰印，该范围内见三条纵向曲折波形纹印，两条纵向花纹曲折点顶端由横向“Z”字形花纹印连接，其他未检见有纵向疑似沟槽印迹。

将检材与样本进行比对检验，在右后双轮轮胎胎冠花纹印的整体特征（花纹组合）、组合特征（内外分布）及与车辆行进方向的吻合度等方面均可以相互印证，被害人衣物上的轮胎痕迹与嫌疑车右后双轮轮胎的同类型轮胎花纹一致。

案例3：

2015年高速出城方向，牌照为重型仓栅式货车与牌照为渝A××××（渝A××××挂）号车发生尾随碰撞后，撞击停驶在施工区域的赣A×××号车，造成赣A××××号车上人员裴某死亡的交通事故。高速公路执法大队接到赣A××××号车上另一人员张×的报案后赶赴现场勘验：赣A××××号车毁损严重，毁损主要集中于副驾驶舱，报案人张某称当时裴某正驾驶车辆，发生撞击后裴×跃到副驾驶舱死亡。事故发生时到底是谁在驾驶车辆？张某所说的是真的吗？想知道法医学鉴定结果，请见本书增值部分。

案例 4：

2010 年 7 月某日 8：00 许，某辖区内发生一起交通事故，某男骑三轮摩托车，翻入路旁沟内死亡。现场勘验主要发现：现场位于某地公路某处路西侧沟内，沟内无水，有大量石块，石块中间有少量杂草，其中 2 块石块上有形状不规则的血迹，成滴淌状，周围未见明显的喷溅血迹；法医对尸体进行了尸表检验，主要发现：左额部有一不规则挫伤，左额颞部有一挫伤，对应颅骨凹陷性骨折，顶部有一星芒状挫裂创，深达颅骨，创腔内可见组织间桥，右颧部见一 4cm × 4cm 擦伤（无生活反应）；躯干及四肢未见其他损伤痕迹。死因分析：被害人头部伤系头部多处与质地较硬的钝性物体接触形成，致颅脑损伤死亡。疑点：被害人损伤集中在头部，身体其他部位无损伤，不符合交通事故的特点；被害人头部有 3 处较重损伤，集中在左额部、左颞顶部、顶部，3 处损伤用一次撞击不能解释。随后法医对某男进行了尸体解剖发现：帽状腱膜下大面积血肿，左颞部可见放射状颅骨骨折线，中心部位约 1.5cm × 1.5cm 颅骨呈弧形凹陷，左颞部硬脑膜外血肿，脑实质广泛挫伤；胃内食物残渣约 500ml。对被害人心血及胃内容物进行毒化检验分析，均检出氯丙嗪成分。根据法医提供的检验鉴定报告，刑侦人员将犯罪嫌疑人锁定为被害人妻子，其交代因感情问题，某男经常打骂妻子，妻子有了外遇，后与其情夫商议，将碾碎的氯丙嗪加入被害人饮水中，趁其熟睡时用准备好的石块猛击被害人头部致其死亡。

（李剑波　李冬日）

思考题

1. 交通事故死亡与杀人抛尸的现场区别有哪些？
2. 怎样进行车辆与机动车痕迹勘验？勘验的重点是什么？
3. 对交通工具上的附着物提取检验的意义有哪些？
4. 交通事故现场血痕勘验的具体步骤及意义是什么？
5. 三维激光扫描仪现场勘验的优势有哪些？

第二十三章　空难的现场勘验

空难(air crash)是指飞机等各种飞行器在起飞、飞行或降落过程中，由于发生故障、遭遇自然灾害或其他意外事故所造成的灾难。空难常常会造成重大人员伤亡和财产损失。空难是我们对飞机失事或飞行事故(aviation accident)的通俗化简称。国际组织对空难有严格的定义，是指参与此次飞行的任何人员从登机到全体人员下机这段时间内，出现任何人在飞机内或飞机上，因与飞机或其附属部件直接接触而导致死亡或严重损伤和飞机受到实质性破坏的情况。在飞行中，飞机上人员伤亡而飞机没有损伤，或飞机上人员安全而造成其他人员伤亡的，则不属飞行事故。

随着生活水平的提高和生活节奏的加快，越来越多的人选择搭乘飞机出行。国际航空运输协会统计显示，乘客的数量大约以每年 6% 的速度递增，空难的数量也呈上升趋势。而且，由于犯罪及恐怖活动所导致的空难数量也不断增多。与其他交通工具事故相比，空难具有两大特点：其一，死亡率高。据统计一般车祸死亡率为 10%～20%，列车事故死亡率为 50%～60%，而空难死亡率超过 80%。虽然空难发生的概率远远低于陆上及海上交通工具，但由于飞行的特殊性，通常空难发生后机上人员很少会幸免于难；其二，失事原因复杂。空难发生在转瞬之间，其原因却涉及多个方面，如机械故障、操作失误、恶劣天气、人为破坏等因素均可造成严重的后果。空难具有较大的破坏性，并可能随之产生巨大的政治、经济和社会影响，空难现场勘验对成因调查和后期处置工作具有重要作用。

第一节　空难现场的特点及勘验任务

一、空难现场的特点

空难现场具有损毁严重、现场复杂的特点，这与空难发生的地点、位置和起因密切相关。由于飞机本身体积和重量的原因，加上飞行的高度和飞行的速度，坠落时的冲击力巨大，即便坠落在水面，也一样会导致飞机瞬间的变形、解体，甚至发生物理性的爆炸，所以绝大多数的空难现场，呈现的是遍地碎裂的飞机残骸。空难后飞机解体分离碎裂，常伴随碎片的大面积散落，影响散落面积最重要的因素是坠落高度。如在万米高空飞机发生解体后，残骸散落的面积可以达到几十甚至上百公里。另外，如果空难发生在水面，受海水的深度、潮汐、流速等因素影响，散落的面积会发生二次动态的变化。

二、空难现场勘验的任务

解体分离碎片多和散落分布面积大的空难现场特点，直接导致的结果是飞机残骸和尸体很难勘验收集齐全。飞机残骸收集不全，就很难复原飞机的原貌，导致对空难原因调查困难；尸体不能收集齐全，就很难给遇难者家属和社会以圆满的交代。因此，空难现场勘验的首要任务，就是尽可能地搜索、定位、收集最多的飞机残骸和遇难者的尸体。有些空难案件，尸体上的信息对揭示空难的发生原因非常重要，甚至可以弥补某些飞机构件痕迹物证的缺失。比如化学性爆炸和物理性爆炸是两种性质完全不同的爆炸，尸体上放射状的烧灼损伤，常常比飞机构件具有更好的化学性爆炸的指向性。因此，对于现场勘验的法医专业人员来说，查明死因、个体识别和物证收集等工作是现场勘验的主要内容。

（一）查明死因及死前状况

空难的发生可造成大量人员死亡，造成死亡的原因是多方面的，可能是严重的机械性损伤、烧伤、一氧化碳中毒等，也可能是多种因素的结果。参与空难现场勘验的法医学专业人员通过尸体的检验，结合现场勘验情况，可查明死因。但是，现场勘验工作的任务不仅仅局限在查明死因，更主要的是通过勘验分析人们死亡前的状况，而这些状况可能为空难原因调查提供客观丰富的科学依据。如乘客中有人烧伤现象特别明显，而飞机也是先起火后坠落，那么这一征象指向该乘客的位置应该是起火点，需要进一步查证，该位置的起火是机械设备意外起火，还是乘客故意或意外导致；通过尸体解剖检验可确定飞机坠海当时是否有人存活；而对机组人员尤其是机长检验，如果其血中乙醇浓度超过正常值，那么人们有理由怀疑机长的行为可能是导致空难发生的主要原因。因此，查明死因的真正目的，是要通过尸体检验，发现空难起因的相关证据。

2013 年 7 月 6 日，韩国韩亚航空公司一架载有 291 名乘客和 16 名机组人员的波音 777-200 型客机，从仁川国际机场飞往旧金山国际机场，在美国旧金山机场降落时机尾着地受损，飞机偏离跑道并起火燃烧（图 23-1）。事故造成 180 多人受伤，3 名乘客遇难。其中一名乘客在空难发生过程中被甩出机舱外，后来消防人员对起火客机灭火时产生的大量泡沫将其覆盖，该乘客多处受伤后遭到消防车碾压，其死因成为人们关注的焦点。美国国家运输安全委员会针对该乘客的死因进行了调查，经尸体检验后发布的官方调查报告显示，死者在坠机时就已经死亡。这次事故调查的证据指向飞行员操作失误。

图 23-1　2013 年旧金山韩亚航空公司航班空难现场照片

（二）个体识别

个体识别涉及到被害人身份的准确认定，这也是空难发生原因调查与善后处理的基础性工作。由于大多数空难会导致人体组织破碎甚至面目全非，因此遇难者的身份识别很难通过尸体检验得到确认，而遇难者的身份没有确认，那么将无法有效地进行善后抚恤并涉及随之而来的保险、继承等问题。由于空难发生时常常造成的大量人员伤亡，遇难者的个体识别又需要在短期内完成。所以，个体识别工作是空难法医学勘验工作中的一项重要任务。

以往空难等群体性死亡事件个体识别方法是通过体表特征、衣着、遗物三个方面辨认完成，这种个体识别的方法工作效率低，而且准确度不高。随着现代科技的发展，个体识别的技术手段越来越多，如指纹、牙齿、纹身和伤疤标记、医疗设备和植入体及 DNA 检验结果等。20 世纪 90 年代中期，国际刑警组织编撰了一本有关群体性死亡个体识别的指南，明确提出指纹、牙齿和 DNA 是个体识别最客观的指标，得到了国际上多数国家的采纳（图 23-2）。由于我国人口指纹和牙科档案的基础数据非常薄弱，故通过指纹和牙齿进行个体识别很难开展，利用率也不高。2000 年 3 月河南焦作大火导致76人死亡，首次全部通过DNA检验完成了个体识别。此后，我国在空难的个体识别中也全部通过DNA检验的方法进行，并已成共识和惯例。在个体识别过程中，尽管新鲜完整的尸体可以通过体貌特征进行辨认，但仍需要提取相关物证进行DNA检验复核，以便获得更加客观可靠的证据。

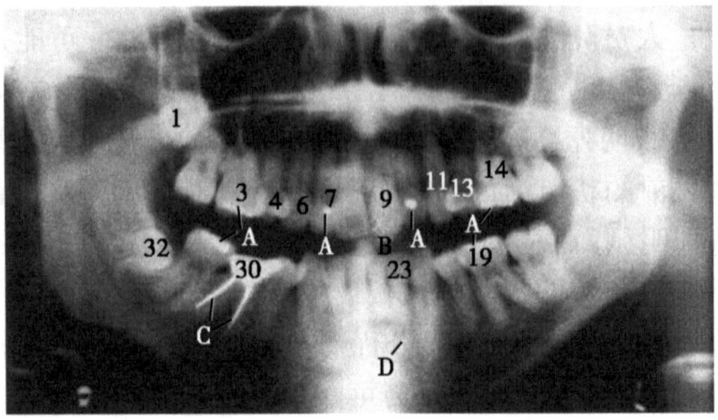

图23-2　牙齿的个体识别特征标志

（三）物证收集

空难现场飞机残骸碎裂严重，散落物分布面积广，为物证的发现和收集工作带来一定困难。而物证是判断空难发生原因的重要依据，尽管现场勘验是多部门参与的过程，但部分空难可能涉及到刑事犯罪和恐怖活动，相关物证的收集工作也需要专业知识，并有一定的提取要求。因此，参与现场勘验的法医应具有证据意识，认真搜寻和发现相关物证。

（四）其他工作

参与勘验的法医在进行空难处置过程中，除了要对尸体进行检验查明死因并进行个体识别外，有时还要对受伤人员进行活体损伤检查，观察损伤程度、部位及特征，如爆炸时冲击波损伤所致的鼓膜穿孔、高温的烧灼、脏器的破裂和投射物的损伤等，以推断致伤方式及机制，更好地分析空难发生的过程。根据乘客的损伤情况，结合航空公司的乘客座位信息，还可进行舱内现场的重现与分析。此外，还要及时建立信息发布平台，供遇难者家属及公众了解空难勘验及处置工作的进展，增强相互间的了解和信任。应该注意的是，在信息发布过程中应注意防止个人隐私的泄漏。

第二节　空难现场的勘验

空难处置是多部门多方面的，警方介入空难的处置，主要承担警戒救护、查明原因以及协助善后三大任务。在整个勘验过程中应该服从统一指挥，按照相关要求有计划、有步骤地进行。

一、空难现场勘验的原则

（一）安全原则

由于大部分空难现场情况复杂，有时还可能会引起航油燃料泄漏发生爆炸起火等，有时现场一定区域内的树木及建筑物也可能会遭到不同程度的破坏甚至倒塌，部分空难甚至可能发生在山区或海上，现场的复杂环境给救援及勘验工作带来较大的安全隐患和挑战。为了尽可能减少人员伤亡、财产损失，防止灾难的进一步扩大，空难发生后第一时间到达现场的工作人员，有时需要参与到救援工作中。因此，在救援及勘验前需要制订细致的方案，并采取一定的应急措施，确保勘验人员的自身安全，防止次生灾害的发生。

（二）协作原则

空难是群体性死亡事件中一次死亡人数较多的灾难类型，涉及面广，影响力大。在我国，通常空难发生后，事故处置一般由国务院或国家安全生产监督管理总局牵头，民航、公安、民政、监察、工会、宣传、卫生等多部门参加，并组成联合调查组开展调查处理工作。按照国际惯例，飞机制造企业、飞机注册国家和国际航空组织也可能派员参加事故调查。法医学现场勘验是公安机关的一项重要任务，但由于工作任务重大，相关协作不能仅仅局限于公安机关内部。比如说，法医要和民航部门协作，获取乘客名单和座位表以便分析空难发生当时人员的状况；法医要和善后部门协作，使遇难者个体识别与善后工作相衔接；有时甚至要和宣传部门协作，将客观准确的信息向社会通报等。即使在公安机关内部，空难处置同样需要多部门和多专业的协作，尤其是对可能因犯罪行为所造成的空难，公安机关承担的工作和任务更为繁重和复杂，发挥部门协作显得尤为必要。

2002 年 5 月 7 日，中国北方航空公司由北京飞往大连的麦道 A82 型飞机发生空难，飞机坠毁在大连海域，机上 103 名乘客和 9 名机组人员全部遇难，为了查清纵火人的行为过程，法医、痕迹、理化、消防、刑侦、技侦等多部门多专业联合协作工作了数十天，最终查明了案件的性质。调查显示，飞机降落过程中乘坐本次航班的张某将携带的汽油点燃，乘务员及时扑救并报告了驾驶舱，但因火势迅速蔓延，乘客为躲避高温烧灼和有毒气体纷纷离座逃亡前舱，导致飞机重量匹配失衡而坠落。

（三）效率原则

紧急救险与现场勘验工作常常是同时进行的，救险过程中必然会对现场原貌及部分物证带来不同程度的破坏。比如尸体搬运或打捞时可能将证明被害人身份的衣服、物品与被害人分开，给个体识别带来困难；切割机舱时会破坏原始的断裂痕迹，给以后的分析判断造成不利的影响等。为了避免对现场的破坏，常需要在救援的同时对现场进行初步勘验并拍照固定以便收集相关资料，这就要求勘验人员要提高效率，抓住重点，开展相关勘验工作。

空难造成的损失大，涉及的死亡人数较多，且来源广，加上绝大多数地方的政府和部门都是第一次面临空难处置，所以，当地政府往往会感受到极大的压力。这也要求空难处置要把握好效率原则，尽可能在短时间内较圆满地完成处置，将社会负面影响和国家财产损失减小到最低，使当地尽快恢复到正常状态。

在环境和外部条件允许的情况下，法医检验和识别工作有一个基本的时间进度要求，那就是在空难发生后 3 天内完成尸体检验和检材提取并送检，同时开始进行个体识别；1～2 周内完成半数以上的个体识别，3～4 周内完成 95% 以上的个体识别。当然，个体识别是否得以快速完成，很重要的一个前提就是取决于亲属样本能否及时采集送达指定的实验室。

（四）主权原则

空难处置主权原则体现在两个方面，一是遇难者系外籍人的处置，二是外籍人或外国机构介入事故原因调查。按照国际法属地管辖的基本原则，外籍人在所在国所进行的一切事务，除非专门规定，否则首先要按所在国的法律和规定办理。所以，空难中外籍遇难者的处置，原则上应该与本国公民一视同仁。比如遇难者个体识别一律以 DNA 检验作为最后的确认依据，不能因为是外籍人，或者因为面容容易辨认而免除 DNA 检验，原则上也不允许使用数据交换的办法，使个体识别最后确认在异地或异国进行。至于外籍人士或国外机构参与空难原因调查的主权原则，涉及法医工作方面的可能有提供物证境外检验的问题，通常的做法应该是，如果涉及刑事案件，除非特殊需要，否则应该立足国内解决；如果涉及一般事件，则需经过民航部门的批准。

二、空难现场勘验的程序

空难发生后，公安机关常作为参与现场处置及调查的主要力量之一参与其中，法医也将承担相应的勘验工作。空难现场复杂且分布面积大，尸体的定位应该以空难发生当时人员在机舱里的定位为主，抛落在现场上的尸体或尸块，大多数是坠落后的二次作用形成。为了尽快开展工作，法医现场的勘验也需要制订相应的计划，一般来说，法医工作的基本程序及顺序主要有以下几个方面：

（一）人员集结与培训

空难发生时遇难者人数常常较多，尽快集结足够数量的法医检验人员是工作顺利开展的前提。

一般情况下，按照3名法医检验10～20具尸体的比例调配为宜，必要时还要确定一定数量的机动人员。由于案发当地的法医数量常常达不到工作开展的要求，这就需要结合空难伤亡人员的数量，及时上报上级公安机关进行人员的调配和集结。

群体性死亡的检验要求最关键的是一次完成，很难有“返工”或者补充检验的可行性。因此，法医集结后首要的任务是进行统一的分组和培训，结合本次空难的特点，统一检验标准，讲清责任、程序、要点和注意事项，使大家心中有数，使工作井然有序，避免因慌乱导致顾此失彼的情况发生。必要时可以根据空难的实际情况，对法医检验人员进行航空知识、空难处置、调查要素和物证搜集等方面的内容进行简短培训，如被称为“黑匣子”的驾驶舱语音记录器和飞行数据记录器等重要设备的外观及形态等，使其有一定的了解和印象，以便更好地开展工作。

（二）人员分组与定责

空难的法医学勘验常需要较长的时间，因此需要将集结的力量合理配置，才能发挥更大的效能，而合理配置的最好方式，就是合理分组，明确责任。通常情况下，法医根据工作开展的需要可适当分为检验组、物证组、材料组和机动组等几个小组，每个小组各自承担相应的工作职责和任务。

1．检验组　检验组的职责就是空难处置开始阶段的尸体检验。根据需要检验的尸体数量，检验组还可设若干小组，如一次空难有100人遇难，可能需要5～10个检验小组。通常每小组由2～3名法医和1名照相人员构成，必要时可增加1名痕迹检验人员。一般情况下，在两天时间内检验组应该完成人体组织的收集、尸体检验、尸体编号存放和记录整理归档等相关工作，之后检验组人员可以补充到其他组，还可作为机动力量或解散。如涉及外籍人士的法医学检验，因为宗教信仰及风俗不同，可设一个专门小组负责其检验鉴定工作，不能做尸体解剖者可做虚拟解剖和无创检验。

2．物证组　物证组的主要职责是收集、登记、保管与尸体有关的物证，包括尸检时采集的检材、提取的贵重遗物和遇难者亲属的样本等，并将接收的物证及时送检。物证组初期需有2～3人，后期与善后工作衔接后，可适当增加人数。

3．后勤组　后勤组的职责是汇总法医方面的信息资料，出具相关的检验报告、鉴定意见等文书，并与相关部门进行联络协调和信息沟通，传达相关指令，对外发布法医检验的相关信息。后勤组至少应该有3人，在尸体检验阶段，后勤组可作为机动力量为尸体检验提供必要保障。

4．机动组　机动组在首次尸体检验结束后成立，主要是对后续发现的尸体进行检验，对个别尸体进行检材收集、补充及检验，并对重点尸体进行重新检验等事宜。部分空难可能有存活的受伤人员需要检验时，可由机动组负责完成。一般机动组以3～5人为宜，人数则根据检验工作量而确定，后期也可从检验组调配和补充。

（三）尸体检验

尸体检验是空难现场处置过程中法医工作的核心内容，由于需要在尽可能短的时间内完成大量死亡人员的勘验工作，这就需要做好前期准备工作，并要求提供合适的工作场所。场所的大小至少应该保证检验每一具尸体时，都要有一个单独的空间。

为了保证尸体检验的顺利进行，尸体编号常常是检验工作的首要步骤。对于无法进行个体识别的尸体、尸块、器官及组织均应该列入编号的范围，尸体上的遗物与尸体共用一个编号，以便善后处理时一并移交。编号应以简洁、明显为原则，需要勘验的尸体及物证数量较多时，也可以利用字母与数字结合的方式进行编号，以便区别勘验组别或者勘验区域。

在尸体检验时，应根据空难发生的实际情况制订检验方式，一般来说主要分为一般尸体检验、特殊尸体检验和外籍人员尸体检验三种情况。

1．一般尸体检验　由于空难遇难者人数众多，死亡原因多为开放性的机械性损伤，且检验场所和时间的限制，故一般的尸体只作尸表检验而不作系统的解剖检验。但尸表检验时，需要详细记录与死因相关的征象、与损伤部位相关的征象以及其他特殊征象，以便后期的死因分析和舱内人员定位分析等。

2．特殊尸体检验　特殊尸体主要指机组人员、劫机人员和其他可疑人员。根据国际航空组织的相关规定和事件调查的需要，对特殊尸体原则上应该做全面系统的尸体检验，包括乙醇、药物、毒物等分析检验等，必要时还应该进行组织病理学检验。细致的检验不但利于死因分析，还对空难发生原因的调查起到重要作用。

3．外籍人员尸体检验　按照主权原则，外籍遇难人员尸体的检验应与国内公民一样进行。为了个体识别的方便，在检验过程中需对指纹和牙齿进行细致检验。如条件允许时，可首先安排此类人员的尸体检验，以便相关部门与其家属的联络、个体识别和善后处理工作的安排。

无论采取何种尸体检验方式，在检验时都需要进行文字记录和照相记录。记录需要包括个体特征、死因征象和衣着遗物等项目，损伤性记录的内容以概括性描述为主。尸体的照片至少有五张，包括半身面部照、衣着全身正面和背面、裸体全身正面和背面。对于需要进行特殊尸体检验和外籍人员的尸体，在细致检验的同时，还应进行拍照记录，尤其是体表明显的生理和病理特征、特殊损伤和尸体征象等。

（四）活体检验

空难受伤人员的检验也很重要，损伤的检验与分析不但对空难成因调查具有帮助作用，受伤人员的检验结果也是后期善后处理的重要证明材料。受伤人员的检验一般由检验组或机动组承担，可以根据现场勘验、尸体检验及医疗救治等工作进展的实际情况适时安排检验时间，检验时需要对受伤人员所在医院、伤者姓名、性别、家庭住址等身份信息进行核对统计，同时还要记录伤者的受伤部位、程度及治疗状况等，以便事件的调查分析和善后处理。

1990 年 10 月 2 日，中国民航由厦门飞往广州的波音 737 航班被一名男子劫持，因劫机人的干扰，飞机在广州白云机场紧急迫降时偏离跑道冲向停机坪，先与停在停机坪上的一架波音 707 飞机（无人乘坐）相撞，接着冲向一架载满乘客等待起飞的波音 757 飞机，并将其从中后段拦腰撞断，飞机继续向前冲出 300m 后翻转 180° 解体并起火爆炸。由于迫降过程中的撞击，此次空难造成 128 人当场遇难，同时还有 65 名人员受伤，其中 7 名合并烧伤，8 名伤员经医院抢救无效死亡。经对受伤人员进行法医学检验发现，伤者均有不同程度的机械性损伤，伤者损伤部位及程度与乘员的位置和撞击过程中的体位相关（图 23-3）。

	22	21	20	19	18	17	16	15	14	13	12	11	10	9	8	7	6	5	4	3	2	1	
A	Ⅱ				d	d	d	d	d	d	d	d	d	Ⅲ	Ⅰ	d	d	d	d	d	d		
B	Ⅱ				d	d	d	d	d	d	d	d	Ⅱ	Ⅱ	Ⅰ	d	d	d	Ⅱ	d	d		d
C					Ⅱ	d	d	d	d	d	d	s	d	Ⅱ	Ⅲ	d	d	Ⅰd	d		d		D
D					d			d	d	d	d	d	Ⅱ	d	d	Ⅱ	d	d	d	d	d	Ⅰd	
E					d		d	d	d	d	d	d	Ⅲ	Ⅲ	Ⅲ	s	d	d	d	d	d	d	
F					d		d	d	d	d	d	d	d	Ⅲ	Ⅱ	d	d	d	d	Ⅰd			

1~22为座位排号，A~F为座位列号，Ⅰ、Ⅱ、Ⅲ分别代表危重、重、轻三种受伤人员，d代表一名死者，D代表死亡歹徒，S代表存活未伤者，Ⅰd代表医院内死亡者

图 23-3　广州“10.2”空难 B737 机上人员伤亡分布位置图示

（五）检材提取

尸体检验过程中及检验后期需要对相关物证进行提取，以便进一步分析比对。尸体一般常规提取心血、肌肉组织和其他特殊需要的检材，主要用于个体识别和毒物分析。心血无法提取时，可以提取相应的检材替代，如组织、骨骼及毛发等，毛发的检验可对被害人生前一段时间的毒物摄入情况进行调查分析。尸体检验过程中发现的个人物品和贵重物品，如证件、手机、手表、项链、戒指、钱包及饰品等，应妥善提取并单独保管以便移交。

在个体识别过程中，采集尸体及亲属的样本时应注明样本的具体信息，如物证名称、编号、特征、提取日期及提取人等。尸体样本采集过程中，尽可能避免破坏容貌或影响辨认。连续取材时应使用

一次性取材工具或对工具进行清洁处理，以防样本的污染。

尸体样本采集后还需采集亲属的血液样本以便进行比对，有父母双亲的采集双亲样本；只有单亲的采集单亲、子女及配偶样本；父母皆无的采集子女和配偶样本；无父母、子女及配偶的采集被害人兄弟姐妹样本及爷爷、叔侄或姨妈、外祖母的样本；近亲属样本无法获得的，也可提取被害人生前个人使用的物品或病理学组织样本，以便进行DNA检验帮助个体识别。遇难者如有外籍人员，样本的采集要按照国际规定进行，先经外交途径协调沟通后再行采集。

（六）检验报告

主要包括检验和报告两大方面。检验工作主要涉及尸体检验、活体检验、DNA检验、理化检验及其他实验室检验。DNA、理化等实验室检验虽然不列入法医空难处置工作的范畴，但法医应该负责检材和样本的提供，且对空难起因调查具有重要作用。法医学检验完成后形成文书和报告也是空难处置中后期的主要工作，也是法医工作与事故调查和善后处理相联系的具体体现。

（七）善后移交

善后移交是法医现场勘验程序中的最后阶段。在此阶段中，法医要配合事故调查提供相关的材料和信息，如尸体检验材料、物证信息、人员信息、汇总表格及专题报告等。同时，还要配合有关部门做好善后处理工作，并提供相关的证据和文书材料，如损伤检验报告书、死因鉴定书、DNA及理化检验报告或其他鉴定文书等。另外，还要根据工作的进展情况，办理尸体以及遗物移交的相关手续。

第三节　空难现场的分析

一、空难人员的损伤分析

空难人员的损伤是现场勘验过程中法医工作需要高度关注的方面。空难导致的人体损伤的特点，有时对空难现场重现和原因调查具有很重要的价值。受飞机重量、飞行速度以及飞行高度的影响，空难形成的人体损伤通常都很广泛、复杂而严重，给勘验工作带来极大困难。

（一）损伤形成机制

空难人体所受的损伤主要包括机械性损伤、烧伤、气压损伤以及低温损伤四个方面。前两方面发生在飞行的任何阶段，普遍而多见；而后两方面则主要发生在飞机飞行中，少见而且容易被前两个方面所掩盖。多数情况下，空难过程中形成的损伤是多种损伤并存的复合性损伤，这也为损伤检验分析增加了难度。

1. 机械性损伤　空难的机械性损伤包括机械性外力作用所致的撞击损伤、高坠损伤、挤压损伤以及爆炸损伤等形式。机械性外力作用导致的损伤主要发生在飞机突然减速或加速时，或由飞机内物体移位所造成，飞机失事撞击后所产生的巨大减速力造成人体的损伤最为多见。爆炸损伤主要发生于飞机飞行过程中人为破坏所致的炸药爆炸和飞机失事后撞击物体所引起的物理性爆炸或者燃油的爆炸。值得注意的是，飞机失事后撞击地面等物体所引起的物理性爆炸常发生在人体受机械外力（尤其是减速力）作用之后，所以很少作为死因而单独存在。

2. 烧伤　除了部分因起火导致空难发生时人体发生烧伤以外，多数烧伤来自空难时碰撞摩擦爆炸和燃料起火的结果。所以，几乎每次空难都伴有不同程度的人体烧伤。需要强调的是，由于飞机机舱空间的限制和飞机构件材料成分的特殊性，空难中单纯因烧伤死亡的较为少见，尽管尸体上呈现烧伤的迹象，但死因多为燃烧后的中毒所致。

3. 低压和低温损伤　有少数空难发生在飞行过程中，因飞机舱内环境的突然改变或原有的人工环境被破坏而变成自然环境，人体受缺氧、减压、低温等影响而损伤。低压和低温损伤发生在一定的飞行高度时，一旦机内环境发生剧变，飞机也极少能在原有高度维持飞行，所以低温和低压的损伤一般也不会构成飞机失事后人体死亡的单独原因。

（二）空难损伤特点

空难造成的人体损伤对机内人员而言，几乎是100%存在的。Lie和Baker（1997）对美国1980～1990年2544例空难被害人进行统计，发现死亡中多发性损伤占42%，头部损伤占22%，内脏损伤占12%，烧伤占3.7%，溺死2.9%，其他占17.5%。总体而言，空难所引起的损伤具有以下特点：

1. 头部损伤多而严重　统计显示，飞机失事引起头部损伤的发生率为80%左右。作为单独部位或单一损伤而言，因头部损伤死亡的始终占主要地位。头部损伤的高发性与在飞机上未束缚固定和保护，受冲击后易甩动等因素有关。

2. 损伤广泛分布　由于空难发生在飞机运动状态中，人也因此处于惯性运动状态，机舱的空间又给人体运动创造了条件，因此，空难中人体的损伤极少是单一孤立的，常常为广泛分布、复合存在，剪切伤、碰撞伤、爆炸伤、烧伤等常可出现在同一具尸体上。统计表明，致命性的复合性损伤发生率在70%以上，其中颅骨和下肢骨骨折，脑、肝、脾的破裂性损伤居多。

3. 损伤类型复杂　飞机失事所致的损伤类型及其严重程度取决于许多因素，如飞机状态、飞行速度、碰撞角度、机舱内结构、防护设施及人员位置姿势等，其中失事原因、飞行速度和飞行状态最为关键。以飞机撞击地面为例：在高速飞行中（800km/h以上）坠地，人体发生广泛的头部、肢体、躯干损伤；如俯冲坠地，人体因物理性爆炸粉碎为许多碎块；飞机螺旋坠地时，人体受离心力作用撞击机内物体，导致臀部、外阴部，骨盆的破裂；飞机翻滚坠落或滑行中翻滚，可引起严重的颅骨骨折和变形，全身呈挫碎性损伤；飞机迫降坠落，可致头、四肢、脊椎、骨折以及内脏破裂等。

二、空难形成的原因分析

飞机的正常飞行是人-机-环境三者共同作用的结果，故空难的原因可概括分为人（机组人员、维护人员、地勤人员）、飞机以及环境（机内环境和机外环境）三大方面的因素。

（一）影响空难的因素

空难发生往往是多种危险因素同时作用的结果，但通常只能把它归类于最重要的因素。因科学技术的限制，早期空难的原因多见于飞机本身或环境因素，如机外恶劣的天气、机内气压、温度的骤然变化等。而随着科技的发展，现代飞机多能承受不同类型的机械故障或环境因素的影响，故大大降低了以上因素所导致的空难数量。飞机的正常运行包括起飞、航行、着陆三个阶段，据统计，从空难的发生时间上分析，约70%以上的空难发生在机场附近，即发生在起飞或着陆阶段。

2004年11月21日，包头飞往上海的MU5210次航班起飞时发生事故，坠入机场附近包头南海公园的湖中并发生爆炸起火，机上47名乘客、6名机组人员以及地面2人共55人在事故中丧生。事故调查组通过对该飞机进行气动性能、机翼污染物、机组操作和处置等进行了分析，认为本次事故的原因是飞机起飞过程中由于机翼污染使机翼失速临界迎角减小所致。因飞机起飞前没有进行除霜（冰），最终认定这是一起责任事故。

（二）空难人为因素

空难的人为因素主要包括飞机的操纵人员、飞机的维护人员、指挥飞机运行的地面人员以及其他相关人员等。在所有人员中，以飞机操纵人员原因最多。据国际民航一份调查材料统计124次一等事故，人的因素占87%，其中具体分类为：机组人员62%，设计原因15%，人为破坏6.5%，气象预报失误4.5%。由此可见，操纵飞机的机组人员是所有飞机失事原因中最重要的因素。

从医学角度而言，影响飞机的操纵人员从而导致飞机失事的因素主要有以下方面：

1. 环境因素　指飞机内环境条件的突然改变，导致飞机操纵者的应对能力突然下降或丧失。比如机舱密封条件的改变引起的缺氧、减压、低温等；机舱内废气、燃料蒸气、致冻剂等有害气体污染所引起的中毒；飞行中操纵人员所受到过大的加速度引起心血管系统压力超载所导致的一过性意识丧失等。

2. 疾病因素　飞机操纵人员患有疾病时，将影响其飞行能力，疾病的突然发作常直接影响操纵者正常驾驶和判断，导致飞机失控。据统计，飞行人员疾病好发的前四位是神经系统、消化系统、肌肉骨骼系统和循环系统。较常见的疾病为抑郁、神经衰弱、头痛、癫痫、心血管硬化、急性消化道溃疡、自发性气胸等。

3. 生理因素　指由于飞行环境的特殊性，使飞机操纵人员生理发生一定改变从而影响控制飞行的能力。此类因素主要包括疲劳、低血糖、平衡功能不良、年龄偏大、较长时间的间断飞行、反应能力下降等。

4. 药物因素　许多药物可引起飞机操纵人员的工作能力下降从而导致空难的发生。乙醇、毒品、镇痛剂、血管收缩剂、安眠类以及交感神经兴奋剂等均会对飞机操纵者产生不良影响。

1997年5月8日，一架由重庆飞往深圳的中国南方航空公司的波音737飞机，在机场着陆时着陆失败并发生爆炸，机身解体成三个部分，机上乘客65人死亡33人，空勤组9人死亡2人。经对35名遇难者进行法医学检验发现，因烧伤导致死亡的有21人，占60%，因颅脑损伤导致死亡的有11人，占31.4%，因多发性损伤导致死亡的有3人，占8.6%。对2名机组人员进行系统尸体检验，未发现致命性疾病，乙醇及毒物检验也为阴性。最终认定空难为人为操作失误和天气恶劣原因共同作用所导致。

（李学博　万立华）

思考题

1. 试述空难现场的特点。
2. 试述空难现场勘验的主要任务及步骤。
3. 试述空难造成人员损伤的特点。
4. 空难中涉外人员的法医学勘验应注意哪些问题？

第二十四章　矿难的现场勘验

矿难(mining accident)，也称为矿山安全事故，是指矿山作业区发生的灾害性安全事故。各类矿山安全事故以煤矿安全事故居多，常见的矿难有瓦斯爆炸、煤尘爆炸、瓦斯突出、透水事故、矿井失火、顶板塌方等。

中国是一个矿产资源大国，重大矿难事故频发，矿山安全事故不仅对矿山造成破坏，同时严重威胁矿山工人的生命安全。矿难的现场勘验对于矿难事故性质的认定、遇难者死因的确定及个体识别有着不可替代的作用。本章主要以煤矿安全事故为例，对各类矿难现场从应急处置、法医现场勘验、尸体检验重点、现场证据收集与送检及现场分析等几个方面进行详细阐述。

第一节　我国矿难的概况及相关法规

一、我国矿难的概况

在经济高速发展的今天，矿难已经成为一个造成重大影响的社会问题。自2000年以来，我国死亡人数超过百人的矿难已发生12起。据《中国统计年鉴》以及国家安全生产监督管理总局公布的数字，2000～2007年中国煤炭行业产煤148.7168亿吨，年平均产量为18.5896亿吨；事故数27 416起，年平均事故3427起；死亡人数为45 162人，年平均死亡5645.25人；百万吨死亡人数3.04人。数字显示，2000年以来，中国煤炭产量逐年增加、事故起数以及死亡人数尽管逐年减少，但148.7168亿吨煤炭的产出却是以45 162个煤矿工人的生命为代价的。而同期美国煤炭行业产量为89.18亿吨，平均每年产煤11.1475亿吨；死亡人数共241人，年平均死亡30人；百万吨死亡人数为0.027人。比较中、美两国矿难资料，2000～2007年，中国煤炭产量是美国煤炭产量的1.6676倍，死亡人数是美国煤炭行业死亡人数的187.394倍，百万吨死亡人数是美国的112.59倍，中国煤炭行业的死亡率大大高于美国煤炭行业的死亡率。

二、矿难应急响应及现场处置的相关法律规定

为了规范矿山事故灾难的应急管理和应急响应程序，及时有效地实施应急救援工作，最大限度地减少人员伤亡、财产损失，维护人民群众的生命安全和社会稳定，国家近年来先后颁布了《中华人民共和国突发事件应对法》《中华人民共和国矿山安全法》《国家突发公共事件总体应急预案》《国家安全生产事故灾难应急预案》《中华人民共和国安全生产法》等一系列法律、法规，对矿山安全事故的预警、现场应急处置及善后工作做出相关规定。

第二节　矿难现场的应急处置

矿难的发生，往往造成大量人员伤亡或财产损失，并造成重大社会影响。由于事故发生突然，矿

难的现场应急处置显得尤为重要，在致力于提高矿山安全生产、预防灾害事故的同时，矿难的现场应急处置已经成为衡量一个国家和地区综合能力的标志之一。

一、矿难现场应急处置的基本原则

1. 以人为本，安全第一　矿山事故发生后，首先应立即救护受伤害人员。把保障人民群众的生命安全和身体健康、最大限度地预防和减少安全生产事故灾难造成的人员伤亡作为首要任务，切实加强应急救援人员的安全防护。

2. 采取措施制止事故的蔓延扩大，防止次生、衍生事故（事件）发生，果断控制或切断事故灾害链。

3. 撤出矿难事故区域所有无关人员，设立警戒区，严禁非救灾人员进入事故区域。

4. 认真保护事故现场，凡与事故有关的物体、痕迹和证据等不得破坏，为抢救受伤者确需移动某些物体时，必须做好标记。

5. 按事故的性质及灾难程度，及时向有关部门报告。

二、常见矿难现场的应急处置措施

（一）瓦斯灾害

1. 发生瓦斯爆炸事故时，在爆炸冲击波过后，井下人员要迅速戴好自救器，沿避灾路线尽快进入新鲜风流地区，迎着风流撤出灾区；若巷道破坏无法通行或不清楚撤退路线是否安全，应选择临时避难洞室，耐心待救。

2. 发生瓦斯爆炸事故后，事故单位首先必须迅速报告上级相关部门，启动本单位的应急预案，并详细了解爆炸地点、范围、人员伤亡情况及分布、主要通风系统运转状况、是否发生了火灾等情况。

3. 利用一切手段和方法通知或引导灾区人员撤离危险区，详细清点井下人数，控制无关人员入井，视具体情况决定是否派救护队下井抢救遇险人员。

4. 在灾情未完全查清，情况不明的情况下，要维持通风现状，即停止通风的不要随便开启，运转的不要停止。视情况切断灾区电源。

5. 在指挥部的统一领导下，根据已经查明的灾情研究制订救灾方案，准备好救灾物资和伤员救治，安排救护队对灾区进行详细侦查。

6. 公安部门在事故周边设置警戒区并疏散无关人员，保护事故现场，禁止无关人员进入灾区。

（二）顶板事故

当井工矿发生垮面、冒顶事故，作业人员被堵时应采取如下措施：

1. 侦察分析遇险位置和被埋压情况。

2. 对顶板进行控制、支护，当巷道被堵，不能直接救人时，应设法另打巷道进入灾区并从地面打钻孔输送给氧。

3. 搬走、扒掉周围的岩石，将遇难人员救出。

4. 现场医务人员对遇难人员伤情进行处理，包扎救治，必要时做人工呼吸。

5. 将受伤遇难人员运至井上。

6. 在现场设置警戒，保护现场，禁止其他人员进入灾区。

7. 等待矿山救护队进行救灾。

（三）矿井透水事故

1. 做好水灾的预测预报工作，探明水源位置，涌水量大小，人员分布情况，向指挥部提供具有生存条件的地点和场所及其可能出入的通道。

2. 险情或水灾发生时，按矿井制订的避灾路线撤离作业人员，来不及撤离的作业人员应迅速撤离到具有生存条件的地点。

3. 要及时疏散井下作业人员，将受伤人员运出井下，必要时切断井下电源，避免其他事故的发生。

4. 井下作业人员要通过电铃、电话紧急报警，矿方迅速做出反应，应急小组立即奔赴现场，进行事故应急处理。

5. 在指挥部的统一领导下，对水灾采取封、堵、泄、排等方法，降低事故危险程度。

6. 积极与矿山救护队配合，提出现场救灾方案，实施救灾。

（四）矿井火灾

1. 井下发现火灾险情或发生火灾时，迅速切断井下火区电源。

2. 撤出井下工作人员，组织矿山救护队员进行侦察，探明火灾性质、发生地点、波及范围、人员分布情况，并迅速报告有关部门。

3. 关闭其他巷道和工作地点，封闭火区或采取其他措施，控制火灾的扩大和蔓延。

4. 迅速呼叫矿山救护队进行井下救灾。

5. 井下救灾工作应严格按《金属非金属矿山安全规程》（GB16423—2006）的有关规定执行。

第三节　矿难的法医现场勘验

法医现场勘验是现场重现必不可少的组成部分。与痕迹现场勘验的注重点与研究内容不同，法医现场勘验注重的是现场的生活环境、生物痕迹（血迹、分泌物斑迹、呕吐物等）、被害人生前的活动轨迹、尸体的位置、姿势及其与周围物体的关系，法医通过现场勘验结合尸体检验情况可以分析判断矿难的性质、死亡时间、分析损伤的成因、被害人的死亡过程。

一、瓦斯灾害事故的法医现场勘验

我国是世界上煤与瓦斯突出最严重的国家之一。我国煤矿多有瓦斯涌出，年涌出量超过 50 亿 m^3，其中在国有重点煤矿中，高瓦斯突出矿井占 49% 左右。

（一）矿井瓦斯与瓦斯突出

矿井瓦斯是矿井中主要由煤层气构成的以甲烷为主的有害气体，有时单独指甲烷（俗称沼气，CH_4），它是在煤的生成和煤的变质过程中伴生的气体。瓦斯是无色、无味、无臭的气体，但有时可以闻到类似苹果的香味，这是由于芳香族的碳氢气体同瓦斯同时涌出的缘故。瓦斯在煤体或围岩中是以游离状态和吸附状态存在的。两种状态的瓦斯处于不断变化的动态平衡之中，在一定条件下会互相转化。瓦斯对空气的相对密度是 0.554，在标准状态下瓦斯的密度为 0.716kg/m^3，所以，它常积聚在巷道的上部及高顶处。瓦斯的渗透能力是空气的 1.6 倍，难溶于水，不助燃也不能维持呼吸，瓦斯在空气中的浓度达到 43% 时，就使人开始窒息；当浓度达到 57% 时，短时间就能使人窒息死亡。除此以外瓦斯还能发生燃烧或爆炸，瓦斯的燃烧、爆炸是矿井主要灾害之一。

矿井瓦斯等级是以相对瓦斯涌出量的大小来划分的。《煤矿安全规程》规定，在一个矿井中，只要有一个煤（岩）层发现瓦斯，该矿井即定为瓦斯矿井，并依照矿井瓦斯等级工作制度进行管理。根据矿井相对瓦斯涌出量、矿井绝对瓦斯涌出量和瓦斯涌出形式，矿井瓦斯等级划分为：①低瓦斯矿井：矿井相对瓦斯涌出量小于或等于 10m^3/t 且矿井绝对瓦斯涌出量小于或等于 40m^3/min；②高瓦斯矿井：矿井相对瓦斯涌出量大于 10m^3/t 且矿井绝对瓦斯涌出量大于 40m^3/min；③煤（岩）与瓦斯突出矿井。

煤和瓦斯突出（coal and gas outburst），简称瓦斯突出，是指随着煤矿开采深度的增加、瓦斯含量的增加，在煤层中形成了在地应力作用下，瓦斯释放的引力作用下，使软弱煤层突破抵抗线，瞬间释放大量瓦斯和煤而造成的一种地质灾害。煤矿开采深度越深，瓦斯瞬间释放的能量也会越大。煤和瓦斯突出主要发生在煤层平巷掘进、上山掘进和石门揭煤时，有的矿井在回采工作面也发生煤和瓦斯突出（图 24-1）。

煤和瓦斯突出前大多数都有预兆，归纳起来分有声预兆和无声预兆。有声预兆包括：响煤炮（在煤层内发出像机关枪、炮击声)、突然压力增大(如手摸煤壁能感到冲击和震动，有煤岩层的破裂声等)。无声预兆包括：压力增大(如煤岩自行剥落)、煤层发生变化(如煤层粉碎)、瓦斯及温度变化。上述预兆，并不是在每次突出之前都同时出现，而是仅仅出现一种或几种。

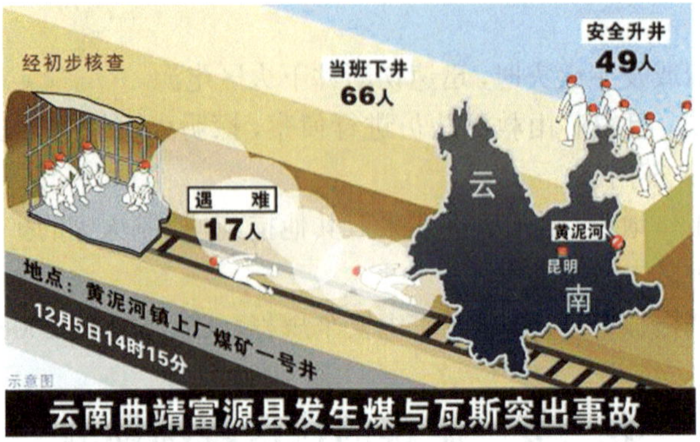

图 24-1　煤与瓦斯突出事故现场模拟图(摘自新华社网站)

(二)矿井瓦斯爆炸

瓦斯爆炸(gas explosion)是一种热 - 链式反应，就其本质来说，是一定浓度的甲烷和空气中的氧气在一定温度作用下产生的激烈氧化反应。瓦斯爆炸和瓦斯突出是两个概念，但灾害都来自于瓦斯。瓦斯突出是一种地质灾害，在大量的有害气体瞬间涌入后，会形成窒息，但不一定会发生爆炸事故。瓦斯爆炸的条件是：一定浓度的瓦斯(瓦斯浓度达到 5%～16% 之间)、高温火源的存在(点火温度达到 650℃以上)和充足的氧气(空气中氧气含量达到 12% 以上)。

1. 瓦斯浓度　瓦斯爆炸有一定的浓度范围，我们把在空气中瓦斯遇火后能引起爆炸的浓度范围称为瓦斯爆炸界限。瓦斯爆炸界限为 5%～16%。当瓦斯浓度低于 5% 时，遇火不爆炸，但能在火焰外围形成燃烧层，当瓦斯浓度为 9.5% 时，其爆炸威力最大(氧和瓦斯完全反应)；瓦斯浓度在 16% 以上时，失去其爆炸性，但在空气中遇火仍会燃烧。瓦斯爆炸界限并不是固定不变的，它还受温度、压力以及煤尘、其他可燃性气体、惰性气体的混入等因素的影响。

2. 引火温度　瓦斯的引火温度即点燃瓦斯的最低温度。一般认为，瓦斯的引火温度为 650～750℃。但因受瓦斯的浓度、火源的性质及混合气体的压力等因素影响而变化。当瓦斯含量在 7%～8% 时，最易引燃；当混合气体的压力增高时，引燃温度即降低；在引火温度相同时，火源面积越大、点火时间越长，越易引燃瓦斯。

高温火源的存在，是引起瓦斯爆炸的必要条件之一。井下抽烟、电气火花、违章放炮、煤炭自燃、明火作业等都易引起瓦斯爆炸(图 24-2)。所以，在有瓦斯的矿井中作业，必须严格遵照《煤矿安全规程》的有关规定。

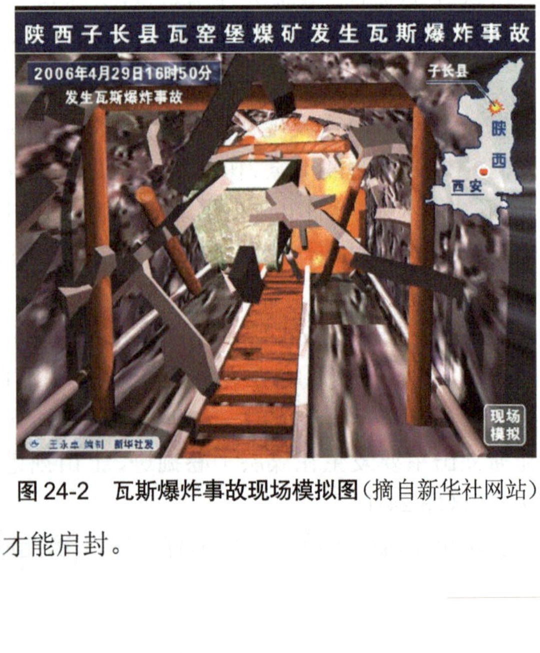

图 24-2　瓦斯爆炸事故现场模拟图(摘自新华社网站)

3. 氧的浓度　实践证明，空气中的氧气浓度降低时，瓦斯爆炸界限随之缩小，当氧气浓度减少到 12% 以下时，瓦斯混合气体即失去爆炸性。这一性质对井下密闭的火区有很大影响，在密闭的火区内往往积存大量瓦斯，且有火源存在，但因氧的浓度低，并不会发生爆炸。如果有新鲜空气进入，氧气浓度达到 12% 以上，就可能发生爆炸。因此，对火区应严加管理，在启封火区时更应格外慎重，必须在火熄灭后才能启封。

（三）瓦斯灾害事故的现场勘验程序

瓦斯灾害事故，一般包括瓦斯窒息事故、瓦斯燃烧事故和瓦斯爆炸事故三种现场。瓦斯燃烧和爆炸还可能导致煤尘爆炸，进一步扩大危害。法医现场勘验人员应在专业抢险技术人员的协助下，戴好防毒面具、安全帽等防护用具，先通过细致的现场外围观察，确定进入现场的方式、时间和入口。

1. 瓦斯事故现场的调查访问　瓦斯事故现场调查应询问有关知情人员和查阅有关记录相结合，力求查清下列问题：

（1）事故发生前，瓦斯检查人员是否按时、按地点、按规定次数对瓦斯进行了检测，并查阅检查记录瓦斯的报表和检查地点的记录牌所记载的情况。

（2）矿井的机电、通风设备的制造厂家；工艺、购置使用的时间、检修记录上所记载的情况。

（3）事故前是否有人携带引火物下井，是否使用了普通照明设备，井口房和风机房附近 20m 内有无火源。

（4）矿井在历史上是否发现过自燃煤层以及处理的方法和结果。

（5）事故前，是否有违章指挥、组织生产的行为，有无瓦斯漏检、违章使用机电设备和爆破器材的情况。

2. 事故原点的勘验　结合瓦斯的流向、渗透和聚集的特点，矿井安全隔离、通风系统的设置及爆炸、燃烧中心，死亡人员的位置，瓦斯事故原点一般不难判断。但有时事故原点亦较难判断，如狭窄的巷道发生爆炸，冲击波受阻反射造成的反方向破坏，容易被误认为是爆炸中心；有时爆炸中心处并不是事故发生的原点，而是他处瓦斯先被引燃、蔓延燃烧至具备爆炸条件的地方发生爆炸；有时死亡人员所处的位置，实际上是事故发生后逃离现场中心所致等。凡遇类似情况，则应结合现场实际情况，细致勘验，反复分析，不要轻易下结论。

3. 对瓦斯源的勘验　现场勘验人员应通过对煤层和围岩中的瓦斯含量、采矿方法、邻近废弃巷道的检测，结合调查事故前的作业情况（如有无开采放炮造成大量煤层崩落，突然增加新的暴露面或裂缝，导致瓦斯涌出）等因素，查明瓦斯的来源以及涌出积聚的时间、地点和方向。

4. 勘验通风和隔离防爆装置　为了尽量减少瓦斯危害，矿井都装有抽出式通风设置，以及时排除瓦斯，避免其聚积。废弃的巷道一般要及时封堵，矿井每一翼的进、回风流的巷道装有两道反方向的风门，主扇还应有反风设备；主出风井口还必须装设防爆门，这些设备都能有效地防止或减轻瓦斯事故的危害。勘验时应仔细观察、测试这些设备是否照章安装，是否有效，是否照章使用，并结合对瓦斯含量、涌出量的分析、测算、分析瓦斯的漏出，是否超过了设备的排出量和防护极限。一般而言，查清瓦斯涌出量及通风防护系统失去平衡的原因，瓦斯源不难判断。

5. 引燃、引爆火源的勘验　瓦斯引燃、引爆的火源在井下并不少见，如煤层自燃、电气短路的电弧火花、架线机车火花、明火源、吸烟以及摩擦、撞击和放炮产生的火花，都可能引燃、引爆瓦斯。勘验应以现场中心为起点，沿巷道进行，仔细观察现场及附近有无煤层燃烧的痕迹，以及其他用电设备有无短路、损坏的迹象；作业面所使用的炸药是不是规定的安全炸药；现场上有无烟头、火柴、打火机及容易产生静电火花、撞击火花的物品。

二、矿井顶板（冒顶）事故的法医现场勘验

矿井顶板事故，也称冒顶事故（roof-fall accident），是指由于岩层的稳定性差、岩体破碎，加之支撑不及时或支撑不力发生的岩层顶板突然塌落造成人员伤亡、设备损毁、生产终止等的事故。底板事故一般视为顶板事故处理。

冒顶事故是矿井最常见、最易发生的事故，以煤矿最为严重。大面积冒顶除了破坏井巷，造成人员伤亡和设备损毁外，还常常产生强大的冲击波。有时因采空区内的惰性气体（氮气、二氧化碳、甲烷等）突然被压出，导致人员窒息死亡或爆炸事故；有的大面积冒顶引起矿震和严重的地面塌陷，造成更为严重的破坏损失（图 24-3）。

图 24-3　冒顶事故模拟图（摘自互动百科）

（一）冒顶事故的原因

顶板事故多发生在煤矿掘进工作面及巷道交叉口。巷道发生冒顶的原因主要有：巷道开掘后没有得到及时支护；巷道顶板围岩压力大，支护失效。采场局部冒顶常发生在上下出口、煤壁线、放顶线、地质构造处及采煤工作面附近。其主要原因有：①采空区顶板跨落不好，悬顶面积过大；②顶板中存在断层、裂隙、层理等地质构造，将顶板切割成不连续的岩块，回柱后岩块失稳，推倒支柱造成冒落；③回柱操作顺序不合理；④工作面支护不好，支护密度不够，初撑力低，迎山角不合理等（图 24-4）；⑤在遇见未曾遇见的地质构造时，没及时采取措施；⑥工作面上、下出口连接两顺槽的三角区，控顶面积大；⑦煤壁线附近容易形成“人字”、“锅底”、“升斗”等劈理（变形岩石中，使岩石易于沿一定方向劈开而形成无数薄片的面状地质构造），导致冒落。

图 24-4　矿井内冒顶支护

冒顶是矿井作业的一种必然现象，所以不是一切冒顶都是责任事故，只有在非正常情况下发生冒顶并造成了人员伤亡和财产损失才构成责任事故。一般而言，冒顶事故多是由于支撑措施不完善、不得力造成的。

（二）冒顶事故的现场勘验程序

1. 冒顶事故现场的调查访问

（1）通过查阅矿井地质资料，查清矿层厚度，矿质软硬、顶底板岩性、组成、地质构造和自然裂缝。以此分析采区设计和作业面的作业规程编制是否合理。

（2）调查有无人为的引发冒顶的诱因：如矿车脱轨撞倒支柱、开采放炮药量过大、处理浮石不当等其他机械性破坏因素。

（3）事故发生前，是否按制度规定进行了顶板观测和敲帮问顶检查。按照安全作业规程要求，每次进入工作面之前，应由安全员站在安全地点观察顶棚，并用较长的工具敲打顶板和支柱，查看有无顶板脱层的空声、哑声，支柱是否松动、腐朽，确定没有危险后方能进入工作面作业。这是一项专门的制度，是预防冒顶事故的重要保证。冒顶事故通常同敲帮问顶制度不严、检查松懈有关，所以必须认真调查、彻底查明该项制度的执行情况。

(4) 事故生产指挥者是否有不顾险情报告，强令或利诱工人下井的言行，或作业人员无视险情的存在，侥幸作业的行为。调查这方面的情况应广泛查访知情人员，与查阅有关记录结合进行。

2. 事故原点的勘验　冒顶事故一般现场范围明确，勘验时只要逐层检查堆积物，确定支柱、顶棚及矿石、岩层的倒伏、折断、垮塌的顺序，即不难确定事故原点。

3. 勘验事故现场及邻近的巷道地质情况　重点应观察勘验顶板岩石完整性，因采矿遭破坏的情况，查看有无裂缝、积水现象，并对巷道的高度、跨度做仔细地测量，必要时还应检测顶岩石的结构和井巷周围应力分布情况。

4. 分析支撑设计同开采方法是否适应　勘验人员可观察了解开采方法、分析支撑设计是否符合安全要求，如支撑装置的强度、刚度是否足够，安装结构、特殊支撑和临时支撑是否完备有效。

5. 检查支撑质量　即检查支撑的安装是否符合要求及对支撑数目、支撑材质、强度等主要有关因素做全面细致地勘验。

三、矿井水害事故的法医现场勘验

矿井水害也称透水事故或透水，是指矿井在建设和生产过程中，地面水和地下水通过裂隙、断层、塌陷区等各种通道涌入矿井，当矿井涌水超过正常排水能力时，就造成矿井水灾。我国煤矿水文地质条件比较复杂，大中型煤矿中，水文地质条件复杂或极其复杂的占 25.04%；采空区、老窑积水已成为煤矿一大隐患(图 24-5)。

图 24-5　矿井透水事故模拟现场图

(一) 矿井透水事故的预兆

按照一般的透水规律，积水区水头越高，压力就越大，因此在处理水头高的积水时，必须采取化整为零的办法，将高水头和积水分成若干段，一段一段地放水。现在普遍采用的“分段下行探放水”的方法，可避免一次处理时煤壁被压破的危险。实践证明，凡是与地面上下汇水区互相贯通，互为补给水源的老空、断层裂缝等，都必定有水。因此，遇到有补给水源的老空、断层、裂缝、钻孔时，特别要提高警惕，并采用周密的防水措施，防止透水。

矿井透水事先都有预兆，可根据不同的透水征象，辨别其是否有透水的危险。

1. 发潮或发汗　煤本身是不透水的东西，但当受到一定压力的水的作用，仍会有部分的水分浸到煤体里去。因此，当采掘工作面临近积水区时，就会发现局部的或大面积的发潮现象，这种发潮现象不完全是由于接近水区的缘故，遇到底板岩层为透水岩层时，也常使煤体有发潮现象。发汗是指当工作面接近积水区时，因受水压作用，通过煤的层理、节理、水就透过煤壁并聚成水球现象，看起来就像人出汗一样。

上述两种征象，无论发潮和发汗，有时都会出现假象，这种发潮和发汗的真假，往往采用“浅剥皮”的办法加以鉴别，就是将发潮或发汗的煤面，剥去一薄层，观察探试新暴露的煤层是否也发潮，如果发潮，就证明这是透水象征。

2．流水或滴水　这种现象是发汗进一步发展的结果，证明工作地点与积水区的距离越来越近了，也证明隔水煤墙越来越软，隔水性越来越差，抗压能力越来越少，总的情况越来越严重。

3．挂红　这种现象往往是流水现象出现后产生的。这种现象说明水内含有铁的氧化物，或硫铁矿物等，出现“挂红”一般认为是接近老空积水的象征。

4．空气变冷　工作面接近大量积水区以后，影响工作面气温降低，感到发凉。

5．硫化氢气味加大　硫化氢（H_2S）气体也是老空区的产物。因此，当工作面接近老空区时，有时可嗅到硫化氢的气味。

6．水叫　一般可以听到“嘶嘶”的声音，这种声音，很像低沉的雷鸣声或不开锅的声音，这是因为水位有了变动或受滚动岩石撞击影响的结果。

7．钻孔底发软或出水　用探水钻或钎子探水时，如发现钻孔底发软，钻屑发潮，就说明钎子快到积水区，如继续钻就有出水可能。

上述现象都是接近积水区（或老空）的征兆，要特别注意采取措施，严防积水突出造成危害。

（二）矿井透水事故的现场勘验程序

根据透水量大小和矿井排水能力，积极采取排、堵、截水的技术措施。同时，条件允许必须尽快恢复灾区通风，防止瓦斯和其他有害气体积聚和发生熏人事故。排水后，在保证“救人是第一任务”的前提下，组织现场勘验人员及专业技术人员进入排水现场，在勘验过程中，要防止冒顶、掉底和二次透水事故的发生。

1．透水事故现场的调查访问

（1）通过查阅矿井地质资料，查清矿井水文地质情况，井巷位置是否设计不当，井巷是否接近老空积水区、充水断层、陷落柱、强含水层以及打开隔离煤柱。

（2）调查矿井企业的管理措施是否得当到位，如地面防洪、防水措施有无管理不当造成地表水灌入井下引发水害的因素；井下有无防水闸门、管理组织是否得当；排水设备是否存在维护不当等人为因素；出现透水预兆未觉察或未被重视或处理不当造成透水。

（3）有无人为的引发透水事故的诱因，如是否执行探放水制度、有无盲目施工、有无测量错误导致巷道穿透积水区。

（4）事故生产指挥者是否有不顾险情报告，强令或利诱工人下井的言行，或作业人员无视险情的存在，侥幸作业的行为。调查这方面的情况应广泛查访知情人员与查阅有关记录结合进行。

2．透水事故出水点的确认　一般情况下，根据透水事故发生后现场升井人员的报告，可以迅速明确事故出水点、水灾性质及影响范围；搞清事故前人员分布、统计撤离出井人员，分析被困人员躲避地点。如果事故发生后井下人员全部被困，可依据采掘面及矿井图纸大致判断透水点及可能采取的抢救措施。

3．勘验事故现场及周围的地质情况　排水基本结束后，进入现场重点勘验透水后现场破坏情况、井巷周围水文地质情况、井巷的设计位置及施工质量。

4．检查井巷设备的质量　主要检查井下有无防水闸门、排水设备及其维护情况。

四、矿井火灾事故的法医现场勘验

矿井火灾（mine fire）是指发生在矿山企业生产范围之内，并造成人员伤亡、资源损失、环境破坏、设备或工程设施毁坏以及严重威胁正常生产的非控制性燃烧。

（一）矿井火灾事故的原因与分类

火灾是矿井下五大自然灾害之一，矿井火灾的三要素：可燃物、热源、氧气。矿井火灾以煤矿火灾居多，几乎所有的产煤区都存在自然发火危险，北方煤田的火灾问题尤其突出，露天矿还存在自然发火危险。矿井火灾的发生具有严重的危害性，不仅会烧毁设备、材料、资源，造成财产损失，更重要的是火灾会产生烟流和以一氧化碳为主的有毒有害气体，造成人员伤亡及严重的环境污染。

根据引燃源的不同矿井火灾可分为内因火灾和外因火灾；根据火灾发生的性质也可分为原生火灾和再生火灾；根据火灾发生的地点及其所在巷道的风流流动方向的不同，矿井火灾又可分为上行风流火灾、下行风流火灾和进风流火灾。

（二）矿井火灾事故的现场勘验程序

1. 矿井火灾事故现场的调查访问　火灾事故现场调查与瓦斯事故现场相类似，主要应查清以下问题：

（1）事故前是否有人携带引火物下井，是否使用了普通照明设备，井口房和风机房附近20m内有无火源。矿井在历史上是否发现过自燃煤层，以及处理的方法和结果。

（2）矿井的机电、通风设备的制造厂家；工艺、购置使用的时间、检修记录上所记载的情况。

（3）事故发生后，是否立即撤出灾区人员和切断灾区电源；掘进巷道发火或爆炸，风机启闭是否遵循“保持原状”原则。

（4）事故前，是否有违章指挥、组织生产的行为，有无瓦斯漏检、违章使用机电设备和爆破器材的情况。

2. 内因火灾现场的实地勘验　内因火灾即煤炭自然发火，从发生氧化至完全燃烧将经历一定时间（自然发火期），在此期间均能被观察和早期发现，然后采取相应防范治理措施，因而内因火灾造成人员伤亡的威胁不像外因火灾那么严重。结合燃烧中心、死伤人员位置一般可以明确火灾事故原点。

3. 外因火灾现场的实地勘验　外因火灾的特点是突然发生、来势迅猛，发生时间与地点出人意料。由于这种突发性和意外性。常会使人惊慌失措而酿成恶性事故。

（1）事故原点的勘验：当放炮或电气设备等引起火灾，可根据操作地点及设备所在位置确定火灾事故原点。电器火灾在勘验处理前应立即切断电源，用干粉灭火器、沙子等进行灭火。如果火情严重，现场人员未及时处理，并逆风流撤离时，可以结合井口及调度室汇报情况判断事故原点。

（2）对引燃火源的勘验：因矿井下会有一定浓度的瓦斯等易燃易爆气体，因此电气短路的电弧火花、架线机车火花、明火源、吸烟以及摩擦、撞击和放炮产生的火花，都可能引起矿井火灾。勘验应以现场中心为起点，沿巷道进行，仔细观察现场及附近有无煤层燃烧的痕迹，以及其他用电设备有无短路、损坏的迹象；作业面所使用的炸药是不是规定的安全炸药；现场上有无烟头、火柴、打火机及容易产生静电火花、撞击火花的物品。

五、其他矿井安全事故的特点

其他常见的矿井安全事故包括矿井冲击地压、煤尘爆炸等。

（一）矿井冲击地压的事故特点

矿井冲击地压又称岩爆（rockburst），是指井巷或工作面周围岩体由于弹性变形能的瞬时释放而产生突然剧烈破坏的动力现象，常伴有煤岩体抛出、巨响及气浪等现象，它具有很大的破坏性，是煤矿重大灾害之一。

冲击地压具有以下特征：一是突发性，发生前一般无明显征兆，冲击过程短暂，持续时间为几秒到几十秒；二是一般表现为煤爆（煤壁爆裂，煤岩抛射），最常见的是煤层冲击，也有顶、底板冲击，少数矿井也发生过岩爆。在煤层冲击中，多数表现为煤块抛出，煤体整体移动，并伴有巨大声响、岩体震动和冲击波；三是具有破坏性，往往造成煤壁片帮、顶板下沉、底鼓、支架折损、巷道堵塞、人员伤亡；四是具有复杂性，在自然地质条件上，地质构造从简单到复杂，煤层厚度从薄煤层到特厚煤层，倾角从水平到急倾斜，顶板包括砂岩、灰岩、油母页岩等，都可能发生冲击地压。

由于冲击地压问题极为复杂，国内外目前尚未建立比较符合实际的冲击地压发生及破坏过程的理论，因而冲击地压的预测、预报及防治并不完备。对冲击地压成因和机制的解释主要有强度理论、能量理论、冲击倾向理论和失稳理论（图 24-6）。

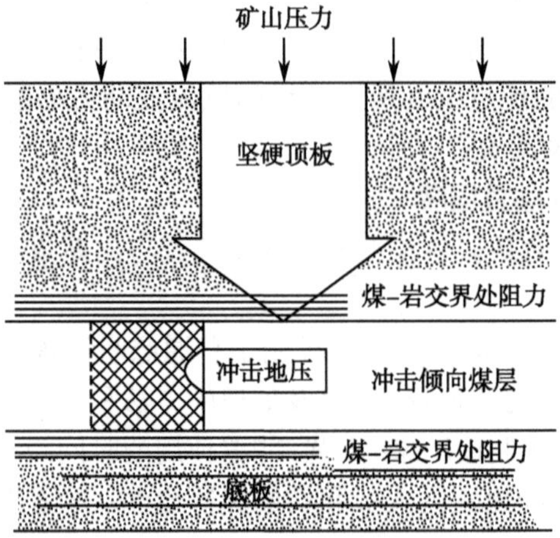

图 24-6　冲击地压发生机制（强度理论）

（二）煤尘爆炸的事故特点

煤尘爆炸（dust explosion）是在高温或一定点火能的热源作用下，空气中氧气与煤尘急剧氧化的反应过程，是一种非常复杂的链式反应。煤尘爆炸同瓦斯爆炸一样都属于矿井中的重大灾害事故。煤尘爆炸时，一部分煤尘被局部焦化，粘结在一起，沉积在支架和巷道壁上，形成煤尘爆炸的特有产物（“皮渣”和“粘块”）。这是煤尘爆炸区别于瓦斯爆炸的特有标志。

煤尘爆炸必须具备下列三个条件：①煤尘本身具有爆炸性：煤尘的爆炸性与挥发分含量有关，同样情况下，挥发分含量高的煤，爆炸性强；②煤尘必须悬浮于空气中并达到一定浓度：根据试验，我国煤尘的爆炸下限浓度：褐煤为 45～55g/m^3；烟煤为 110～335g/m^3。上限浓度一般为 1500～2000g/m^3；③有一个能点燃煤尘爆炸的高温热源：其引燃温度变化范围较大，一般为 700～800℃，有时达 1100℃。几乎一切火源均可达到这样的温度条件，如爆破火焰、电气火花、机械摩擦火花、瓦斯燃烧或爆炸、井下火灾等。

六、伪造矿难及废弃矿井内意外事故的法医现场勘验

除安全生产事故以外，矿工杀害智障者伪造矿难案件也在全国各地矿区频繁出现。客观上讲，一些矿山企业用工管理不规范，矿工岗前培训不完善，劳动保护和安全生产法律法规不能得以有效实施，非法违法开采仍时有发生，矿难私了心态等，是杀人伪造矿难骗取赔偿案件滋生的土壤。对于此类案件，法医工作者在处理矿难尤其是小型矿难时应该注意是否有杀人伪造矿难的可能性。此外法医实际检案中还会经常遇到在一些村办或小型废弃矿井内发生的意外事故，此类案件的处理也应与一般矿难的处理区分开来。

（一）杀人伪造矿难案件的特点及防范措施

1. 被害人多为智障人员，身份不明确。

2. 多发生在民办小矿或证照不全的黑矿井里。

3. 矿山企业对人员身份审核不严，发生事故后多私下赔偿解决。

4. 矿主在接收打工人员时，要特别注意是否有“痴、呆、傻、侏儒、少言寡语”等成员。一旦发生此类或疑似矿难，要及时报告公安机关。

5. 对可疑矿难，可要求家属进行 DNA 比对，以明确被害人身份。

（二）废弃矿井内意外事故的特点

1. 多发生在村办或小型废弃封闭矿井内，矿井内多遗留部分开采及电机设备。
2. 遇难者多为本村村民，人数较少，一般不超过5人。
3. 大多数被害人的死因均为封闭矿井内缺氧或瓦斯聚积引起的窒息，体表一般无明显损伤。
4. 法医现场勘验及尸体检验时应着重解决死亡性质、死亡原因、死亡时间并排除矿难与他杀。

第四节　矿难的法医学尸体检验

法医学尸体检验对于矿难事故的性质认定、遇难者的死因确定以及个体识别有着不可替代的作用，为善后处理提供了准确科学的依据。重大矿难发生以后，遇难者人数往往比较多，因此法医学尸体检验的重点是个体识别和送检样品的提取。

在矿难事故中，尸体检验前精心的组织准备是保证尸体检验工作顺利进行的前提，法医参与了从发现尸体以后的全部检验过程。尸体检验前，要进行认真的研究讨论，对制作准备尸体袋、尸体号牌和尸体卡片、检材提取、尸体遗留物的收集保管等均应进行详细布置，并统一标准，以保证后期尸体辨认、DNA检验工作的顺利进行。

一、尸体编号和照相

为了避免混乱，给下一步的个体识别和善后工作打下良好基础，尸体检验前，根据遇难者尸体的数量，应事先制作好尸体编号，一般用A4纸黑体字打印，拍照时将编号放在所要拍照的部位旁进行拍照；尸检时用白布条写上相应编号，绑在尸体左手腕上，尸体袋外面也要写相同的编号。遇难者的衣着物品一人一袋，袋外也要写清相应的编号，以备进一步检验和后期尸体的进一步辨认所需。

二、遇难者的尸体征象特点及死因分析

重大矿难事故，由于遇难人员多，事故调查组往往要求法医在最短的时间内将尸体检验完毕，因此，在尸体检验时，要求抽调足够的法医技术人员。

根据矿难事故的类型，遇难者的死因大体可以分为：一氧化碳中毒窒息死亡、透水事故引起的溺水死亡、矿井坍塌导致的机械性损伤、瓦斯爆炸引起爆炸伤亡及烧伤等。

（一）一氧化碳中毒窒息死亡的尸体征象特点

一氧化碳中毒窒息死亡多发生于矿井火灾吸入烟尘、瓦斯爆炸产生高浓度一氧化碳等事故，遇难者尸体一般比较完整，尸斑呈樱红色，死后第二天更加明显，解剖检验可见心脏、血管、硬脑膜静脉窦中的血液鲜红，内脏也呈鲜红色，切面尤其如此；由于肌肉内有碳氧肌红蛋白形成，肌肉呈樱桃红色，特别是胸大肌尤为明显；组织病理学改变为窒息死亡所见的病理改变。

如果发生瓦斯爆炸，尸检时除发现中毒窒息征象，还有尸体裸露处烧伤、爆炸冲击伤、爆炸时因无意识闭眼而伴有未被烧伤的睫毛与睑缘等。怀疑一氧化碳中毒窒息死亡，除进行尸体解剖外，还应同时抽取心血送检碳氧血红蛋白含量。

（二）透水事故引起的溺水死亡尸体征象特点

透水事故遇难者多为溺死，具备一般溺水死亡的尸体征象，如口鼻部蕈样泡沫，手中抓有矿井内异物或煤渣，肺水肿或水性肺气肿，颞骨锥体内出血。但是由于透水事故以抢救生命为首要任务，因此打捞尸体的时间一般较长，尸体多呈腐败巨人观，尸斑不固定，必要时可以提取部分脏器及深部肌肉进行硅藻检验与个体识别。

（三）顶板事故导致的机械性损伤尸体征象特点

顶板事故多引起冒顶、片帮、顶板掉矸、顶板支护垮倒、冲击地压、露天煤矿边坡滑移垮塌等灾害。遇难者的损伤一般多为钝性物体导致，损伤范围广，以擦挫伤、挫裂伤、广泛骨折多见。

必要时可进行生前伤与死后伤的鉴别以排除凶杀案件伪装矿难，死后伤（创）的创缘不明显收缩，创口哆开不明显，无挫伤带及血液凝固，出血程度及生活反应不明显。

（四）瓦斯爆炸导致的爆炸伤及烧伤尸体征象特点

矿井瓦斯爆炸除热力烧伤外，冲击波的原发性冲击效应常致遇难者内脏损伤，最易受损部位为肺及鼓膜，同时伴有腹腔脏器损伤；继发冲击效应引起塌方、冒顶常致颅脑、胸腹及四肢的机械性损伤，其特点是除烧伤面积、深度的不同外，大部分人合并一种或多种复合伤。尸体烧伤部位多表现在暴露部位，创面表皮大部分撕脱，烧伤创面均被煤尘、污泥及油性物不同程度污染。遇难者距瓦斯爆炸中心距离决定其所承受的致伤热度、时间、冲击伤程度、烧伤面积、深度以及复合伤的程度。

三、遇难者个人特征的登记与拍照

矿难事故中尸体检验的重点是进行个体识别。尸体检验前应对所有参加尸检的人员进行分组，每组由 2 名法医、1 名记录、1 名照相人员共 4 人组成，重点对个人特征（身高、衣着、发型、痣、瘢痕、纹身、随身携带物品）等进行登记拍照，要求每具尸体至少要拍照着衣的全身相，全身正面、背面裸体照片，面部正面照，对一些有个体识别意义的特征和随身携带物品也要求拍照。每具尸体拍照时，在尸体身上或相应的物品旁都要放尸体编号牌。

四、遇难者尸体的个体识别

首先根据尸体的体貌特征、衣着和随身携带物、牙齿年龄等方面的情况，从尸体卡片上和被害人的亲友共同进行辨认。待被害人亲属基本确认为是某具尸体后，再有针对性地就该尸体进行 DNA 检验。如时间和条件允许，可对全部尸体进行 DNA 检验，以达到准确进行个体识别的目的。

第五节　矿难现场的证据收集与送检

矿难现场的证据收集主要包括以下几部分，一是分析矿难原因的物证提取与送检；二是解决个体识别问题的尸体组织样本如深部肌肉、磨牙、血样等；三是判断死亡原因所需的样本证据收集。

一、分析矿难原因的物证提取与送检

能够分析矿难原因的物证包括：①在矿难现场收集的烟头、火柴、打火机及容易产生静电火花、撞击火花的物品；②作业面所使用的炸药粉末；③矿井内空气样本等。上述样品可送相关专业技术部门进行分析检验以确定矿难的原因。

瓦斯窒息事故的现场勘验，应当提取现场空气样品送检，分析瓦斯含量和成分。提取的一般方法是：在矿井外用一干净的广口玻璃瓶盛满清水，拿至现场中心的顶板处缓缓将水倒掉，并将瓶倒置一会，而后就地密封。

透水事故的现场勘验，还需提取水样送检化验。鉴别老空水有以下几种办法：①用手指蘸水搓动有润滑感觉；②用鼻嗅有腐臭；③有时夹杂着臭鸡蛋的气味，用口嚼有涩味；④有腐朽质的沉淀物及悬浮物，详细观察比较时，会发现它的透明度较低；⑤化验分析时，耗氧量大，有机质氧化时所耗氧气越多，证明有机质越多。

水样化验有时还可以判断生命的存在状况。如果经化验分析，相关区域水样发现大肠杆菌，意味着存在遗体，并变质腐烂。

二、尸体个体识别所需样本的提取与送检

除分析矿难原因的一些物证需要提取送检，法医需要重点解决的是尸体的个体识别问题。当矿难中遇难者的尸体发生高度腐败或残缺时，主要根据尸体牙齿磨耗度、DNA 检验来判断被害人身份。

（一）根据牙齿磨耗度推断年龄

尸体检验完毕后，对所提取的尸体的牙齿进行清洗等处理，然后根据各自牙齿磨耗度，利用牙齿推断年龄回归方程推断年龄。一般提取左上第一、二磨牙供推断年龄使用。

（二）DNA 检验确定身源

矿难事故中高度腐败尸体，最好进行 DNA 检验来确定身源。前期根据身高、齿龄、衣着、遗留物等进行初步辨认后，对可疑尸体进一步进行 DNA 检验是非常必要的。待 DNA 检验结果最终确认后，再认领尸体。这样就可避免认领错误，给善后处理工作造成被动。

在进行 DNA 检验前，DNA 检材提取的正确与否、质量高低是 DNA 检验能否成功的关键。对于尸体 DNA 检材的提取一般提取血痕，用纱布或滤纸采集血痕 2cm×2cm 大小；如尸体高度腐败，可采集被害人的深层较新鲜肌肉 10g；如果肌肉组织也腐败，可提取肋软骨和四肢长骨、牙齿（牙髓），如上述检材也不能提取，可提取被害人毛发进行线粒体 DNA（mtDNA）检验。每次取材前，均应将器械彻底清洗干净，有条件的，可换新器械，以防交叉污染，影响检验结果。提取检材应分别包装。

DNA 比对检材可采集遇难者亲属（父母、同胞兄弟姐妹或子女 + 妻子）的血样，进行 DNA 检验。由于矿难事故遇难者多为外地民工，因此，采集遇难者亲属血样的任务非常繁重，必须尽早进行。

三、判断死因所需样品的提取与送检

根据矿难事故类型的不同，需要重点提取遇难者尸体心血、组织脏器以检验碳氧血红蛋白含量、浮游生物（硅藻）成分和病理组织学改变。

瓦斯爆炸事故中怀疑一氧化碳中毒窒息死亡，需要抽取尸体的心血或静脉血 5ml（如尸体高度腐败，心脏空虚，抽不到心血时取静脉血）以备检验碳氧血红蛋白含量。

对于尸表损伤轻微，死因无法判断的，可以提取组织脏器进行病理组织学检验或硅藻检验，提取方法可以参照法医病理学检材提取的要求。

第六节　矿难的现场分析与重现

一、矿难现场分析的基本任务

矿难的现场分析与重现有别于一般的刑事案件现场分析与重现，矿难本质上讲是安全生产事故，它结合了矿山安全生产、矿山设备维护与管理、矿难救援及法医现场勘验等多项技术，因此矿难的现场分析与重现是需要多行业参与。本节重点阐述与法医及刑侦人员有关的现场分析与重现部分。

二、矿难事故现场分析与重现的基本方法

与一般的刑事犯罪现场分析与重现相同，矿难事故的现场分析与重现也包括三种方法：汇集材料、鉴别材料的真伪、分析判断案情。三种方法的有序运用，实际上也是现场分析与重现的基本程序。

（一）汇集材料

全面汇总现场调查，实地勘验及其他方面的情况，是现场分析与重现的基础。汇集材料，由现场勘验指挥人员召集所有的参与现场勘验人员参加，由参与者具体汇报各自在现场勘验中所获得的材料。

（二）鉴别材料的真伪

收集到的材料中鱼龙混杂，有的与案件有关，有的可能并不包含有关犯罪的信息，有的甚至可能是犯罪嫌疑人伪造的假象，如杀人伪造矿难事故的案件。访问中，也可能由于证人的各自的原因和不同的心理状态，使得勘验人员所获得的有关情况真假混杂，有的甚至是虚假的谎言。基于此，必须通过现场分析与重现，对已汇总的各种材料，通过比对、综合研究等方法，摒弃虚假或无关的材料，使案情的分析判断建立在真实可靠的，与矿难事故有关的各种材料的基础之上。

（三）分析判断案情

通过汇集、鉴别材料，为分析判断案情，为制订侦察或救援计划提供有力的支持，进而确定侦察或救援方向和范围。

三、矿难事故现场分析与重现的基本内容

（一）矿难事故的性质分析

分析矿难事故的性质可以做出是否为刑事案件的结论。矿难事故的性质一般包括：①违法违规开采、安全管理混乱、设备老化、井下作业不遵守操作规程等原因引起的责任事故；②自然原因如暴雨、地震、滑坡等引起的意外事故；③杀人伪装矿难事故的刑事犯罪。

1. 责任事故的确定与分析

（1）瓦斯事故现场：需要通过现场勘验确定事故原点及瓦斯源，结合现场调查判断有无开采放炮造成大量煤层崩落，突然增加新的暴露面或裂缝，导致瓦斯涌出等因素；矿井内通风设备的管理维护有无漏洞；是否存在井下违规使用明火或吸烟；用电设备有无短路及损坏迹象；瓦斯检查是否按规定执行，有无漏检；是否存在违章指挥、组织生产的行为；有无违章使用机电设备和爆破器材的情况。根据上述现场实地勘验及现场调查访问确定瓦斯爆炸事故的原因及性质。

（2）冒顶事故现场：重点检查顶板岩石完整性，因采矿遭破坏的情况；查看有无裂缝、积水现象；判断支撑装置的强度、刚度是否足够；安装结构、特殊支撑和临时支撑是否完备有效；通过查阅矿井地质资料，分析采区设计和作业面的作业规程编制是否合理；有无人为引发冒顶的诱因（如矿车脱轨撞倒支柱、开采放炮药量过大、处理浮石不当等）；事故发生前，是否按制度规定进行了顶板观测和敲帮问顶检查；事故生产指挥者是否有不顾险情报告，强令或利诱工人下井的言行。根据上述现场实地勘验及现场调查访问确定冒顶事故的原因及性质。

（3）透水事故现场：重点勘验透水后现场破坏情况、井巷周围水文地质情况、井巷的设计位置及施工质量；井下有无防水闸门、排水设备及其维护情况；井巷位置是否设计不当，井巷是否接近老空积水区、充水断层、陷落柱、强含水层以及打开隔离煤柱；地面防洪、防水措施有无管理不当造成地表水灌入井下引发水害的因素；井下有无防水闸门、管理组织是否得当；排水设备是否存在维护不当等人为因素；出现透水预兆未觉察或未被重视或处理不当造成透水；有无人为的引发透水事故的诱因（如是否执行探放水制度、有无盲目施工、有无测量错误导致巷道穿透积水区）。根据上述现场实地勘验及现场调查访问确定透水事故的原因及性质。

（4）其他常见矿难事故现场：如矿井火灾、煤尘爆炸、冲击地压可以参考瓦斯爆炸事故及冒顶事故的现场勘验确定矿难事故性质。

2. 意外事故及刑事犯罪的确定与分析　意外事故多见于天灾，如地震、暴雨、洪水引发的滑坡、透水事故等，一般不难确定矿难事故的性质，但是需要通过现场勘验及调查访问排除人为因素及管理疏漏引起的矿难。有时也会遇到误入废弃封闭矿井内引起死亡的案件，应与矿难事故加以鉴别。

伪装矿难事故的情况并不多见，一般发生在小煤窑、小矿井，被害人多为智障人员，身份不明确；在调查访问过程中注意了解遇难者是否为“痴、呆、傻、侏儒、少言寡语”等成员；必要时可以要求家属进行 DNA 比对以明确身份。

（二）对矿难事故中单个要素的分析

矿难事故中单个要素的分析主要包括以下几个方面：

1. 分析矿难事故的发生时间。
2. 分析矿难事故发生的中心点。
3. 分析矿难事故遇害者的身份及人数。
4. 分析矿难事故遇害者的死因。

根据法医现场勘验、调查访问及尸体检验，经综合分析一般可以解决上述问题。

（三）对矿难案件整体进行综合分析

1. 初步推断矿难事故的性质　解决属于责任事故、意外事故还是刑事犯罪的问题。

2. 初步确定救援或侦察方向和范围　抢救生还者、寻找遇难人员、提取与收集现场证据。

3. 初步提出救援或侦察方案。

（任广睦　朱　英）

思考题

1. 矿难的现场应急处置原则是什么？
2. 瓦斯灾害事故的现场调查访问主要了解哪些内容？
3. 以瓦斯爆炸事故现场为例，如何进行矿难现场的证据收集与提取？
4. 矿难事故现场分析的基本内容有哪些？

第二十五章　海损事故的现场勘验

第一节　我国海损的基本情况

我国是世界上海岸线最长的国家之一，海岸线长3.2万多公里，其中大陆岸线，北起鸭绿江口，南至北仑河口，全长1.8万多公里，岛屿岸线1.4万多公里。同时，我国还具有大量的江河可以通航，其中重要的水上运输线是长江水系，共有可航水道57 000km，占全国内河可航里程的52.7%。

一、海损事故的人员伤亡

在正常通航条件下，长江运输能力相当于14条京广铁路，是举世公认的"黄金水道"。距统计仅1997年至2000年，长江干线共发生海损事故1230起，死亡和失踪人数达919人。自2000年至2007年，我国每年发生的重大海损事故件数有大幅增加。近年来，由于法律法规的完善及船舶技术水平的提高，各类海损事故发生率略有下降。据交通部公开资料显示，2014年全年全国共发生船舶水上交通事故260件，死亡及失踪人员共247人，比上一年度分别下降0.6%、6.8%。同时，2014年全年我国搜救责任区出现遇险船舶1842艘，遇险人员15 926名，海损事件发生相当频繁。因此提高对海损事故的有效处置能力是法医工作者的一项重要任务。

二、海损事故的财产损失

据统计表明，自1984年至1999年间，仅长江干线累计发生船舶交通事故就达6355件，直接经济损失累计为9.13亿元，年均事故件数近400件，年均经济损失近6000万元；仅2014年一年，全国海损事故沉没船只141艘，直接经济损失高达2.59亿元。

三、海损事故导致的环境污染

由于水上运输是高风险性行业，事件发生概率较高，极易导致群死群伤，并造成巨额经济损失。由于现场及周围环境复杂，现场的处置难度较大，救治的成功率较低，容易引起外界的关注，导致社会负面影响巨大。同时，船舶及其安全事故对公共水源具有污染危害性，船舶沉没如不能及时打捞就容易对水域造成污染。装载化学品、剧毒品、各种油类等危险货物船舶的事故更是对水资源造成严重污染，会波及到水域生态环境，甚至导致生活饮用水的破坏。因此针对海损事故，制订有效的方案，及时、有效的处理，才能降低对环境的影响。例如某油轮因撞上海岸附近的岩礁，对环境造成严重破坏。当时，油轮满载160.45万桶原油，因方向舵被一个巨浪损坏导致失控，撞上27.4m深的岩礁，使得这艘油轮断为两截，迅速沉入海底，船上全部的原油全部泄漏到海里。野生动物因此遭遇重创，共计有2万只海鸟、9000t重的牡蛎以及数百万像海星和海胆这样栖息于海底的动物死亡。

第二节　海损事故发生的原因

船舶航行安全受自然环境的影响大，与铁路、民航甚至公路等交通方式相比，水上交通生产力平均水平较低，整体发展不平衡。先进与落后、快速与慢速、大船与小船并存的混合交通的现状，影响了整体安全水平的提高。具体分析，主要有以下几个方面的原因：

一、气象、海况恶劣的原因

恶劣的天气、海况是引发海损事故的祸首，据统计，在1990～1999年我国沿海发生的重大海损事故总件数121件中有41件是源于恶劣天气的原因。在风浪天气，航行的船只极易被风浪倾覆，尤其是在远离大陆的海域，风浪可以导致船体反复曲折过度，使之破损、断裂甚至倾覆，造成大量人员伤亡，这种情况下施救难度大，增加了伤亡的程度。

二、人为疏忽的原因

船舶管理和船员任职资格方面的不足与管理的上过失、航海知识浅薄、技术素质低劣以及海上经验不足、盲目自信、对安全航行缺乏风险的预见能力、船员的心理素质不高，导致触礁、船只相撞等事故的发生。有时驾驶员疲劳驾驶，反应迟钝也是造成事故的重要原因之一。

三、人为破坏的原因

犯罪分子利用一系列手段，故意使航行的船只发生损毁破坏，从而达到人员伤亡及财产损失的目的。

四、老船龄及不适航的原因

老龄船舶具有引发海难事故的很高风险，不适航的情况下航行，如船舶强度不足或船体、机器的缺陷、船上设备不足或有缺陷，船员数量不足或技术水平不合格，燃料、物料或给养不足，没有取得船舶航行所必须的证书文件等，都是海损事故发生的成因或诱因。

五、运输货物的处理不当

运输人员不遵守相关运输规定，违规装载或者放置不当使重心偏移船只侧翻，或者货物受热后，放出可燃性气体和热量，最后导致起火、爆炸等。

第三节　海损事故的现场勘验

当发生海损事故以后，调查人员应首先到达现场了解现场情况，掌握现场动态，尽快实施落水伤员的抢救并有效地控制事故主要当事人，在不影响现场施救的情况下适时地开展现场调查取证工作。

一、现场勘验

通过检测、测量、绘图、拍照、录像等，对船舶、设施、货物、人员及事发地点的航道、水文、周围环境等进行勘验，核实船舶的损坏情况，人员的伤亡情况以及船舶的适航状态以及设施的技术状态等。船舶受损部位、碰撞部位、接触角度、损害程度，沉没时车钟状态、舵叶角度、舵角指示器指示等是勘验的重点。车钟位于驾驶台，是驾驶台与机舱联系用车的一种最重要的手段，能反映当时船体的各种数据情况。

对重大事故、恶性事故或案情复杂的事故，可针对重点、疑点、有争议的敏感区或关键部位进行多次勘验。常用的勘验方法有：现场的范围如果不大，中心比较明确，痕迹、物品和其他物证比较集中，可以采取先从中心开始，逐步向外围扩展，由内向外地勘验；现场的范围较大，痕迹、物品比较分散，中心部位不太明确，现场外围部分又不易保护，可以先从外围开始，逐步向中心推进，由外向内逐渐缩小，全面勘验；现场范围很广，如火灾、爆炸事故使船舶全部烧毁，且多处遗留痕迹、物品，需要全面仔细地寻找痕迹、物品或其他细小物证，可以将现场划分成若干块或若干段，逐块或逐段地进行勘验，以防止遗漏；既有室内现场，又有室外现场，且室外现场的痕迹、物品及其他物证不易保护，应当先勘验痕迹、物品易遭破坏的室外现场，然后再勘验室内现场。

二、收集物证

搜集航行（海）日志、海图、轮机日志、车钟记录、雷达记录、各种仪器设备打印输出数据、配载图、证书等材料，进行分析研究，同时核对当事人及目击证人对海事经过的叙述，必要时还应向有关部门申请技术鉴定。收集物证的途径主要有通过勘验现场收集、通过调查收集和通过检验书证收集几方面。

海损事故的物证一般有油漆、钢丝绳或系船缆绳、钢板碎片、机器零件、断损锚或锚链、被火损伤的材料等。可用带有日期和时间的照相机或摄像机拍录现场并在现场勘验记录上对应记录。证据应存放在合适的包装或容器里，注明日期、取得的时间，获得地点和原始地点，与现场有联系的物证还要表明物证在现场中的位置、形态等，签名后密封。

第四节　海损伤亡人员的法医学检验

当发生海损事故以后，首先应当进行施救，当施救工作结束后，法医的主要工作是对打捞出来的尸体进行个体识别。

一、个体识别

在出现多人伤亡的情况下，进行的法医学检验，首先应按打捞顺序或男女分开对伤亡人员单独编号，在所有的群体性伤亡事件中，这都是应进行的第一步。准确的编号，详细的记录，才能保证个体识别的顺利进行。

海损事故发生后，由于江（海）水的浸泡或鱼类的啃食，死者会面目全非；火灾、爆炸等引起的海损事故中，仅靠尸体容貌更是难以确认死者身份。依据我国相关法律，对于事故中遇险人员，如不能确证其死亡，则只能宣布为失踪，因此正确地识别遇难者的身份是至关重要的。常见个体识别的方法有：

1. 通过死者衣物，随身携带物品，体表特征进行个体识别　在遇难人员打捞上岸后，应详细记录死者衣着的颜色及样式，有无首饰，外观的主要特征，如长发、短发，面部有无明显胎记、痣，手足有无畸形等。检查死者衣裤内物品，看能否发现证明死者身份的证件或者一些有助于辨认死者身份的文件、笔记等。

2. 通过植入体内的医疗器械进行个体识别　现代医学的发展，使得植入性医疗器械越来越多的运用在各种疾病的治疗上，常见的植入材料包括骨接合与脊柱植入物、骨与关节植入物、心血管植入物、神经外科植入物、乳房植入物、眼内人工晶体、人工心脏瓣膜、人工器官、齿科种植体、心脏起搏器、人工支架等，在对死者尸体进行解剖时，应当注意这些具有特殊个体识别意义的物体，结合遇难者家属了解的情况及遇难者病史，对个体的识别有着重大的作用。

3. 通过死者尸体的指纹、牙齿、头颅和骨骼对身高和性别进行复原从而进行个体识别　在一些高度肿胀、损伤缺失程度较大的尸体上，通过仅有的外观进行个体辨认已近乎不可能，这时就需要更进一步的对尸体进行个体固有特征的鉴定。采集尸体指纹并标注，然后与其生前指纹进行对照，有很高的特异性，一旦对照成功，个体认定的结果十分准确，但其对尸体指纹要求的完整性及要求死者生前指纹的这两个条件，使得这种鉴定难以普遍展开。在法医人类学中，通过死者牙齿、头颅和骨骼对身高和性别进行复原已经是一项非常成熟的技术，在确定死者这些特征的基础上，运用面貌复原以及配合其他资料进行个体识别，也是极其重要的手段。另外通过牙齿有无填充物、义齿（假牙）、牙冠、齿桥等特征以及牙髓中DNA的提取进行个体识别也越来越多的运用在大型灾难事故中。

4. 通过DNA检验进行个体识别　DNA包含着一个人所有的遗传信息，这种遗传信息蕴含在骨骼、毛发、血液、唾液等人体组织或器官中，特别适用于组织块及微量物证的检验。在海损事故这样的大型灾难中，遇难者遗骸往往严重破碎或高度腐败，极大限制了指纹比对等传统方法的应用，而DNA鉴定方法可以弥补传统方法的不足，提取死者DNA进行分析检验，并与参照样本进行比对，需要收集的生物性检材应包括遇难者死后样本、生前样本以及用于亲缘分析的遇难者亲属样本，通过遗传标记分型确定死者身份。在收集样本时，应注意保护样本免受污染，才能准确快捷的运用DNA进行个体识别。

二、死因分析及海损性质

海损事故发生的原因多种多样，可由于轮船等超载、触礁触岸或搁浅、碰撞或浪损、失火或爆炸、影响适航性的机件或重要属具的损坏和缺失、遭遇自然灾害、水上、水下建筑或设备的损害、沉没或失踪等，因此所造成的损伤类型复杂。

（一）死因分析

在一般意外或责任事故中，死亡原因最主要有以下几类：

1. 溺死　在海损事故中，溺死是占所有死亡原因的首位，几乎所有的海损事故都能见到机械性窒息而溺死的遇难者。船舶发生损害，船舱进水，遇难者因为不能及时逃脱而溺水身亡，也有人慌不择路而选择跳水逃生，体力不支被江水带走，尤其是在载客的船舶，常因超载而导致船翻人亡。在打捞尸体后，大多数死者都呈现溺死的一般征象。死者的损伤符合生前溺死的特点，在尸检时应注意辨别遇难者死亡的原因。水性肺气肿，上呼吸道内溺液及杂物，胃、十二指肠内溺液与异物，颞骨椎体内出血，脾脏贫血，硅藻检验等，都是生前溺死及死后落水的重要鉴别点。

2. 机械性损伤　海损事故的尸体上能见到其他的一些机械性损伤，如船体挤压变形直接作用于人体及物品跌落所造成的撞击伤，乘客慌乱逃跑时所造成的践踏伤，船舶摇摆或倾覆时船身与人体的碰撞造成的损伤，其可表现为相应的钝、锐器伤。

3. 其他特殊损伤　在一些特殊的环境下，遇难者的损伤还有特殊的表象。装载强酸、强碱的货轮可能引起人体的化学性烧伤；船只的设备损坏漏电，可能引起人体的电流伤。2000年8月12日俄罗斯"库尔斯克"核潜艇在巴伦支海参加演习时失事沉没，艇上118名官兵全部遇难，当年10月底曾从第9舱打捞上12具遇难者的遗体，后经证实第9舱官兵死因是一氧化碳中毒。

（二）重要人员的尸体检验

对海损事故中重要人员如船长、舵手、其他可疑人员的尸体检验应更为仔细。乙醇及相关毒物、药物的检验，可以判断事故发生时当事人的意识状态，有利于推断事故的发生过程。对尸体的检验除了重点观察溺死的征象外，还应该对损伤重点检验，观察损伤的形态特点，并提取相关物证，推断致伤物是否符合海损事故损伤的特征，如发现枪弹创、砍痕、刺捅伤等有别于海损事故造成的损伤，则考虑事故原因系他人所谓的刑事案件，对海损事故、案件的调查有重要的意义。

（三）现场调查

现场调查是查明事故情节，发现线索和获取证据的重要方法。在海损事故发生后应尽快对信息提供者、各方当事人员、现场周围的工作人员、附近的可能见到或听到某种情况的其他人员开展现场询问调查工作。现场调查是否全面则依赖于查询的人员、查询的顺序、合适的查询地点、不同被查询人的查询重点等；条件具备时，现场勘验、收集物证、现场询问调查等工作力求同时进行。

在现场调查时应注意，不要在一室同时查询两名当事人或证人，即使两人是同属一方也应尽量避免，以免相互干扰；事故调查人员应当以中立的态度与被查询人接触，客观地、无偏见地进行询问，询问调查避免采用“审问”方式。在获得全部证据之前要虚心听取各方面意见，不要草率地做出结论。

（四）海损性质

一般来说，海损多由于船舶自身原因、工作人员操作不当以及自然原因等导致，但也会出现利用海损掩盖杀人或制造海损杀人的行为。

1. 现场勘验明确海损性质　在现场勘验时，应当注意船舶主要舱室的情况，检查有无人为破坏船体，人为破坏船上动力装置及仪器设备。例如，在发生火灾、爆炸的海损事故中，部分尸体可有明显的灼伤、烧伤或者仅残留部分尸块等。在对爆炸原因进行调查的同时，应注意对尸体上的爆炸残留物进行检验。对爆炸残留物的检验可判定引起爆炸的属何种爆炸物及属何种炸药或火药。除外一些运输特殊易燃易爆货物的船只外，通常情况下船只爆炸所产生的残留物，应为汽油产生。如闻及火药味或残留物的检验中出现炸药、火药所特有的爆炸残留物时，提示事故性质系人为因素引起，则应进一步分析事故原因，立案调查。

2. 尸体检验明确海损性质　一般来说，海损人员的死亡原因多为溺死，少部分为被舱内物品挤压或撞击等其他原因。有时候由于船舶在水面颠簸或者翻滚，船内人员可能会与船舱内各个部位发生碰撞而出现多处类似钝器伤的损伤；也可以与船舱内较为锋利的部位或破损的玻璃碰撞摩擦，而出现锐器伤形态的损伤。这类损伤大多能在船舱内发现与尸体上伤痕形态相符的物品。若无法在船舱内找到致伤物，需要对致伤物进行推断，并判断该致伤物有无可能在海损事故中被抛出船舱或船舶。如果出现明显有别于正常海损事故所能导致的损伤，如明显的椭圆形锤击伤，刀斧砍伤、枪伤等，应当进行立案调查。

（程海鹰　权　力）

思考题

1. 海损案件发生的原因一般有哪些？
2. 试述海损案件的现场勘验原则与方法。
3. 海损案件中如何根据尸体检验情况进行个体识别？

第二十六章　放射性案件的现场勘验

辐射是不需要介质参与而传递能量的一种现象。自 1898 年居里夫妇发现放射性元素钋和镭以来，各种辐射技术已经在社会各个领域得到广泛的应用，尤其是在军事、能源、医学等领域。辐射技术的利用给人类带来了巨大的经济效益和社会效益，但由于其特殊性，也同时给人类带来了危害。1945 年美国向日本广岛和长崎分别投下 1 枚原子弹，造成 21.3 万人伤亡，城市成为一片废墟（图 26-1）。1986 年前苏联切尔诺贝利核电站发生世界核电史上最严重的核事故，大量人员受到射线照射，28 人在受照后 3 个月内死亡，国土大面积受污染（图 26-2）。2011 年 3 月 11 日，东日本大地震造成日本福岛第一核电站发生核泄漏事故，大量放射性物质被释入土地与大海（图 26-3）。时至今日，这三次事件仍然对人类的生产生活产生着深远的影响。

图 26-1　原子弹爆炸后的长崎

图 26-2　前苏联切尔诺贝利核电站

图 26-3　爆炸后的福岛第一核电站

第一节　放射性物质相关基础知识

一、核衰变

某些核素的原子核自发地放出 α、β 等粒子而转变成另一种核素的原子核，或是原子核从它的激发态跃迁到基态时，放出光子（γ 线），这些过程称为核衰变（nuclear decay）。

（一）α 衰变（alpha decay）

放射性核素的原子核放射 α 粒子而变为另一种核素的原子核的过程称为 α 衰变，α 粒子就是高速运动的氦原子核。α 衰变是重元素原子核的特点。

（二）β 衰变（beta decay）

当一个原子的核电荷数改变 ±1，而质量数保持不变时，这种核衰变叫 β 衰变，是从核内放射出一个负电子的过程。

（三）γ 衰变（gamma decay）

原子核从激发态向较低能态或基态跃迁时发射光子的过程，称为 γ 衰变。

二、辐射的种类

根据辐射性质的不同，可将辐射分为电磁辐射和粒子辐射两大类。根据作用原理的不同，又可将辐射分为电离辐射和非电离辐射。

（一）电磁辐射

电磁辐射的实质是电磁波。电磁波以相互垂直的电场和磁场，随时间变化而交变振荡、向前运动、穿过物质和空间而传递能量。X 射线、γ 射线和紫外线等是生活中常见的电磁辐射。

（二）粒子辐射

粒子辐射是一些高速运动的粒子通过消耗自己的动能把能量传递给其他物质。α 粒子、电子、质子、中子等应用较多。

（三）电离辐射和非电离辐射

物质的原子或分子从辐射吸收能量而导致电子轨道上的一个或多个电子被逐出的现象，称为电离。电离产生的射线导致的辐射称为电离辐射。电离辐射既包括部分电磁辐射，也包括部分粒子辐射。与电离辐射不同，非电离辐射如紫外线，只能引起原子或分子的振动、转动或电子在轨道上能级的改变，不能引起物质电离。

三、辐射的生物学效应

机体受辐射作用时，根据照射剂量、照射方式以及效应表现的情况，在实际工作中常将生物学效应分类表述。

（一）按照射方式分

1. 外照射与内照射（external and internal irradiation）　辐射源由体外照射人体称外照射。γ 射线、中子、X 线等穿透力强的射线，外照射生物学效应强。放射性物质通过各种途径进入机体，以其辐射能产生生物学效应者称内照射。内照射的效应以射程短、电离强的 α、β 射线作用为主。

2. 局部照射和全身照射（local and total body irradiation）　当射线从机体外部照射身体某一部位，引起局部组织的反应者称局部照射。局部照射时身体各部位的辐射敏感性依次为腹部 > 胸部 > 头部 > 四肢。当全身均匀地或非均匀地受到照射而产生全身效应时称全身照射。大面积地胸、腹部局部照射也可发生全身效应。

（二）按照射剂量率分

1. 急性效应（acute radiation effect）　高剂量率照射，短时间内达到较大剂量，效应迅速表现出来。

2. 慢性效应（chronic radiation effect）　低剂量率长期照射，随着照射剂量增加，效应逐渐积累，经历较长时间表现出来。

（三）按效应出现时间分

早期效应（照射后立即或数小时后）和远期效应（6 个月以上）。

（四）按效应表现的个体分：

1. 躯体效应（somatic effect）　受照射个体本身所发生的各种效应。

2. 遗传效应（genetic effect）　受照射个体生殖细胞发生突变，而在子代表现出的效应。

（五）按效应发生和照射剂量的关系分

1. 确定性效应（deterministic effect）　效应的严重程度与照射剂量的大小有关，效应的严重程度取决于细胞群中受损细胞的数量或百分率。此种效应存在剂量阈值，超过此阈值效应即出现，照射后的白细胞减少、白内障、皮肤红斑脱毛等均属于确定性效应。

2. 随机性效应（stochastic effect）　效应的发生率与照射剂量的大小有关，这种效应在个别细胞损伤（主要是突变）时即可出现，不存在阈剂量。遗传效应和辐射诱发癌变等属于随机性效应。

四、辐射量及其单位

（一）放射性活度

放射性活度（radioactivity）是用来度量和表示放射源放射性强弱的物理量，是指放射性核素在单位时间内发生衰变的原子核数目，其单位为贝克勒尔（Becquerel），符号为 Bq。1Bq = 1 次衰变 / 秒。

（二）照射量

照射量（exposure dose）是 X 射线或 γ 辐射在单位质量空气中产生的正离子或负离子的总电量，其单位为库伦 / 千克（C/kg）。

（三）吸收剂量

吸收剂量（absorbed dose）是指电离辐射给予单位质量物质的能量，其单位为戈瑞（Gy），1Gy = 1J/kg。

第二节　放射性事件中的人员损伤特点

放射性损伤多是职业性损伤，部分由于灾害事故和核战争所致，不同原因引起的放射性损伤特点不完全相同。核爆炸的致伤作用不属于法医的业务范畴，在此不作赘述。

一、单纯的照射损伤

在没有发生爆炸的情况下，人员仅受到放射线照射，造成外照射损伤或内照射损伤，导致急性放射病或慢性放射病。

（一）急性放射病（acute radiation sickness，ARS）

急性放射病指机体在短时间内一次或多次受到大剂量（>1Gy）电离辐射引起的全身性疾病，其主要临床表现为：

1. 骨髓型急性放射病　当人体受到1～10Gy全身照射后，骨髓等造血组织损伤是在发病中起主导作用的基本损伤，引起骨髓型急性放射病。

（1）全血细胞减少：骨髓等造血器官属于辐射敏感组织，全血细胞减少是骨髓等造血器官在大剂量射线作用下全面受损的结果。造血功能障碍主要由造血干/祖细胞数量减少和增殖能力的破坏或抑制所致，其损伤程度与照射剂量有直接的关系。骨髓型放射病的造血损伤一般可以恢复。

（2）出血：出血是急性放射病的主要临床表现之一（图26-4），发生率高，累及器官广泛。其发生机制十分复杂，主要包括三个重要环节：血小板数量减少和功能障碍；血液凝固功能障碍；血管损伤。此外，感染和代谢紊乱也会加重出血。

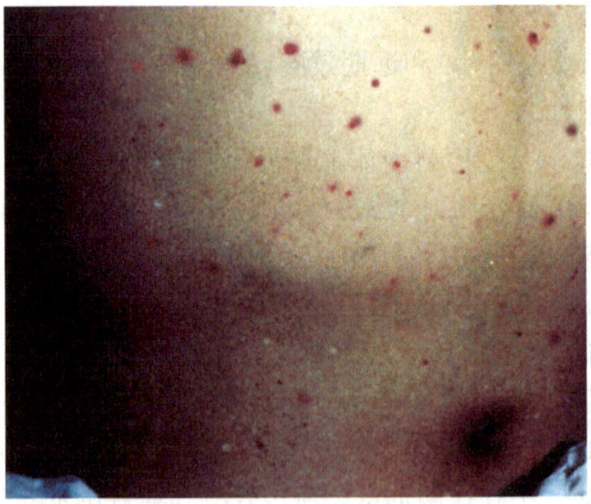

图26-4　急性放射病的皮下出血点

（3）感染：感染是急性放射病最常见的严重并发症，是造成死亡的重要原因。病情越重，造血功能障碍导致血液中中性粒细胞数量越低，感染发生的概率越高，感染的程度也越重。

（4）物质代谢紊乱：急性放射病时，由于机体全身组织均受到照射，细胞和生物大分子的结构受到损伤，神经和内分泌系统的调节紊乱，消化器官的损伤和功能失调，感染、出血、呕吐、腹泻、食欲减退等因素均可引起物质代谢的紊乱，其发生机制是合成代谢抑制，分解代谢加强。

2. 肠型放射病　受照射剂量较大（>10Gy）时，会引起频繁呕吐、严重腹泻及血水便严重的胃肠道损伤，称为肠型放射病。

（1）频繁呕吐和腹泻：因受照剂量过大，胃肠黏膜损伤严重，多并发肠道运动功能失调，呕吐发生较早，多在受照后半小时内。呕吐次数较多，呕吐物除胃内容物外，常含有黄绿色胆汁和褐色血液。腹泻时常伴有腹痛腹胀，里急后重感，重者有喷射式排便。

（2）感染发生早：由于肠黏膜脱落，屏障功能丧失，在体液丢失的同时，肠内的病原体及有毒物质可进入机体，造成内源性感染和机体中毒反应，从而加重病情。照后数天内就可发生菌血症或败血症。

（3）血水便：肠黏膜的大量坏死脱落，形成大面积创面，造成大量体液和血液渗入肠腔，刺激和加强肠道蠕动，出现血水便。血水便是肠型放射病的特征性症状。

(4) 造血损伤更为严重：肠型放射病的造血损伤比骨髓型更为严重，由于病情进展快、病程短和死亡早，使造血功能不能充分展现。直至目前，尚无肠型放射病经治疗存活的病例。

3. 脑型放射病　当受照射剂量极大（> 50Gy）时，会引起以脑和中枢神经系统损伤为基本损伤的脑型放射病，是一种极为严重的急性放射病，其发病迅猛，病程进展快，受照人员多在2天内死亡。其主要症状为共济失调、眼球震颤、肌张力增强和肢体震颤、抽搐等。

（二）慢性放射病（chronic radiation sickness, CRS）

慢性放射病指人体在较长时间内连续或间断受到超剂量限值的电离辐射作用，达到一定累积剂量后引起的多系统损害的全身性疾病，通常以造血组织损伤为主要表现。慢性放射病的临床特点为：①起病慢，病程长；②症状多，阳性体征少；③症状出现早于外周血象改变，外周血象改变又早于骨髓造血变化；④症状的消长、外周血白细胞数的升降与接触射线时间长短和剂量大小密切相关。临床表现主要为神经衰弱和自主神经功能紊乱，常见症状有：疲乏无力、头昏头痛、睡眠障碍、记忆力减退、易激动、心悸气短、多汗、食欲减退等，男性患者可能有性欲减退、阳痿，女性患者可能出现月经失调、痛经、闭经等。慢性放射病多为职业性损伤。

另外，内照射放射损伤具有以下特点：

1. 选择性损伤　大多数放射性核素在体内选择性蓄积于组织器官中。在放射性核素沉积较多、放射性高、吸收剂量大而排泄慢的器官受到的损伤最重。如 ^{131}I 大部分蓄积于甲状腺，^{90}Sr 主要蓄积于骨骼，^{238}U 主要分布于肾脏。

2. 潜伏期较长　放射性核素滞留于体内，沉积在不同组织和器官中，持续不断进行照射。由于放射性核素自身的物理衰变和生物机体的排泄作用，使沉积在组织器官中的放射性核素量不断减少。因此，对紧要器官的照射剂量累积到能发生损伤时，需要较长时间。

3. 病程发展缓慢　放射性核素进入体内组织后，辐射能在体内的释放是一个不断缓慢持续的过程，照射剂量率较小，剂量是逐渐累积的，所以病情发展缓慢，病程较长。

二、核设施、核装置及“脏弹”爆炸引起的损伤

由于事故或恐怖袭击引起的核设施、核装置或“脏弹”爆炸对人员的致伤因素有：

（一）光辐射（light radiation）

光辐射是指核爆炸瞬间产生的高温火球（核武器可达几千万度）向四周辐射的光和热，具有普通光的特性（图26-5）。

图26-5　核爆炸形成的高温火球

（二）冲击波（blast wave）

核爆炸形成的高温高压火球，猛烈向外膨胀，压缩周围空气层，形成一个球形的空气密度极高的压缩区。随着压缩区迅速向外运动，其后形成一个球形的低于正常大气压的稀疏区。两个区域紧密相连，在介质中迅速传播，形成冲击波。

（三）早期核辐射（initial nuclear radiation）

早期核辐射是核爆炸特有的一种杀伤因素，是核爆炸后最初十几秒钟内产生的γ射线和中子流。

（四）放射性沾染（radioactive contamination）

核爆炸时产生的大量放射性核素，在高温下气化，分散于火球内，当火球冷却成烟云时，与烟云中微尘以及由地面上升的尘土凝结成放射性微粒，受重力作用向地面沉降，形成放射性落下灰（radioactive fallout），由此造成空气、地面、水源、各种物体和人体的沾染称为放射性沾染。平时核设施故障发生事故或其他原因的放射性事故，如核电生产及乏燃料后处理过程中，放射性尘埃及气溶胶的沉积可能导致体表皮肤及物体表面的放射性沾染。

放射性沾染可形成对环境、物品等的污染，直接或间接造成人员（工作人员或公众）体表的放射性沾染，引起皮肤放射损伤；或通过消化道、呼吸道、皮肤和黏膜等途径进入人体，引起人体内污染或内照射放射损伤。

因此在发生核爆炸事件时，人员除发生照射损伤外，还可见爆炸所致损伤，如烧伤、炸碎伤、冲击波伤、投射物伤、抛坠伤等。

三、放射性损伤的病理改变

放射性损伤的主要病理改变包括：骨髓细胞坏死，造血细胞极度减少，血窦渗血、破裂和出血，残余较多脂肪细胞（图26-6）。各器官小血管扩张、充血、出血，微血栓形成；血管内皮细胞水肿、变性坏死。神经细胞变性、坏死，脑实质小灶性出血。肺水肿、出血。小肠上皮细胞部分坏死、脱落。睾丸生精细胞明显减少，卵巢卵泡萎缩。肠型放射病可见小肠黏膜上皮广泛坏死、脱落，隐窝细胞坏死，隐窝减少甚至消失，隐窝和绒毛间见巨大的畸形细胞（图26-7）。脑型放射病可见神经细胞广泛变性坏死，胶质细胞包绕成卫星现象，有的形成胶质细胞结节，坏死神经细胞的髓鞘发生崩解和脱失；血管变性，周围水肿、出血，灶性炎细胞浸润；小脑颗粒层细胞减少，核固缩或肿胀；普肯野细胞空泡变性、坏死。

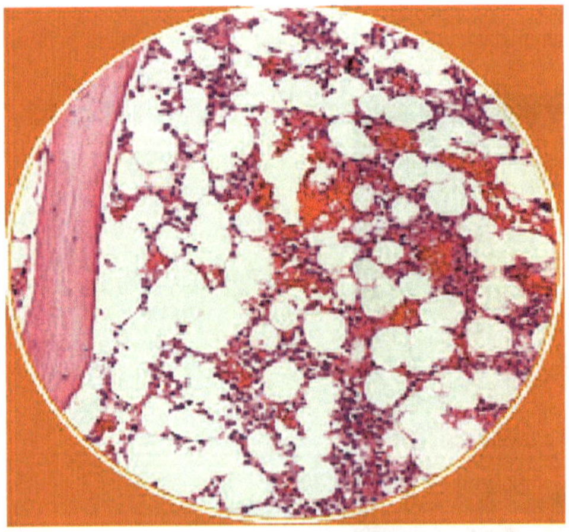

图26-6　骨髓坏死、空虚

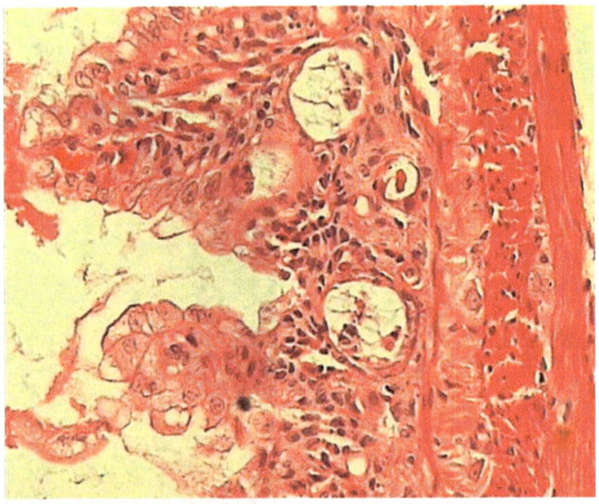

图26-7　小肠隐窝细胞坏死，隐窝和绒毛间见巨大的畸形细胞

第三节　放射性事件的现场处置

放射线具有很强的隐蔽性和杀伤性，因此放射性事件常会导致较严重的社会危害。在放射性事件的处置中，要把保障生命安全和身体健康作为应急工作的首要原则，最大限度地减少可能造成的人员伤亡和环境污染。由于放射性事件的特殊性和专业性，现场处置时必须在统一指挥下，充分整合部队、环保部门、卫生部门等的资源进行联合行动（图 26-8）。

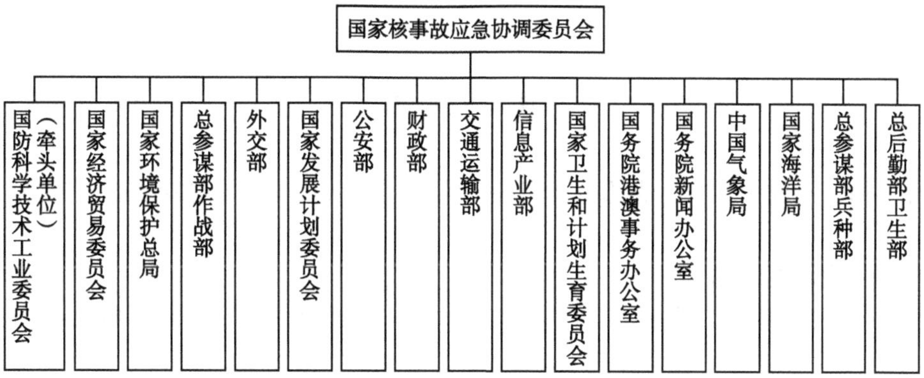

图 26-8　国家核事故应急协调委员会组成单位

一、放射性事件的种类

放射性物质所造成的事件，主要包含以下几类：

1. 战时核武器爆炸。

2. 平时核辐射事故　包括核反应堆事故、核燃料处理和回收事故、放射治疗机和辐射装置事故、放射源丢失事故。

3. 利用放射性物质实施犯罪的刑事案件　包括利用放射性物质的故意伤害、故意杀人案件以及核恐怖活动等刑事案件。近年来，随着核装置和核物质等辐射技术在军事、医疗、化工、能源、勘探等领域的广泛应用，一些特殊人群获得放射性物质的机会增加，进而利用放射性物质进行的故意犯罪也时有报道。“9•11”事件后，恐怖组织活动猖獗，而部分国家和地区对于放射性物质管理不善，易被恐怖组织获取，利用核辐射技术实施核恐怖袭击的可能性日趋增大。

战时核武器爆炸、核辐射事故这类放射性事件影响大、范围广，由国家各专业部门组成的机构统一协调处置。而利用放射性物质犯罪具有极强的隐蔽性和不可预见性，法医日常工作最可能接触的放射性事件就是该类刑事案件，对这类刑事案件的规范勘验对保护人身财产安全、保证勘验人员自身安全、防止次生灾害发生以及侦查破案都具有重要意义。

二、核辐射恐怖活动

（一）核恐怖活动的方式

恐怖组织进行核恐怖活动的手段估计有以下几种：

1. 袭击和破坏核设施　利用爆炸装置等袭击核电站反应堆、核原料厂、核回收厂等。

2. 核装置或小型核武器袭击　利用窃取或制造的核装置或粗制小型核武器对机场、车站、重要建筑物和街区、政府要地进行恐怖袭击。

3. 利用“脏弹”袭击　“脏弹”是由普通炸药制成，装填有放射性物质，在炸弹爆炸时会将放射性物质扩散到周围地域，造成放射性污染（图 26-9）。

图 26-9　脏弹

4. 放射性物质投放和散布　恐怖分子可能利用粉末状或水溶性放射物质投放或喷洒在公共场所、重要街区、工厂或水源地等处。

（二）核恐怖活动的危害

核辐射恐怖活动的危害大小与袭击的规模密切相关。一般地讲，袭击核设施及小型核武器（或核装置）爆炸可造成较大地域受损和众多人员受伤，后果非常严重；“脏弹”袭击和散布放射性物质，一般仅波及局部地段及有限的公众。核辐射恐怖活动的后果主要有以下几个方面。

1. 爆炸致伤　核辐射恐怖袭击时，多发生爆炸而致杀伤区内人员伤亡，致伤情况与爆炸物威力和人员与爆炸点的距离有关。

2. 放射损伤　系核辐射恐怖袭击的特殊损伤，可发生急性放射病或过量照射，包括内照射、外照射及局部放射损伤，多合并爆炸伤。

3. 放射性污染　可使污染区内人员受到放射性核素的污染而受到伤害。

4. 严重的心理效应　恐怖分子通过核恐怖袭击造成民众恐慌和社会混乱。

三、利用放射性物质的故意伤害、杀人案件

（一）作案方式

利用放射性物质的故意伤害、杀人的作案方式可能存在以下几种：

1. 利用含有放射性元素的载体如矿石、金属等。

2. 直接投放放射源。

3. 利用小型射线发生器实施。

4. 其他能产生电离辐射或电磁辐射的物质或装置。

以上物质或装置可以投放在被害人的工作场所、居住场所、食品、物品中，也可以投放在被害人可能经过的公共场所附近，对被害人产生直接和潜在伤害。

（二）危害

利用放射性物质实施故意伤害、杀人的案件中，除了对直接被害人的身体产生辐射危害外，因放射性物质和装置隐蔽性强、辐射范围广、人身损害特异性症状不明显、短时间难以发觉等原因，使放射性物质犯罪比一般的致伤物犯罪的侵害范围更大、侵害时间更长，往往给无辜群众造成极大的潜在危害。

四、放射性事件的现场勘验

由于放射性事件的特殊性，现场勘验工作除遵照一般刑事案件现场勘验规则外，还有其独特的要求。

（一）现场保护

现场保护人员不能随意进入现场，必须在放射源移出，现场经洗消后，才可进入，以防止外照射剂量率较高的情况下导致人员放射损伤。

（二）现场勘验检查准备及人员防护

为明确事故现场是否有放射源或放射性沾染，必须携带便携式辐射仪，监测外照射水平，环境和事故人员的表面沾染水平，勘验人员应身着辐射防护服。

在情况不明，剂量水平不清楚时，尽可能采用车载式辐射仪和重型防化服。已知有放射源存在时，可预防性给予抗放药和促排药。

（三）辐射侦察

辐射侦察（radiation detection）是对放射性沾染防护的重要措施，其任务是利用辐射探测仪器实地查明地面沾染范围和剂量率分布、沾染区内各种物体和水源的沾染程度及其动态变化，并选择和标志通道等（图 26-10）。

图 26-10 辐射侦察

在放射性事故现场，应首先由辐射侦察人员进入进行辐射侦察。辐射侦察人员由具有一定放射性专业知识的技术人员及影像技术人员组成，前者负责对现场辐射水平进行检测，后者负责对现场进行拍照固定（有条件的也可以使用无人机完成照相固定工作）。辐射侦察的目的是明确现场的剂量率水平和人员在现场停留的时间，以防止人员受到不必要的放射损伤。在情况不明或外照射剂量率可能过大，要采用车载式辐射仪进入事故现场。当发现环境外照射剂量率较高，要引起警觉，继续扩大测量范围。若剂量率逐渐增高，则往增高方向，可能就是放射源的所在。

计算人员在现场停留的时间：时间 = 个人剂量限值（50cGy）/ 现场最大瞬时剂量率（现场最大外照射剂量率）。

辐射侦察的同时需划定足够的警戒范围，并选择和标志出后续人员前进的通路（在旷野等大面积场地时）。

（四）现场勘验

现场勘验中，应仔细观察并搜寻有无金属物体、铅罐、铅盒等，并用辐射检测仪器探测是否是放射源。仔细观察金属碎片是否有颜色改变，尸体周围是否有呕吐物、血水便等。

（五）取样

土壤取样为多点随机取样，具有代表性，去掉表面杂质，标明取样地点，编号及周围环境情况。

水样取样应具代表性，水深≤2m，取表面水样。

（六）尸体检验

尸检前应使用辐射检测仪器检测尸体体表是否存在放射性沾染，根据沾染程度，决定是否现场解剖、是否需洗消等处理。

进行放射性损伤致死的尸体解剖不同于一般尸体解剖，术者必须注意自我防护。对半衰期较短的核素，可将尸体放置一段时间后再行解剖。解剖时，术者应着轻型防护服，并注意保护眼、手等部位。

尸体解剖时，观察尸体体表是否有皮下广泛性出血。解剖观察的重点脏器包括骨髓、消化道、脑部、脾脏等放射敏感器官。此外，若有放射性核素进入体内，则需注意观察肾脏等脏器。放射性损伤致死的诊断必须依靠放射性检测结果结合组织病理学检验。

（七）活体检验

活检前应使用辐射检测仪器检测受检人体表是否存在放射性沾染，根据沾染程度，决定是否需洗消等处理。

活检时，应详细记录被检人的损伤情况、体表及黏膜出血情况以及其他典型的症状体征，必要时可以请医院专业医师协助检查。如受检人已经过治疗，应提取其治疗的医院病历，为判断致伤物、进行损伤程度鉴定以及案件侦查诉讼提供样本和依据。同时应根据受检人与放射性物质的接触情况，第一时间提取其相应的检材，如指甲、手指和手掌擦拭物、血液、尿液、呕吐物以及可能的盛装物进行相应的检验，为侦查破案提供依据。

（八）现场物证提取、送检

1. 收集头发佩戴物如金、铜、铝、铁等检测中子的感生放射性。

2. 收集手表红宝石、牙齿、骨骼、陶瓷、指甲、砖瓦等物品送检，利用热释光测γ射线的剂量。

3. 收集电子手表中石英片、骨、牙齿、棉织物纤维素、有机纽扣、含糖食品和药品，检测γ射线的剂量。

（九）洗消及除沾染

撤离现场的人员、车辆必须经过局部或全身洗消，对服装和装备进行除沾染。

（李红卫　李剑波）

思考题

1. 放射性损伤案件中的现场勘验要点是什么？
2. 放射性损伤还见中的尸体检验要点有哪些？

第二十七章　有毒气体和地质灾害现场的勘验

有害气体、井喷和地质灾害是日常生活中较为罕见的案（事）件，其中一氧化碳、沼气和其他有毒气体中毒、爆炸造成人员伤亡，有可能是意外或事故，但也有可能是犯罪嫌疑人为了掩盖犯罪行为而故意造成，后一类现场往往有伪装。此外，这几类案（事）件还可能用于自杀。因此，法医现场勘验时要仔细收集所有可能的证据，并认真加以甄别。

关于地质灾害，如地震、滑坡、泥石流和天然气井喷中的人员伤亡纯属自然灾害事故，法医现场勘验工作主要参与有关个人身份识别和排除人为致伤，其工作量非常之大，需要认真、有序地进行。

第一节　一氧化碳中毒的现场勘验

一氧化碳（carbon monoxide，CO）为无色、无味、无刺激性的可燃性气体，通常由含碳物质在不完全燃烧时产生。凡是含碳物质在不完全燃烧时均可产生一氧化碳，它是工业生产和生活环境中最常见的窒息性气体。一氧化碳中毒是最常见的中毒类型之一，也是急性中毒死亡的最主要原因之一。在我国，其发生率及死亡率均占职业危害的第一位。在美国，每年约有四万人因一氧化碳中毒而就诊，每年死于一氧化碳中毒的人数约为600～800人。急性一氧化碳中毒一直是全球性问题，其常常会造成意外死亡，另外自杀和他杀也是一氧化碳中毒的常见原因。近年来，利用一氧化碳气体使人中毒以达到他杀目的的案件有所增多，应引起广大法医工作者重视，尤其是在现场勘验方面需要更加细致，以达到准确定性的目的。

一、一氧化碳的理化性质

一氧化碳是无色，无味且无刺激性的气体，几乎不溶于水，但易溶于氨水，其相对密度约为0.967，相对分子质量28.01。日常生活中，会接触到一氧化碳的工作主要有冶金工业的炼焦、炼钢、炼铁、矿井放炮、化学工业的合成氨、甲醇、汽车尾气、煤气发生炉等。所有含碳物质如家用煤气、煤炉等不完全燃烧均可产生一氧化碳气体，家庭用的煤球炉、火炉及劣质热水器，包括违规安装热水器，以上这些都常常是一氧化碳的中毒源。

二、一氧化碳的毒理学

一氧化碳主要经呼吸道进入体内，透过肺泡血气屏障弥散入血。进入体内的一氧化碳90%与血红蛋白中的二价铁结合，生成碳氧血红蛋白，使血红蛋白失去携氧的能力。一氧化碳与血红蛋白的亲和力比氧大24倍，而碳氧血红蛋白的解离比氧含血红蛋白慢360倍，所以碳氧血红蛋白一旦大量生成，红细胞会在较长时间丧失携带氧的能力，导致组织缺氧和一氧化碳潴留而产生中毒。一氧化碳在体内储积，在停止吸入后逐渐分离，其中98.5%以一氧化碳原形从肺部经气管排出体外。

一氧化碳中毒缺氧可造成神经系统、心脏、肾脏、肝脏、骨骼肌等重要脏器损伤，尤其是神经系统损伤改变不可逆。一氧化碳进入人体后形成稳定的碳氧血红蛋白，使血红蛋白失去携氧功能，造成缺氧、细胞内呼吸破坏、生理性氧化受到抑制。大脑对一氧化碳最为敏感，对缺氧的耐受性最差，因此一氧化碳中毒最先造成神经系统损伤。一氧化碳中毒者一般先出现头痛（前额尤甚）、头晕、恶心、呕吐等症状，随后逐渐出现肌肉麻痹、心悸以及四肢无力等症状，往往意识尚清时已自知中毒，但想喊叫却喊不出声，想脱离险境又走不动、爬不了，继而意识模糊、昏迷，死于呼吸中枢衰竭。一氧化碳中毒死亡者，除了皮肤呈樱红色缺氧表现外，常并发脑水肿、肺水肿、心肌损害、急性呼吸窘迫综合征和急性肾功能衰竭。部分中毒后幸存者会出现迁延性缺氧性脑病，遗留不同临床表现的后遗症，重者可能成为植物人。10%～40% 的中毒者在及时抢救后神志清楚，但经过一段假愈期，在 2～4 周内也会出现记忆力障碍、性格改变、大小便失禁、痴呆、肌张力增高、震颤麻痹等一氧化碳中毒迟发性脑病症状。因此，一氧化碳中毒现场急救十分重要。

一氧化碳中毒的表现主要是以脑为主的急性缺氧症状和体征。临床上中毒按其发病速度可分为闪电式中毒、急性中毒和慢性中毒三种，其中急性中毒的症状为：剧烈头疼、眩晕、心悸、胸闷、恶心、呕吐四肢无力及共济失调，中毒者意识存在，但无力离开环境而自救继续发展为嗜睡、麻木、意识模糊、昏迷抽搐，甚至有的大小便失禁等症状。

一氧化碳中毒除与环境的温度、温度、大气压、空气流速及个体健康状况等因素有关外，其对人体的危害程度主要取决于空气中一氧化碳的含量及停留时间的长短两种因素。由于个体对一氧化碳耐受性的差异，在同一浓度环境下，对人体的损害程度也会不同，有的人只是昏迷，有的人可能死亡。研究显示，空气中的一氧化碳含量为 0.10% 时，接触 2 小时可能死亡；空气中的一氧化碳含量为 0.15% 时，接触 1 小时可能死亡；空气中的一氧化碳含量为 0.30% 时，接触 0.5 小时可发生死亡。儿童、老年人、孕妇和体质较弱者尤其敏感。

三、一氧化碳中毒的现场勘验

一氧化碳中毒现场大多可见门窗关闭完好，或仅开有很小缝隙，无排、换气设施，室内燃气或炉具呈开放燃烧状态，发现时间较晚时也可能熄灭，根据现场的情况一般不难判断。但由于一些特殊的一氧化碳中毒事件，比如中毒现象不明显、一氧化碳气体来源隐蔽等，被害人亲属往往难以理解而疑为他杀。如果在案件现场的初步勘验过程中不能及时发现，定性不准确，检材提取不当或疏漏，将会造成无法弥补的后果。因此，详实的现场勘验和分析判断可以及时准确地定性，是该类案件调查的核心环节，也是案件或事件处理的基础。

到达现场后怀疑是一氧化碳中毒的案（事）件，首先要提醒进入现场的人员，必须首先关闭手机、MP3 等电子产品。进入室内时严禁携带明火，尤其是开放煤气自杀的情况，室内煤气浓度往往过高，按响门铃、打开室内电灯开关等产生的电火花，均可以引起爆炸；其次，一氧化碳的密度比空气略轻，浮于空气上层，现场勘验人员进入与撤离现场时，最好能够匍匐行进。进入室内以后，要迅速打开所有通风的门窗，如能发现煤气来源并能够迅速排出的则应同时控制，如关闭煤气开关等，但绝不可以为此耽误救人时间。

（一）生活性意外中毒的现场特点

一氧化碳意外中毒的情况多发生在使用含碳燃料取暖炉，且居室通风不良的住宅内。农村多见煤球炉的煤气中毒，有时烟囱被鸟窝堵塞导致排烟不畅也可引起一氧化碳中毒，这类鸟窝均匀自然，非人为所形成。无烟囱的煤炉或因大风倒灌入烟囱、汽车废气、煤气瓶或煤气管道泄漏也可导致一氧化碳意外中毒情况发生。意外事件多为生活性中毒，不能及时发现，多为家庭成员群体发作，同一环境病情程度不完全一致，可以找到一氧化碳环境源头。

车内一氧化碳中毒死亡多为意外，被害人常为取暖或降温而长时间开放空调。无论自杀还是意外，现场多为相对空间狭小、空气不易流通的场所如储藏间、车库等；房门车窗紧闭，发动机开着或仍处于点火状态；室内、车内均无搏斗和异常翻动痕迹，被害人的钱物无遗失，地面只有被害人足迹，有时甚至没有，而是把车直接停在车库内，现场多相对孤立，没有外来毒源。

生活性意外中毒常见于煤火取暖或土暖气、煤气罐以及燃气热水器使用不当等情况，主要发生在如下几种情形：

1. 在密闭的居室中使用煤炉取暖、做饭或用木炭炉烧烤，而门窗紧闭，无通风措施，未安装或安装风斗不正确。

2. 平房烟囱安装不合理，筒口正对风口或遇刮风、阴天、下雪等低气压天气，室内积蓄的煤气无法及时排出。

3. 城区居民使用的管道煤气管道漏气、开关不紧或烧煮中火焰被扑灭后，煤气大量溢出。

4. 使用燃气热水器，通风不良，洗浴时间过长。

5. 冬季在车库内发动汽车或开动车内空调后在车内睡着，也可能引起煤气中毒。

近年来安装燃气热水器的家庭大量增加，由于通风排气问题没解决好，或排出废气倒流入房间，引起意外中毒事故常有发生。尤其冬天闭门关窗，室内一氧化碳达到0.03%浓度时就可明显中毒。

（二）职业性意外中毒事件的现场特点

一氧化碳的职业中毒多为群体中毒，通常是焦化厂等化工企业造成一氧化碳中毒事故；生产和转运煤气的设备发生泄漏或未按操作规程作业同时操作场所空气流通不佳。一般生产场所管道中一氧化碳浓度为20%～40%，当其泄漏空气中一氧化碳浓度 $>100\times10^{-6}$，就会发生中毒。此外，炼钢厂事故导致的一氧化碳中毒常合并各种外伤，重者呼吸心跳停止。

瓦斯爆炸时可产生高温的火焰面、很强的冲击波和大量的有害气体，而一氧化碳则是主要的有害气体。如果有煤尘参与爆炸，一氧化碳的生成量更大，往往成为人员大量伤亡的主要原因。当环境中一氧化碳浓度超过0.05%就会造成大量人员中毒，这类事故发生突然，多为生产和转运煤气的设备发生泄漏或未按操作规程作业，短时间内可能造成大量人员伤亡。

（三）他杀现场

有的犯罪嫌疑人在室内通风条件较差的情况下，打开煤气开关或把接口拧松使其漏气，或趁人入睡用管子引来煤气，使其直接吸入大量的一氧化碳，或拎煤炉入室等，达到谋杀目的。也有经过其他手段杀人后伪装一氧化碳中毒意外现场的案件，这时可见现场的一氧化碳来源与案件不符，有时在发生时间上不符合案情。他杀案件的尸体检验时常可发现其他致命性的损伤，或者现场有明显的搏斗痕迹。由于一氧化碳中毒被害人尸斑颜色与氰化物中毒相似，有的犯罪嫌疑人投氰化物杀人后，伪装煤气意外中毒现场而难以发现，这应该引起法医现场勘验人员的注意，对于一氧化碳中毒案件一般都应该进行相关现场及尸体检材的毒物化验。也有报道他人在烟囱内堵塞报纸实施犯罪，工作中必须注意堵塞物的材料、质地、性状、疏密，以排除人为的可能。

有些现场一氧化碳中毒的来源不明确，查明源头是案件定性的前提，由于查找源头时间长、过程慢，及时搜集保存证据极为重要，尤其是在现场勘验阶段。必要时可参考相关部门检测的报告，如煤气公司的排查报告，装修的施工图等，可为最后查明源头提供有效渠道。

室外一氧化碳死亡案件较为少见，在认定一氧化碳中毒死亡以前，应先对尸体周围进行现场勘验，排除他杀后移尸、冻死等情况；同时应认真剖验尸体以确认是否有暴力损伤痕迹、扼压痕迹及其他器官的病理性改变造成的疾病死，或其他毒物的中毒性死亡，同时观察有无导致一氧化碳中毒的毒气来源情况。

（四）自杀现场

采用一氧化碳中毒方式自杀的案件较少，但随着互联网的普及，网络上各种信息的充斥，关于自杀方式的文章层出不穷，燃烧可燃物导致一氧化碳中毒自杀的案件增多。在这类现场中，现场勘验时一般能够发现可燃物燃烧痕迹及残留的部分，多用火盆或火罐盛放。被害人为了达到自杀目的，常常采取添加大量可燃物继而限制燃烧的做法。门窗多关闭严密，且由自杀者本人在房间内自行关闭，有时为了达到阻止他人的施救，还要在房间内反锁门窗。法医检验时可见一氧化碳中毒的尸体征象，结合毒物分析检验不难得出确切死亡原因，结合现场门窗关闭情况、遗留木炭灰烬、确定可燃物的来源，并排除他人活动轨迹后可认定为燃烧可燃物导致一氧化碳中毒自杀死亡。

四、一氧化碳中毒的尸体检验

一氧化碳中毒被害人的尸体征象与中毒的程度有相关性，通常尸斑呈砖红色或樱桃红色。因此，一般中毒死亡后皮肤、黏膜大都可出现该特征性的尸斑，可帮助判明其死因，但有时一氧化碳中毒死亡不表现出樱桃红尸斑，此时判定其死因则有一定难度，且易被忽视。一氧化碳中毒过程较快时，唇黏膜、各内脏、肌肉、血液均呈鲜红色，其肺水肿一般较明显，心肺、胃肠外膜可有出血小点。

除了尸斑改变征象外，一氧化碳中毒死亡者有时在四肢及颜面的裸露部位皮肤出现的红肿及水疱现象，其表现为皮肤红肿及水疱分布于尸表裸露部位，形状不规则，沿血管走向扩展，疱浆为无色透明液体，不易破损，表皮剥脱后真皮呈樱红色，在鉴定过程中需与冻烫伤、淤血、腐败性水疱和其他局部损伤相鉴别。

疑似一氧化碳中毒死亡者，在进行尸体检验时取血样一般以心血最佳，内脏器官内的血液亦可，50～100ml 密闭保存并及时送检，以防血液中的一氧化碳被空气中的氧替代。血液取材困难时，深部肌肉组织亦可作为检材。如果是火灾碳化的尸体，可以取骨髓进行碳氧血红蛋白含量测定。一氧化碳中毒的尸体腐败相对缓慢，用甲醛溶液固定后碳氧血红蛋白含量的检测影响不显著。

五、一氧化碳中毒案件现场勘验分析时应注意的问题

（一）血液碳氧血红蛋白的致死浓度

一般认为，一氧化碳中毒后血中碳氧血红蛋白浓度达 30%～40% 时，可引起严重的头痛，眩晕、无力等症状；当碳氧血红蛋白浓度达 50% 以上时，引起昏迷；当碳氧血红蛋白浓度达 60% 以上时，可致死亡。这一基本规律适用于大多数案例，但也可能对个别案例有例外。例如，曾有报道三人在车内放气自杀，其心血碳氧血红蛋白含量分别为 53%、34%、27%。因此，低浓度的碳氧血红蛋白也可能会导致死亡，而非仅仅出现在有器质性疾病患者身上。

（二）一氧化碳中毒与樱桃红尸斑

樱桃红色尸斑是一氧化碳中毒的典型征象之一，但有时尽管其心血碳氧血红蛋白含量达到很高浓度，但尸体仍无此征象。碳氧血红蛋白这一现象有悖于血中碳氧血红蛋白浓度如小于 50% 则不出现樱红色尸斑的常见表现。出现这种反常现象，其原因有四种可能：

1. 全身平均血碳氧血红蛋白浓度<20%。
2. 贫血患者。
3. 有色人种皮肤色素的影响。
4. 一氧化碳中毒直接中枢抑制。

典型的樱红色尸斑实际上是鲜红色的血液透过白皙的皮肤表现。因此，对于黄色人种而言，真正意义上的樱红色尸斑不典型或极难认定。实际上，碳氧血红蛋白在国内大部分一氧化碳中毒案例的尸体检验中，碳氧血红蛋白含量即使较高，被害人的胸大肌或血液仍呈鲜红色。因此，对于国内相关案件，肌肉与血液的颜色较皮肤尸斑颜色更为重要。

（三）一氧化碳中毒的个体差异

在完全相同的场所和状况下，不同的一氧化碳中毒者可能会死亡或幸存。尤其是当碳氧血红蛋白的血浓度已超过致死量仍然未死亡者，其难以用个体差异、敏感性不同等原因来解释。通常情况下，老年人、妇女、儿童以及体质较弱的人对一氧化碳更敏感，但目前有报道称女性有抵御一定浓度的一氧化碳中毒的生理机制，这一现象应引起法医工作者的重视。

第二节　沼气伤亡的现场勘验

一、沼气的产生

沼气（marsh gas）是沼泽里的气体。由于这种气体最初是在沼泽、湖泊、池塘中发现的，所以人们叫它沼气。沼气是一些有机物质如秸秆、杂草、树叶或人畜粪便等废弃物在一定的温度、湿度、酸度条件下，在隔绝空气的环境中经微生物发酵作用而产生的可燃性气体。细菌分解有机物产生沼气的过程，称之为沼气发酵。根据沼气发酵过程中各类细菌的作用不同，产生沼气的细菌可以分为两大类：第一类细菌是分解菌，它的作用是将复杂的有机物分解成简单的有机物和二氧化碳等；第二类细菌是产甲烷细菌，简称甲烷菌，它的作用是把简单的有机物及二氧化碳氧化或还原成甲烷。

二、沼气的成分和理化特性

沼气是多种气体的混合物，其主要成分为甲烷，此外还含有二氧化碳、硫化氢、氮气、一氧化碳、氢气和微量氧气等。由于沼气内含有少量硫化氢，所以略带臭味。沼气的组成成分中，可燃成分包括甲烷、硫化氢、一氧化碳和重烃等，不可燃成分包括二氧化碳、氮和氨等。研究显示，在沼气成分中甲烷含量为55%～70%、二氧化碳含量为28%～44%、硫化氢含量约为0.034%。

沼气是一种无色、有臭味、有毒的气体，但其主要成分甲烷在常温下则是一种无色、无味、无毒的气体。甲烷的熔点为−182.5℃，沸点为−161.4℃，对空气相对密度是0.54。甲烷溶解度很小，在20℃、0.1kPa时，100单位体积的水，只能溶解3个单位体积的甲烷，但甲烷易溶于醇和乙醚。

甲烷的化学性质相当稳定，跟强酸、强碱或强氧化剂如高锰酸钾等一般不起反应，但在某些适当条件下会发生氧化、热解及卤代等反应。如果空气中含有一定浓度沼气时，会形成爆炸性的混合气体，遇到火花就会发生爆炸。

三、沼气爆炸事故

（一）沼气爆炸原理

甲烷易燃，与空气混合能形成爆炸性混合气体，遇到热源和明火有燃烧爆炸的危险；其与五氧化溴、氯气、次氯酸、三氟化氮、液氧、二氟化氧及其他强氧化剂接触则反应更加剧烈。甲烷在大气中爆炸的浓度下限为5.3%，上限为15%，因此空气中如含有8.6%～20.8%体积的沼气时，就会形成爆炸性的混合气体；沼气的引火温度为650～750℃，明火、抽烟、电气火花、违章放炮、甚至撞击和摩擦产生的火花等都可以引燃沼气，甚至发生爆炸。

（二）常见沼气爆炸场所

1. 沼气池　随着我国沼气能源技术的发展和农村家用沼气的推广，根据当地使用要求和气温、地质等条件的不同，家用沼气池存在多种形式，主要有固定拱盖的水压式池、大揭盖水压式池、吊管式水压式池、曲流布料水压式池、顶返水水压式池、分离浮罩式池、半塑式池、全塑式池和罐式池等。

沼气池在使用过程中常需更换或清理废料、进行管道检修，在此过程中会导致空气进入沼气池，产生引燃或爆炸的隐患。

2. 化粪池井　化粪池井长年使用未经清理，则井底会淤积较厚的粪便，经沼气细菌发酵，会产生大量沼气。化粪池井盖上通常设计有透气孔，井内产生的沼气会自透气孔排出，不会淤积过高浓度的沼气。当井盖透气孔阻塞后，井内沼气会逐渐淤积最终意外引燃或发生爆炸。

3. 排污管道　排污管道、下水道运输污水的途径中，不同间隔设置有沉淀井，管道底部和沉淀井内会有沼气产生。由于沼气密度比空气轻，沼气会淤积在地势较高的排污管道内，如果井盖透气孔阻塞等原因导致排气不畅，则管道内会淤积较高浓度沼气，遇火源会发生燃烧或爆炸。

4. 厌氧发酵罐　有的生化工厂有厌氧发酵流程，设置有厌氧发酵罐，在厌氧发酵罐检修作业时，罐体内会进入空气，遇火源会发生燃烧或爆炸。

5. 密闭地下室或管道　地下室、地下室夹层、地下通道相对密闭，如果邻近有化粪池、排污管道、下水管道、煤气液化气管道等，沼气和泄漏燃气可能会渗透入上述密闭地下空间，如果长期不能通风换气，沼气会淤积到较高浓度，遇火源会发生燃烧或爆炸。

四、沼气中毒事故

（一）沼气中毒原理

甲烷对人基本无毒，实验小鼠持续吸入浓度为42%的甲烷60分钟仅表现出麻醉作用；但当甲烷浓度过高时，空气中氧含量明显降低，此时人体会发生窒息。当空气中甲烷达25%～30%时，可引起头痛、头晕、乏力、注意力不集中、呼吸和心跳加速、共济失调等症状，若不及时脱离，可导致窒息死亡。当混合沼气中一氧化碳、硫化氢等有毒气体含量较高时，还会发生气体中毒情况。

（二）常见沼气中毒案现场

1. 沼气场所检修作业　在沼气池、化粪池井、排污井、排污管道等产生沼气的环境场所进行清理、检修作业时，未经充分换气即贸然进入，会引起窒息和中毒。

2. 意外进入含沼气场所　意外进入或坠入含沼气的场所，如上述沼气池、化粪池井、排污井、排污管道、地下室、地下夹层、地下通道，会引起窒息和中毒。曾有窃贼为躲避追查，躲藏入一端封闭的排污管道内，导致窒息中毒并溺死。

五、现场尸体勘验的重点

上述沼气爆炸或中毒均需要法医现场勘验。沼气的主要成分甲烷对人的伤害多为爆炸或窒息，含有其他有毒气体还可能引起中毒死亡。沼气爆炸或中毒的尸体检验的重点是排除其他死亡原因。另外，如果死伤人数过多，还要注意搜集生物检材和其他可以用于证明个人身份的痕迹、物品等，以便进行后续个体身源识别与认定。

第三节　毒气泄漏的现场勘验与处置

化工产品，尤其是化工气体，其本身或者前体以及在特定条件下的转化物质均可能存在不同程度的毒性。此外自然界中也存在一些天然的有毒气体如硫化氢和二氧化硫等。无论是工业还是天然的有毒气体，一旦发生泄漏事故，很有可能对现场及周围人员造成极为严重的危害。

一、毒气分类和原理

毒气（poison gas）是对生物体有害的气体的统称。

（一）根据毒气的来源分类

1. 天然毒气　即在大自然中本身存在、对人体有害的气体。常见的是一氧化碳、一氧化氮、硫化氢、二氧化硫、氯气等。这些气体在很多矿山、岩洞中都可能存在。

2. 人工制备毒气　人工制备毒气又称为化学毒气，它主要是通过人工手段进行化学合成的，一部分是工业生产的原料、最终产品或中间产物，另一部分是军事用途，即常说的化学武器，而后一类毒气通常是受到严格控制和管制的。

（二）毒气的伤害原理

虽然毒气种类繁多，但其对人体的损伤主要是基于以下几个方面：

1. 直接作用　很多毒气对身体的暴露部位可以产生严重的刺激反应甚至腐蚀作用，导致皮肤、眼以及呼吸道等部位的损伤。其典型的表现是皮肤溃烂、流泪、咳嗽，严重的可以导致喉头水肿、呼吸困难甚至死亡。表现为直接作用的毒气以氨气、甲醛较为常见。同时，部分气体进入机体后经过代谢可以转化生成其他物质，造成部分器官损伤。如硫化氢在机体内就能够对心肌造成损伤。

2. 神经系统的影响　这类毒剂可以抑制脑、膈肌和血液中的酶活性，尤其是胆碱酯酶，致使乙酰胆碱在体内过量蓄积，从而引起中枢和外周胆碱能神经系统功能严重紊乱。因其毒性强、作用快，能通过皮肤、黏膜、胃肠道及肺等途径吸收引起全身中毒，加之性质稳定、生产容易、性能良好，因此这类毒气主要用于化学战剂。沙林就是这类毒气中的典型代表。

3. 染色体损伤　某些毒气是强烈的致突变剂，机体长期接触这类气体后，可能导致染色体结构、序列发生改变，导致肿瘤发生，同时对生殖系统、胚胎也可能有一定的影响。目前在家具中常见的甲醛、苯等就属于此类。

4. 影响氧合作用　某些毒气在进入循环系统后，可以干扰氧气在机体内的运输或释放，导致机体缺氧，严重者可以导致窒息死亡。这类毒气最为常见的就是一氧化碳和二氧化碳等。

5. 干扰细胞呼吸　细胞呼吸中一个很重要的过程就是电子在铁离子间的传递。硫化氢和部分氰化物可以抑制细胞中的电子传递和分子氧的利用，导致细胞窒息，如果发生在中枢神经系统，对机体可以产生严重的损害。

6. 电生理影响　某些毒气如氯气等，可以直接抑制呼吸中枢，导致缺氧。另外氯气还能干扰心脏的传导系统，导致心脏搏动异常。

二、毒气泄漏案件的法医现场勘验与处置

毒气泄漏案件和其他种类的案件不同，其原因主要是源于生产事故或者意外。因此，法医和其他侦查、鉴定人员大多都是在消防、机械技术人员以及环境监测人员工作完成后进入现场。对于毒气泄漏案件的法医现场勘验，其程序及准备与前述一氧化碳中毒相类似。

在毒气泄漏案件中，大多数的被害人都是因为毒气作用导致死亡，因此，法医在这类案件中的工作重点是明确死因并鉴别死亡性质。绝大多数的毒气泄漏事件会对附近的居民造成极大的恐慌和混乱，在此期间部分犯罪嫌疑人可能趁机实施犯罪行为或者处理曾经的尸体。因此，在对毒气泄漏案件的尸体进行勘验时，除了明确尸体是否存在中毒征象外，还要注意排除是否有其他致死因素的可能。

第四节　井喷事故的法医学处置

井喷（well blowout）是一种地层中流体喷出地面或流入井内其他地层的现象，大多发生在开采石油天然气的现场。井喷是石油或石油气开采中非常严重的事故，钻井时要把泥浆注入井管来平衡地下地层对油气的压力。但是，当勘测时对地下压力测试不准或注入的泥浆密度太低或出现地层压力突然变大等情况时，井管中的油或气喷出地面或流入井内的其他地层就发生了井喷。井喷失控产生的危害主要有两种：一是井喷失控着火，造成井架等井场设施烧毁，或导致人员伤亡；二是富含硫化氢等有毒气体的油气田发生毒气泄漏，造成人员中毒伤亡和极大的环境污染。

一、井喷事故发生的原因

在钻井的过程中发生井喷失控的事故，大多数是在钻入高压油、气层时，由于施工设计不准确，泥浆性能不好，操作技术不当，或井下发生严重漏失等原因造成的。一般有以下几个方面的原因：

1. 地质设计未能提供准确的底层孔隙压力资料，井身结构设计不合理，设计时未能正确地预测油、气层的位置，结果在钻井过程中对高压层位压力估计不足，采取措施不力，没有思想准备。

2. 操作失误，起钻抽吸。钻井时，当钻穿油、气层段，起钻速度太快，产生抽吸作用，将油、气抽出来，或起钻时没有及时灌入泥浆，液面降低，泥浆柱压力下降，同时地面除气设备效率低，未及时采

取措施消除泥浆中滞留的气体，重复循环，气蚀严重等原因而发生井喷失控。

3. 钻入油、气层时发生井下事故（断钻具、卡钻）或地面设备发生故障，泥浆静止时间过长，压力降低发生失控。

4. 井口放喷器不符合要求，节流管汇和放喷管线的安装不符合技术要求，当发生井喷时无法控制。

5. 钻井过程中遇漏失层段，发生井漏未能及时处理或处理事故中措施不当。

6. 在钻井中不能及时发现溢流，或发生溢流后处理措施不当，造成失控。

7. 泥浆密度偏低。当钻遇地下高压油、气、水层时，泥浆柱压力下降不足以平衡地下油、气时而发生井喷失控。

8. 由于井控意识不强、思想麻痹、违章操作而导致的井喷失控在这类事故中占有相当大的比例。

分析井喷事故形成的原因，对于明确事故责任、处置善后有着重要意义。按照我国《刑法》、《安全生产法》等法律、法规规定，对于定性为责任事故的井喷事故责任人要依法追究行政责任、民事责任和刑事责任。

二、井喷事故的现场特点

井喷事故现场通常破坏严重、分布面积广，严重的井喷事故往往不止钻井平台一个中心现场，还会伴有多个关联现场，这与发生事故的油气井中是否富含硫化氢等有毒气体、发生地点以及危害方式有密切关系。

井喷发生后，会造成油、气、水或其混合物沿着油气井管道迅速喷到地面，如果采取压井的方式控制不住，就产生井喷失控事故。大量天然气喷出燃烧或爆炸，损坏钻井设备，造成人员伤亡和环境破坏。或虽然未燃烧，但天然气中富含硫化氢等有毒气体，迅速扩散造成大量人员中毒伤亡。发生井喷的钻井平台燃烧焚毁，中心现场通常破坏较严重。硫化氢等有毒气体大范围扩散，造成人员伤亡数量很多，可以形成多个关联现场。这些现场不仅分布面积广，而且由于事故救援等原因，破坏也很严重。这些特点给井喷事故现场的固定、勘验造成了困难，这就要求技术人员第一时间对中心现场和各关联现场进行固定、勘验，以保证勘验质量和时效性。

三、井喷事故现场的法医学处置

井喷事故发生后，根据事故造成的影响及损失大小等情况，按照《国家突发公共事件总体应急预案》，国家或事发地政府层面都会成立相应的事故处置组织机构。公安机关作为一支重要的力量肯定会参与其中，公安机关至少要参与救护警戒、事故调查和善后处理三大环节的工作。对于有人身伤亡的井喷事故处置，必须要有法医技术人员参加，应该独立编组列入公安机关的组织体系中。

井喷事故法医学处置的主要工作任务有：①确定死亡人数；②查明死亡原因并判定死亡性质；③对遇难者进行个体识别；④对幸存者进行医疗救治、活体检验；⑤实验室检验；⑥参与善后处理工作。法医学处置与整个井喷事故处置密切关联，为事故调查和善后处理提供专业技术依据。

（一）组织程序

1. 成立勘验领导机构　接警后，在事故处置公安指挥部统一指挥下迅速成立由分管技术工作领导和法医专业负责人组成的勘验临时领导机构，负责向指挥部汇报情况，传达指挥部的指示要求，反映需解决的问题，组织勘验工作并进行检查、监督，提供后勤保障，协调其他专业的信息交流和配合。

2. 集结人员，组织培训　现场勘验临时机构负责人要第一时间根据事故发生的基本情况，迅速集结法医及其他技术人员。检验工作要保证到位，又有时效性的要求，故尽快集结足够数量的法医是开展工作的前提保证。法医人数集结数量的基本原则，按照与死亡人员最低不低于1∶3比例（还要留下适当的机动人数）调配，以保证在2天内准确完成法医检验鉴定任务。假设事故死亡100人，至少要集结法医40名以上。每个检验组至少应配备1名照相、录像人员，负责遗体、遗物或尸块检验过程中照相、录像及后期编辑工作。

法医集结后，要立即进行统一的培训，为统一标准和统一行动奠定基础。因为群体性死亡的检验要求最关键的是一次完成，很难有“返工”或者补充检验的机会。因此，在开始工作前进行集中培训，讲清责任、程序、要点和注意事项，使大家心中有数，做到检验工作井然有序。

3. 合理分组，明确责任　根据伤亡人数配置相应的法医，可以分成若干小组开展工作。

(1) 现场组：根据事故现场分布及数量特点，按照每个现场 2～3 人配备，协助现场勘验、救援人员负责遇难现场搜救、勘验工作，负责搜寻遇难人员尸体、尸块、遗物及相关物证，并及时向勘验领导小组提供现场信息。

(2) 检验组：根据需要检验的尸体数量，检验组下设若干小组，每小组通常由 2～3 名法医配备 1 名照相、摄像人员的形式组成，负责事故处置开始阶段尸体或尸块的检验鉴定以及该尸体遗物的登记、包装、收集和移交工作。两天内应该完成尸体检验和记录整理的工作，之后检验组人员可以或补充到其他组，或作为机动力量或解散。

(3) 物证组：初期按 2～3 人配备，主要职责是收集登记保管移送与尸体相关的物证，主要包括尸检时采集的检材和提取的贵重遗物；后期与善后工作相衔接，可适当增加人数。

(4) 材料组：按照 3 人以上配备，负责各尸检组、活体组检验记录的整理、汇总、统计及鉴定文书（文字材料、照片）的统一制作。材料组也是对外发布法医检验信息的唯一途径。

(5) 机动组：酌情配置一定人数，负责支援、应付其他新情况，如处置后续发现的需要检验的尸体、个别尸体的补充检验以及重点尸体重新检验、受伤人员的检验等工作。如果活体检验工作量较大，可以待首次尸检工作结束后从检验组抽调人员进行补充。

（二）工作流程

集结培训和分组定责确立了组织保障之后，就全面进入具体的工作阶段。

1. 现场勘验及尸体消毒、编号　井喷事故的现场勘验，主要是第一时间对中心现场和各关联现场进行固定，并配合井喷事故调查专家组开展勘验工作。法医参加现场勘验主要是协助现场勘验、救援人员搜寻遇难人员尸体、尸块、遗物及相关物证，作好发现地点登记、固定及尸体临时编号工作。

将遇难者遗体临时编号后，由防疫部门或医务部门对遗体进行消毒，转运到专门的尸检场所，法医检验人员按照专业要求再进行统一编号。编号是尸体检验的第一步，任何群体性死亡事件中的遇难者，在没有经过科学客观的个体识别之前，都应该视为无名个体，编号是个体得到识别之前的代用名，一个编号就代表了一个个体，同时尸体的遗物要与尸体同一个编号。

2. 尸体检验　尸体检验是井喷事故法医处置工作量最大、最基础的工作，必须要求提供合适的工作场所，应该保证检验每一具尸体时，有一个相对独立的地方。尸体检验时要做好文字记录和照录像记录。文字记录的格式要简练便于操作，可使用群体性死亡事件遇难者检验记录通用格式表单或在此基础上略加修改后使用，主要记录个体特征、死因征象和衣着遗物。照相记录至少应该包括着衣全身正面和背面、裸体全身正面和背面、半身面部，另外需要照相固定的是体表明显的生理和病理特征（包括瘢痕、纹身等）、特殊损伤和尸体征象。

尸体检验的主要任务就是查明死因和进行个体识别。井喷事故造成的死亡原因主要是损伤、烧死和中毒三大类型，考虑到检验场所和检验时间的限制，故一般只作尸表检验而不作解剖。尸表检验的关注重点是与死因相关的征象、与损伤部位相关的征象以及其他比较特殊的征象，如硫化氢中毒死亡的尸体尸斑可呈暗紫绿色等。经过尸表检验不能确定死因或对死因高度怀疑的尸体原则上应该做全面的解剖检验，必要时应该进行组织病理学检验。这不仅有利于事件调查，更有利于澄清事实。对于外籍遇难者尸体，按照主权原则，应和国内公民一样，一律要进行尸体检验。根据井喷事故遇难者的死亡特点，个体识别可运用群体性死亡事件个体识别的传统方法即通过（包括面容在内的）体表特征、衣着、遗物三个方面，根据遇难者家属的初步辨认，然后结合 DNA 检验结果来完成。传统方法与 DNA 检验技术相结合，既高效又可靠，为快速、准确处理善后提供了保障。

3. 提取检材及实验室检验　在现场勘验、尸体检验的过程中要按规范提取检材，以供进一步的实验室检验。一般常规提取心血、尿液、肌肉组织和其他特殊需要的检材，主要用于个体识别和毒物分析。尸体检验结束后，还要提取尸体上的贵重遗物（包括手表、项链、戒指、钱包等）专人进行分类保管，这些物品的编号必须与尸体编号相对应。

4．活体检验　可由机动组安排法医对遇难伤者进行活体检验，病历材料提取，配合调查人员调查案（事）发情况，并根据案情需要，适时或择机对受伤人员进行伤情或伤残评定，鉴定工作按照有关程序标准进行，可以共同或单独出具《法医学伤情（残）检验鉴定书》。

5．材料汇总及文书报告制作　尸体检验工作中，材料组就应该及时将各检验小组的尸体检验记录表收集，逐渐汇总后生成尸体检验一览表，便于掌握分析整体情况和快速了解个体情况。检验及个体识别工作完成后，要制作法医鉴定文书和报告，文书和报告应该单独成册，其基本内容按照排列顺序包括法医检验概况、法医检验人员名单、尸体或尸块检验一览表以及检验照片等。事故处置中，法医需按正式鉴定文书格式对所有遇难者出具 1 份《遇难者法医学尸体检验鉴定书》并签名盖章，也可根据案情需要单独出具。

6．移交完善，总结工作　继续为事故调查和善后处理提供相关的材料和证据，比如尸体检验材料、汇总表格等，还要办理尸体、遗物移交的相关手续，同时，完善制作《××井喷事故法医检验鉴定工作报告》。这是井喷事故法医处置程序中的最后阶段。

第五节　地质灾害的法医学处置

地质灾害（geological hazard）是在自然和（或）人为因素的作用或影响下形成的、对人类生命财产、环境造成损失的地质现象。根据 2004 年国务院颁布实施的《地质灾害防治条例》规定，地质灾害通常是指由于地质作用引起的人民生命财产损失的灾害。常见的地质灾害主要指危害人民生命和财产安全的山体崩塌、滑坡、泥石流，以及地震所致的地面塌陷、地面裂缝、地面沉降等灾害，其造成的人员伤亡较多、经济损失巨大，具有突发性、多发性、群发性和渐变影响持久等特点。

地质灾害往往会造成人民生命及财产的极大损失，对环境和经济造成极其严重的危害性影响。灾害发生后，相关部门应根据工作需要迅速调动法医工作者参与救灾处置工作，至少要参与抢险救护、维护治安秩序及善后处理等环节的工作。对于有人身伤亡的地质灾害，必须要有法医技术人员参加，应该独立编组列入公安机关的组织体系中。法医技术人员重点要解决的是进行个体识别和死亡原因鉴定，同时为需追究法律责任的人为地质灾害提供诉讼证据。

法医参加有人身伤亡的地质灾害处置工作，负责需要做个人身份确认的现场勘验任务，其主要工作是生物检材的提取、保存和送检。

一、地质灾害的组织程序

（一）成立勘验领导机构

地质灾害发生后，首先必须由公安部迅速成立由分管技术工作领导和法医专家等人员组成的全国勘验工作临时领导机构，负责在全国范围内统筹调配人员、设备物资，制定技术检验标准，组织勘验工作并进行检查、监督等工作；其次各地被抽调单位也要成立相应的勘验工作临时领导机构，负责按要求组织勘验队伍、进行技术培训、提供后勤保障、具体安排实施勘验工作、协调其他专业的信息交流和配合等。

（二）集结人员，组织培训

特大地质灾害有伤亡人员多、现场破坏严重、前期交通阻断、生活物资匮乏、后勤保障困难等特点，因此不可能像处置其他事故现场那样按照技术人员与死亡人员比例来集结技术人员。该类现场的勘验总体原则是各地被抽调单位要按照公安部勘验工作临时领导机构下达的工作任务要求及队伍组成后自身的后勤保障供给能力来合理抽调集结人员。技术检验人员一般按照 2 名法医配备 1 名照相技术人员的组合来组织。

技术人员集结后，要立即进行统一的培训。集中培训不仅要讲清责任、工作程序、标准、要点和注意事项，还要进行安全防震、救护、野外生存能力等知识的培训，尽力做到保障自身安全的前提下，按要求规范完成工作任务。

（三）合理分组，明确责任

根据灾害现场工作特点及派遣人员数量，人员的分组应以保证生活和工作基本需要为原则，一般分成尸体检验组、物证及材料组、后勤保障组等。

1．尸体检验组　负责对遇难者尸体或尸块的检验鉴定以及该尸体遗物的登记、包装、收集和移交工作。根据工作要求和实际情况，科学分配检验力量，合理安排工作时间，每个工作点轮流换班作业，既保证工作进度，又要保证人员的休息恢复。

2．物证及材料组　初期可按 2～3 人配备，主要职责是收集、登记、保管、移送与尸体相关的物证，主要包括各尸检组采集的检材和提取的贵重遗物，并负责各尸检组检验记录的整理、汇总、统计等工作。后期该组人员与辨认工作相衔接，可适当增加人数，组织遇难者亲属及时进行尸体辨认及采集他们的 DNA 比对检材样本。

3．后勤保障组　该组需按照保障队伍基本生活需求配备人员，主要负责运输人员物资、生活及工作物资保管、每天生活必需品发放、营地防疫、警戒安全等工作。

（四）有效贮备物资，保障基础需求

在组建人员队伍的同时，必须快速合理的准备生活和工作物资，包括车辆、帐篷、食品、饮用水、药品、厨房用具、通讯器材、个人防护装备、专业检验器材等，一般需备足至少 1 周左右的生活必需品和绝对保证完成工作任务的专业检验器材。同时，应根据灾害发生地的流行病学特点，对人员进行预防接种。

二、地质灾害工作流程

勘验队伍安全到达灾区现场后，带队领导须第一时间去当地公安指挥部报到，接受组织指挥及工作安排。

（一）选择安全地点，设置宿营区

灾害现场破坏严重，次生地质灾害随时可能发生，因此宿营区必须选择在相对安全的地点。在设置宿营区时，除满足基本生活需求外，要特别注意营区的防疫要求。要建立简易的洗消帐篷、更衣帐篷、消毒池，划分好清洁责任区，建立营地清洁区、半污染区、外围及厕所的消毒制度，确保营区的卫生安全。

（二）尸体检验

特大型地质灾害遇难者尸体的法医检验一般是在发现现场附近完成，其基本流程是救援人员搜寻到遇难人员尸体后，在现场附近先由防疫部门对尸体进行消毒，然后由法医技术人员快速进行尸体检验并提取 DNA 生物检材，照相技术人员对尸体面部、全貌、个体识别特征、衣着及贵重遗物拍照固定。检验后的尸体再次进行消毒处理后须立即运离并集中处理。

检验开始时，法医技术人员按照专业要求进行尸体编号，编号要求简洁和明显，如 A001、B001 等，并使用粗记号笔书写在 A4 纸上。特大型地质灾害遇难尸体的编号最好由临时领导机构统一设置，保证勘验的统一性和汇总统计的便利性。

尸体检验的主要任务就是进行个体识别和判明死因。地质灾害造成的死亡原因带有一定的普遍性，如火山灾害造成的死亡原因主要是中毒和烧死，海啸造成的死亡原因主要是溺死，地震造成的死亡原因主要是挤压死，考虑到检验场所和检验时间的限制，故一般只作尸表检验而不作解剖。若涉及身份不明的有关嫌疑人等其他原因应作进一步的详细检验备用。

尸表检验记录要求简洁，最好设计成表格形式。根据灾害遇难者的死亡特点，个体识别可运用

群体性死亡事件个体识别的传统方法即通过（包括面容在内的）体表特征、衣着、遗物三个方面，根据遇难者家属的初步辨认，然后结合DNA检验结果来完成。

（三）提取检材及实验室检验

在尸体检验的过程中要规范有效提取检材，根据尸体的不同腐败程度，较新鲜的尸体常规提取血液、深层肌肉组织，腐败的尸体可提取肋软骨、牙齿和骨骼等用于实验室DNA检验，提取到的生物检材可以用乙醇浸泡保存。尸体检验时还要提取尸体上的贵重遗物和有效证件单独保管，包括手表、项链、戒指、钱包等。

（四）检材及检验材料汇总

物证及材料组的人员每天要收集各检验小组提取的DNA检材、遗物和检验记录材料，认真登记、妥善保管并及时进行汇总统计。同时可在宿营区设立尸体辨认工作点，让遇难者亲属通过观看检验照片及遗物，初步进行个体识别，同时有针对性的采集他们的DNA比对检材样本。这项工作大大提高了遇难者尸源认定的效率，同时可为遇难者家属提供情感的寄托和宣泄点，对安慰灾区群众心理，稳定灾区群众起到了作用。

（五）移交完善，总结工作

这是法医处置程序中的最后阶段。包括送检DNA检材、移交各种遗物，上报各种工作数据表格，清理装备等工作。

案例1：

2010年1月某日上午，顾客到李某所开的美发店时，发现李某店门闭锁，李某身穿内衣躺在地上，现场凌乱，疑为案件遂报案。

现场勘验见美发店店门闭锁，门锁由室内关闭，无明显撬压痕迹。美发店系一室隔离为两间，外间为美发区，内间为生活区。外间内桌椅等物品倾倒，美发用具散落在地上。靠南墙侧见一取暖煤球炉，内有煤球3块，下面两块燃尽，上面一块燃烧至一半，煤球上面压一炉盖。上面的煤球高出炉腔2cm，炉腔通过炉盖周围的空气与外界相通。李某上穿秋衣，下穿内裤，足穿棉拖鞋，仰卧于室内距离门口1.5m的地方，面部、秋衣胸部及四肢附着大量尘土。室内里间有一木床，床上被褥呈铺盖状态，床边见一只棉拖鞋，室内财物无丢失，窗户关闭完好。尸检见尸斑鲜红，右颧部见2.1cm×0.4cm的皮擦伤，双侧肘部见皮擦伤，其余未见明显损伤。解剖见肌肉鲜红，心肺表面见点状出血点，各脏器无明显致死性病理特征。取心血进行检测，结果血液碳氧血红蛋白浓度为61.5%，未检出其他毒物成分。

根据现场勘验，门窗从内侧关闭，无撬压痕迹，财物无丢失，排除了他人侵入的可能。室内见煤球炉，炉腔与外界空气相通，且有未燃尽的煤球，结合李某的衣着情况及室内里间床铺的摆放情况，分析认为李某系睡觉时因室内煤球炉释放大量一氧化碳而中毒，在身体感觉不适后急于脱离该环境，从床上下来并爬行到门口，最终因中毒程度较重而死亡。室内物品凌乱系李某求生时搬抓造成。

一氧化碳中毒的案件现场勘验时一定要重视查找一氧化碳的来源，并分析这一情况系何人所为，以便确定案件的性质。同时必须进行血液碳氧血红蛋白浓度的检测，了解被害人的中毒程度，并分析被害人的行为能力。本案通过详细的现场勘验，排除了他人侵入的情况，并查找到一氧化碳系室内煤球炉关闭不严，使大量一氧化碳气体泄漏所致，结合尸体的检验情况及血液碳氧血红蛋白浓度的检测明确了案件性质。

案例2：

1984年12月3日，美国联合碳化物公司位于印度博帕尔市的化工原料异氰酸甲酯液态储存钢罐发生爆炸，40t气体泄漏。在泄漏后前3天死亡人数已经达到8000至1万，此后多年里又有2.5万人因为毒气引发的后遗症死亡，另有10万当时生活在爆炸工厂附近的居民患病，3万人生活在饮用水被毒气污染的地区。根据印度医学研究委员会统计，该事故陆续致使超过55万人死于和化学中毒有关的肺癌、肾衰竭、肝病等疾病，20多万博帕尔居民永久残废，当地居民的患癌率及儿童夭折率也因为这次灾难远比印度其他城市高。

虽然该公司在1989年向印度政府支付了4.7亿美元的赔偿金，但因当年毒气泄漏失去工作能力或者患上慢性病的部分被害人仅在当年获得了1000到2000美元不等的赔偿，很多被害人至今没有拿到任何补偿。同时在2009年进行的一项环境检测显示，在当年爆炸工厂的周围依然有明显的化学残留物，有毒物质已经完全污染了地下水和土壤。

案例3：

某县一天然气发生井喷事故，事故发生时，富含硫化氢和二氧化碳的天然气喷至30m高，弥漫半径达2km，迅速笼罩附近几个村庄。事故现场周围地形为丘陵地带，附近两个村庄位于山谷中，加之季节为冬季，雨后大雾弥漫、无风，泄漏的天然气在山谷中存留时间长，浓度较高，事发时为深夜，发现不及时，致使居民没有得到及时撤离，造成了200多名群众在家中和逃离的路上死亡。对死亡尸体进行尸表检验后，均发现被害人有发绀表现，尿液中均检出硫化氢。但尸斑颜色有暗红色、紫红色、暗绿色等多种，颜面也有青紫、暗绿色、紫绿色等不同颜色改变，与文献报道有区别。经尸检结合现场勘验分析认为，以上尸体现象与现场有毒气体分布浓度以及中毒发生过程的快慢、中毒程度及环境有关。

（万立华　马智华）

思考题

1. 一氧化碳中毒现场勘验的重点有哪些？
2. 沼气中毒现场勘验的重点有哪些？
3. 井喷案件现场法医工作的主要内容有哪些？
4. 试述地质灾害现场法医工作的处置原则。

参考文献

1. 万立华. 法医现场学. 北京：人民卫生出版社，2012.
2. 刘耀，丛斌，侯一平. 实用法医学. 北京：科学出版社，2014.
3. 万立华. 命案现场重现：全国案例精选第三卷. 北京：中国人民公安大学出版社，2013.
4. 李生斌，万立华. 刑事科学技术. 北京：人民卫生出版社，2009.
5. Brooks AJ，Clasper J，Midwinter MJ，et al. Ryan’s Ballistic Trauma：A Practical Guide. 3rd ed. London：Springer，2011.
6. Burke MP. Forensic Medical Investigation of Motor Vehicle Incidents. Boca Raton：CRC Press，2007.
7. Armstrong EJ，Erskine KL. Water-Related Death Investigation：Practical Methods and Forensic Applications. Boca Raton：CRC Press，2011.
8. John Harris Trestrail. Criminal poisoning：investigational guide for law enforcement，toxicologists，forensic scientists，and attorneys. 2nd ed. Totowa：Humana Press，2007.
9. Gaensslen RE. Blood，bugs，and plants. New York：Facts On File，2009.
10. Maloney MS. Death Scene Investigation：Procedural Guide. Boca Raton：CRC Press，2012.
11. Nicholas Petraco. Color Atlas of Forensic Toolmark Identification. Boca Raton：CRC Press，2011.
12. John Hunter，Barrie Simpson，Caroline Sturdy Colls. Forensic Approaches to Buried Remains. Oxford：Wiley Blackwell，2013.
13. Nordby JJ. Scientific Foundations of Crime Scene Reconstruction：Introducing Method to Mayhem. Boca Raton：CRC Press，2013.
14. Geberth VJ. Sex-Related Homicide and Death Investigation：Practical and Clinical Perspectives. 2nd ed. Boca Raton：CRC Press，2010.
15. Anthony T. S. Ho，Shujun Li. Handbook of Digital Forensics of Multimedia Data and Devices. Oxford：Wiley Blackwell，2015.

中英文名词对照索引

G

H

J

K

L

M

N

P

Q